MW01275010

앨빈 토플러

제3물결

李揆行 監譯

하이디에게

나는 그녀의 설득력있는 권고로 「제3물결」을 쓰기로 결심했다. 이 책의 페이지마다 내 생각에 대한 그녀의 집요한 비판과 편집인으로서의 전문지식이 반영되어 있다.

이 책에 미친 그녀의 공헌은 동료, 지적인 동료, 친구, 연인 그리고 아내에게서 통상적으로 기대할 수 있는 것보다 훨씬 광범위한 것이었다.

우리는 여기에 웃으려고 왔는가, 울려고 왔는가?
우리는 지금 죽어가고 있는가, 거듭나고 있는가?

푸엔테스(Carlos Fuentes)의
「테라 노스트라(Terra Nostra)」에서

감역자의 말

앨빈 토플러(Alvin Toffler)의 「제3물결(The Third Wave)」은 이미 우리 시대의 고전이며 1980년대를 살아가는 모든 사람이 읽어야 할 사회·문명 비평의 필독서이다.

갤브레이스(John Kenneth Galbraith)의 「풍요한 사회(The Affluent Society)」(1958), 「신산업국가(The New Industrial State)」(1967), 「불확실성의 시대(The Age of Uncertainty)」(1976)가 경제학자의 입장에서 비관론에 빠진 1950~60년대에 새로운 방향을 모색한 것이었다면 토플러의 「미래 쇼크(Future Shock)」(1970)와 「제3물결」(1980)은 보다 넓은 사회·문명 비평가의 안목으로 한 시대의 위기상황을 분석하고 낙관적인 미래상을 제시해 준 획기적인 저서들이라 할 수 있다.

1960~70년대에 미국과 유럽을 휩쓴 인플레이션·실업·에너지 위기 등 경제의 구조적 침체와 스튜던트 파워·반전운동·환각제·히피족 등으로 대표되는 사회적 분열과 혼란상, 그리고 이에 따른 정신문화적 방황 속에서 서방 사회에는 미증유의 패배주의와 비관론이 팽배하게 되었다. 과연 서방 문명, 아니 인류는 멸망의 길로 접어들고 있는가?

그러나 바로 이 시기를 전후하여 서방 선진사회에서는 이미 밝은 미래를 약속하는 새로운 혁명이 시작되고 있었다. 전자정보산업의 혁신으로 주도된 이 새로운 돌파구는 침체의 늪에 빠진 서방 경제에 새로운 가능성을 제시해 주고 있었다.

이 시점에서 이러한 획기적인 역사의 흐름을 포착·분석하여 새로운 미래상을 제시해 준 사람이 토플러이다. 현 인류사회는 멸망으로 치닫고 있는 것이 아니라 전자정보산업혁명이 이끄는 새로운 「제3물결」 문명으로 접어들고 있으며 오늘날의 온갖 혼란과 위기는 이 매혹적인 새로운 문명을 맞이하기 위한 진통에 불과하다는 것이 토플러가 전하는 메시지이다. 더구나 이 새로운 문명에서는 「제2물결」인 산업사회를 지배해 온 표준화·전문화·동시화·집중화·극대화·중앙집권화 등 6개 원리가 붕괴되어 보다 인간적이고 다양한 민주적 사회가 이룩될 것이며 이에 따라 인간관과 노동·가족·사회·정치의 형태도 근본적으로 달라진다는 것이다.

토플러의 이러한 분석과 미래상 제시는 지금 서방 선진국에서 나타나고 있는 첨단적인 현상을 중심으로 전개된 나머지 현 시기의 또 다른 주요 문제들, 특히 실업 · 인플레이션 · 분배 · 무역마찰 · 제3세계의 빈곤 등을 소홀히 취급했다는 비판을 받을 수 있을 것이다. 그러나 오늘날 전자정보혁명이 갖는 사회문화적인 의미를 날카롭게 분석하고 희망찬 미래상을 제시했다는 것만으로도 토플러의 공적은 획기적인 것으로 높이 평가되어야 할 것이다.

토플러는 또 다시 우리 앞에 전개될 미래에 대해 새로운 분석을 시도하면서 신작 권력이동(Powershift)을 집필중에 있다.

한국경제신문사가 4년여 전인 지난 85년 가을 토플러를 서울에 초청하여 강연회를 가졌을 때 서울시내 서점가를 둘러 본 그는 자신의 여러 저서들이 무더기로 무단번역되어 있는 한국 출판풍토에 놀라움(?)을 금치 못했을 뿐 아니라 원저작물의 집필의도를 벗어난 오역 가능성에 대해서도 큰 우려를 표명했다. 그때 그의 이러한 우려에 크게 공감되는 바 있어 한국경제신문사는 그의 기간저서 8권과 앞으로 나올 신작 등 전저작물에 대한 국내 번역출판권 계약을 직접 체결했다.

국내에서의 독점출판권 획득을 계기로 토플러의 저작에 대한 번역을 다시 시작하면서 황건(黃建)씨의 많은 도움을 받은데 대해 감사하며 토플러와의 약속에 따라 포괄적인 감수를 했음을 밝혀둔다.

1989년 11월

李揆行

한국어판 저자 서문

한국은 지금 평화시의 역사에 있어서 가장 큰 격동기의 한 시기를 살아가고 있다. 가속화되고 있는 변화가 한국인들의 마음과 가슴에 고통을 주고 있다는 것이다. 따라서 한국은 두 가지 전환점에 직면해 있다.

그 하나는 정치적인 것이고 다른 하나는 경제적인 것이다. 한 분야에서 내려지는 결정은 다른 분야의 귀추에 중대한 영향을 미치게 된다.

한국은 지난 세대 동안에 눈부신 경제발전을 이룩했다. 한국은 많은 사람들을 어리둥절하게 만들고 깜짝 놀라게 할 정도의 속력으로 농업사회에서 산업사회 또는 「굴뚝」사회(「smokestack」 society)로 탈바꿈했다. 한국사회가 이처럼 빠르게 변천할 수 있었던 것은 한국인들이 열심히 일을 했기 때문이기도 하지만 여러가지 다른 요인들 때문이기도 하다. 숙련된 기술자와 관료, 많은 뛰어난 기업가, 장기적인 발전을 위한 현재의 소비욕구 억제 등 이 모든 요인들이 급속한 변천에 기여했다. 뿐만 아니라 외부요인들도 그러했다. 월남전쟁중에 미국이 동남아시아에 쏟아 넣은 수십억 달러의 파급효과가 그 예이다.

그러나 그와 똑같이 중요한 것은 한국이 본받을 수 있는 뚜렷한 발전모델이 존재했었다는 것이다. 다른 나라들이 한국에 앞서 산업화를 경험했기 때문이다. 따라서 한국의 정책입안자들이 유럽・미국・일본으로부터 교훈을 얻었건 어쨌건간에 그에 앞서 산업화를 위한 방향이 이미 제시되어 있었고 취해야 할 조치들 또한 알고 있었다. 수출주도형 전략, 세계시장에서의 저임금노동에 의한 상품판매, 대량생산 기술의 도입 등 이러한 모든 정책들이 도시화와 결부되어 다른 나라에서 먼저 실험되었다.

그러나 오늘날 한국(그리고 많은 다른 국가)이 직면한 핵심적인 문제는 경제발전을 위해 잘 만들어진 청사진이 시대에 뒤떨어진 것이라는 점이다. 이제 더 이상 본받을 만한 발전모델이 없어진 것이다. 따라서 어떤 정치적 신념을 가진 한국인이라 하더라도 단순히 모방을 하기보다는 독특한 미래의 발전전략을 창안해 내야 할 것이다.

현재와 미래의 세계에서 선진경제가 되려면 이전에는 필요로 하지 않던 어떤 상황을 요구하게 된다. 그 중에서도 가장 중요한 것은 점차적으로「산업화 이후」또는「제3물결」경제발전의 핵심이 되고 있는 정보에 대한 태도의 변화이다.

미래의 경제적 성공은 세계의 다른 나라들에 값싼 육체노동력을 판매하는 것이 아니라 두뇌와 혁신의 판매를 늘려나가는 것일 것이다. 굴뚝사회가 수백만의 노동자들에게 반복적이고 단순하고 비창조적인 노동을 하도록 요구한 반면에 새로운 경제사회는 어떤 계층이거나 모든 노동자가 그들의 육체는 물론 정신을 사용하고 무엇보다도 그들의 혁신적인 능력을 사용하기를 요구한다.

유순한 노동자들은 값이 싼 노동집약적인 수출품을 제공할 수는 있지만 그들이 세계시장에서 수요가 증가되고 있는 고부가가치 제품과 서비스를 제공할 수는 없다. 그와는 대조적으로 새로운 경제사회는 낡아빠진 가정과 관행에 의문을 제기하는 수많은 노동자들을 필요로 하고 있다.

소련의 비극적인 실례가 보여 주듯이 새로운 아이디어가 관리들이나 검열관들에 의해 억압당하고 사람들이 잘못을 저지르거나 이단적인 견해를 표명하기를 두려워하고 교육제도가 권위주의적이고 소련의 공산당 정치국(Politburo)이나 국가보안위원회(KGB) 또는 그와 유사한 기능을 가진 기관들이 언론을 통제하거나 언론자유를 제한한다면 혁신은 어느 경제사회에서도 번성할 수 없다. 소련 공산당 서기장 고르바초프(Mikhail S. Gorbachov)는 바로 이러한 사실을 알았기 때문에 소련이 기술적·경제적 발전면에서 서방세계와 일본을 따라 잡을 수 있다는 희망을 버리지 않고「개방(glasnost)」사상을 도입했다.

정보개방정책은 이제 더 이상 순수한 정치적 관심의 대상만은 아니다. 정보개방정책은 새로운 세계경제사회에 있어서 경제발전의 전제조건이다.

이러한 사실은 우익이나 좌익, 자본주의자나 공산주의자, 서방측이나 동구권, 선진국이나 개도국을 가리지 않고 모든 정치집단에 어려운 과제를 제시해 주고 있다.

이 새로운 피할 수 없는 현실을 이해하지 못하게 되면 21세기를 향해 달려가고 있는 세계에서 영원히 저개발국가로 남게 된다.

필자는 새로운 문명이 낡은 문명의 장벽을 무너뜨리는 것과 같은 전 인류가 직면하고 있는 보다 큰 도전과 연관시켜 한국사회가 직면하고 있는 특수한 문제를 이해하는 데 있어서 이 책이 독자들에게 도움을 주게 되기를 바라마지 않는다.

1987년 6월

앨빈 토플러

저자 서문

테러리스트들이 인질을 잡아 죽음의 게임을 연출하고 3차대전의 풍설 속에 통화가치는 떨어지고 대사관 건물이 불타오르고 각국의 돌격대원들이 군화끈을 매고 있는 가운데 우리는 공포에 질려 신문제목만 들여다 보고 있다. 불안심리를 민감하게 반영하는 금값은 연일 사상 최고기록을 경신하고 있다. 금융기관들은 불안에 떨고 인플레이션이 걷잡을 수 없이 맹위를 떨치고 있다. 그리고 세계 각국 정부는 마비와 무능상태에 빠져 있다.

이 모든 상황을 배경으로 수많은 카산드라(역주 Cassandra, 옛 그리스의 불길한 여자 예언가)들이 떼지어 부르는 불길한 합창소리가 울려 퍼지고 있다. 길거리의 평범한 사람들이 세상을 「미쳤다」고 말하는가 하면 전문가들은 모든 추세가 파국을 향해 치닫고 있다고 지적한다.

이 책은 이와는 전혀 다른 견해를 제시한다.

세계는 지금 얼핏 정신나간 사건들이 시끄럽게 불협화음을 내고 있는 것처럼 보이지만 결코 광란상태에 빠져 있는 것이 아니며 그 밑바탕에는 깜짝 놀랄 만큼 희망적인 하나의 패턴이 깔려 있다는 것이 이 책의 주장이다. 이 책은 그 패턴과 희망이 무엇인가를 다루고 있다. 「제3물결」은 인류의 이야기가 끝나기는커녕 이제 막 시작하는 데 불과하다고 생각하는 사람들을 위한 책이다.

오늘날 하나의 거센 파도가 전세계를 휩쓸면서 노동·여가·결혼·육아 또는 퇴직을 둘러싼 새롭고도 기묘한 환경을 조성하고 있다. 이 당혹스러운 여건 속에서 기업인들은 고도의 불규칙한 경제흐름에 거슬러 올라가고 있고 정치가들은 지지율의 난폭한 등락에 직면해 있으며 또 대학과 병원 등 각종 단체들은 인플레이션과 필사적인 싸움을 벌이고 있다. 가치체계가 산산조각으로 부서졌는가 하면 가정·교회·국가 등 구명보트는 마구잡이로 내던져져 있다.

이 격렬한 변화들을 바라볼 때 우리는 그것들이 불안정·붕괴 그리고 파멸을 보여주는 개별적인 사례들이라고 생각할 수 있다. 그러나 한 걸음 뒤로 물러나 보다 긴 안목으로 바라보면 지금까지 눈에 띄지 않았던 몇 가지 사실들이 분명하게 드러난다.

우선 현재의 여러가지 변화가 서로 무관하지 않다는 것이다. 또한 마구잡이로 변하는 것도 아니다. 예컨대 핵가족의 붕괴, 세계의 에너지 위기, 여러가지 신흥종교와 유선 TV(cable television)의 보급, 자유근무시간제(flex-time)와 새로운 근로복지종합계획(fringe-benefit package)의 등장, 퀘벡에서 코르시카에 이르는 세계 각지의 분리주의 운동 등 이 모든 것은 얼핏 제각기 고립된 사건들처럼 보일 수도 있다. 그러나 사실은 이와 정반대이다. 얼핏 무관한 것처럼 보이는 이러한 사건이나 추세들은 대부분 서로 연관되어 있다. 실제로 이러한 현상들은 산업주의(industrialism)의 종언과 새로운 문명의 출현이라는 보다 큰 현상의 일부를 이루고 있을 뿐이다.

이러한 현상들을 개별적인 변화로서만 파악하여 그 큰 의미를 이해하지 못한다면 우리는 일관성있고 효과적인 대응책을 마련할 수 없다. 개개인의 결정은 목표를 상실하거나 자기부정적인 것일 수밖에 없게 된다. 정부는 위기에 좌절되고 프로그램을 망치게 되어 계획도 희망도 비전도 없이 미래를 향해 줄달음치게 된다.

오늘날 세계를 지배하는 여러가지 요인들의 충돌을 이해할 만한 체계적인 기준이 결여되어 있는 상황에서 우리는 마치 풍랑에 갇혀 나침반이나 해도도 없이 암초 사이를 항해하는 승무원과 같은 처지에 놓여 있다. 단편적 자료와 정밀한 분석의 홍수에 빠져 전문가들이 서로 다투는 문화풍토에 있어서 종합적 분석은 유용할 뿐 아니라 극히 중요하다.

이렇게 볼 때 「제3물결」은 대대적인 종합분석을 시도한 책이라 할 수 있다. 이 책은 우리들이 성장해 온 낡은 문명을 평가하고 나아가 지금 우리 사회에서 싹트고 있는 새로운 문명의 모습을 조심스럽고도 포괄적으로 그려 보이고 있다.

이 새로운 문명은 극히 혁명적인 것이어서 우리의 낡은 모든 가정들에 도전하고 있다. 낡은 사고방식이나 낡은 공식·도그마·이데올로기 같은 것들은 그것이 과거에 아무리 소중하고 유용한 것이었다 할지라도 지금은 현실과 맞지 않게 되어 있다. 새로운 가치관과 기술, 새로운 지정학적 관계, 새로운 생활양식과 커뮤니케이션 방식 등의 충돌 속에서 급속히 모습을 드러내고 있는 이 세계는 전혀 새로운 아이디어와 유추, 그리고 전혀 새로운 분류와 개념을 요구하고 있다. 미래세계의 새싹을 지금까지의 재래식 골방 속에 가두어 둘 수는 없다. 정통적인 자세나 마음가짐도 이제는 통하지 않는다.

그러므로 이 책에서 새롭고 낯선 문명에 관한 설명을 전개하는 동안 우리는 오늘날 그처럼 횡행하고 있는 그럴 듯한 비관론을 반박할 논거를 찾을 수 있게 될 것이다. 지난 10여년 동안 절망감—그럴듯하게 포장된 무책임한 절망감—이 우리 문화를 지배해 왔다. 「제3물결」이 내리는 결론으로는 이같은 절망은 죄악일 뿐 아니라(스노〈C. P. Snow〉도 언젠가 이렇게 말한 것으로 기억된다) 또한 정당화될 수도 없다.

필자는 폴리아나(역주 Pollyanna, 포터(E. Porter)의 소설에 나오는 낙천적인 여주인공)와 같은 환상에 빠져 있는 것은 아니다. 오늘날 핵무기에 의한 전멸과 생태계의 파괴로부터 인종적 광신과 지역적인 폭력사태에 이르기까지 인류가 직면해 있는 위험한 현실에 관해서는 더 이상 부연할 필요도 없다. 필자 자신도 과거에 이같은 위험들에 관해 집필한 바 있고 앞으로 꼭 다시 집필해 볼 생각이다. 전쟁, 경제적 난관, 대대적인 기술적 파탄 등 그 어느 것이나 미래의 역사에 파멸적인 변화를 가져올 수 있기 때문이다.

그럼에도 불구하고 지금 싹트고 있는 여러가지 새로운 관계들—변모하는 에너지 패턴과 새로운 가정생활 양식간의 관계라든가 또는 새로운 생산방법과 자조(self-help) 운동간의 관계 등을 살펴볼 때 우리는 오늘날 심각한 위기를 조성하는 그 조건들이 사실은 매력적인 새로운 가능성을 열어주는 것이기도 하다는 사실을 발견하게 된다.

「제3물결」은 이 새로운 가능성들을 우리에게 제시해 준다. 이 책은 우리가 바로 그 파괴와 멸망 속에서 놀라운 탄생과 생명의 증거를 발견할 수 있다고 주장한다. 이 책은 또한 현재 모습을 드러내고 있는 문명이 —통찰력과 약간의 행운이 주어진다면— 지금까지의 그 어느 문명보다도 더욱 건전하고 현명하고 지속적일 뿐 아니라 보다 품위있고 민주적인 문명으로 만들 수 있음을 분명히 밝히고 있다.

이 책의 주요 논거가 옳은 것이라면 당장 몇년간의 과도기는 폭풍과 위기의 시기가 되겠지만 장기적으로는 낙관론을 뒷받침해 줄 강력한 근거가 된다.

필자가 「제3물결」을 집필하던 지난 몇년 동안 필자의 강연을 듣는 청중들은 이 책이 먼저 펴낸 「미래 쇼크(Future Shock)」와 어떻게 다른지를 거듭 질문했다.

어떤 책에 관한 저자와 독자의 평가가 결코 똑같을 수는 없다. 그러나 필자는 이 「제3물결」과 「미래 쇼크」는 형식에서나 초점에서나 근본적으로 다른 책이라고 생각한다. 우선 이 책은 훨씬 광범한 시간적 영역 —과거는 물론 미래에 대해서도— 을 다루고 있다. 이 책은 보다 규범적이며 또 책의 구조도 다르다.(현명한 독자는 이 책의 구조가 물결 상호간의 충돌이라고 하는 이 책의 핵심적 비유를 반영하고 있음을 발견하게 될 것이다.)

내용면에서의 차이는 더욱 뚜렷하다. 「미래 쇼크」가 앞으로 이룩해야 할 몇 가지 변화들을 취급한 데 반해 이 책은 변화에 수반되는 개인적·사회적 비용문제를 강조하고 있다. 「제3물결」은 적응상의 난관들에 주목하는 한편 이에 못지 않게 중요한 비용, 즉 특정한 사태를 신속히 변화시키지 않는 데 따른 비용문제도 강조하고 있다.

더구나 앞의 책에서 필자는 「때이른 미래의 도래」에 관해 기술하면서도 현재 모습을 드러내고 있는 미래사회에 관해서는 그 어떤 종합적이고 체계적인 스케치조차 시도하지 않았다. 그 책은 변화의 방향이 아닌 그 과정에 초점을 두었기 때문이다.

그러나 이 책에서는 초점이 뒤바뀌어 있다. 즉 변화의 가속도 그 자체보다는 이 변화가 우리를 이끌고 가는 방향에 관한 문제를 중점적으로 다루고 있는 것이다. 이처럼 앞의 책이 과정에 초점을 맞춘 데 반해 이번 책은 구조문제에 초점을 맞추고 있다. 이러한 이유에서 이 두

권의 책은 원전이나 속편이라는 의미에서가 아니라 양자가 보다 큰 전체를 구성하는 보완관계에 있다는 의미에서 하나의 자매편을 이루도록 구성되었다. 두 책은 매우 다르다. 그러나 서로를 조명해 주는 관계에 있다.

이처럼 방대한 종합을 시도함에 있어서는 단순화·일반화된 압축이 불가피했다.(이렇게 하지 않고서는 이 한 권의 책으로 그 방대한 바탕을 다루기가 불가능했을 것이다.) 그 결과 일부 역사학자들은 이 책이 문명을 단지 3단계로만—「제1물결」인 농업단계, 「제2물결」인 산업화단계 그리고 지금 막 시작된 「제3물결」 단계로만—구분한 데 대해 이의를 제기할지도 모른다.

농업문명은 전혀 다른 여러가지 문화들로 구성되었다는 점, 그리고 산업주의 자체도 실제로는 여러가지 발전단계를 거쳤다는 점을 지적하기는 쉬운 일이다. 과거를(그리고 미래도) 12단계, 38단계 또는 157단계로 세분하는 것은 얼마든지 가능하다. 그러나 그렇게 하면 우리는 어수선한 세분 속에서 큰 구분을 파악할 수가 없을 것이다. 또 그러한 영역을 다루려면 단 한 권의 책이 아니라 방대한 총서를 집필해야 할 것이다. 이 책의 목적을 위해서는 비록 조잡하더라도 보다 단순한 구분이 한층 도움이 된다.

이 책의 방대한 범위 때문에 그밖의 또 다른 단순화가 불가피했다. 따라서 필자는 경우에 따라 문명 자체를 구상화하여, 예컨대 「제1물결」이나 「제2물결」이 이러저러한 일을 「했다」고 주장할 때가 있다. 물론 문명이 어떠한 일을 해낼 수는 없고 그것을 해내는 것은 인간이라는 것을 필자나 독자들은 알고 있다. 그러나 이러저러한 일을 문명의 덕분으로 돌림으로써 시간과 노력을 절약할 수 있는 것이다.

또한 현명한 독자들은 세상에 그 누구도—역사가이건 미래주의자·계획자·점성가 또는 복음전도자이건간에—미래에 관해 「알지」 못하며 또 「알 수」도 없다는 것을 알고 있다. 따라서 필자가 앞으로 이러저러한 사태가 일어나게 「될 것이다(will)」라고 말하더라도 독자들이 여기에 불확실성이 있음을 적절히 감안해 줄 것으로 기대한다. 그렇게 하지 않으면 이 책은 불필요하고 읽기에 재미도 없는 수많은 조건들을 부하하게 될 것이다. 더구나 사회적 예측은 아무리 전산화된 자료를 사용하더라도 결코 몰가치적 또는 과학적 예측이 될 수는 없다. 「제3물결」도 객관적 예측은 아니며 따라서 과학적으로 증명된 예측임을 주장하지는 않는다.

그러나 그렇다고 해서 이 책에 담겨진 여러가지 관념들이 변덕스럽고 체계가 없다는 말은 아니다. 곧 밝혀지겠지만 이 책은 실제로 광범한 증거에 근거하고 있다. 또한 일종의 준체계적인 문명모델(semi-systematic model of civilization)과 이에 대한 인간의 관계에 근거하고 있다.

이 책은 사라져 가는 산업문명을 「기술영역(techno-sphere)」, 「사회영역(socio-sphere)」, 「정보영역(info-sphere)」 및 「권력영역(power-sphere)」의 관점에서 기술하고 또한 오늘날의 세계에서 이들 각 영역이 어떻게 혁명적 변화를 겪고 있는가를 설명해 준다. 이 책은 또한 구성부분들의 상호관계를 나타내주고 나아가서 「생물영역(bio-sphere)」과 「정신영역(psycho-sphere)」, 즉 외부 세계의 변화가 인간의 사생활에 미치는 심리적·인격적 관계의 구조를 제시해 준다.

「제3물결」은 문명이란 것 역시 일정한 과정과 원리들을 사용하고 있다고 주장하면서 이 문명이 현실을 설명하고 자기 자신의 실존을 정당화하기 위해 스스로의 「초이데올로기(super-ideology)」를 전개시키고 있다고 본다.

이 구성부분과 과정들 그리고 원리들이 서로 어떻게 관련지워져 있는지를 이해한다면, 그리고 그것들이 어떻게 서로를 변형시켜 강력한 변화의 흐름을 촉발시키는지를 이해한다면 우리는 오늘날 인간생활을 강타하고 있는 거대한 변화의 물결에 관해 보다 분명한 이해를 구할 수 있을 것이다.

이미 밝힌 바와 마찬가지로 이 책의 제목이 제시하고 있는 장중한 은유는 변화의 물결들이 충돌하고 있음을 나타내고 있다. 이러한 비유는 독창적인 것은 아니다. 엘리어스(Norbert Elias)는 그의 저서 「문명화 과정(The Civilizing Process)」에서 「수세기에 걸쳐 완성체를 형성해 가는 물결」에 관해 언급하고 있다. 또 1837년에는 어떤 작가가 미국

서부의 정착화 과정을 설명하면서 연속적인 「물결」들 — 첫째는 개척자의 물결, 그 다음은 농민의 물결 그리고 「세번째 물결」로는 기업인의 물결이 이주했다고 설명한 적이 있다. 1893년에는 터너(Frederick Jackson Turner)가 그의 고전적 평론 「미국 역사에 있어서 프론티어의 중요성(The Significance of the Frontier in American History)」에서 이와 비슷한 은유법을 사용했다. 그러므로 이 책에서 사용한 물결(wave)의 은유법 자체는 새로운 것이 아니며 다만 이를 오늘날의 문명적 변화에 적용했다는 점에서만 새로운 것이다.

이 적용은 매우 유익하다는 것이 밝혀지고 있다. 이 물결이라는 개념은 매우 다양하고 방대한 정보를 조직하는 도구가 될 뿐 아니라 격동하는 변화의 밑바닥을 들여다 보는 데도 도움을 준다. 물결이라는 은유법을 적용하면 우리를 혼란에 빠뜨렸던 많은 것들이 분명히 밝혀진다. 낯익은 것들이 눈부시게 밝은 조명 속에 드러나는 경우도 많다.

필자가 서로 충돌하고 겹치면서 모순과 긴장을 일으키는 변화의 물결이란 것을 생각하면서부터 변화에 대한 필자의 인식 자체도 달라지게 되었다. 교육·보건에서 기술, 개인생활에서 정치에 이르기까지 모든 분야에서 단순한 장식에 불과한 혁신이나 과거의 연장에 불과한 산업상의 혁신을 참으로 혁명적인 혁신과 구별할 수 있게 되었다.

그러나 가장 강렬한 은유법이라 할지라도 오직 부분적인 진실만을 제시할 수 있을 뿐이다. 그 어떤 은유법도 전체적인 내용을 모든 측면에서 설명해 줄 수는 없다. 따라서 미래는 고사하고 현재에 관한 어떠한 관찰도 완전한 것 또는 최종적인 것이 될 수 없다. 필자가 마르크스주의자였던 10대 후반에서 20대 초반 당시 — 이미 25년 전의 일이지만 — 많은 젊은이들처럼 필자도 모든 문제에 대해 해답을 구할 수 있다고 생각했다. 그러나 곧 필자의 「해답」이란 것이 부분적이고 일방적이며 진부한 것임을 알았다. 한 가지 덧붙일 것은 필자는 대체로 그릇된 질문에 대한 올바른 해답보다는 올바른 질문 자체가 더욱 중요하다는 점을 깨닫게 되었다.

필자는 이 「제3물결」이 여러가지 해답을 제시함과 동시에 여러가지 새로운 질문을 제기하게 되기를 희망한다.

지식은 완전할 수가 없고 은유법이 전체를 나타낼 수 없다는 인식

그 자체가 인간다운 것이다. 이같은 인식은 광신을 깨뜨려 준다. 또한 이러한 인식은 심지어 적(敵)에 대해서도 부분적인 진실의 가능성을 인정하고 자기가 과오를 범할 수도 있다는 가능성을 인정케 한다. 이 같은 가능성은 방대한 종합적 분석의 경우에 특히 두드러지게 나타난다. 그러나 평론가 스테이너(George Steiner)가 지적했듯이 『보다 광범위한 질문을 하는 것은 사태를 그르칠 위험이 있으나 질문을 전혀 하지 않는 것은 지식의 생명력을 속박』하게 된다.

개인생활이 산산조각나고 기존의 사회질서가 붕괴되고 환상적인 새로운 생활방식이 지평선 위에 모습을 드러내고 있는 이 폭발적인 변화의 시기에 장래에 관해 가장 광범위한 질문을 던지는 것은 단순한 지적인 호기심에서가 아니다. 그것은 인류의 생존에 관한 문제이다.

우리들 대부분은 부지불식간에 이미 이 새로운 문명에 저항하거나 아니면 그 창조에 참여하고 있다. 이 「제3물결」이 우리들 각자의 선택에 도움이 되기를 바란다.

차 례

제Ⅳ부 : 결 론 441

제3물결

제 I 부

물결의 충돌

1

초투쟁

우리 생활 속에는 지금 새로운 문명이 모습을 드러내고 있다. 그리고 이것을 깨닫지 못하는 눈먼 장님들이 세계 도처에서 새로운 문명의 탄생을 억눌러 보려고 애쓰고 있다. 이 새로운 문명은 새로운 가족형태, 노동·애정·생활방식의 변화, 새로운 경제, 새로운 정치적 충돌, 그리고 무엇보다도 의식의 변화를 초래하고 있다. 이 새로운 문명의 부분들이 지금 그 모습을 드러내고 있다. 수많은 사람들이 이미 내일의 리듬에 맞추어 생활을 조정해 나가고 있다. 미래를 두려워하는 그 밖의 다른 사람들은 과거에로 도피하려고 헛된 노력을 기울이고 있으며 또한 그들을 탄생시켰던 죽어가는 세계를 되살리려고 애쓰고 있다.

이 새로운 문명의 등장이야말로 우리 생애의 가장 폭발적인 사건이다.

그것은 핵심적인 사건으로서 가까운 장래를 이해하는 열쇠가 된다. 그것은 1만 년 전 농업의 발명으로 시작된 「제1물결」이나 산업혁명에 의해 촉발된 「제2물결」과 마찬가지로 의미심장한 사건이다. 우리들은 다음 차례의 변혁인 「제3물결」 시대에 살고 있다.

우리는 이 엄청난 변화의 힘과 범위를 적절히 설명할 수 있는 말을 찾고 있다. 어떤 사람은 우주시대(Space Age), 정보화시대(Information Age), 전자공학시대(Electronic Era) 또는 지구촌(Global Village)의 도래를 이야기하고 있다. 브레진스키(Zbigniew Brzezinski)는 인류가 「기술

전자공학시대(technetronic age)」에 접어들었다고 말했다. 사회학자 벨(Daniel Bell)은 「후기산업사회(post-industrial society)」의 출현에 관해 설명하고 있다. 소련의 미래주의자들은 S.T.R., 즉 「과학기술혁명(scientific-technological revolution)」에 관해 이야기하고 있다. 필자 자신도 「초산업사회(super-industrial society)」의 도래에 관해 포괄적으로 집필한 바 있다. 그러나 필자 자신의 것을 포함하여 그 어느 것도 적절한 용어라고는 할 수 없다.

이들 중 몇몇 용어들은 한 가지 요인에만 초점을 맞추고 있기 때문에 우리의 이해를 넓혀주기는커녕 오히려 좁게 만들고 있다. 또 어떤 것들은 정태적이어서 하나의 새로운 사회가 아무런 갈등이나 긴장없이도 우리 생활 속에 실현될 수 있다는 뜻을 내포하고 있다. 이러한 용어들을 가지고는 오늘날 우리에게 밀어닥치고 있는 변화와 그에 따라 발생하는 압력과 갈등의 영향력과 그 범위 및 역학관계를 올바르게 전달할 가능성이 전연 없다.

인류는 현재 일대 약진을 할 단계에 와 있다. 역사상 최대의 사회변혁과 창조적 구조개편을 맞이하고 있다. 우리는 오늘날 이 점을 분명히 이해하지 못한 채 밑바닥에서부터 아주 새롭고 주목할 만한 문명을 건설하고 있다. 이것이 「제3물결」이 갖는 의미이다.

인류는 지금까지 두 차례 대변혁의 물결을 경험했지만 그때마다 그 이전 시대의 문화나 문명을 거의 망각해 버리고 그것들을 그 이전 시대의 사람들은 상상할 수도 없었던 생활방식으로 대체시켰다. 「제1물결」 변화—농업혁명—는 수천년에 걸쳐서 나타났다. 「제2물결」—산업문명—이 대두하는 데에는 300년밖에 안 걸렸다. 오늘날의 역사는 더 한층 가속적이기 때문에 「제3물결」이 수십년 동안에 역사를 휩쓸어 자기 자신을 완성시킬 것으로 보인다. 그렇게 되면 이 폭발적인 순간에 우연히 지구상에 살게 된 우리는 생애중에 본격적인 「제3물결」의 충격을 느끼게 될 것이다.

「제3물결」은 지금도 우리의 가족관계를 파괴하고 경제를 뒤흔들고 정치체제를 마비시키고 가치체계를 깨뜨려 놓는 등 우리 모두에게 영향을 미치고 있다. 이 물결은 모든 낡은 권력관계와 오늘날 위기에 빠져 있는 엘리트들의 특권과 특전에 도전하고 있으며 또한 앞으로 전개될 중요한 권력투쟁의 배경을 제시해 주고 있다.

지금 대두되고 있는 이 문명에는 낡은 전통적 산업문명과 모순되는 것이 많다. 그것은 동시에 고도로 기술적이고 반(反)산업적인 성격을 띠고 있다.

「제3물결」은 전연 새로운 생활방식을 수반한다. 이 생활방식은 다양하고 재생 가능한 에너지 자원, 대부분의 조립라인(assembly line)을 구식으로 만드는 새로운 생산방식, 새로운 비핵가족제도(non-nuclear family), 「가내(家內)전자근무체제(electronic cottage)」라고나 부를 수 있는 새로운 제도 그리고 근본적으로 달라진 미래의 학교와 기업체 등에 기반을 둔 것이다. 새로이 출현한 이러한 문명은 우리에게 새로운 행동규범을 제시해 준다. 또한 그것은 우리가 표준화(standardization)·동시화(synchronization)·중앙집권화(centralization)를 뛰어 넘고 에너지·통화 및 권력의 집중화(concentration)를 극복하도록 해준다.

이 새로운 문명은 낡은 것에 도전하는 과정에서 관료체제를 무너뜨리고 국민국가의 역할을 축소시키며 또한 제국주의 이후의 세계에 반(半)자립적 경제권(semiautonomous economies)을 등장시키게 된다. 이 문명은 오늘날 우리가 알고 있는 그 어떤 정부보다도 더욱 간소하고 보다 효율적이고 그러면서도 한층 민주적인 정부를 요구한다. 이 문명은 그 자체의 독특한 세계관을 가지고 있으며 또한 시간·공간·논리·인과관계를 처리하는 그 자체의 방식을 지니고 있다.

특히 「제3물결」의 문명은 후술하는 바와 같이 생산자와 소비자간의 역사적 불화를 해소하고 장차 「생산소비자(prosumer)」 경제학이 형성될 길을 열어 줄 것이다. 바로 이 이유만으로도 이 문명은 우리가 조금만 현명하게 협력한다면 역사상 최초의, 진실로 인간적인 것이 될 것이다.

혁명적 전제

오늘날 명백히 대조적인 두 가지 미래상이 일반인들의 상상력을 지배하고 있다. 대부분의 사람들은 — 조금이라도 미래에 관해 생각해 보려고 애쓰는 경우에라도—오늘날 그들이 알고 있는 세계가 영원히 계속될 것이라고 생각하고 있다. 그들이 전적으로 새로운 문명을 상상한다는 것은 말할 것도 없고 지금과 다른 생활방식을 스스로 상상한다는 것도 매우 힘든 노릇이다. 물론 그들도 사물이 변화한다는 점은 인정한다. 그러나 그들은 현재의 변화가 어떻게 해서든지 자기들만은 그대로 지나쳐 갈 것이고 그들에게 낯익은 경제체제와 정치구조를 뒤흔들 일은 일어나지 않을 것이라고 생각한다. 그들은 미래가 현재의 연장일 것이라는 확신을 가지고 있다.

이같은 직선적 사고방식은 여러가지 형태로 나타난다. 어떤 경우에는 기업인·교사·부모·정치가 등의 결정을 뒷받침하는 검토되지 않은 가정으로 나타난다. 보다 세련된 경우에는 통계·전산화 자료·예측전문가의 특수용어 등으로 치장을 한다. 그 어느 경우에나 결국은 본질적으로 현재와 「별 차이없는」 미래의 세계관이 되고 만다. 즉 「제2물결」의 산업주의가 보다 확대되어 이 지구상에 더욱 넓게 보급된다는 것이다.

최근의 여러가지 사건들은 확신에 찬 이같은 미래상을 크게 뒤흔들어 놓았다. 이란사태의 폭발, 모택동의 격하, 석유값 급등과 인플레이션의 광란, 테러리즘의 만연과 이에 대해 속수무책인 각국 정부 등 여러가지 위기가 꼬리를 물고 신문제목을 장식하게 되면서 일반인들은 점차로 더욱 침울한 미래관을 갖게 되었다. 그렇게 해서 대부분의 사람들은—나쁜 뉴스, 비참한 영화, 성경의 묵시록 이야기 그리고 이름난 두뇌집단(think tank)이 발표하는 악몽의 시나리오 등 천편일률적인 정보에 접하는 결과로—결국 미래는 존재하지 않기 때문에 오늘의 사회를 미래에 투영하는 것이 불가능하다는 결론을 내리게 된 것이 분명하다. 그들은 아마겟돈(역주 Armageddon, 묵시록에 나오는 세계종말에 있을 선과 악의 결전장)이 멀지 않았다고 생각한다. 지구는 지금 최후의 파멸적 전율을 향해 치닫고 있다는 것이다.

표면상 이 두 가지 미래상은 전혀 다른 것처럼 보인다. 그러나 양자는 모두 비슷한 심리적·정치적 효과를 나타낸다. 그것은 양자가 모두 상상력과 의지를 마비시키기 때문이다.

만일 내일의 사회가 단지 현재의 시네라마(Cinerama) 확대판에 불과한 것이라면 우리는 구태여 내일의 사회에 대비할「필요」가 없다. 반면에 만일 우리 생애중에 사회가 필연적으로 자멸할 운명에 놓여 있는 것이라면 우리는 이에 대응할「방도」가 없게 된다. 요컨대 이들 두 가지 미래관은 소극성(privatism)과 수동성(passivity)을 낳는다. 양자는 모두 우리를 휴지(休止)상태로 동결시킨다.

그러나 우리에게 닥쳐오는 사태를 이해함에 있어 우리는「아마겟돈」이냐, 아니면「별 차이없는 미래」냐 하는 단순한 선택에 얽매어 있는 것은 아니다. 미래를 생각하는 데는 그밖에도 여러가지 명확하고도 건설적인 방법들—미래에 대응하는 방법과 보다 중요한 것으로는 현재를 변화시키는 데 도움을 줄 수 있는 방법이 있다.

이 책은 필자가 말하는 이른바「혁명적 전제(revolutionary premise)」에 토대를 두고 있다. 이 개념이 상정하는 바는 설사 향후 수십년간이 동란·격동 그리고 보다 광범한 폭력으로 가득찬 시기가 되더라도 인류가 스스로를 전면적으로 파멸시키지는 않으리라는 것이다. 그것은 현재 인류가 경험하고 있는 충격적 변화가 결코 무질서하거나 두서없는 것이 아니고 실제로는 아주 분명하게 분별할 수 있는 하나의 패턴을 이루고 있다고 상정한다. 그것은 더구나 이들 변화가 누적적이라고—다시 말해 이들 여러가지 변화가 결국 인간의 생활·노동·유희·사고방식에 거대한 변혁을 일으킨다고 상정한다. 또한 그것은 건전하고 바람직한 미래가 가능하다고 상정한다. 요컨대 이제부터 전개하는 이 책의 내용은 지금 일어나고 있는 사태가 다름아닌 범세계적 혁명, 즉 역사상의 일대 약진이라는 전제에서 시작된다.

다른 말로 표현하면 이 책은 우리가 낡은 문명의 마지막 세대이자 새로운 문명의 최초의 세대라는 가정, 그리고 우리의 개인적 혼란·고뇌·방향감각 상실이 우리 내부의 모순과 우리 정치제도 내부의 모순, 사라져가는「제2물결」문명과 지금 요란스럽게 등장하고 있는「제3물결」문명간의 모순을 직접 반영하고 있다는 가정에서 출발하고 있다.

결국 이 점만 이해한다면 얼핏 무의미한 것처럼 보이는 사건들도 갑자기 이해할 수 있게 된다. 변화의 광범위한 패턴들이 명백히 드러나기 시작한다. 생존을 위한 대책이 다시 가능성과 설득력을 갖게 된다. 요컨대 혁명적 전제는 우리의 지성과 우리의 의지를 해방시켜 준다.

선도적 물결

그러나 우리가 직면하고 있는 변화가 혁명적인 변화라고 말하는 것만으로는 불충분하다. 변화를 옳게 관리하거나 유도하려면 그 변화의 흐름을 확인하고 분석하는 새로운 방법이 필요하다. 이것이 없으면 우리는 어쩔 수 없이 미궁에 빠지고 만다.

한 가지 유력한 새로운 접근방법은「사회적 물결 머리 분석(social wave front analysis)」이라고 부를 수 있다. 이 접근방법은 역사를 연이어 굽이치는 변화의 물결들이라고 파악하면서 각 물결의 앞머리(leading edge)가 우리를 어디로 끌고 가는가를 분석하는 것이다. 그것은 역사의 연속성보다는(물론 그것도 중요하지만) 불연속성 — 혁신과 전환점 — 에 주목한다. 그것은 모습을 드러내고 있는 핵심적 변화의 패턴들을 밝혀 줌으로써 우리가 그 변화에 영향을 미칠 수 있도록 해준다.

농업의 출현이 인간의 사회발전의 첫번째 전환점이고 산업혁명은 그 두번째의 대약진이었다는 매우 단순한 관념에서 출발하는 이 접근방법은 농업의 출현과 산업혁명이 각각 별개의 일시적인 사건이 아니라 일정한 속도로 움직이는 변화의 물결이라고 파악한다.

「제1물결」 이전의 인간들은 대부분 소규모의 이주집단을 이루어 채집·어업·수렵 또는 목축을 하면서 살았다. 그러다가 대충 1만 년 전쯤의 어느 시점에서 농업혁명이 시작되어 지구상에 서서히 퍼져가면서 부락·정착촌·농경지 그리고 새로운 생활방식이 확대되어 갔다.

「제1물결」 변화는 유럽에서 산업혁명이 일어나 제2의 거대한 세계적 변화의 물결이 시작된 17세기 말까지도 그 명맥을 유지하고 있었다. 이 새로운 과정 — 산업화 과정이 여러 나라와 여러 대륙으로 더욱 급속히 움직이기 시작했다. 이렇게 해서 이 두 가지 별개의 변화과정이 동시에, 그러나 서로 다른 속도로 지구 위로 퍼져나갔다.

오늘날 「제1물결」은 사실상 완전히 가라앉았다. 농업을 아직 모르는 사람들이라고는 남아메리카나 파푸아 뉴기니 등의 일부 소수 부족들이 있을 뿐이다. 그러나 이 거대한 「제1물결」의 힘은 이제 기본적으로 소진되었다.

한편 불과 수세기 동안에 유럽과 북아메리카 등 세계 일부 지역의 생활에 혁신을 가져 온「제2물결」은 지금도 계속 확대되고 있어 아직껏 기본적으로 농업사회에 머무르고 있는 여러 나라들이 앞을 다투어 제철소·자동차공장·섬유공장·철도·식품가공공장을 건설하고 있다. 산업화의 활기는 지금도 남아 있다.「제2물결」의 힘은 아직도 완전히 소멸되지 않았다.

그러나 이 과정이 아직 계속되고 있는 가운데 또 다른, 그리고 더욱 중요한 하나의 과정이 시작되었다. 제2차세계대전 후 수십년 동안 산업주의가 절정에 달해 있는 채로 아직 별로 알려지지 않았던「제3물결」이 지구 위에 밀려와 그 물결이 닿는 곳마다 모든 것을 변혁시키기 시작했다.

그러므로 오늘날 많은 나라들은 두 가지 또는 세 가지의 전혀 다른 변화의 물결들, 제각기 속도가 다르고 그 배후의 힘의 강도가 다르게 움직이는 물결들의 영향을 동시에 감지하고 있다.

이 책에서는 편의상「제1물결」 시대는 기원전 8,000년경에 시작되어 서기 1650~1750년경까지 아무런 도전도 받지 않은 채 이 지구를 지배해 왔다고 생각하기로 한다. 그 뒤로「제1물결」은 활력을 잃고「제2물결」이 기세를 올리기 시작했다.「제2물결」의 산물인 산업문명이 역시 절정에 이르를 때까지 지구를 지배했다. 미국에서 최근에 이러한 역사적 전환점이 마련된 것은 1955년경부터 시작되는 10년간이었다. 이 10년 동안에 화이트칼러와 서비스직 근로자의 수가 블루칼러 근로자의 수를 처음으로 앞지르게 되었다. 이 10년간은 또한 컴퓨터의 광범위한 도입, 민간 제트여객기 취항, 피임약 등 충격적인 여러가지 혁신을 보여준 기간이기도 하다.「제3물결」이 미국에서 세력을 펴기 시작한 것도 바로 이 기간중이었다. 그 후 이 물결은—기간은 약간씩 다르지만—영국·프랑스·스웨덴·독일·소련·일본 등 다른 산업국가에 파급되었다. 오늘날에는 모든 고도기술국가(high-technology nation)들이「제3물결」과 낡고 껍질만 남은「제2물결」의 경제·제도간의 충돌을 겪고 있다.

이 점을 이해하는 것이 우리 주변의 정치적·사회적 갈등의 의미를 파악하는 열쇠가 된다.

미래의 물결

어떤 특정한 사회를 지배하는 변화의 물결이 단 하나뿐이라면 미래의 발전패턴을 파악하기가 비교적 쉽다. 작가·예술가·언론인 등이 이 「미래의 물결」을 발견해 낸다. 이렇게 해서 19세기 유럽에서는 수많은 사상가·실업계 지도자·정치가 그리고 일반인들이 명확하고도 기본적으로 정확한 미래상을 가지고 있었다. 그들은 역사가 기계화 이전의 농업에 대한 산업주의의 궁극적 승리를 향해 나아가고 있다고 느꼈다. 또한 그들은 기술의 고도화, 도시의 대규모화, 수송수단의 고속화, 대중교육 등 「제2물결」이 가져올 여러가지 변화들을 매우 정확하게 예견했다.

이처럼 분명한 비전은 정치에 직접적인 영향을 미쳤다. 정당과 정치운동단체들도 미래를 삼각측량할 수가 있었다. 산업화 이전(pre-industrial)의 농업세력은 침범해 들어오는 산업주의, 「대기업」, 「노조 두목들」, 「악의 소굴인 도시들」에 맞서 배수진을 치게 되었다. 노동자와 사용자는 다가오는 산업사회의 주도권을 장악하기 위해 맞붙어 싸웠다. 산업사회에서의 그들의 역할을 개선하기 위해 그들의 권리를 분명히 밝힌 소수민족들은 취업 및 기업내 승진기회의 확대, 도시 주택문제의 해결, 임금인상, 공공교육의 확대 등을 요구하고 나섰다.

미래의 산업에 관한 이러한 비전은 또한 중요한 심리적 영향을 미쳤다. 찬성하지 않는 사람들도 있었다. 치열한, 때로 처참하기까지 한 싸움을 벌이는 사람들도 있었다. 불황과 호황기에 생활이 파탄된 사람들도 있었다. 그럼에도 불구하고 산업사회의 이 공통된 미래상은 전체적으로 선택의 범위를 명확히 해줌으로써 개개인이 자신들의 현 위치를 이해할 수 있게 해주었을 뿐 아니라 장래의 위치도 전망할 수 있게 해주었다. 이 미래상이 있었기에 그 극단적인 사회변화 속에서도 어느 정도의 안정과 자기의식을 유지할 수 있었다.

이와 반대로 한 사회가 둘 이상의 거대한 변화의 물결에 휩쓸려 어떠한 것이 우세한 것인지 명확하지 않을 때는 미래상이 분열하게 된다. 다가오는 변화와 모순의 의미를 밝혀내기가 극히 어려워진다. 물결 머리들(wave fronts)의 충돌로 인해 수많은 해류와 소용돌이가 맞부딪치는 사나운 대양이 이루어져 그 아래를 흐르는 보다 깊고 중요한 역사적 조류를 인식할 수 없게 된다.

오늘날 미국에서는—다른 여러 나라들과 마찬가지로—「제2물결」과 「제3물결」의 충돌이 사회적 긴장과 위험한 대립 그리고 낯선 새로운 정치적 물결 머리들을 조성하여 종전까지의 계급·인종·성·당파 등의 구분을 없애버리고 있다. 이같은 충돌로 인해 전통적인 정치용어들에 혼란이 일어나 진보와 반동, 적과 동지를 구별짓기가 매우 어렵게 되었다. 종전의 모든 양극관계와 협력관계가 붕괴되었다. 노동자와 사용자는 그들의 의견차이에도 불구하고 힘을 합해 환경보호론자들과 싸웠다. 한때 힘을 합쳐 인종차별에 대항하여 싸웠던 흑인과 유태인들이 이제는 원수가 되었다.

여러 나라에서 전통적으로 소득재분배 등「진보적」정책을 지지했던 노조가 이제는 여성의 권리·가족법·이민·관세·지역감정 등에 관해「반동적」입장을 취하는 경우가 많아졌다. 전통적「좌익」이 이따금 친중앙집권주의자가 되거나 국수주의자가 되기도 하고 환경보호론자와 대립하기도 한다.

또한 우리는 지스카르 데스탱(Valéry Giscard d'Estaing)에서 카터(Jimmy James Earl Carter)나 브라운(Jerry Brown) 등에 이르는 여러 정치가들이 경제문제에 대해서는「보수적」입장을 지지하면서도 예술·성도덕·여성의 권리 또는 생태계 규제 등에 대해서는「자유주의적」입장을 취하고 있음을 보게 된다. 사람들이 어리둥절하여 우리가 사는 세계를 이해하려는 노력을 포기해 버리는 것도 당연하다.

반면에 언론기관들은 얼핏 서로 무관한 것처럼 보이는 여러가지 혁신, 반전, 기괴한 사건, 암살, 납치, 우주선 발사, 정부의 붕괴, 특공대 기습작전, 스캔들 같은 것을 연일 보도하고 있다.

정치생활의 일관성 상실은 퍼스낼리티(personality) 파탄으로 나타난다. 정신요법사와 도사들이 성업을 이룬다. 사람들은 정신요법사들의 경쟁 속에서 원시적 괴성과 환각 사이를 정처없이 방황한다. 그들은 우상숭배와 마녀의 집회에 빠져들든지, 아니면 현실은 불합리하고 제정신이 아니고 무의미하다는 생각에서 병적인 소극주의에 침잠해 버리고 만다. 거대한 우주적 관점에서 본다면 인생은 사실 불합리한 것일지도 모른다. 그러나 이 말이 오늘날의 여러 사건들에 아무런 패턴도 없음을 입증하는 것은 아니다. 실제로 「제3물결」의 변화와 사라져 가는 「제2물결」과 관련된 변화를 구별하기만 하면 곧장 간파할 수 있는 숨겨진 질서가 뚜렷하게 존재하고 있다.

이 물결 머리들의 충돌에 의해 생성되는 모순들을 이해하게 되면 보다 분명한 여러가지 미래상을 얻을 수 있을 뿐 아니라 우리에게 작용하고 있는 정치적·사회적 요인들을 투시하는 X광선도 얻게 된다. 그것은 또한 역사에 대한 우리 자신의 개인적 역할을 통찰할 수 있도록 해준다.

이 변화의 물결들이 충돌하여 일어나는 역류는 우리들의 직업, 가정생활, 성에 관한 태도, 개인적 도덕성 등에 반영된다. 이러한 역류는 우리들의 생활방식과 투표행위에도 나타난다. 우리가 그것을 알든 모르든간에 부유한 국가에 사는 대부분의 사람들은 개인생활과 정치적 행위에 있어 기본적으로 사라져 가는 질서를 유지하려고 전념하는 「제2물결」의 사람들이거나, 현재와 근본적으로 다른 미래를 건설하고 있는 「제3물결」의 사람들이거나 아니면 양자가 혼합되어 혼란에 빠진 자기부정적 인간들일 수밖에 없기 때문이다.

황금충과 자객

「제2물결」 집단과 「제3물결」 집단간의 충돌은 실제로 오늘날 우리 사회 전반을 관통하는 핵심적인 정치적 긴장관계를 조장하고 있다. 오늘날 정당이나 입후보자들이 무엇이라고 설득하건간에 그들이 벌이고 있는 난투극은 쇠퇴해 가는 산업주의체제의 찌꺼기 중에서 누가 최대의 이익을 짜내느냐를 둘러싼 분쟁에 불과하다. 다시 말해 그들은 침몰중인 타이타닉호의 갑판 의자를 차지하려고 다투고 있는 셈이다.

후술하는 바와 같이 보다 근본적인 정치문제는 누가 산업사회의 마지막 날들을 관장하느냐가 아니라 이에 대신하여 급속도로 등장하고 있는 새로운 문명을 누가 형성하느냐 하는 데 있다. 단기적인 정치적 분쟁으로 우리들의 에너지와 주의력이 소진되고 있는 사이에 그 밑바닥에서는 이미 훨씬 더 의미심장한 투쟁이 전개되고 있다. 투쟁의 한쪽 당사자는 지난 날의 산업사회를 열렬하게 지지하는 사람들이며 다른 한쪽의 당사자는 식량·에너지·군축·인구·빈곤·자원·생태계·기후·노령자 문제·도시공동체의 붕괴·고생산성 고임금 노동의 필요성 등 세계의 가장 시급한 당면문제들이 이제는 산업질서의 테두리 안에서 해결될 수 없음을 인정하는 수백만의 사람들이다.

이 분쟁은 내일을 위한 「초투쟁(super-struggle)」이다.

「제2물결」의 기득권자들과 「제3물결」 사람들간의 이같은 대결은 이미 모든 나라의 정치생활에 전류처럼 퍼지고 있다. 심지어 비산업국가(non-industrial country)들에서조차도 「제3물결」의 도래 때문에 종전의 전선(戰線)을 전면적으로 다시 그을 수밖에 없게 되었다. 종전에 농업사회 또는 봉건사회의 이해당사자들이 자본가나 사회주의자 등 산업사회 엘리트들을 상대로 벌였던 싸움이 이제는 산업주의의 쇠퇴와 함께 새로운 양상을 띠게 되었다. 「제3물결」 문명이 모습을 드러내고 있는 지금 급속한 산업화는 신식민주의와 빈곤으로부터의 해방을 의미하는가, 아니면 실제로는 영속적인 종속을 보장하는 것인가?

이처럼 폭넓은 배경을 감안할 때라야만 우리는 비로소 신문제목의 의미를 이해하고 우선순위를 가려내어 우리 생활의 변화를 통제할 현명한 전략을 마련할 수 있게 된다.

필자가 이 책을 집필하는 동안 신문의 1면은 이란에서의 정치적 혼란과 인질사건, 한국의 암살사건, 급증하는 금 투기, 미국내 유태인과 흑인간의 반목, 서독 군비예산의 대폭 증액, 롱 아일랜드에서의 십자가 화형 집행, 멕시코만의 대량 석유 유출사건, 사상최대의 반핵집회 그리고 방송주파수 관장을 위한 부국과 빈국간의 싸움 등을 보도하고 있다. 종교적인 각성 운동의 물결들이 리비아·시리아·미국 등에서 충돌하고 네오파시스트(neofascist) 광신자들은 파리에서 발생한 암살사건이 자신들의 「소행」이라고 주장하고 있다. 또 미국의 제너럴 모터스사(GM/General Motors Corp.)는 전기자동차의 기술적 돌파구가 마련되었다고 발표하고 있다. 이같은 단편적 신문기사들은 통합성 또는 종합성을 크게 외치고 있다.

오늘날 산업주의를 보존하려는 사람들과 이를 밀어내려는 사람들간의 치열한 싸움이 벌어지고 있다는 점을 깨닫는다면 우리는 세계를 이해할 수 있는 강력하고도 새로운 열쇠를 갖게 된다. 그리고 더욱 중요한 것은—국가정책을 수립하는 경우에나 기업전략 또는 개인생활의 목표를 수립하는 경우에도—그 세계를 변화시킬 새로운 도구를 얻게 된다는 점이다.

그러나 이 도구를 이용하려면 우리는 낡은 산업문명을 연장시켜 주는 변화들과 새로운 문명의 도래를 촉진시키는 변화들을 명백히 구별할 수 있어야 한다. 요컨대 우리는 낡은 것과 새로운 것 모두를, 다시 말해 우리들이 태어난 「제2물결」의 산업주의체제와 우리가 앞으로 살아가게 될 「제3물결」 문명 모두를 이해해야만 한다.

그러면 이제 「제3물결」을 탐구하기에 앞서 다음의 몇 개 장에 걸쳐 최초의 두 가지 물결들에 관해 보다 상세히 관찰해 보기로 한다. 이제 「제2물결」 문명은 여러가지 잡다한 요소들의 우연한 뒤범벅이 아니라 여러 구성요소들이 다소라도 예측 가능한 방법으로 상호작용을 하는 하나의 「체계」라는 점과 나아가서 산업사회의 기본적 생활패턴이 각국의 문화적 유산이나 정치적 차이에 상관없이 나라마다 동일한 것이었다는 점을 살펴보고자 한다. 이것이 오늘날 「반동세력」—「좌익」이건 「우익」이건—이 보존하기 위해 싸우고 있는 문명이다. 바로 이 세계가 역사상 문명변화를 가져온 「제3물결」에 의해 위협받고 있다.

제3물결

제 Ⅱ 부

제2물결

2
문명의 구조

300년 전 그 앞뒤로 약 반세기의 시간적 차이를 두고 하나의 폭발이 일어나 전세계를 뒤흔드는 충격파를 던지면서 옛 사회들을 붕괴시키고 전혀 새로운 문명을 만들어 냈다. 이 폭발이 바로 산업혁명이었다. 이에 따라 거대한 해일—「제2물결」—이 지구 위로 퍼져 나가 과거의 모든 제도들과 충돌하면서 수백만 명의 생활방식을 변화시켰다.

「제1물결」 문명이 지배한 수천년 동안 지구상의 인구는 「원시인」과 「문명인」의 두 개 범주로 구분할 수 있었다. 소규모의 무리나 부족을 이루어 채취나 수렵·어업으로 살았던 이른바 원시인들은 농업혁명의 혜택을 받지 못했다.

반면에 「문명」세계는 정확하게 말해서 대부분의 사람들이 토지를 경작하는 그런 지역이었다. 농업이 일어나는 곳마다 문명이 뿌리를 내렸다. 중국과 인도로부터 베닌(Benin)과 멕시코에 이르기까지 그리고 그리스와 로마에서 여러 문명이 흥망성쇠와 싸움을 거듭하면서 끊임없이 다채롭게 서로 융화되었다.

그러나 이들 문명권의 차이의 밑바닥에는 기본적인 유사성이 깔려 있었다. 이 모든 문명들에서는 토지가 경제·생활·문화·가족구조 및 정치의 기반을 이루었다. 어느 경우에나 부락을 중심으로 생활이 영위되었다. 간단한 분업이 이루어졌고 귀족·승려·무사·천민·노예·농노 등 몇 가지 뚜렷이 구분된 카스트(caste)와 계급(class)이 등장했다. 권력은 엄격하게 전제적이었다. 가문이 평생의 지위를 결정했다. 그리고 어느 경우에나 경제는 탈중앙집권화(decentralization)되어 있어서 각 공동체가 대부분의 생필품을 자급했다.

역사에는 단순한 것이 없기 때문에 여러가지 예외도 있었다. 뱃사람들이 바다를 건너 다니면서 가꾼 상업문화권도 있었고 거대한 관개시설을 중심으로 조직된 고도의 중앙집권적 왕국들도 있었다. 그러나 이 같은 여러가지 차이에도 불구하고 얼핏 특수한 것처럼 보이는 문명들도 사실은 모두가 「제1물결」에 의해 보급된 한 가지 현상, 즉 농업문명의 특수한 케이스들이라고 보는 것이 옳다.

「제1물결」이 지배한 기간중에도 장래를 예견케 하는 몇 가지 암시가 있었다. 고대 그리스와 로마에도 초기단계의 대량생산 공장들이 있었다. 그리스의 어떤 섬에서는 기원전 400년에, 그리고 버마에서는 서기 100년에 석유를 생산했다. 바빌로니아와 이집트에서는 방대한 관료체제가 번창했다. 아시아와 남아메리카에서는 거대한 도시들이 성장했다. 화폐가 있었고 교환도 이루어졌다. 중국(Cathay)에서 프랑스의 칼레(Calais)에 이르기까지 여러 통상로가 사막과 바다 그리고 산악지방으로 교차되었다. 자치단체와 초기의 국가(nation)도 존재했다. 심지어 고대 알렉산드리아에는 놀랍게도 선구적인 증기기관까지 있었다.

그런데도 그 어느 곳에나 다소라도 산업문명이라고 부를 만한 것은 존재하지 않았다. 소위 미래를 일별케 해준다는 것들도 단순히 시간적·공간적으로 여기저기 흩어진 역사상의 기묘한 현상들에 불과했다. 이런 현상들이 일관성있는 체계를 이루지 못했고 이룰 수도 없었다. 그러므로 우리는 1650년에서 1750년까지도 역시 「제1물결」 시대라고 말할 수 있다. 곳곳에 원시적인 요소가 남아 있었고 산업사회의 도래를 암시하는 것들이 있었음에도 불구하고 역시 농업문명이 지구를 지배했고 그러한 현상이 영원히 계속될 것처럼 보였다.

바로 이 세계에서 산업혁명이 일어나 「제2물결」을 일으킴으로써 낯설고 강력하고 열화와 같이 활력에 넘친, 그때까지의 문명과는 대조적인 문명을 창조했다. 산업주의라는 것을 단순히 공장굴뚝이나 조립라인이라고만 보아서는 안된다. 산업주의는 인간생활의 모든 측면에 영향을 미치고 지난 날 「제1물결」의 모든 국면에 공격을 가한 풍성하고도 다양한 사회제도였다. 그것은 디트로이트 교외에 거대한 윌로우 런(Willow Run) 공장을 만들어 냈을 뿐 아니라 농장에는 트랙터를, 사무실에는 타이프라이터를 그리고 부엌에는 냉장고를 가져다 놓았다. 그것은 일간신문과 영화, 지하철과 DC-3 여객기 등을 만들어 냈다. 그리고 입체파 미술(cubism)과 12음조 음악을 가져다 주었다. 또한 바우하우스(Bauhaus) 학파의 건축물들과 바르셀로나(Barcelona) 양식의 의자, 농성 파업, 비타민제, 그리고 수명의 연장 등을 가져다 주었다. 팔목시계와 투표함을 대중화시켰다. 그러나 보다 중요한 것은 산업주의가 이 모든 것들을 하나로 묶어 — 마치 기계처럼 조립하여 — 역사상 가장 강력하고 일관성있고 광범위한 사회제도, 즉 「제2물결」 문명을 형성했다는 점이다.

폭력적인 해결

「제2물결」이 여러가지 다양한 사회들을 휩쓸면서 옛 농업문명을 옹호하는 세력과 미래의 산업사회를 옹호하는 세력간에 피비린내나는 장기적 전쟁을 불러일으켰다. 「제1물결」과 「제2물결」 세력이 정면 충돌하는 와중에서 방해가 되는 「원시인」들은 구석으로 밀려나거나 대량살육을 면치 못했다.

미국에서는 유럽인들이 도착하여 이곳에 「제1물결」인 농업문명을 세우려고 시도하면서부터 충돌이 시작되었다. 백인들의 농업문명 조류가 무자비하게 서쪽으로 밀고 나가 인디언들을 쫓아내고 멀리 태평양에 이르기까지 농장과 농촌을 이룩했다.

그러나 그 농민들의 뒤를 바짝 좇아서 미래의 「제2물결」 첨병인 초기 산업인들도 도착했다. 그 결과 뉴잉글랜드 지방과 대서양 연안 여러 주에 공장과 도시들이 들어섰다. 19세기 중반까지 동북지방은 무기·시계·농기구·섬유제품·재봉틀 등을 생산하는 공업지대로 급성장했으며 반면에 그밖의 지역은 여전히 농업세력이 장악하고 있었다. 이 「제1물결」과 「제2물결」간의 경제적·사회적 긴장이 고조되어 결국 1861년에 무장폭력 사태가 터졌다.

이 남북전쟁은 많은 사람이 생각하는 것처럼 노예제도의 도덕적 문제나 관세문제와 같은 폭이 좁은 경제문제만을 둘러싼 것이 아니었다. 이 전쟁은 이보다 훨씬 중요한 문제를 놓고 싸운 것이었다. 즉 이 풍요한 신대륙을 「제1물결」 세력인 농민이 지배할 것인가 아니면 「제2물결」 세력인 산업가들이 지배할 것인가, 미국을 장차 농업사회로 만들 것인가 아니면 산업사회로 만들 것인가의 문제였던 것이다. 북군이 승리함으로써 주사위는 던져졌다. 미국의 산업화가 보장된 것이다. 그 후로 경제적·정치적·사회적·문화적 생활에서 농업은 후퇴하고 공업이 상승세를 보였다. 「제1물결」은 퇴조를 보이고 「제2물결」이 요란하게 밀어닥쳤다.

두 문명간의 이같은 충돌은 다른 곳에서도 터졌다. 1868년에 시작된 일본의 명치유신 역시 과거의 농업세력과 미래의 산업세력간의 싸움을 똑같이 재연한 것이었다. 1876년의 봉건제 폐지, 1877년 사쓰마항(薩摩藩)의 반란, 1889년의 서방식 헌법 채택 등은 모두가 일본판 「제1물결」과 「제2물결」간의 충돌을 반영하는 것이었고 일본이 주요 산업국가로 등장하는 첫걸음이었다.

러시아에서도 이같은 「제1물결」과 「제2물결」 세력간의 충돌이 일어났다. 1917년 혁명은 러시아판 남북전쟁이었다. 이 혁명은 그 겉모양과는 달리 공산주의를 둘러싼 것이 아니라 이 역시 산업화 문제를 쟁점으로 삼은 싸움이었다. 볼셰비키는 농노제도와 봉건왕조의 마지막 잔재를 쓸어버린 후 농업을 뒷전으로 제쳐 놓고 의식적으로 산업주의를 촉진시켰다. 볼셰비키는 「제2물결」 정당이 되었다.

「제1물결」과 「제2물결」 세력간의 이러한 충돌이 이 나라 저 나라에서 잇달으면서 정치적 위기·동란·파업·봉기·쿠데타·전쟁이 도처에서 일어났다. 결국 20세기 중반에 와서는 「제1물결」 세력은 완전히 붕괴되고 「제2물결」 문명이 세계를 지배하게 되었다.

오늘날 하나의 산업사회 벨트가 지구 북반구의 북위 25도선과 65도선 사이에 형성되어 있다. 북아메리카에서는 약 2억 5,000만 인구가 산업화된 생활방식을 영위하고 있다. 서유럽에서도 스칸디나비아 반도 남부에서 이탈리아에 이르는 지역에 역시 2억 5,000만 가량의 인구가 산업주의하에서 살고 있다. 그 동쪽에는 동유럽 및 소련의 서부지역을 포함하는「유라시아」공업지대가 있어 또 다른 2억 5,000만의 인구가 산업사회에서 살고 있다. 끝으로 일본과 홍콩·싱가포르·대만·오스트레일리아·뉴질랜드 그리고 한국과 중국 본토의 일부를 포함하는 아시아 공업지대에 이르면 역시 2억 5,000만 가량의 산업화된 인구가 살고 있다. 이렇게 해서 결국 오늘날 산업문명은 대략 전체 세계인구의 4분의 1에 해당하는 10억의 인구를 포용하고 있다.*

이 모든「제2물결」사회는 언어·문화·역사 및 정치가 크게 달라 이 때문에 전쟁까지도 일어나고 있을 정도이지만 그럼에도 불구하고 여러가지 공통적인 특징들을 지니고 있다. 이들 잘 알려진 이질성의 밑바닥에는 유사성이라는 숨겨진 기반암이 깔려 있는 것이 사실이다.

따라서 오늘날 충돌하고 있는 변화의 물결들을 이해하려면 이들 모든 산업국가들의 유사한 구조들, 즉「제2물결」문명의 숨겨진 구조를 분명히 밝힐 수 있어야 한다. 지금 이 산업화의 구조 자체가 붕괴되고 있기 때문이다.

살아있는 축전지

낡은 문명이건 새로운 문명이건간에 모든 문명의 전제조건은 에너지이다.「제1물결」사회는 그 에너지를「살아있는 축전지(living battery)」—즉 인력이나 축력—또는 태양열·풍력·수력 등에서 끌어냈다. 취사와 난방을 위해서는 산림을 벌채했다. 물레방아가 맷돌을 돌렸다. 바다의 조력을 이용한 물레방아도 있었다. 들판에는 풍차들이 세워졌다. 쟁기는 짐승들이 끌었다. 프랑스혁명 당시까지만 해도 유럽은 약 1,400만 마리의 말과 2,400만 마리의 소를 에너지원으로 사용한 것으로

---

* 이 책에서는 편의상 세계 산업주의체제가 대략 1979년을 기준으로 북아메리카·스칸디나비아·영국 및 아일랜드·동서 유럽(포르투갈·스페인·알바니아·그리스 및 불가리아 제외)·소련·일본·대만·홍콩·싱가포르·오스트레일리아 및 뉴질랜드를 포함하는 것으로 정의하고자 한다. 물론 그밖에도 여기에 포함시킬 만한 나라들이 있을 것이다. 또한 멕시코의 몬테레이와 멕시코시티, 인도의 봄베이 등의 경우처럼 비산업국가들 내부의 산업화 지역을 포함시키는 것도 가능할 것이다.

추정되었다. 이처럼 「제1물결」 사회는 모두가 재생 가능한 에너지원을 이용했다. 결국 자연이 벌채된 산림, 돛을 밀어주는 바람, 외륜(外輪)을 돌려주는 강물을 계속 공급해 주었다. 심지어 짐승과 사람도 보충이 가능한 「에너지 노예(energy slave)」였다.

이에 반해 「제2물결」 사회는 모두가 석탄·가스·석유 등 재생 불가능한 화석연료를 에너지원으로 삼았다. 뉴코먼(Thomas Newcomen)이 1712년에 실용적인 증기기관을 발명함으로써 시작된 이 혁명적 변화는 인간문명이 역사상 처음으로 자연이라는 자본이 제공하는 이자에만 의지하지 않고 이제 자연의 자본을 잠식하게 되었음을 뜻하는 것이었다.

이같은 지구상의 비축된 에너지 잠식은 산업문명에 보이지 않게 도움을 주어 경제성장을 크게 가속화시켰다. 그 뒤로 지금까지 「제2물결」이 휩쓸고 지나간 모든 나라들은 값싼 화석연료를 무한정 얻을 수 있다는 전제하에 기술적·경제적 구조물들을 높이 쌓아 올렸다. 동서양의 자본주의 산업사회나 공산주의 산업사회를 막론하고 이같은 변화는 분산된 에너지에서 집중된 에너지로 재생 가능한 에너지에서 재생 불능의 에너지로, 그리고 여러가지 다양한 에너지원에서 소수의 연료로 전환하는 똑같은 양상으로 나타났다. 화석연료가 모든 「제2물결」 사회의 에너지 기반을 형성했다.

기술의 요람

새로운 에너지 체계로의 도약은 동시에 기술분야의 거대한 발전을 가져왔다. 「제1물결」 사회는 2000년 전 비트루비우스(Vitruvius Pollio)가 말한 이른바 「필요한 발명」에 의존했던 것이 사실이다. 그러나 이들 초기에 발명된 윈치, 쐐기, 쇠뇌, 포도 짜는 기구, 지렛대, 기중기 같은 것은 주로 인력이나 축력을 증폭시키기 위해 사용되었다.

「제2물결」은 기술을 전적으로 새로운 차원으로 끌어 올렸다. 「제2물결」은 여러가지 부품과 벨트·호스·베어링·볼트 등을 움직여 덜거덕거리면서 톱니바퀴를 물고 돌아가는 거대한 전기기계들을 만들어 냈다. 그리고 이 새로운 기계들은 단순한 근육의 힘을 증가시키는 이상의 일을 해냈다. 산업문명은 기술에 감각기관을 부여하여 인간보다 훨씬 더 정확하고 정밀하게 듣고 보고 촉감을 느낄 수 있는 여러가지 기계들을 창조해 냈다. 산업문명은 또한 새로운 기계들을 무한히 발전시켜 만들어 낼 수 있는 기계, 즉 공작기계를 발명해 냄으로써 기술에 요람(womb)을 제공해 주었다. 더욱 중요한 것은 산업문명은 여러가지 기계들을 한지붕 밑에 모아 상호연관된 체계를 이루게 하여 공장을 만들어 내고 나아가서는 공장내에 조립라인을 만들어 냈다는 사실이다.

이러한 기술적 기반 위에서 수많은 산업이 일어남으로써 「제2물결」 문명은 그 뚜렷한 특징을 갖게 되었다. 처음에는 석탄·섬유 및 철도산업이, 그 다음에는 철강·자동차 제조·알루미늄·화학 및 가정용품 산업이 일어났다. 거대한 공업도시들이 들어섰다. 섬유공업 도시인 프랑스의 릴과 영국의 맨체스터, 자동차공업 도시인 디트로이트, 철강공업 도시인 독일의 에센과 소련의 마그니토고르스크(Magnitogorsk) 등 수백개의 공업도시가 나타났다.

이들 공업 중심지에서 셔츠·구두·자동차·시계·장난감·비누·샴푸·카메라·기관총·전동기 등 동일한 제품들이 수도 없이 쏟아져 나왔다. 새로운 기술이 새로운 에너지체계를 동력으로 삼아 대량생산의 문을 열어 주었다.

주홍빛 탑

그러나 대량생산은 이와 병행하여 유통체제의 변화가 수반되지 않으면 아무런 의미가 없었다. 「제1물결」 사회에서 상품은 수공업적인 방법으로 만드는 것이 일반적이었다. 제품은 언제나 주문생산으로 만들어졌다. 유통의 경우도 대체로 마찬가지였다.

서방의 낡은 봉건질서의 균열이 확대되면서 상인들은 대규모의 복잡한 무역회사들을 만들어 낸 것은 사실이다. 이런 회사들이 전세계에 걸쳐 통상로를 개척하고 상선단과 대상(隊商)을 조직했다. 이들은 유리·종이·명주·육두구(역주 약용·조미료로 쓰이는 상록 교목)·차·포도주·양모·쪽빛 물감·육두구 껍질 향미료 등을 팔았다.

그러나 이 제품들은 대부분 소규모 점포 또는 시골구석까지 등에 지거나 수레를 끌고 다니는 행상들을 통해 소비자에게 전달됐다. 엉망인 통신사정과 원시적인 수송수단이 시장을 완전히 한정시켰다. 이들 소규모 점포의 주인과 떠돌아 다니는 행상들은 아주 몇 가지 안되는 상품만을 판매했고 그나마 몇달 또는 몇년 동안이나 이런저런 상품들이 품절되는 경우가 많았다.

「제2물결」은 이처럼 시대에 뒤떨어져 있고 수요에 응할 수 없게 된 유통체계에 변혁을 가져왔다. 그것은 보다 널리 알려진 생산부문의 발전못지 않게 그 나름대로 철저한 변혁이었다. 철도·도로 및 운하가 오지를 개방시켰다. 그리고 산업주의와 더불어 최초의 백화점, 이른바 「상업의 전당(palace of trade)」이 나타났다. 중개인·도매상인·위탁판매인·제조업자의 대리인 등 복잡한 조직망이 형성되고 드디어 1871년에는 하트포드(George Huntington Hartford)가 뉴욕에 최초의 상점을 개설했다. 건물에는 주홍빛 페인트를 칠하고 출납창구는 중국의 탑(pagoda)처럼 생긴 이 상점은 그 뒤 포드(Henry Ford)가 생산부문에서 이룩한 것과 맞먹는 변혁을 유통부문에서 일으켰다. 하트포드는 세계 최초의 맘모스 체인점 체계인 「대서양·태평양 차 회사(The Great Atlantic and Pacific Tea Co.)」를 설립함으로써 유통산업을 기존의 것과는 전혀 새로운 단계로 발전시켰다.

단골을 상대로 하던 유통이 기계와 마찬가지로 모든 산업사회의 공통적이고 핵심적인 요소가 된 대량유통과 대량판매에 밀려 자리를 양보했다.

이러한 모든 변화들을 한데 묶어 이를 「기술영역」의 변혁이라고 부를 수 있을 것이다. 모든 사회는 원시사회건 농업사회건 산업사회건간에 에너지를 사용하여 물건을 만들고 유통시킨다. 어떠한 사회에서나 에너지체계·생산체계·유통체계는 보다 큰 어떤 체계의 구성요소로서 서로 연관되어 있다. 이렇게 보다 큰 체계가 바로 「기술영역」이다. 이 체계는 각 사회발전단계마다 특징적인 형태를 가지고 있다.

「제2물결」이 지구를 휩쓸면서 농업기술영역은 공업기술영역으로 대체되었다. 재생 불가능한 에너지는 대량생산체계와 직결되어 마침내

고도로 발전된 대량유통체계에 상품을 쏟아 넣게 되었다.

유선형 가족

그러나 「제2물결」의 기술영역은 이를 수용할 수 있는 혁명적 「사회영역」을 필요로 했다. 즉 근본적으로 새로운 사회조직 형태가 필요했다.

예컨대 산업혁명 이전에는 가족형태가 나라마다 달랐다. 그러나 농업이 지배하는 사회에서는 어디서나 아저씨·아주머니·친척·조부모·사촌 등과 함께 다세대의 대가족을 이루어 한지붕 밑에 살면서 모두가 하나의 경제생산단위로서 공동으로 일하는 경향이 있었다. 인도의 「공동가족(joint family)」, 발칸 지역의 「자드루가(zadruga)」, 서유럽의 「확대가족(extended family)」 등이 그것이다. 그리고 가족은 이동하지 않고 토지에 뿌리를 박고 살았다.

「제2물결」이 「제1물결」 사회를 휩쓸면서 가족은 변화의 긴장을 겪기 시작했다. 각 가정마다 물결 머리들의 충돌로 가부장권에 대한 침해, 부자관계의 변화, 새로운 예절 관념 등 여러가지 분쟁이 일어났다. 경제적 생산의 터전이 농토에서 공장으로 옮겨감에 따라 가족은 이제 한 개의 단위로서 함께 일하지 않게 됐다. 노동력을 공장으로 내보내기 위해 가족의 주요 기능은 새로운 여러 전문기관들이 분담하게 되었다. 자녀교육은 학교에 맡겨졌다. 노령자의 보호는 구빈원·양로원·요양원 등이 떠맡게 되었다. 무엇보다도 이 새로운 사회는 이동성을 요구했다. 직장을 따라 이곳저곳으로 이동하는 노동자들을 필요로 하게 되었다.

그러나 대가족은 노령자·환자·불구자와 수많은 자녀를 거느리고 있어 이동성을 가질 수가 없었다. 따라서 가족구조는 느리기는 하지만 고통스러운 변화를 겪지 않을 수 없었다. 가족은 도시 이주로 해체되고 경제적 폭풍으로 강타를 당함으로써 불필요한 친척들을 떨쳐버리고 이제는 보다 작고 이동성이 크고 또한 새로운 기술영역의 수요에 부응할 수 있는 것으로 변하게 되었다.

자본주의 사회이건 사회주의 사회이건 이제는 부모와 자녀 이외의 거추장스러운 친척을 배제한 이른바 핵가족(nuclear family)이 모든 산업사회의 표준적인 「근대적」 가족모델로 사회적 인정을 받게 되었다. 조상숭배사상으로 연장자에게 극히 중요한 역할이 부여되어 있는 일본에서조차도 「제2물결」의 진전에 따라 치밀하게 조직된 다세대의 대가족이 붕괴하기 시작했고 핵가족이 더욱 더 늘어났다. 요컨대 핵가족은 이제 모든 「제2물결」 사회에서의 공통적인 특징을 이루어 화석연료·제철소·체인점 등과 똑같이 「제2물결」 사회를 「제1물결」 사회로부터 확연히 구분하는 요인이 되었다.

내면적 교과과정

더구나 노동이 농토와 가정을 벗어남에 따라 자녀들은 공장생활에 적응해야만 하게 되었다. 우어(Andrew Ure)가 1835년에 지적했듯이 산업화 초기 영국의 광산·제분소·공장 소유자들은 『사춘기가 지난 사람들은 농촌출신이건 수공업에서 전입한 경우이건 유용한 공장노동자로 만들기가 거의 불가능』했다. 청소년을 사전에 산업주의체제에 적응시켜 놓았더라면 그 뒤의 산업훈련 문제를 크게 완화시켜 주었을 것이다. 이에 따라 「제2물결」 사회의 또 하나의 핵심구조인 대중교육이 나타나게 되었다.

대중교육은 공장모델에 의거하여 초보적인 읽기·쓰기·산수 그리고 약간의 역사 등을 가르쳤다. 그러나 이것은 「표면적 교과과정(overt curriculum)」에 불과했다. 그 이면에는 보이지는 않으나 훨씬 더 근본적인 「내면적 교과과정(covert curriculum)」이 있었다. 지금도 대부분의 산업국가들이 교육하고 있는 이 교과과정은 정확성(punctuality), 복종(obedience) 및 기계적 반복작업(repetitive work)의 3개 과정으로 이루어졌다. 공장노동은 특히 조립라인 근무자의 경우 노동자들의 정시 출근을 요구했다. 공장노동은 상사의 명령에 무조건 따르는 노동자를 요구했다. 또한 공장이나 사무실에서 노예처럼 일하면서 짐승처럼 반복작업을 해낼 수 있는 남녀 노동자들을 필요로 했다.

이렇게 해서「제2물결」이 여러 나라를 휩쓴 19세기 중반부터는 지나칠 정도로 교육발전이 이루어져 취학연령은 더욱 낮아지고 취학햇수는 더욱 길어졌으며(미국의 경우 1878년에서 1956년 사이에 35%가 연장되었다) 의무교육 연한도 어쩔 수 없이 연장되었다.

대중의 공공교육은 분명히 인간화를 위한 하나의 진전이었다. 1829년 뉴욕에서 일단의 기계공과 노동자들이 선언한 것처럼『교육은 생명과 자유에 이어 인류에게 부여된 가장 큰 축복』이었다. 그럼에도 불구하고「제2물결」의 학교들은 여러 세대의 청소년을 틀에 박힌 인간으로 만들어 전기기계 기술과 조립라인이 필요로 하는 말 잘 듣고 규격화된 노동력 형태로 배출해 냈다.

결국 핵가족제도와 공장형 학교제도는 청소년을 산업사회의 역할에 대비시키기 위한 종합체제의 일부를 형성하게 되었다. 이 점에 관해서도「제2물결」사회는 자본주의 사회이건 공산주의 사회이건 또는 북이건 남이건간에 모두가 비슷하였다.

죽지 않는 존재

모든「제2물결」사회에서는 앞의 두 가지 제도가 갖는 사회적 통제력을 확대해 준 제3의 제도가 등장했다. 주식회사(corporation)의 발명이 그것이다. 그때까지는 기업체라 하면 개인회사·가족회사 또는 합자회사가 일반적이었다. 주식회사도 있기는 했지만 극소수에 불과했다.

기업사학자 듀잉(Arthur Dewing)에 의하면 미국 독립 당시만 해도 합자회사나 개인회사가 아닌 주식회사가 지배적인 기업조직 형태가 되리라고는「아무도 생각하지 못했었다.」또 1800년까지만 해도 미국의 주식회사는 335개사에 불과했는데 그나마 그 대부분은 운하건설이나 유료도로 운영과 같은 공영에 가까운 사업체였다.

대량생산의 등장으로 이 모든 것이 뒤바뀌었다.「제2물결」기술은 한 개인이나 소수집단의 능력을 넘어선 방대한 자본축적을 필요로 했다. 투자할 때마다 전재산을 잃을 위험을 각오해야 한다면 사업주나 동업자는 위험성이 따르는 방대한 사업에 돈을 내놓기를 꺼리게 마련이다. 이들의 투자를 촉진하기 위해 유한책임이라는 개념이 도입되었다. 주식회사가 망하더라도 투자가는 자기의 투자액만큼만 손해보면 그만이고 그 이상의 피해는 받지 않게 되었다. 이같은 혁신적 제도는 투자의 급격한 증대를 가져왔다.

더구나 법원에서는 주식회사를 「죽지 않는 존재(immortal being)」로 취급함으로써 원래의 투자가가 사망해도 기업은 죽지 않게 되었다. 이에 따라 주식회사는 매우 장기적인 사업계획하에 과거 어느 때보다도 대규모 사업에 착수할 수 있게 되었다.

1901년에는 미국에 세계 최초로 10억 달러 규모의 기업체인 유나이티드 스테이츠 스틸사(United States Steel Corp.)가 등장했다. 이같은 자본집중은 종전에는 상상도 못했던 규모였다. 1919년에는 이같은 대기업의 수가 6개로 늘어났다. 실제로 사회주의와 공산주의 국가를 포함한 모든 산업국가들에서는 대기업이 경제생활의 본질적 특징을 이루게 되었는데 나라마다 그 형태는 다르더라도 그 실질내용(즉 조직)은 동일했다. 이상 세 가지 제도 — 핵가족・공장식 학교・대기업제도 — 는 모든 「제2물결」 사회를 특징짓는 사회제도가 되었다.

그리고 「제2물결」 세계 — 일본・스위스・영국・폴란드・미국・소련 등 — 에서 대부분의 사람들은 표준화된 생활궤도를 따르게 되었다. 즉 사람들은 핵가족에서 자라나 공장식 학교에 집단으로 들어갔다가 다시 공・사의 대기업에 종사하는 과정을 거치게 된 것이다. 「제2물결」의 한 가지 핵심적 제도가 이같은 생활양식의 매단계를 지배하게 되었다.

음악공장

이상과 같은 세 가지 핵심적 제도들을 중심으로 그밖의 여러가지 조직체가 생겨났다. 「제2물결」의 와중에서 정부부처・스포츠 클럽・교회・상공회의소・노동조합・각종 전문기관・정당・도서관・인종단체・취미단체 등 수많은 단체들이 나타나 각 집단이 서로 돕고 조정하고 견제하는 복잡한 조직생태가 조성되었다.

얼핏 보기에 이들 다양한 집단들은 무질서한 혼란상태를 이루고 있는 것처럼 보인다. 그러나 보다 면밀히 살펴보면 하나의 숨겨진 패턴이 드러난다. 모든「제2물결」나라들의 사회제도 발명가들은 공장이야말로 가장 선진적이고 능률적인 생산조직이라는 신념하에 이 공장의 원리를 다른 조직체에도 구현하려고 노력했다. 이렇게 해서 학교·병원·형무소·정부관료기구 등 여러 기관들이 분업·위계구조·냉정한 비인격성 등 공장의 여러가지 특징들을 본뜨게 되었다.

심지어 예술분야에서도 공장 특유의 몇 가지 원리들을 찾아보게 된다. 음악가·화가·작곡가·작가 등은 오랜 농업문명 지배 기간중의 관습처럼 후원자를 위해 일하지 않고 그대신 시장원리에 의해 보다 크게 좌우되게 되었다. 그들은 더욱 더 익명의 소비자를 위한「창작품」을 제작해 냈다. 그리고 이같은 변화가 모든「제2물결」국가에 파급되면서 예술품 제작의 구조 자체가 바뀌게 되었다.

음악이 그 좋은 예이다.「제2물결」의 도래에 따라 런던·비인·파리 등 도처에 콘서트 홀이 생겨났다. 이와 함께 매표소가 생겨났고 또 작품제작을 지원해 주고 문화소비자들에게 입장권을 판매하는 흥행주라는 이름의 기업가가 나타나게 되었다.

흥행주는 물론 표를 많이 팔아야 더 많은 수입을 올릴 수 있었다. 따라서 객석 수는 자꾸만 늘어갔다. 그러나 콘서트 홀이 대형화되면서 객석의 맨 끝줄에까지 잘 들릴 수 있는 큰 음량의 음악이 필요해졌다. 그 결과 실내악은 심포니 형식의 음악으로 바뀌게 되었다.

독일 출신의 미국 음악학자인 작스(Curt Sachs)는 그의 명저「악기의 역사(History of Musical Instruments)」에서『18세기중에 귀족문화가 민주적 문화로 이행함에 따라 소규모 살롱 등이 보다 큰 콘서트 홀로 대체되어 큰 음량이 필요하게 되었다』고 지적한 바 있다. 그러나 당시에는 음량 증대를 가능케 할 기술이 없었기 때문에 결국 필요한 음량을 만들려면 악기와 연주자의 수를 더 늘리는 수밖에 없었다. 그 결과로 근대 관현악단이 생겨났다. 베토벤(Ludwig van Beethoven)이나 멘델스존(J. L. Felix Mendelssohn-Bartholdy), 슈베르트(Franz Peter Schubert), 브람스(Johannes Brahms) 등이 작곡한 웅장한 관현악곡들은 바로 이 산업조직을 위한 것이었다.

관현악단은 심지어 그 내부구조에 있어서도 몇 가지 공장적 특징을 반영했다. 당초에는 관현악단에 지휘자가 없거나 연주자들이 수시로 돌아가면서 지휘를 맡았다. 그러나 나중에는 연주자들이 마치 공장이나 관청에서 일하는 근로자와 마찬가지로 여러 부처(.악기별 파트)로 나뉘어 각기 전체적 생산(음악)에 기여하면서 상급관리자(지휘자)나 또는 이보다 하급의 관리자인 직공장(제1바이올린 주자 또는 파트장)에 의해 조정받게 되었다. 이 조직은 그 제품을 대중시장에 판매했다. 나중에는 레코드 판이 제품으로 추가되었다. 이렇게 해서 음악공장(music factory)이 태어나게 되었다.

이같은 관현악단의 역사는 「제2물결」의 사회영역이 등장하여 그 세 가지 핵심조직과 함께 산업사회 기술영역의 수요와 스타일에 적합한 여러가지 다양한 조직들을 만들어 가는 과정을 설명해 주는 한 가지 예에 불과하다. 그러나 문명이라는 것은 단순히 기술영역과 이에 상응하는 사회영역만으로 이루어지는 것은 아니다. 모든 문명은 그밖에도 정보를 생산·유통시키는 이른바 「정보영역」을 필요로 한다. 그런데 「제2물결」은 이 면에서도 괄목할 만한 변화를 가져왔다.

종이 눈보라

모든 인간집단은 원시시대로부터 오늘날에 이르기까지 직접적인 인간 대 인간의 커뮤니케이션에 의존해 왔다. 그러나 시간과 공간을 가로질러 메시지를 보낼 수 있는 제도도 필요했다. 고대 페르시아인들은 「전령초소(call-post)」라고 불리우는 탑들을 만들어 놓고 그 위에 목소리가 날카롭고 큰 사람들을 배치하여 소리를 질러 이 탑에서 저 탑으로 메시지를 중계하도록 했다고 한다. 로마인들은 쿠르수스 푸블리쿠스(cursus publicus)라고 일컫는 광범위한 파발제도를 운영했다. 1305년부터 1800년 초까지는 이탈리아의 탁시스(Taxis)가가 유럽 전역에 걸쳐 일종의 파발마 업무를 운영했고 1628년경에는 2만 명의 파발꾼을 고용했었다. 청색과 은색의 제복을 입은 이 파발꾼들은 왕과 장군들, 상인들과 금융업자들이 주고받는 메시지를 가지고 유럽 대륙을 종횡으로 누볐다.

「제1물결」 문명에서는 이 모든 제도를 부자나 권력층만이 이용할 수 있었고 일반인들은 이용할 수 없었다. 역사학자 질리아쿠스(Laurin Zilliacus)에 의하면 『이 이외의 방법으로 편지를 보내려는 시도는 당국의 의심을 받거나…금지되었다』는 것이다. 요컨대 사람과 사람간의 직접적인 정보교환은 만인에게 개방되었으나 가족이나 부락의 범위를 벗어나는 새로운 정보전달제도는 일반인에게는 사실상 봉쇄되어 사회적·정치적 통제수단으로 사용되었다. 실제로 이 제도는 엘리트의 무기였다.

그러나 「제2물결」이 여러 나라로 파급되면서 이같은 커뮤니케이션 독점은 깨어지게 되었다. 그것은 부유층과 권력층이 갑자기 애타심을 갖게 된 결과로 일어난 현상이 아니라 「제2물결」 기술과 공장의 대량생산이 종전의 낡은 제도로는 도저히 수용할 수 없는 「대량적」 정보이동을 필요로 하게 된 결과로 나타난 현상이었다.

원시사회나 「제1물결」 사회의 경제적 생산이 필요로 하는 정보는 상대적으로 단순한 것이어서 가까운 곳에서 얻을 수 있는 경우가 대부분이었다. 이 시기의 정보는 대부분 말이나 몸짓의 형태였다. 이에 반해 「제2물결」 경제는 여러 장소에서 수행되는 작업의 엄격한 조정을 필요로 했다. 원료뿐 아니라 대량의 정보를 만들어 조심스럽게 유통시켜야만 했다.

이러한 이유 때문에 모든 나라는 「제2물결」이 본격화되자 앞을 다투어 우편업무를 시작하게 되었다. 우편제도는 조면기(繰綿機)나 다축방적기 못지 않은 매우 창의적이고도 사회적으로 유용한 발명이었기 때문에(지금은 많이 잊혀졌지만) 그 당시에는 커다란 열광을 불러일으켰었다. 미국의 웅변가 에버레트(Edward Everett)는 이렇게 선언했다. 『나는 우편국이 우리 근대문명에서 기독교 다음으로 큰 힘이 되고 있다고 생각하지 않을 수 없다.』

우편국이 산업화시대 커뮤니케이션의 문호를 처음으로 활짝 열어 주었다. 1837년에 이르러 영국 체신성은 엘리트층의 메시지만 전달하는데 그치지 않고 연간 약 8,800만 건의 우편물을 배달했다. 이것은 그 당시로서는 가히 커뮤니케이션의 홍수라 할 만한 규모였다. 산업화시대가 절정에 이르러 「제3물결」이 일기 시작한 무렵인 1960년에는 연간 우편물 취급건수가 이미 100억 건에 달해 있었다. 같은 해 미국 우정국의 국내우편 취급건수는 국민 1인당 355건에 달했다.*

그러나 산업혁명이 수반한 우편물의 급증은 「제2물결」에 따라 밀려오기 시작한 실제 정보량을 암시해 주는 것에 불과하다. 대규모 조직체 내부에는 이보다 훨씬 많은 메시지가 이른바 「마이크로 우편제도(micro-postal system)」를 통해 흘러들어 갔다. 메모(memo)는 공공의 통신채널에는 등장하지 않지만 이 역시 편지라 할 수 있다. 미국에서 「제2물결」이 절정에 달했던 1955년에 후버위원회(Hoover Commission)는 3대 기업체의 서류철을 조사했다. 이 위원회는 이들 기업체가 각기 종업원 1인당 3만 4,000건, 5만 6,000건 및 6만 4,000건의 문서와 메모를 철해 두고 있음을 밝혀냈다.

갑자기 늘어나는 산업사회의 정보수요를 문서만으로 대처한다는 것은 불가능했다. 따라서 19세기에는 전화와 전보가 발명되어 날로 늘어만 가는 커뮤니케이션 양에서 한 몫을 하게 되었다. 1960년 현재 미국의 하루 통화량은 2억 5,600만 건—연간 930억 건 이상—에 달했기 때문에 세계 최신의 전화장치와 망을 가지고도 감당할 수 없는 경우가 많았다.

이상의 모든 것은 본질적으로 일정한 시간에 개인과 개인이 메시지를 주고받는 시스팀이다. 그러나 대량생산과 대량소비를 발전시킨 사회는 한 사람의 송신자가 다수의 수신자에게 동시에 보내는 커뮤니케이션, 즉 대량 메시지의 전달수단도 필요로 한다. 산업화 이전의 사회에서는 경영자들이 필요할 경우에 몇 명 안되는 종업원들을 직접 집으로 방문할 수도 있었지만 산업사회의 경영자들은 수많은 종업원들과 1대 1의 커뮤니케이션을 가질 수 없다. 대량판매상이나 유통업자가 고객들과 1대 1의 커뮤니케이션을 갖는다는 것은 더 더욱 불가능했다. 「제2물결」 사회는 동일한 메시지를 많은 사람들에게 한꺼번에 싼 값으로 신속히 그리고 틀림없이 보낼 수 있는 강력한 수단이 필요했고 또

---

* 우편량은 한 나라의 전통적 산업화 수준을 보여주는 좋은 지표가 된다. 1960년에 「제2물결」 사회의 1인당 연평균 우편물 건수는 141건이었다. 그러나 「제1물결」 사회는 그 10분의 1밖에 안된다. 말레이시아와 가나는 1인당 12건, 콜롬비아는 4건이었다.

실제로 이를 발명했다.

우편업무는 동일한 메시지를 수백만 명에게 보낼 수 있었으나 신속히 보낼 수는 없었다. 전화는 메시지를 신속히 보낼 수는 있지만 수백만 명에게 동시에 보낼 수가 없었다. 이 갭을 메워준 것이 대중매체였다.

물론 오늘날에는 신문과 잡지의 대량발행이 모든 산업국가들의 표준적 일상생활의 일부가 되어 있어 오히려 당연한 것으로 여겨지고 있다. 그러나 전국적 차원의 이러한 간행물들의 증가는 여러가지 새로운 산업기술과 사회형태의 수렴적 발전을 반영하는 것이었다. 따라서 세르방 슈레베르(Jean-Louis Servan-Schreiber)는 대중매체가 가능해진 것은『출판물을 단 하루만에 유럽만큼 큰 한 나라 전체에 운반할 수 있는 철도, 몇 시간만에 수천만 부를 인쇄할 수 있는 윤전기, 전보 및 전화망…그리고 무엇보다도 의무교육으로 글을 읽을 수 있게 된 대중과 상품의 대량유통을 필요로 하는 산업들이 결합된 결과』라고 썼다.

신문과 라디오로부터 영화와 TV에 이르는 대중매체에서 우리는 다시 한번 기본적 공장원리의 구현을 찾아보게 된다. 그들 모두가 마치 공장이 수백만 가정의 사용을 위해 똑같은 제품을 찍어 내듯이 똑같은 메시지를 수백만 명의 두뇌에 찍어내고 있다. 대량생산된 표준화 제품 대신에 대량생산된 표준화「사실(fact)」이 소수의 집중화된 이미지 공장들로부터 수백만 소비자에게 흘러간다. 이 방대하고 강력한 정보유통체제가 없었더라면 산업문명은 형성되지도, 착실하게 기능하지도 못했을 것이다.

그렇게 해서 자본주의 사회건 사회주의 사회건 모든 산업사회에는 개인 메시지와 대량 메시지를 제품이나 원료처럼 능률적으로 유통시킬 수 있는 커뮤니케이션 채널, 즉 정교한 정보영역이 생겨나게 되었다. 이 정보영역은 기술영역 및 사회영역과 결합하여 경제적 생산과 개인의 행동을 통합하는 데 도움을 주었다.

이 세 가지 영역들은 보다 큰 체계내에서 각기 핵심적인 기능을 수행했으며 개별적으로는 존재할 수 없었다. 기술영역은 부를 생산하여 배분했고 사회영역은 그 수많은 관련조직들과 함께 체계내의 각 개인들에게 역할을 배정했으며 정보영역은 이 전체 체계가 작동하는 데 필요한 정보를 배정했다. 이 세 가지 영역이 사회의 기본골격을 형성했다.

여기서 모든 「제2물결」 국가들의 공통적 구조의 윤곽을 발견하게 된다. 즉 각국의 문화적·풍토적 차이나 인종적·종교적 유산과 상관없이, 그리고 각국이 사회주의를 표방하건 자본주의를 표방하건 상관없이 여기서 그 공통적 구조를 찾아보게 되는 것이다.

서독·프랑스·캐나다뿐 아니라 소련이나 헝가리에서도 비슷한 이들 기본적인 구조는 정치적·사회적·문화적 차이가 표현되는 한계를 설정해 주었다. 이들 구조는 어느 나라에서든지 낡은 「제1물결」 구조를 보존하려는 사람들과 오직 새로운 문명만이 낡은 구조의 고통스러운 문제들을 해결해 줄 수 있다고 믿는 사람들간의 치열한 정치적·문화적·경제적 싸움을 거치고서야 비로소 등장하게 되었다.

「제2물결」은 인류의 희망을 크게 확대시켰다. 인류는 역사상 처음으로 빈곤·기아·질병 및 전제정치를 타도할 수 있다는 신념을 갖게 되었다. 모렐리(Abbe Morelly), 오원(Robert Owen), 생시몽(Comte de Saint-Simon), 푸리에(François Marie Charles Fourier), 프루동(Pierre Joseph Proudhon), 블랑(Louis Blanc), 벨라미(Edward Bellamy) 등 수많은 유토피아 작가나 철학가들은 산업문명의 등장 속에 평화, 화합, 만인의 고용, 부나 기회의 균등, 특권신분의 폐지, 수십만년의 원시시대와 수천년의 농업문명 기간중에 영원불변할 것처럼 보였던 모든 조건들의 종식 등이 실현될 가능성을 발견했다.

만일 오늘날의 산업문명이 유토피아와는 거리가 있다고 생각된다면 —실제로 오늘날의 문명은 억압적이고 음울하고 생태적으로 위기에 처해 있고 전쟁위험이 있고 심리적 압박을 주는 것이 사실이지만—우리는 그 이유가 무엇인지를 이해할 필요가 있다. 이 문제에 대한 해답을 구하려면 「제2물결」의 정신(psyche)을 두 개의 적대적 부분으로 갈라놓은 거대한 쐐기(wedge)가 무엇인가를 먼저 살펴볼 필요가 있다.

3
보이지 않는 쐐기

「제2물결」은 종전에 항상 통일을 이루어 왔던 인간의 생활을 마치 핵분열의 연쇄반응처럼 격렬하게 두 쪽으로 갈라 놓았다. 이렇게 해서 「제2물결」은 우리의 경제·정신상태 그리고 심지어 성적 자아에까지도 거대한 눈에 보이지 않는 쐐기를 박아 놓았다.

한편에서는 산업혁명이 그 독특한 기술·사회제도 및 정보채널들이 모두 긴밀하게 연관된 매우 종합적인 사회체제를 조성했다. 그러나 또 다른 한편으로 산업혁명은 사회의 기본적인 통일성을 깨뜨려 경제적 긴장, 사회적 모순 그리고 심리적 불안으로 가득찬 생활방식을 조성했다. 오늘날 우리를 변모시키고 있는 「제3물결」의 충격을 완전히 이해하려면 먼저 「제2물결」 시대에 이 보이지 않는 쐐기가 우리 생활을 어떻게 변모시켰는지를 알아야만 한다.

「제2물결」이 인간생활을 두 개로 갈라 놓은 것은 곧 생산과 소비였다. 예를 들어 우리는 지금 스스로를 생산자 또는 소비자라고 생각하는 데 익숙해져 있다. 그러나 전에도 그랬던 것은 아니다. 산업혁명 이전에는 인간이 생산하는 모든 식량·재화·서비스의 대부분이 생산자 자신과 그의 가족 또는 자가소비를 위해 잉여물자를 가까스로 긁어모을 수 있었던 소수의 엘리트층에 의해 소비되었다.

대부분의 농업사회에서는 대다수 사람들이 아무렇게나 모여 거의 고립된 소규모의 공동체를 이루고 사는 농민들이었다. 그들은 자기가 간신히 먹고 주인을 즐겁게 해줄 정도의 농작물만 경작하면서 최저 수준의 생계를 유지하고 있었다. 그들은 식량을 장기간 저장할 방법을 알지 못했고 생산물을 먼 시장으로 운반하는 데 필요한 도로도 없었다. 또한 생산을 늘려봐야 노예 소유주나 봉건영주에게 빼앗길 뿐이라는 점을 잘 알고 있었기 때문에 증산이나 기술개선에 대한 의욕이 결핍되어 있었다.

물론 상업이라는 것이 있기는 했다. 우리는 소수의 용감한 상인들이 낙타나 수레 또는 배에 짐을 싣고 수천 마일이나 운반했다는 사실을 알고 있다. 또 도시의 발생이 농촌으로부터의 식량공급에 의존했다는 사실도 알고 있다. 1519년에 멕시코에 도착한 스페인 사람들은 이곳 틀라텔롤코(Tlatelolco)의 수많은 주민들이 보석·귀금속·노예·샌들·옷감·초컬릿·밧줄·가죽·칠면조·채소·토끼·개·도자기 등 여러가지 물건을 사고 파는 광경을 목격하고 깜짝 놀랐었다. 16세기와 17세기에 독일 금융업자들을 위해 발행된 민간신문인 「푸거 뉴스레터(Fugger Newsletter)」지는 당시의 무역이 얼마나 활발했던가를 전해 주고 있다. 인도의 코친(Cochin)발로 된 통신문은 유럽에 싣고 갈 후추를 사기 위해 5척의 배를 가지고 온 한 유럽상인의 활동을 상세히 기술하고 있다. 그 상인은 『후추사업은 좋은 장사이지만 비상한 열의와 인내심이 필요하다』고 말했다. 그는 그밖에도 유럽시장에 나갈 정향(丁香)·육두구 씨앗·밀가루·육계(肉桂)·육두구 껍질 향미료와 여러가지 약품들을 선적했다.

그러나 이 모든 상업활동은 농노나 노예의 자가소비용 생산량에 비하면 역사상 매우 작은 한 부분을 대표했을 뿐이다. 이 시기의 역사를 심도있게 연구한 브로델(Fernand Braudel)에 의하면 16세기 말에 프랑스·스페인에서 터키에 이르는 지중해 지역의 인구는 6,000만 내지 7,000만 명에 달했는데 이때까지만 해도 인구의 90%가 농사를 지으면서 오직 소량의 무역용 재화를 생산하고 있었다고 한다. 브로델은 『지중해 지역의 전체 생산량 중 60~70%는 전혀 시장경제에 유입되지 않았다』고 쓰고 있다. 지중해 지역조차도 이러한 형편에 있었다면 척박한 토지와 기나긴 겨울 때문에 농민들이 토지에서 잉여생산물을 얻어 내기가 더 한층 어려웠던 북부 유럽의 경우는 어떻게 생각해야 할까?

산업혁명 이전의「제1물결」경제가 두 개의 부문으로 구성되었다고 생각하면「제3물결」을 이해하는 데 도움이 될 것이다. 즉 사람들이 자가소비를 위해 생산하는 A부문과 거래 또는 교환을 위해 생산하는 B부문으로 구성되었다. A부문은 매우 크고 B부문은 매우 작았다. 따라서 대부분의 사람들에게 있어서 생산과 소비는 단순한 생활유지 기능으로 융합되었다. 이 통합이 매우 완벽했기 때문에 그리스인·로마인 및 중세 유럽인들은 양자를 구별하지도 않았다. 그들은 소비자라는 단어조차 가지고 있지 않았다.「제1물결」시대 전반을 통해 인구의 극소수만이 시장에 의존했을 뿐 대다수의 사람들은 대체로 시장과 상관없이 생활했다. 역사학자 토니(R. H. Tawney)의 말대로『자연경제의 세계에서는 금전거래가 주변적(변통적)이었다.』

「제2물결」은 이같은 상황을 크게 뒤바꾸어 놓았다. 기본적으로 자급자족을 하는 사람들과 공동체 대신에 역사상 최초로 압도적인 양의 식량·재화·서비스를 판매하고 물물교환이나 교환을 하기 위해 생산하는 상황이 조성되었다.「제2물결」은 자가소비—실제 생산자와 그 가족의 소비—를 위해 생산되는 생존용 재화(existence goods)를 사실상 일소해 버리고 그대신 아무도, 심지어 농민조차도 자급자족을 할 수 없는 문명을 창조해 냈다. 모두가 다른 사람이 생산한 식량·재화 및 서비스에 거의 전적으로 의존하게 되었다.

요컨대 산업주의는 하나였던 생산과 소비를 분열시키고 생산자와 소비자를 갈라놓았다. 생산과 소비가 융합된「제1물결」경제는 이 두 가지가 분리된「제2물결」경제로 변모되었다.

시장의 의미

이러한 분열은 매우 중대한 결과를 가져왔으나 우리는 아직도 이를 제대로 이해하지 못하고 있다. 첫째, 전에는 부차적이고 주변적인 현상이었던 시장이 생활의 소용돌이 속에 뛰어들게 되었다. 경제가「시장화」되었다. 그리고 자본주의건 사회주의건 모든 산업화 경제에서 이러한 현상이 일어났다.

서방 경제학자들은 시장이란 것을 순전히 자본주의적 생활실태로만 이해하는 경향이 있어 이 용어를 「이윤경제(profit economy)」와 동의어로 사용할 때가 많다. 그러나 역사가 말해 주는 바와 같이 교환은—따라서 시장은—이윤보다 먼저, 그리고 독자적으로 발생한 것이다. 정확히 말하면 시장이란 것은 재화나 서비스가 마치 메시지처럼 각기 적당한 목적지로 송달되는 교환조직 또는 문자 그대로 교환대에 지나지 않는 것으로서 자본주의만의 고유한 제도가 아니다. 시장이라는 교환대는 이윤동기형 산업사회뿐 아니라 사회주의적 산업사회에서도 마찬가지로 필수적이다.*

요컨대 「제2물결」이 몰려와 생산의 목적이 사용에서 교환으로 바뀌게 되면 이 교환이 일어날 수 있는 메커니즘이 있어야만 한다. 즉 시장이 있어야 한다. 그러나 시장은 수동적인 것이 아니다. 경제사학자 폴라니(Karl Polanyi)는 초기사회의 사회적 또는 지역문화적 목표에 종속되었던 시장이 어떻게 해서 산업사회의 목표를 설정하기에 이르렀는가를 설명해 주었다. 대부분의 사람들이 화폐체제로 흡수되었다. 상업적 가치가 중심문제로 되었고 자본주의 국가이건 사회주의 국가이건 경제성장(시장규모에 의해 측정된)이 각국 정부의 1차적 목표가 되었다.

시장은 팽창하면서 스스로를 강화해 나가는 제도였다. 초기의 분업이 상업을 촉진했던 것과 마찬가지로 이제는 시장 또는 교환대의 존재 그 자체가 분업을 더욱 촉진시켜 생산성의 급증을 가져오게 되었다.

---

* 교환대 기능을 하는 시장은 돈으로 거래하건 물물교환을 하건 항상 존재해야 한다. 또 시장에서 이윤을 끌어내는 경우이건 아니건, 가격이 수요공급에 의해 결정되건 국가에 의해 결정되건, 시장체제를 계획하든지 않든지 또는 생산수단이 사유이건 공공소유이건간에 시장은 항상 존재해야 한다. 심지어 근로자들이 스스로 높은 임금을 책정하여 이윤을 전적으로 배제하는 경제를 하나의 카테고리로 가정하더라도 역시 시장은 존재해야만 한다.

지금까지 이 본질적 사실이 간과되고 그 결과 시장의 여러가지 변형들 가운데 한 가지만을 시장이라고 인정했기 때문에(가격이 수요공급을 반영하는 이윤추구의 사유재산 모델) 재래의 경제학 어휘에는 시장의 여러가지 형태를 표현할 수 있는 단어가 없다.

이 책에서는 「시장」이란 용어를 종래의 제한적 의미가 아닌 완전한 총칭적 의미로 사용한다. 그러나 어의문제를 논외로 하더라도 문제는 여전히 남는다. 생산자와 소비자가 분리되는 경우에는 언제나 양자를 중재해 줄 어떤 메커니즘을 필요로 한다는 것이다. 이 메커니즘이야말로 그 형태가 무엇이든간에 필자가 시장이라고 부르는 바로 그것이다.

하나의 자기증폭과정(self-amplifying process)이 작동하기 시작한 것이다.

이같은 시장의 폭발적 확장은 이 세계가 일찍이 겪어보지 못했던 급속한 생활수준의 향상을 가져왔다.

그러나 정치면에서 「제2물결」 정부들은 생산과 소비의 분리에서 빚어진 새로운 모순으로 인해 분열이 심해짐을 경험하게 되었다. 마르크스주의자들은 계급투쟁을 강조함으로써 보다 크고 보다 깊은 모순, 즉 생산자(노동자 및 경영자)들의 고임금·고이윤·복지 요구와 소비자(역시 노동자 및 경영자를 포함)들의 가격인하 요구간에 생긴 모순을 의도적으로 불투명하게 만들었다. 경제정책의 시소게임은 바로 이 문제를 받침대로 하여 진행되었다.

미국의 소비자운동 증대, 폴란드 정부의 가격인상에 반대하는 최근의 폭동, 영국에서 끊임없이 계속되고 있는 물가 및 임금정책 논쟁, 그리고 소련에서의 중공업과 소비재 공업의 우선순위를 둘러싼 치열한 이데올로기 투쟁 등은 자본주의·사회주의를 불문하고 생산과 소비의 분리로 인해 모든 사회에 발생한 심각한 모순을 말해 준다.

정치뿐 아니라 문화도 역시 이같은 분열에 의해 변모되었다. 이 분열로 인해 역사상 가장 금전만능적이고 탐욕적이고 상업화되고 타산적인 문명이 만들어졌기 때문이다. 구태여 마르크스주의자가 아니더라도 새로운 사회가 『인간과 인간의 관계에 적나라한 사리사욕, 무정한 「현금지불」 외에 아무 것도 남겨놓지 않았다』고 한 「공산당 선언(The Communist Manifesto)」의 유명한 고발에 동의할 수밖에 없다. 개인관계·가족의 유대·사랑·우정·이웃과 지역공동체의 결속 등이 모두 상업적 이기심에 물들어 타락하게 되었다.

그러나 마르크스(Karl Heinrich Marx)가 인간관계의 이같은 탈인간화를 지적한 점은 옳았지만 그것을 자본주의 탓으로 돌린 것은 옳지 않았다. 물론 그가 「공산당 선언」을 초안할 당시에 관찰할 수 있었던 유일한 산업사회는 자본주의 형태였다. 그러나 사회주의나 국가사회주의에 기초한 산업사회가 생긴 지도 반세기 이상이 지난 오늘날 우리는 약탈적인 취득욕, 상업적 부패 그리고 인간관계의 냉혹한 경제관계로의 격하 등이 결코 이윤체제의 독점물이 아님을 알고 있다.

사실 금전·재화·물건에 대한 강박관념은 자본주의나 사회주의를 반영하는 것이 아니라 산업주의를 반영하는 것이다. 그것은 생산과 소비가 분리되어 모든 사람이 생활필수품을 얻는 데 자기 자신의 기술이 아니라 시장기능에 의존하는 「모든」 사회에서 나타나는 시장의 핵심적 역할을 반영하는 것이다.

이러한 사회에서는 그 정치적 구조를 불문하고 비단 생산품만이 아니라 노동·아이디어·예술 그리고 영혼까지도 사고 팔고 거래하고 교환하게 된다. 서방 회사의 구매담당자가 불법 커미션을 착복하는 행위는 소련언론의 편집자가 책을 출판해 주는 댓가로 저자로부터 뇌물을 받는 행위나 또는 연관공(鉛管工)이 정당한 대금 외에 보트카 한 병을 요구하는 행위와 별로 다를 것이 없다. 또 오직 돈만을 위해 작품활동을 하는 프랑스·영국·미국의 작가나 미술가는 별장(dacha)·보너스·신형 승용차와 그밖의 얻기 힘든 재화 등 경제적 수입을 위해 창작의 자유를 팔아버리는 폴란드·체코슬로바키아·소련의 소설가·미술가·극작가 등과 별로 다를 것이 없다.

이러한 타락은 본래 생산과 소비의 분리에서 비롯된 것이다. 소비자와 생산자를 재연결하여 상품을 생산자로부터 소비자에게로 이동시켜 줄 시장 또는 교환대가 필요하다는 사실 때문에 시장을 관장하는 사람들이 지나친 권력—그 권력을 무슨 말로 정당화하건간에—을 차지하게 된다.

모든 「제2물결」 산업사회의 특징을 이루는 생산과 소비의 분리는 심지어 우리의 정신상태와 퍼스낼리티에 대한 전제에까지 영향을 미쳤다. 인간의 행동은 일련의 거래행위로 간주되게 되었다. 우정·혈연관계·부족적 또는 봉건적 충성에 기초한 사회 대신에 「제2물결」의 여파로 실질적 또는 암묵적인 계약관계에 기초한 문명이 등장했다. 오늘날에는 심지어 부부간에도 계약결혼이라는 말이 오르내리고 있다.

생산자 및 소비자가 갖는 이 두 가지 역할의 분리는 또한 이중적인 퍼스낼리티를 조성했다. 즉 동일한 사람이 생산자로서는 가족·학교·직장관리자로부터 만족감을 뒤로 미루고 규율을 지키고 통제와 구속을 받고 팀의 구성원이 되도록 배우는 한편, 소비자로서는 순간적인 만족감을 추구하고 계획적이기보다는 쾌락적이고 규율을 포기하고 개인적인 즐거움을 얻으려 애쓰는, 요컨대 전혀 다른 종류의 인간이 되도록 배웠다. 특히 서방에서는 광고의 위력으로 소비자들이 돈을 빌려서라도 충동구매를 하고, 「여행을 한 다음에 경비를 지불」하고 그리고 그렇게 해서 경제라는 수레바퀴가 계속 돌아가게 함으로써 애국적인 봉사를 하도록 만들었다.

남녀의 역할분리

끝으로 「제2물결」 사회에서 생산자와 소비자를 갈라 놓은 거대한 쐐기는 노동 또한 두 가지로 갈라 놓았다. 이것은 가정생활, 남녀의 역할 그리고 인간 개개인의 정신생활에도 엄청난 충격을 주었다.

산업사회에서 가장 보편화된 남녀에 대한 고정관념의 하나는 남자는 행동방식이 「객관적」이고 여자는 「주관적」이라고 하는 것이다. 만약 이 말에 어떤 진실의 핵심이 담겨져 있다면 그것은 아마도 어떤 고정된 생물학적 실상에 있는 것이 아니라 보이지 않는 쐐기에 의한 심리적 영향에 있다고 보아야 할 것이다.

「제1물결」 사회에서는 노동의 대부분이 농토나 가정에서 이루어졌다. 온가족이 하나의 경제단위를 이루어 함께 일하고 또 그 생산의 대부분은 부락이나 장원의 소비를 위한 것이었다. 노동생활과 가정생활이 하나로 융합되었다. 또한 각 부락은 대체로 자급자족을 했기 때문에 일정한 지역의 농민의 성공여부는 다른 지역의 상황에 별다른 영향을 받지 않았다. 생산단위내에서도 대부분의 노동자들은 여러가지 종류의 일을 하면서 계절이나 질병·희망에 따라 역할을 바꾸거나 교대로 작업했다. 산업화 이전의 분업은 매우 원시적인 것이었다. 그 결과 「제1물결」 농업사회의 노동은 상호의존도가 낮은 것이 특징이었다.

「제2물결」은 영국·프랑스·독일 등 여러 나라를 휩쓸면서 노동의 장소를 농토와 가정에서 공장으로 옮겼고 노동의 상호의존도를 크게 높였다. 노동은 이제 집단작업·분업·조정·각종 기술의 통합 등을 요구하게 되었다. 노동의 성과는 생면부지의 수많은 사람들로 하여금 면밀하게 계획된 협동작업에 의존토록 되었다. 경우에 따라 대형 제철소나 유리공장이 자동차공장에 필요한 제품을 인도해 주지 못하면 전체 산업 또는 지역경제에 큰 영향을 미칠 수 있게 되었다.

상호의존도가 높은 노동과 낮은 노동이 충돌함으로써 노동자의 역할·책임·보수를 둘러싸고 심각한 갈등이 조성되었다. 예컨대 초기의 공장소유주들은 노동자들이 무책임하여 공장의 능률에 별 관심없이 가장 바쁠 때마다 낚시하러 간다거나 법석을 떨거나 술에 취해 나타나기 일쑤라고 불평했다. 실제로 초기의 산업노동자들은 대부분 상호의존관계가 낮은 농촌주민들이어서 전체 생산과정에서 차지하는 자신의 역할에 대한 이해가 부족했고 또한 자신의 「무책임」이 실패·고장·능률저하 등을 가져올 수 있다는 점도 제대로 인식하지 못했다. 더구나 비참한 저임금을 받았기 때문에 의욕도 별로 없었다.

이들 두 가지 노동체계의 충돌에서 새로운 노동형태가 우위를 차지하는 것처럼 보였다. 생산이 더욱 더 공장과 사무실로 집중되었다. 농촌지방은 인구를 빼앗겼다. 수많은 노동자들이 상호의존도가 높은 조직체계의 구성원으로 흡수되었다. 「제2물결」 노동이 「제1물결」과 관련된 낡고 뒤떨어진 노동형태를 압도하게 되었다.

그러나 자급자족에 대한 상호의존적인 노동의 승리는 결코 완전무결한 것이 아니었다. 어떤 곳에서는 낡은 노동형태가 완고하게 고수되었다. 가정이 바로 그러한 곳이었다.

각 가정은 여전히 탈중앙집권화된 단위로서 생물학적 출산과 육아 그리고 문화적 전승 등의 일을 담당했다. 어떤 가정이 출산이나 육아에 실패하거나 자녀를 노동체계에 적응시키는 데 실패하더라도 그 실패가 이웃 가정의 임무수행에 반드시 영향을 미치는 것은 아니었다. 다시 말해 가사노동은 여전히 상호의존도가 낮은 활동이었다.

주부들은 여전히 일련의 중요한 경제적 기능을 수행했다. 즉 「생산」에 종사했다. 그러나 주부들의 생산은 A부문, 즉 자기 가정을 위한 것이었지 시장을 위한 것은 아니었다.

남편이 대체로 직접적인 경제노동에 진출한 데 반해 주부들은 일반적으로 간접적인 경제노동에 머물렀다. 남자는 역사적으로 보다 진보한 노동형태를 떠맡았으나 여자는 뒤에 처져 낡고 뒤떨어진 노동형태를 맡았다. 남자는 실제로 미래를 향해 나아갔으나 여자는 여전히 과거에 머물렀다.

이같은 남녀의 역할분담은 인격과 정신생활면에서도 분열을 가져왔다. 공장과 사무실은 그 공공적 또는 집단적 성격 및 조정과 통합의 필요성 때문에 객관적 분석과 객관적 관계가 강조되었다. 소년시절부터 직장에서 자신의 역할을 맡아 상호의존적인 세계에 진출하도록 키워진 남자는 「객관적」인 사람이 되도록 조장되었다. 그러나 날 때부터 사회적으로 크게 고립되어 출산·육아·가사의 일을 맡게끔 키워진 여자는 「주관적」인 사람이 되도록 교육을 받았다. 따라서 여자는 객관성을 요구한다고 생각되는 합리적·분석적인 사고능력이 없다고 간주되는 경우가 많았다.

따라서 상대적으로 고립된 가사노동을 벗어나 상호의존적 생산에 참여하는 여성은 여자답지 않다, 멋대가리 없다, 거칠다 그리고 객관적이다라는 등의 비난을 받게 된 것은 당연한 일이었다.

더구나 남녀의 차이와 남녀의 역할에 관한 고정관념이 실제로는 남자도 소비하고 여자도 생산하고 있음에도 불구하고 남자는 생산을 하고 여자는 소비를 한다는 그릇된 생각 때문에 더욱 더 깊어져 갔다. 요컨대 여성의 억압은 「제2물결」이 지구를 휩쓸기 오래 전부터 시작된 것이었지만 현대판 「남녀의 투쟁」은 그 대부분이 두 가지 노동형태간의 갈등에서 비롯되었고 나아가서는 생산과 소비의 분리에서 비롯된 것이었다. 즉 경제의 분열이 남녀의 분열도 심화시켰다.

지금까지 살펴본 것은 일단 보이지 않는 쐐기가 박혀 생산자와 소비자가 분리되자 여러가지 중요한 변화가 잇달아 일어났다는 점이다. 즉 시장이 형성되거나 확장되어 이 두 가지를 연결시켜 주고 새로운 정치적·사회적 갈등이 일어나고 남녀의 역할이 새로이 정해졌다. 그러나 이같은 분리가 갖는 의미는 여기서 그치지 않았다. 그것은 또한 모든 「제2물결」 사회가 같은 방식으로 운영되어야 한다는 것—특정한 기본적 요건을 충족시켜야만 한다는 것을 의미했다. 생산의 목적이 이윤에 있건 없건간에, 「생산수단」이 사유이건 공공소유이건간에, 시장이 「자유경제」이건 「계획경제」이건간에, 사회주의를 표방하건 자본주의를 표방하건간에 모두 다를 것이 없었다.

생산이 사용을 위한 것이 아니라 교환을 위한 것이라면 그리고 생산이 경제적 교환대나 시장을 통해 유통되어야만 한다면 「제2물결」 원리를 따를 수밖에 없었다.

이같은 원리가 무엇인지를 구명하게 되면 모든 산업사회의 숨겨진 역학관계를 밝힐 수 있다. 더구나 「제2물결」 인간들의 전형적 사고방식도 예견할 수 있을 것이다. 이같은 원리들이 결국 「제2물결」 문명의 기본법칙, 즉 「제2물결」의 행동규범서(behavioral code book)를 형성하고 있기 때문이다.

4

규범의 내용

모든 문명에는 숨겨진 규범(hidden code)—즉 그 문명의 모든 활동을 마치 하나의 반복무늬(repeated design)처럼 일관하는 일련의 규칙 또는 원리가 있다. 산업주의가 지구를 휩쓸면서 그 숨겨진 독특한 무늬가 드러났다. 수백만 인구의 행동을 프로그램화한 이 무늬는 상호연관된 6개의 원리로 이루어졌다. 생산과 소비의 분리에서 자연스럽게 파생된 이 원리들은 섹스·스포츠·노동·전쟁 등 인간생활의 모든 측면에 영향을 미쳤다.

오늘날 학계·기업계·정계에서 일어나고 있는 격렬한 갈등의 대부분은 실제로 이 6가지 원리를 둘러싼 것으로서 「제2물결」 사람들은 본능적으로 이 원리들을 적용하고 옹호하려 하고 「제3물결」 사람들은 이 원리들에 도전하고 공격하려 하는 양상을 보이고 있다. 이에 관해서 살펴보기로 한다.

표준화

「제2물결」 원리들 중에 가장 널리 알려진 것은 표준화이다. 산업사회가 무수한 규격화 제품을 만들어 내고 있다는 것은 누구나 알고 있다. 그러나 일단 시장이 커지면서부터 단순히 코카콜라병·백열전구·

자동차 자동변속장치 등의 표준화에만 그치지 않고 그 이상의 일이 이루어졌다는 데 주목하는 사람은 별로 많지 않다. 인간은 이같은 표준화의 원리를 그밖의 많은 사물에도 적용했다. 이 아이디어의 중요성에 가장 먼저 눈 뜬 사람으로는 베일(Theodore Vail)을 들 수 있다. 그는 19세기 말에 미국전신전화사(AT & T/American Telephone & Telegraph Co.)를 대기업으로 육성한 사람이다.*

베일은 1860년대 말에 철도우편원으로 근무하던 중 2통의 편지가 목적지는 같은데 배달경로는 다를 때가 있다는 사실에 주목했다. 우편낭은 목적지에 도착하기까지 몇 주, 몇 달 동안 여기저기로 왔다갔다하곤 했다. 여기서 베일은 동일한 장소로 가는 편지들은 동일한 경로를 거치도록 하는 배달경로의 표준화를 도입하여 우편업무의 혁신에 도움을 주었다. 그 후 AT&T사를 설립했을 때 그는 모든 미국 가정에 똑같은 전화기를 설치하게 했다.

베일은 전화기의 송수화기와 모든 부품을 표준화했을 뿐 아니라 AT&T사의 업무절차와 관리부문도 표준화했다. 그는 1908년에 실은 광고에서 몇몇 군소 전화회사들의 합병을 정당화하면서 이 합병은 「표준화 거래소(clearing-house of standardization)」를 설치하여 「운영 및 회계의 통일체계」는 말할 것도 없고 「운영방법과 법률관계 업무를 비롯한 장비·전화회선·전선관 설치」의 비용절감을 이룩하려는 것이라고 주장했다. 베일이 생각한 것은 「제2물결」의 환경에서 성공하려면 하드웨어(hardware)와 함께 「소프트웨어(software)」—즉 일상적인 절차와 관리업무도 표준화해야 한다는 것이었다.

베일은 산업사회를 이룩한 「위대한 표준주의자(Great Standardizer)」들 중의 한 사람에 불과하다. 그밖에도 테일러(Frederick Winslow Taylor)를 들 수 있다. 기계공 출신의 개혁운동가인 테일러는 개개 노동자가 수행하는 각 작업단계를 표준화함으로써 작업을 과학화할 수 있다고 생각했다. 20세기 초에 테일러는 각 작업을 수행하는 데는 한 가지 최선의 방법(표준방법)이 있고 한 가지 최선의 도구

* 다국적기업인 국제전신전화사(ITT : International Telephone & Telegraph Corp.)와 혼동하지 말 것.

(표준도구)가 있으며 이를 완성하는 데도 정해진 시간(표준시간)이 있다는 결론을 얻었다.

그는 이같은 철학으로 무장하여 세계의 지도적인 경영관리의 거물이 되었다. 그는 그때부터 프로이트(Sigmund Freud), 마르크스, 프랭클린(Benjamin Franklin) 등과 비교될 정도였다. 능률전문가(efficiency expert), 성과급제도(piece-work scheme), 계수지도원(rate-buster) 등과 더불어 테일러주의(Taylorism)를 칭송한 것은 노동자의 생산성을 마지막 한 방울까지 짜내는 데 혈안이 된 자본주의 경영자들 뿐만이 아니었다. 공산주의자들도 마찬가지로 열광했다. 실제로 레닌(Nikolai Lenin)은 테일러의 방법을 사회주의적 생산에 활용하도록 촉구했었다. 공산주의자이기 이전에 산업화 일군이었던 레닌 역시 표준화의 열렬한 신봉자였다.

「제2물결」 사회에서는 작업뿐 아니라 고용절차도 더욱 표준화되었다. 특히 공무원의 경우에는 표준화된 시험을 거쳐 부적격자를 골라내었다. 전산업에 걸쳐 임금기준이 특별급여·점심시간·휴일·고정(苦情)처리 절차와 더불어 표준화되었다. 교육가들은 청소년들에게 직업시장을 마련해 주기 위해 표준화된 교과과정을 만들어 냈다. 비네(Alfred Binet), 터먼(Lewis Madison Terman)같은 사람들은 표준화된 지능테스트 방법을 고안해 냈다. 교육편제·입학절차·자격인정제도 등도 마찬가지로 표준화되었다. 선다형 시험방식도 일반화되었다.

한편 대중매체도 표준화된 이미지를 보급하게 됨으로써 수많은 사람들이 똑같은 광고와 뉴스, 그리고 동일한 단편소설을 읽게 되었다. 중앙정부의 소수민족 언어탄압에 매스컴의 영향이 곁들여져 웨일스어·알사스어 등과 같은 지역 사투리가 거의 사라졌고 완전히 없어지기도 했다. 미국·영국·프랑스·러시아 등의 「표준어」들이 「비표준어」를 밀어냈다. 똑같은 모양의 주유소·광고게시판·주택들이 곳곳에 들어서면서 한 나라의 여러 지방이 모두 비슷한 모습을 띠게 되었다. 표준화 원리가 일상생활의 모든 국면에서 진행되었다.

한 걸음 더 나아가 산업문명은 도량형의 표준화를 필요로 했다. 프랑스에 산업주의를 끌어들인 프랑스 대혁명 최초의 법령 중의 하나가 산업화 이전에 유럽에서 통용되던 잡다한 도량형 단위 대신에 미터법과 새로운 역법을 도입한 것이었음은 우연한 일이 아니다. 「제2물결」에 의해 통일 도량형 제도가 거의 전세계에 보급되었다.

또한 대량생산이 기계·제품·공정의 표준화를 요구한 것처럼 시장의 확대는 이에 상응하여 화폐와 심지어 가격의 표준화까지도 요구하게 되었다. 역사적으로 볼 때 화폐는 국왕뿐 아니라 각 은행과 개인도 발행했었다. 19세기에 와서도 미국의 일부지역에서는 개인 발행의 화폐가 통용되었으며 캐나다에서는 이같은 관행이 1935년까지도 계속되었다. 그러나 산업화된 국가들은 점차 모든 비정부통화를 억제하고 그 대신 단일 표준 통화를 유통시키기에 이르렀다.

더구나 19세기까지는 산업화된 국가들에서도 매매 쌍방이 거래 때마다 마치 카이로 시장의 유서깊은 방식으로 값을 흥정하는 것이 보통이었다. 그러던 중 1825년에 북아일랜드에서 스튜어트(A. T. Stewart)라는 젊은이가 뉴욕에서 포목상 개업을 하면서 상품에 정찰제를 도입하여 고객과 경쟁업자들을 놀라게 했다. 이 정가방식—가격의 표준화—으로 스튜어트는 일약 당대의 거상이 되었고 이로써 대량유통 발전의 한 가지 장애요인이 해결되기에 이르렀다.

「제2물결」의 선구적 사상가들은 여러가지 의견대립이 있었지만 표준화가 능률적이라는 데는 의견이 일치했다. 그러므로 「제2물결」은 표준화 원리의 가차없는 적용을 통해 여러가지 차이점을 균등화하는 결과를 가져왔다.

전문화

「제2물결」 사회를 휩쓴 두번째의 대원리는 전문화(specialization)이다. 「제2물결」이 언어·여가·생활양식에서 다양성을 제거하면 할수록 노동의 영역에서는 다양화가 더욱 더 요구되었다. 「제2물결」은 분업을 촉진하는 과정에서 막일을 하는 농부들 대신에 한정된 일을 하는 전문가와 테일러 방식대로 한 가지 일만 되풀이하는 노동자들을 등장시켰다.

1720년에 나온 「동인도 무역의 이익(The Advantages of the East India Trade)」이라는 영국의 한 보고서는 이미 전문화를 통해『시간과 노동의 손실을 줄일 수 있음』을 지적한 바 있다. 1776년에는 애덤 스미스(Adam Smith)가「국부론(The Wealth of Nations)」의 서두에서『노동 생산력의 최대의 개선은…분업의 결과라고 생각된다』고 주장했다.

스미스는 그의 고전적 저서에서 핀의 제조과정을 설명했다. 그는 필요한 작업을 모두 혼자서 하는 구식 직공 한 사람이 하루에 핀을 한줌—고작 20개밖에 만들지 못했다고 썼다. 그러나 스미스는 그가 방문한 적이 있는 한「공장」에서는 핀을 만드는 작업을 18부문으로 나누고 10명의 전문화된 직공이 한 두 가지 공정만 수행하고 있었다고 기술했다. 이렇게 해서 이 공장은 하루에 4만 8,000개—직공 1인당 4,800개의 핀을 생산할 수 있었다.

19세기경에는 더욱 많은 작업이 공장으로 옮겨가게 됨에 따라 이 핀 제조의 사례가 더 한층 대규모로 반복되었다. 이에 따라 전문화에 따른 인건비도 계속 늘어났다. 산업주의를 비판하는 사람들은 전문화된 반복노동이 노동자를 점차 비인간화시켰다고 비난했다.

포드가 1908년에 T모델 자동차 제조를 시작할 무렵에는 자동차 1대를 완성하는 데 18가지 정도가 아니라 7,882가지의 다른 공정이 필요했다. 포드는 그의 자서전에서 이 7,882가지의 전문화된 직종 중 949개 직종은「강인하고 유능하고 신체적으로 완전한 남자」를 요구했고 3,338개 직종은「보통」 체력의 남자를 필요로 했다고 기록했다. 그리고 그밖의 직종은「부녀자나 소년들」도 할 수 있는 것들이어서『두 다리가 없는 사람 670명, 한쪽 다리가 없는 사람 2,637명, 양팔 없는 사람 2명, 한쪽 팔 없는 사람 715명 그리고 장님 10명으로 충당할 수 있었다』고 분석했다. 요컨대 전문화된 직종은 전인(全人)이 아닌 부분적 인간만을 요구했다. 과도한 전문화가 인간을 짐승처럼 만든다는 것을 보여주는 생생한 증거라 하겠다.

그러나 비판가들이 자본주의의 탓으로 돌리는 이 관행은 사회주의의 내재적 특징이 되기도 했다. 모든「제2물결」 사회에 공통적인 노동의 극단적 전문화는 생산과 소비의 분리에서 파생된 현상이기 때문이다. 일본이나 미국—미국 노동성은 1977년에 2만 종의 직종목록표를 발간했다—뿐 아니라 오늘날 소련·폴란드·동독·헝가리에서도 정교한 전문화없이는 공장을 운영할 수 없다.

더구나 전문화는 자본주의 산업국가와 사회주의 산업국가 모두에서 전문직업화(professionalization)의 풍조를 고양시켰다. 일단의 전문가들이 어려운 지식을 독점하고 신참자를 그들의 전문분야로부터 배제시킬 기회를 잡을 때마다 전문직업이라는 것이 등장했다. 「제2물결」이 진전함에 따라 지식보유자와 그 고객 사이에 시장이 개입하여 그들을 생산자와 소비자로 뚜렷하게 갈라 놓았다. 이렇게 해서 「제2물결」 사회에서는 건강이라는 것도 환자 자신의 현명한 건강관리(자가소비용 생산)의 결과로 얻어지는 것이 아니라 의사나 보건기관이 제공하는 하나의 제품으로 간주되기에 이르렀다. 교육 역시 학교에서 선생이 「생산」하고 학생이 「소비」하는 것으로 생각하게 되었다.

사서직에서 판매직에 이르기까지 모든 종류의 직종그룹은 스스로를 전문직업인으로 자처할 권리가 있고 자기 분야의 표준·가격 및 신규가입 요건을 결정할 능력이 있다고 주장하기 시작했다. 미국 연방무역위원회(Federal Trade Commission) 위원장 퍼처크(Michael Pertschuk)에 의하면 『우리 문화는 우리를 「고객」이라 부르면서 우리의 「필요」를 알려주는 전문직업인들에 의해 지배당하게 되었다』는 것이다.

「제2물결」 사회에서는 심지어 정치적 선동조차도 하나의 전문직업으로 간주되었다. 따라서 레닌도 대중은 전문가의 도움없이는 혁명을 일으킬 수 없다고 주장했다. 레닌은 필요한 것은 『혁명을 직업으로 삼는』 제한된 인원의 『혁명가들을 조직하는 것』이라고 단언했다.

「제2물결」은 공산주의자·자본가·경영자·교육가·성직자·정치가들간에 하나의 공통적 정신상태를 조성함으로써 분업을 더욱 더 세분화하고자 하는 충동을 일으켰다. 1851년의 수정궁 대박람회(Great Crystal Palace Exhibition)에서 영국의 알버트(Albert)공이 말한 것처럼 그들은 전문화를 「문명의 추진력」이라고 보았다. 위대한 표준주의자와 위대한 전문가(Great Specializer)는 손을 맞잡고 함께 행진했다.

동시화

생산과 소비간의 균열의 확대는 또한「제2물결」인간들의 시간관념에도 변화를 가져왔다. 시장에 의존하는 체제에서는 계획경제 체제이건 자유경제 체제이건 시간이 즉 돈이다. 비싼 기계는 쉬게 할 수 없고 그 기계의 리듬에 따라 작동한다. 여기서 산업문명의 제3원리인 동시화가 생성된다.

초기의 사회들에서도 작업은 시간에 맞추어 세심하게 조직해야만 했다. 용사들은 먹이를 사냥하기 위해 함께 작업을 해야만 했다. 어부들도 배를 젓거나 그물을 잡아당길 때 협조적 노력이 필요했다. 여러 해전 톰슨(George Thomson)은 일할 때 부르는 여러가지 노래들이 노동의 요구를 반영하는 것임을 밝힌 바 있다. 노젓는 사람들의 경우 시간은「어기 여차」라는 간단한 두 개 음절로 표시되었다. 여기서 첫음절인「어기」는 준비시간을 나타내고 둘째 음절인「여차」는 한껏 힘을 주는 순간을 나타낸다. 배를 끌어당기는 일은 노젓기보다 더 힘든 노동이었기 때문에『한껏 힘을 주는 순간순간 사이에 보다 긴 준비시간이 삽입되었다』는 것이 톰슨의 설명이다. 따라서 아일랜드인들은 배를 끌 때「홀-리-호-헙!(Ho-li-ho-hup)」이라고 소리를 지르는 등 마지막 힘을 준비하는 시간이 훨씬 길어지게 된다.

「제2물결」이 기계를 도입하여 노동자의 노래를 침묵시키기 전까지 이같은 작업의 동시화는 거의가 유기적이고도 자연발생적인 것이었다. 이 동시화는 계절의 리듬과 생물학적 과정, 지구의 자전과 심장의 고동을 따른 것이었다. 이에 반해「제2물결」사회는 기계의 고동에 따라 움직였다.

공장생산이 보급됨에 따라 기계의 비싼 비용과 노동의 밀접한 상호의존성이 보다 정밀한 동시화를 요구했다. 공장내 한 노동자 그룹의 작업이 지연되면 작업라인을 따라가면서 다른 그룹의 작업이 더욱 늦어지게 되기 때문이다. 따라서 농업사회에서는 별로 중요시되지 않았던 시간엄수가 하나의 사회적 필수사항이 되어 벽시계와 팔목시계가 널리 보급되기 시작했다. 영국에서는 1790년대에 이미 시계가 일반화되었다. 영국의 역사학자 톰슨(E. P. Thompson)에 의하면 시계는『산업혁명으로 인해 더 한층 노동의 동시화가 요구된 바로 그 시점에서 보급되었다』는 것이다.

산업화 문화 속에 사는 어린이들이 어릴 때부터 시간을 보는 법을 배우게 된 것도 우연한 일이 아니다. 학생들을 학교 종이 울릴 때까지 등교하도록 한 것은 나중에 사이렌 소리에 맞추어 공장이나 사무실로 출근하는 습관을 길러주기 위한 것이었다. 작업은 시간으로 계산되어 몇 분의 1초까지 측정되는 일련의 연속작업으로 구분되었다.「오전 9시에서 오후 5시까지」가 수백만 노동자들의 생활상의 틀을 형성하게 되었다.

동시화된 것은 비단 직장생활만이 아니었다. 모든「제2물결」사회에서는 이윤이나 정치적 고려와는 상관없이 사회생활도 역시 시간에 쫓기고 기계의 요구에 맞추어지게 되었다. 특정한 시간이 여가시간으로 배정되었다. 작업시간 틈틈이 표준화된 일정의 휴가·휴일·코피 타임이 짜여졌다.

어린이의 취학 및 졸업 연령이 통일되었다. 병원에서는 모든 환자를 같은 시간에 깨워 아침식사를 들도록 했다. 러시 아워에는 교통체계가 마비되었다. 방송국은 일정한 시간대, 예컨대「골든 아워(prime time)」에 오락프로를 편성했다. 모든 사업마다 공급업자나 유통업자의 형편에 맞추어 각각의 피크 타임과 성수기를 갖게 되었다. 또한 공장의 생산촉진계원(expediter)과 작업시간 담당자(scheduler)에서 교통순경과 작업시간 연구자에 이르기까지 동시화 전문가들이 생겨났다.

이에 반해 일부 사람들은 새로운 산업사회의 시간제도에 저항했다. 그리고 여기서도 남녀의 차이가 나타났다.「제2물결」작업에 참가하는 사람들—주로 남자들—이 시간에 가장 얽매이게 되었다.

「제2물결」남편들은 아내들이 항상 그들을 기다리게 하고 시간관념이 없고 옷입는 데 무한정 시간이 걸리고 약속시간에 항상 늦는다고 자주 불평을 했다. 주로 상호의존성이 작은 가사노동에 종사하는 여성들은 기계적 리듬에 크게 영향받지 않는 일을 했다. 이와 비슷한 이유로 도시주민들은 시골사람을 느리고 믿을 수 없다고 깔보는 경향이 있었다. 『그들은 약속시간에 나타나는 법이 없어요! 약속을 지킬 생각이 있는지조차 의심스럽다구요.』 이러한 불평도 높은 상호의존성에 기초한「제2물결」 작업과 주로 논밭과 가정에서 이루어지는「제1물결」 작업의 차이에서 연유하는 것이라고 볼 수 있다.

일단「제2물결」이 지배하게 되면 가장 사사로운 일상생활까지도 산업사회의 시간체계 속에 갇히게 된다. 전체 문명이 표준화·전문화와 함께 동시화 원리를 채용함에 따라 미국·소련·싱가포르·스웨덴·프랑스·덴마크·독일·일본 등 모든 나라에서 가족이 모두 함께 일어나고 같은 시간에 식사하고 출근하고 일하고 귀가하고 침대에 들어가 잠자며 심지어 사랑의 행위도 거의 비슷한 시간에 하기에 이르렀다.

집중화

시장의 등장과 함께「제2물결」 문명의 또 한 가지 규칙, 즉 집중화 원리가 탄생했다.

「제1물결」 사회는 널리 분산된 에너지원에 의존했었다. 이에 반해「제2물결」 사회는 고도로 집중화된 화석연료에 거의 전적으로 의존하게 되었다.

그러나「제2물결」이 집중화한 것은 에너지만이 아니다.「제2물결」은 또한 인구도 집중시켜 농촌인구를 대도시로 이동시켰다. 그것은 심지어 작업까지도 집중화시켰다.「제1물결」 사회의 작업은 집이나 부락·들판 등 어디서나 이루어졌으나「제2물결」 사회의 작업은 그 대부분이 수천명의 노동자가 한지붕 밑에서 일하는 공장 안에서 이루어지게 되었다.

에너지와 노동만 집중된 것도 아니다. 코헨(Stanley E. Cohen)은 영국의 사회과학 전문지「뉴 소사이어티(New Society)」에서 이렇게 지적했다. 즉 산업화 이전의 사회에서는 약간의 예외를 제외하면『가난한 사람은 집에 있거나 친척과 함께 살았고 범죄자는 벌금형 또는 태형에 처해지거나 이곳저곳으로 추방되었으며 정신병자는 가족과 함께 살거나 또는 가족이 가난한 경우에는 지역사회가 부양해 주었다.』요컨대 이 모든 집단은 공동체내의 여기저기에 흩어져 살았다.

산업주의는 이러한 상황에 일대 혁명을 일으켰다. 실제로 19세기 초는 「대감금(Great Incarceration)의 시대」라고 불리울 정도로 범죄자는 일망타진되어 형무소에 감금되고 정신병자도 도매금으로 「정신병원」에 수용되고 어린이들도 모두 학교에 수용되었으며 마찬가지로 노동자들은 공장에 수용되었다.

집중화는 자본의 흐름에도 나타나 「제2물결」 문명은 대기업과 나아가서는 트러스트나 독점을 탄생시켰다. 1960년대 중반경 미국의 3대 자동차회사는 미국 전체 자동차의 94%를 생산했다. 서독에서는 폴크스바겐사(Volkswagenwerk AG), 다임러 벤츠사(Daimler-Benz AG), 오펠사(Adam Opel AG, GM의 자회사), 포드 베르케사(Ford-Werke AG) 등 4개 업체가 전체 자동차 생산의 91%를 차지했다. 프랑스에서는 르노사(Régie Nationale des Usines Renault), 시트로엥(Citroën)사, 생카(Simca)사, 푸조사(Peugeot S.A.) 등이 사실상 100%를, 그리고 이탈리아에서는 피아트사(Fiat S.p.A.) 1개사에서만 전체 자동차의 90%를 만들어 냈다.

또한 미국에서는 알루미늄·맥주·담배·아침식사용 식품 등의 80% 이상을 각 분야의 4~5개 회사가 생산했다. 서독에서는 벽토판과 염료의 92%, 사진필름의 98%, 공업용 재봉틀의 91%가 각 업종별 4개 이내의 기업에 의해 독점 생산되었다. 그밖에도 고도화된 산업집중의 실례는 일일이 셀 수 없을 만큼 많다.

사회주의 국가의 경영자들도 생산의 집중화가 「능률적」이라는 생각을 가지고 있기는 마찬가지이다. 실제로 자본주의 국가에 사는 여러 마르크스주의 이론가들은 자본주의 국가의 점증하는 산업집중을 국가 주도하의 궁극적 산업집중에 도달하는 하나의 필요한 단계로서 이를 환영하고 있다. 레닌도 『모든 시민을 하나의 거대한 신디케이트, 즉 전체 국가의 노동자와 종업원으로 전환하는 것』에 관해 언급한 바 있다. 그 반세기 후에 소련 경제학자 렐류키나(N. Lelyukhina)는 「보프로시 에코노미키(Voprosy Ekonomiki)」지에서 『소련은 세계에서 가장 집중화된 산업을 보유하고 있다』고 말할 수 있었다.

「제2물결」 문명의 집중화 원리는 에너지·인구·작업·교육·경제조직 등 모든 분야에 깊숙이 침투하여 실제로 모스크바와 서방간의 이데올로기 차이조차 무색할 정도가 되었다.

극대화

생산과 소비의 분열은 또한 모든 「제2물결」 사회내에 편집광적인 「극대화 취향(macrophilia)」—큰 것과 성장에 열광하는 텍사스 기질 같은 것을 조장했다. 공장의 조업시간이 길어지면 단위생산원가를 낮출 수 있는 것과 마찬가지로 다른 분야에서도 규모의 확대는 경제성을 높여 주었다. 그 결과 「큰 것」은 「능률」을 의미하게 되었고 이렇게 하여 극대화(maximization)가 다섯번째 원리로 되었다.

도시와 국가는 저마다 최고의 마천루, 최대의 댐 또는 세계 최대의 축소형 골프장을 자랑했다. 더구나 큰 것은 성장의 결과였기 때문에 대다수의 정부·기업 등 조직체들은 미친듯이 성장의 이상을 추구하게 되었다.

일본 마쓰시타(松下)사의 노동자와 사용자들은 매일 함께 모여 다음과 같은 합창을 한다.

…열성을 다해 생산을 증진하여
우리의 물건을 온세계인에게 보내노라.
끝없이, 그리고 계속적으로.
분수가 솟아나듯
산업성장, 성장, 성장!
화친일치(和親一致)!
마쓰시타 전기!

1960년에 전통적 산업주의 단계를 완결짓고 「제3물결」 변화의 영향을 최초로 느끼기 시작한 미국에서는 50대기업이 평균 8만 명의 종업원을 거느릴 정도로 성장해 있었다. GM사는 59만 5,000명의 종업원을 고용했으며 베일이 세운 AT&T사는 73만 6,000명의 남녀 종업원을 고용했다. 이것은 같은 해 미국의 평균 가족수가 3.3명이었음을 감안할 때 이 1개 회사에서 받는 봉급에 200만 명 이상이 생계를 의존하고 있음을 의미한다. 이 200만이라는 숫자는 해밀턴(Alexander Hamilton)과 워싱턴(George Washington)이 미국을 건국할 당시 전체 인구의 반에 해당하는 규모였다.(그 후 AT & T사의 규모는 더욱 커졌다. 1970년에는 한 해 동안 종업원이 13만 6,000명이나 늘어 전체 종업원 수가 95만 6,000명에 달했다.)

AT & T사가 특수한 경우이기는 하지만 미국인들이 특히 큰 것을 좋아한다는 것은 사실이다. 그러나 극대화 취향은 미국인에게만 있는 것은 아니었다. 1963년 프랑스에서는 1,400개 업체 — 전체 기업체 수의 0.25%에 불과한 — 가 전체 노동력의 38%를 고용했다. 서독·영국 등 다른 나라 정부들도 기업규모의 확대가 미국 대기업들에 대한 경쟁력 강화에 도움이 되리라는 신념에서 합병을 통한 기업규모의 확대를 적극 권장했다.

이러한 규모의 극대화는 단순히 이윤의 극대화만을 반영하는 것은 아니었다. 마르크스는 「사업체의 규모확대」를 「사업체의 물질적 힘의 확장」과 관련시켰다. 레닌은 한 걸음 더 나아가서 『대기업·트러스트 및 신디케이트가 대량생산 기술을 최고의 발전단계로 끌어 올렸다』고 주장했다. 러시아혁명 후 레닌이 경제분야에서 내린 최초의 명령은 러시아의 경제생활을 정비하고 기업단위를 최대한으로 확대하여 기업체 수를 최소한으로 줄이라는 것이었다. 스탈린(Yosif Vissarionovich Stalin)은 규모의 극대화를 더욱 강력히 추진하여 마그니토고르스크와 자포로즈스탈(Zaporozhstal)의 철강 콤플렉스, 발하슈(Balkhash)의 동(銅) 제련소, 하르코프(Kharkov)와 스탈린그라드의 트랙터 공장 등 거대한 신규사업소들을 건설했다. 스탈린은 미국의 공장설비 규모가 어느 정도인가를 묻고는 이보다 더 큰 공장을 세우라고 지시하곤 했다.

허먼(Leon M. Herman)은 그의 저서 「소련 경제계획에서의 거대화 숭배(The Cult of Bigness in Soviet Economic Planning)」에서 『실제로 소련의 여러 지방에서 현지 정치인들은 「세계최대의 사업」을 유치하는 경쟁을 벌였다』고 쓰고 있다. 소련 공산당은 1938년에 이같은 「거대광(gigantomania)」 현상에 대해 경고를 했지만 별 효과가 없었다. 소련과 동유럽의 공산당 지도자들은 오늘날까지도 허먼이 말하는 이른바「거대화 중독증」에 걸려 있다.

규모에 대한 이러한 단순한 신앙은「능률」의 본질에 관한「제2물결」의 좁은 시야에서 연유한다. 그러나 산업주의의 거대화 취향은 단순히 공장에서만 나타난 것이 아니었다. 이 경향은 국민총생산(GNP/gross national product)이라는 통계적 도구에도 반영되었다. 여러가지 종류의 데이타를 합계한 GNP는 한 나라에서 생산된 재화와 서비스의 가치를 합산함으로써 그 나라 경제의「규모」를 측정한다.「제2물결」경제학자들이 사용한 이 도구에는 여러가지 결함이 있었다. GNP의 견지에서 보면 그 산출이 식량의 형태를 취하건 교육·보건 또는 군수품의 형태를 취하건 아무 상관이 없다. 집을 짓기 위해 사람을 고용하건 집을 헐기 위해 사람을 고용하건 상관없이 똑같이 GNP에 가산된다. 전자의 활동은 주택의 숫자를 늘리는 것이고 후자의 활동은 그 숫자를 줄이는 것이지만 문제가 되지 않는다. GNP는 또한 시장활동이나 교환만을 계측하기 때문에, 예컨대 육아나 가사노동 등 무보수 생산활동에 기초한 매우 중요한 경제부문을 몽땅 하찮은 것으로 격하시키고 만다.

이러한 결함에도 불구하고「제2물결」의 각국 정부들은 어떤 희생을 치루더라도 GNP 증대를 위한 맹목적인 경쟁을 벌여 심지어 생태계와 사회의 파멸위험까지도 아랑곳하지 않고「성장」을 극대화시켜 왔다. 이같은 극대화 원리는 산업사회의 정신상태에 너무나도 깊이 침투해 있어 아무 것도 더 이상 합리적일 수 없는 것처럼 생각될 정도이다. 극대화는 표준화·전문화 등 산업사회의 그밖의 다른 기본원리들과 동시에 추진되었다.

중앙집권화

끝으로 모든 산업국가들은 중앙집권화를 매우 정교한 수법으로 발전시켰다. 교회와 많은「제1물결」의 통치세력도 권력의 중앙집권화 방법을 완전히 터득하고 있었다. 그러나 그들이 다루었던 사회는 훨씬 덜 복잡한 사회였다. 따라서 그들은 산업사회를 밑바닥으로부터 중앙집권화한 사람들에 비하면 서툰 아마추어에 불과했다.

모든 복잡한 사회는 중앙집권적 운영과 탈중앙집권적 운영을 혼합할 것을 요구한다. 그러나 각 지방이 대체로 자급자족하는 기본적으로 탈중앙집권적인 「제1물결」 경제가 「제2물결」의 종합적인 국민경제로 전환함에 따라 전연 새로운 권력의 중앙집권화 방법이 나타났다. 이러한 권력의 중앙집권화 방법은 개별기업과 산업, 그리고 전체경제의 차원에서 구현되었다.

초기의 철도산업은 이에 관한 하나의 고전적 사례를 제공해 준다. 철도산업은 그 당시 다른 사업에 비해 규모가 컸다. 1850년 당시 미국에서는 자본금 25만 달러 이상의 공장이 41개 업체에 불과했다. 그러나 뉴욕 센트럴 철도(New York Central Railroad)회사는 1860년에 벌써 3,000만 달러의 자본금을 자랑하고 있었다. 이처럼 거대한 기업을 운영하는 데는 새로운 경영방법이 필요했다.

따라서 초기의 철도회사 경영진은 마치 요즈음의 우주계획 관리자들처럼 새로운 경영기법을 창안해 내야만 했다. 그들은 각종 기술과 운임 그리고 운행시간을 표준화했고 수백 마일에 걸쳐 철도운행을 동시화했다. 그들은 새로운 직종과 부서들을 전문화했고 자본과 에너지 및 인력을 집중화했다. 그들은 철도망 규모의 극대화를 위해 진력했다. 또 이 모든 것을 달성하기 위해 정보와 지휘계통의 중앙집권화에 기초하여 새로운 형태의 조직기구들을 만들어 냈다.

종업원들은 「라인(line)」과 「스태프(staff)」로 나뉘어졌다. 일일보고서는 차량이동·적재·파손·화물분실·수리·운행거리 등에 관한 자료를 제공하기 시작했다. 이 모든 정보가 중앙집권화된 지휘계통을 통해 상부로 올라가 총지배인에게 전달되어 결정을 하고 라인을 통해 명령을 하달했다.

기업사가인 챈들러(Alfred D. Chandler, Jr.)가 밝힌 것처럼 철도회사는 곧 다른 대규모 조직체들의 모범이 되었다. 그리고 모든 「제2물결」 국가들에서 중앙집권화된 경영방식이 선진적이고 세련된 것이라고 인정받게 되었다.

「제2물결」은 정치분야에서도 중앙집권화를 촉진시켰다. 미국에서는 1780년대 말에 벌써 탈중앙집권적인 「13개주 헌법」을 중앙집권적인 「미합중국 헌법(United States Constitution)」으로 바꾸려는 투쟁에서 이같은 경향이 나타났다. 일반적으로 「제1물결」의 농촌세력은 중앙정부의 권력집중에 저항한 반면에 해밀턴이 이끄는 「제2물결」의 상업세력은 「페더럴리스트(Federalist)」지 등을 통해 강력한 중앙정부는 군사 및 외교정책상의 이유뿐 아니라 경제성장을 위해서도 필수적이라고 주장했다.

이에 따라 제정된 1787년의 「연방헌법」은 교묘한 타협의 산물이었다. 「제1물결」 세력이 아직도 강했기 때문에 이 헌법은 여러가지 중요한 권한을 중앙정부에 넘겨주지 않고 각 주에 남겨 두었다. 지나치게 강력한 중앙권력을 방지하기 위해서는 입법·행정·사법권을 명확하게 분리하도록 했다. 그러면서도 이 헌법은 연방정부 권한의 대폭적 확대를 허용하는 탄력적인 조항을 두고 있다.

산업화로 인해 정치체제가 더 한층 중앙집권화함에 따라 워싱턴 정부는 보다 많은 권한과 책임을 떠맡고 전국적 차원의 정책결정을 더욱더 독점하게 되었다. 한편 연방정부내의 권력은 의회 및 법원으로부터 3부 중에서 가장 중앙집권적인 행정부로 옮겨졌다. 닉슨(Richard Milhous Nixon) 행정부에 와서는 한때 열렬한 중앙집권론자였던 역사학자 슐레진저(Arthur M. Jr. Schlesinger)조차도 「황제와 같은 대통령의 지위(imperial presidency)」를 비난할 정도가 되었다.

정치적 중앙집권화 압력은 미국 이외의 나라들에서 더 한층 강력했다. 스웨덴·일본·영국·프랑스 등의 제도는 얼핏 보기에도 미국보다 중앙집권적임을 알 수 있다. 「마르크스냐 예수냐(Without Marx or Jesus)」의 저자인 르벨(Jean-François Revel)은 정치적 항의에 대한 각국 정부의 반응을 예로 들어 이 점을 설명하고 있다. 즉 그에 의하면 『프랑스에서 데모를 금지시켰다면 이를 금지한 세력이 누구인가는 자명하다. 그것이 정치적 데모에 관한 문제라면 이를 금지한 것은 바로 중앙정부이다. 그러나 미국에서는 데모가 금지되는 경우 누구든지 우선 「누가 금지했는가?」를 묻게 마련이다』는 것이다. 르벨은 미국의 경우 데모를 금지시키는 세력은 자치권을 가진 지방당국인 경우가 많다고 지적하고 있다.

물론 정치적 중앙집권화가 가장 극단적으로 이루어진 것은 마르크스주의적 산업국가들이다. 마르크스는 1850년에 「국가에 의한 권력의 결정적 중앙집권화」를 촉구한 바 있다. 엥겔스(Friedrich Engels)도 해밀턴처럼 탈중앙집권적 연방제를 『엄청나게 뒤떨어진 것』이라고 공격했다. 그 후 소련은 산업화 촉진에 열중하는 과정에서 전세계에서 가장 고도로 중앙집권화된 정치·경제구조를 구축함으로써 가장 사소한 생산문제라도 그 결정을 중앙계획당국이 관장하도록 했다.

더구나 한때 탈중앙집권적이었던 경제가 점차 중앙집권화한 데에는 그 명칭만으로도 중앙집권적 의도가 명백히 드러나는 중앙은행의 출현이 중요한 영향을 미쳤다.

산업화시대의 여명기에 해당하는 1694년 뉴코먼이 아직 증기기관을 만들고 있을 당시에 패터슨(William Paterson)이 처음으로 잉글랜드 은행(Bank of England)을 창설했다. 이것이 모든 「제2물결」 국가들로 하여금 유사한 중앙집권적 제도를 도입하는 효시가 되었다. 그 어떤 나라도 통화와 신용의 중앙집권적 관리를 위한 이같은 기구를 설치하지 않고서는 「제2물결」의 발전단계를 완성할 수 없었다.

패터슨의 잉글랜드 은행은 정부의 국채를 팔고 정부가 보증하는 화폐를 발행하는 한편 나중에는 다른 은행들의 대출업무를 규제하기 시작했다. 결국 이 은행은 오늘날 모든 중앙은행들이 수행하는 1차적 기능, 즉 통화공급의 중앙관리기능을 떠맡게 되었다. 1800년에는 이와 비슷한 목적을 위해 프랑스 은행(Banque de France)이 설립되었고 1875년에는 독일 국립은행(Reichsbank)이 설립되었다.

미국에서는 「제1물결」과 「제2물결」 세력간의 충돌이 헌법 채택 직후에 중앙은행 문제를 둘러싸고 커다란 대립을 불러일으켰다. 「제2물결」 정책의 대표적 주창자인 해밀턴은 영국식 국립은행의 설립을 역설했다. 아직도 농업을 고수하고 있던 남부와 서부는 이에 반대했다. 그런데도 해밀턴은 산업화 과정에 있던 동북부의 지지를 얻어 오늘날 미국 연방준비제도(Federal Reserve System)의 전신인 미합중국 은행(Bank of the United States) 설립법안을 통과시키는 데 성공했다.

정부를 대신하여 시장활동의 수준과 속도를 규제하는 일을 맡게 된 중앙은행들은 막후 공작을 통해 자본주의 경제에 일정 한도의 비공식적인 단기계획을 도입하게 되었다. 자본주의건 사회주의건 「제2물결」 사회의 모든 동맥에 통화가 흘러가게 되었다. 자본주의 사회나 사회주의 사회나 모두가 중앙집권화된 통화공급기관을 필요로 했고 또 그렇기 때문에 이런 기관을 창설했다. 중앙은행과 중앙정부는 서로 협력해 나갔다. 이렇게 해서 중앙집권화가 「제2물결」 문명의 또 하나의 지배적 원리로 되었다.

지금까지 6가지의 지도원리들을 살펴보았다. 이 원리들은 정도의 차이는 있지만 「제2물결」의 모든 나라들로부터 한결같이 작용하고 있는 하나의 「프로그램」을 이루고 있다. 이 6가지 원리들—표준화·전문화·동시화·집중화·극대화·중앙집권화—은 자본주의건 사회주의건 모든 산업사회에 적용되었다. 그것은 이 사회들이 불가피하게 생산자와 소비자의 근본적 분열과 시장기능의 계속적 확대에 의해 성장했기 때문이다.

이 원리들은 또한 서로 상승작용을 하면서 비인간적인 관료제도의 대두로 이어졌다. 이렇게 하여 지금까지 세계가 겪어보지 못했던 가장 거대하고 경직되고 강력한 몇 가지 관료조직이 생성되어 각 개인은 거대조직이 지배하는 카프카(Franz Kafka)적 세계에서 방황하는 신세가 되었다. 오늘날 우리가 이 거대조직들에 짓눌리고 압도당하고 있다면 우리는 이 문제의 근원을 「제2물결」 문명을 프로그램화한 숨겨진 규범에서 찾을 수 있을 것이다.

이 규범을 구성하는 6가지 원리들은 「제2물결」 문명에 하나의 뚜렷한 특징을 부여했다. 그러나 후술하는 바와 같이 오늘날에는 이 기본원리들의 하나하나가 모두 「제3물결」 세력에 의해 공격받고 있다.

또한 기업·금융·노사관계·정부·교육·언론 등 각 분야에서 아직도 이 원리들을 적용하고 있는 「제2물결」의 엘리트들도 마찬가지로 공격을 받고 있다. 이처럼 새로운 문명의 등장은 낡은 문명의 모든 기득권자들에게 도전하고 있다.

지금까지 규칙을 만드는 일을 해왔던 모든 산업사회의 엘리트들은 앞으로 전개될 격동 속에서 과거 봉건영주들이 겪었던 처지를 반복하게 될 가능성이 크다. 엘리트들 중 일부는 낙오될 것이고 일부는 권좌에서 밀려날 것이다. 일부는 무능력자로 전락하거나 구차스러운 체면 유지에 급급하게 될 것이다. 다만 지성과 적응력을 갖춘 일부 엘리트들만이 변신하여 「제3물결」 문명의 지도층으로 부상하게 될 것이다.

「제3물결」이 지배하는 내일을 누가 주도할 것인가를 이해하려면 먼저 오늘날의 사회를 주도하는 자가 누구인가를 살펴볼 필요가 있다.

5
권력의 전문가

『누가 사태를 주도하는가?』 하는 질문이야말로 「제2물결」 사회의 특징적인 질문이다. 산업혁명 이전에는 이러한 질문을 해야 할 이유가 없었다. 통치자가 왕이건 무당이건 장군이건 태양신이건 또는 성자이건간에 백성들은 누가 권세를 쥐고 있는지를 추호도 의심하지 않았다. 누더기를 걸친 농민이 밭에서 일하다가 눈을 들어 바라보면 멀리 지평선 위로 화려한 궁전이나 사원이 솟아 있었다. 이러한 농민들에게는 권력의 수수께끼를 풀어 줄 정치학자나 언론인이 필요하지 않았다. 누가 권력을 쥐고 있는지는 누구나 다 알고 있었기 때문이다.

그러나 「제2물결」이 밀어닥치면서 도처에 정체불명의 새로운 권력이 어지럽게 등장했다. 권력을 잡은 자는 이제 이름없는 「그들」이 되어 버렸다. 「그들」이란 누구였는가?

통합자

지금까지 살펴본 바와 마찬가지로 산업주의는 사회를 공장·교회·학교·노동조합·형무소·병원 등 서로 맞물린 수천개의 부품으로 분해시켰다. 교회·국가·개인을 연결했던 명령계통이 단절되었다. 지식은 여러 전문분야로 분해되었다. 직종도 수많은 부문으로 나뉘어졌다.

가족도 더욱 작은 단위로 세분화되었다. 이렇게 하여 산업주의는 공동체생활과 문화를 산산이 부숴버렸다.

누군가가 이 흩어진 부품들을 다시 모아 새로운 형태를 만들어야만 하게끔 되었다.

이같은 필요성 때문에 통합하는 일을 주요 임무로 삼는 새로운 종류의 전문가들이 생겨나게 되었다. 스스로를 중역 또는 행정관·대표·조정자·사장·부사장·관료·경영자 등이라고 일컫는 이들은 모든 기업, 모든 정부기관 그리고 사회의 각계 각층에 나타났다. 이들은 없어서는 안될 존재였다. 이들이 통합자(integrator)들이었다.

통합자들은 역할을 밝히고 업무를 배정했다. 그들은 누가 얼마만큼의 보수를 받을 것인가를 결정했다. 또한 그들은 계획을 세우고 기준을 정하고 자격을 부여하거나 철회했다. 통합자들은 생산·유통·운송·통신 등을 연결시켰고 여러 조직들의 상호관계를 규제하는 규칙을 정했다. 요컨대 통합자들은 사회의 여러 단편적 조각들을 다시 맞추어 놓는 일을 했다. 그들이 없었더라면 「제2물결」 체제는 결코 운영될 수 없었을 것이다.

19세기 중반에 마르크스는 도구와 기술, 즉 「생산수단」을 소유하는 자가 사회를 지배한다고 생각했다. 그는 노동은 상호의존적이기 때문에 노동자들은 생산을 중단시킬 수 있고 주인으로부터 생산수단을 빼앗을 수도 있다고 주장했다. 노동자들이 생산수단을 소유하게 되면 사회를 지배할 수 있을 것이라는 주장이었다.

그러나 역사는 그를 속였다. 바로 이 노동의 상호의존성은 새로운 집단—체제를 조정하고 통합하는 사람들에게 더욱 큰 힘을 부여해 주었던 것이다. 결국 권력을 장악한 것은 소유주도 노동자도 아니었다. 자본주의 국가이건 사회주의 국가이건 윗자리에 오른 것은 바로 이들 통합자들이었다.

권력을 가져다 준 것은 「생산수단」의 소유가 아니라 「통합수단」의 장악이었다. 이 말의 의미를 좀더 살펴보기로 하자.

기업계에서는 공장소유주·기업가 그리고 방앗간이나 철공소 주인 등이 바로 초기의 통합자들이었다. 이 소유주들은 몇몇 보조원들과 함께 다수의 미숙련 「일손」들의 노동을 조정하고 나아가서는 기업을 보다 큰 경제 속에 통합시킬 수가 있었다.

그 당시에는 소유주와 통합자가 같은 사람이었기 때문에 마르크스가 양자를 혼동하여 소유문제를 크게 강조한 것도 무리는 아니었다. 그러나 생산이 더욱 복잡해지고 분업이 더 한층 전문화됨에 따라 기업에서는 소유주와 노동자들 사이에 개재하는 중역과 전문가들의 수가 엄청나게 늘어나게 되었다. 문서업무가 급증했다. 얼마 안 가서 대기업에서는 소유주나 대주주까지 포함하여 그 어떤 개인도 기업 전체의 운영을 파악할 수 없는 상태가 되었다. 소유주의 결정은 체제의 조정역할을 맡은 전문가들에 의해 형성되고 나아가서는 통제받게 되었다. 이렇게 해서 소유에 의존하지 않고 통합과정의 관리에 의존하여 권한을 행사하는 새로운 경영엘리트가 등장하게 되었다.

경영자의 권한이 증대함에 따라 주주들의 지위는 약화되었다. 기업규모가 커짐에 따라 가족소유의 주식이 다수의 분산된 주주들에게 매각되어 이 주주들은 기업의 실제운영에 관해서 아무 것도 아는 것이 없게 되었다. 결국 주주들은 기업의 일상적 운영뿐 아니라 기업의 장기적 목표와 전략에 관해서조차도 더욱 더 고용경영인들에게 의존할 수밖에 없게 되었다. 이론적으로 소유주들을 대표하는 이사회조차도 더욱 더 소외되어 이사회 권한에 속하는 운영사항들에 관해 별로 아는 것이 없게 되었다. 그리고 민간투자가 개인투자 대신에 연금기금·상호기금·은행신탁부서 등을 통한 기관투자에 의해 날로 증대했기 때문에 기업의 실제 「소유자」들은 기업의 통제로부터 더욱 멀어지게 되었다.

이들 통합자들의 새로운 권한을 가장 명백히 설명해 준 사람은 미국 재무장관을 지낸 바 있는 블루멘덜(W. Michael Blumenthal)이다. 블루멘덜은 정부에 입각하기 전에 벤딕스사(Bendix Corp.)의 사장으로 있었다. 그때 벤딕스사를 언젠가 소유하고 싶으냐는 질문을 받고 그는 이렇게 대답했다. 『중요한 것은 소유가 아니라 지배하는 것이다. 나는 사장으로서 이미 지배권을 장악하고 있다! 다음 주에 주주총회가 열리지만 나는 97%의 지지표를 가지고 있다. 그러나 내가 「소유」하고 있는 주식은 8,000주밖에 안된다. 내게 중요한 것은 지배권이다. …다른 사람들이 나에게 바란다고 해서 어리석은 짓을 하기보다는 이 거대한 동물을 지배하여 건설적인 방법으로 활용하는 것, 그것이 내가 바라는 것이다.』

이처럼 기업의 정책은 더욱 더 회사의 고용경영인이나 다른 사람들의 돈을 투자하는 자금관리자들에 의해 결정되기에 이르렀다. 그러나 노동자는 차치하고 실제 소유주들조차도 정책을 결정할 수 없게 되었다. 통합자들이 이 일을 떠맡았다.

이 모든 사태는 사회주의 국가들에서도 마찬가지였다. 레닌은 이미 1921년에 자기 자신이 만든 소련 관료제도를 비난할 수밖에 없었다. 트로츠키(Leon Trotsky)는 망명중인 1930년에 소련에는 이미 500~600만 명의 경영자들이 하나의 계급을 이루어 『생산적 노동에는 직접 종사하지 않고 관리·명령·지휘·사면·처벌 등의 일만 하고 있다』고 비난했다. 그는 또한 비록 생산수단이 국가소유로 되어 있을지라도 『국가는…관료들이 소유하고 있다』고 비난했다. 1950년대에 와서는 질라스(Milovan Djilas)가 그의 저서 「새로운 계급(The New Class)」에서 유고슬라비아 경영엘리트들에 대한 권력증대를 비판했다. 질라스를 투옥한 티토(Josip Broz Tito) 자신도 『테크노크러시(technocracy)와 행정관료(bureaucracy)는 노동자계급의 적』이라는 불평을 늘어 놓았다. 모택동 시대의 중국에서도 경영주의(managerialism)에 대한 경계심이 논쟁의 중심이 되었다.*

이처럼 자본주의뿐 아니라 사회주의에서도 통합자들이 효과적으로 권력을 장악했다. 이들이 없었더라면 체제의 각 부분들은 통일적인 기능을 할 수 없었을 것이다. 다시 말해 「기계」가 작동하지 못했을 것이다.

통합의 엔진

한 기업 또는 전체 산업을 통합한다고 해서 만사가 다 해결되는 것

---

* 세계 최대의 「제1물결」 국가를 이끈 모택동은 경영엘리트의 대두를 거듭 경고하면서 이것을 전통적 산업주의에 수반되는 위험이라고 보았다.

은 아니다. 전술한 바와 마찬가지로 근대 산업사회는 노동조합·동업자조합에서 교회·학교·보건진료소·오락단체에 이르기까지 수많은 단체들을 발전시켰다. 그런데 이 모든 단체들이 운영되려면 예측 가능한 규칙의 테두리가 필요했다. 법이 필요하게 된 것이다. 무엇보다 중요한 것은 정보영역·사회영역·기술영역 등이 서로 밀접하게 제휴하도록 하는 것이었다.

「제2물결」 문명을 통합해야 한다는 이 절실한 필요성 때문에 최대의 조정자 — 체제통합의 엔진이라고 할 수 있는 거대한 정부가 출현했다. 「제2물결」 사회마다 모두가 거대한 정부를 갖게 된 것은 체제의 통합욕구 때문이라고 할 수 있다.

민중정치가들이 거듭 정부의 축소를 주장했다. 그러나 이들도 일단 정권을 잡고 나면 정부를 축소하기는커녕 오히려 확대했다. 「제2물결」 정부들의 으뜸가는 목표가 산업문명을 건설하고 유지하는 데 있음을 생각한다면 이같은 언행의 불일치를 이해할 수 있을 것이다. 이 중요한 목표 앞에 사소한 의견차이는 해소될 수밖에 없었다. 각 정당과 정치인들은 다른 문제에 관해서는 다투더라도 이 문제에 관해서는 암암리에 합의가 이루어져 있었다. 또한 산업사회는 통합이라는 중요한 과업의 수행을 정부에 의존했기 때문에 겉으로야 무슨 얘기를 하든간에 거대한 정부는 정당과 정치인들이 입밖에 내지 않는 프로그램의 일부분이었다.

정치평론가 프리치(Clayton Fritchey)의 말대로 미국 연방정부는 심지어 최근 3기에 걸친 공화당 행정부하에서도 계속 확대되어 왔다. 그것은 『요술사 후디니(Houdini)라도 심각한 후유증을 남기지 않고는 이를 제거할 수 없다는 간단한 이유 때문이었다.』

자유시장론자들은 정부가 기업에 간섭한다고 주장해 왔다. 그러나 민간기업에만 맡겨두었더라면 산업화가 훨씬 더 늦어졌을 것이고 과연 산업화가 가능했겠는지도 의문점이다. 역대 정부는 철도개발을 촉진하고 항만·도로·운하·고속도로를 건설했다. 정부는 우편사업을 운영하고 전신·전화·방송시설을 개설하여 관리했다. 상거래법을 제정하고 시장을 표준화하고 국내산업을 지원하기 위해 외교적 압력과 관세정책을 실시했다. 농민을 농촌에서 쫓아내 산업노동력을 공급해 주고 군사채널 등을 통해 에너지와 첨단기술 개발을 지원했다. 이처럼 역대 정부는 수천가지 분야에 걸쳐 그 누구도 해낼 수 없었고 또 하고자 하지도 않았던 통합업무를 떠맡았다.

그것은 정부가 거대한 가속자(accelerator) 역할을 했기 때문이었다. 정부는 강제집행력과 조세권을 가지고 있기 때문에 민간기업이 할 수 없는 일을 해낼 수 있었다. 정부는 민간기업이 할 수 없는 분야나 채산성이 없는 분야에 끼어들어 체제의 공백을 채워 줌으로써 산업화 과정을「가속」시켰다. 즉 정부는「예상적 통합」을 수행할 수 있었다.

정부는 대중교육제도를 도입함으로써 청소년들이 장차 산업노동력으로 기능할 수 있도록(이것은 사실상 기업을 보조해 주는 것이다) 해주었을 뿐 아니라 동시에 핵가족 형태의 보급을 촉진하기도 했다. 가족이 수행했던 교육 등 전통적 역할의 부담을 덜어 줌으로써 정부는 가족구조가 공장체제의 요구에 적응하도록 촉진했다. 이처럼 정부는 여러 차원에 걸쳐 복잡한「제2물결」문명을 조정해 나갔다.

통합의 중요성이 증대함에 따라 정부의 실체와 형태가 변화하게 된 것은 놀라운 일이 아니다. 예컨대 대통령이나 수상은 창조적인 사회적·정치적 지도자로 자처하기보다는 일차적으로 스스로를 관리자로 생각하게 되었다. 이들은 퍼스낼리티와 행동면에서 대기업이나 생산업체를 운영하는 사람들과 거의 다를 바가 없었다. 닉슨, 카터, 대처(Margaret Thatcher), 브레즈네프(Leonid I. Brezhnev), 지스카르 데스탱, 오히라 마사요시(大平正芳) 등 산업세계의 수뇌들은 의무적으로 민주주의와 사회정의를 얘기했지만 실상은 능률적 관리를 약속하고 집권한 데 불과했다.

이처럼 자본주의 사회와 사회주의 사회를 불문하고 전체를 일관하는 한 가지 동일한 패턴이 나타났다. 대기업·생산조직 그리고 거대한 정부기구가 그것이다. 또한 마르크스가 예견한 것처럼 노동자들이 생산수단을 장악하거나 애덤 스미스 학파가 기대한 대로 자본가들이 권력을 장악하지도 못했고 그대신 전연 새로운 세력이 등장하여 그 양자에 도전하게 되었다. 권력 전문가(technician of power)들이「통합수단」을 장악하고 이를 통해 사회·문화·정치·경제분야를 지배한 것이다. 이로써「제2물결」사회는 통합자들에 의해 지배받게 되었다.

권력의 피라미드

이 권력 전문가들은 엘리트들과 준엘리트들로 구성되었다. 모든 산업과 정부부처는 곧이어 각기 독자적인 지도자계급(establishment), 즉 강력한 「그들」을 탄생시켰다.

스포츠…종교…교육 등은 모두 각기의 권력 피라미드를 갖게 되었다. 과학지도자계급·국방지도자계급·문화지도자계급 등이 생겨났다. 「제2물결」 문명의 권력은 수십명, 수백명, 심지어 수천명의 이같은 전문적 엘리트들에게 분산되기에 이르렀다.

이 전문적 엘리트들은 그대신 모든 전문분야에 걸쳐 구성원을 가진 다재다능한 엘리트에 의해 통합되었다. 예컨대 소련과 동유럽의 공산당들은 항공분야에서 음악·철강제조에 이르는 각 분야까지 당원을 가지고 있었다. 공산당원들은 준엘리트들간의 메시지를 전달하는 정보망으로서 중요한 기능을 수행했다. 당은 모든 정보에 접할 수 있었기 때문에 전문적 준엘리트들을 통제하는 엄청난 힘을 보유하게 되었다. 자본주의 국가들에서도 각종 민간위원회에 참여하는 주요 기업인이나 변호사들이 다소 비공식적이기는 하지만 이와 유사한 기능을 수행했다. 이처럼 우리는 모든 「제2물결」 국가들에서 다재다능한 통합자들에 의해 통합되는 통합자·관료·중역 등 전문가 집단을 찾아볼 수 있다.

슈퍼엘리트

끝으로 보다 높은 단계에서는 투자의 배분을 담당하는 「슈퍼엘리트(super-elite)」들에 의한 통합이 이루어졌다. 금융계나 일반업계, 미국방성이나 소련의 계획담당 관료들이건간에 산업사회내의 투자배분을 결정하는 자들이 통합자가 기능을 수행할 테두리를 설정해 주었다. 미니애폴리스에서건 모스크바에서건간에 일단 대규모의 투자결정이 이루어지면 그 결정은 장래의 선택범위를 제한하게 되었다. 자원의 부족 때문에 누구라도 감가상각이 끝나기까지는 베세머(Bessemer) 용광로나 석유분해공장 또는 조립공장 등을 함부로 해체할 수 없었다. 그러므로 자본이 일단 투자되고 나면 이 주식자본이 각종 매개변수를 고정시켜 경영자나 통합자의 장래 행동을 제한하게 된다. 이 익명의 결정자들은 투자라는 지렛대를 장악함으로써 모든 산업사회에서 슈퍼엘리트층을 형성하게 되었다.

이에 따라 모든 「제2물결」 사회에는 비슷한 엘리트 구조가 생겨났다. 그리고 나라에 따라 차이는 있었지만 이 숨겨진 권력의 위계질서는 위기나 정치파동 때마다 다시 생겨났다. 이름·슬로건·정당명칭·후보자가 그때마다 달라졌고 혁명이 일어났다가는 사라지곤 했다. 커다란 마호가니 책상에 앉는 얼굴 모습도 달라졌다. 그러나 권력의 기본구조는 변함이 없었다.

과거 300년 동안 여러 나라에서 반역자나 개혁운동가들이 권력의 장벽을 허물고 사회정의와 정치적 평등에 기초한 새로운 사회를 만들려고 거듭 시도했었다. 이러한 운동은 자유를 약속함으로써 일시적으로 수백만의 마음을 사로잡을 수 있었다. 때로는 혁명가들이 정권을 타도하기도 했다.

그러나 궁극적 결과는 매번 마찬가지였다. 반역자들은 그때마다 매번 자기들의 깃발 아래 준엘리트·엘리트·슈퍼엘리트들로 이루어진 유사한 구조를 재창조했다. 그것은 「제2물결」 문명에 있어서는 통합구조와 이를 지배한 권력 전문가들이 공장·화석연료·핵가족 등과 마찬가지로 필수적이었기 때문이다. 산업주의와 그것이 약속한 완전한 민주주의는 실제로 양립이 불가능했다.

산업국가들은 혁명활동 등을 통해 자유시장경제와 중앙계획경제 사이를 오락가락할 때가 있었다. 자본주의 국가가 사회주의 국가로 변모하기도 했고 그 반대의 경우도 있었다. 그러나 속담의 가르침 그대로 표범은 그 반점무늬를 바꿀 수 없는 법이다. 산업국가들은 통합자들의 강력한 위계질서 없이는 그 기능을 발휘할 수 없었다.

오늘날 「제3물결」 변화가 이같은 관리층 세력의 요새를 공격하기 시작함에 따라 권력체계에 최초의 균열이 나타나게 되었다. 이 나라 저 나라에서 경영참여, 의사결정의 분담, 노동자·소비자·시민에 의한 관리 그리고 예상적 민주주의(anticipatory democracy)를 요구하는 목소리가 높아지고 있다. 가장 앞선 산업국가들로부터는 위계적 색채가 덜하고 애드호크러시(역주 ad-hocracy, 영속적 기구로 상정되는 전통적 관료직의 기능적 부서들과는 달리 초산업사회에 적합한 조직형태로 여러 팀들이 모여 특수한 단기적 문제들을 해결하는 임시 기구) 성격이 강한 새로운 조직방법들이 생겨나고 있다. 권력분산의 압력이 강화되고 있다. 또 관리자들은 더욱 더 밑으로부터의 정보에 의존하게 되었다. 따라서 이제는 엘리트들 자신의 지위가 불안정해지고 있다. 이 모든 현상은 정치체제에 격변이 임박했음을 보여주는 초기적 경고에 불과하다.

이미 이들 산업사회의 구조를 공략하고 있는 「제3물결」은 사회적·정치적 혁신을 가져올 수 있는 아주 멋진 기회를 제공해 주고 있다. 멀지 않아 놀랄 만한 새로운 제도들이 현재의 낡고 억압적이고 뒤떨어진 통합구조들을 대체하게 될 것이다.

이 새로운 가능성들에 눈을 돌리기에 앞서 우선 현재 멸망해 가고 있는 체제를 분석해 볼 필요가 있다. 현재의 뒤떨어진 정치체제를 X광선으로 투시하여 이 체제가 「제2물결」 문명의 테두리에 얼마나 적합한가, 산업사회의 질서와 그 엘리트들에게 어떻게 봉사하고 있는가를 살펴볼 필요가 있다. 그렇게 해야만 이 체제가 부적절하고 더 이상 존속될 수 없는 이유가 무엇인지를 이해할 수 있게 될 것이다.

6
숨겨진 청사진

프랑스 사람들에게는 미국의 요란한 대통령 선거운동만큼 이해하기 어려운 것도 없을 것이다. 핫도그를 먹고 서로 등을 두드려 주고 어린이에게 키스하고 입후보를 사퇴했다가는 예비선거에 참가하고 전당대회를 열고 이어 열광적인 자금모금운동, 시골역 선거유세, 연설, TV 광고 등을 한다. 이 모든 것이 민주주의라는 이름하에 행해지고 있다. 반면에 미국인들로서는 프랑스인들의 지도자 선출방법을 납득하기가 힘들다. 더구나 구태의연한 영국의 선거제도, 24개 정당이 참가하는 네덜란드의 선거, 투표자가 몇 명의 후보자를 선정하여 그들의 순위를 매기는 오스트레일리아의 선택투표제도, 일본의 돌려먹기식 파벌간 협상 등은 더욱 이해하기 힘들다. 이 모든 정치제도들은 서로 엄청나게 다른 양상을 띠고 있다. 소련과 동유럽의 일당독재 선거, 다시 말해 가짜 선거제도쯤 되면 더욱 더 이해하기가 힘들다. 정치제도에 관한 한 동일한 모습을 지니고 있는 산업국가는 하나도 없다.

그러나 지역적인 편견을 버리고 살펴보면 이같은 표면상의 차이의 밑바닥에는 여러가지 유사점이 있다는 것을 발견하게 된다. 실제로 「제2물결」 국가들의 정치제도는 모두가 동일한 숨겨진 청사진(hidden blueprint)을 바탕으로 하여 만들어진 것이라고 할 수 있다.

「제2물결」 혁명세력은 프랑스·미국·러시아·일본 등 여러 나라에서 「제1물결」 엘리트들을 타도한 후 헌법을 제정하고 새로운 정부를 수립하고 거의 무(無)에서부터 새로운 정치제도를 만들 필요성에 직면했다. 그들은 창조의 흥분에 젖어 새로운 아이디어와 새로운 구조문제를 토론했다. 그들은 어느 나라에서나 대의제도의 본질문제를 놓고 싸움을 벌였다. 누가 누구를 대표할 것인가? 대의원들은 선거민의 뜻대로 투표할 것인가, 아니면 스스로의 판단에 따를 것인가? 임기는 긴 것이 좋은가, 짧은 것이 좋은가? 정당은 어떠한 역할을 해야 할 것인가?

각 나라마다 새로운 정치구조가 이같은 논쟁과 토론을 통해 등장했다. 이러한 정치구조들을 면밀히 검토해 보면 이들은 모두 낡은「제1물결」의 여러 가정들과 산업화시대를 휩쓴 새로운 아이디어들의 결합을 바탕으로 하고 있음을 알 수 있다.

「제2물결」 정치체제의 창설자들은 수천년간의 농업문명이 끝나고 이제 토지 대신에 노동·자본·에너지·원자재를 토대로 한 경제가 시작된다는 것을 상상하기가 힘들었다. 그 동안 토지가 항상 생활의 중심을 차지하고 있었기 때문이다. 그러므로 현재의 여러가지 투표제도에 지리적인 요소가 남아 있다는 것은 놀라운 일이 아니다. 미국과 영국 등 여러 나라의 상원의원과 하원의원들은 지금도 사회적 계급이나 직업·인종·성·생활양식별 집단을 대표한다기보다는 특정한 토지구획, 즉 지리적 구역의 주민들을 대표하는 의원으로서 선출되고 있다.

「제1물결」 사람들은 이동성이 없는 것이 특징이었다. 따라서 산업화시대의 정치체제를 만든 사람들이 모든 주민이 평생 동안 같은 지방에 거주할 것이라고 전제한 것은 당연하다고 할 수 있다. 이 때문에 지금까지도 각국의 선거법에는 거주요건이 일반화되어 있다.

「제1물결」의 생활속도는 완만했다. 통신수단도 매우 원시적이었기 때문에 미국의 독립전쟁 당시 필라델피아 대륙회의가 뉴욕에 메시지를 보내는 데 1주일이나 걸릴 정도였다. 워싱턴의 연설이 전국 방방곡곡에 알려지는 데는 여러 주일 또는 여러 달이 걸렸다. 1865년까지만 해도 링컨(Abraham Lincoln)의 암살소식이 런던에 전해지는 데는 12일이 걸렸다. 이처럼 만사가 느리게 움직인다는 암묵의 양해가 있었기 때문에 미국이나 영국의 의회는 현안문제를 충분히 생각할 시간을 갖고 서두르지 않으면서 처리하는 것을「신중한 것」으로 간주했다.

「제1물결」 사람들은 대부분 무식하고 무지했다. 따라서 대의원들, 특히 교육받은 계층에서 선출된 대의원들은 선거민들보다 더욱 현명한 결정을 내릴 수 있다고 가정되었다.

그러나 「제2물결」 혁명세력은 「제1물결」 시대의 가정들을 정치제도에 받아들이면서도 다른 한편으로는 미래에 눈을 돌렸다. 이 때문에 그들이 만들어 낸 구조물은 당시의 몇 가지 최신 기술부문 개념들을 반영하고 있다.

기계광

초기 산업화시대의 기업인・지식인・혁명가들은 사실상 기계에 매혹당해 있었다. 그들은 증기기관・시계・방직기・펌프・피스톤 등에 매혹되어 그 당시의 여러가지 간단한 기계기술에 기초한 수많은 유사개념들을 무수히 만들어 냈다. 프랭클린이나 제퍼슨(Thomas Jefferson) 같은 사람이 정치혁명가인 동시에 과학자 겸 발명가였다는 사실은 우연이 아니다.

그들은 뉴턴(Isaac Newton)의 대발견이 가져온 문화적 격동 속에서 성장한 사람들이었다. 뉴턴은 천체를 관측한 끝에 이 우주는 정확한 기계적 질서에 의해 움직이는 거대한 시계장치와 같다는 결론을 내렸다. 프랑스의 물리학자이자 철학자인 라 메트리(Julien Offroy de La Mettrie)는 1748년에 인간도 하나의 기계라고 선언했다. 나중에 애덤 스미스는 이 기계의 유추를 경제학 분야에까지 연장시켜 경제는 『여러가지 점에서 기계를 닮은』 체계라고 주장했다.

매디슨(James Madison)은 미국의 헌법제정 당시의 논쟁을 설명하면서 「체계(system)」의 「재형성(remodel)」이라든가 정치권력 「구조(structure)」의 변경이라든가 「일련의 여과과정」을 통한 공직자 선출 등의 기계용어를 사용했다. 미국 헌법 자체는 거대한 시계의 내부장치처럼 「견제와 균형(check and balance)」을 갖게 되었다. 제퍼슨은 「정부기관(machinery of government)」이라는 말을 사용했다.

미국의 정치사상은 그 후에도 계속 회전조절용 바퀴・체인・기어・

견제와 균형 등의 기계용어들을 반영했다. 이렇게 해서 뷰렌(Martin Van Buren)은「정치기구(political machine)」를 발명했고 이에 따라 뉴욕시는 트위드 기구(Tweed machine), 테네시주는 크럼프 기구(Crump machine), 뉴저지주는 헤이그 기구(Hague machine)라 불리우는 파벌을 갖게 되었다. 그 이후 오늘날까지 미국의 정치인들은 여러 세대에 걸쳐 정치적「청사진」을 작성하기도 하고「선거를 공작」하기도 하고 연방의회와 각 주의회에서 각종 법안을「억지로 통과시키거나」「일사천리로 통과시키거나」 했다. 19세기 영국에서는 크로머(Cromer)경이『기계의 여러 부품처럼 조화있게 작동할 수 있는』제국정부를 구상했다.

이러한 기계적 발상법은 비단 자본주의에만 국한된 산물이 아니었다. 예컨대 레닌은 국가라는 것은『자본가가 노동자를 억압하기 위해 사용하는 기계(장치)에 불과하다』고 묘사했다. 트로츠키는『부르좌의 사회적 기계장치(mechanism)의 모든 바퀴와 나사들』에 관해 언급했으며 혁명적인 당의 기능도 기계의 용어들을 빌어 설명했다. 즉 그는 당을 하나의 강력한「장치(apparatus)」라고 정의하면서『그것은 다른 모든 기계장치처럼 그 자체가 정태적이고…대중운동은…죽어 있는 관성(inertia)을 벗어나야 한다. 따라서 증기의 움직이는 힘으로 기계의 관성을 극복하게 되면 회전조절용 바퀴를 돌릴 수 있게 된다』고 지적했다.

이처럼 기계적 사고방식에 젖어 기계의 힘과 능률을 맹신하게 된「제2물결」 사회의 혁명적 창시자들이 자본주의자이건 사회주의자이건간에 초기 산업기계의 여러가지 특징을 닮은 정치제도를 발명해 낸 것은 놀라운 일이 아니다.

대의장치

그들이 기계를 조립하듯이 만들어 낸 정치구조는 초보적인 대의제도의 개념에 기초한 것이었다. 그리고 각 나라에 따라 특정한 부품들을 사용했다. 이 구성요소들은 좀 익살맞게 표현하면 일종의 보편적 대의장치(represento-kit)에서 나온 것이라고 할 수 있다.

그 구성요소들은 다음과 같다.

1. 투표권을 가진 개인들
2. 표를 모으는 정당들
3. 선거에서 이기는 즉시 유권자들의 「대표」가 되는 입후보자들
4. 대표들이 투표를 통해 법령을 만들어 내는 입법부들(영국식 의회·일본식 국회·미국식 의회·서독식 의회·미국식 주의회 등)
5. 입법기관에 정책이라는 형태의 원자재를 공급해 주고 법률이 제정되면 이를 집행하는 행정부들(대통령·수상·당서기 등)

유권자들은 이같은 뉴턴적 기계장치에서 「원자」와 같은 역할을 했다. 유권자들은 체제의 「다기관(多岐管, manifold)」 역할을 하는 정당들에 의해 결집되어졌다. 정당들이 여러가지 경로를 통해 표를 모아 선거라는 집계기계에 투입하면 이 기계가 정당의 세력 및 혼합 비율에 따라 표를 섞어 「국민의 뜻」이라는 산출물을 만들어 냈다. 바로 이 산출물이 정부라는 기계를 움직이게 하는 기본 연료로 간주되었다.

이 장치의 여러가지 부품들은 나라마다 각기 다른 방법으로 결합되고 조작되었다. 21세 이상의 모든 사람에게 투표권을 허용하는 나라가 있는가 하면 백인 남자들에게만 투표권을 주는 나라도 있다. 또 선거의 전체 과정이 독재정치를 위한 겉치레인 경우가 있는가 하면 선출된 공직자가 실제로 상당한 권한을 행사하는 나라도 있다. 양당제도인 나라도 있고 다수정당제도인 나라도 있으며 정당이 하나밖에 없는 나라도 있다. 그럼에도 불구하고 역사적 패턴은 명백하다. 여러가지 부품을 제아무리 수정하여 배치하더라도 공식 정치기구를 구성하는 데 사용한 기본 장치는 모든 산업국가들에서 동일했다.

비록 공산주의자들이 「부르좌 민주주의」와 「의회주의」는 특권층의 위장물이라고 공격하면서 이 메커니즘이 자본가 계급의 사욕을 위해 조작되고 있다고 주장하는 것을 흔히 볼 수 있지만 그러면서도 모든 사회주의 산업국가들은 서둘러 이와 유사한 대의기관들을 설치했다.

사회주의 국가들은 대의제도 시대가 끝나면 머나먼 장래에 「직접민주주의」를 실현하겠다고 약속하면서도 지금 당장은 「사회주의적 대의

제도」에 크게 의존하고 있다. 헝가리의 공산주의자 비하리(Ottó Bihari)는 대의제도에 관한 연구보고서에서 『선거과정에서 노동자의 의지가 투표에 의해 탄생한 정부기관에 영향을 주게 된다』고 썼다. 소련 「프라우다(Pravda)」지 편집인 아파나스예프(V. G. Afanasyev)는 그의 저서 「과학적 사회관리(The Scientific Management of Society)」에서 「민주적 중앙집권주의」라는 개념에는 『근로대중의 주권적 권한…통치기구와 지도자의 선출 그리고 그들의 인민에 대한 책임』이 포함된다고 밝혔다.

마치 공장이 모든 산업사회의 기술영역을 상징하는 것처럼 대의제도하의 정부는(아무리 변질되었더라도) 모든 「선진국」들의 지위를 상징하게 되었다. 실제로 여러 후진국들조차도(식민지 개척자들의 압력에 의해서이건 아니면 맹목적인 모방을 통해서이건) 서둘러 이같은 공식기구들을 설치하여 선진국들과 똑같은 보편적 대의장치를 사용하게 되었다.

범세계적 법률공장

이 「민주주의 기관」들이 국가적 차원에만 국한된 것은 아니었다. 이 기관들은 주·군 등 지방수준에서도 설치되었고 나아가서는 읍이나 부락 의회 같은 것도 생겨났다. 오늘날 미국에만 해도 약 50만 명의 선출된 공직자가 있고 또한 도시지역에는 2만 5,869개의 지방자치 단위가 있어 제각기 선거제도와 대의기관 및 선거절차를 가지고 있다.

수천개의 이 대의기관들은 농촌지방으로 내려가면 더욱 세분화되고 세계 전체로 본다면 그 수가 1만 개가 넘는다. 스위스의 주(canton), 프랑스의 군(department), 영국의 주(country), 캐나다의 주(province), 폴란드의 구(voivodship), 소련의 공화국(republic), 싱가포르와 하이파(Haifa), 오사카(大阪)와 오슬로에서 여러 입후보자들이 출마하여 요술처럼 「대의원」으로 변신하고 있다. 오늘날 「제2물결」 국가들에서만 해도 10만개 이상의 이러한 기관들이 각종 법률과 시행령·규칙·규정 같은 것을 제조하고 있다고 말할 수 있다.*

마치 각 개인과 각 투표권이 하나의 별개의 원자적 단위가되는 것처럼 이론상 이러한 정치적 단위들—전국·주·지방—도 각각 별개의 원자적 단위로 간주되었다. 이들 각 단위는 신중히 정한 관할권, 독자적인 권한 그리고 독자적인 권리와 의무를 가지고 있었다. 이 단위들은 위에서 아래에 이르기까지, 국가 단위에서 주·지역·지방단위에 이르기까지 위계질서를 형성했다. 그러나 산업주의가 성숙하고 경제가 더 한층 통합되어 감에 따라 이들 각 정치단위들의 정책결정은 그 관할구역 밖에까지 영향을 미쳐 다른 정치조직들의 반응을 불러일으키게 되었다.

섬유산업에 관한 일본 국회의 결정은 노스 캐롤라이나의 고용문제나 시카고의 복지사업에 영향을 미칠 수 있다. 미국 의회가 외국산 자동차에 수입쿼타를 부과하기로 결정하면 나고야(名古屋)나 토리노시의 지방자치단체의 일거리가 많아진다. 이처럼 전에는 정치인들이 어떤 결정을 내리더라도 그들 자신이 신중히 정한 관할권 밖에는 영향을 미치지 않았으나 지금은 그것이 점점 더 불가능해지고 있다.

20세기 중반에는 외관상 주권이나 독자성을 가지고 있는 전세계의 몇만개의 정치조직들이 경제의 각종 회로를 통해, 그리고 급격히 늘어난 여행·이민·통신 등을 통해 서로 밀접하게 연결되어 끊임없이 서로를 활성화하고 자극하게 되었다.

이렇게 해서 대의장치의 여러 구성요소들을 바탕으로 만들어진 수천개의 대의기관들은 이제 눈에 보이지 않는 하나의 초기계(supermachine), 즉 범세계적 법률공장(global law factory)을 형성하게 되었다. 이제 이 범세계적 제도의 지렛대와 조종핸들을 누가 어떻게 조작하고 있는가를 살펴볼 때가 되었다.

---

* 정부기관 이외에도 극우에서 극좌에 이르는 산업사회의 사실상 모든 정당들이 지도자를 투표로 선출하는 전통적 절차를 밟았다. 비록 선택권도 상부의 인준을 요하기는 했지만 심지어 선거구 단위나 지구당 세포조직의 주도권 경쟁조차도 선거의 형식을 취하는 것이 하나의 전형이 되었다. 그리고 많은 나라들에서는 선거라는 의식이 노동조합과 교회에서 유년단에 이르기까지 그밖의 모든 종류의 조직생활의 표준적 부분으로 되었다. 즉 투표가 산업사회 생활방식의 일부로서 정착되었다.

재확인 의식

「제2물결」 혁명가들이 품었던 인류해방의 꿈에서 탄생한 대의정치제도는 종전의 권력체계에 비하면 굉장한 진보였으며 나름대로 증기기관이나 비행기의 발명보다 더욱 놀라운 기술분야의 승리였다.

대의정치제도를 도입함으로써 세습왕조 없이도 질서정연한 정권 승계가 가능해졌다. 이 제도는 사회내에 상하간의 피드백 채널을 열어주었다. 또한 여러 집단간의 의견차이를 평화적으로 해결할 수 있는 토론의 장을 제공해 주었다.

다수결원칙과 1인 1표 원칙에 입각한 이 제도는 가난하고 약한 사람들이 사회라는 통합적 엔진을 운전하는 권력 전문가들로부터 각종 혜택을 얻어낼 수 있도록 도와 주었다. 이러한 이유 때문에 대의정치제도의 보급은 전체적으로 역사에 인도주의적 돌파구를 마련해 주었다고 할 수 있다.

그러나 이 제도는 처음부터 당초의 약속과는 거리가 멀었다. 아무리 상상의 날개를 펴 보아도 이 제도는 그것이 어떻게 정의되었든간에 인민에 의해 장악된 적이 한 번도 없었다. 또한 준엘리트·엘리트·슈퍼엘리트로 구성된 산업국가들의 기본적 권력구조를 실제로 변혁시키지도 못했다. 사실 공식적 대의기관은 관리자인 엘리트의 통제를 약화시키기는커녕 오히려 그들의 권력유지를 위한 핵심적 통합수단의 하나가 되고 말았다.

이처럼 선거는 누가 이겼느냐와는 전혀 상관없이 엘리트들을 위한 강력한 문화적 기능을 수행했다. 선거는 모든 사람에게 똑같이 투표권을 부여했기 때문에 평등에 관한 환상을 불러일으켰다. 투표는 대중을 안심시켜 주는 재확인 의식(儀式)을 베풀어 줌으로써 사람들에게 마치 정책적 선택이 기계처럼 체계적으로, 그리고 은연중에 합리적으로 이루어지고 있다는 생각을 갖도록 했다. 선거는 시민들에게 그들이 아직도 명령권을 가지고 있고 적어도 이론상으로는 그들이 지도자를 선출할 수도 선출하지 않을 수도 있다는 것을 상징적으로 확인해 주었다.

자본주의 국가나 사회주의 국가를 막론하고 이 의식상의 재확인이 선거의 실제 결과보다 더욱 중요시되는 경우가 많았다.

통합기능을 수행하는 엘리트들은 장소에 따라 여러가지 다른 정치기관의 프로그램을 만들어 여러 정당을 통제하거나 선거자격을 조작했다. 그러나 선거의식만은—익살극이라고 생각하는 사람도 있을 것이다—어디서나 활용되었다. 소련과 동유럽의 선거가 항상 99% 내지 100%의 지지율을 나타낸다는 사실은 중앙계획사회들에서도 「자유세계」에서와 마찬가지로 최소한 유권자를 안심시키는 재확인 의식의 필요성을 강하게 느끼고 있음을 말해 준다. 선거는 아래로부터의 항의를 해소시켜 주었다.

더구나 민주개혁 운동가들과 급진파의 노력에도 불구하고 통합기능을 수행하는 엘리트들은 대의정치체제를 사실상 영구히 장악하고 있었다. 그 이유를 설명하는 갖가지 이론이 제시되어 왔다. 그러나 그 대부분은 대의정치체제가 갖는 기계적 본질을 간과하고 있다.

정치학자의 안목이 아닌 엔지니어의 눈을 가지고 「제2물결」 정치체제를 관찰한다면 지금까지 발견하지 못했던 한 가지 중요한 사실을 돌연히 깨닫게 된다.

산업 엔지니어들은 여러가지 기계를 기본적으로 크게 다른 두 가지로 구분한다. 즉 단속적으로 기능하는 이른바 「일괄처리(batch-processing)」 기계와 연속적으로 작동하는 이른바 「연속흐름(continuous-flow)」 기계이다. 첫번째 기계의 예로는 흔히 쓰는 동력 펀칭 프레스기를 들 수 있다. 노동자는 1회 작업분으로 여러 장의 금속판을 가져다 놓고 한 번에 한 장 또는 두세 장씩 기계에 넣어 원하는 모양대로 찍어 낸다. 이 1회분 작업이 끝나면 다음 번 재료를 가져올 때까지 기계는 쉰다. 두번째 기계의 예로는 일단 가동하기 시작하면 가동을 멈추는 일이 없는 정유시설을 들 수 있다. 여기서는 석유가 하루 24시간 동안 송유관과 석유 저장탱크를 통해 계속 흘러 나온다.

범세계적인 이 법률공장의 단속적인 표결행위를 관찰해 보면 이것이 고전적인 「일괄처리」 공장과 같다는 것을 알 수 있다. 유권자들은 정해진 시간에 후보자 중에서 선택할 수 있도록 허용되지만 선거가 끝나면 이 공식적인 「민주주의 기계」는 다시 작동을 중단하게 된다.

이것은 여러가지 조직화된 세력·압력단체·정치 브로커들로부터의 영향이 연속흐름을 이루고 있는 것과 대조적이다. 각 기업체와 정부부처에서 나온 일단의 로비스트들은 각종 위원회에 나가 증언을 하고 전문가 토론회에서 봉사를 하는가 하면 리셉션이나 만찬에 참석하고 워싱턴에서는 칵테일을, 모스크바에서는 보트카를 들면서 얼굴을 마주치고 정보와 영향력을 교환함으로써 잠시도 쉼 없이 의사결정 과정에 영향을 미친다.

요컨대 이 엘리트들은 민주주의의 일괄처리 기계와 병행하여(때로는 이에 역행하여) 강력한 연속흐름 기계를 작동시켰다. 범세계적 법률공장에서 국가권력이 어떻게 행사되고 있는가를 이해하려면 이 두 가지 기계를 함께 고찰해야만 한다.

대의정치 게임에서 국민은 기껏해야 투표를 통해 정부와 그 정책적 조치에 찬부를 표시할 단속적 기회만 가질 수 있을 뿐이다. 이에 반해 권력 전문가들은 정부의 조치에 연속적으로 영향을 미쳤다.

끝으로 사회통제를 위한 하나의 강력한 도구가 대의제도 원리 자체에 마련되어 있었다. 다른 사람을 대표할 사람을 선출한다는 것 자체가 새로운 엘리트를 창출하는 것이었기 때문이다.

예컨대 노동자들이 노조 결성권을 위한 투쟁을 개시했을 때 그들은 괴로움을 받고 음모죄 혐의로 기소당하거나 회사측 스파이에게 미행당하고 경찰과 조직 폭력배에 의해 구타당했다. 그들은 국외자였으며 체제내에는 그들의 의견을 대표할 사람이 없거나 부적절했다.

일단 노조가 결성되자 노동자들은 새로운 통합자 집단(노동자 지도자계급)을 탄생시켰다. 이 새로운 통합자들은 단순히 노동자를 대표하는 데 그치지 않고 노동자와 기업 및 정부의 엘리트들 사이에서 중개역할을 맡게 되었다. 세계 각국에 미니(역주 George Meany, 전 미국 노동총동맹 산업별 조합회의(AFL-CIO/American Federation of Labor and Congress of Industrial Organization) 회장)나 세기(역주 Georges Séguy, 전 프랑스 노동총동맹(CGT/Confédération Générale du Trauail) 회장) 같은 사람들이 나타났다. 이들은 겉으로 무슨 말을 하건간에 모두가 통합 엘리트의 핵심 멤버들이었다. 소련과 동유럽의 가짜 노조지도자들도 실은 권력 전문가들에 지나지 않았다.

이론상으로는 각종 대표들은 재선을 위해 출마해야 하기 때문에 자기가 대표하는 사람들에게 항상 정직하고 그들을 대변하지 않을 수 없도록 되어 있다. 그러나 실제로는 어느 나라에서도 이 대표들이 권력 구조에 흡수되는 것을 막은 경우는 한 번도 없었다. 어느 나라에서나 대표들과 그들을 대표로 선출하는 사람들간의 갭은 커지기만 했다.

우리가 민주주의라고 부르는 대의정치제도는 요컨대 불평등을 보장해 주는 산업사회의 기술이었다. 대의정치제도는 의사(擬似)대의제(pseudorepresentative)에 불과했다.

지금까지 설명한 것을 요약하면 우리는 화석연료·공장생산·핵가족·기업체·대중교육·대중매체에 크게 의존한 하나의 문명을 보게 된다. 이 모든 것은 생산과 소비의 분열에 기초한 것으로서 이 모두가 전체를 통합하는 임무를 수행하는 일련의 엘리트들에 의해 관리되었다.

이 체제에서는 대의정치제도가 정치분야의 공장과도 같은 구실을 했다. 실제로 대의정치제도는 집단적 통합결정들을 만들어 내는 공장이었다. 대부분의 공장들처럼 대의정치체제도 상부에서 관리했다. 그것은 또 대부분의 공장들처럼 날이 갈수록 시대에 뒤떨어져 다가오는 「제3물결」의 희생물이 되어 가고 있다.

「제2물결」 정치구조가 날이 갈수록 시대에 뒤떨어져 오늘날의 복잡한 문제에 대응해 나갈 수 없게 되는 경우 그 난관의 일단은 후술하는 바와 같이 「제2물결」의 또 한 가지 중요한 제도인 국민국가(nation-state)에 있다고 볼 수 있다.

7

광란하는 국가

아바코(Abaco)는 플로리다 앞바다의 바하마제도에 속해 있는 인구 6,500명의 작은 섬이다. 몇년 전에 미국 기업인·무기상인·자유기업론자·흑인 첩보원 그리고 영국 상원의원 1명이 포함된 1개 집단이 아바코 섬의 독립을 선언하기로 결정했다.

그들은 이 섬을 점령하여 바하마 정부로부터 분리시키고 혁명 후 섬 원주민들에게 농지의 무상분배를 약속해 주는 계획을 세웠다.(이렇게 해도 이 음모를 지지한 부동산업자나 투자가들의 차지로 25만 에이커 이상의 땅이 남게 되어 있었다.) 그들의 궁극적 꿈은 아바코 섬을 세금없는 유토피아로 건설하여 사회주의를 두려워하는 돈많은 기업인들에게 도피처를 제공하는 데 있었다.

그러나 유감스럽게도 아바코 주민들은 자유로운 기업활동을 위해 자기들을 얽어매고 있는 속박을 떨쳐버릴 의향이 없었기 때문에 이 신생국가 건설계획은 유산되고 말았다.

그럼에도 불구하고 세계 각국에서 정권장악을 위한 민족주의 운동이 일어나고 약 152개 국가가 국제연합(UN)이라는 국가조합에 가입하고 있는 오늘날의 세계에서 이같은 서투른 장난도 유익한 목적에 도움을 줄 수 있다. 국가란 무엇이냐 하는 문제를 제기하고 있기 때문이다.

괴짜인 기업인들에게서 자금지원을 받았건 안 받았건간에 아바코의 주민 6,500명이 국가를 형성할 수 있었을까? 인구 230만인 싱가포르가 국가라면 인구 800만의 뉴욕시는 왜 국가가 아니란 말인가? 뉴욕의 브루클린도 제트폭격기만 갖추면 국가가 될 수 있는 것일까? 터무니없는 소리처럼 들리겠지만 이러한 질문들은 「제3물결」이 「제2물결」 문명의 여러가지 기반을 뒤흔들고 있는 현 시점에서 새로운 중요성을 띠게 될 것이다. 이 기반들 중의 하나가 바로 국민국가였기 때문이다.

「제3물결」이 「제1물결」과 「제2물결」 양자 모두에 충격을 주고 있는 오늘날 민족주의 문제를 둘러싼 애매모호한 수식어들을 제거해 버리지 않는 한 신문제목의 뜻을 이해할 수도 없고 「제1물결」과 「제2물결」간의 충돌 또한 이해할 수 없다.

말 갈아타기

「제2물결」이 유럽을 휩쓸기 전에는 세계 대부분의 지역은 아직 국민국가를 형성하지 못한 채 부족국가·씨족국가·공국(公國)·후국(侯國)·왕국 등 잡다하고 다소간 지역적 성격이 강한 단위를 이루고 있었다. 정치학자 파이너(S. E. Finer)는 『국왕과 속국의 군주들은 아주 작은 권한밖에 가지고 있지 못했다』고 쓰고 있다. 국경은 분명치 않았고 정부의 권한도 확실치 않았다. 국가권력은 아직 표준화되어 있지 않았다. 파이너 교수에 의하면 어떤 마을에서는 풍차에 대한 사용료를 걷어들이는 권리, 다른 마을에서는 농민들로부터 세금을 징수하는 권리, 또 다른 마을에서는 수도원장을 임명하는 권리를 갖는 것이 고작이었다는 것이다. 여러 지역에 재산을 가지고 있는 개인은 여러 영주에게 충성을 바쳐야만 했다. 가장 위대한 황제일지라도 잡동사니와 같은 조그마한 지방자치 공동사회를 통치했을 따름이다. 정치적 지배도 아직 통일되어 있지 못했다. 볼테르(François Marie Arouet Voltaire)는 이러한 상황을 요약했다—그는 유럽을 여행하면서 말을 갈아타듯이 법률을 자주 바꿔야 했다고 불평했다.

물론 이 풍자에는 보기보다 많은 뜻이 담겨 있다. 말을 자주 바꿔타야 한다는 것은 교통통신이 원시상태에 있었음을 반영하는 것이고 결국 가장 강력한 군주조차도 효과적인 통치를 할 수 없었음을 말해 준다. 수도에서 멀리 떨어진 곳일수록 국가의 권위는 약화되었다.

그러나 정치적 통합없이는 경제적 통합도 불가능했다. 값비싸고 새로운 「제2물결」 기술이 채산을 맞추려면 지방의 범위를 벗어나 보다 큰 시장을 상대로 상품을 생산해야만 했다. 그러나 자기가 속한 공동체를 벗어나기만 하면 관세·세금·노동법규·통화 등이 모두 각양각색으로 다른 상황에서 기업인들이 어떻게 넓은 지역을 상대로 물건을 사고 팔 수 있단 말인가? 새로운 기술에서 수익을 올리려면 각 지방의 경제는 하나의 국민경제로 통합되어야 했다. 이것은 전국적인 분업 그리고 전국적인 상품 및 자본시장이 있어야 함을 의미하는 것이었다. 그러자면 역시 전국적인 정치통합이 이루어져야만 했다.

간단히 얘기하면 「제2물결」 경제단위의 성장에 상응하는 「제2물결」 정치단위가 필요했던 것이다.

「제2물결」 사회들이 국민경제를 구축하기 시작하면서 대중의 의식에 근본적 변화가 나타났다는 것은 놀라운 일이 아니다. 「제1물결」 사회의 소규모 지역적 생산은 지방색이 강한 사람들을 길러냈다—이들은 대부분 자기의 이웃이나 자기 부락에만 관심을 갖는 사람들이었다. 극소수의 사람들—소수의 귀족과 성직자, 여기저기 흩어져 있는 상인과 사회의 변두리에 있는 예술가·학자·용병 등—만이 부락 밖의 일에 관심을 가졌다.

「제2물결」은 보다 넓은 세계에 이해관계를 갖는 사람들의 수를 급속도로 늘려 나갔다. 증기와 석탄을 토대로 한 기술이 보급되고 또 그 후에 전기가 출현하게 되자 프랑크푸르트의 의류, 제네바의 시계, 맨체스터의 직물 제조업자들은 한 지방의 시장이 흡수할 수 있는 것보다 훨씬 더 많은 양의 제품을 생산할 수 있게 되었다. 제조업자는 또한 먼 곳에서 원료를 구해 와야만 했다. 공장노동자들도 수천마일 밖에서 일어나는 금융시장의 변동에 영향을 받게 되었다. 즉 그들의 일자리가 먼 곳의 시장 사정에 의해 좌우되기에 이르렀다.

이렇게 해서 심리적 지평선이 조금씩 확대되어 새로운 대중매체는 먼 지방으로부터 오는 정보와 이미지의 양을 증가시켰다. 이러한 변화의 충격으로 지방색이 쇠퇴해 갔다. 국민의식이 싹텄다.

미국 및 프랑스의 혁명으로부터 시작하여 19세기 전체를 통해 민족주의 열광이 세계의 산업화 지역들을 휩쓸었다. 독일의 조그맣고 다양하고 서로 반목하는 350개 미니 국가(mini-state)들은 조국(das Vaterland)이라는 단일 국민시장으로 결합될 필요가 있었다. 여러 나라로 분열되어 사보이가, 바티칸, 오스트리아의 합스부르크가, 스페인의 부르봉가 등에 의해 통치되었던 이탈리아도 통일되어야만 했다. 헝가리인·세르비아인·크로아티아인(Croats)·프랑스인 등 모두가 갑자기 신기하게도 서로 친근감을 갖게 되었다. 시인들이 민족정신을 고취했다. 역사가들은 오랫동안 잊혀졌던 영웅이나 문학 그리고 민속을 발굴해 냈다. 작곡가들은 민족에 바치는 송가를 작곡했다. 이 모든 것은 산업화가 이를 필요로 했던 바로 그 시점에서 이루어졌다.

산업화시대가 통합을 필요로 했다는 점을 이해하면 국민국가가 갖는 의미가 무엇인가는 곧 명백해진다. 국가라는 것은 슈펭글러(Oswald Spengler)가 말하는「정신적 통일체」도 아니고 또한「정신적 공동체」도「사회적 정신」도 아니다. 또 국가는 르낭(Ernest Renan)의 말처럼「풍요로운 기억의 유산」도 아니고 오르테가 이 가세트(José Ortega y Gasset)가 주장하는「미래상의 공유」도 아니다.

우리가 근대국가라고 부르는 것은「제2물결」 현상으로서 단일의 통합경제 위에 위치해 있거나 또는 융합되어 있는 단일의 통합된 정치적 권위인 것이다. 각 지방별로 자급자족하면서 엉성하게 연결되어 있는 경제의 어중이 떠중이 집합체는 국가가 될 수 없다. 설사 공고하게 통일된 정치체제라 할지라도 그것이 지방경제들의 엉성한 집적 위에 위치해 있는 것이라면 근대국가라고 할 수 없다. 통일된 정치체제와 통일된 경제의 융합이 근대국가를 만들어 냈다.

미국·프랑스·독일과 유럽의 여러 나라들에서 산업혁명에 의해 촉발된 민족주의자들의 봉기는 정치적 통합의 수준을「제2물결」이 수반한, 급속도로 상승하는 경제적 통합의 수준으로까지 끌어올리려는 노력이었다고 볼 수 있다. 세계를 뚜렷한 특징을 가진 국가단위들로 분할한 것은 시나 어떤 신비주의적 영향력이 아니라 바로 이같은 노력의 결과였다.

황금의 못

각국 정부는 시장과 정치적 권위의 확대를 모색하는 과정에서 언어의 차이, 문화적·사회적·지리적·전략적 장벽 등 여러가지 외곽적 한계에 봉착하게 되었다. 또한 이용 가능한 수송·통신·에너지 공급 및 그 기술이 갖는 생산성 등 이 모든 것은 단일 정치구조에 의해 얼마나 넓은 지역이 효과적으로 통치될 수 있는가의 한계를 설정해 주었다. 복잡한 회계절차·예산관리·관리기법 등도 정치적 통합이 미칠 수 있는 범위를 한정시켰다.

이러한 제약 속에서 기업과 정부의 통합엘리트들이 모두 확대를 위해 싸웠다. 그들이 통제하는 영역이 넓어질수록 그리고 경제적 시장의 범위가 커질수록 그들의 부와 권력은 증대했다. 각국이 그 경제적·정치적 변경을 최대로 넓혀 나가는 과정에서 이러한 본래의 제약 이외에도 경쟁국들과의 대결에 봉착하게 되었다.

이러한 제약을 타파하기 위해 통합엘리트들은 선진기술을 활용했다. 예컨대 그들은 19세기의「우주경쟁」, 즉 철도의 건설에 뛰어들었다.

1825년 9월에 영국의 스톡턴과 달링턴을 연결하는 철도가 부설되었다. 유럽대륙에서는 1835년 5월에 브뤼셀과 말리느가 연결되었다. 같은 해 9월에는 독일의 바바리아주에서 뉴렘베르크-푸르트선(Nuremberg-Furth line)이 부설되었다. 다음에는 파리와 생제르맹이 연결되었다. 동유럽을 보면 1838년 4월에 러시아의 차르코에 셀로(Tsarkoe Selo)와 페테르스부르크(Petersburg)간에 철도가 부설되었다. 그 후 30여년에 걸쳐 철도 노동자들은 이 지역 저 지역에 차례로 철도를 건설해 나갔다.

프랑스 역사학자 모라제(Charles Morazé)는 이렇게 설명했다. 『1830년에 이미 거의 통일되어 있던 여러 나라들은 철도의 등장으로 그 통합이 더욱 강화되었다. …아직 준비태세를 갖추지 못한 나라들은 새로운 강철의 테가…자기 나라 주변을 졸라매는 것을 지켜보았다. …능력을 갖춘 모든 나라들은 1세기 넘게 유럽의 정치적 경계선을 정해 준이 수송체계에 의해 국가로서 인정받기 위해 철도가 건설되기 전부터 서둘러 존립권을 선언하고 나섰다.』

미국 정부는 역사학자 마즐리시(Bruce Mazlish)의 말대로 『대륙횡단 철도의 건설이 대서양 연안과 태평양 연안간의 통일의 유대를 강화해 주리라는 신념』에 고취되어 민간 철도회사들에게 방대한 토지를 무상으로 불하했다. 최초의 대륙횡단 철도의 완공을 기념하는 황금의 못(golden spike)을 박음으로써 전대륙적 규모로 통합된 참다운 전국적 시장의 문이 열렸다. 이로써 미국 전국에 대한 정부의 지배가 명목상의 것이 아닌 실질적인 것으로 되었다. 워싱턴 당국은 이제 그 권한을 집행하기 위해 언제든지 대륙을 횡단하여 신속하게 군대를 이동시킬 수 있게 되었다.

이렇게 해서 이 나라 저 나라에서 강력한 새로운 통일체, 즉 국민국가가 등장하게 되었다. 결국 세계지도는 빨간색·분홍색·오렌지색·노랑색·초록색 등의 정연하고도 중복되지 않는 여러 조각의 땅으로 분할되었다. 그 결과 국민국가 체제가 「제2물결」 문명의 핵심적 구조의 하나가 되었다.

이 국민국가의 밑바탕에는 통합의 추진이라고 하는 산업주의의 일상적인 요청이 깔려 있었다.

그러나 이러한 통합의 추진은 각 국민국가의 국경선에서 그치지 않았다. 산업문명은 그 강대한 힘에도 불구하고 외부로부터 영양을 섭취해야만 했다. 산업문명은 세계의 다른 나라들을 화폐제도로 통합하고 이 제도를 자국의 이익을 위해 통제하지 않으면 존속할 수 없었다. 「제3물결」이 창조하는 세계를 이해하려면 이같은 일이 어떻게 이루어졌는가를 살펴보는 것이 중요하다.

8
제국주의적 충동

어떤 문명도 분쟁없이는 보급될 수 없다. 「제2물결」 문명은 즉시 「제1물결」 세계에 대규모 공격을 감행하여 승리함으로써 수백만 그리고 나중에는 수십억 인간을 복속시키게 되었다.

물론 「제2물결」이 닥쳐오기 훨씬 전인 16세기 이후부터도 유럽의 통치자들은 이미 거대한 식민지제국을 건설하기 시작했었다. 스페인의 성직자와 정복자들, 프랑스의 사냥꾼들, 영국·네덜란드·포르투갈·이탈리아의 탐험가들이 전세계를 누비면서 주민들을 노예로 삼거나 학살하고 광대한 영토를 장악하고 본국의 군주에게 조공을 바쳤다.

그러나 이 모든 사태는 그 후에 일어난 일에 비하면 하찮은 것에 불과했다.

이들 초기의 탐험가나 정복자들이 본국에 보낸 보물은 사실상 사적인 약탈물이었다. 이러한 보물은 전쟁자금으로 쓰이기도 했고 겨울궁전(Winter Palace), 화려한 겉치레 행사, 무위도식하는 생활양식 등 궁중의 개인생활을 즐기는 데 사용되기도 했다. 그러나 이러한 보물은 아직 기본적으로 자급단계에 머물러 있던 식민주의 국가의 경제와는 별 상관이 없었다.

대체로 화폐제도와 시장경제와는 전혀 상관없이 햇볕에 그을은 스페인의 농토나 안개낀 영국의 광야에서 근근이 살아가던 농노들은 수출할 만한 여유가 거의 없었다. 그들은 그 지방에서 소비하는 것조차도 완전히 재배하지 못했다. 그들은 또 다른 나라에서 훔쳐오거나 구입해 온 원료에 의존하지도 않았다. 그들은 그럭저럭 생활을 꾸려갔다. 해외정복의 결실은 농민으로 생활하는 일반대중과는 상관없이 지배계급과 도시민들을 부유하게 만들었다. 이러한 의미에서 「제1물결」하의 제국주의는 아직 보잘것 없는 것이었고 경제 속에 통합되지도 못했었다.

「제2물결」은 상대적으로 규모가 작았던 이러한 좀도둑 행위를 커다란 사업으로 변모시켰다. 「소제국주의」를 「대제국주의」로 뒤바꾸어 놓았다.

이렇게 하여 태어난 새로운 제국주의는 황금이나 에메랄드·향신료·비단 등을 몇 궤짝 가져오는 데 그치는 것이 아니라 궁극적으로 초석·면화·야자유·주석·고무·보크사이트·텅스텐 등을 여러 척의 배에 실어오는 데 목적을 둔 것이었다. 이 제국주의는 콩고에서 구리광산을 채굴하고 아라비아에서 유정(油井)을 팠다. 또한 식민지에서 원료를 들여다가 그것을 가공한 다음 그 최종 제품을 엄청난 이윤을 붙여 식민지에 되팔았다. 요컨대 이 새로운 제국주의는 일시적인 현상이 아니라 산업국가의 기본적 경제구조에 통합되어 수백만 일반 노동자의 일자리를 마련해 주었다.

일자리만이 아니었다. 유럽은 새로운 원료뿐 아니라 더욱 많은 양의 식량을 필요로 하게 되었다. 「제2물결」 국가들은 제조업을 중시하여 농촌 노동력을 공장으로 이동시키게 됨에 따라 해외로부터 더 많은 식량을 수입해야 했다. 즉 인도·중국·아프리카·서인도제도·중앙아메리카 등지에서 쇠고기·양고기·곡물·코피·차·설탕 등을 더 많이 들여와야 했다.

한편 새로 등장한 산업 엘리트들은 대량생산이 진전됨에 따라 보다 큰 시장과 새로운 투자시장을 필요로 하게 되었다. 1880년대와 1890년대의 유럽 정치가들은 그들의 목표를 거리낌없이 털어놓았다. 영국의 정치가 체임벌린(Joseph Chamberlain)은 『제국은 상업이다』라고 선언했다. 프랑스 수상 페리(Jules Ferry)는 프랑스가 필요로 하는 것은 『산업·수출 및 자본의 배출구이다』라고 더 한층 노골적으로 선언했다. 호황과 불황의 순환으로 동요되고 만성적 실업에 직면한 유럽 지도자들은 여러 세대 동안 식민지 확장이 중단되면 실업으로 인해 본국에

무장혁명이 일어날 것이라는 공포에 사로잡혀 있었다.

그러나 「대제국주의」가 경제문제에만 뿌리를 둔 것은 아니었다. 백인 또는 유럽인이 우월하다는 맹목적인 억설과 더불어 인종차별정책이 행한 것처럼 전략적 고려, 종교적 열정, 이상주의, 모험심 같은 것이 모두 주요한 역할을 했다. 제국주의적 정복을 신이 내려준 의무라고 생각하는 사람이 많았다. 「백인의 짐(White Man's burden)」이라는 키플링(Joseph Rudyard Kipling)의 말은 기독교와 「문명」—물론 「제2물결」 문명을 의미한다—을 보급시키고자 하는 유럽인들의 열의를 집약해 주었다. 식민주의자들은 「제1물결」 문명이 아무리 정교하고 복잡한 것이더라도 이를 낙후하고 후진적인 것으로 간주했다. 농촌 사람들, 특히 그들이 유색인종인 경우에는 유치하다는 생각을 하고 있었다. 이러한 사람들은 「약삭빠르고 부정직」한 데다 「게으르고」 「삶의 가치」를 모른다는 것이다.

이러한 태도 때문에 「제2물결」 세력은 그들을 방해하는 자들을 전멸시키는 행위를 쉽사리 정당화할 수 있었다.

엘리스(John Ellis)는 그의 저서 「기관총의 사회사(The Social History of the Machine Gun)」에서 19세기에 완성된 이 새로운 치명적 무기가 맨 처음 체계적으로 사용된 것은 유럽의 백인이 아닌 「원주민」들을 상대로 한 것이었다고 지적했다. 대등한 인간을 기관총으로 죽이는 것은 스포츠맨십에 어긋난다는 생각 때문이었다. 그러나 식민지 주민을 사살하는 일은 전쟁이라기보다는 사냥과 같은 것으로서 별도의 기준이 적용되어야 한다고 생각되었다. 엘리스에 의하면 『마타벨족(Matabeles)이나 회교의 금욕고행파 탁발승(Dervish), 티벳인 등을 총으로 쓰러뜨리는 일은 진짜 군사작전이라기보다는 다소 위험성이 있는 「사냥」이라고 간주되었다』는 것이다.

하르툼(Khartoum)의 나일강 건너편에 위치한 옴두르만(Omdurman)에서 이 우수한 기술이 큰 위력을 발휘했다. 1898년에 마디(역주 Mahdi, 회교의 종교적·정치적 지도자)가 이끄는 회교승전사들이 맥심기관총 6정으로 무장한 영국군에 의해 참패를 당했던 것이다. 그 당시 한 목격자는 이렇게 썼다. 『그것은 마디 강림 신앙과 위대한 지도자의 종말의 날이었다. …그것은 전쟁이 아니라 처형이었다.』 이 단 한 번의 교전에서 영국군 28명이 사망했고 회교승전사는 1만 1,000명이 죽었다. 영국군 1명에 대해 회교도는 392명의 희생자를 낸 셈이었다. 엘리스는 『그것은 영국 정신의 승리와 백인의 일반적 우월성을 보여준 또 하나의 예가 되었다』고 쓰고 있다.

영국·프랑스·독일·네덜란드인들이 전세계로 뻗어가도록 밀어 준 인종차별주의적 태도와 종교적 정당화의 배경에는 하나의 냉엄한 현실이 도사리고 있었다. 즉 「제2물결」 문명은 고립해서는 존속할 수 없었다. 이 문명은 외부로부터 값싼 자원이라는 일종의 보조금을 절실히 필요로 했다. 무엇보다도 이러한 보조금을 빨아들일 통합된 세계시장을 필요로 했다.

앞뜰의 가스펌프

이렇게 통합된 세계시장을 창조하려는 움직임은 리카도(David Ricardo)가 가장 잘 지적한 것처럼 분업원리를 공장 노동자들뿐 아니라 국가들에도 적용해야 한다는 생각에 토대를 둔 것이었다. 리카도는 그의 고전적 저서에서 만일 영국이 직물생산을, 그리고 포르투갈이 포도주 제조를 전문화한다면 양국 모두에게 이로울 것이라고 지적했다. 각국이 가장 유리한 것만 생산한다는 것이다. 이렇게 하면 「국제분업」이 각 나라에 전문화된 역할을 배정하여 모든 나라가 부유하게 된다는 것이다.

이러한 신념은 그 의미가 제대로 이해되지 못하는 경우가 많기는 하지만 오늘날에 이르기까지 여러 세대 동안 확고한 정설로 굳어져 왔다. 마치 어떤 경제권에서 분업이 통합의 필요성을 증대시켜 통합엘리트를 생성시켰듯이 국제분업은 범세계적 규모의 통합을 요구하여 범세계적 엘리트를 만들어 냈다. 모든 실질적인 목적을 위해 번갈아 가면서 세계의 대부분의 지역을 지배한 소수의 「제2물결」 국가들이 바로 그것이었다.

단일의 통합된 세계시장을 창조하려는 노력이 성공했다는 사실은 「제2물결」이 유럽을 휩쓸고 나자 세계무역이 놀랄 만큼 성장했다는 것만으로도 알 수 있다. 1750년에서 1914년까지의 기간중에 세계무역량은 7억 달러에서 400억 달러로 50배 이상 증가한 것으로 추정되고 있다. 리카도의 말이 옳았다면 이러한 세계무역에서 발생한 이익은 모든 나라에 어느 정도 골고루 돌아갔어야 할 것이다. 그러나 실제로는 전문화가 모두에게 이익을 가져다 준다는 자기중심적인 신념은 공정한 경쟁이라고 하는 하나의 환상에 바탕을 두고 있었다.

리카도의 학설은 노동과 자원의 완전한 효율적 이용을 전제로 한 것이었다. 또한 거래관계가 정치력이나 군사력의 협박에 영향받지 않는 것을 전제로 하는 것이었다. 그리고 어느 정도 대등한 계약 당사자간의 객관적인 거래를 전제로 한 것이었다. 요컨대 리카도의 학설은 현실생활은 물론 어떠한 것도 제대로 보지 못했다.

현실적으로 「제2물결」 상인들과 「제1물결」 사람들간에 이루어진 설탕·구리·코코아 등 갖가지 자원의 거래교섭은 완전히 일방적인 경우가 많았다. 테이블 한편에는 돈 계산에 약삭빠른 유럽이나 미국의 상인이 큰 기업체와 방대한 금융조직, 강력한 기술 그리고 강력한 정부를 배경에 두고 앉아 있었다. 그 반대편에는 아직 화폐제도도 제대로 갖지 못하고 소규모 농업이나 농촌 수공업에 경제의 기반을 둔 지방영주나 추장이 앉아 있었다. 한편에는 공격적이고 낯설고 기계적으로 앞선 문명을 대표하는 사람들이 자신들의 우월성을 확신하고 이를 입증하기 위해서는 언제든지 총검이나 기관총을 휘두를 태세를 갖추고 앉아 있었다. 그 반대편에는 국가 이전의 소규모 부족이나 공국을 대표하는 사람들이 활과 창으로 무장하고 앉아 있었다.

현지 통치자나 기업인들은 아예 서방인들에게 매수되는 경우도 많았다. 그들은 원주민 노동력을 착취하고 저항을 진압하고 외국인들에게 이롭게 국내법을 개정해 주는 댓가로 뇌물이나 이권을 제공받았다. 제국주의 세력은 일단 식민지를 정복하고 나면 자국 기업인들에게 유리한 특혜적인 원료가격을 정하고 또 경쟁국 상인들이 가격을 올리지 못하도록 견고한 장벽을 쌓는 경우가 많았다.

이러한 상황에서 산업세계가 공정한 시장가격보다 싼 값으로 원료나 에너지 자원을 얻을 수 있었다는 것은 당연한 일이었다.

더구나 이러한 원자재 가격은 이른바 「최초가격의 법칙(The Law of

the First Price)」에 의해 사는 쪽이 유리하도록 계속 억제되는 경우가 많았다. 「제2물결」 국가들이 필요로 한 원료들은 거의가 그것들을 소유한 「제1물결」 주민들에게는 사실상 아무런 가치가 없는 것이었다. 아프리카 농민들은 크롬 같은 것을 필요로 하지 않았다. 아랍의 족장들에게는 사막의 모래밭 밑에 고여 있는 검은 황금이 아무런 소용이 없었다.

어떤 상품을 교역해 본 역사가 없는 경우에는 첫번째 거래가격이 매우 중요했다. 그런데 이러한 가격은 원가·이윤·경쟁 등 경제적 요인보다는 군사적·정치적인 힘에 의해 결정되는 수가 많았다. 이 가격은 이렇다 할 경쟁이 없는 가운데 결정되었기 때문에 자기 지방의 자원을 무가치하게 생각하고 또 개틀링 기관총으로 무장한 군대와 대치하고 있는 자신을 발견한 영주나 족장들은 아무리 싼 값이라도 수락하는 것이 상례였다. 그리고 이 「최초가격」이 일단 낮은 수준에서 결정되고 나면 그 이후의 가격도 여전히 낮았다.

이 원료가 산업국가들에 운반되어 최종제품으로 만들어져도 이 최초의 낮은 가격은 그대로 고정되어 버렸다.* 결국 세계시장가격이 각 상품별로 점차 형성됨에 따라 모든 산업국가들은 「최초가격」이 「경쟁이 없는」 낮은 수준에서 결정되어 왔다는 사실에서 혜택을 보게 되었다. 그러므로 자유무역과 자유기업을 찬양하는 온갖 제국주의적 미사여구에도 불구하고 「제2물결」 국가들은 여러가지 이유로 이른바 「불완전경쟁」에서 큰 이익을 보았다.

미사여구나 리카도의 학설에도 불구하고 무역확대의 혜택은 골고루 분배되지 않았다. 혜택은 주로 「제1물결」 세계에서 「제2물결」 세계로만 흘러들어 갔다.

---

* 예컨대 A사가 식민지에서 원료를 파운드당 1달러에 사들여 와 부품을 만들어 1개에 2달러에 팔았다고 가정하자. 어떤 다른 회사가 이 부품시장에 진출하려면 자기 회사의 원료 코스트를 A사와 같게 하거나 그보다 낮은 수준으로 유지하도록 노력해야 한다. 이 회사는 기술분야 등 다른 분야에서 우위를 차지하고 있지 않는 한 A사보다 원료를 훨씬 비싼 값으로 조달하게 되며 그렇게 되면 부품을 경쟁가격인 2달러선에서 판매할 수는 없다. 이 때문에 원료의 최초가격은 설사 그것이 총검의 압력하에 결정된 것이더라도 그 후의 가격협상의 기초가 되지 않을 수 없었다.

마가린 플랜테이션

산업사회의 열강들은 이 흐름을 촉진하기 위해 열심히 세계시장을 확대하고 통합해 나갔다. 통상이 국경선을 넘어섬에 따라 각국의 국내시장은 서로 연관되어 보다 큰 지역시장 또는 대륙시장의 일부를 이루게 되었고 마침내는 「제2물결」 문명을 움직이는 통합엘리트들이 구상한 단일의 통일적 교환체제의 일부를 형성하게 되었다. 세계는 단일의 화폐망으로 조직되었다.

「제2물결」 세계는 세계의 나머지 나라들을 가스 펌프·농장·광산·채석장 또는 값싼 노동력 공급처쯤으로 취급함으로써 세계의 비산업국가 주민들의 사회생활에 큰 변화를 일으켰다. 수천년 동안 자급자족 생활을 해온 문화들이 싫든 좋든 세계무역체제에 휘말려 들고 통상을 하든가 멸망하든가 선택을 강요당하게 되었다. 탐욕스러운 산업국가들의 밥통을 채워 주기 위해 여기저기에 주석광산이나 고무 플랜테이션(역주 plantation, 단일작물재배농장)이 생겨남에 따라 볼리비아인이나 말레이인들의 생활수준은 갑자기 지구의 반 바퀴 거리에 있는 산업국가들의 경제적 요구에 얽매이게 되었다.

순수한 가정용품인 마가린의 경우가 그간의 사정을 극적으로 말해준다. 유럽에서는 원래 마가린을 그 지방의 원료를 가지고 만들었었다. 그러나 마가린이 크게 보급되자 원료가 모자라게 되었다. 1907년에 연구자들은 코코넛 기름이나 야자열매 기름을 가지고도 마가린을 만들 수 있다는 것을 밝혀냈다. 이 유럽인들이 이것을 발명해 낸 결과로 서아프리카 주민들의 생활방식에 큰 격변이 일어났다.

영국 식량과학기술연구소 소장을 지낸 파이크(Magnus Pyke)는 『서아프리카의 전통적 야자기름 주산지에서는 농지가 부락 전체의 공동소유로 되어 있었다』고 기술하고 있다. 야자나무의 이용에는 각 지방의 복잡한 관습과 규칙이 적용되었다. 나무를 심은 사람이 평생 동안 그 생산물을 소유하도록 되어 있는 경우가 있는가 하면 여자가 특별한 권리를 갖는 곳도 있었다. 파이크에 의하면 『유럽과 아메리카 산업사회의 시민들을 위한「편의」식품인 마가린을 만들기 위해 야자기름의 대량생산체제를 조직한 서방 기업인들은 비산업화된 아프리카인들의 취약하고 복잡한 사회제도를 파괴해 버렸다』는 것이다. 벨기에령 콩고, 나이지리아, 카메룬, 황금해안 등지에 거대한 플랜테이션들이 설립되었다. 서방은 마가린을 얻었다. 그리고 아프리카인들은 거대한 플랜테이션에 매인 반노예가 되었다.

고무의 경우도 마찬가지이다. 20세기에 들어와 미국의 자동차 생산으로 타이어와 튜브용 고무 수요가 급증하게 되자 상인들은 현지 당국과 결탁하여 아마존 지역의 인디언들을 노예로 잡아 고무를 생산토록 했다. 리오데자네이로 주재 영국 영사 케이스먼트(Roger Casement)는 1900~11년에 푸투마요(Putumayo) 고무 4,000톤을 생산하는 데 3만 명의 인디언이 죽었다고 보고했다.

이러한 일은「극단적」인 경우이며「대제국주의」의 전형적 사례는 아니라고 주장할 사람도 있을 것이다. 물론 식민주의 열강이 똑같이 잔인하고 사악했던 것만은 아니다. 지방에 따라서는 피지배자들을 위해 학교와 초보적 보건시설을 세우기도 하고 상·하수시설을 개선하기도 했다. 일부 주민의 생활수준을 높여준 것도 사실이다.

또 식민지 이전의 사회를 낭만화시키거나 오늘날 비산업사회 주민들의 빈곤을 모두 제국주의 탓으로만 돌리는 것도 공평치 않다. 기후, 국내의 부패와 전제정치, 무지, 외국인 혐오증 같은 것이 모두 빈곤의 원인이 되었다. 유럽인들이 들어오기 훨씬 전부터 여러가지 참상과 억압이 있어 왔다.

그럼에도 불구하고 일단 자급자족체제가 깨어지고 화폐와 교환을 위해 생산을 강요받게 되자, 예컨대 광산이나 플랜테이션 농장을 중심으로 자신들의 사회구조를 재편성하도록 장려되거나 강요받게 되자「제1물결」주민들은 자신들의 영향력 밖에 있는 시장에 경제적으로 의존하게 되고 말았다. 그들의 지도자들이 매수당하는가 하면 고유의 문화는 조롱거리가 되고 고유의 언어가 탄압받을 때도 많았다. 더구나 식민주의 열강들은 피정복민들에게 깊은 심리적 열등의식을 심어 주어 이것이 오늘날까지도 경제·사회발전의 장애요인이 되고 있다.

그러나「대제국주의」는「제2물결」세계에서 상당한 성과를 거두었다. 경제사가인 우드러프(William Woodruff)는 『유럽 가족에게 미증유의 부를 가져다 준 것은 바로 이들 영토에 대한 착취와 그 영토를 상대로 한 무역의 증가였다』고 지적했다. 「제2물결」 경제구조에 깊숙이 뿌리내린 제국주의는 그 탐욕스러운 자원에 대한 욕구를 채워가면서 전지구를 석권해 나갔다.

1492년에 콜럼버스(Christopher Columbus)가 신세계에 첫발을 디뎠을 때만 해도 유럽은 세계 전체의 9%만을 장악하고 있었다. 1801년에는 유럽이 세계 전체의 3분의 1을, 그리고 1880년에는 3분의 2를 지배하게 되었다. 그리고 1935년에는 유럽이 세계 면적의 85%, 세계 인구의 70%를 정치적으로 장악했다. 「제2물결」 사회 그 자체와 마찬가지로 이제는 세계가 통합자와 피통합자(integratee)로 나누어지게 되었다.

미국식 통합

그러나 통합자라고 해서 모두가 같은 것은 아니었다. 「제2물결」 국가들은 모습을 드러내는 세계경제체제를 장악하기 위해 더욱 더 피나는 싸움을 벌였다. 제1차세계대전에서는 신흥 독일의 산업력이 영국과 프랑스의 우위에 도전했다. 전쟁이 가져온 파괴와 뒤이은 인플레이션 및 불황의 악순환 그리고 러시아혁명 등이 산업세계의 시장을 뒤흔들어 놓았다.

이러한 격변 속에 세계무역 성장률은 크게 둔화되었고 또 무역체제에 편입된 국가의 수가 늘었음에도 불구하고 실제 국제무역량은 감소했다. 제2차세계대전은 통합된 세계시장의 확대 속도를 더욱 늦추었다.

제2차세계대전이 끝날 무렵 서유럽에는 폐허의 잿더미만 남았다. 독일 땅은 마치 달의 표면을 방불케 했다. 소련도 이루 형언할 수 없을 정도의 물적·인적 피해를 입었다. 일본의 산업도 산산이 파괴되었다. 주요 산업열강 중에서 오직 미국 경제만이 피해를 면했다. 1946~50년 중에 세계경제가 이렇게 혼란에 빠져 있었기 때문에 세계무역은 1913년 이래 최저수준으로 떨어졌다.

더구나 전쟁에 시달린 유럽 열강들의 약점을 틈타 식민지들이 차례로 정치적 독립을 요구하고 나섰다. 간디(Mohandas Karamchand Gandhi), 호지민(胡志明), 케냐타(Jomo Kenyatta)와 같은 반식민주의자들이 식민주의 배척운동을 일으켰다.

그러므로 전쟁의 포화가 멎기도 전에 벌써 전후의 세계 산업경제는 새로운 기반 위에 재편성될 수밖에 없다는 것이 분명해졌다.

미국과 소련 두 나라가 「제2물결」 체제의 재편성·재통합 과제를 떠맡았다.

미국은 그때까지만 해도 「대제국주의」 운동에서 한정된 역할밖에 맡지 않았었다. 미국은 서부 변경을 개척하는 과정에서 토착 인디언들을 학살하고 그들을 보호구역에 가두어 놓았다. 또한 미국인들은 멕시코·쿠바·푸에르토리코·필리핀에서도 영국·프랑스·독일 등의 제국주의 책략을 모방했다. 라틴아메리카에서는 20세기 초 수십년 동안 미국의 「달러 외교」가 유나이티드 프루트사(United Fruit Co.)와 그밖의 미국 기업이 설탕·바나나·코피·구리 등 각종 재화를 헐값으로 구입할 수 있도록 보장해 주었다. 그럼에도 불구하고 미국은 유럽 국가들과 「대제국주의」 십자군운동을 비교하면 아직 풋나기에 불과했다.

그러나 미국은 제2차세계대전 후에 세계 최대의 채권국으로 등장했다. 미국은 최신의 기술과 가장 안정된 정치구조를 가지고 있었다. 또한 전쟁으로 파괴당한 경쟁국들이 식민지에서 밀려나면서 생긴 힘의 공백상태로 밀고 들어갈 절호의 기회를 맞이하게 되었다.

미국의 금융정책 입안자들은 1941년부터 이미 전후의 세계경제를 미국에 유리한 방향으로 재통합하는 구상을 세우고 있었다. 미국의 주도하에 열린 1944년의 브레튼 우즈(Bretton Woods)회의에서 44개국이 두 가지 통합적 조직 — 국제통화기금(IMF)과 세계은행(World Bank) — 을 설립하기로 합의했다.

IMF는 회원국의 통화를 미국 달러와 금값에 고정시키도록 의무화했다. 그 당시 미국은 세계 최대의 금보유국이었다.(1948년에 미국은 세계 금보유고의 72%를 차지하고 있었다.) 이렇게 하여 IMF는 세계 주요 통화들과의 기본적인 관계를 고정시켰다.

한편 당초 유럽 국가들에게 전후복구 자금을 제공키 위해 설립되었던 세계은행은 점차 비산업국가들에게도 융자를 제공하게 되었다. 이 융자는「제2물결」국가에 대한 원료 및 농산물 수출품의 이동을 용이하게 하기 위한 도로·항만 등「지원시설 항목」인 경우가 많았다.

이 체제에 곧 제3의 요소인「관세무역에 관한 일반협정(GATT)」이 가미되었다. 역시 미국의 주도로 이루어진 이 협정은 무역자유화를 규정함으로써 기술이 낙후된 가난한 나라들의 소규모 유치산업 보호를 더욱 어렵게 만드는 효과가 있었다.

이들 3개 조직체는 IMF 가입을 거부하거나 GATT 협정 준수를 거부하는 나라에 대해서는 세계은행 대출을 금지한다는 규정에 의해 서로 밀접한 관계를 맺고 있었다.

이 체제 때문에 미국의 채무국들은 통화나 관세율 조작을 통해 채무부담을 줄이기가 어렵게 되었다. 이 체제는 세계시장에서 미국 산업의 경쟁력을 강화해 주었다. 또한 이 체제는 산업열강들, 특히 미국으로 하여금 여러「제1물결」국가들이 정치적 독립을 획득한 후에도 그들의 경제계획에 계속 강력한 영향력을 행사할 수 있도록 해주었다.

이들 3개 관련기관이 세계무역의 단일 통합구조를 형성했다. 그리고 미국은 1944년부터 1970년대 초까지 사실상 이 체제를 지배했다. 미국은 국제관계에 있어서 통합자들을 통합했던 것이다.

사회주의적 제국주의

그러나「제2물결」세계에서의 미국의 리더십은 소련의 등장으로 점차 도전을 받게 되었다. 소련 등 사회주의 국가들은 스스로를 세계 식민지 인민들의 반제국주의 운동의 지원자로 자처했다. 레닌은 집권하기 1년 전인 1916년에 쓴 그의 저서에서 자본주의 국가들의 식민지 정책에 맹공을 퍼부었다. 그의「제국주의론(Imperialism)」은 20세기 최대의 영향력을 가진 책 중의 하나가 되었고 지금도 세계 수억 인구의 사고방식에 많은 영향을 미치고 있다.

그러나 레닌은 제국주의란 것을 순전히 자본주의적 현상으로만 파악했다. 자본주의 국가들이 다른 나라를 억압하고 식민지화하는 것은 선택의 결과가 아니라 필연의 결과라는 것이 그의 주장이었다. 마르크스가 제시한 의문스러운 철칙에 의하면 자본주의 경제에서는 이윤이 시간이 경과함에 따라 체감하는 일반적이고 불가항력적 경향이 나타난다. 레닌은 이 이론에 근거하여 자본주의 국가들은 마지막 단계가 되면 국내의 이윤체감을 상쇄하기 위해 해외에서 「과대이익(super-profit)」을 추구할 수밖에 없게 된다고 주장했다. 그는 또 사회주의가 경제적 착취를 필요로 하지 않기 때문에 식민지 인민을 억압과 불행으로부터 해방시켜 줄 세력은 사회주의밖에 없다고 주장했다.

레닌이 간과한 것은 자본주의적 산업국가들을 움직이게 하는 여러 원리들이 사회주의 국가들에서도 똑같이 적용되고 있다는 사실이다. 사회주의 국가들도 세계통화체제의 일부를 이루고 있고 그들의 경제도 생산과 소비의 분리에 기초하고 있으며 그들도 역시 생산자나 소비자를 재결합시켜 줄 시장을(비록 이익 위주의 시장은 아니더라도) 필요로 했다. 사회주의 국가들 역시 산업기계에 공급할 외국의 원료를 필요로 했다. 또한 이 때문에 그들도 역시 필수품을 획득하고 생산제품을 해외에 판매할 통합된 세계경제체제를 필요로 했다.

사실 레닌도 제국주의를 공격하면서도 사회주의 목표는 『여러 나라를 긴밀하게 단결시키는 것이 아니라 그들을 통합하는 데 있다』고 말했다. 소련 경제분석가 세닌(M. Senin)이 「사회주의 통합(Socialist Integration)」에서 지적한 것처럼 레닌은 1920년경에 『여러 나라를 결집하는 것은 하나의 객관적 과정으로서…결국은 공동계획에 의해 규제되는…단일 세계경제의 창설로 이어질 것으로 생각했다.』 이것은 궁극적으로 산업주의적인 견해였다.

대외적으로는 사회주의 산업국가들도 자본주의 국가와 마찬가지로 자원의 필요에 쫓기고 있었다. 그들도 역시 급속도로 성장하는 공장과 도시인구에 공급할 원면·코피·니켈·설탕·밀 등의 원자재를 필요로 했다. 소련은 지금도 그렇지만 망간·납·아연·석탄·인·금 등 풍부한 천연자원을 가지고 있었다. 미국도 마찬가지였다. 그런데도 두 나라는 여전히 다른 나라들로부터 가능한 한 싼 값으로 이러한 원자재를 구입하려고 모색하는 일을 중단하지 않았다.

소련은 처음부터 세계통화체제의 일원이었다. 어느 나라이건 일단

이 통화체제에 발을 들여놓고 「정상적」인 상거래 방식을 받아들이게 되면 재래적인 능률과 생산성의 정의—초기 자본주의로까지 거슬러 올라가게 되는 정의에 스스로의 발을 직접 묶어 버리는 결과를 가져온다. 결국 자신도 거의 의식하지 못하는 사이에 재래적인 경제개념·범주·정의·회계방법 그리고 도량형 단위 등을 받아들이지 않을 수 없게 되었다.

이렇게 해서 사회주의 국가의 관리자와 경제전문가들은 자본주의 국가와 마찬가지로 자국의 원자재 생산원가를 외국산의 구입비용과 비교 계산하게 되었다. 그들도 자본주의적 기업체가 매일 직면하고 있는 「만드느냐 사들이느냐」의 결정을 내려야만 하게 되었다. 결국 어떤 원자재는 국내에서 생산하는 것보다 세계시장에서 구매하는 편이 싸게 먹힌다는 것이 명백해졌다.

일단 이러한 결정이 내려지자 약삭빠른 소련의 구매담당자들은 세계시장을 누비면서 종전에 제국주의 상인들이 인위적으로 낮게 책정해 놓았던 그 가격으로 원자재를 구입했다. 소련 트럭들은 말레이시아의 영국 상인들이 당초에 정해 놓은 가격으로 구입한 고무로 만든 타이어를 달고 다니게 되었다. 더구나 최근에 소련은 기니아에서 미국이 톤당 23달러에 구입하고 있는 보크사이트를 톤당 6달러에 사들였다.(이곳에는 소련군이 주둔해 있다.) 인도는 최근 소련이 자국의 수출가격을 30%나 비싸게 부르면서 인도의 수출품은 30%나 싼 값으로 가져간다고 항의한 바 있다. 이란과 아프가니스탄은 비정상적인 헐값으로 소련에 천연가스를 팔고 있다. 이처럼 소련도 자본주의 국가들처럼 식민지 국가들의 희생 위에서 이익을 얻었다. 그렇게 하지 않으면 자기 나라의 산업화 과정이 지연될 수밖에 없었기 때문이다.

소련은 또한 전략적인 고려 때문에라도 제국주의적 정책을 추진하지 않을 수 없었다. 소련은 나치 독일의 군사력에 대항하기 위해 처음으로 발틱 제국을 식민지화하고 핀란드에서 전쟁을 벌였다. 또 제2차세계대전 후에는 군대를 파견하거나 침공위협을 가함으로써 동유럽 대부분의 국가에 「우호적」 정권을 수립하거나 유지하도록 도왔다. 소련보다 산업이 앞선 이 나라들은 소련의 식민지 또는 「위성국」이라는 이름으로 정당화되면서 간헐적으로 소련에 의해 착취당했다.

신마르크스주의 경제학자인 셔먼(Howard Sherman)은 이렇게 기술하고 있다. 『제2차세계대전 직후 몇년 동안 소련이 정당한 댓가를 지불하지 않고 동유럽에서 일정량의 자원을 가져갔다는 데는 의심의 여지가 없다. …어느 정도 노골적인 약탈과 군사적인 배상이 있었다. …또한 소련이 지배하는 합작회사도 설립되었고 이 나라들로부터 소련의 이윤착취도 있었다. 또한 추가적인 전쟁배상에 해당하는 극도로 불평등한 통상협정도 맺어졌다.』

지금은 겉으로나마 노골적인 약탈이나 합작회사는 사라졌지만 셔먼은 이렇게 덧붙이고 있다. 『소련과 대부분의 동유럽 국가들간의 교역은 불평등한 것으로서 소련이 가장 큰 혜택을 받고 있다는 증거가 많다.』 소련이 발표하는 통계가 부정확하기 때문에 이러한 방법으로 얼마나 많은 「이익」이 빠져나가는가를 밝히기는 어렵다. 그러나 동유럽 전역의 소련군 유지비가 이같은 경제적 이익을 능가한다는 것은 틀림없다고 보아도 좋을 것이다. 다만 한 가지 논란할 여지없이 분명한 사실이 있다.

미국이 IMF-GATT-세계은행 구조를 구축할 동안 소련은 단일의 통합된 세계경제체제를 마련한다는 레닌의 꿈을 실현하기 위해 「경제상호원조협의회(COMECON/Council for Mutual Economic Assistance)」를 만들어 동유럽 제국에게 가입을 강요했다. COMECON 회원국들은 모스크바에 의해 소련 등 그밖의 회원국들과 통상을 하도록 강요당했을 뿐 아니라 자국의 경제개발 계획을 모스크바에 제출하여 승인을 받아야만 했다. 모스크바는 리카도식 전문화의 잇점을 내세우고 과거 제국주의 열강이 아프리카·아시아·라틴아메리카 경제권에 대해서 취했던 행동을 반복하면서 동유럽 각국 경제에 전문화된 기능을 부여했다. 이에 대해 공공연히 완강하게 저항한 것은 루마니아뿐이었다.

루마니아는 모스크바가 자기 나라를 소련의 「석유펌프장 겸 앞뜰」로 만들려 한다고 주장하면서 전면적인 산업화를 의미하는 이른바 다각적 개발에 착수했다. 루마니아는 소련의 압력에도 불구하고 「사회주의 통합」에 저항했다. 요컨대 미국이 제2차세계대전 후 자본주의 산업국가들간에 리더십을 장악하여 새로운 세계경제체제의 통합을 위한 자국 중심의 메커니즘을 구축하는 동안에 소련도 자국 지배하에 있는 지역에서 이에 상응하는 체제를 건설했다.

제국주의와 같이 방대하고 복잡하고 변화하는 현상을 간단하게 설명한다는 것은 불가능하다. 역사학자들은 아직까지 제국주의가 종교, 교육, 보건, 문학과 미술의 주제, 인종적 태도, 전체 인민의 심리구조 등에 미친 영향 그리고 보다 직접적으로는 경제에 미친 영향조차도 제대로 해명하지 못하고 있다. 제국주의는 분명히 잔학행위도 했지만 명예로운 업적도 남겼다. 그러나 제국주의가 「제2물결」 문명의 발생에 기여했다는 것이 지나치게 강조되어질 수는 없다.

우리는 제국주의를 「제2물결」 세계에서 산업화를 추진하는 엔진의 과급기(過給器) 또는 가속기로 생각할 수도 있다. 외부로부터 식량·에너지·원자재 등의 공급이 없었더라면 미국·서유럽·일본·소련 등이 과연 얼마나 빠른 속도로 산업화를 이룩할 수 있었을까? 보크사이트·망간·주석·바나디움·구리 등 수십가지 원자재 가격이 몇십년 동안에 30~50% 정도 올랐더라면 어떻게 되었을까?

그렇게 되었더라면 수천가지 최종제품 가격도 그만큼 올라 일부 상품은 대량소비가 불가능했을 것이 틀림없다. 그 결과가 어떠했겠는지는 1970년대 석유파동을 생각해 보면 짐작할 수 있을 것이다.

설사 국내자원으로 대체할 수 있었다고 하더라도 「제2물결」 국가들의 경제성장은 아마 중단되고 말았을 것이다. 제국주의가 가져다준 은밀한 보조금이 없었더라면 자본주의 국가이든 사회주의 국가이든 오늘날까지도 「제2물결」 문명은 1920년이나 1930년의 수준에 머물러 있었을 것이다.

큰 줄거리는 이제 분명해졌을 것이다. 「제2물결」 문명은 세계를 여러 국민국가들로 분할하여 조직했다. 다른 지역의 자원을 필요로 했던 「제2물결」 문명은 「제1물결」 사회와 그밖의 세계의 원시적 주민들을 통화체제 속에 끌어들였다. 또한 범세계적으로 통합된 시장을 창조해 냈다. 그러나 자유분방한 산업주의는 경제적·정치적·사회적 체제로만 머물지는 않았다. 산업주의는 생활방식이자 사고방식이기도 했다. 그것은 「제2물결」 정신을 만들어 냈다.

이 정신상태야말로 오늘날 실현할 수 있는 「제3물결」 문명의 창조를 가로막는 핵심적 장애요인이 되고 있다.

9
산업현실상

「제2물결」 문명은 지구 전체에 촉수를 뻗쳐 이르는 곳마다 모든 것을 변형시키는 가운데 기술이나 통상 이상의 것을 수반했다. 「제2물결」은 「제1물결」과 충돌하면서 수많은 사람들에게 새로운 현실을 가져다 주었을 뿐 아니라 이 현실에 대한 새로운 사고방식을 만들어 주었다.

「제2물결」은 여러가지 점에서 농업사회의 가치·개념·신화·도덕관과 충돌하는 가운데 신·정의·사랑·권력·아름다움에 관한 개념을 재정립했다. 이 물결은 새로운 관념과 태도를 갖고 새로운 유추를 하게 했다. 또한 시간·공간·물질·인과관계에 관한 옛부터의 전제들을 뒤엎어 무용화시켜 버렸다. 강력하고 일관성있는 세계관이 등장하여 「제2물결」의 현실을 설명하고 정당화했다. 이 산업사회의 세계관은 아직껏 이름을 갖지 못하고 있으나 「산업현실상(indust-reality)」이라고 부를 수 있을 것이다.

이 산업현실상은 산업주의의 어린이들에게 현실세계를 이해하도록 가르쳐 주는 일련의 개념과 전제들을 말한다. 이 현실상은 「제2물결」 문명과 이 문명의 과학자·기업계 지도자·정치가·철학자·선전담당자들이 사용하는 일련의 전제들의 포장물이었다.

물론 지배적인 산업현실상의 관념에 도전하는 반대의 목소리도 있었다. 그러나 우리의 관심사는 「제2물결」 사상의 주류이지 그 지류가 아니었다. 겉으로는 주류라는 것이 전혀 존재하지 않는 것처럼 보였다. 오히려 두 가지의 강력한 이데올로기 조류가 서로 대립하는 것처럼 보였다. 실제로 19세기 중반에는 모든 산업국가마다 개인주의·자유기업주의를 옹호하는 우익과 집산주의·사회주의를 옹호하는 좌익이 뚜렷이 구분되었다.

당초에는 산업국가들에만 국한되었던 이 이데올로기 투쟁이 곧 전세계로 확산되었다. 1917년의 러시아혁명과 이에 따른 중앙통제하의 범세계적 선전기구의 조직으로 이데올로기 투쟁은 더욱 가열되었다. 그리고 제2차세계대전이 끝날 무렵 미국과 소련은 각기 자국에 유리한 방향으로 세계시장—또는 세계시장의 대부분—을 재통합하려고 시도하면서 각기 자신의 주의를 비산업세계 주민들에게 전파하고자 거액의 돈을 뿌렸다.

한쪽에는 전체주의 정권들이 그리고 다른 한쪽에는 소위 자유민주주의 정권들이 대치했다. 논리적인 의론(議論)이 결렬될 것에 대비하여 총과 폭탄을 배치해 놓았다. 종교개혁 당시의 신·구교 대립 이래 두 개의 사상진영 사이에 이처럼 분명하게 주의(主義)의 경계선이 그어진 적은 일찍이 없었다.

그러나 이러한 선전전(宣傳戰)의 열기 속에서 양측이 서로 다른 「이데올로기」를 내세우면서도 실제로는 똑같은 「초이데올로기」를 외치고 있었다는 사실을 간파한 사람은 별로 없었다. 양측의 결론—경제계획과 정치적 교리—은 근본적으로 달랐으나 출발할 당시의 전제는 여러 가지가 같았다. 달리 해석된 성서를 갖고 있으면서도 똑같이 그리스도를 설교하는 신·구교의 성직자들처럼 마르크스주의자와 반마르크스주의자, 자본주의자와 반자본주의자, 미국인과 소련인은 똑같은 기본 전제들을 맹목적으로 견지한 채 아프리카·아시아·라틴아메리카 등—세계의 비산업화 지역—에 진출했다. 양자는 모든 다른 문명들에 대한 산업주의의 우월성을 설교했다. 양자는 모두 산업현실상의 열렬한 주창자였다.

진보의 원리

그들이 전파한 이 세계관은 서로 밀접하게 관련된 「산업현실상」에 관한 세 가지 신념에 기반을 둔 것이었다. 이 세 가지 관념은 모든 「제2물결」 국가들을 하나로 묶는 동시에 이들을 세계의 많은 다른 나라들과 구별짓는 것이었다.

이 핵심적 신념의 첫번째는 자연관에 관계되는 것이었다. 사회주의자와 자본주의자가 자연의 결실을 분배하는 방법에 관해서는 날카롭게 의견이 대립할지라도 자연을 보는 관점은 동일했다. 양쪽 모두 자연을 인간에 의한 개발대상으로 간주했던 것이다.

인간이 자연을 지배해야 한다는 사상은 적어도 성경의 창세기까지 거슬러 올라 갈 수 있다. 그런데도 이 사상은 산업혁명 때까지도 단연코 소수의 견해에 불과했다. 그 이전의 문화들은 대부분 오히려 가난을 받아들이고 인류와 인간을 둘러싼 자연생태계간의 조화를 강조했었다.

이러한 산업혁명 이전의 문화들이 자연에 대해 특별히 공손한 태도를 가졌던 것은 아니다. 그들도 수목을 베어 내고 산을 불태우고 목초지를 황폐화시키고 땔감을 위해 벌채를 했다. 그러나 그들의 파괴력에는 한계가 있었다. 땅에 큰 충격을 줄 힘도 없었고 구태여 인간의 자연파괴를 정당화할 이데올로기도 필요치 않았다.

「제2물결」 문명이 도래하자 자본주의 산업가들은 부작용이나 장기적인 결과는 별로 생각하지 않고 각종 자원을 대규모로 파헤치면서 대량의 유독가스를 대기 중에 방출하기도 하고 이윤추구를 위해 여러 지역의 수목을 통채로 헐벗기기도 했다. 자연은 개발하기 위해 존재한다는 사상이 단견과 이기주의를 합리화해 주는 편리한 구실을 했다.

그러나 자본주의자들만이 그랬던 것은 아니다. 마르크스주의 산업가들도(이윤이 모든 악의 근원이라고 생각하면서도) 정권을 잡고 나면 똑같은 행동을 취했다. 실제로 마르크스주의자들은 자기들의 경전에 자연에 대한 투쟁을 당당하게 내세우고 있다.

마르크스주의자는 원시인들이 자연과 조화를 이루면서 공존한 것이 아니라 생사를 건 치열한 싸움을 벌였다고 명시했다. 그들은 계급사회의 등장과 함께 불행하게도 「인간 대 자연」의 투쟁이 「인간 대 인간」의 투쟁으로 변했다고 지적하면서 계급없는 공산주의 사회가 실현되면 인류는 다시 최초의 상태, 즉 인간 대 자연의 투쟁으로 복귀하게 된다고 주장했다.

따라서 양 진영의 이데올로기는 분열되어 있지만 우리는 자연에 대항하여 이를 지배하는 인간상의 동일한 이미지를 발견하게 된다. 이 인간상은 산업현실상의 핵심요소로서 마르크스주의자와 반마르크스주의자 모두가 여러가지 가설을 이 초이데올로기로부터 끌어내고 있다.

두번째의 신념은 첫번째 것과 서로 관련된 관념으로서 논쟁을 더 한층 진전시켰다. 그것은 인간이 단순히 자연을 책임지고 있을 뿐 아니라 그 오랜 진화과정의 정점에 있다는 생각이다. 이전에도 여러가지 진화론이 존재했었다. 그러나 이 견해에 과학적 근거를 제공한 사람은 19세기 중엽 그 당시 최선진 산업국가인 영국에서 교육받은 다윈(Charles Robert Darwin)이었다. 다윈은 「자연도태」라는 맹목적 작용—약하고 무능력한 생명체를 가차없이 도태시키는 필연적 과정—에 관해 언급했다. 생존해 있는 종(種)이 적자(適者)라는 것이다.

다윈의 관심사는 주로 생물의 진화였지만 그의 사상이 뚜렷한 사회적·정치적 의미를 갖는 것이라는 점을 사람들은 재빨리 인식하게 되었다. 따라서 「사회진화론자」들은 자연도태의 법칙이 사회내에서도 작용하고 있으며 또 그러한 사실 때문에 가장 부강한 사람은 그만한 자격이 있는 적자일 수밖에 없다고 주장했다.

이 생각을 조금만 더 발전시키면 모든 사회는 동일한 도태법칙에 따라 진화한다는 주장이 된다. 이 논리에 따르면 산업주의는 이를 둘러싸고 있는 비산업문화보다 한층 높은 진화단계에 놓여 있다. 솔직하게 말하면 「제2물결」 문명은 다른 모든 문명들보다 우월하다는 것이다.

마치 「사회진화론」이 자본주의를 합리화해 주었던 것처럼 이 문화적 우월감은 제국주의를 합리화해 주었다. 산업질서가 확대되려면 값싼 자원을 얻을 수 있는 생명선(lifeline)이 필요했고 심지어 농업사회나 소위 원시사회 같은 것을 말살시켜서라도 싼 값으로 자원을 획득하는 행위가 도덕적으로 정당화되었다. 이 사회진화론은 열등한—따라서 생존에 부적합한 비산업사회의 주민들의 대우에 관한 지적·도덕적 기반을 마련해 주었다.

다윈 자신도 태즈메이니아(Tasmania) 원주민들의 대량학살에 관해 냉담하게 언급하면서 대량살육의 열정에 불타 『언젠가는…문명인이 전세계에 걸쳐 야만인을 멸종시키고 그들을 대체할 것이 거의 확실하다』고 예언했다. 「제2물결」 문명의 지적인 선구자들은 생존할 가치가 있는 사람이 누구인지에 관해 아무런 의심도 품지 않았다.

마르크스는 자본주의와 제국주의를 신랄하게 비판하면서도 다른 한편으로는 산업주의가 가장 진보한 사회형태이며 다른 모든 사회들도 필연적으로 이 단계를 향해 발전해 갈 것이라는 생각에 동조했다.

산업현실상에 관한 세번째 핵심적 신념은 자연관 및 진화관과 관련된 것으로서 진보의 원리—역사는 거꾸로 흐르는 법 없이 인류의 생활향상을 향해 나아가고 있다는 사상이었다. 이 관념도 역시 산업화 이전의 시기에 많은 선례를 찾아볼 수 있다. 그러나 「진보」에 관한 사상이 본격적으로 만개한 것은 「제2물결」이 진행하면서부터의 일이었다.

「제2물결」이 유럽을 뒤흔들자 갑자기 수천명의 목소리가 똑같은 할렐루야 합창을 부르기 시작했다. 라이프니츠(Gottfried Wilhelm von Leibniz), 튀르고(Anne Robert Jacques Turgot), 콩도르세(Marquis de Condorcet), 칸트(Immanuel Kant), 레싱(Gotthold Ephraim Lessing), 밀(John Stuart Mill), 헤겔(George Wilhelm Friedrich Hegel), 마르크스, 다윈 등 수많은 사상가들이 모두 우주론적 낙관론의 논거를 찾아냈다. 이들은 진보가 과연 필연적인가 아니면 인류의 도움을 필요로 하는가, 무엇이 생활향상을 가져왔는가, 진보는 무한히 계속될 수 있을 것인가 등에 관해 여러가지로 논쟁했다. 그러나 진보라는 개념 자체에 대해서는 그들 모두의 의견이 일치했다.

무신론자와 신학자, 학생과 교수, 정치가와 과학자들이 모두 이 새로운 신앙을 설교했다. 기업가와 인민위원도 모두 새로운 공장, 새로운 제품, 새로운 주택개발·고속도로·댐 등이 악에서 선으로, 선에서

보다 나은 선으로 불가항력적으로 발전하는 것을 보여주는 증거라고 선전했다. 시인·극작가·화가 등도 진보를 당연한 것으로 받아들였다. 진보라는 이름 아래 자연의 훼손과 「저개발」 문명의 정복이 정당화되었다.

그리고 애덤 스미스와 마르크스의 저서에도 똑같은 사상이 일관되고 있다. 헤일브로너(Robert Heilbroner)는 이렇게 말했다. 『스미스는 진보의 신봉자였다. …「국부론」에서 진보는 인류의 이상주의적 목표가 아니라…인류가 나아가고 있는 목적지이며…개인의 경제적 목표가 이룩하는 부산물로서 얻어지는 것이다.』 물론 마르크스는 이 개인적 목표가 자본주의를 만드는 데 그치지 않고 그 멸망의 씨앗까지도 만들었다고 생각했다. 그러면서도 이 결과 진보 그 자체는 인류를 사회주의·공산주의 그리고 그보다 더 나은 단계로 이끌어 주는 장기간의 역사적 흐름의 일부를 구성한다고 생각했다.

따라서 「제2물결」 문명에 있어서 3대 핵심개념—자연과의 투쟁, 진화의 중요성, 진보의 원리—은 산업주의 전파자들에게 이 문명을 설명하고 합리화하는 이론적 무기를 제공해 주었다.

이상과 같은 확신들의 밑바탕에는 현실에 관한 한층 더 심오한 가설들, 즉 인간경험의 구성요소들 자체에 관한 무언의 신념들이 깔려 있었다. 모든 인간은 이 요소들과 관계해야 하며 각 문명은 이것을 여러 가지 다른 방식으로 설명하고 있다. 모든 문명은 자녀에게 시간과 공간에 대응하는 자세를 가르쳐 주어야 한다. 또한 신화나 은유법 또는 과학이론을 통해 자연이 어떻게 작용하는지도 설명해 주어야 한다. 그리고 사물이 「왜」 발생하는지에 관해서도 해답을 제시해야만 한다.

이렇게 하여 「제2물결」 문명이 성숙하는 과정에서 시간과 공간, 문제와 원인에 관한 독특한 가설들에 입각한 전연 새로운 현실상이 창조되었다. 과거의 단편들을 주워 모아 새로운 방법으로 결합시켜 실험과 경험적 검증을 실시하는 동안에 이 현실상은 인간이 자기를 둘러싼 세계를 인식하는 방법과 일상생활에서 처신하는 방법을 근본적으로 바꾸어 놓았다.

시간의 소프트웨어

우리는 앞장에서 산업주의의 보급이 인간행동과 기계리듬의 동시화에 크게 의존했다는 것을 살펴본 바 있다. 동시화는 「제2물결」 문명의 지도원리들 중의 하나였다. 산업사회의 인간은 다른 사람들이 보기에 언제나 초조하게 시계만 들여다보는 시간의 강박관념에 사로잡힌 인간으로 비쳤다.

그러나 이러한 시간관념을 불러일으켜 동시화를 달성하기 위해서는 시간에 관한 사람들의 기본적 가정—시간에 대한 마음 속의 영상—을 변혁시켜야만 했다. 새로운 「시간의 소프트웨어(software of time)」가 필요했다.

농업문명 사람들은 파종과 수확의 시기를 알아야 할 필요성 때문에 장기간의 시간을 측정하는 데 매우 정확한 방법을 발전시켰다. 그러나 농민들은 인간노동의 정밀한 동시화를 필요로 하지 않았기 때문에 단기간의 시간을 측정하는 정밀한 시간단위는 거의 발전시키지 못했다. 그들은 시간을 시·분 등 고정된 단위로 분할하지 않고 가사노동을 하는 데 필요한 시간의 길이를 나타내는 엉성하고 부정확한 덩어리로 나누는 것이 상례였다. 농부가 일정한 시간을 「젖소의 젖짜는 시간」이라고 부르는 경우가 바로 여기에 해당된다. 마다가스카르(Madagascar)에서는 「밥짓는 시간」이라는 시간단위가 통용되었고 짧은 한순간은 「메뚜기 튀기는 시간」이라고 불렀다. 영국인들은 「하늘에 계신 우리 아버지」—기도문을 외우는 데 필요한 시간—또는 보다 속된 표현으로 「오줌누는 동안」이라는 시간개념을 사용했다.

또한 인접한 공동체나 부락간의 교류가 거의 없었고 노동형태도 그것을 필요로 하지 않았기 때문에 정신적으로 시간을 재는 단위도 장소와 계절에 따라 달랐다. 예컨대 중세 북부유럽에서는 낮시간을 일정한 시간단위로 구분했지만 해가 떠서 질 때까지의 시간길이가 매일 달라졌기 때문에 12월의 「1시간」은 3월이나 6월의 「1시간」보다 짧았다.

산업사회에서는 「기도문 외우는 동안」식의 막연한 시간개념 대신에

시·분·초 등 극도로 정밀한 시간단위를 필요로 했다. 그리고 이러한 시간단위를 표준화하여 계절과 장소가 바뀌더라도 항상 통용될 수 있게 할 필요가 있었다.

오늘날 전세계는 잘 정돈된 시간대(time zone)들로 구분되어 있다. 「표준시」라는 것도 있다. 전세계의 항해사들은 이른바 「줄루(Zulu)」시간이라고 하는 그리니치 표준시(Greenwich Mean Time)를 사용하고 있다. 국제협약에 의해 영국의 그리니치가 모든 시차를 계산하는 기점이 되었기 때문이다. 오늘날 수백만의 사람들이 일제히 마치 하나의 의지에 의해 움직이듯이 주기적으로 시계를 한 시간씩 앞으로 또는 뒤로 돌려 놓는다. 또한 사물에 대한 우리 마음 속의 주관적 감각으로는 시간이 천천히 지나가기도 하고 또 그 반대로 화살처럼 빨리 지나가는 것처럼 느껴지기도 하지만 이제 한 시간은 언제 어디서나 통용되는 단일의 표준화된 시간으로 정착되어 있다.

「제2물결」 문명은 시간을 정확하고 표준화된 단위로 쪼개는 것에 그치지는 않았다. 「제2물결」 문명은 시간단위를 과거로 무한히 소급되고 미래로 무한히 연장되는 직선상에 배열했다. 시간을 직선화했다.

실제로 시간이 직선적이라는 가정은 우리의 사고 속에 뿌리깊이 박혀 있기 때문에 「제2물결」 사회에서 성장한 우리로서는 그밖의 다른 시간을 상상하기 어렵다. 그러나 많은 산업화 이전의 사회 그리고 지금도 남아 있는 일부 「제1물결」 사회에서는 시간을 직선이 아니라 하나의 원이라고 생각했다. 마야족에서 불교도와 힌두교도에 이르는 많은 사람들은 시간이 순환적·반복적이기 때문에 역사가 무한히 반복되고 생명도 부활에 의해 재생된다고 믿었다.

시간이 커다란 원과 같다는 생각은 힌두교에서 되풀이되는 「겁(劫, kalpa)」이라는 개념에서 찾아볼 수 있다. 1겁은 40억 년에 해당하는 기간으로서 재생했다가 붕괴되고 또 그러한 과정이 다시 시작되는 1브라마일(Brahma day)을 나타내는 데 불과하다. 시간이 순환한다는 생각은 플라톤(Platon)과 아리스토텔레스(Aristoteles)에게서도 나타나는데 이들의 제자인 에우데무스(Eudemus)는 자기 자신이 시간의 순환에 따라 같은 순간을 여러 번 되풀이해서 산다고 생각했다. 그것은 피타고라스(Pythagoras)의 가르침이었다. 니덤(Joseph Needham)은 「시간과 동방인(Time and Eastern Man)」에서 『인도-그리스 문화에서 시간은 순환적이고 영원한 개념이었다』고 말하고 있다. 더구나 중국에서는 직선적 시간관념이 지배적이었음에도 불구하고 니덤에 의하면 『초기 도교의 사변적 철학자들간에는 순환적 시간관념이 지배적이었던 것이 분명하다』는 것이다.

유럽에서도 산업화 이전의 몇 세기 동안 이 두 가지 시간관이 공존했다. 수학자 휘트로우(G. J. Whitrow)는 이렇게 쓰고 있다. 『중세의 전기간을 통해 순환적 시간개념과 직선적 시간개념이 대립했다. 직선적 시간개념은 상인계급과 화폐경제의 등장에 의해 촉진되었다. 권력이 토지소유자에게 집중되어 있는 한 시간은 얼마든지 있고 또한 변치 않는 대지의 순환과 관련되어 있다고 생각되었다.』

「제2물결」이 세력을 확대하게 되면서 이 해묵은 싸움은 종식되고 직선적 시간개념이 승리했다. 직선적 시간개념이 동서양을 불문하고 모든 산업사회의 지배적 견해가 되었다. 시간은 머나먼 과거로부터 현재를 거쳐 미래로 뻗어가는 하나의 고속도로라고 생각되었다. 산업문명 이전에 살았던 수십억의 인간에게는 전혀 생소한 이 시간개념이 이제는 IBM사(International Business Machines Corp.)의 임원실에서건 일본의 경제기획청에서건 소련 아카데미(Soviet Academy)에서건간에 모든 경제적·과학적·정치적 계획의 기초를 이루게 되었다.

그러나 주목해야 할 점은 직선적 시간관이 진화 및 진보에 관한 산업현실관(indust-real view)의 전제조건이라는 것이다. 직선적 시간관이 진화와 진보에 그럴 듯한 근거를 제시해 주었던 것이다. 시간이 직선적이 아니라 순환적이라면, 또 사건이 어느 한 방향으로만 나아가지 않고 되돌아가는 것이라면 역사는 스스로를 반복하고 진화나 진보는 한갖 환상—시간의 벽에 드리워진 그림자에 불과할 수밖에 없기 때문이다.

동시화·표준화·직선화 이 세 가지는 문명의 기본적 가설들에 영향을 미쳐 일반인들이 생활 속에서 시간을 사용하는 방법에 커다란 변화를 일으켰다. 그러나 시간 자체가 변모해 버린 이상 공간도 역시 이 새로운 산업현실상에 맞도록 재구성되어야만 했다.

공간의 재구성

「제1물결」 문명이 나타나기 훨씬 이전에 우리의 먼 조상들은 목축·수렵·어로·채집에 의존하여 생활하면서 끊임없이 이동을 계속했다. 굶주림과 추위 또는 생태계의 재난에 쫓기면서 기후나 사냥감을 따라 이동한 그들이야말로 최초의 「이동족」이었다. 그들은 거추장스러운 가재도구를 장만하지 않은 채 가벼운 차림으로 여행하면서 광막한 지역을 누비고 다녔다. 남녀노소 50명의 무리가 살아가려면 맨해턴 섬의 6배 정도 넓이의 땅이 필요했고 또 상황에 따라 매년 실제로 몇 백 마일씩 이동을 해야 했다. 그들은 오늘날 지리학자의 표현을 빌면 「공간적으로 넓은」 생존을 영위했다.

이에 반해 「제1물결」 문명은 「공간에 인색한 인종」을 길러냈다. 유목생활이 농경생활로 바뀌면서 유목민이 다니던 길은 농경지와 항구적 정착지로 변했다. 넓은 지역을 정처없이 떠돌아다니던 사람들이 이제는 농부가 되어 가족과 함께 한 곳에 머물러 바다처럼 넓은 공간—인간 개개인이 왜소해 보일 정도로 넓은 공간 속에 있는 조그만 땅에서 열심히 일했다.

산업문명이 탄생하기 직전까지만 해도 농민들의 오두막집 부락 주변에는 넓은 공지가 있었다. 소수의 상인과 학자·군인들을 제외하고는 대부분의 사람들이 아주 한정된 범위내에서 생활을 영위했다. 그들은 해뜰 무렵에 밭으로 걸어 나갔다가 해질 무렵에 돌아왔다. 그들은 골목길을 따라 교회에 다녔다. 아주 드문 일이지만 때로는 6~7마일 떨어진 이웃마을로 여행을 하기도 했다. 물론 기후와 지형에 따라 사정이 다르기는 했지만 역사학자 헤일(J. R. Hale)에 의하면 『대부분의 사람들이 평생 동안 가장 멀리 여행해 본 거리가 평균 15마일 정도밖에 안된다고 하더라도 크게 잘못된 말이 아닐 것』이라는 것이다. 농업은 「공간적으로 제한된」 문명을 만들어 냈다.

18세기 유럽에 불어닥친 산업화의 폭풍은 다시 한번 「공간적으로 넓은」 문화를 조성했다. 그러나 이번에는 세계적인 규모를 가진 문화였다. 각종 재화와 사람·사상이 몇 천 마일이나 떨어진 곳으로 운반되었고 수많은 사람들이 일자리를 찾아 이동했다. 생산은 농경지에 널리 분산되지 않고 이제는 도시지역에 집중되었다. 엄청난 인구가 소수의 인구밀집 중심지에 모여들었다. 옛 부락들은 시들어 없어졌고 높은 굴뚝과 용광로의 불길로 둘러싸인 공업 중심지가 일어나 급속히 발전하게 되었다.

전원풍경이 이처럼 급변하면서 도시와 농촌간에 훨씬 더 복잡한 조정이 필요하게 되었다. 결국 식량·에너지·사람 그리고 각종 원자재가 도시 중심지로 흘러들어 가고 각종 공산품과 유행·사상 그리고 금융정책이 도시에서 흘러 나왔다. 이 두 가지 흐름은 조심스럽게 통합되어 시간적·공간적으로 조정되었다. 더구나 도시 내부에서는 더 한층 다양한 공간적 형태가 필요하게 되었다. 옛 농업체제에 있어서 기본적 건축물은 교회, 귀족의 저택, 몇 채의 초라한 오두막집, 가설된 선술집 및 수도원이었다. 그러나 「제2물결」 문명에서는 훨씬 복잡해진 분업 때문에 여러가지 전문화된 공간형태가 필요하게 되었다.

이러한 이유 때문에 건축가들은 사무실·은행·경찰서·공장·기차역·백화점·형무소·소방서·양호시설·극장 같은 건물을 짓기 시작했다. 이들 여러가지 공간형태들은 논리적·기능적으로 적합하도록 구성되어야만 했다. 공장의 입지, 집에서 공장으로 가는 길, 철도 대피선과 부두 또는 트럭 하역장과의 관계, 학교·병원·송수관·발전소·전선관·가스관·전화국 등의 배치 등 이 모든 것을 공간적으로 조정해야만 했다. 마치 바흐(Johann Sebastian Bach)의 푸가처럼 공간을 주도면밀하게 조직해야만 했다.

이 주목할 만한 전문적 공간의 조정—적시·적재·적소를 위해 필요했던—은 바로 시간적 동시화(temporal synchronization)를 정확하게 공간적으로 유추한 것이었다. 그것은 말하자면 공간의 동시화였다. 산업사회가 제대로 기능하기 위해서는 시간과 공간 「모두」를 더욱 더 주도면밀하게 구성해야만 했다.

사람들이 보다 정확하고 표준화된 시간단위를 필요로 했던 것처럼 보다 정밀하고 호환성이 있는 공간단위를 필요로 했다. 시간이 아직 「기도문을 외우는 동안」식의 조잡한 단위로 나누어져 있었던 산업혁명

이전에는 공간의 측량도 주먹구구식이었다. 예컨대 중세 영국에서는 「1루드(rood)」의 길이가 짧게는 16.5피트에서 길게는 24피트에 이르기까지 대중없었다. 16세기에 루드의 길이를 재는 가장 정확한 방법이 나왔다. 그것은 교회에서 나오는 남자 16명을 임의로 뽑아 「왼발을 서로 맞대고」 한 줄로 서게 하여 그 거리를 재는 것이었다. 이보다 더욱 애매한 용어로는 「말타고 하루거리」라든가 「걸어서 한 시간」 또는 「말의 보통 걸음으로 반 시간」 등이 사용되었다.

일단 「제2물결」이 작업형태를 변화시키기 시작하고 보이지 않는 쐐기가 시장을 계속 확대시키게 되자 이처럼 엉성한 개념이 더 이상 통할 수 없게 되었다. 예컨대 통상의 증대로 정확한 항해술이 더욱 중요시되자 각국 정부는 상선이 항로를 제대로 갈 수 있는 더 좋은 방법을 고안하는 사람에게 거액의 상금을 주겠다고 제안했다. 물론 육지에서도 더욱 정교한 측량법과 보다 정밀한 단위가 도입되었다.

우선 「제1물결」 문명 당시에 보급되었던 혼란되고 모순되고 무질서한 각 지방의 여러가지 관습·법률 및 상거래 관행을 정비하여 합리화할 필요가 있었다. 정밀하고 표준화된 도량형 단위가 없다는 것이 제조업자나 신흥 상인계급에게는 일상생활상의 큰 문제거리였다. 산업화 시대의 여명기에 프랑스의 혁명파가 미터법에 의해 거리의 단위를 표준화하는 것과 더불어 새로운 역법에 의해 시간의 단위를 표준화하는 것을 채택하는 열의를 보인 것도 바로 이 때문이었다. 그들은 이 문제를 매우 중요시했기 때문에 이 안건을 공화국 선포를 위해 처음으로 소집한 「국민의회(National Convention)」의 의안으로 상정했을 정도였다.

「제2물결」 변화는 또한 공간적 국경선의 증가와 정밀화를 가져왔다. 18세기까지만 하더라도 여러 제국의 국경선은 부정확한 경우가 많았다. 주민이 살지 않는 방대한 지역이 있었기 때문에 정확성이 요구되지도 않았다. 그러나 인구가 증가하고 통상이 증대하고 유럽 전역에 최초의 공장들이 생겨나면서부터 각국 정부는 국경선을 체계적으로 지도에 그려넣기 시작했다. 관세구역은 더 한층 분명하게 구획되었다. 국유지는 물론이고 사유지까지도 더욱 세심하게 경계를 정하고 구분하고 울타리를 치고 기록을 했다. 지도는 더 한층 세밀해지고 포괄적이고 표준화되었다.

새로운 시간관에 정확하게 대응하는 새로운 공간관이 등장했다. 시간적 정확성과 시간표가 시간에 더 많은 한계와 경계를 설정한 것처럼 더욱 더 많은 여러가지 경계선이 나타나 공간적 한계를 설정하게 되었다. 시간의 직선화조차도 공간에 그대로 적용되었다.

산업화 이전의 사회에서는 육로이건 수로이건간에 일직선으로 여행하는 일은 이례적인 것이었다. 농부가 다니는 길, 소가 다니는 길 또는 인디언들의 오솔길도 모두가 지형에 따라 구불구불 이어졌었다. 성벽들도 대부분 구부러지거나 불룩 튀어나오거나 불규칙한 각도로 꺾여 있었다. 중세 도시의 길거리는 서로 겹치고 구부러지고 꼬이고 뒤엉켜 있었다.

「제2물결」 사회는 선박을 정확하게 일직선 항로에 띄웠을 뿐 아니라 철도를 건설할 때도 번쩍거리는 두 줄의 궤도가 눈으로 보이는 곳까지 곧장 평행선으로 펼쳐지게 했다. 미국의 기획담당관 클레이(Grady Clay)의 말대로 이들 철도선(이 말 자체에 의미가 있다)을 중심으로 하여 바둑판 모양의 새로운 도시들이 형성되었다. 직선과 직각이 결합된 이 바둑판 무늬야말로 자연경관에 기계 특유의 규칙성과 직선적 특징을 부여했다.

지금도 도시를 돌아보면 구시가지에는 도로, 사각형 광장, 원형 광장, 복잡한 교차로들이 뒤범벅되어 있는 것을 볼 수 있다. 산업화가 보다 진전된 시기에 새로 건설된 도시 구역에서는 이러한 것들 대신에 말쑥한 바둑판 모양의 시가지가 등장했다. 한 지역이나 나라 전체의 경우도 마찬가지였다.

기계화가 이루어지면서 심지어 농경지에도 직선 모양이 나타났다. 산업화 이전의 농민들은 소로 밭을 갈았기 때문에 밭이랑이 구불구불하고 불규칙했다. 또 소가 한 번 밭을 갈기 시작하면 농부는 소를 멈추게 하지 않았고 밭이랑 끝에 가서 크게 한 바퀴 돌면서 S모양의 커브를 그렸다. 그러나 오늘날에는 누구든지 비행기 창밖을 내다보면 네모 반듯한 농토에 자로 잰 듯한 이랑들이 나 있는 모습을 볼 수 있다.

직선과 직각의 결합은 비단 농지나 시가지에만 반영된 것이 아니고 인간이 생활하는 가장 친밀한 공간인 주택에도 나타났다. 산업화시대의 건축물에서는 구불구불한 벽이라든가 직각이 아닌 모서리 같은 것을 좀처럼 찾아보기 힘들다. 불규칙한 모양의 방 대신에 반듯한 직각의 칸막이 방이 나타났고 고층건물이 하늘을 향해 수직선을 그리는가 하면 일직선의 도로에 접한 대형 벽면에는 창문들이 직선 또는 바둑판 무늬를 형성하게 되었다.

이처럼 시간의 직선화에 병행하여 인간의 공간개념과 그 경험도 직선화 과정을 겪게 되었다. 자본주의건 사회주의건, 동방이건 서방이건 간에 모든 산업사회에서는 건축공간의 전문화, 정밀한 지도, 통일되고 정밀한 도량형 단위의 사용 그리고 무엇보다도 직선이 새로운 산업현실상의 기초가 되는 하나의 문화적 상수(cultural constant)가 되었다.

현실의 「내용물」

「제2물결」 문명은 시간과 공간에 관한 새로운 이미지를 만들어 인간의 일상적 행동을 형성했을 뿐 아니라 나아가서는 해묵은 질문, 즉 사물은 무엇으로 구성되었는가 하는 질문에 대해서도 나름대로 해답을 제시해 주었다. 모든 문화는 그들 나름대로의 신화나 은유법을 만들어 이러한 질문에 대해 해답을 구하려고 한다. 어떤 문화에서는 우주를 소용돌이치는 통일체라고 상상했다. 이러한 문화에서 인간은 자연의 일부로서 그 조상과 후손들의 생명과 불가분으로 연결되고 자연세계에 밀접하게 접합되어 짐승·나무·바위·강 등과 실제로 「생기(生氣, livingness)」를 공유하는 존재라고 생각한다. 더구나 개인을 하나의 개별적·자율적 통일체라기보다는 가족·씨족·부족·공동체 등 보다 큰 유기체의 일부라고 간주하는 사회도 많이 있다.

또 다른 사회에서는 우주의 전체성이나 통일성이 아닌 우주의 분열성을 강조했다. 그들은 현실을 하나의 융합된 통일체가 아니라 여러 개별적 부분들로 이루어진 구조물이라고 보았다.

산업사회가 등장하기 약 2000년 전에 데모크리투스(Democritus)는 우주가 완전무결한 전체가 아니라 분리되어 있으므로 파괴하거나 줄일 수도 없고 눈으로 볼 수도 없고 더 이상 쪼갤 수도 없는 여러 입자들로 구성되어 있다는 놀라운 학설을 내놓았다. 그는 이 입자들을 「원자」라고 불렀다. 우주가 더 이상 줄일 수 없는 물질로 구성되었다는 주장은 그 후 여러 세기 동안 거듭 제기되었었다. 데모크리투스 시대보다 조금 늦게 중국에서 나온 「묵자(墨子)」에서는 「점」은 더 이상 쪼갤 수 없을 정도로 짧은 조각으로 절단된 선이라고 분명히 정의했다. 인도에서서도 서력 기원 후 얼마 안 있어 원자이론이라든가 현실의 최소단위에 관한 이론이 나타났다. 고대 로마의 시인 루크레티우스(Titus Lucretius Carus)도 원자론을 상세히 설명했다. 그럼에도 불구하고 이러한 물질관들은 소수의견으로 남아 조소를 받든가 묵살되는 경우가 많았다.

몇 가지의 뒤엉킨 영향력들이 우리의 인식을 혁명화하는 데에로 수렴됨에 따라 원자론이 지배적인 사상이 된 것은 「제2물결」 시대가 시작된 후부터였다.

17세기 중반 파리 왕립대학의 천문학자 겸 철학자인 가생디(Pierre Gassendi)라는 프랑스인 신부는 물질이 「초미립자」들로 구성되었다고 주장하고 나섰다. 루크레티우스의 영향으로 매우 열렬한 물질의 원자론 주창자가 되었던 가생디의 이론은 이윽고 영불해협을 건너 그 당시 기체의 압축문제를 연구하고 있던 젊은 과학자 보일(Robert Boyle)에게 전해졌다. 보일은 원자론을 사변적 이론으로부터 연구실로 끌어들여 심지어 공기조차도 몇 가지 미세한 입자들로 구성되었다는 결론을 내렸다. 가생디가 사망한 지 6년 후에 보일은 어떠한 물질도 보다 단순한 물질로 분해할 수 있으면 — 예컨대 흙처럼 — 그것은 원소가 아니라고 주장하는 논문을 발표했다.

한편 예수회에서 교육받은 수학자로서 가상디로부터 비판을 받았던 데카르트(René Descartes)는 현실은 보다 더 작은 부분으로 분해해야만 이해할 수 있다고 주장했다. 그는 『검토대상인 난제는 그 하나하나를 최대한 여러 부분으로 분할』할 필요가 있다고 말했다. 이렇게 「제2물결」이 고조됨에 따라 철학적 원자론이 물리학적 원자론과 함께 나란히 발전하게 되었다.

여기서 통일체라는 관념에 대해 신중한 공격이 시작되었다. 이 공격에는 즉각 여러 과학자·수학자·철학자가 차례로 가담하여 우주를 더욱 작은 단편들로 쪼개기에 이르렀다. 데카르트가 「방법론 서설(Discourse on Method)」을 출판하자 미생물학자 뒤보스(René Dubos)는 『이를 의학에 응용함으로써 즉각 수많은 발명이 이루어졌다』고 썼다. 화학 등 그밖의 분야에서도 원자이론과 데카르트의 원자론적 방법론과의 결합은 놀랄 만한 진보를 가져왔다. 1700년대 중반경에는 우주가 분리할 수 있는 독립된 부분과 소부분들로 구성되어 있다는 생각이 새로 등장하는 산업현실상의 일부를 이루는 상식이 되었다.

모든 새로운 문명은 과거로부터 관념들을 추출하여 그것들을 새로운 문명 자체와 세계와의 관계를 이해하는 데 도움이 되도록 재구성한다. 새로 일어나는 산업사회 — 따로 떨어진 부품들로 이루어진 조립제품의 대량생산을 막 시작한 사회 — 에서는 우주가 따로따로의 구성요소들로 조립되었다는 생각이 불가피했을 것이다.

현실에 대한 원자론적 모델을 받아들이게 된 데는 정치적·사회적인 이유들도 있었다. 「제2물결」이 그 이전의 낡은 「제1물결」 제도와 충돌함에 따라 사람들을 대가족, 전지전능한 교회, 군주제 등으로부터 해방시킬 필요가 있었다. 산업자본주의는 개인주의를 위한 논거를 필요로 했다. 낡은 농업문명이 쇠퇴하고 산업사회의 여명을 1~2세기 앞둔 때로부터 무역이 확대되고 도시가 늘어나게 되자 새로 등장하는 상인계급들은 통상·금융·시장확대의 자유를 요구하면서 인간을 원자라고 보는 새로운 인간관을 만들어 냈다.

이제 인간은 부족·신분제도·씨족 등의 단순한 수동적 부속물이 아니라 자유롭고 자율적인 개인이었다. 각 개인은 재산을 소유하고 재화를 획득하고 운반하고 거래하고 자기의 노력 여하에 따라 부자가 될 수도 굶을 수도 있는 권리를 갖게 되었으며 그에 상응하여 종교를 선택하고 개인의 행복을 추구할 권리를 갖게 되었다. 요컨대 산업현실상은 인간이 마치 원자처럼 더 이상 줄일 수도 없고 파괴할 수도 없는 사회의 기본적 입자를 구성하고 있다는 생각을 불러일으켰다.

전술한 바와 마찬가지로 원자론은 정치분야에도 등장하여 투표가 그 궁극적인 입자가 되었다. 국제문제도 우리가 국가라고 부르는 자기충족적·불가침적·독립적인 단위들로 구성되어 있다는 개념이 나타났다. 물질적인 질료뿐 아니라 사회적·정치적인 질료도 「벽돌(brick)」 —

자율적 단위 또는 원자—이라고 생각하게 되었다. 원자론이 인간생활의 모든 영역에 침투했다.

현실이 분리 가능한 단위들로 구성되어 있다는 견해는 나아가서는 시간 및 공간을 보다 작은 한정된 단위로 분리할 수 있다는 새로운 시간 및 공간관에 완전히 부합한다. 「제2물결」이 확대되어 「원시」사회와 「제1물결」 문명을 제압함에 따라 더욱 더 조리있고 일관성이 있는 산업사회의 인간관·정치관·사회관이 전파되었다.

그러나 이 논리체계를 완결지으려면 마지막 한 가지 문제를 더 고찰해야만 한다.

궁극적 질문 「왜」

한 문명이 어떤 사상(事象)들이 왜 일어나는가를 설명해 주지 못한다면—설사 그 설명이 1할은 해명되고 9할은 수수께끼로 남는 것이 될지라도—생활을 효과적으로 계획할 수 없다. 인간은 문화가 요구하는 바를 수행하는 데 있어서 자기의 행위가 어떠한 결과를 가져오리라는 약간의 보장을 필요로 한다. 그런데 이것은 매우 오래된 질문인 「왜」에 대한 어떤 해답을 함축하고 있다. 「제2물결」 문명은 이 모든 것을 설명하는 데 충분한 것처럼 보이는 강력한 이론을 제시해 주었다.

연못에 돌을 던진다. 수면 위로 잔물결이 재빨리 퍼져나간다. 왜? 무엇이 이러한 결과를 일으키는가? 산업사회에서는 어린이들이라도 「누군가가 돌을 던졌기 때문」이라고 대답할 것이다.

그러나 12~13세기의 교육을 받은 유럽 신사들은 이 질문에 대한 대답을 우리들과는 크게 다른 개념에서 했을 것이다. 그 신사들 각자는 아마도 아리스토텔레스를 원용하여 본질적으로 아무 것도 충분히 설명할 수 없는 질료인(質料因)·형상인(形相因)·동인(動因)·목적인(目的因) 등을 찾으려 했을 것이다. 중세 중국의 학자라면 음양과 같은 그 신비한 힘의 상호작용에 관해 얘기했을 것이다. 그들은 그것에 의하여 모든 현상이 발생한다고 믿고 있었다.

「제2물결」 문명은 이 수수께끼 인과관계에 대한 해답을 뉴턴의 획기적 발견인 만유인력법칙에서 찾았다. 뉴턴은 원인을『운동을 일으키기 위해 물체에 가해지는 힘』이라고 설명했다. 뉴턴의 인과론을 설명해주는 전형적인 예로는 서로 부딪쳐 그에 반응하여 움직이는 당구공을 들 수 있다. 계측 가능하고 식별하기 쉬운 외부적 요인들만을 전적으로 강조하는 이러한 변화의 개념은 직선적 공간 및 시간에 관한 새로운 산업현실상에 꼭 들어맞는 것이었기 때문에 매우 강력한 힘을 발휘했다. 실제로 유럽 전역에 산업혁명이 전파되면서 채택된 이 뉴턴적 또는 기계론적 인과론은 산업현실상을 하나의 밀봉된 용기 속에 다져 넣었다.

만일 세계가 독립된 입자들—소형의 당구공들—로 구성된 것이라면 모든 원인은 이 공들의 상호작용에서 발생하는 것이다. 하나의 입자 또는 원자가 다른 입자나 원자에 부딪친다. 이 경우 첫번째 입자나 원자가 다른 입자나 원자의 운동을 일으키는 「원인」이다. 그 운동은 첫번째 입자나 원자의 운동이 가져온 「결과」가 된다. 공간에는 운동없는 작용은 없고 어떠한 원자도 1개 이상의 장소에 동시에 존재할 수 없다.

복잡하고 흐트러지고 예측할 수 없고 아주 혼잡하고 신비스럽고 혼란한 것처럼 보였던 우주가 갑자기 질서정연한 모습을 띠기 시작했다. 인간 세포 내부의 원자에서 머나먼 밤하늘의 차디찬 별에 이르기까지 모든 현상은 운동하는 물질로서 각 입자가 다른 입자를 움직이게 하여 존재의 끝없는 춤을 추게 만들고 있다고 이해되었다. 이러한 견해는 나중에 라플라스(Marquis Pierre Simon de Laplace)가 지적한 것처럼 무신론자들로 하여금 신을 가정하지 않고서도 생명을 설명할 수 있도록 해주었다. 그러나 신앙심이 깊은 사람들에게 신의 자리는 여전히 남아 있었다. 신이 지금은 그 게임에서 은퇴했을지 모르지만 그래도 당구채를 가지고 당구공을 움직이게 한 원동력이라고 생각할 수 있기 때문이다.

실체에 관한 이러한 비유는 새로 등장하는 산업현실상의 문화에 지적인 아드레날린 주사 한 대와 같은 충격을 주었다. 프랑스혁명의 여건조성에 기여한 급진적 철학가들 중의 한 사람인 돌바크(Baron d'Holbach) 남작은 다음과 같이 외쳤다. 『존재하는 모든 것의 방대한 집합인 우주는 물질과 운동만을 나타내 준다. 이 전체는 우리의 사색에 오직 원인과 결과의 중단없는 방대한 연속만을 제시해 줄 뿐이다.』

우주는 「조립」된 실체로서 낱낱의 부분들이 모여 하나의 「집합」을 이루고 있다고 하는 의기양양한 이 짧은 한 마디 속에 모든 것이 함축되어 있었다. 물질은 운동, 즉 「공간」을 통한 이동으로서만 이해될 수 있었다. 사건은 직선적인 계기(繼起), 즉 「시간」의 직선을 따라 움직여 가는 사건의 행렬 속에서 발생한다는 것이다. 돌바크는 계속해서 증오·이기심·사랑과 같은 인간의 감정은 반작용·관성·인력 등 물리적 힘에 비유할 수 있고 마치 과학이 공동의 선을 위해 물질계를 조작하는 것처럼 현명한 국가는 이 감정을 공공의 선을 위해 조작할 수 있다고 말했다.

인간의 몇 가지 가장 유력한 개인적·사회적·정치적 행동패턴이 나타난 것은 바로 이같은 산업현실상의 우주관 그리고 그 속에 숨은 가설들로부터 비롯된 것이었다. 여기에는 우주와 자연뿐 아니라 사회와 인간까지도 특정의 고정되고 예측 가능한 법칙에 따라 움직인다는 의미가 내재되어 있다. 실제로 「제2물결」의 위대한 사상가들은 우주의 합법칙성을 가장 논리적으로 강력하게 주장한 사람들이었다.

뉴턴이 천체의 운행법칙을 발견한 것처럼 생각하게 되었다. 다윈은 사회진화의 법칙을 밝혔다. 또 프로이트는 정신상태의 법칙을 찾아낸 것 같았다. 그밖에도 여러 과학자·기술자·사회과학자·심리학자들이 각양각색의 여러가지 법칙들을 탐구했다.

「제2물결」 문명은 이제 기적적인 힘과 폭넓은 적응력을 가진 인과론을 자유로이 구사하는 힘을 갖게 되었다. 종전에 복잡한 것처럼 보였던 것들도 이제는 간단한 설명과 공식으로 환원시킬 수 있었다. 이러한 법칙 또는 규칙들이 뉴턴, 마르크스 등이 정했다는 이유만으로 무조건 받아들여진 것은 아니었다. 이러한 것들은 모두 실험과 경험적 검증을 거쳐 그 타당성이 입증된 것이었다. 인간은 이러한 법칙이나 규칙들을 활용하여 다리를 건설하고 공중에 전파를 보내고 생물학적 변화를 예측하거나 소급해 볼 수 있게 되었다. 또한 이러한 법칙이나 규칙들은 우리가 경제를 조작하고 정치적 운동이나 기관을 조직하고 나아가 궁극적으로는 개인의 행동까지도 예견하거나 형성시킬 수 있다고 주장했다.

필요한 것이라고는 어떠한 현상이라도 설명할 수 있는 결정적 변수를 찾아내는 일뿐이었다. 적당한「당구공」을 찾아내어 가장 좋은 각도에서 쳐주기만 하면 무슨 일이든지 이룩할 수 있다는 생각이었다.

이 새로운 인과론은 새로운 시간관·공간관·물질관들과 결합됨으로써 인류의 대다수를 옛 우상의 폭정으로부터 해방시켰다. 이 인과론은 과학기술 분야의 훌륭한 업적, 개념화 및 실천적 성취의 기적을 가능케 해주었다. 그것은 또 전제주의에 도전하여 인간의 정신을 수천년간의 감금상태에서 해방시켰다.

그러나 산업현실상은 또한 스스로의 감옥을 만들어 냈다. 즉 산업사회의 정신상태는 양화(量化)할 수 없는 것을 멸시하거나 무시했다. 때로는 엄밀성만을 찬양하고 상상력을 학대했다. 또한 인간을 단순한 원형질 단위로 격하시켰고 어떤 문제든지 기계적 해결책만을 모색했다.

이 산업현실상은 또한 표면상의 주장처럼 도덕적 중립성을 지키지도 않았다. 앞에서도 살펴본 것처럼 이 현실상은「제2물결」문명의 호전적인 초이데올로기로서 산업화시대를 특징짓는 좌익 및 우익 이데올로기가 모두 여기서 파생된 자기정당화의 원천이었던 것이다. 다른 모든 문화와 마찬가지로「제2물결」문명도 일그러져 보이게 하는 여과기를 만들어 그것을 통해 인간이 그 자신과 우주를 보게 했다. 이 일련의 관념·표상·가설들 그리고 여기에서 나온 여러가지 유추들은 역사상 가장 강력한 문화체계를 형성해 주었다.

끝으로 산업주의의 문화적 얼굴인 산업현실상은 스스로가 이룩한 사회에 적합했다. 이 산업현실상은 자본주의 사회이건 사회주의 사회이건간에 대형조직·대도시·중앙집권적 관료제도 그리고 모든 것을 끌어들이는 시장이 지배하는 사회를 건설하도록 도와주었다. 이 현실상은「제2물결」문명을 형성하는 새로운 에너지체계·가족제도·기술체계·경제체제·정치 및 가치체계들과 꼭 들어맞는 것이었다.

지금 이 문명 전체가 그 여러가지 제도·기술·문화와 함께 현재 지구를 휩쓸고 있는「제3물결」의 격변 속에서 해체되어 가고 있다. 오늘날 우리는 산업주의의 최종적이고도 돌이킬 수 없는 위기 속에서 살고 있다. 그리고 산업화시대가 역사 속으로 사라지고 새로운 시대가 탄생되고 있다.

10
종결부 : 홍수

한 가지 수수께끼가 남아 있다. 산업주의는 역사상 한바탕의 홍수—유구한 시간 속에 단지 3세기의 짧은 기간 동안을 휩쓴 홍수에 불과했다. 산업혁명의 원인은 무엇이었는가? 「제2물결」이 지구를 휩쓸도록 만든 것은 무엇이었는가?

여러가지 변화의 흐름들이 한 곳에 모여들어 하나의 커다란 강물을 이루었다. 신세계 발견은 산업혁명 전야의 유럽의 문화와 경제에 에너지의 고동을 제공해 주었다. 인구증가로 도시로의 인구이동이 조장되었다. 영국의 삼림이 고갈되어 석탄의 이용도 촉진되었다. 또 이로 인해 탄광의 갱도가 날로 더 깊어져 말의 힘을 이용했던 종전의 양수기로는 물을 퍼낼 수 없게 되었다. 이 문제를 해결하기 위해 증기기관이 완성되어 새로운 기술적 가능성을 넓혀 주었다. 점차 산업현실관이 보급되어 교회 및 정치권력에 도전하게 되었다. 교육의 보급, 도로 및 운송 수단의 개선 등 이 모든 것이 일시에 수렴됨으로써 변화의 물결을 막고 있던 방조문(防潮門)이 무너지게 되었다.

산업혁명의 원인을 찾는다는 것은 부질없는 짓이다. 단일의 또는 지배적인 원인은 존재하지 않기 때문이다. 기술 그 자체만으로는 역사의 추진력이 될 수 없다. 관념이나 가치관 같은 것도 마찬가지이다. 계급투쟁도 마찬가지이다. 또 단순한 생태계 변화나 인구동향, 통신상의 발명 등을 기록한다고 해서 역사가 되는 것도 아니다. 경제학만 가지고 이러저러한 역사상의 사건을 설명할 수도 없다. 모든 변화들을 설명할 수 있는 「독립변수」라는 것도 존재하지 않는다. 끝없이 복잡하게 얽힌 채 서로 관련되어 있는 여러가지 변수들이 있을 뿐이다.

일일이 그 상호작용을 추적할 수도 없는 미로와 같은 인과체계의 영향들에 직면하여 우리가 할 수 있는 일이라고는 기껏 우리의 목적에 가장 알맞을 것처럼 보이는 요인들에 초점을 맞추어 그 선택에 함축되어 있는 왜곡을 밝혀내는 정도에 불과하다. 이러한 뜻에서 한 가지 분명한 것은 「제2물결」 문명을 형성하기 위해서 모여든 여러가지 요인들 중에서 생산자와 소비자간의 분열 확대 그리고 그 형태가 자본주의적이건 사회주의적이건간에 우리가 시장이라고 부르는 그 훌륭한 교환조직망의 성장이 그 결과를 추적하기가 가장 쉬웠다는 점이다.

생산자와 소비자간의 괴리가 커지면 커질수록 — 시간적 · 공간적인 면에서, 그리고 사회적 · 심리적 거리라는 면에서 — 시장의 그 놀랄 만한 복잡성과 일련의 가치체계 그리고 시장이 함축하고 있는 여러가지 은유와 숨겨진 가정들이 더욱 더 사회적 현실을 지배하게 되었다.

전술한 바와 마찬가지로 이 보이지 않는 쐐기가 만들어 낸 근대적 화폐제도는 중앙은행제도, 증권거래, 세계무역, 관료적 계획자들, 계량주의적 정신, 계약윤리, 물질주의적 편견, 편협한 성공관, 엄격한 보상체계 그리고 우리가 일상적으로 문화적 중요성을 과소평가하고 있는 강력한 회계기관 등을 수반했다. 생산자와 소비자간의 이러한 분리 때문에 표준화 · 전문화 · 동시화 · 중앙집권화를 추진할 수밖에 없게 하는 여러가지 압력이 나타났다. 이 때문에 남녀간의 역할 및 기질상의 차이도 나타났다. 「제2물결」을 일으킨 여러가지 다른 요인들을 아무리 살펴보더라도 「생산 ⇄ 소비」라는 옛 원자의 분열이 그 중에서도 가장 중요한 요인이었음에 틀림없다. 이 분열이 가져온 충격파는 지금도 여전히 남아 있다.

「제2물결」 문명은 단순히 기술 · 자연 · 문화를 변경시키는 데 그치지는 않았다. 이 문명은 나아가서는 인간의 퍼스낼리티를 변화시킴으로써 새로운 사회적 성격을 만들어 냈다. 물론 여성과 어린이들도 「제2물결」 문명을 형성했고 또 형성을 당하기도 했다. 그러나 남성들이 보다 직접적으로 시장조직과 새로운 노동양식에 참여했기 때문에 여성보다 더욱 산업사회의 특징을 나타내게 되었다. 따라서 여성 독자들도 이 새로운 특징들을 「산업화 인간(Industrial Man)」이라는 말로 요약하는 것을 양해해 주리라고 믿는다.

「산업화 인간」은 그 이전의 어떠한 인간들과도 다르다. 이 인간은 보잘 것 없는 인간의 힘을 크게 증폭시켜 준 「에너지 노예들」의 주인이었다. 그는 일생의 대부분을 공장식의 환경에서 인간을 왜소하게 만드는 각종 기계 및 조직과 접촉하면서 지냈다. 그는 어렸을 때부터 옛날과는 달리 살아가려면 돈이 있어야 한다는 것을 배웠다. 그는 전형적인 핵가족의 일원으로 성장하여 공장식 학교에 다녔다. 그는 대중매체를 통해 기본적인 세계관을 배웠다. 그는 대기업이나 공공기관에 근무하고 또 노동조합이나 교회 등의 단체에 소속되어 자기의 역량을 쪼개어 조금씩 기여하면서 살았다. 자기 부락과 도시에 대한 소속감이 국가에 대한 소속감보다 더욱 더 줄어들었다. 또한 자기 자신이 자연과 대치하고 있다는 것을 의식하고 일상의 일에서 자연을 이용하면서 살았다. 그러면서도 역설적으로 주말이면 자연을 찾았다.(사실 자연을 학대하면 할수록 말로는 더욱 더 자연을 낭만화하고 숭상했다.) 그는 자기 자신을 방대하고 서로 연관된 경제·사회·정치체제의 일부로 생각하게끔 가르쳐졌다. 그 체제의 강점들은 이해할 수 없을 정도로 복잡성을 띤 가운데 서서히 없어져 갔다.

이러한 현실에 직면하여 반란을 시도했지만 성공할 수 없었다. 그는 자기에게 맡겨진 역할에 적응하면서 사회가 요구하는 게임을 하도록 배웠으나 때로는 이러한 역할을 증오하면서 자기 자신이 자기의 생활향상을 가져다 준 이 체제의 희생자라는 생각을 갖기도 했다. 그는 직선적인 시간이 무덤만이 기다리고 있는 미래를 향해 자기를 무자비하게 몰고 가고 있다는 생각을 했다. 그리고 팔목시계가 째깍거리면서 시간이 지나가는 동안 죽음을 향해 나아가면서도 그는 이 지구와 자기 자신을 포함한 지상의 모든 개체들이 규칙적이고도 냉혹하게 움직이는 커다란 우주적 기계의 일부분에 불과하다는 것을 알고 있었다.

「산업화 인간」은 조상들이 인식할 수 없었던 여러가지 면들을 지닌 환경에서 살았다. 극히 초보적인 지각 신호조차도 전과 달라졌다.

「제2물결」은 소리의 세계도 변화시켰다. 수탉소리 대신에 공장의 경적이, 귀뚜라미 소리 대신에 자동차 바퀴의 파열음이 들리게 되었다. 밤에도 불을 밝혀 깨어 있는 시간이 늘어났다. 또한 하늘에서 찍은 지구의 사진이라든가 영화에 나오는 초현실주의적 몽타주, 고성능 현미경이 최초로 드러내는 생물의 구조 등 종전에는 볼 수 없었던 새로운 시각영상들이 나타났다. 인분 냄새 대신에 휘발유 냄새와 페놀의 악취가 나타났다. 고기나 채소 등 음식맛도 달라졌다. 지각세계 전체가 변모했다.

인간의 신체에도 변화가 일어났다. 역사상 처음으로 인간의 신체가 그 정상적인 한계점까지 성장했고 여러 대에 걸쳐 자식들의 키가 부모보다 커졌다. 신체에 대한 사람들의 태도도 달라졌다. 엘리어스가 「문명화 과정」에서 지적했듯이 독일 등 유럽 지역에서는 16세기까지만 해도 『완전한 나체를 보는 것이 일상적인 통례』였으나 「제2물결」이 보급되면서부터는 나체를 수치스럽게 생각하게 되었다. 특별한 잠옷을 입게 되면서부터 침실의 풍속도 달라졌다. 포크 등 전문화된 식탁용구가 보급되어 식사행위도 전문적 기술을 요하게 되었다. 식탁 위에 죽은 짐승을 올려 놓고 보면서 즐거워하던 문화가 사라지고 그대신 「고기요리에서 동물의 도살을 연상케 하는 요소를 최대한 제거하는」 문화가 등장했다.

결혼은 경제적 편의 이상의 중요성을 갖게 되었다. 전쟁의 규모도 확대되어 공장의 조립라인에 의존하게 되었다. 부자관계, 사회적 계층이동의 기회, 모든 분야의 인간관계 등에 변화가 생겨 수많은 사람들의 자의식이 급격한 변화를 겪었다.

이 여러가지 심리적·경제적·정치적·사회적 변화 앞에서 인간의 두뇌는 이를 어떻게 평가해야 할지 망설일 수밖에 없었다. 전체 문명을 어떠한 기준에서 평가할 것인가? 이 문명 속에 살고 있는 대중의 생활수준을 기준으로 삼아야 할 것인가? 이 문명이 외곽의 주변에 살고 있는 사람들에게 미친 영향을 기준으로 삼아야 할 것인가? 생태계에 미친 영향을 기준으로 삼아야 할 것인가? 예술의 우수성을 기준으로 삼아야 할 것인가? 인간 수명의 연장이나 과학적 업적 또는 개인의 자유를 척도로 삼아야 할 것인가?

「제2물결」의 영역내에는 대경제공황과 엄청난 인명의 손실도 있었지만 그럼에도 불구하고 「제2물결」 문명이 일반인들의 물질적 생활수준을 향상시킨 것만은 분명하다. 산업주의를 비판하는 사람들은 흔히 18~19세기 영국 노동계급의 비참한 생활을 설명하면서 「제1물결」 시대를 낭만적으로 말하곤 한다. 그들은 옛 농촌생활이 온화하고 안정되고 유기적인 공동생활로서 순전히 물질적 가치보다는 정신적 가치가 중요시되는 생활이었다고 회상한다. 그러나 역사가들의 연구결과는 일견 아름다와 보이는 이 농촌공동체들이 실은 영양실조와 질병 · 빈곤 · 부랑 · 압제 등의 소굴이었으며, 사람들은 굶주림과 추위 그리고 영주와 주인의 채찍 앞에 속수무책이었음을 보여주고 있다.

대도시나 그 주변에 생겨난 소름끼치는 빈민가와 불량식품, 질병을 옮기는 급수, 구빈원 그리고 일상생활의 더러움 등이 모두 문제였다. 그러나 이런 상황들은 의심할 여지없이 비참한 것이기는 했지만 그래도 과거의 생활조건에 비하면 크게 개선된 것이었다. 영국의 작가 베이지(John Vaizey)는 『영국 자작농들의 생활을 목가적으로 묘사한 것은 과장된 것이었다』고 언급하면서 많은 사람들에게는 도시 빈민굴로의 이주가 실제로 『수명의 연장, 주택의 물질적 조건의 개선, 음식의 양과 다양성 면에서의 개선 등에 의해 측정되는 생활수준의 극적인 향상』을 가져다 주었다고 기록했다.

보건문제에 관해서는 「제1물결」을 찬양하고 「제2물결」을 헐뜯는 사람들을 반박하기 위해 윌리엄스(Guy Williams)가 쓴 「고뇌의 시대(The Age of Agony)」라든가 클라크슨(L. A. Clarkson)이 집필한 「산업화 이전 영국에서의 사망 · 질병 및 기근(Death, Disease and Famine in Pre-Industrial England)」을 읽어 보면 그 진상을 알 수 있다. 라너(Christina Larner)는 이 책들에 대한 평론에서 이렇게 쓰고 있다. 『사회사학자나 인구학자들의 연구결과는 불결한 도시들뿐 아니라 넓은 농촌지방에서도 질병 · 고통 · 죽음이 만연해 있었음을 밝혀 냈다. 평균수명은 낮다. 16세기에는 40세 정도였으나 전염병이 휩쓴 17세기에는 30대 중반으로 낮아졌고 18세기에는 40대 초반으로 높아졌다. …결혼한 부부가 오랫동안 함께 산다는 것은 드문 일이었고…어린이들은 모두 생명의 위협을 겪었다.』 우리가 비록 오늘날의 급박한 상황에 시달림을 받고 방향이 잘못된 보건제도를 비판할지 모르지만 산업혁명 이전의 공적 의료행위는 마취도 없이 출혈요법이나 외과수술을 실시할 정도로 치명적인 것이었다.

주요 사망원인은 페스트·티푸스·인플루엔자·이질·천연두·결핵 등이었다. 라너는 냉소적인 어투로 이렇게 썼다. 『현명한 체하는 사람들은 우리가 이룩한 것이라곤 일단의 다른 살인자들에 의해 사망원인을 대체한 것이었을 뿐이라고 말한다. 그러나 우리의 수명이 연장된 것은 사실이다. 산업화 이전의 전염병은 젊은이와 노인을 무차별하게 죽였다.』

보건이나 경제문제에서 예술과 이데올로기 문제로 눈을 돌려 보자. 산업주의가 편협한 물질주의에 젖었다고는 하지만 그렇다고 해서 산업사회가 그 이전의 봉건사회에 비하여 정신적으로 삭막했다고 할 수 있을까? 기계론적 정신상태 또는 산업현실상이 과연 중세 교회나 과거의 군주국들에 비해서 새로운 사상이나 심지어 이단에 대해 덜 개방적이었다고 할 수 있을까? 우리가 우리 시대의 거대한 관료제도에 혐오감을 느끼고 있다고는 하지만 과연 이 관료제도가 몇 세기 전 중국의 관료제도나 고대 이집트의 계급제도보다 더 경직되었다고 말할 수 있을까? 또 예술에 관해 말하자면 과연 지난 300년간 서방의 소설·시·그림들이 그 이전 시대 또는 다른 지역의 예술작품에 비해 생동감이 적고 깊이와 호소력에서 떨어지는 단순한 작품이라고 말할 수 있을까?

물론 어두운 면도 있다. 「제2물결」 문명은 우리 부모세대의 생활조건을 크게 개선해 준 것이 사실이지만 다른 한편으로는 예기치 않은 부작용, 즉 격렬한 외적인 결과들을 불러일으켰다. 그 중 한 가지로 지구의 연약한 생태계에 거의 회복불능의 난폭한 피해를 입혔다는 점을 들 수 있다. 「제2물결」 문명은 자연에 대한 산업현실적 편견, 인구증가와 비인간적인 기술 및 끊임없는 확장의 필요성 때문에 과거 어느 시대보다도 환경에 큰 피해를 입혔다. 필자는 산업화 이전 도시의 길거리에 말똥이 굴러다녔다는 얘기를 읽은 적이 있다.(오염문제가 새삼스러운 것이 아님을 입증하는 예로 곧잘 거론되었다.) 필자는 또 고대 도시의 길거리에 시궁창물이 넘쳐흘렀다는 사실도 알고 있다. 그렇더라도 산업사회가 제기한 생태계의 오염 및 자원이용 문제는 전연 새로운 단계에 접어들어 현재나 과거와 같은 척도로는 비교할 수 없게 되었다.

그 이전의 어떠한 문명도 한 개의 도시를 파괴하는 정도가 아니라 문자 그대로 지구 전체를 파괴할 그러한 수단을 만들어 내지는 못했었다. 과거에는 인간의 탐욕이나 부주의로 인해 대양 전체가 오염되거나 동식물의 종(種)이 하룻밤 사이에 지구에서 멸종되는 일은 없었다. 광산의 개발로 지구 표면을 그처럼 황량하게 만든 적도 일찍이 없었고 헤어스프레이 에어졸 때문에 오존층이 고갈된 적도 없었다. 또 열오염으로 지구의 기후가 위협받은 적도 일찍이 없었다.

이와 비슷하면서도 더욱 복잡한 것은 제국주의 문제이다. 남아메리카 광산 발굴에서의 인디언 노예 사용, 아프리카·아시아 대부분 지역에서의 플랜테이션 농업의 도입, 산업국가들의 필요에 맞춘 식민지 경제의 고의적 왜곡 등이 모두 고뇌·굶주림·질병 그리고 그에 따른 탈문화(deculturation) 현상을 남겨주었다. 「제2물결」 문명이 만들어 낸 인종주의, 소규모 자급자족 경제들의 세계무역 체제로의 강제적 통합 등은 아직도 아물지 못한 곪은 상처를 남겨 놓았다.

그러나 과거의 생계 위주의 경제를 미화하는 것은 역시 잘못이다. 오늘날 지구상의 비산업화 지역 주민들의 생활이 300년 전보다 더 못해졌다고 볼 수는 없을 것이다. 오늘날 사헬(sahel)에서 중앙아메리카 지역에 이르는 수억의 인류는 평균수명·식량사정·유아사망률·문맹률·인간의 존엄성 등의 면에서 이루 형언할 수 없는 참상을 겪고 있는 것이 사실이다. 그러나 그렇다고 하더라도 현재를 비판하는 데 급급한 나머지 있지도 않았던 낭만적인 과거를 꾸며대는 것은 인류에게 도움이 되지 않는다. 더욱 더 비참했던 과거로 되돌아가는 것은 미래로 향하는 길이 될 수 없다.

「제2물결」 문명을 일으킨 원인이 한 가지가 아닌 것처럼 이에 대한 평가도 한 가지일 수는 없다. 필자는 지금까지 「제2물결」 문명의 공과를 함께 설명하고자 노력해 왔다. 필자가 한편으로 이 문명을 비난하면서도 다른 한편으로 이를 찬양한 것은 단순한 평가는 오해를 불러일으킨다고 생각했기 때문이다. 필자는 산업주의가 「제1물결」과 원시인들의 생활을 파괴해 버린 것을 증오하고 있다. 필자는 「제2물결」 문명이 전쟁을 대중화하고 아우슈비츠를 만들어 내고 원자의 힘을 이용하여 히로시마(廣島)를 불태운 일 등을 잊을 수 없다. 필자는 이 문명의 문화적 오만함과 세계 다른 나라들에 대한 약탈행위를 수치스럽게 생각하고 있다. 필자는 또 도시의 빈민가에서 이루어지고 있는 인간의 에너지·상상력·정신의 낭비에 관해서도 불쾌하게 생각하고 있다.

그렇지만 자기 시대나 동시대인을 무작정 증오하는 것은 결코 미래를 창조하는 최상의 기초가 될 수 없다. 산업주의는 과연 하나의 악몽·황무지·누그려 뜨려지지 않는 공포였던가? 그것은 과연 과학기술 반대론자들의 주장처럼 「단순한 시각」의 세계였던가? 그러한 점들이 있었음을 부정할 수는 없다. 그러나 동시에 그보다 더 많은 장점이 있었음을 부인할 수 없다. 산업주의는 인생 그 자체와 마찬가지로 영원한 시간 속에 잠시 왔다가 사라지는 괴롭고도 달콤한 한순간에 불과했다.

이 서서히 사라져 가는 현재를 어떻게 평가하든간에 한 가지 중요한 것은 산업화 게임은 이제 끝났다는 것 산업화의 에너지는 다 소진되었다는 것, 그리고 다음 차례의 변화물결이 시작되면서 「제2물결」의 힘이 도처에서 쇠약해지고 있다는 것을 이해하는 것이다. 산업문명의 「정상적」 존속을 불가능하게 만드는 두 가지의 변화가 있다.

첫째, 인간이 「자연에 대한 투쟁」에서 하나의 전환점을 맞이하고 있다는 점이다. 생태계는 산업화의 공격을 더 이상 감당해 내지 못할 것이다. 둘째, 인간은 지금까지 산업개발의 주요한 지주 역할을 해온 재생불능의 에너지에 더 이상 무한정 의존할 수 없게 되었다는 점이다.

이 두 가지 사실이 기술사회의 종말 또는 에너지 자원의 종말을 의미하는 것은 아니다. 다만 앞으로의 모든 기술발전은 새로운 환경적 요인들에 의해 제약을 받게 되리라는 것을 의미하는 것이다. 또한 산업국가들이 새로운 자원으로 대체될 때까지 거듭 격렬한 퇴조 증상을 겪을 것이고 새로운 형태의 에너지 그 자체를 대체하기 위한 싸움이 사회적·정치적 변혁을 더욱 가속화시킬 것이라는 점을 의미한다.

한 가지 분명한 것은 값싼 에너지가 앞으로 몇십년 이내에 종말을 고하리라는 점이다. 「제2물결」 문명은 이 문명을 뒷받침해 온 두 가지 기본적인 지주 중의 한 가지를 상실해 버린 것이다.

또한 다른 하나의 숨겨진 지주인 값싼 원료도 고갈되고 있다. 고도기술국가들은 식민주의와 신제국주의의 종식에 직면하여 내부에서 대체 자원을 개발하여 상호 교역함으로써 비산업국가들과의 경제관계를 점차적으로 축소해 나가든가, 아니면 지금까지와는 전연 다른 교역조건하에 비산업국가들로부터의 자원 구매를 계속하든가 할 것이다. 그 어느 경우라도 비용이 크게 오를 것이기 때문에 「제2물결」 문명의 에너지 기반은 물론이고 자원 기반 전체가 변혁을 겪게 될 것이다.

산업사회에 대한 이러한 외부적 압력들에는 체제 내부의 붕괴압력들이 상응하고 있다. 미국의 가족제도나 프랑스의 전화제도(현재 열대지방의 바나나 공화국들보다도 상태가 나쁘다), 일본의 전철체제를 보거나(승객들이 전철역에 몰려가 역무원들을 인질로 잡고 항의할 정도로 나쁘다) 문제는 마찬가지이다. 사람과 제도간의 긴장관계가 이미 그 궁극적인 한계점에 도달해 있다.

「제2물결」 체제가 위기에 처해 있다. 복지제도·우편제도·교육제도·보건의료제도·도시체계·국제금융제도도 위기에 처해 있다. 국민국가 자체도 위기에 놓여 있다. 「제2물결」의 가치체계도 위기에 빠져 있다.

산업문명을 지탱해 온 역할체계조차도 위기에 처해 있다. 이러한 사실은 남녀 역할의 재정립 투쟁에서 가장 극적으로 찾아볼 수 있다. 우리는 여성운동, 동성애 합법화 요구, 유니섹스(unisex) 패션의 보급에서 남녀의 역할에 관한 전통적 기대가 계속 불분명해지고 있음을 엿볼 수 있다. 직업상의 역할분담도 희미해지고 있다. 간호원과 환자가 모두 의사에 대한 자신의 역할을 재정립하고 있다. 경찰과 교사들도 정해진 역할을 버리고 불법적인 파업행위를 하고 있다. 법률 보조원이 변호사의 역할을 재정립하고 있다. 근로자들은 더욱 더 경영참여를 요구함으로써 경영자들의 전통적 역할을 침해하고 있다. 그리고 산업주의가 의존해 온 역할구조의 이러한 범사회적 균열현상은 신문표제를 다는 사람들이 변화를 측정하는 기준인 공공연한 정치적 항의나 데모보다도 더욱 혁명적인 의미를 지니고 있다.

끝으로 이러한 여러가지 압력들—핵심적 지주의 상실, 사회의 생명

유지 장치의 기능 마비, 역할구조의 분해 등—이 수렴되어 가장 기초적이고도 취약한 구조물인 퍼스낼리티의 위기를 조성했다. 「제2물결」 문명의 붕괴가 퍼스낼리티 위기라는 전염병을 만들어 냈다.

오늘날 우리는 수많은 사람들이 자신의 그림자를 필사적으로 찾고 비록 내용이 애매하더라도 잃어버린 자기의 위치를 찾아내는 데 도움을 줄 수 있는 것이라면 영화·연극·소설·자기개발 서적 등을 열심히 보는 것을 목격할 수 있다. 후술하는 바와 마찬가지로 오늘날 미국에 있어서 퍼스낼리티 위기의 표현은 말로 이루 형언할 수 없을 정도이다.

퍼스낼리티 위기의 희생자들은 스스로를 집단요법·신비주의·성유희 등에 내던진다. 그들은 변화를 갈구하면서도 변화를 두려워한다. 그들은 하루 빨리 현재의 존재를 벗어나 어떻게 해서든 새로운 생활로 비약하여 지금과는 다른 존재가 되고 싶어한다. 그들은 직업·배우자·역할·책임까지도 바꾸고 싶어한다.

이른바 원숙하고 현실에 만족하는 미국의 기업인들조차 현실에 불만을 품고 있기는 마찬가지이다. 미국 경영자협회의 최근 조사결과에 의하면 중간관리자의 40%가 현 직업에 불만을 품고 있고 전체의 3분의 1 이상이 보다 만족스럽게 생각하는 직업으로 옮기고자 하는 꿈을 가지고 있다는 것이다. 불만을 그대로 행동으로 나타내는 사람들도 있다. 직장을 그만두고 농사를 짓든지 스키나 타면서 소일하기도 하고 새로운 생활양식을 찾아나서기도 한다. 또는 학교로 돌아가거나 아니면 수축되는 원을 따라 더욱 더 빠른 속도로 돌다가 마침내 압력에 못이겨 쓰러지기도 한다.

그들은 불안의 원인을 자기 자신 속에서 찾다가 불필요한 죄의식으로 고민하기도 한다. 그들은 자기 마음 속의 느낌이 보다 큰 객관적 위기의 주관적 반영뿐이라는 사실, 다시 말해 그들은 무의식중에 한 연극 중의 어떤 장면을 실연하고 있다는 사실을 충분히 깨닫지 못하고 있는 것 같다.

이 여러가지 위기들을 각각 하나의 고립된 현상으로 보아야 한다고 고집하는 사람도 있을 것이다. 우리는 에너지 위기와 퍼스낼리티 위기간의 연관성, 새로운 기술과 남녀의 새로운 역할간의 관계, 그밖의 이러한 드러나지 않은 상호관계를 무시할 수도 있을 것이다. 그러나 그 결과는 우리 자신을 위험에 빠뜨릴 뿐이다. 지금 실제로 일어나고 있는 일은 이러한 개별적 사태들보다 규모가 큰 것이기 때문이다. 우리는 서로 관련된 연속적인 변화의 물결들이 서로 충돌하고 있다고 생각할 때 비로소 우리 세대의 본질적인 사실—산업주의가 사라져 가고 있다는 사실을 깨닫게 된다. 그에 따라 우리는 여러가지 변화의 징조들 중에서 진정 새로운 것은 무엇인가, 산업사회적이 아닌 것은 무엇인가를 찾아낼 수 있을 것이다. 이렇게 함으로써 우리는 「제3물결」의 정체를 밝힐 수 있다.

이러한 「제3물결」 변화가 우리 생활의 여타 분야를 구성할 것이다. 만일 사라져 가는 옛 문명으로부터 지금 모습을 드러내고 있는 새 문명으로의 이행을 원만하게 이룩하려면 그리고 앞으로 닥쳐올 심각한 위기 속에서도 자신감을 유지하고 우리 자신의 생활을 관리할 수 있는 능력을 유지해 나가려면 우리는 「제3물결」의 혁신이 무엇인가를 인식하고 또 이 혁신을 창조해 나갈 수 있어야만 한다.

우리의 주변을 면밀하게 살펴볼 때 우리는 온갖 실패와 붕괴의 현상들이 교차하는 가운데서도 성장과 새로운 가능성의 징조들을 발견하게 된다.

가까이 귀를 기울이면 우리는 「제3물결」이 벌써 멀지 않은 해변가에서 우르렁거리면서 밀려오는 소리를 들을 수 있다.

제3물결

제 Ⅲ 부

제3물결

11
새로운 종합

20세기 후반기가 막 시작된 1950년 1월의 어느 날, 갓 찍어낸 대학 졸업장을 손에 든 22세의 후리후리한 청년이 장거리 버스를 타고 우리 시대의 중심적 현실이라고 생각하는 곳을 향해 밤길을 달리고 있었다. 옆자리에는 여자 친구가 앉았고 좌석 밑에는 책이 가득 든 종이 가방이 놓여 있었다. 그는 비에 씻긴 창 밖으로 미국 중서부의 공장들이 끝도 없이 지나가는 동안 청동색 먼동이 밝아오는 것을 지켜보고 있었다.

미국은 세계의 심장부였다. 그 중에서도 5대호를 둘러싼 지역은 미국의 산업 중심지였다. 그리고 심장 중의 심장인 이 지역에서도 공장이야말로 맥박의 핵심이었다. 제강공장 · 알루미늄 제조공장 · 공작기계 공장 · 금형공장 · 정유공장 · 자동차공장 등의 우중충한 건물들이 여러 마을에 걸쳐 늘어선 가운데 공장 안에서는 각종 압단기(壓斷機) · 펀처 · 드릴러 · 벤더 · 용접기 · 단조기(鍛造機) · 주조기 등이 진동 소리를 내고 있었다. 공장은 산업화시대 전체를 대변하는 상징이었다. 그러나 어느 정도 안락한 중하류층 가정에서 자라나 대학 4년 동안 플라톤과 엘리어트(Thomas Stearns Eliot) 그리고 미술사와 추상적 사회과학 이론을 배운 이 청년에게는 공장이 표상하는 이 세계는 타슈켄트(Tashkent)나 티에라 델 푸에고(Tierra del Fuego)만큼이나 이국적인 풍경이었다.

필자는 이 공장들에서 5년간을 보냈다. 그것도 사무원이나 인사계원으로서가 아니라 조립공, 기계설치공, 용접공, 화물을 들어 올리는 기계의 운전사, 펀치 프레스공 등으로 일하면서 송풍기 날개를 찍어내고 주물공장의 기계들을 설치하고 아프리카 광산에 보낼 거대한 집진기를 만들기도 하고 조립라인 위를 덜커덕거리거나 삐걱거리면서 재빨리 지나가는 경트럭에 판금작업을 하기도 했다. 여기서 필자는 산업화시대의 공장노동자들이 생계를 위해 싸우는 광경을 직접 체험했다.

필자는 주물공장의 먼지와 땀과 연기를 삼켰다. 증기뿜는 소리, 체인이 부딪치는 소리, 흙을 반죽하는 기계의 굉음으로 귀는 찢어지는 것 같았다. 백열의 강철이 쏟아져 나올 때의 뜨거운 열기도 느꼈다. 아세틸렌 불꽃에 입은 흉터가 지금도 다리에 남아 있다. 필자는 1교대시간에 수천개의 부품을 프레스로 찍어내는 똑같은 동작을 심신이 비명을 지를 정도가 될 때까지 반복했다. 노동자들을 감독하는 와이셔츠 입은 관리자들까지도 끊임없이 상관들로부터 추궁당하고 학대받는 것을 목격했다. 네 손가락이 잘려 나간 65세의 피투성이 할머니를 기계에서 구출해 준 적도 있었다. 그런데 그때 『젠장, 이젠 일도 끝장이구나!』하던 그 할머니의 목소리가 지금도 귀에 쟁쟁하다.

공장, 공장 만세! 지금도 새 공장들이 들어서고 있기는 하지만 공장을 성역으로 만들었던 문명은 죽어가고 있다. 그리고 지금 이 순간 세계 어딘가에서는 또 다른 청춘 남녀들이 떠오르는 「제3물결」 문명의 심장부를 향해 차를 몰고 밤길을 달리고 있다. 「제3물결」 문명이 오고 있다. 말하자면 지금부터 우리가 해야 할 일은 내일을 추구하는 이 젊은이들의 노력에 동참하는 것이다.

만일 그들을 목적지까지 따라간다면 우리는 어디에 이르게 될까? 그 곳은 불꽃에 휩싸인 우주로킷과 인간의식의 단편들을 대기권 밖으로 쏘아 올리는 발사장일까? 해양학 실험실일까? 원시공동체일까? 인공두뇌 연구팀일까? 광신적 종교집단일까? 그들은 자발적으로 검소하게 살고 있을까? 그들은 기업체에서 승진가도를 달리고 있을까? 그들은 테러리스트들에게 총을 밀반출하고 있을까? 도대체 미래는 어디서 만들어지고 있는 것일까?

우리 스스로 이와 유사한 미래에의 탐험을 계획한다면 지도는 어떻게 만들어야 할 것인가? 미래가 현재로부터 시작한다고 말하기는 쉽다. 그러나 어떤 현재인가? 오늘날 우리의 현재는 모순으로 가득 차 있다.

오늘날의 어린이들은 마약·섹스 또는 우주선 발사 등에 관해 지나치게 익숙해 있고 자기 부모들보다 컴퓨터에 관해 훨씬 더 많이 알고 있다. 그런데도 학교 성적은 떨어지고 있다. 이혼율이 계속 상승하는가 하면 재결합률도 늘어나고 있다. 여성이 여권반대론자들까지도 지지하는 권리를 획득하는 것과 때를 같이하여 여권반대론자들이 등장하고 있다. 동성연애자들이 권리를 주장하면서 떳떳하게 밀실에서 걸어나오는가 하면 밖에서는 브라이언트(역주 Anita Bryant, 미국의 동성연애 반대운동가)가 그들을 기다리고 있다.

걷잡을 수 없는 인플레이션이 모든「제2물결」국가들을 사로잡고 있는 데도 실업은 계속 심화되어 모든 고전 경제학 이론이 빗나가고 있다. 이런 상황 속에서도 수백만의 사람들은 수요공급 이론을 무시한 채 단순히 직장을 요구하는 데 그치는 것이 아니라 창의적이고 심리적 만족감을 누릴 수 있고 사회적으로 책임있는 일자리를 요구하고 있다. 경제학만으로 알 수 없는 모순이 점차 늘어나고 있을 뿐이다.

정치분야에서는 핵심문제—예컨대 기술문제—들이 그 어느 때보다도 정치화되고 있는 바로 이 시점에서 각 정당은 당원의 충성심을 상실해 가고 있다. 한편 전세계의 광범한 지역에서 민족주의운동이 세력을 떨치는가 하면 바로 같은 시간에 범세계주의 또는 지구촌 의식이라는 이름 아래 국민국가에 대한 공격이 격렬해지고 있다.

이와 같은 여러가지 모순에 직면하여 우리는 어떻게 추세와 역추세를 가려 낼 수 있단 말인가? 유감스럽게도 이 질문에 대한 뾰족한 해답은 아무도 갖고 있지 못하다. 모든 컴퓨터의 출력정보와 도표 그리고 미래주의자들이 사용하는 여러가지 수학적 모델과 행렬(matrix)에도 불구하고 미래를 내다보려는 우리의 노력은—심지어 현재를 이해하고자 하는 노력도—여전히 과학이라기보다는 오히려 예술의 영역에 머물러 있을 수밖에 없다.

체계적 연구는 우리에게 큰 도움을 줄 수 있다. 그러나 우리는 결국 역설과 모순·육감·상상력 그리고 과감한(비록 잠정적이지만) 종합을 떨쳐버리지 못하고 받아들이지 않을 수 없다.

따라서 앞으로 이 책에서 미래를 탐구해 감에 있어서는 주요 추세를 밝히는 일에 그쳐서는 안될 것이다. 비록 어렵더라도 직선적 결론에 빠질 유혹을 물리쳐야 한다. 일반인은 물론이고 대부분의 미래주의자들은 미래를 단순히 현재의 연장으로 파악하는 나머지 시대의 추세가 외견상 아무리 강력한 것이더라도 단순히 직선적으로 계속되는 것이 아니라는 사실을 망각하고 있다. 이런 추세들은 정점에 도달하면 새로운 현상으로 폭발하여 방향을 뒤바꿔 놓게 된다. 이 추세들은 멈추기도 하고 새로 시작되기도 한다. 지금 당장 어떤 추세가 일어나고 있다고 해서 또는 이런 추세가 지난 300년간 계속되어 왔다고 해서 앞으로도 계속되리라는 보장은 없다. 따라서 앞으로 이 책에서는 미래를 계속적인 충격으로 유지시켜 주는 모순·갈등·방향전환 그리고 돌파구가 무엇인가를 살펴보고자 한다.

더욱 중요한 것은 겉으로는 서로 무관한 것처럼 보이는 사태들간의 숨겨진 연관관계를 찾아보는 것이다. 다른 조건들이 불변한다는 가정하에서 예측을 한다면 반도체나 에너지 또는 가족(심지어 자기 자신의 가족까지도)의 미래에 관한 예측이 아무런 도움이 될 수 없다. 불변하는 것은 「존재」하지 않기 때문이다. 미래는 동결상태에 있지 않고 유동적이다. 미래는 우리가 매일매일의 결정을 어떻게 바꿔 나가느냐에 따라 이루어지는 것이며 개개의 사태는 다른 모든 사태에 영향을 미친다.

「제2물결」 문명은 문제를 그 구성요소들로 분해하는 인간의 능력을 극단적으로 강조한 반면 그 조각들을 다시 끼워 맞추는 능력은 별로 중요시하지 않았다. 대부분의 사람들은 문화적으로 종합보다는 분석에 익숙해져 있다. 한편 우리의 미래관(그리고 미래에 대한 우리 자신의 이미지)이 그처럼 단편적이고 마구잡이가 되어 잘못되어 있는 이유의 하나가 바로 여기에 있다. 그러므로 이 책에서는 전문가의 입장에서보다는 다재다능한 사람의 입장에서 고찰해 보고자 한다.

필자는 오늘날 우리가 새로운 종합시대의 문턱에 서 있다고 생각한다. 딱딱한 과학으로부터 사회학·심리학·경제학 등에 이르는 모든 학문분야에서—특히 경제학분야에서—우리는 스케일이 큰 사고방식, 일반이론, 조각의 재구성 등으로 복귀하는 경향을 목격하게 된다. 인간은 이제 전체의 맥락을 파악하지 못한 채 세부적 수량화나 자질구레한 문제들의 정밀한 측정에만 지나치게 매달려 가지고는 인간의 지식이 더욱 더 줄어들 수밖에 없다는 것을 깨닫기 시작했기 때문이다.

그러므로 이 책에서는 오늘날 우리의 생활을 뒤흔들고 있는 변화의 흐름들을 살피고 그 밑바탕에 깔린 연관성을 밝히고자 한다. 그것은 그 각각의 흐름 자체가 중요하기도 하지만 그보다는 이 변화의 흐름들이 한데 모여 보다 크고 깊고 물살이 빠른 변화의 강물들을 이루고 또 이 강물들이 모여 보다 큰 흐름, 즉 「제3물결」을 이루기 때문이다.

20세기 중반에 현재의 심장부를 찾아 나섰던 그 청년처럼 이제 우리도 미래의 탐구를 시작하고자 한다. 이 탐구는 우리 생애에서 가장 중요한 일이 될 것이다.

12

사령탑

1960년 8월 8일 미국 웨스트 버지니아주 태생의 래드본(Monroe Rathbone)이라는 화학기사는 뉴욕 맨해턴의 록펠러 광장을 굽어보는 그의 사무실에 앉아서 후세 역사가들이 「제2물결」 시대의 종언의 상징이라고 평가하게 될 한 가지 중요한 결정을 내렸다.

대기업인 엑슨사(Exxon Corp.)의 래드본 사장이 이 날 엑슨사가 산유국들에게 지불해 온 세금을 삭감하기로 조치를 취한 데 대해 주목한 사람은 별로 없었다. 서방의 언론도 그의 결정을 묵살했지만 그것은 재정수입을 사실상 전적으로 석유회사들에 의존해 온 산유국 정부들에게는 청천벽력과 같은 큰 충격이었다.

며칠 사이에 다른 주요 석유회사들도 엑슨사의 결정에 동조했다. 그리고 한 달 후인 9월 9일 전설적인 도시 바그다드에서는 산유국들이 긴급회의를 열었다. 궁지에 몰린 산유국들은 석유수출국들의 위원회를 만들었다. 그러나 이 위원회는 그 후 13년 동안 몇몇 석유산업 정기간행물에나 가끔씩 그 활동이나 이름이 등장하는 이외에는 외부 세계에 거의 알려지지 않은 채 완전히 묵살되었다. 그러던 중 1973년에 제4차 중동전쟁이 발발하면서 이 석유수출국기구(OPEC/Organization of Petroleum Exporting Countries)가 갑자기 그 모습을 드러내었다. OPEC는 세계의 원유공급을 억제함으로써 「제2물결」 경제를 송두리째 공포의 소용돌이 속에 몰아 넣었다.

OPEC는 산유국의 세입을 4배로 늘렸을 뿐 아니라 이미 「제2물결」의 기술영역에서 일어나고 있던 혁명을 가속화시키게 되었다.

태양열과 대체에너지

그 이후의 에너지 위기를 둘러싼 시끄러운 소동 속에서 너무나 많은 계획·제안·주장·반론들이 한꺼번에 제기되었기 때문에 현명한 선택을 하기가 어려울 지경이었다. 각국 정부는 길거리의 일반인들과 마찬가지로 혼란에 빠져 있었다.

이런 암흑을 헤쳐가는 한 가지 방법은 개개의 기술이나 정책에 사로잡히지 않고 그것들의 기초가 되는 원리들을 살펴보는 것이다. 이렇게 하면 우리는 어떤 제안들은 우리가 알고 있는 「제2물결」의 에너지 기반을 유지하거나 확대하기 위한 것이고 또 어떤 제안들은 전혀 새로운 원리에 토대를 둔 것임을 알게 된다. 그 결과 에너지 문제의 전모가 매우 선명하게 드러나게 된다.

앞에서도 살펴본 바와 같이 「제2물결」의 에너지 기반은 재생 불가능성을 전제로 한 것이었다. 이 에너지는 고도로 밀집된 유한한 광상(鑛床)에서 추출되었고 값비싼 고도의 기술에 의존했다. 또한 종류도 한정되어 있어 비교적 몇 안되는 채굴장소와 채굴방법에 의존했다. 이런 것들이 산업화시대 전체를 통해 모든 「제2물결」 국가들의 에너지 기반의 중요한 특징을 이루고 있었다.

이러한 점을 염두에 두고 석유위기가 낳은 여러가지 계획과 제안들을 살펴보면 어떤 것이 낡은 것의 연장에 불과한 것인가, 어떤 것이 근본적으로 새로운 것의 선구자인가를 재빨리 알 수 있다. 그렇다면 근본 문제는 배럴당 40달러의 석유값이 타당한가 하는 것도 아니고 원자로를 시브루크(Seabrook)에 세울 것이냐 그론디(Grohnde)에 세울 것이냐 하는 것도 아니다. 보다 중요한 문제는 산업사회를 위해 계획되고 「제2물결」 원리를 전제로 한 에너지 기반이 앞으로도 존속할 수 있느냐 하는 것이다. 이런 형태로 질문을 한다면 그 해답을 하지 않을 수 없게 된다.

지난 반세기 동안 세계 에너지 공급의 3분의 2는 석유와 가스가 차지했다. 그러나 오늘날에 와서는 가장 광신적인 자연보호론자에서 추방된 이란의 팔레비(Mohammed Reza Pahlevi)왕에 이르기까지, 태양열 주창자나 사우디아라비아의 왕족으로부터 서류가방을 들고 다니는 각국의 전문가에 이르기까지 대부분의 관측가들은 화석연료에 대한 이같은 의존이 무한정 계속될 수는 없다는 데 의견을 같이하고 있다.

통계는 각양각색이다. 세계가 결국 위기에 빠지기까지 얼마나 오래 걸릴지에 관해 여러가지 의론이 분분하다. 매우 복잡한 예측들이 나와 지난 날의 많은 예언들이 모두 우습게 되어 버렸다. 그러나 한 가지 분명한 점은 그 어느 누구도 석유와 가스를 땅 속으로 「되돌려 주어」 에너지 공급을 보충해 줄 수는 없다는 것이다.

종말이 어느 절정의 순간에 갑자기 찾아올 것인지, 아니면 극히 불안정한 부족사태와 일시적 과잉상태가 계속된 다음에 닥쳐올지는 알 수 없지만 어쨌든 석유시대는 끝나가고 있다. 이란 사람들도 이 점을 알고 있다. 쿠웨이트·나이지리아·베네수엘라 사람들도 이 점을 알고 있다. 사우디아라비아도 이 점을 알고 있기 때문에 지금 석유수입 이외의 경제기반을 서둘러 조성하고 있다. 또 석유회사들도 이 점을 알고 있기 때문에 앞을 다투어 석유 이외의 사업으로 업종을 다양화하고 있다.(어떤 석유회사 사장은 얼마 전 동경에서 있었던 만찬회 석상에서 필자에게 앞으로 대석유회사들도 마치 철도회사들처럼 산업 공룡의 신세가 될 것으로 생각한다고 말한 바 있다. 그는 이 말을 하면서 수십년이 아니라 불과 몇년의 기간을 염두에 두고 있었다.)

그러나 자원의 물리적 고갈을 논하는 것은 요점을 벗어난 것이라 할 수 있다. 오늘날의 세계에서 가장 직접적으로 중요한 영향을 미치는 것은 물리적 공급이 아니라 가격이기 때문이다. 그리고 가격문제에서 어떤 사실이 드러난다고 하더라도 그 결론은 마찬가지이다.

앞으로 수십년내에 깜짝 놀랄 만한 기술혁신이나 경제변동이 일어나 에너지가 다시 풍부해져 값이 싸질 가능성도 있다. 그러나 어떤 사태가 일어나는 경우라 할지라도 결국은 석유를 캐기 위해 더 깊이 파 내려가거나 벽지를 탐사해야 하고 석유구매자들간에 경쟁이 더욱 격화될 것이기 때문에 석유의 상대가격은 계속 오를 것으로 보아야 한다.

OPEC를 제쳐 놓고라도 지난 5년 동안에 하나의 역사적 전환이 일어났다. 즉 멕시코 등에서 거대한 유전이 새로 발견되고 석유값이 치솟았음에도 불구하고 상업적 이용이 가능한 원유의 확인 매장량은 지난 수십년간의 증가추세에서 처음으로 감소추세로 역전되었다. 이 역시 석유시대가 끝나가고 있음을 말해 주는 또 하나의 증거이다.

한편 세계 에너지 전체의 나머지 3분의 1을 공급해 온 석탄도 언젠가는 바닥이 나겠지만 아직은 공급이 충분한 편이다. 그러나 석탄 사용이 대규모로 늘어나면 대기오염을 확대시키고 세계의 기후를 악화시켜(대기중의 탄산가스 증가에 의해) 결국 지구가 황폐하게 된다. 설사 앞으로 수십년 동안 이 모든 것을 필요한 위험으로 받아들인다 하더라도 석탄은 자동차 연료탱크에 넣을 수도 없고 오늘날 석유나 가스가 담당하고 있는 그밖의 기능도 대신할 수 없다. 석탄을 가스화 또는 액화하는 공장은 엄청난 자본과 용수(많은 용수가 농업에 필요했다)를 필요로 하며 또 궁극적으로 비능률적이고 원가가 비싸게 먹히기 때문에 우회적이고 일시적인 방편일 수밖에 없다.

핵기술도 현재의 개발단계에서는 한층 더 가공할 문제점을 안고 있다. 재래식 원자로는 역시 언젠가는 고갈될 연료인 우라늄에 의존하고 있을 뿐 아니라 또 안전면에서도 위험을 안고 있다. 설사 안전문제를 해결할 수 있다 하더라도 엄청난 비용이 든다는 데 문제가 있다. 핵폐기물 처리문제도 아직 완전히 해결되지 못했다. 또 핵발전비용이 매우 높기 때문에 다른 에너지원과 다소라도 경쟁하려면 아직도 정부의 보조가 필요한 형편이다.

고속증식로는 매우 뛰어난 수준으로 발전해 있다. 그러나 사정을 잘 모르는 일반인은 고속증식로가 뱉어내는 플루토늄을 연료로 사용할 수 있기 때문에 고속증식로를 영원히 가동할 수 있는 기계라고 생각하기 쉽지만 고속증식로 역시 궁극적으로는 세계에 얼마 안되는 우라늄이라는 재생불능 연료의 공급에 의존하기는 마찬가지이다. 고속증식로는 고도의 집중관리가 요구되는 것으로서 엄청난 비용이 들고 폭발에 따른 위험성이 매우 클뿐 아니라 핵전쟁과 테러분자에 의한 핵물질 도난 등의 위험성을 확대시키고 있다.

그렇다고 해서 인류가 중세시대로 되돌아가야 한다든가 아니면 앞으로의 경제발전이 불가능하다는 얘기는 아니다. 그러나 한 가지 확실한 것은 인류가 현재 한 가지 발전과정에 종지부를 찍었기 때문에 새로운 발전과정을 시작해야 한다는 점이다. 그것은 결국 「제2물결」의 에너지 기반을 더 이상 지탱할 수 없게 되었음을 의미한다.

세계가 전혀 새로운 에너지 기반으로 전환해야 할 또 하나의 근본적인 이유가 있다. 그것은 에너지 기반이라는 것은 부락경제이건 산업경제이건간에 그 사회의 기술수준, 생산의 본질, 시장과 인구의 분포 등 여러가지 요인들에 적합해야만 하기 때문이다.

「제2물결」 에너지 기반의 등장은 사회가 전혀 새로운 기술발전 단계에 접어들었던 시점에서 이루어졌다. 그리고 화석연료가 기술발전을 가속화시키기는 했지만 그 역도 진실이라고 말할 수 있다. 산업화시대에는 대량의 에너지를 필요로 하는 기술이 발명되어 이 화석연료의 개발을 더욱 더 촉진시켰다. 예컨대 자동차산업의 발전은 석유산업을 급성장시켰기 때문에 석유산업은 한때 사실상 디트로이트에 예속되어 있었다. 「에너지와 지구기계(Energy and the Earth Machine)」의 저자로서 한때 어떤 석유회사의 연구실장을 역임한 바 있는 카(Donald E. Carr)의 말대로 석유산업은 「일종의 내연기관의 노예」가 되었다.

오늘날 인류는 다시 한번 역사적인 기술도약의 문턱에 서 있다. 그리고 지금 등장하고 있는 새로운 생산체계는 전체 에너지산업의 근본적인 개편을 요구하고 있다. 심지어 OPEC마저 텐트를 걷고 조용히 사라져 버릴 가능성도 예견할 수 있다.

지금까지 간과되어 온 중요한 사실은 에너지 문제가 물량의 문제일 뿐 아니라 구조의 문제이기도 하다는 점이다. 우리가 「일정량」의 에너지만을 필요로 하는 것은 아니다. 그러나 그 에너지는 아주 다양한 형태로 온갖 장소에서 밤낮 없이 연중 언제나, 그리고 꿈에도 생각하지 못한 목적을 위해 공급되었다.

단순히 OPEC의 가격 결정 때문만이 아니라 바로 이 문제 때문에 세계는 종전의 에너지체계에서 새로 대체될 에너지를 찾아내야만 한다. 새로운 에너지 탐구작업이 지금까지 크게 가속화되어 오늘날 우리는 방대한 자금과 상상력을 이 분야에 투입하고 있다. 그 결과 우리는 여러가지 경이적인 가능성을 눈앞에 두게 되었다. 에너지 기반의 이행은 경제분야 등의 격동에 의해 지연될 수도 있다는 것은 틀림없지만 그러나 여기에는 한 가지 긍정적인 측면이 있다. 이처럼 많은 인원이 에너지 연구에 열성적으로 뛰어든 적은 역사상 일찍이 없었던 일이며 또한 이처럼 신기하고 흥분을 자아내는 여러가지 가능성을 눈앞에 둔 적도 일찍이 없었기 때문이다.

현단계에서 어떠한 기술들의 결합이 어떠한 사업에 가장 유용한 것으로 입증될지 분명히 알 수는 없지만 어쨌든 우리가 이용할 수 있는 도구와 연료의 종류가 틀림없이 깜짝 놀랄 정도로 석유값 상승에 따라 더욱 더 색다른 가능성을 갖고 상업적 채산성을 갖추게 될 것이다.

이 가능성들은 태양광선을 전기로 바꾸는 광전지(이 기술은 현재 텍사스 인스트루먼츠사〈Texas Instruments Inc.〉, 솔라렉스사〈Solarex Co.〉, 에너지 콘버전 디바이스〈Energy Conversion Devices〉사 등 많은 기업이 연구중에 있음)로부터 성층권과 대류권 경계의 대기층에 풍차가 달린 풍선을 띄워 올려 전선을 통해 전기를 지상으로 내려 보내려는 소련의 계획에 이르기까지 그 내용이 매우 다양하다. 뉴욕시는 쓰레기를 연료로 사용하는 한 민간회사와 계약을 체결했고 필리핀은 야자껍질을 이용한 발전소들을 건설중에 있다. 이탈리아·아이슬란드·뉴질랜드 등은 이미 지열발전을 가동하고 있다. 일본의 혼슈(本州) 연해에서는 500톤짜리 부체(浮體)를 이용해 파력(波力)발전을 이용하고 있다. 지붕에 설치하는 태양열 난방장치가 전세계에 보급되고 있다. 서던 캘리포니아 에디슨사(Southern California Edison Co.)에서는 컴퓨터 조작 거울들을 통해 태양열을 수집하여 증기보일러에 집적한 뒤 발전시켜 고객에게 공급하는 이른바 「발전탑(發電塔)」을 건설중에 있다. 서독의 슈투트가르트에서는 다임러 벤츠사가 제작한 수소 추진 버스가 거리를 누비고 있고 미국 록히드 캘리포니아사(Lockheed-California Corp.)의 기술자들은 수소 추진 항공기를 개발하고 있다. 이처럼 현재 연구개발중인 기술은 그 수가 너무나 많아 일일이 열거할 수도 없을 정도이다.

이 새로운 에너지 생산기술들을 새로운 에너지 저장·운반기술들과 결합시킬 때 앞으로 전개될 새로운 가능성은 더욱 크게 확대될 것이다. 미국의 GM사는 최근 전기자동차용의 새로운 고성능 축전지를 개발했다고 발표했다. 미항공우주국(NASA/National Aeronautics and Space Administration)의 연구팀은 「레독스(Redox)」라는 새로운 축전시스팀을 내놓았다. 이것은 생산원가가 납과 황산을 사용하는 재래식 건전지에 비해 3분의 1밖에 안된다. 인류는 보다 장기적인 안목에서 초전도체(super-conductivity)를 개발하는 한편 테슬라파(Tesla wave)—「진정한」 과학의 영역을 초월하여 손실이 거의 없이 에너지를 보낼 수 있는—도 연구중에 있다.

이런 기술들의 대부분은 아직 개발의 초기단계에 있고 또 그 중 상당수가 실용성을 입증받지 못할 것이 뻔하지만 그래도 당장 또는 앞으로 10~20년내에 상용화할 수 있는 것도 많다. 더욱 중요한 것은 기술발전의 커다란 돌파구가 한 가지 고립된 기술에 의해서가 아니라 여러가지 기술의 창의적인 병용 또는 결합을 통해 마련되는 수가 많다는 사실이 망각되고 있다는 점이다. 예컨대 광전지를 사용하여 발전을 일으키고 그 전기를 이용하여 물에서 수소를 분리해 낸 뒤 이를 자동차 연료로 사용하는 것을 생각할 수 있다. 우리는 오늘날 아직도 도약 이전의 단계에 머물러 있다. 그러나 일단 이 새로운 기술들을 결합시키기 시작하면 잠재적 선택의 폭이 크게 늘어나 「제3물결」 에너지 기반의 구축을 급속도로 추진할 수 있게 될 것이다.

이 새로운 에너지 기반은 「제2물결」 시대와는 전혀 다른 몇 가지 특징을 지니고 있다. 우선 이 에너지 공급의 대부분은 고갈되지 않고 재생 가능한 자원에서 만들어지게 될 것이다. 고도로 집중되어 있는 연료에 의존하는 대신에 넓은 지역에 산재한 다양한 자원을 끌어들이게 될 것이다. 엄격하게 중앙집권화된 기술에 의존하는 대신에 중앙집권화된 에너지 생산기술과 탈중앙집권화된 에너지 생산기술을 결합하게 될 것이다. 또한 소수의 방법과 자원에만 위태롭게 의존하는 대신에 매우 다양한 형태를 취하게 될 것이다. 이 다양성이야말로 우리로 하여금 더욱 다양해지는 각종 필요에 부합하는 여러가지 형태와 품질의 에너지 생산을 가능케 함으로써 낭비를 줄이게 해줄 것이다.

요컨대 최근 300년 동안을 지배했던 것과 정반대되는 원리에 의해 운영되는 에너지 기반이 이제 처음으로 그 윤곽을 드러내고 있다. 그러나 한 가지 분명한 것은 이 「제3물결」 에너지 기반이 격렬한 싸움을 하지 않고서는 실현될 수 없으리라는 점이다.

지금 모든 고도기술국가들에서 이미 벌어지고 있는 이 아이디어와 돈의 전쟁에서는 교전 당사자가 둘이 아니라 셋이라는 것을 알 수 있다. 첫번째 당사자는「제2물결」의 낡은 에너지 기반에 기득권을 가지고 있는 세력이다. 이 세력은 석탄·석유·가스·원자력 및 여러가지 대체재 등 재래식 에너지 자원과 기술을 주장함으로써 사실상「제2물결」현상의 연장을 위해 싸우고 있다. 그리고 이들은 석유회사·공익사업체·원자력위원회·광산회사 등과 그 관련 노동조합에 포진하고 있기 때문에「제2물결」세력이 난공불락인 것처럼 보인다.

이에 반해「제3물결」에너지 기반을 지지하는 세력은 분산되고 재정적 뒷받침도 부족하고 정치적으로도 허약한 경우가 많다. 이 세력은 소비자·환경보호론자·과학자 그리고 첨단산업의 기업인과 그 동맹세력으로 구성되어 있다.「제2물결」을 선전하는 사람들은 이들을 아주 순진하고 돈의 현실을 모르고 공상적인 기술에 현혹되어 있는 것으로 생각한다.

설상가상으로「제3물결」지지자들은「제1물결」세력의 동조자로 오해받고 있다. 이「제1물결」세력은 새롭고 보다 지적이고 지속적이고 과학적인 것에 기초한 에너지 체계로 나아가는 것을 주장하는 것이 아니라 산업화 이전의 과거로 복귀하자고 주장하는 사람들이다. 이 입장을 극단적으로 추구하면 이들의 정책은 대부분의 기술을 배제하고 인간의 행동반경을 제한하고 도시들을 소멸시키고 나아가서는 자연보호라는 이름 아래 금욕적 문화를 강요하게 될 것이다.

「제2물결」진영의 로비스트·홍보전문가·정치가 등은 이 두 세력을 한 덩어리로 취급함으로써 민중을 혼란시켜「제3물결」세력을 수세로 몰아 넣고 있다.

그럼에도 불구하고「제1물결」이나「제2물결」정책의 지지자들은 마지막 승리를 거둘 수 없다. 전자는 환상에 매달려 있고 후자는 문제해결이 사실상 불가능한 에너지 기반을 유지하려 하고 있기 때문이다.

사정없이 오르는「제2물결」의 연료비용은「제2물결」세력에 아주 불리하게 작용하고 있다.「제2물결」에너지 기술의 급증하는 자본비용도 이들에게 불리하게 작용하고 있다. 또「제2물결」방식으로는 상대적으로 소규모의 새로운 에너지「순증(純增)」을 가져오기 위해 엄청난 에너지 투입이 필요하다는 사실도 이들에게 불리한 점이다. 점증하는 오염문제와 핵이용에 따른 위험도 이들에게 불리한 요인이다. 또한 여러 나라의 수많은 사람들이 경찰과 싸워서라도 원자로나 노천광산 또는 대형발전소 등의 건설을 저지할 자세를 보이고 있다는 사실과 비산업 국가들에서 독자적인 에너지 개발 및 자원 가격인상 등에 대해 가공할 정도로 증가되고 있는 욕구도「제2물결」지지세력에게 불리한 요인이다.

요컨대 원자로나 석탄가스화 또는 액화공장과 같은 기술들은 언뜻 선진적·미래적·진보적인 기술인 것처럼 보이지만 사실은 치명적인 자가당착에 빠진 지나가 버린「제2물결」의 골동품에 지나지 않는다. 어떤 기술들은 임시방편으로 필요할지도 모르나 기본적으로는 퇴행적인 것이다. 마찬가지로「제2물결」세력은 언뜻 강해 보이고「제3물결」세력은 약해 보이지만 과거에 기대를 너무 많이 거는 것은 어리석은 짓이다. 사실 문제는「제2물결」의 에너지 기반이 함락되어 새로운 에너지로 대체될 것인가의 여부에 있는 것이 아니라 그것이 얼마나 빨리 대체될 것인가가 문제일 뿐이다. 에너지를 둘러싼 이 투쟁은 매우 심오한 또 하나의 변화, 즉「제2물결」기술의 붕괴와 복잡하게 얽혀 있기 때문이다.

내일의 도구

석탄·철도·섬유·철강·자동차·고무·공작기계 제조업 — 이런 것들이「제2물결」의 고전적 업종들이었다. 기본적으로 단순한 전기기계 원리에 토대를 둔 이 산업들은 대량의 에너지를 투입하여 엄청난 쓰레기와 오염을 토해 내고 오랜 생산시간, 미숙련 노동, 반복작업, 표준화 제품, 고도의 중앙집권적 통제 등을 그 특징으로 하고 있다.

1950년대 중반부터 이러한 산업들은 날로 시대에 뒤떨어져 산업국가들에서는 퇴조를 보이게 되었다. 예컨대 미국에서는 1965~74년중에 노동인구는 21% 증가했으나 섬유산업의 고용규모는 6% 증가에 그쳤고 철강산업은 오히려 10% 감소를 나타냈다. 이와 비슷한 양상은 스웨덴·체코슬로바키아·일본 등 다른 「제2물결」 국가들에서도 찾아볼 수 있다.

이러한 구식 산업들이 노동력이 값싸고 기술수준이 뒤떨어진 이른바 「개발도상국」들로 이전되기 시작하면서 이 산업들이 갖는 사회적 영향력도 약해지기 시작했고 그대신 여러가지 활력있는 새로운 산업들이 급속히 성장했다.

이 새로운 산업들은 종전의 산업들에 비해 몇 가지 뚜렷한 특징이 있었다. 즉 이 산업들은 전기기계 위주의 산업이 아니었고 또한 「제2물결」 시대의 고전적 과학에 기초한 것도 아니었다. 그대신 이 산업들은 양자(量子) 전자공학·정보이론·분자생물학·해양학·핵물리학·생태학·우주과학 등 불과 25년 전까지만 해도 초보단계에 있었거나 존재하지 않았던 여러가지 과학분야의 가속적인 비약적 발전에서 나온 것이었다. 그리고 이러한 과학의 덕분에 우리는 「제2물결」 산업의 관심사였던 보다 큰 시간 및 공간의 특징을 넘어서 소련 물리학자 쿠즈네초프(B. G. Kuznetsov)가 지적한 대로 「극소의 공간영역(예컨대 원자핵의 반경은 10^{-13}㎝)과 10^{-23}초 정도의 짧은 순간」을 계측할 수 있게 되었다.

이들 새로운 과학과 인간의 계측능력 향상에 의해 컴퓨터·데이타처리·항공우주·정밀석유화학·반도체·첨단통신산업 등 수십종의 새로운 산업이 성장하게 되었다.

「제2물결」에서 「제3물결」 기술로의 이행이 가장 일찍 시작되었던—1950년대 중반쯤에—미국에서는 뉴잉글랜드 지방 메리맥 밸리(Merrimack Valley) 같은 구지역은 쇠퇴하고 그대신 보스턴 교외의 128구역이나 캘리포니아의 「실리콘 밸리(Silicon Valley)」 같은 지역들이 일약 각광을 받아 이런 도시 주변의 주택지구에는 반도체물리학·시스팀 엔지니어링·인공두뇌·고분자 화학 등의 전문가들이 몰려들게 되었다.

더구나 기술의 이행에 따라 일자리와 풍요도 이전했다. 그 결과 거액의 군수계약 혜택을 입은 이른바 「선 벨트(sun-belt)」주들에서는 첨단기술기지가 조성된 반면 동북부나 5대호 지방 등 구산업지대는 쇠퇴하여 거의 파산지경에 이르게 되었다. 뉴욕시의 오랜 재정위기도 바로 이러한 기술변동을 반영하는 것이었다. 프랑스의 철강산업 중심지인 로렌(Lorraine)의 정체현상도 마찬가지이다. 또 차원을 달리해서 보면 영국 사회주의의 실패도 마찬가지 경우이다. 영국의 노동당 정부는 제2차세계대전이 끝난 후 영국 산업의 「사령탑」들을 장악하겠다고 공언했고 또 이를 실행에 옮겼다. 그러나 노동당이 국유화한 사령탑들은 석탄·철도·철강처럼 기술혁명의 혜택을 받지 못한 산업들, 다시 말해 구시대의 사령탑들이었다.

「제3물결」 산업에 기초한 경제분야는 번영했고 「제2물결」 산업에 토대를 둔 경제분야는 활기가 없어졌다. 그러나 이러한 전환은 이제 막 시작된 데 불과하다. 오늘날 각국 정부는 이러한 이행의 고통을 줄이려고 노력하면서도 이러한 구조변혁을 의식적으로 촉진하고 있다. 일본 통산성의 기획담당 관리들은 미래의 서비스산업을 지원할 새로운 기술들을 연구하고 있다. 서독의 슈미트(Helmut Schmidt) 수상과 그의 고문들은 「구조정책(strukturpolitik)」에 관하여 언급하면서 유럽 투자은행(European Investment Bank)에 대해 전통적 대량생산 산업으로부터의 탈피를 지원해 주도록 요청하고 있다.

지금으로서는 4개의 서로 관련된 산업군(產業群)이 급속도로 성장하여 「제3물결」 시대의 중추적 산업이 될 것으로 예상되고 있다. 이에 따라 경제적 힘과 사회적·정치적 제휴관계에 또 다시 큰 변동이 일어나게 될 것이다.

이 상호관련된 산업군의 하나가 전자공학과 컴퓨터산업임은 의심의 여지가 없다. 세계시장에 비교적 늦게 등장한 전자공학산업의 연간 매출액은 1,000억 달러를 넘어서고 있으며 1980년대 말에는 3,250억 달러에서 4,000억 달러에까지 이를 전망이다. 이렇게 되면 전자공학산업은 철강·자동차·화학에 이어 세계에서 네번째로 큰 산업이 될 것이다. 컴퓨터의 급속한 보급속도는 너무나 잘 알려져 있어 새삼스럽게 부연할 필요도 없다. 컴퓨터의 생산비용이 매우 급속히 감소하고 그 용량 또한 아주 놀라울 만큼 증대했기 때문에 「컴퓨터월드(Computerworld)」지에 의하면 『지난 30년 동안에 컴퓨터산업이 성취한 것을 자동차산업이 이룩했더라면 현재 롤스로이스 승용차 한 대의 생산원가는 2.50달러, 그리고 휘발유의 갤론당 주행거리는 200만 마일에 달하게 되었을 것』이라는 것이다.

현재 값싼 소형 컴퓨터들이 미국 가정에 파고 들고 있다. 홈 컴퓨터(home computer) 제조회사의 수는 1979년 6월에 벌써 약 100개사를 헤아렸었다. 텍사스 인스트루먼츠사 등 대기업이 이 분야에 뛰어들었는가 하면 시어스 로우벅사(Sears, Roebuck & Co.)나 몽고메리 워드사(Montgomery Ward & Co.) 같은 체인점들도 가정용품 매장에 컴퓨터를 내놓게 되었다. 댈라스의 한 소형 컴퓨터 소매상은『얼마 안 있어 집집마다 컴퓨터를 갖게 될 겁니다. 화장실처럼 가정의 표준시설이 될 겁니다』라고 말했다.

이러한 컴퓨터들은 은행·상점·정부기관·이웃집은 물론이고 특히 직장과 연결됨으로써 생산에서 소매에 이르는 모든 단계의 영업을 변혁시킬 뿐 아니라 노동 자체의 성격과 나아가서는 가족의 구조까지도 뒤바꾸어 놓게 될 것이다.

컴퓨터산업의 모체라 할 수 있는 전자공학산업도 폭발적으로 성장하여 소비자들은 오늘날 포킷용 계산기·전자손목시계·TV 스크린 게임 등의 홍수에 빠져 있다. 그러나 이 물건들은 개발되어 있는 것 가운데 가장 희미한 암시만을 제공해 주는 것에 불과하다. 소형이면서도 값싼 농업용 기후 및 토양 감지기, 보통의 옷에 부착하여 환자의 심장박동이나 스트레스 정도를 탐지해 주는 소형 의료기구 등 전자공학을 응용한 수많은 제품들이 앞으로 등장하게 될 것이다.

더구나「제3물결」산업의 발전은 에너지 위기에 의해 크게 촉진될 것이다.「제3물결」산업의 대부분은 그 공정과 제품의 에너지 소비량이 매우 적기 때문이다. 예컨대「제2물결」의 전화시설은 끝없이 이어지는 구불구불한 전화선과 도관·중계시설·스위치 등 각종 매설물들 때문에 시가지의 땅 밑이 마치 구리광산을 방불케 했다. 우리는 이제 메시지를 전달하기 위해 머리카락처럼 가늘면서도 광선을 운반하는 섬유를 사용하는 광섬유체제로 대체되려 하고 있다. 광섬유 사용이 에너지 소비에 미치는 영향은 엄청나다. 즉 광섬유 제조에 소요되는 에너지량은 구리를 채굴하고 제련하여 동선으로 가공하는 것의 약 1,000분의 1에 불과하다. 다시 말해 동선 90마일 생산하는데 드는 석탄으로 약 8만 마일의 광섬유를 생산할 수 있다!

전자공학에서 반도체물리학도 같은 방향으로 변천해 가고 있다. 여기서도 에너지 입력을 더욱 더 줄이는 부품을 생산하는 방향으로 나아가고 있는 것이다. 최근 IBM사가 개발한 대규모 집적회로(LSI/Large Scale Integration) 기술은 불과 50마이크로와트의 전력으로 작동되는 부품들로 이루어져 있다.

전자혁명의 이같은 특성을 생각할 때 에너지 부족에 허덕이는 고도기술 경제를 위한 최선의 에너지 보존전략은 에너지 낭비형인 「제2물결」 산업을 하루 속히 에너지 절약형인 「제3물결」 산업으로 대체하는 것이라고 말할 수 있다.

보다 일반적으로 말한다면 「사이언스(Science)」지가 적절히 지적한 것처럼 전자폭발(electronics explosion)에 의해 『이 나라의 경제활동은 큰 변화를 겪게 될 것이다. 실제로 전자공학의 새롭고 때로 예기치 않은 적용이 이루어지는 속도에 따라 현실이 허구를 앞지를 가능성도 있다.』

그러나 전자폭발은 새로운 기술영역으로 나아가는 첫걸음에 불과하다.

궤도를 도는 기계

우주와 해양분야의 사업에 관해서도 대체로 같은 말을 할 수 있다. 이 분야에서는 「제2물결」의 고전적 기술을 뛰어넘어 더욱 괄목할 만한 도약이 이루어지고 있다.

현재 등장하고 있는 기술영역의 두번째 산업군은 우주산업이다. 다소 지연되고 있기는 하지만 곧 5기의 우주왕복선이 매주 한 번씩 화물과 승객을 싣고 지구와 외계 사이를 왕복하게 될 것이다. 일반인은 아직 그 중요성을 과소평가하고 있지만 미국과 유럽의 여러 기업체들은 이 「고도변경(高度邊境)」이 다음 번 고도기술혁명의 원천이 될 것이라고 보고 이에 대처하고 있다.

그루만사(Grumman Corp.)와 보잉 항공사(Boeing Aircraft Co.)는 현재 에너지 생산을 위한 인공위성과 우주기지를 개발하고 있다. 「비즈니스

위크(Business Week)」지에 의하면『또 다른 기업체들은 이제서야 인공위성이 그들(반도체에서 의약품에 이르는 각종 제품의 제조 및 가공업체)에게 주는 의미를 깨닫기 시작했다. …대부분의 고도기술 물질들은 정교하게 통제되는 취급을 필요로 하며 이 경우 중력이 방해가 될 수 있다. …우주공간에서는 중력을 걱정할 필요가 없고 컨테이너도 필요없고 또 유독성 물질이나 고도의 방사성 물질을 취급하는 문제도 없다. 또한 초고온 및 초저온과 함께 진공상태도 무한정 공급된다』는 것이다.

그 결과로「우주공장(space manufacturing)」이 현재 과학자·기술자 및 고도기술 기업체 간부들간에 새로운 화제거리가 되고 있다. 맥도넬 더글러스사(McDonnell Douglas Corp.)에서는 제약업계에 대해 인간세포에서 희귀한 효소들을 분리할 수 있는 우주왕복선 계획을 제의하고 있다. 유리제조업계는 우주공간에서 레이저 및 광섬유용 물질을 제조하는 방법을 연구하고 있다. 우주공간에서 만든 단결정(單結晶) 반도체에 비하면 지상에서 만든 반도체는 원시적인 것으로 보일 것이다. 특정한 혈액질환으로 고통받는 환자에게 필요한 응혈 용해제인 유로키나제의 1회분 제조원가는 현재 2,500달러에 달한다. 그러나 NASA의 우주산업화 연구실장 푸트카머(Jesco von Puttkamer)에 의하면 우주공간에서는 이것을 5분의 1 이하의 비용으로 제조할 수 있다고 한다.

더욱 중요한 것은 지상에서는 아무리 많은 비용을 들여도 만들 수 없는 전혀 새로운 제품들이 있다는 것이다. 항공우주 및 전자업체인 TRW사(TRW Inc.)는 지상에서는 중력 때문에 만들 수 없는 400종류의 합금이 있다고 밝힌 바 있다. 한편 제너럴 일렉트릭사(GE/General Electric Co.)는 우주용광로의 설계에 착수했다. 서독의 다임러 벤츠사와 MAN사(Maschinenfabrik Augsburg-Nürnberg AG)는 우주공간에서의 볼 베어링 제조에 관심을 갖고 있다. 또한 유럽우주국(European Space Agency)과 영국 항공사(British Aircraft Corp.) 등 몇몇 기업체들도 우주공간에서의 상업적 생산을 목표로 설비 및 제품설계를 하고 있다.「비즈니스 위크」지는『이러한 전망은 공상과학소설이 아니며 이 전망을 심각하게 추구하는 기업체 수가 날로 늘고 있다』고 언급하고 있다.

오닐(Gerard O'Neill) 박사의 우주도시 창설계획 지지자들도 이에 못지않게 진지하고 열성적이다. 미국 프린스턴대학의 물리학자인 오닐 박사는 우주공간에 대규모의 공동체(수천명의 인구가 사는 섬 또는 기지) 건설의 가능성을 사람들에게 끈기있게 역설하여 NASA와 캘리포니아주(우주산업에 크게 의존하고 있음)의 지사로부터 열광적인 지지를 받았다. 더구나 놀랍게도 「호울 어스 캐털로그(Whole Earth Catalog)」를 창작한 브랜드(Stewart Brand)가 이끄는 히피 출신 보컬밴드에게서도 열렬한 지지를 받았다.

오닐의 아이디어는 달이나 다른 천체에서 캐낸 물질을 가지고 조금씩 우주공간에 도시를 건설한다는 것이다. 그의 동료인 오리어리(Brian O'Leary) 박사는 소행성인 아폴로나 아모르 등에서 광물을 채취하는 가능성을 연구하고 있다. NASA, GE사, 미국 에너지기관 등의 관계 전문가들은 현재 프린스턴대학에서 정기적으로 모임을 갖고 달 등의 외계광물의 화학적 처리방법, 우주주택의 설계 및 건설 그리고 폐쇄된 생태계 등에 관한 전문적 연구보고서를 교환하고 있다.

첨단전자공학과 외계생산 가능성을 열어 주는 우주계획이 결합됨으로써 이제 기술영역은 「제2물결」의 제약에 구애받지 않고 새로운 단계로 나아가고 있다.

해저개발

해저개발은 우주개발과 반대되는 이미지를 주지만 이 역시 새로운 기술영역의 주요 부분을 형성할 제3의 산업군의 기초를 마련해 주고 있다. 역사상 최초의 사회변화의 물결이 지구에 찾아온 것은 우리 조상들이 채취와 수렵 중심의 생활을 청산하고 그대신 동물을 길들이고 땅을 경작하기 시작한 때였다. 인류는 지금 바다와의 관계에서 바로 이러한 단계에 접어들고 있다.

기아에 허덕이는 세계에서 해양은 식량문제의 해결에 도움을 줄 수 있다. 바다는 적절히 가꾸고 관리하기만 하면 인간이 절실히 필요로 하는 단백질을 사실상 무한정 공급해 줄 수 있다. 현재의 상업적인 어업은 고도로 산업화되어 — 일본과 소련의 공장선(工場船)들이 바다를 휩쓸고 있다—있어 지나친 남획으로 여러가지 해양생물을 전멸시킬 위험을 안고 있다. 이에 반해 지식이 요구되는 「수중농업(aquaculture)」은 어류양식이나 해초채취를 통해 인류가 생명을 의지하고 있는 생태계를 해치지 않으면서도 세계 식량위기의 해결에 큰 도움을 줄 수 있을 것이다.

한편 최근에는 연안 유전개발 쇄도에 밀려 바다에서의 「석유재배」 가능성이 망각되고 있는 느낌이 있다. 바텔 기념 연구소(Battelle Memorial Institute)의 레이몬드(Lawrence Raymond) 박사는 석유함량이 높은 해초의 재배 가능성을 입증하고 현재 이 과정의 경제적 효율화를 추진하고 있다.

해양은 또한 구리·아연·주석·은·금·백금 그리고 농업용 비료의 원료인 인산염 광석 등 각종 광물의 보고이다. 광산회사들은 지금 약 34억 달러 상당의 아연·은·구리·납·금 등을 보유한 것으로 추정되는 홍해의 뜨거운 바닷물 속에 눈독을 들이고 있다. 세계 유수의 대기업을 포함한 100여개 회사들이 현재 해저에서 감자 모양의 망간 덩어리를 채굴할 준비를 갖추고 있다.(이 망간 덩어리는 재생 가능한 자원으로서 하와이 섬 바로 남쪽의 해역에서 확인된 것만 해도 연간 600만~1,000만 톤씩 만들어지고 있다.)

오늘날 4개의 국제적 콘소시엄(역주 consortium, 자본가 연합)이 1980년대 중반에 수십억 달러 규모의 해양광업을 시작할 태세를 갖추고 있다. 그 중의 한 콘소시엄은 23개 일본 기업체와 AMR이라는 서독의 그룹, 그리고 캐나다의 인터내셔널 니켈사(International Nickel Inc.)의 미국 자회사가 참여하고 있다. 두번째 콘소시엄에는 벨기에의 유니옹 미니에르사(Union Minière SA), 유나이티드 스테이츠 스틸사와 선사(Sun Co.)가 연계되어 있다. 세번째 콘소시엄에는 캐나다의 노란다(Noranda) 계열회사들과 일본의 미쓰비시(三菱)사, 영국의 리오 틴토 징크사(Rio Tinto-Zinc Corp. PCL)와 콘솔리데이티드 골드 필즈(Consolidated Gold Fields)사가 합작하고 있다. 마지막 네번째 콘소시엄에는 록히드 항공사(Lockheed Aircraft Corp.)와 로열 더치 셸(Royal Dutch/Shell) 그룹이 관련을 맺고 있다. 런던의 「피낸셜 타임즈(Financial Times)」지는 이러한 노력들이 『선택된 몇몇 광물들의 세계적인 채광 활동에 혁명을 가져올 것』이라고 예상했다.

또한 제약회사인 호프먼 라 로셰사(F. Hoffmann-La Roche & Co. AG)도 항균제·진통제·검사약·지혈제 등 새로운 의약품을 바다 속에서 조용히 탐색해 오고 있다.

이러한 기술들이 발전함에 따라 인류는 앞으로 물 속에 절반 또는 전부가 잠긴 「수중부락(aquavillage)」과 해상공장의 건설을 목격하게 될 것이다. 제로인 부동산 값(적어도 현재로서는)과 해양에너지원(바람·난류·조류)의 현장에서 생산되는 값싼 에너지가 결합될 때 이러한 수중 또는 해상 건설이 지상의 그것들과 경쟁을 할 수 있게 될 것이다.

해양기술 전문지인 「머린 폴리시(Marine Policy)」지는 이렇게 결론짓고 있다. 『해상기지 건설기술은 값도 싸고 간단하기 때문에 세계 대부분의 나라와 여러 기업 또는 민간단체도 충분히 이용할 수 있을 것으로 보인다. 현재로서는 인구과밀 상태인 산업사회들이 가장 먼저 연안주택 공급을 위해 해상도시를 건설할 것으로 생각된다. …다국적기업들은 무역활동을 위한 이동 터미널이라든가 공장선 같은 것을 계획할 것이다. 식품회사들은 해양농업(mariculture)을 경영하기 위한 해상도시를 건설할 것이다. …세금 포탈을 추구하는 기업체들과 새로운 생활양식을 꿈꾸는 모험가들이 해상도시를 건설한 후 새로운 국가를 선포할지도 모른다. 해상도시들은 공식적인 외교적 승인을 받게 될 것이고…소수 민족이 독립을 성취하는 한 가지 수단이 될 수도 있을 것이다.』

닻으로 해저에 고정되기도 하지만 대부분 프로펠러나 밸러스트(역주 ballast, 화물이 적을 때 배를 안정시키기 위해 배의 바닥에 싣는 자갈·물 따위의 바닥짐), 부력조종장치에 의해 물 위에 떠 있는 수천 기의 해저 석유굴정(掘井)장비 건설과 관련된 기술은 매우 급속도로 발전하고 있어 해상도시와 거대한 새로운 지원산업에 대한 기반을 마련해 주고 있다.

전체적으로 해양진출의 상업적 타당성이 급속도로 증대하고 있기 때문에 경제학자 라이프치거(D. M. Leipziger)의 말대로 오늘날 많은 대기업들은 『마치 옛 서부의 농장주들처럼 조금이라도 더 넓은 해상(海床)을 차지하려고 줄지어 늘어서서 출발신호를 기다리고 있다.』 비산업국가들이 해양자원을 부유국들의 독점물이 아닌 인류의 공동유산으로 확보하고자 싸우고 있는 것도 바로 이 때문이다.

이러한 여러가지 사태 발전이 각기 독립된 것이 아니라 서로 연관되고 스스로를 보강해 주고 또 각 과학기술의 발전이 서로를 가속화시켜 주고 있는 것으로 이해할 때 지금 우리가 다루고 있는 기술은 「제2물결」의 기술과는 차원이 다르다는 것이 분명해진다. 우리는 지금 근본적으로 새로운 에너지체계, 그리고 근본적으로 새로운 기술체계를 향해 나아가고 있다.

그러나 이상 설명한 사례들도 지금 분자생물학 연구실에서 일어나고 있는 기술적 격변에 비하면 별로 대수로운 것이 아니다. 내일의 경제에서 네번째의 산업군을 형성하게 될 생물학적 산업이야말로 인류의 장래에 가장 큰 충격을 줄 것이다.*

유전자 산업

오늘날 유전자에 관한 정보가 2년마다 배로 증가하고 유전자 기술자들이 초과근무를 하고 있는 가운데 「뉴 사이언티스트(New Scientist)」지는 『유전공학은 현재 대량생산체제를 갖추고 사업에 뛰어들 태세가 되어 있다』고 보도했다. 저명한 과학평론가 리치 캘더(Ritchie-Calder)경은 『인간이 종전에 플래스틱이나 금속을 다루던 것처럼 지금은 생명있는 물질을 제조하고 있다』고 설명했다.

주요 기업들은 벌써부터 이 새로운 생물학의 상업적 응용을 열성적으로 추진하고 있다. 업계는 특수한 효소를 자동차에 장치하여 배기가

---

* 필자는 여러 해 전 「미래 쇼크」에서도 이에 관한 몇 가지 문제를 언급한 적이 있다. 그 당시 필자는 인류가 결국은 인체를 「사전에 설계」하고 「기계를 재배」하고 두뇌를 화학적으로 프로그램화하고 영양생식(역주 Cloning, 어떤 생물의 한 개체에서 무성(無性)생식에 의해서 영양번식을 시키는 것)을 통해 인체를 똑같이 복사하며 또 전혀 새롭고 위험한 생명체를 창조해 낼 수 있을 것이라고 말했다. 필자는 이런 질문을 했다. 『이 분야의 연구를 누가 통제해야 할 것인가? 새로운 연구결과는 어떻게 응용할 것인가? 우리는 인류가 전연 무방비상태에 있는 이러한 공포를 퍼뜨려서는 안되는 것이 아니겠는가?』

이러한 예측을 억측이라고 생각한 독자들이 있었다. 그러나 그것은 DNA(역주 deoxyribonucleic acid, 디옥시리보 핵산) 재합성 방법이 발견되지 않았던 1973년 이전의 일이었다. 오늘날에 와서는 생물학적 혁명이 급속도로 진전되어 감에 따라 시민운동가들과 국회 상임위원회들 그리고 과학자들 자신도 이러한 걱정스러운 질문을 던지고 있다.

스를 검사하고 그 오염도에 관한 자료를 마이크로프로세서(microprocessor)에 보내 엔진을 자동적으로 조절하도록 하는 방법을 생각하고 있다. 「뉴욕타임즈(New York Times)」지가 『바닷물 속에서 소량의 귀금속을 캐내는 데 사용할 금속을 잡아먹는 미생물』을 보도한 것이 업계에서 화제가 되고 있다. 기업들은 새로운 형태의 생물을 특허의 대상으로 할 것을 요구해 왔고 또 특허권을 얻어 놓았다. GE사는 말할 것도 없고 현재 엘리 릴리사(Eli Lilly & Co.), 호프먼 라 로셰사, GD 셜사(G. D. Searle Co.), 업존사(The Upjohn Co.), 메르크사(Merck & Co., Inc.) 등이 경쟁에 참가하고 있다.

민감한 평론가와 많은 과학자들이 이같은 경쟁에 대해 우려하고 있는 것은 상당한 이유가 있다. 그들은 석유누출뿐 아니라 「미생물 누출」로 인해 질병이 번져 전체 주민이 몰살하게 되는 사태를 가상하고 있다. 그러나 전염성 세균의 발생과 누출사고는 놀라움의 한 가지 원인일 뿐이다. 올바른 정신을 가진 존경할 만한 과학자들은 오늘날 상상을 엇갈리게 하는 여러가지 가능성에 관해 얘기하고 있다.

우리는 소와 같은 위장을 갖고 풀과 건초를 소화할 수 있는 인간을 만들어 내야 할 것인가? 그렇게 되면 인간이 식물 연쇄(역주 food chain, 식물플랭크톤이 동물플랭크톤의 먹이가 되고 동물플랭크톤이 벌레나 물고기의 먹이가 되고 또 벌레나 물고기를 새가 먹고 새를 사람이 먹는 것과 같은 일)의 하등품을 먹게 됨으로써 식량문제를 완화할 수 있지 않겠는가? 예컨대 우리는 반사신경이 더욱 민감한 조종자나 파일럿을 만들어 내거나 조립라인의 단조로운 작업에 신경학적으로 견딜 수 있도록 설계된 노동자를 만들어 냄으로써 작업 요구에 맞추어 노동자를 생물학적으로 바꾸어 놓아야 할 것인가? 우리는 「열등(inferior)」 인간을 제거하고 「우수인종(super-race)」을 번식시켜야 할 것인가?(히틀러〈Adolf Hitler〉가 이것을 시도했으나 그 당시에는 멀지 않아 연구실로부터 제공될지도 모를 유전학적 무기가 없었다.) 우리는 영양생식으로 군인들을 만들어 전쟁을 하도록 해야 할 것인가? 우리는 유전학적인 예측을 이용하여 「부적당한」 아기를 사전에 제거해야 할 것인가? 우리는 각자가 여분의 콩팥·간·허파 등을 보관하는 소위 「저축은행(savings bank)」을 설립함으로써 우리 자신의 예비 인체기관을 확보해야 할 것인가?

이런 생각들이 모두 터무니없는 것처럼 들릴지 모르겠지만 그 각각의 구상에 대해 과학계에서는 찬반양론이 있고 또 괄목할 만한 상업적 응용이 이루어진 예도 있다. 유전공학 평론가인 리프킨(Jeremy Rifkin)과 하워드(Ted Howard)는 그들의 공저인 「누가 신의 역할을 맡을 것인가(Who Should Play God)」에서 이렇게 언급하였다. 『조립라인·자동차·왁친·컴퓨터 등 여러가지 기술이 도입된 것처럼 앞으로 대규모의 유전공학이 미국에 도입될 것이다. 새로운 유전학적 발전이 상업적으로 실용화되면 그때마다 새로운 소비자 요구가…개척되고 새 기술 시장이 조성될 것이다.』 잠재적 응용 가능성은 무수히 많다.

예컨대 새로운 생물학은 에너지문제 해결에 도움을 줄 가능성이 있다. 과학자들은 현재 태양광선을 전기화학 에너지로 전환시킬 수 있는 박테리아의 이용방법을 연구하고 있다. 과학자들은 「생물학적 태양전지」를 거론하고 있다. 우리가 원자력 발전소를 대신하는 생명체를 만들어 낼 수 있을까? 그리고 그렇게 된다면 인류는 방사능 누출위험 대신에 생물누출의 위험에 직면하게 될 것인가?

보건분야에서도 여러가지 불치의 질병이 치료 또는 예방될 것이 틀림없지만 동시에 부주의나 고의로 새로운, 그리고 더욱 나쁜 질병이 생겨날 가능성도 있다.(이윤에 눈이 어두운 회사가 자기 회사만이 치료법을 가진 새로운 질병을 만들어 몰래 퍼뜨린다면 어떻게 될까 생각해 보라. 감기 정도의 가벼운 질병이라도 치료법이 특유하고 독점되어 있는 경우에는 커다란 시장을 만들어 줄 것이다.)

세계적으로 유명한 많은 유전학자들과 상업적 제휴를 맺고 있는 캘리포니아의 세터스사(Cetus Co.)의 사장은 앞으로 30년 이내에 『생물학이 화학보다 그 중요성에서 앞서게 될 것』이라고 말했다. 또 소련 정부는 정책 성명을 통해 『국가경제에서의 미생물의 광범한 이용』을 촉구한 바 있다.

생물학이 발전하면 석유를 적게 사용하거나 전혀 사용하지 않고도 플래스틱·비료·의복·페인트·농약 등 수천가지 제품을 만들 수 있을 것이다. 또 목재·양모 등 이른바 「천연재」의 생산도 크게 변모할 것이다. 유나이티드 스테이츠 스틸사, 피아트사, 히타치(日立)사, 아세아사(ASEA AB), IBM사 등 여러 회사들이 자체의 생물학 사업부서를 설치하고 제조(manufacture)로부터 「생조(生造, biofacture)」로 이행하기 시작하여 지금까지 상상하지도 못했던 여러가지 제품들을 만들어 낼 것이 틀림없다. 「퓨처스 그룹(Futures Group)」 대표인 고든(Theodore J. Gordon)은 이렇게 말한다. 『생물학에서는 일단 시작하기만 하면 인간의 유방과 똑같은 재료로 만든 「신체조직에 맞는 셔츠」라든가 「유방 모양의 매트리스(mammary mattress)」 같은 제품을 생각해야만 하게 될 것이다.』

이보다 훨씬 앞서 농업에서는 세계의 식량공급 증대를 위해 유전공학이 이용될 것이다. 널리 선전된 1960년대의 「녹색혁명(Green Revolution)」은 석유로 만든 수입비료의 대량투입을 필요로 했기 때문에 사실 「제1물결」 세계의 농민들에게는 거대한 함정이나 다름없었다. 그러나 앞으로의 생물학적 농업혁명은 화학비료에 대한 의존도를 줄이는 것을 목표로 하고 있다. 현재 유전공학은 모래땅이나 소금기가 많은 땅에서도 잘 자라고 병충해에 강한 다수확품종 개발을 겨냥하고 있다. 또한 보다 간단하고 값싸고 에너지 절약적인 식품 보존 및 가공방식과 함께 전연 새로운 식품이나 섬유를 개발하고 있는 중이다. 유전공학은 몇 가지 가공할 위험도 안고 있으나 굶주림의 확산을 종식시킬 가능성도 제시해 주고 있다.

이러한 달콤한 약속에 회의를 느끼는 사람도 있을 것이다. 그러나 유전자농업 주창자들의 말이 그 절반만 이루어지더라도 농업에 엄청난 영향을 미쳐 결국 무엇보다도 빈국과 부국간의 관계를 변화시키게 될 것이다. 「녹색혁명」은 빈국을 부국에 더욱 더 의존하게 만들었다. 그러나 생물학적 농업혁명은 그 반대의 결과를 가져올 수 있을 것이다.

생물공학(biotechnology)이 어떻게 발전해 갈지 확신을 가지고 말하기에는 너무 이르다. 그러나 원점으로 되돌아 가기도 너무 늦다. 우리의 지식을 덮어둘 수는 없기 때문이다. 다만 우리는 더 이상 늦기 전에 이 기술의 적용을 관리하고 성급한 개발을 예방하고 이 기술을 국제화하여 기업·국가 및 학문간의 경쟁을 최소화하도록 노력하는 수밖에 없다.

한 가지 아주 분명한 것이 있다. 그것은 인류가 이제 300년간의 전통적 「제2물결」 기술인 전기기계의 테두리에 묶여 있지 않게 되고 이 역사적 사실의 중요성을 이해하기 시작하게 될 것이라는 점이다.

마치 「제2물결」이 석탄·철강·전기·철도운송 등을 결합하여 자동차 등 생활을 변혁시킨 수많은 제품을 만들어 낸 것처럼 새로운 변화가 가져올 충격도 새로운 기술들—새로운 에너지 기반과 결합한 컴퓨터, 전자공학, 우주공간과 해양에서 만든 신소재, 유전공학 등을 서로 연결하는—을 결합하는 단계에 도달해야만 실감할 수 있을 것이다. 이러한 요소들을 결합하면 인류 역사상 일찍이 볼 수 없었던 새로운 혁신들이 홍수처럼 쏟아져 나올 것이다. 우리는 지금 「제3물결」 문명을 위한 새롭고도 극적인 기술영역을 구축해 가고 있다.

기술반역자

이러한 발전의 중대성—그것이 미래의 진화에 미치는 중요성—에 비추어 이 발전을 올바른 방향으로 이끌어 간다는 것이 긴요하다. 불간섭정책을 취하거나 될대로 되라는 식의 접근방법을 취하는 것은 우리 자신과 우리의 자손들을 파멸시킬 것이다. 현재의 변화는 그 힘·규모·속도에 있어서 미증유의 것으로 스리 마일 섬(Three Mile Island)의 재해(역주 원자로 사고), 비극적인 DC—10기 충돌사고, 멈출 수 없는 멕시코 해안의 대량 석유누출 사고 등 수많은 기술적 공포에 관한 뉴스들이 아직도 우리의 기억에 생생하다. 이같은 재난에 직면하여 우리는 미래의 더욱 강력한 기술개발과 결합을 「제2물결」 시대의 근시안적·이기적 기준에 맡겨도 될까?

지난 300년간 자본주의 국가이건 사회주의 국가이건 새로운 기술에 관해 제기된 기본적 문제는 간단한 것이었다. 즉 이 기술이 경제적 이익이나 군사력 증강에 도움이 되느냐 하는 문제였다. 그러나 이제 이 두 가지 기준은 적합치 않다는 것이 명백하다. 새로운 기술들은 더욱 엄격한 심사—생태적·사회적·경제적·전략적 심사를 거쳐야만 한다.

미국 전국과학재단에 제출된 한 보고서에서 「기술과 사회적 충격」이라는 제목하에 열거한 최근의 기술재해들을 살펴보면 이들의 대부분은 「제3물결」이 아니라 「제2물결」 기술과 관련된 것임을 알 수 있다. 그 이유는 명백하다. 「제3물결」 기술은 아직 대규모로 이용되고 있지 않기 때문이다. 아직 초창기에 있는 것이 많다. 그럼에도 불구하고 우리는 이미 전자 스모그(electronic smog)·정보공해·우주전쟁·유전자 누출·기상간섭 그리고 원거리에서 진동을 발생시켜 인위적 지진을 일으키는 이른바 「생태전쟁(ecological warfare)」 등 각종 위험을 볼 수 있다. 이밖에도 우리 앞에는 새로운 기술기반의 발전과 관련된 수많은 위험이 도사리고 있다.

이러한 상황이므로 최근 몇년간 새로운 기술에 반대하는 대대적이고도 거의 무차별적인 대중의 저항운동이 일어나고 있다는 것은 놀라운 일이 아니다. 「제2물결」 초기에도 새 기술을 저지하려는 시도가 있었다. 이미 1663년에 런던의 근로자들이 자신의 생계를 위협하는 새로운 기계식 제재소들을 때려 부수었다. 1676년에는 리본 제조공들이 기계를 파괴했다. 1710년에는 새 양말기계의 도입에 반대하는 폭동이 일어났다. 그 후 방직기의 북을 발명한 케이(John Kay)는 성난 군중이 자기 집을 때려 부수자 결국 영국에서 도망쳤다. 그 중에서도 러다이트(Luddite)라고 하는 기계 파괴주의자들이 1811년에 노팅검에서 방직기계들을 파괴한 사건이 가장 유명하다.

그러나 이 초기의 기계반대운동은 산발적이고 자연발생적인 것이었다. 어떤 역사가는 이 여러 사건들이 『기계 자체에 대한 적대감에서 일어난 것이었다기보다는 미움을 받는 사용자를 위압하는 수단이었다』고 지적하고 있다. 무식하고 가난하고 배고프고 절망적인 남녀 노동자들은 기계가 자기들의 생존을 위협한다고 보았다.

급격히 발전하는 기술에 대한 오늘날의 저항은 이것과는 다르다. 반기술적이거나 경제성장에 반대하는 것이 아니고 무절제한 기술혁신이 자기 자신과 세계 전체의 생존을 위협한다고 생각하는 사람들—결코 가난하지도 무식하지도 않은—이 이 저항에 연루되어 있고 이러한 사람들의 숫자도 급속히 증가하고 있다.

그 중 일부 광적인 사람들은 기회가 주어지면 러다이트의 전술을 사용할 가능성도 있다. 컴퓨터 시설이나 유전자 실험실 또는 건설중인 원자로 등을 폭파하는 일을 상상하기는 어렵지 않다. 「모든 악의 근원」인 하얀 코트를 걸친 과학자들에 대한 박해를 촉발시키는 특정하고 끔찍한 기술재해를 상상해 볼 수 있다. 미래의 선동적인 정치가 중에는「케임브리지 10인조(Cambridge Ten)」나「오크리지 7인조(Oak Ridge Seven)」를 수사하여 명성을 얻는 자도 나올 것이다.

그러나 오늘날의 기술반역자(techno-rebel)들은 폭탄을 던지거나 기계파괴를 일삼는 사람들이 아니다. 그들 중에는 수백만의 일반 시민들 외에도 과학교육을 받은 핵기술자·생화학자·물리학자·보건관계 공무원·유전공학자 등 수천명이 포함되어 있다. 또 러다이트 단원들과는 달리 이들은 조직도 잘되어 있고 논리도 정연하다. 이들은 독자적인 기술 잡지와 선전지들을 발간하고 피케트·행진·시위도 할 뿐 아니라 소송을 제기하거나 법률안을 만들기도 한다.

이 운동은 반동적이라는 비난을 받기도 하지만 사실은 탄생되고 있는「제3물결」의 중요한 일부분을 이루고 있다. 이 운동의 참가자들은 미래의 첨단에 서서 앞서 설명한 에너지를 둘러싼 기술분야의 투쟁과 병행하여 정치 및 경제 투쟁을 전개하는 3면의 투쟁을 이끌어 가고 있다.

여기서도 우리는「제2물결」세력과「제1물결」수정주의자들이 대치하는 가운데「제3물결」세력이 이 양 세력과 싸우는 것을 보게 된다. 여기서「제2물결」세력은 기술문제에 대해 낡고 무분별한 접근방식을 지지하는 사람들로서『기계가 움직이면 만들어라. 팔리면 생산하라. 우리를 강하게 해주는 것이면 건설하라』는 식의 사고방식을 가지고 있다. 진보에 관해 시대에 뒤떨어진 산업현실관에 젖어 있는 이「제2물결」신봉자들은 기술의 무책임한 실용화에 기득권을 가진 사람들이다. 그들은 위험 같은 것은 안중에도 두지 않는다.

한편 가장 원시적인「제1물결」이 아닌 모든 것에 적의를 품고 중세의 수공업이나 육체노동으로 되돌아 가는 것을 선호하는 소수이지만 목소리가 높은 극단적인 낭만주의자들의 일단을 보게 된다. 대부분이 배가 부른 유리한 입장에서 떠들어대는 중산층에 속하는 이들의 기술발전에 대한 저항은「제2물결」기술지지자들의 경우와 마찬가지로 맹목적이고 무차별적이다. 그들은 우리들 대부분이 ― 물론 그들 자신조차도 ― 싫어하는 세계로 되돌아 가고 싶어 한다는 환상을 갖고 있다.

이 양 극단 사이에 각국에서 기술반역자 세력의 핵심을 이루고 있는 수많은 사람들이 있다. 그들은 부지불식간에 「제3물결」의 대리인 노릇을 하고 있다. 그들은 처음부터 기술문제를 제기하는 것이 아니라 인류가 어떤 형태의 미래사회를 원하느냐 하는 어려운 문제를 제기한다. 그들은 현재 우리가 너무나 많은 기술적 가능성들을 보유하고 있기 때문에 그들을 모두 지원하고 개발하고 적용하는 것은 불가능하다는 점을 인정한다. 그렇기 때문에 그들은 이 기술들을 보다 신중하게 선정하여 장기적으로 사회적·생태학적 목표에 도움이 될 수 있는 것만을 채택해야 할 필요성을 주장한다. 그들은 기술이 우리의 목표를 지배하기보다는 기술혁신의 대략적 방향이 사회적으로 관리되어야 한다고 주장한다.

이 기술반역자들은 아직 분명하고 포괄적인 프로그램을 마련하지 못하고 있다. 그러나 그들이 내놓은 여러가지 선언문·청원서·성명서·연구보고서 등을 검토해 보면 그 속에서 새로운 기술관—미래의 「제3물결」로의 이행을 관리하는 적극적 정책을 형성하는 몇 가지 사상의 흐름을 찾아볼 수 있다.

이 기술반역자들은 지구의 생물계는 취약하고 새로운 기술이 강력하면 할수록 지구 위에 회복 불능의 피해를 입힐 위험성이 커진다는 전제에서 출발하고 있다. 따라서 그들은 모든 새 기술들을 예상되는 역효과에 대비하여 사전심사를 거쳐야 하고 위험성있는 기술은 재설계하거나 봉쇄해야 한다고 주장한다. 요컨대 미래의 기술들은 「제2물결」 시대의 기술들보다 더욱 엄격하게 생태적인 제약을 받아야 한다는 것이다.

기술반역자들은 인간이 기술을 지배하지 않으면 기술이 인간을 지배한다고 주장하면서 「우리」는 더 이상 과학자·엔지니어·정치인·기업인들로 구성된 통상적인 소수 엘리트에 머물 수는 없다고 말한다. 서독·프랑스·스웨덴·일본·미국 등을 휩쓴 반핵운동이나 콩코드기 반대운동 또는 날로 거세지고 있는 유전자 연구 규제 요구 등은 그 공과를 불문하고 모두가 기술분야의 의사결정에 있어서 강력한 민주화 요구가 널리 퍼지고 있음을 반영한다.

기술반역자들은 꼭 대규모의 값비싸고 복잡한 것이어야만 「세련된」 기술이 되는 것은 아니라고 주장한다. 「제2물결」의 고압적인 기술들이 실제보다 능률적인 것처럼 보인 것은 기업체와 사회주의적 사업체들이 오염을 정화하고 실업자를 돌보고 노동재해를 처리하는 데 드는 엄청난 비용을 외부화(externalization), 즉 사회 전체에 전가할 수 있었기 때문이다. 이런 것들을 모두 생산원가에 포함시킨다면 일견 능률적인 것처럼 보이는 기계들이 대부분 그 반대의 양상을 띠게 된다.

따라서 기술반역자들은「적절한 기술들」을 전체적으로 설계하여 인간적인 일자리를 제공하고 오염을 방지하고 환경을 보전하고 국가나 세계시장을 대상으로 하기보다는 개인 또는 지역의 소비를 위해 생산하는 것에 찬동한다. 기술반역자 세력은 세계 도처에서 어류 양식, 식품가공, 에너지 생산, 폐기물 재생, 값싼 건축, 간편한 교통 등 각 분야에 걸쳐 비록 소규모의 기술이긴 하지만 수천가지의 실험을 촉발시켰다.

이 실험들 중 상당수는 소박하고 시대 역행적인 것이지만 실용적인 것도 많다. 일부 실험은 최신의 소재와 과학기구를 만들어 이를 새로운 방법으로 옛 기술들과 결합시키고 있다. 예컨대 중세 기술사학자인 장펠(Jean Gimpel)은 비산업국가들에서 유용하게 사용할 수 있는 간단한 도구들의 우아한 모델을 만들어 냈다. 이들 중 일부는 신소재와 낡은 방법을 결합한 것이다. 또 한 가지 예로 비행선(飛行船)에 대한 관심의 급증을 들 수 있다. 한때 잊혀졌던 이 기술도 지금은 첨단섬유와 소재의 개발로 적하(積荷) 능력을 크게 높일 수 있게 되었다. 비행선은 생태적으로 건전하고 브라질·나이지리아 등 도로가 없는 지역에서 비록 느리기는 하지만 안전하고 싼 수송수단이 될 수 있다. 특히 에너지분야에서의 적절한 기술 또는 대체기술에 관한 실험결과는 일부 간단한 소규모 기술들도 그 부작용을 충분히 고려하고 기계를 그 용도에 맞도록 하기만 한다면 복잡한 대규모 기술 못지 않게「세련된」기술이 될 수 있음을 말해 주고 있다.

기술반역자들은 또한 오늘날 세계 인구의 75%를 차지하는 나라들의 과학자 수가 세계 전체 과학자 수의 3%밖에 안되는 등 지구상에 극심한 과학기술 불균형이 존재한다는 점을 우려하고 있다. 그들은 세계의 가난한 나라들의 요구에 대한 기술적 관심을 증대시키고 외계 및 해양의 자원을 보다 공평하게 분배해야 한다고 생각한다. 그들은 해양과

하늘이 인류의 공동유산일뿐 아니라 나아가서는 첨단기술 자체도 인도인·아랍인·고대 중국인 등 여러 민족의 역사적 공헌이 없었더라면 존재할 수 없었으리라는 점을 인정한다.

끝으로 그들은「제3물결」로 이행함에 있어서 우리가 점진적으로「제2물결」시대에 사용되었던 자원 낭비적·오염 발생적 생산체제로부터 보다「물질대사적(metabolic)」인 생산체제로 발전해 나아가야 한다고 주장한다. 물질대사적인 생산체제는 각 산업의 산출물과 부산물이 다음 생산의 투입물이 된다는 것을 확인함으로써 낭비와 오염을 제거해 준다. 그들의 목표는 다음 단계의 생산과정에서 투입물로 사용되지 않는 산출물을 생산하지 않는 체제를 달성하는 데 있다. 이러한 체제는 생산면에서 보다 능률적일 뿐 아니라 생태계의 파괴를 최소화하거나 완전히 제거할 수 있다.

전체적으로 볼 때 기술반역자 프로그램은 기술혁신을 인간화할 수 있는 기초를 제공해 주고 있다.

기술반역자들은 그들이 인정하건 않건간에「제3물결」의 대리인 역할을 하고 있다. 앞으로 그들의 수가 줄어들기는커녕 더욱 늘어날 것이다. 그것은 금성탐사, 경이적인 컴퓨터, 여러가지 생물학적 발견 또는 해저탐험 등과 마찬가지로 그들도 역시 새로운 문명 단계로의 발전을 대표하고 있기 때문이다.

「제1물결」광신자들과 기술「지상(至上)」을 외치는「제2물결」옹호자들을 상대로 한 그들의 투쟁에서 우리가 지금 도달하려 하고 있는 새롭고 지속성있는 에너지체계에 부합되는 실제적인 기술들이 등장하게 될 것이다. 이 새로운 에너지 기반과 새로운 기술들을 결합시킬 때 인류 전체의 문명은 전혀 새로운 차원으로 발전하게 될 것이다. 이 문명의 심장부에서 우리는 매우 엄격한 생태적·사회적 통제하에 운영되는 복잡하고 과학적인「고속(high stream)」산업들과 역시 복잡하기는 하지만 보다 인간적이고 소규모적으로 운영되는「저속(low stream)」산업들이 결합되어 양자 모두가「제2물결」기술영역을 지배했던 것과는 전연 다른 원리들에 의해 운영되는 것을 발견하게 될 것이다. 이 두 개의 산업층이 합해져서 내일의「사령탑」을 이루게 될 것이다.

그러나 이것은 훨씬 방대한 구도의 극히 일부분에 불과하다. 우리는 기술영역의 변혁과 동시에 정보영역의 혁명도 추진하고 있기 때문이다.

13
매체의 탈대중화

첩보원이라는 단어는 우리 시대를 가장 강력하게 상징하는 것 중의 하나이다. 현대인의 상상력을 이처럼 성공적으로 사로잡은 단어는 없다. 수백편의 영화가 「007」과 그의 건방진 가공의 상대역들을 미화하고 있다. TV나 각종 문고판 서적들도 실제보다 훨씬 용감하고 낭만적이고 비도덕적이고 또 몸집이 큰(또는 작은) 스파이상을 끊임없이 꾸며내고 있다. 한편 각국 정부는 첩보활동에 수십억 달러를 쓰고 있다. 소련 국가보안위원회(KGB/Komitet Gosudarstvennoi Bezopasnosti), 미국 중앙정보국(CIA/Central Intelligence Agency) 등 각국의 수십개 정보기관들이 베를린·베이루트·마카오·멕시코 시티 등에서 암약하고 있다.

모스크바에서는 서방측 기자들이 스파이 혐의로 기소되었다. 본에서는 스파이가 내각에 파고들어 수상이 물러났다. 워싱턴에서는 의회조사단이 비밀첩보원의 비행을 폭로하는가 하면 하늘에는 첩보위성들이 가득차 지구 구석구석을 촬영하고 있다.

스파이는 결코 역사상 새로운 것이 아니다. 그런데도 왜 바로 이 순간에 새삼스럽게 스파이라는 테마가 사설탐정이나 형사·카우보이 등을 제치고 대중의 상상력을 지배하게 되었는가를 한 번 생각해 볼 가치가 있다. 이와 관련하여 우리가 주목하게 되는 것은 스파이와 이들 다른 문화의 영웅들간에는 중요한 차이가 있다는 점이다. 소설에 나오는 경찰관과 카우보이들은 권총이나 맨 주먹에 의존하는 데 반해 소설 속의 스파이는 전자 도청장치, 컴퓨터, 적외선 카메라, 하늘을 날고 물 속을 달리는 자동차, 헬리콥터, 1인용 잠수정, 살인광선 등 갖가지 최신의 아주 색다른 기술로 만든 장비를 갖추고 있다.

그러나 스파이가 각광받게 된 데는 좀더 중요한 이유가 한 가지 있다. 소설이나 영화에 나오는 카우보이·형사·사설탐정·모험가·탐험가 등 전통적인 영웅들은 목장이나 돈을 원하고 악당을 잡거나 여자를 낚아채는 등 전형적으로 유형의 대상물을 추구하지만 스파이는 그렇지가 않다는 것이다.

스파이의 기본 업무는 정보를 얻는 것이다. 그리고 정보는 오늘날 세계에서 가장 성장이 빠르고 가장 중요한 사업이 되었다고 말할 수 있다. 스파이는 오늘날 정보영역을 휩쓸고 있는 새로운 혁명의 살아있는 상징이다.

이미지의 창고

정보 폭탄이 우리 한가운데서 폭발하여 우리에게 이미지의 파편이 소나기처럼 쏟아지는 가운데 우리가 세계를 인식하고 행동하는 방법에 근본적인 변혁이 일어나고 있다. 「제2물결」 정보영역에서 「제3물결」 정보영역으로 이행해 가는 가운데 우리 자신의 정신구조가 변혁되고 있다.

우리들 각자는 머리 속에 현실에 관한 정신적 모델(mind-model)을 만들고 있다. 이것은 말하자면 이미지의 창고라고 할 수 있다. 그 중에는 시각적·청각적인 것도 있고 촉각적인 것도 있다. 또 「지각적」인 것도 있다. 곁눈질로 얼핏 쳐다본 푸른 하늘처럼 환경에 관한 정보의 흔적같은 것이 그것이다. 또 「어머니」와 「자식」이라는 두 단어의 경우처럼 어떤 관계를 나타내는 「연관적인 것」도 있다. 단순한 것도 있고 『인플레이션의 원인은 임금인상에 있다』는 말처럼 복잡하고 개념적인 것도 있다. 이러한 여러가지 이미지들이 모여 우리의 세계관을 형성함으로써 시간과 공간 그리고 우리를 둘러싼 인간관계의 조직망 속에 우리의 위치를 정립시켜 준다.

이 이미지들은 다른 어느 곳에서 튀어나오는 것이 아니다. 이 이미지들은 우리가 이해하지 못하는 방법으로 환경이 우리에게 보내주는 신호나 정보에 의해서 이루어진다. 또한 우리를 둘러싼 환경이 변화하여 직업・가정・교회・학교・정치제도 등이 「제3물결」의 충격을 받게 됨에 따라 우리를 에워싼 정보의 바다도 변하게 된다.

대중매체가 출현하기 전인 「제1물결」의 어린이는 변화가 느린 마을에서 성장하면서 자기 주변의 선생・목사・촌장・공무원 그리고 특히 가족 등 몇 안되는 자그마한 정보원에서 얻은 이미지를 가지고 현실에 관한 모델을 머리 속에 만들었다. 심리학자이자 미래주의자인 거조이(Herbert Gerjuoy)는 이렇게 썼다. 『그 당시에는 집안에 TV나 라디오가 없었기 때문에 어린이가 생활의 여러 분야와 여러 나라의 각계각층의 낯선 사람들을 접할 기회를 가질 수 없었다. …외국의 도시를 가본 사람도 극히 적었다. …그 결과 사람들은 소수의 다른 사람만을 흉내내거나 모델로 삼을 수밖에 없었다.』

『이들이 모델로 삼는 사람들 자신도 다른 사람들을 만나 본 경험이 제한되어 있었기 때문에 이들의 선택범위도 제한될 수밖에 없었다.』 그러므로 마을 어린이가 만들어 낸 세계관은 그 범위가 극히 좁았다.

더구나 그 어린이가 받는 메시지는 적어도 두 가지 의미에서 매우 중복되어 있었다. 우선 이 메시지들은 중단과 반복이 가득 찬 일상적인 연설의 형식으로 전달되는 것이 보통이었다. 또 이 메시지들은 각종 정보제공자들에 의해 강화된 똑같은 관념의 「끈」에 연결된 형태로 전달되었다. 그 어린이는 학교에서도 교회에서도 「하지 말라」라는 똑같은 말을 들었다. 양자가 모두 가정과 국가가 전달하는 메시지를 강화했다. 공동체내에서의 컨센서스(consensus) 그리고 강력한 복종의 압력이 출생시부터 어린이에게 작용하여 수락 가능한 이미지와 행동의 범위를 더욱 좁게 만들었다.

「제2물결」은 개개인이 각자의 현실상을 도출해 내는 채널의 수를 크게 늘려 주었다. 어린이는 이제 자연이나 사람들에게서만 이미지를 받아들이는 것이 아니라 신문・대중잡지・라디오 그리고 나중에는 TV로부터 이미지를 얻게 되었다. 대체로 교회・국가・가정・학교는 여전히 같은 소리를 반복하면서 서로를 보강했다. 그러나 이제는 대중매체가 거대한 확성기 역할을 하게 되었다. 그리고 대중매체의 힘은 전체 지역·인종·부족 그리고 언어의 경계를 넘어 작용함으로써 표준화된 이미지를 사회의 본류 속으로 흘려 보냈다.

예컨대 어떤 시각적 이미지들은 폭넓게 대중화되고 수많은 개인의 기억 속에 심어진 결과 사실상 우상으로 변하게 되었다. 이렇게 해서 물결치는 붉은 깃발 아래 의기양양하게 턱을 앞으로 내밀고 있는 레닌의 영상은 십자가의 예수상처럼 수많은 사람들에게 하나의 우상으로 되었다. 중산모와 지팡이 차림의 채플린(Charlie Chaplin), 뉘른베르크에서 포효하는 히틀러, 부헨발트(Buchenwald) 강제수용소에 장작더미처럼 쌓여 있는 인간의 시체들, V자 사인을 하고 있는 처칠(Winston Leonard Spencer Churchill)이나 검은색 망토를 걸친 루스벨트(Franklin Delano Roosevelt), 바람에 휘날리는 마릴린 먼로(Marilyn Monroe)의 치마, 수백명의 대중매체 스타들 그리고 수많은 유명 상품들—미국의 아이보리 비누, 일본의 모리나가 초컬릿, 프랑스의 페리에 음료수 등—모두가 보편적인 이미지 목록에 들어 있는 전형적인 항목이 되었다.

대중매체에 의해 집중적으로 생산된 이 이미지들은 「대중의 마음」 속에 심어져 산업사회의 생산체제가 요구하는 표준화된 행동을 만들어 내는 데 기여했다.

오늘날 「제3물결」은 이 모든 것을 철저하게 변혁시키고 있다. 사회의 변화가 가속화되면서 우리 내부에도 이에 병행하는 가속적 변화가 일어났다. 새로운 정보가 우리에게 닥쳐옴에 따라 우리의 이미지 목록도 더 한층 빠른 속도로 수정될 수밖에 없었다. 과거의 현실에 토대를 둔 낡은 이미지들을 대체해야만 했다. 이미지를 새롭게 하지 않으면 우리의 행동은 현실로부터 유리되고 우리는 점차 무능해질 것이기 때문이다. 우리는 현실에 대응하지 못하게 되는 것이다.

우리 내부에서 이미지 처리가 이렇게 가속화된다는 것은 이미지가 더 한층 임시적인 것으로 되어간다는 것을 의미한다. 1회용 예술, 1회용 연속 코미디, 즉석현상 속성사진, 복사, 쓰고 버리는 시각예술 등이 갑자기 나타났다가 사라진다. 갖가지 관념·신조·태도 등이 의식

속에 힘차게 나타났다가는 도전을 받고 저지되어 곧 사라져 버리고 만다. 과학과 심리학의 이론은 매일처럼 뒤바뀐다. 이데올로기는 붕괴된다. 유명인사들이 우리의 의식 속에 한순간 맴돌다가 사라진다. 서로 상반되는 정치적·도덕적 슬로건들이 우리를 공박해 온다.

이 주마등 같은 환상의 의미를 이해하고 나아가서는 이 이미지 형성 과정이 어떻게 변화하고 있는가를 정확하게 파악한다는 것은 어려운 일이다. 「제3물결」은 단지 우리의 정보흐름을 가속화시키는 데 그치지 않고 한 걸음 더 나아가 우리의 일상적 행동을 좌우하는 정보의 구조 자체를 변혁시키기 때문이다.

탈대중화 매체

대중매체는 「제2물결」 시대를 통해 더욱 더 강력해졌다. 그런데 지금은 놀랄 만한 변화가 일어나고 있다. 「제3물결」이 밀어닥치면서 대중매체는 영향력을 강화하기는커녕 오히려 갑자기 그 영향력을 분산시키게 되었다. 대중매체는 필자가 「탈대중화 매체(de-massified media)」라고 부르는 것에 의해 즉각 여러 전선에서 격퇴당하게 되었다.

신문의 경우가 그 첫번째 예이다. 「제2물결」 대중매체 중에서 가장 오래된 매체인 신문은 지금 독자를 잃고 있다. 1973년 미국의 신문 총 발행부수는 6,300만 부까지 기록됐었다. 그러나 1973년 이후로는 발행부수가 늘지 않고 오히려 줄고 있다. 1978년경에는 총발행부수가 6,200만 부로 줄었고 그 후로도 계속 떨어지고 있다. 미국인 중 일간지 독자의 비중도 1972년의 69%에서 1977년에는 62%로 떨어져 미국의 몇몇 대표적 신문들이 가장 큰 타격을 입었다. 1970년에서 1976년 사이에 뉴욕의 3대 신문은 도합 55만 명의 독자를 잃었다. 「로스앤젤레스 타임즈(Los Angeles Times)」지도 1973년을 정점으로 하여 1976년까지 8만 명의 독자를 잃었다. 필라델피아의 2대 신문 독자는 15만 명이 줄었고 클리블랜드의 2대 신문 독자는 9만 명, 그리고 샌프란시스코 2대 신문의 독자는 8만 명 이상 감소했다. 미국 곳곳에서 군소 신문들이 새로 나타나기는 했지만 「클리블랜드 뉴스(Cleveland News)」, 「하트포드 타임즈(Hartford Times)」, 「디트로이트 타임즈(Detroit Times)」, 「시카고 투데이(Chicago Today)」, 「롱 아일랜드 프레스(Long Island Press)」지 등 주요 일간지들이 주류에서 밀려나고 말았다. 영국에서도 1965~75년 사이에 전국지의 발행부수가 8%나 감소됐다.

이같은 신문의 퇴조가 순전히 TV의 등장에 기인한 것만은 아니었다. 오늘날의 대량발행 일간지들은 급성장하는 일단의 소량부수 발행 주간지·격주간지 그리고 이른바 「쇼핑 안내지」 등과 치열한 경쟁을 벌이게 되었다. 이들은 대도시의 대량시장이 아닌 특정한 이웃과 공동체를 상대로 그 지방의 광고와 뉴스를 제공해 준다. 이미 포화상태에 도달한 대도시의 일간지들은 심각한 곤경에 처해 있다. 탈대중화 매체들이 바짝 뒤를 쫓아오고 있다.*

두번째 예로는 대중잡지를 들 수 있다. 미국에서는 1950년대 중반부터 지금까지 주요 잡지가 폐간되지 않은 해가 거의 한 번도 없었다. 「라이프(Life)」, 「루크(Look)」, 「새터데이 이브닝 포스트(Saturday Evening Post)」지 등이 모두 폐간되었고 나중에 복간되었지만 발행부수는 전보다 떨어졌다.

1970~77년 사이에 미국의 인구는 1,400만 명이 늘었으나 같은 기간 중 25대 잡지의 발행부수는 도합 400만 부나 줄었다.

이와 동시에 미국에서는 미니 잡지들이 폭발적으로 늘어났다. 즉 소규모의 특수 이해집단, 지역 또는 지방시장을 겨냥한 수천가지의 새 잡지들이 등장한 것이다. 파일럿이나 항공기 애호가들은 오늘날 그들만을 위해 발행되는 수십 종의 정기간행물 중에서 고를 수 있다. 10대 청소년이나 스쿠버다이버·정년퇴직자·여성 체육인·골동품 카메라 수집가·테니스광·스키 선수·스케이트보드 애호가 등은 모두 자기들의 전문지를 가지고 있다. 「뉴욕(New York)」, 「뉴 웨스트(New

---

* 출판업계 일부에서는 신문 중에는 발행부수가 적고 소규모 지역사회를 대상으로 발행하는 것이 많다는 이유로 신문을 대중매체라고 보지 않는 경향이 있다. 그러나 적어도 미국에서는 대부분의 일간지들이 AP(Associated Press), UPI(United Press Internation) 등 통신기사와 만화·퍼즐·패션·특집기사 등 각 도시마다 대체로 같은 내용의 전국적인 「통신자료」로 채워져 있다. 군소 지방매체들과 경쟁하기 위해 신문들은 지방란을 늘리고 각종 특별부록을 추가하고 있다. 신문 독자의 이같은 세분화 때문에 1980년대와 1990년대에 살아남은 일간지들은 큰 변모를 겪게 될 것이다.

West)」, 댈라스의 「D」, 「피츠버거(Pittsburgher)」지 등 지방지들도 늘어나고 있다. 같은 시장을 대상으로 한 잡지 중에서도 예컨대 「켄터키 비즈니스 레저(Kentucky Business Ledger)」와 「웨스턴 파머(Western Farmer)」지의 경우처럼 지역별·전문분야별로 시장을 더욱 세분화하고 있다.

값싸고 빠른 신형 인쇄기가 등장하면서 모든 단체·공동체 집단·정치단체·종교집단들이 각기의 인쇄물을 직접 인쇄할 수 있게 되었다. 소규모 집단들이 복사기를 이용하여 정기간행물을 만드는 것은 미국의 사무실 어디서나 볼 수 있는 현상이 되었다. 대중잡지들은 한때 국민생활에서 차지했던 강력한 영향력을 상실했다. 탈대중화 잡지, 즉 미니 잡지들이 급속하게 성장하고 있다.

그러나 「제3물결」이 커뮤니케이션 분야에 미친 충격은 비단 인쇄매체에만 국한된 것이 아니다. 1950~70년 사이에 미국의 라디오 방송국 수는 2,336개에서 5,359개로 급증했다. 인구가 35% 증가하는 동안에 방송국은 129%가 증가한 것이다. 이것은 미국인 6만 5,000명당 1개소 꼴이었던 방송국 수가 3만 8,000명당 1개소로 늘어났음을 의미한다. 또한 청취자들의 프로그램 선택범위가 그만큼 넓어졌음을 의미하는 것이기도 하다. 청취자들은 여러 방송국에 분산되었다.

프로그램의 다양성도 크게 제고되어 여러 방송국들이 종전처럼 무차별적인 대중청취자를 대상으로 삼지 않고 전문화된 청취자 그룹을 대상으로 방송하게 되었다. 뉴스전문 방송국은 교육받은 중산층 성인을 대상으로 삼는다. 하드 록, 소프트 록, 펑크 록, 컨트리 록, 포크 록 등 각종 록전문 방송국들은 청소년 청취자를 상대로 한다. 소울(soul) 뮤직 방송국은 미국 흑인들을 위한 방송국이다. 클래식 음악 방송국은 고소득층 성인청취자들을 그리고 여러 외국어 방송국들은 뉴 잉글랜드에 사는 포르투갈인으로부터 이탈리아인·스페인인·일본인·유태인 등 여러 민족을 위한 것이다. 정치평론가 리브즈(Richard Reeves)는 이렇게 쓰고 있다. 『로드 아일랜드주 뉴포트(Newport)에서 AM 라디오 다이얼을 점검해 본 결과 38개 방송국을 확인할 수 있었다. 그 중에는 종교 방송국이 3개소, 흑인 방송국이 2개소 그리고 포르투갈어 방송국이 1개소 있었다.』

게다가 새로운 형태의 음성 커뮤니케이션이 나타나 나머지 대중청취자들마저 잠식하고 있다. 1960년대에는 값싼 소형 테이프 레코더와 카셋 플레이어가 젊은이들간에 요원(燎原)의 불길처럼 번져갔다. 그러나 오늘날의 10대 청소년들은 일반인들의 생각과는 달리 1960년대 청소년들에 비해 라디오를 듣는 시간이 오히려 줄어들고 있다. 라디오 청취시간이 1967년의 하루 평균 4.8시간에서 1977년에는 2.8시간으로 뚝 떨어지고 있는 것이다.

그 다음에 등장한 것이 CB라디오(citizens band radio)이다. 라디오 방송이 완전히 일방통행적인 데 반해(청취자는 방송국 프로그래머에게 말을 걸 수 없다) CB라디오는 자동차 운전자들이 반경 5~15마일의 범위내에서 서로 말을 주고받을 수 있도록 해주었다.

미국에서는 1959~74년 사이에 CB라디오가 100만 대밖에 사용되지 않았었다. 그러나 미국 연방통신위원회(FCC/Federal Communications Commission)의 어떤 직원의 말대로『200만 대로 느는 데는 8개월, 300만 대로 느는 데는 3개월밖에 걸리지 않았다.』CB라디오는 폭발적으로 늘어났다. 1977년에는 약 2,500만 대가 사용되어 경찰이 과속차량 단속중이라는 경고로부터 기도나 창녀의 유객소리에 이르기까지 갖가지 다양한 공중전파가 하늘을 메우게 되었다. 지금은 유행이 한차례 지나갔지만 그 영향은 계속되고 있다.

라디오 방송국들은 광고수입을 불안해 하면서 CB라디오가 라디오 청취자를 잠식했다는 사실을 완강히 부인하고 있다. 그러나 광고회사들의 생각은 다르다. 광고대행회사 마스텔러사(Marsteller Inc.)가 뉴욕에서 실시한 조사결과는 CB라디오 이용자의 45%가 카 라디오 청취율이 10~15%나 떨어졌다고 응답했음을 보여주었다. 더욱 중요한 것은 CB라디오 이용자의 반 이상이 카 라디오와 CB라디오를 동시에 청취한다고 응답했다는 점이다.

어쨌든 인쇄물에서의 다양화 현상은 라디오에서도 그대로 나타나고 있다. 출판계와 마찬가지로 음성계(soundscape)에서도 탈대중화가 이루어지고 있다.

그러나「제2물결」매체가 정말로 놀랍고도 의미심장한 타격을 받은 것은 1977년 이후의 일이었다. 지난 한 세대 동안 가장 강력하고 가장

「대중적」인 매체는 물론 TV였다. 1977년에 TV 화면이 흔들리기 시작했다. 「타임(Time)」지는 이렇게 썼다. 『모든 것이 떨어지고 있다. 방송국과 광고회사 간부들은 불안한 눈초리로 통계숫자를 들여다 보았다. …그들이 본 것을 도저히 믿을 수가 없었다. …사상 처음으로 TV 시청률이 떨어진 것이다.』

『시청률이 떨어지리라고는 아무도 상상하지 못했다』고 한 놀란 광고업자가 푸념했다.

지금까지 여러가지 견해가 많다. TV 쇼가 전보다 시시해졌다는 견해도 있다. 이런 것은 너무 많고 저런 것은 부족하다고 설명하기도 한다. 방송회사 사장들이 방송망 회로에서 밀려났다. 이러저러한 새로운 타입의 쇼를 방영하겠다고 약속하기도 했다. 그러나 TV 광고의 구름으로부터 보다 깊은 진실이 드러나기 시작했다. 전능하고 집중화된 TV 방송망이 이미지 생산을 관장하던 시대에 종말을 고하게 된 것이다. NBC(National Broadcasting Co.)의 전 사장은 미국 3대 TV 방송망들의 전략적 「어리석음」을 비난하면서 1980년대 말에는 3사의 골든 아워 시청률이 50%로 떨어질 것이라고 예언했다. 그것은 「제3물결」의 커뮤니케이션 매체가 「제2물결」 거대매체들의 지배를 각 방면에서 전복시키고 있기 때문이다.

유선 TV는 오늘날 이미 1,450만 미국 가정에 보급되어 있어 1980년대 초에는 태풍과 같은 세력으로 확장될 것으로 전망된다. 업계 전문가들은 1981년 말 유선 TV 가입자 수가 2,000만 내지 2,600만 명에 달해 전체 미국 가구의 50%에 달할 것으로 추측하고 있다. 현재의 동선이 머리털처럼 가는 섬유를 통해 광파(光波)를 보내는 값싼 광섬유 시스팀으로 대체되면 사태가 더 한층 빨라질 것이다. 그리고 간편한 인쇄기나 복사기처럼 유선 TV도 시청자를 탈대중화하여 대중을 다수의 소규모 집단으로 분할할 것이다. 더구나 유선시스팀은 송수신이 모두 가능하게 설계되어 있으므로 가입자들은 단순히 프로그램을 시청하는데 그치지 않고 적극적으로 여러가지 서비스를 요청하게 될 것이다.

일본에서는 1980년대 초에 전국 도시가 광파 케이블로 연결되어 가입자들이 다이얼을 돌려 각종 프로그램뿐 아니라 스틸 사진·자료·극장 예매권 또는 신문기사나 잡지의 내용까지도 직접 요청할 수 있게 될 것이다. 이 시스팀을 통해 도난방지기나 화재경보기도 운영될 것이다.

필자는 일본 오사카(大阪) 교외의 이코마(生駒)에서 실험적인 「하이-오비스(Hi-Ovis)」 시스팀이라는 것을 소개하는 TV 쇼에 출연한 적이 있다. 이 시스팀은 가입자 가정의 TV 세트 위에 마이크와 TV 카메라를 장치하여 시청자들이 동시에 방영자도 될 수 있도록 하는 시스팀이었다. 필자가 프로그램 사회자와 인터뷰를 하고 있을 때 자기집 거실에서 이 프로그램을 시청하고 있던 사카모토(坂本)라는 부인이 끼어들어 서투른 영어로 우리와 함께 대화를 나누었다. 나와 다른 시청자들은 그녀가 화면에 나와 필자를 환영하고 있는 동안에 그녀의 어린 아들이 거실 안을 뛰어다니는 것을 볼 수 있었다.

이 「하이-오비스」는 또한 음악에서 요리법·교육문제 등에 이르기까지 각종 비디오 카셋의 은행도 갖추고 있다. 시청자들은 코드 넘버를 눌러 자기가 보고 싶은 시간에 특정한 카셋을 화면에 상영해 달라고 컴퓨터에게 요청할 수 있다.

이 「하이-오비스」 시스팀은 아직 160가구 정도만 이용하고 있지만 이 실험은 일본 정부의 지원을 받는 외에도 후지쓰(富士通)사, 스미토모(住友)사, 마쓰시타사, 긴데쓰(近鐵)사 등 여러 기업체의 출자도 받고 있다. 이 시스팀은 매우 첨단적인 것으로 이미 광섬유 기술을 채택하고 있다.

이보다 1주일 전에 필자는 미국 오하이오주의 콜럼버스에서 워너 케이블사(Warner Cable Corp.)의 「큐브 시스팀(Qube system)」을 견학할 기회가 있었다. 큐브 시스팀은 30개의 TV채널을 통해(정규방송 채널은 4개뿐) 취학 전 아동들로부터 의사·변호사 또는 「성인용 프로그램」 시청자들에 이르기까지 각계각층의 시청자들에게 전문화된 프로그램을 제공하고 있다. 큐브는 전세계에서 가장 잘 개발되고 상업성이 높은 송수신 겸용 시스팀이다. 가입자들은 이 시스팀에서 제공한 휴대용 계산기처럼 생긴 것을 가지고 버튼을 눌러 방송국과 교신을 할 수 있다. 이른바 「직통 버튼(hot button)」이라고 불리우는 이 장치를 사용하여 시청자들은 큐브 스튜디오 및 그 컴퓨터와 교신이 가능하다. 「타임」지는 이 시스팀을 소개하면서 아주 열광적인 어조로 이렇게 썼다.

가입자는『자기 고장 정치토론에서 자기 의견을 밝힐 수도 있고 정리품 염가판매시장을 열 수도 있고 자선경매에서 미술품을 입찰할 수도 있다. …이 고장사람은 누구나 버튼 하나만 누르면 정치가에게 질문할 수도 있고 이 고장 아마추어 탤런트 프로그램에 대해 찬반투표를 할 수도 있다.』 소비자들은『이 고장 슈퍼마켓의 상품 값을 비교하여 쇼핑할 수도 있고』 동양식 레스토랑의 테이블을 예약할 수도 있다.

그러나 방송국이 걱정하는 것은 유선 TV만이 아니다.

최근「비디오 게임」이「인기품목」으로 등장했다. 수백만 미국인들이 TV 화면을 탁구대나 하키장 또는 테니스 코트로 만들어 주는 이 장치에 열중하고 있다. 정통적인 정치·사회분석가들에게는 이같은 사태발전이 하찮거나 관련성이 없는 현상으로 보일지도 모른다. 그러나 이러한 현상은 말하자면 미래의 전자공학 환경하에서의 생활에 적응하기 위한 사회적 학습, 사전훈련을 대변하는 것이다. 비디오 게임은 시청자를 더 한층 탈대중화시켜 일정시간대의 TV 프로그램 시청자 수를 잠식하는 데 그치지 않고 나아가서는 얼핏 별로 해롭지 않은 것처럼 보이는 이 장치를 통해 수많은 사람들로 하여금 TV 세트와 더불어 놀고 TV와 대화를 하고 서로 작용을 하는 방법을 배우도록 해주고 있다. 이러한 과정을 통해 사람들은 종전의 수동적 수신자에서 이제는 메시지 송신자로 변하고 있다. TV 세트가 사람을 조작하는 데 그치지 않고 이제는 사람이 TV 세트를 조작하게 되었다.

영국에서는 TV 화면을 통해 제공되는「정보 서비스」가 이미 실용화되어 시청자는 어댑터의 버튼을 눌러 뉴스·일기예보·금융정보·스포츠 기사 등 10여 가지 자료서비스 중에서 자기가 원하는 것을 선택할 수 있다. 그러면 TV 화면에 자기가 선택한 자료가 수신용 티커 테이프(ticker tape)처럼 찍혀 나온다. 오래지 않아 이용자들은 TV에 복사기를 연결시켜 자기가 간직하기를 원하는 영상을 종이에 복사해 둘 수 있게 될 것이다. 여기서도 전에는 없었던 폭넓은 선택이 가능해진다.

「비디오 카셋」의 플레이어와 레코더도 급속히 보급되고 있다. 마키팅 담당자들은 1981년경에 미국에서만 100만 대가 보급될 것으로 기대하고 있다. 이 장치는 시청자들로 하여금 월요일의 축구경기를 녹화해 두었다가 토요일에 재생해 보도록 해줄 뿐 아니라(이렇게 해서 방송국이 촉진하는 영상의 동시화가 파괴된다) 나아가서는 영화와 스포츠 경기의 녹화테이프 판매를 가능케 해준다. (아랍인들도 매력적인 것에는 무관심하지 않다. 모하메드〈Muhammad〉의 일생을 그린 영화 「더 메신저(The Messenger)」도 외양이 금박 아랍문자로 장식된 카셋 케이스에 담겨져 팔리고 있다.) 또한 비디오 레코더와 플레이어는 예컨대 의료요원을 위한 의학교재, 조립식 가구의 조립방법, 토스터 수리법을 소비자들에게 보여주는 테이프를 포함한 고도로 전문화된 카트리지의 시판을 가능케 해줄 것이다. 더욱 중요한 것은 비디오 레코더가 「소비자」들로 하여금 자기 자신의 영상을 만들어 내는 「생산자」가 될 수 있도록 해준다는 점이다. 여기서도 시청자의 탈대중화가 이루어지고 있다.

끝으로 각 TV 방송국은 국내 인공위성을 통해 기존 방송망을 빼돌리고서도 적은 비용으로 어디서나, 어느 곳으로나 전파를 보냄으로써 특별 프로그램을 위한 임시적 미니 방송망을 형성할 수 있다. 1980년 말에는 유선 TV 회사들이 1,000개소의 지구국을 설치하여 인공위성이 보내는 신호를 수신하게 될 것이다. 「텔리비전/라디오 에이지(Television/Radio Age)」지는 『그렇게 되면 프로그램 배급회사는 인공위성 방송의 일정한 시간대만 구입하면 즉시 전국적인 유선 TV 네트워크를 확보하여…그가 원하는 어떤 그룹의 시스팀을 선택적으로 공급할 수 있을 것』이라고 밝혔다. 영 & 루비컴사(Young & Rubicam Inc.)의 전자매체 담당 부사장 도넬리(William J. Donnelly)는 인공위성이 『시청자의 세분화와 전국적 프로그램의 다양화에 크게 기여할 것』이라고 말했다.

이상과 같은 여러가지 사태발전에는 한 가지 공통점이 있다. 즉 TV 시청자들이 세분화되고 이에 따라 문화적 다양성이 제고될 뿐 아니라 지금껏 우리의 이미지를 완전히 지배해 온 방송망의 세력에 심각한 타격을 준다는 것이다. 「뉴욕타임즈」지의 평론가 오코너(John O'Connor)는 이같은 사태를 간단하게 요약했다. 『한 가지 확실한 것은 상업적인 TV가 이제 프로그램의 내용이나 그 방영시간을 일방적으로 정할 수 없게 되었다.』

겉으로는 서로 아무런 연관도 없는 것처럼 보이는 일련의 사건들도 사실은 신문・라디오・잡지・TV 등 매체의 지평에 밀어닥치고 있는 서로 밀접하게 연관된 변화의 물결이라고 보아야 한다. 대중매체는 지금 공격을 받고 있다. 지금 새로운 탈대중화 매체가 크게 늘어나 「제2물결」 사회를 지배했던 대중매체에 도전하고 또 때로는 이를 대체하고 있다.

이렇게 해서 「제3물결」은 진정한 의미에서 새로운 시대 — 탈대중화 매체의 시대를 열기 시작했다. 새로운 기술영역과 나란히 새로운 정보영역이 등장하고 있다. 그리고 이것은 모든 영역 중에서 가장 중요한 영역, 즉 인간정신의 영역에까지도 큰 영향을 미칠 것이다. 이 모든 변화가 합쳐져서 우리의 세계상과 이에 관한 인식능력에 혁명을 일으킬 것이다.

순간영상 문화

매체의 탈대중화는 동시에 인간정신의 탈대중화를 가져온다. 「제2물결」 시대에는 매체가 퍼올린 표준화된 이미지들이 계속 불어넣어짐으로써 이른바 「대중정신(mass mind)」이란 것을 만들어 냈었다. 그러나 오늘날에는 동일한 메시지를 수신하는 대중들 대신에 탈대중화한 소규모 집단들이 나타나 대량의 독자적 이미지를 서로 주고받고 있다. 전체 사회가 「제3물결」의 다양성으로 이행함에 따라 새로운 매체도 이러한 과정을 반영하고 촉진한다.

부분적으로는 이같은 현상 때문에 오늘날 팝 뮤직에서 정치문제에 이르는 모든 문제에 관해서 사람들의 의견통일이 어려워지고 있다. 컨센서스가 파괴되고 있다. 개인적 차원에서 우리는 갖가지 모순되고 연관성없는 이미지의 단편들에 의해 포위되고 공격받고 있으며 이 이미지의 단편들은 우리의 옛 관념을 뒤흔들고 단절되거나 뜻을 알 수 없는 「순간영상(blip)」들을 우리에게 퍼붓고 있다. 사실 우리는 지금 「순간영상 문화」 속에서 살고 있다.

평론가 울프(Geoffrey Wolff)는 『오늘날 소설이 차지하는 영역은 날로 더 좁아져 가고 있다』고 한탄하면서 모든 소설가는 『점점 더 웅대한 구상을 붙잡지 못하고 있다』고 덧붙였다. 논픽션 분야에 관해서도 라스킨(Daniel Laskin)은 「국민연감(The People's Almanac)」과 「목록집(The Book of Lists)」 등의 대단히 인기있는 안내책자들을 비평하면서 『힘을 들인 종합적인 생각은 지지를 받지 못하는 것 같다. 그대신 닥치는 대로 재미있는 단편들만의 세계를 수집하고 있다』고 쓰고 있다. 그러나 인간의 이미지가 순간영상으로 붕괴되는 것은 비단 책이나 문학에만 국한된 현상이 아니다. 신문이나 전자매체의 경우 이같은 현상은 더욱 뚜렷이 나타나고 있다.

단편화된 일시적인 이미지들이 지배하는 이런 종류의 새로운 문화에서 우리는 「제2물결」 및 「제3물결」의 매체 이용자들간에 균열이 확대되고 있음을 간파할 수 있다.

고루한 윤리와 과거에 대한 이데올로기적인 확신을 갈망하는 「제2물결」 인간들은 이같은 정보전쟁으로 인해 혼란에 빠지고 방향감각을 상실하고 있다. 그들은 1930년대의 라디오 프로그램이나 1940년대의 영화를 그리워한다. 그들은 새로운 매체 환경에 대해 단절감을 느낀다. 그것은 들리는 것이 모두 험악하고 기분나쁜 것인 데다가 정보가 전달되는 방식 자체가 낯설기 때문이다.

우리는 지금 장기간 서로 연관을 갖도록 조직되거나 종합된 「일련」의 관념을 전달받는 대신에 지금까지의 우리의 정신구조에는 잘 맞지 않는 광고, 명령, 이론, 단편적 뉴스, 불완전한 단편조각 등 짧고 틀에 박힌 정보의 순간영상들에 더욱 더 노출되고 있다. 이 새로운 이미지들은 분류하기 어렵다. 그것은 이 이미지들이 종전의 개념적 범주를 벗어난 것인 데다가 그 전달방식이 너무나 엉뚱하고 순간적이고 연관성이 없기 때문이다. 「제2물결」 사람들은 이같은 순간영상 문화의 수라장에 의해 괴롭힘을 당한 나머지 매체에 대해 마음 속으로 분노를 느끼고 있다.

이에 반해 「제3물결」 사람들은 순간영상들—30초간의 상업광고를 삽입한 90초짜리 단편뉴스, 짤막한 노래와 가사, 신문표제, 만화, 콜라주(collage), 시사해설, 컴퓨터의 프린트 아웃 등으로 이어지는—의 집중포격을 받아도 끄떡없이 태연하다. 한 번 읽고 버리는 문고판 서적과 전문잡지를 탐독하는 욕심많은 독자들은 방대한 양의 정보를 단숨에 삼켜 버린다. 그러나 순간영상들을 종합하거나 조직하여 보다 큰 전체로 정리한 새로운 개념이나 은유에도 관심을 갖는다. 그들은 새롭고 부품화된 자료를 「제2물결」의 표준적 범주나 구조에 맞추려 하지 않고 새로운 매체가 내뿜는 순간영상 자료를 자기 자신의 범주 속에서 「엮어내는」 방법을 터득했다.

우리는 오늘날 현실에 관한 정신적 모델을 단순히 받아들이는 데 그치지 않고 이 모델을 계속적으로 창조하고 재창조해 나가도록 강요받고 있다. 이것은 우리에게 엄청난 부담이 아닐 수 없다. 그러나 이것은 동시에 개성의 제고, 즉 문화뿐 아니라 퍼스낼리티의 탈대중화를 가져다 준다. 우리들 중에서 일부는 새로운 압력에 눌려 지쳐버리거나 아니면 무관심이나 분노에 빠져든다. 또 일부는 훌륭하게 형성되고 계속 성장하는 유능한 개인으로서 보다 높은 차원에서 활동할 수 있는 인간으로 등장할 것이다.(그 어느 경우이건, 긴장이 너무 크건 작건간에 「제2물결」 시대의 여러 사회학자나 공상과학소설가들이 예견했던 획일적이고 표준화되고 손쉽게 조직화할 수 있는 로봇과는 전연 다른 결과가 나타날 것이다.)

무엇보다도 매체가 반영하기도 하고 강화하기도 하는 문명의 탈대중화 현상은 우리 모두가 교환하는 정보량의 엄청난 증가를 수반한다. 그리고 현대사회가 지금 「정보화사회」로 되어가고 있다는 것은 바로 이같은 정보의 증가를 두고 하는 말이다.

문명이 더욱 다양화하면 할수록—기술·에너지 형태·사람들이 차별화하면 할수록—특히 고도의 변화에 수반되는 긴장하에서 그 전체성을 유지하려면 그 구성요소들간에 더욱 더 많은 정보의 흐름이 있어야 한다. 예컨대 한 조직체가 자신의 행동을 무리없이 계획하려면 다른 조직체들이 변화에 어떻게 대응하는가를 다소나마 예견할 수 있어야 한다. 개인의 경우도 마찬가지다. 우리가 획일화되면 될수록 상대방의 행동을 예측하기 위해 서로를 알아야 할 필요성은 줄어들게 마련이다. 그러나 우리 주변의 사람들이 보다 개성화·탈대중화하게 되면 우리는 그들이 우리에 대해 어떻게 행동할지를 개략적이나마 예측하기 위해 보다 많은 정보—신호와 암시—를 필요로 하게 된다. 그리고 반일 이러한 예측이 불가능하다면 우리는 함께 일하거나 함께 살아갈 수 없게 된다.

그렇기 때문에 사람과 각종 조직체들은 계속적으로 정보를 갈망하게 되고 전체 체제는 더욱 더 활발한 자료의 흐름으로 고동치기 시작하게 된다. 「제3물결」은 사회체제의 결속에 필요한 만큼 정보의 양을 끌어 올리고 정보교환의 속도를 제고시킴으로써 시대에 뒤떨어져 과중한 부담에 허덕이는 「제2물결」 정보영역의 울타리를 깨뜨려 버리고 이를 대체할 새로운 체제를 구축하고 있다.

14
지적 환경

세계의 여러 민족들은 — 그리고 어떤 민족들은 지금도 — 사물의 직접적이고 물질적인 실체의 배후에는 영혼이 존재하며 얼핏 죽은 것처럼 보이는 바위나 대지 등의 물체도 그 안에 생명력, 즉「마나(mana)」를 가지고 있다고 믿었다. 미국 인디언의 수우족(Sioux)은 이를「와칸(wakan)」이라고 불렀고 알곤킨족(Algonkians)은「마니토우(manitou)」, 이로쿼이족(Iroquois)은「오렌다(orenda)」라고 불렀다. 이 인디언들은 주위환경 전체에 생명이 있다고 생각했다.

오늘날 우리는「제3물결」문명의 새로운 정보영역을 구축해 가는 과정에서 우리 주위의「죽은」환경에 생명 대신에 지능을 부여하고 있다.

이 혁명적 발전의 열쇠는 두말할 필요도 없이 컴퓨터이다. 저장된 정보의 처리방법을 기계에 알려주는 프로그램과 전자기억장치를 결합한 이 컴퓨터는 1950년대 초까지만 해도 과학적 호기심의 대상에 불과했었다. 그러나 미국에서「제3물결」이 일기 시작한 1955~65년까지의 10년 동안에 컴퓨터는 서서히 업계에 파고들기 시작했다. 처음에는 고립적인 기계로서 용량도 별로 크지 않아 주로 경리업무에 사용되었다. 그러나 곧 엄청난 용량의 컴퓨터들이 기업체 본사에 설치되어 다양한 업무를 떠맡게 되었다. 부즈 앨런 & 해밀턴사(Booz Allen & Hamilton Inc.) 수석 부사장이자 경영상담역인 포펠(Harvey Poppel)은 이렇게 말한다. 『1965~77년까지 우리는 대형 중앙컴퓨터 시대에 살고 있었다. …그것은 기계시대의 사고방식을 궁극적으로 표현해 주는 하나의 축도이다. 그것은 더할 나위 없는 걸작으로서 초대형 컴퓨터는 방공호 중추부 지하 수백 피트에 설치되어…방부처리된 환경하에서…일단의 우수한 테크너크랫(super-technocrat)들에 의해 운영되었다.』

이 중앙집권화된 거인들은 매우 인상적이었기 때문에 곧 사회적 신화의 표준이 되었다. 영화제작자·만화가·공상과학 소설가 등은 컴퓨터를 미래의 상징물로 사용하면서 항상 컴퓨터를 전지전능한 두뇌, 초인간적 지능이 대량으로 집중된 두뇌로 묘사하곤 했다.

그러나 1970년대에 들어와 사실이 시대에 뒤떨어진 표현을 한 공상소설을 앞질렀다. 소형화가 급진전을 보이고 컴퓨터 용량이 급증하고 가격이 폭락함에 따라 작고 값싸고 성능좋은 소형 컴퓨터가 도처에 보급되기 시작했다. 모든 공장·실험실·판매부서·생산부서마다 자체 컴퓨터를 요구하게 되었다. 이렇게 해서 실제로 컴퓨터가 대량으로 보급되었기 때문에 자기 회사에 컴퓨터가 몇 대인지도 모르는 기업이 있을 정도였다. 이제 컴퓨터의 「두뇌력」이 한 곳에 집중화하지 않고 「분산」되기에 이르렀다.

이같은 컴퓨터에 의한 정보처리는 현재 급속도로 진전되고 있다. 1977년 미국에서 「데이타 분산처리 장치(distributed data processing)」 매상고는 3억 달러에 달했다. 컴퓨터 분야의 대표적 시장조사 회사인 인터내셔널 데이타사(International Data Corp.)에 의하면 이 숫자가 1982년에는 30억 달러에 달하게 될 것이라는 것이다. 이제 얼마 안 있어 특별히 교육받은 컴퓨터 전문가를 필요로 하지 않는 값싼 소형 컴퓨터를 타이프라이터처럼 어디서든지 볼 수 있게 될 것이다. 우리는 지금 작업환경을 「현대화」하고 있다.

더구나 업계와 정부기관 이외의 분야에서도 홈 컴퓨터가 곧 일반화될 전망이다. 5년 전만 해도 홈 컴퓨터 또는 퍼스널 컴퓨터(personal computer)의 수는 보잘 것 없었다. 지금은 미국 전역의 거실·부엌·서재 등에서 30만 대의 컴퓨터가 작동중인 것으로 추산되고 있다. 더구나 이것은 IBM사·텍사스 인스트루먼츠사 등 대형 제조업체들이 아직 본격적인 판매활동을 벌이기 이전의 숫자이다. 얼마 안 있어 홈 컴퓨터는 TV 세트보다 얼마 비싸지 않은 값으로 팔리게 될 것이다.

이 기계들은 지금도 벌써 각 가정에서 세금계산, 에너지 소비량 점검, 전자오락, 요리법 기억, 약속시간 기록, 「고급 타이프라이터」 역할 등 갖가지 용도에 사용되고 있다. 그러나 이런 것들은 앞으로 컴퓨터가 하게 될 일들의 극히 일부분에 불과하다.

텔리컴퓨팅 코퍼레이션 오브 아메리카(Telecomputing Corporation of America)는 「더 소스(The Source)」라고 불리우는 데이타 서비스를 제공하고 있다. 이 서비스는 싼 값으로 고객에게 언제라도 UPI통신 기사를 보내주고 방대한 양의 증권 및 상품시장 데이타, 자녀교육용 산수·쓰기·불어·독일어·이탈리아어 등 각종 교육 프로그램 제공, 컴퓨터로 관리하는 특별할인 고객클럽 가입, 즉각적인 호텔 및 관광예약 등 여러가지 업무를 대행해 준다.

「더 소스」는 또한 누구든지 값싼 컴퓨터 터미널만 가지고 있으면 이 시스팀에 가입한 다른 누구와도 통신을 할 수 있도록 해준다. 원하기만 하면 수천 마일 밖에 있는 사람과 브리지·체스·주사위 놀이 등을 즐길 수도 있다. 이용자들은 또 서로 메시지를 교환하거나 한꺼번에 여러 사람에게 메시지를 보낼 수도 있고 모든 교신내용을 전자기억장치에 저장해 둘 수도 있다. 「더 소스」는 심지어 「전자공동체(electronic community)」라 불리우는 공동관심사를 가진 사람들의 그룹이 형성되도록 촉진해 줄 것이다. 「더 소스」에 의해 전자적으로 맺어진 10여개 도시의 사진 애호가들이 카메라·사진기재·암실기술·조명·컬러 필름 등에 관해 즐거운 대화를 나눌 수도 있다. 또 상대방의 코멘트 내용을 몇 달 후 「더 소스」의 전자기억장치에서 주제별·날짜별·범주별로 재생하여 활용하는 것도 가능하다.

홈 컴퓨터의 보급은 다양한 네트워크에 연결되어 그들간에 상호 연락할 수 있도록 해줄 뿐 아니라 하나의 지적 환경의 조성면에서 커다란 발전을 대변해 주고 있다. 그리고 그것만이 전부가 아니다.

컴퓨터 정보의 보급은 마이크로프로세서나 마이크로컴퓨터의 도래로 더 한층 높은 단계에 달하게 될 것이며 정보를 응축시킨 작은 칩(chip)들이 인간이 만들어 사용하는 거의 모든 물건들의 부품으로 이용되게 될 것이다.

마이크로컴퓨터가 생산공정이나 기업경영 일반에 응용되는 것은 말할 것도 없고 곧 에어콘이나 자동차에서 재봉틀·저울에 이르기까지 모든 제품에 이미 장치되고 있거나 또 장치될 것이다. 마이크로컴퓨터는 가정의 에너지 사용량을 점검하여 낭비를 최소화해 주고 세탁기의 세제량이나 수온을 조절해 주며 자동차의 연료장치를 조정해 줄 것이다. 또한 시계라디오·토스터·코피 포트·샤워 꼭지에도 사용될 것이다. 그밖에 차고의 온도를 조절하고 문을 잠그는 등 크고 작은 여러가지 일들을 수행하게 될 것이다.

유명한 마이크로컴퓨터 판매업자인 할드(Alan P. Hald)는 「우리집 프레드(Fred the House)」라는 이름의 시나리오에서 앞으로 20~30년내에 사태가 어디까지 발전할지에 관해 흥미있는 전망을 하고 있다.

할드에 의하면 『홈 컴퓨터는 지금도 이미 말을 하고 통역을 하고 가전제품을 조정할 수 있다. 검출기(sensor)에 적당한 어휘를 투입시켜 벨 전화시스팀(Bell Telephone System)에 연결시키면 집안에서 전세계의 누구와도 또는 어떤 것과도 대화를 할 수 있다』는 것이다. 물론 여러가지 난관이 남아 있기는 하지만 변화의 방향은 명백하다.

할드는 이렇게 쓰고 있다. 『이렇게 상상해 보자. 당신이 직장에서 일하고 있을 때 집에서 전화가 걸려 왔다. 프레드에게서 온 것이다. 프레드는 최근의 강도사건에 관한 아침뉴스 보도를 모니터하던 중 곧 폭우가 쏟아질 것이라고 경고하는 일기예보를 포착했다. 이 정보가 프레드의 기억을 일깨워 지붕상태를 점검하도록 했다. 지붕이 샐 만한 곳이 발견되었다. 프레드는 당신에게 전화를 걸기 전에 「슬림(Slim)」에게 전화를 걸어 상의했다. 슬림은 그 거리 아래쪽에 있는 농장스타일의 집에 설치되어 있는 컴퓨터이다. …프레드와 슬림은 데이타 뱅크를 공동으로 이용하는 경우가 많기 때문에 서로 상대방이 집수리 회사를 찾아내는 효과적인 조사방법이 프로그램되어 있음을 알고 있다. …당신은 프레드의 판단이 믿을 만하다는 것을 알고 있기에 이 지붕수리 계획을 승인해 준다. 나머지 일이 곧바로 추진되어 프레드는 지붕 수리공에게 전화를 건다. …』

이러한 공상은 우스갯소리 같기도 하지만 지적 환경에서 생활하는 느낌을 어렴풋이나마 엿볼 수 있게 해준다. 그러한 환경에서의 생활은 아주 무시무시한 철학적인 문제들을 제기한다. 기계가 이 세상을 장악하는 것이나 아닐까? 지능을 가진 기계들이 상호간의 교신망으로 결속한다면 인간이 컴퓨터를 이해하고 통제할 수 있는 능력을 벗어나게 되는 것이나 아닐까? 「대형(大兄)」(역주 Big Brother, 오웰(George Orwell)의 소설 「1984년」에 등장하는 익명의 독재자)이 언젠가는 단순히 우리의 전화통화를 도청하는 데만 그치지 않고 토스터나 TV 세트까지도 점검하여 우리의 행동과 심리를 감시하게 되는 것은 아닐까? 우리는 어느 정도까지 컴퓨터와 칩에 의존해야 할 것인가? 우리가 물질적 환경 속에 끝도 없이 지능을 쏟아 붓다가 결국 우리의 정신이 퇴화하는 것은 아닐까? 만약 누군가가 또는 무엇인가가 벽에서 플러그를 뽑아 버린다면 어떠한 사태가 일어날까? 그래도 우리는 생존에 필요한 기본적인 능력을 가지고 있게 될 것인가?

이상과 같은 질문 하나하나에 대해 무수한 반대질문이 가능하다. 「대형」이 집집마다에 있는 토스터와 TV 세트, 모든 자동차 엔진과 부엌용품을 감시하는 것이 정말로 가능할까? 지능이 환경 전체에 걸쳐 분산되고 이용자들이 수천 군데에서 동시에 이를 가동시킬 수 있고 또 컴퓨터 사용자들이 중앙컴퓨터를 거치지 않고도(분산 네트워크의 경우처럼) 서로 교신할 수 있다면 그래도 「대형」이 사물들을 통제할 수 있을까? 사실상 정보의 분산은 전체주의적인 국가권력을 강화시키기보다는 약화시킬지도 모른다. 아니면 우리가 정부를 속일 수 있을 만큼 충분히 약삭빠르지 못한 것은 아닌가? 브루너(John Brunner)의 뛰어나고 줄거리가 복잡한 소설 「충격파를 탄 사람(The Shockwave Rider)」에서는 주인공이 컴퓨터망을 통해 사상을 통제하려는 정부의 기도를 성공적으로 방해하는 장면이 나온다. 과연 정신은 퇴화할 것인가? 다음에 설명하겠지만 지적 환경이 조성되면 오히려 그 정반대의 효과가 나타나게 된다. 우리의 명령에 따르는 기계를 설계함에 있어 아시모프(Isaac Asimov)의 고전적 소설 「나, 로봇(I, Robot)」에 나오는 로봇 「로비(Robbie)」처럼 로봇을 인간에게 절대로 해를 입히지 못하도록 프로그램할 수는 없을까? 확실한 대답은 아직 나와 있지 않다. 또한 이런 문제점들을 무시해 버린다면 무책임한 것이겠지만 상황이 인류에게 불리하다고만 생각하는 것도 너무 소박한 사고방식일 것이다. 우리에게는 아직도 얼마든지 지성과 상상력이 남아 있다.

그러나 한 가지 분명한 것은 우리가 어떻게 생각하건간에 우리는 우리의 정보영역을 근본적으로 변혁해 가고 있다는 점이다. 우리는 단지 「제2물결」의 매체를 탈대중화하는 데 그치지 않고 나아가서는 이 사회체제에 전혀 새로운 커뮤니케이션 층을 첨가하고 있다. 지금 등장하고 있는 「제3물결」 정보영역은 대중매체·우체국·전화가 지배한 「제2물결」 시대의 정보영역을 어쩔 수 없이 원시적인 것으로 보이도록 만들고 있다.

두뇌의 강화

정보영역을 그처럼 철저하게 변혁시키다 보면 우리 자신의 정신상태—우리의 문제를 생각하고 정보를 종합하고 행동의 결과를 예상하는 방식 등—도 변혁을 겪지 않을 수 없다. 우리 생활에서 수행하는 학식의 역할도 달라지게 될 것이다. 우리는 심지어 우리 뇌의 화학적 구성을 변혁시킬지도 모른다.

컴퓨터들과 칩을 장치한 기구들이 인간과 대화를 나눌 수 있다는 할드의 이야기는 겉보기처럼 그렇게 허황한 얘기가 아니다. 지금 나와 있는 「음성 데이타 입력」 터미널은 이미 1,000개의 어휘를 인식하고 반응할 수 있는 능력을 갖추고 있으며 현재 IBM사나 NEC(Nippon Electric Corp.) 등의 대기업으로부터 휴리스틱스사(Heuristics Inc.), 센티그램사(Centigram Corp.) 등의 군소회사에 이르기까지 수많은 업체들이 이 어휘를 늘리고 처리기술을 단순화하고 제조원가를 대폭 떨어뜨리기 위해 치열한 경쟁을 벌이고 있다. 컴퓨터가 자연어(natural language)를 자유자재로 구사할 수 있으려면 몇년이 걸릴 것인가에 관한 예측은 20년에서 불과 5년에 이르기까지 각양각색이지만 이러한 발전이 갖는 의미는 경제적·문화적으로 엄청난 것이 될 것이다.

오늘날 수많은 사람들이 문맹이라는 이유로 고용시장에서 제외되어 있다. 아주 간단한 직종이더라도 각종 양식과 버튼의 표시, 급료지불수표, 작업지시서 등을 읽을 줄 아는 사람을 요구한다. 「제2물결」 사회에서는 기업체가 요구하는 가장 기본적인 기능이 읽을 수 있는 능력이었다.

그러나 문맹은 바보와는 다르다. 우리는 세상의 문맹자들이 농업·건설·사냥·음악 등 여러 분야의 활동에서 매우 훌륭한 솜씨를 발휘하고 있음을 알고 있다. 많은 문맹자들이 놀랄 만한 기억력을 가지고 있고 수개 국어를 말할 줄 안다. 이러한 어학력은 대학을 졸업한 보통 미국인으로서는 도저히 따를 수 없다. 그런데도 「제2물결」 사회에서 문맹자는 경제적으로 비참한 운명에 처해 있었다.

물론 문자해득이란 것은 단순한 직업적 기능 이상의 것이다. 그것은 사람을 환상적인 상상력과 즐거움의 세계로 이끌어 준다. 그러나 각종 기계와 기구, 심지어 벽까지도 말할 수 있도록 프로그램되는 지적 환경에서는 문자해득이라는 것이 과거 300년 동안에 비해 취직하는 데 별로 상관이 없게 될 것이다. 항공사의 예약접수계원·상품진열실 요원·기계 운전공·수리공들은 글을 읽지 못하더라도 기계에서 나오는 소리가 일의 순서나 망가진 부품의 교환방법을 일일이 가르쳐 주기 때문에 듣기만 하면 얼마든지 일을 해낼 수 있다.

컴퓨터는 초인이 아니다. 컴퓨터는 고장이 나기도 하고 실수—때로는 위험한 실수—를 저지르기도 한다. 컴퓨터에 마법 같은 것은 없으며 그들은 분명코 인간환경에서 「정신」이나 「영혼」 같은 것이 될 수는 없다. 그러나 이같은 여러가지 제약에도 불구하고 컴퓨터는 인간이 이룩한 업적 중에서 가장 놀랍고도 마음을 들뜨게 만드는 것 중의 하나이다. 「제2물결」 기술이 인간의 신체적 힘을 강화해 준 것처럼 컴퓨터는 인간의 정신적 힘을 강화해 주고 있고 우리는 인간정신이 우리를 궁극적으로 어디로 이끌어 가고 있는지를 알지 못하기 때문이다.

우리가 지적 환경과 보다 친숙해지고 어렸을 때부터 컴퓨터와 대화하도록 배운다면 현재로서는 상상할 수 없을 정도로 자연스럽게 컴퓨터를 사용할 수 있게 될 것이다. 그렇게 되면 컴퓨터는 비단 소수의 「우수한 테크너크랫」들뿐 아니라 우리 모두에게 우리 자신과 이 세계에 대해 보다 깊은 사색을 하도록 도와줄 것이다.

오늘날 우리는 어떤 문제가 제기되면 즉시 그 원인들을 발견하려고 노력한다. 그러나 종전에는 가장 심오한 사색가들조차도 사물의 원인을 상호관련된 소수의 인과적 요인을 가지고 규명하려고 시도하는 것이 상례였다. 그것은 설사 가장 뛰어난 인간이라도 한꺼번에 여러가지 변수들을 처리하는 것은 고사하고 생각한다는 것 자체가 매우 힘들기 때문이다.* 따라서 청소년 비행의 원인이라든가 인플레이션이 경제를 황폐화시키는 원인, 도시화가 주변 하천의 생태계에 미치는 영향 등 아주 복잡한 문제에 직면하게 되면 우리는 두 세 가지 요인만을 강조하고 더욱 중요할지도 모르는 다른 요인들을 무시해 버리는 경향이 있다.

더구나 전문가들은 전형적으로「그 자체」의 원인들이 갖는 근본적인 중요성만 고집하고 그밖의 원인들을 배제하는 경향이 있다. 도시 황폐화라는 엄청난 문제에 직면하게 되면 주택전문가는 그 원인이 주택밀집과 주택건설의 감소라고 밝힌다. 교통전문가는 대중교통 수단의 부족 때문이라고 지적한다. 복지전문가는 탁아소나 사회사업 예산의 부족 때문이라고 제시한다. 범죄전문가는 경찰의 순찰 횟수가 적은 탓이라고 지적하고, 경제전문가는 높은 세금이 기업투자를 위축시키기 때문이라고 주장하는 등의 식이다. 누구라도 짐짓 이 모든 문제들이 서로 연관되어 있다는 점, 즉 그것들이 스스로를 보완해 주는 체계를 형성하고 있다는 점을 인정한다. 그러나 아무도 문제의 해결책을 강구하면서 여러가지 복잡한 원인을 머리 속에 담아 놓을 수가 없다.

도시 황폐화 문제는 리트너(Peter Ritner)가 그의「공간사회(The Society of Space)」에서「얽힌 문제」라고 적절하게 정의한 여러 문제들 중의 한 가지에 불과하다. 리트너는『앞으로 인류는 더욱 더「원인과 결과 분석」이 불가능하고「상호의존성 분석」을 할 수밖에 없는 위기들에 직면하게 될 것』이라고 경고하면서 이 위기들은『쉽게 분리할 수 있는 몇 가지 요소들로 구성되는 것이 아니라 수십가지의 독립적·중복적인 원인에서 발생하는 수백가지의 서로 얽혀 있는 영향들로서 이루어지는 것』이라고 말했다.

컴퓨터는 다수의 인과관계들을 기억하고 서로 관련시킬 수 있기 때문에 이러한 문제들을 종전보다 더 심도있게 다루도록 도울 수 있다.

---

* 우리는 잠재의식이나 본능의 차원에서 여러가지 요인들을 동시에 다루는 수도 있지만 다수의 변수들을 체계적·의식적으로 생각한다는 것이 얼마나 힘든가는 이를 시도해 본 사람이면 누구나 알고 있을 것이다.

또 방대한 자료를 걸러내어 그 속에서 미묘한 패턴을 밝혀낼 수도 있다. 「순간영상들」을 보다 광범위하고 보다 의미있는 전체상(whole)으로 조립하도록 해줄 수도 있다. 몇 가지 가정이라든가 한 가지 모델이 주어지기만 하면 컴퓨터는 통상 어떤 개인이 해낼 수 있는 것보다도 더 체계적이고 완전하게 여러가지 결정들이 가져올 결과를 밝혀낼 수 있다. 컴퓨터는 심지어 인간과 자원간에 존재하는 새로우면서도 지금까지 주목되지 않았던 관계를 밝혀냄으로써 특정 문제에 대해 창의적인 해결책까지도 제시해 줄 수 있다.

예견할 수 있는 몇십년 동안까지는 인간의 지능・상상력・직관력이 기계보다 훨씬 중요한 위치를 차지할 것이다. 그렇지만 컴퓨터는 전체 문화의 인과관계를 심오하게 만들고 사물의 상호연관성에 관한 인간의 이해를 제고시키며 또한 우리 주변의 단속적 자료들로부터 의미있는 「전체상」을 종합하도록 도와줄 수 있을 것으로 기대된다. 컴퓨터가 순간영상 문화의 해독제 역할을 한다는 것이다.

또한 지적 환경은 궁극적으로 우리의 문제분석 및 정보종합 방법만을 변화시키는 것이 아니라 나아가서는 인간두뇌의 화학적 구성까지도 변화시키게 될 것이다. 크레치(David Krech), 다이아몬드(Marian Diamond), 로젠츠바이크(Mark Rosenzweig), 베네트(Edward Bennett) 등의 실험결과는 「풍족한」 환경에 노출된 동물이 통제된 집단의 동물들에 비해 대뇌피질이 크고 뇌신경 세포가 많고 신경세포가 크고 신경전달물질도 더욱 활발하며 뇌에 대한 혈액공급도 많다는 것을 보여주고 있다. 그렇다면 우리가 환경을 더욱 복잡하고 지적인 것으로 만든다면 인간이 지금보다 더 지적인 존재가 될 수 있을 것인가?

신경정신병학의 세계적 권위자이며 뉴욕정신병연구소(New York Psychiatric Institute) 연구실장인 클라인(Donald F. Klein) 박사는 다음과 같은 논리를 전개하고 있다.

『크레치의 연구결과는 지능형성에 영향을 주는 변수들 중에는 초기 환경의 풍요함과 감수성이 포함된다는 것을 시사해 주고 있다. 자극이 적고 빈약하고 반응이 느린 이른바 「둔감한」 환경에서 자라난 아이는 요행수를 바라지 않도록 배운다. 그러므로 잘못을 저지를 염려가 적고 따라서 매우 조심스럽고 보수적이고 호기심이 없고 또는 아주 소극적이어서 뇌가 좀처럼 흥분하는 일이 없게 된다.

이에 반해 복잡하고 자극적이며 민첩하고 반응이 빠른 환경에서 자라난 아이는 이와 다른 자질을 키워나가게 된다. 환경을 자기를 위해 이용하도록 배운 아이는 어렸을 때부터 부모에게 별로 의존하지 않는다. 자기가 숙달되고 능력있는 사람이라는 의식을 갖게 된다. 또한 호기심과 탐구심·상상력을 가질 뿐 아니라 삶에 대해 문제를 해결하는 자세로 임할 여유를 갖게 된다. 이 모든 것이 뇌 자체의 변화를 촉진할 수도 있다. 이 점에 대해 우리는 추측할 수밖에 없다. 그러나 지적 환경이 인간의 새로운 신경세포 연접부를 발전시키고 대뇌피질을 확대해 주는 것이 불가능하지는 않을 것이다. 민첩한 환경은 민첩한 인간을 만들어 줄 것이기 때문이다.』

그러나 지금까지 설명한 것은 새로운 정보영역이 가져올 변화의 보다 큰 중요성의 일부를 시사하는 데 불과하다. 매체의 탈대중화와 이에 수반하는 컴퓨터의 등장이 우리의 사회적 기억(social memory)을 변화시키기 때문이다.

사회적 기억

모든 기억은 순전히 개인적 또는 사적인 것과 사회적 또는 공유적인 것으로 나눌 수 있다. 공유되지 않은 사적인 기억은 개인의 죽음과 함께 소멸하지만 사회적 기억은 계속 살아 남는다. 인류가 성공적인 진화를 이룩한 비결은 공유된 기억(shared memory)을 정리하고 재생시키는 주목할 만한 능력에 있다. 그러므로 인간이 사회적 기억을 만들고 저장하고 사용하는 방법을 변경하는 것은 인류 운명의 근원 자체를 변경하는 데 해당하는 것이다.

인류는 역사상 두 번에 걸쳐 그 사회적 기억에 혁명을 일으켰다. 오늘날 새로운 정보영역을 구축해 가는 과정에서 인류는 또 다른 제3의 변혁을 일으키려 하고 있다.

최초에 인간집단은 그 공유적 기억을 사적인 기억과 같은 장소, 즉 개개인의 머리 속에 저장할 수밖에 없었다. 부족의 연장자나 현인들이 공유적 기억을 역사·신화·민담·전설 등의 형태로 간직하여 이를 언설(言說)·노래·시가·훈계 등을 통해 자손에게 전했다. 불을 일으키는 방법, 새덫을 놓는 방법, 뗏목을 엮고 감자를 으깨는 방법, 쟁기를 벼리고 소를 돌보는 방법 등—한 집단의 모든 축적된 경험은 인간의 뇌신경 세포 속에 저장되었다.

이러한 상태가 지속되는 한 사회적 기억의 크기는 매우 한정적일 수밖에 없었다. 연장자들의 기억력이 아무리 좋더라도, 노래나 교훈이 아무리 기억하기 좋게 만들어졌더라도 인간의 머리 속에 집어넣을 수 있는 기억에는 한계가 있었기 때문이다.

「제2물결」 문명이 이같은 기억의 장벽을 무너뜨렸다. 이 문명은 대중적 지식을 보급했고 체계적인 기업의 기록을 남겼고 수많은 도서관과 박물관을 건설했고 또한 화일 캐비닛을 발명했다. 요컨대 「제2물결」 문명은 사회적 기억을 두뇌 밖으로 끌어내 이를 저장할 수 있는 새로운 방법을 발견해 냄으로써 종전의 한계를 넘어 사회적 기억을 크게 확장해 주었다. 사회적 기억이 지식의 축적을 통해 혁신과 사회적 변화의 모든 과정을 가속화시킴으로써 「제2물결」 문명은 종전의 그 어떤 문명보다도 가장 빨리 변화·발전하게 되었다.

우리는 오늘날 전연 새로운 사회적 기억의 단계로 접어들고 있다. 매체의 철저한 탈대중화, 새로운 매체의 발명, 인공위성에 의한 지도의 작성, 전자검출기에 의한 환자의 진단, 기업문서의 컴퓨터화 등 이 모든 것은 우리가 문명의 활동을 극히 세부적으로 기록하게 되었음을 의미한다. 우리가 이 지구를 사회적 기억과 함께 잿더미로 만들지 않는 한 우리는 멀지 않아 거의 완전한 회상을 하는 문명을 이룩하게 될 것이다. 「제3물결」 문명은 4반세기 전만 해도 상상할 수 없었을 정도로 자기 자신에 관해 더 많은 정보, 더욱 정밀하게 조직화된 정보를 가지게 될 것이다.

그러나 「제3물결」 사회적 기억으로의 이행을 단지 양적인 측면에서만 파악해서는 안된다. 우리는 지금 인간의 기억에 생명을 불어넣고 있다.

사회적 기억이 인간의 두뇌에 저장되어 있었을 때에는 그것이 계속 침식되고 재생되고 뒤섞이고 결합되고 또 새로운 방법으로 재결합되었다. 요컨대 그 당시 사회적 기억은 활발하고 동적이었으며 문자 그대로 살아있는 기억이었다.

산업문명이 사회적 기억의 대부분을 두뇌 밖으로 끌어내자 그 기억은 객체화되어 가공물·책·임금대장·신문·사진·영화필름 등에 간직되었다. 그러나 일단 표상이 문자화되고 사진이 필름에 찍히고 신문이 인쇄되고 나면 그 표상은 수동적·정적인 것이 되고 만다. 이 표상들은 다시 인간의 두뇌 속으로 흘러 들어가야만 다시 생명력을 갖게 되고 조작되며 또한 새로운 방법으로 재결합될 수 있다. 이처럼「제2물결」문명은 사회적 기억을 대폭 확장하는 한편 이를 동결시키기도 했다.

「제3물결」정보영역으로의 도약이 미증유의 상황을 전개시켜 주고 있다. 그것은 사회적 기억을 넓히기도 하고 동시에 활성화하기도 한다. 그리고 이 두 가지 작용이 결합됨으로써 강력한 추진력이 나타나게 될 것이다.

이처럼 새롭게 확대된 기억이 활성화되면 새로운 문화적 에너지가 방출될 것이다. 컴퓨터가「순간영상」들을 일관성있는 실재모델로 조직 또는 종합하도록 해줄 뿐 아니라 가능성의 한계를 크게 넓혀 주기 때문이다. 도서관이나 화일 캐비닛은 생각할 능력이 없고 독특한 발상을 할 수도 없다. 그러나 우리는 컴퓨터에게「생각할 수 없는 것」또는 전에 생각하지 못했던 것을 생각하도록 만들 수가 있다. 이 때문에 실로 지금까지는 생각하지도 못했고 상상하지도 못했던 여러가지 새로운 이론과 아이디어, 이데올로기, 예술적 안목, 기술발전, 경제적·정치적 혁신들이 쏟아져 나올 수 있게 되었다. 컴퓨터는 이처럼 역사변화를 가속화시키고「제3물결」사회의 다양화를 추진하는 원동력을 제공해 주고 있다.

과거의 모든 사회에서는 정보영역이 인간상호간의 커뮤니케이션 수단을 제공해 주었다.「제3물결」은 이러한 수단을 더욱 늘려 주고 있다. 그러나「제3물결」은 역사상 처음으로 기계간의 커뮤니케이션, 그리고 더욱 놀라운 것은 인간과 그 주변의 지적 환경간의 대화를 가능케 하는 강력한 수단을 제공해 주고 있다. 한 걸음 뒤로 물러서서 보다 대국적인 견지에서 관찰해 보면 우리는 정보영역에서의 혁명이 에너지체계와 사회의 기술적 기반 등 기술영역에서의 혁명 못지 않게 극적이라는 것을 알 수 있다.

새로운 문명을 건설하는 작업은 여러 차원에서 동시에 진행되고 있다.

15
대량생산의 저편

얼마 전에 필자는 렌터카를 몰고 눈덮인 로키산맥 정상으로부터 구불구불한 도로를 내려와 고원지대를 가로지른 다음 다시 아래로 아래로 내려와 웅장한 이 산맥의 동쪽 기슭에 도착했다. 화창한 하늘 아래 펼쳐진 이곳 콜로라도 스프링즈(Colorado Springs) 시에서 필자는 뒤쪽의 먼 산봉우리 때문에 작게 보이는 도로 연변의 길고 나지막한 건물단지로 향했다.

필자는 이 건물로 들어서면서 전에 필자가 일했던 공장들의 온갖 소음·먼지·매연 그리고 그 당시의 억눌렸던 분노들을 회상했다. 우리 부부는 육체노동을 그만둔 후 지금까지 여러 해 동안 줄곧 「공장 구경꾼」 노릇을 해왔다. 우리 부부는 세계여행을 하면서도 폐허화한 성당이나 관광객에게 바가지를 씌우는 술집을 찾는 대신 사람들이 일하는 모습을 관찰하는 것을 일과로 삼아 왔다. 인간의 문화를 그 이상 분명히 보여주는 것은 없기 때문이다. 그래서 콜로라도 스프링즈에서도 필자는 공장을 찾아나섰다. 필자는 이 공장이 세계에서 가장 첨단적인 생산시설 중의 하나라는 말을 들어 왔었다.

그 이유는 금방 분명해졌다. 이런 종류의 공장에서는 최신 기술과 최첨단의 정보시스템, 그리고 이것들이 결합되어 나타나는 실제적인 결과들을 엿볼 수 있었기 때문이다.

이 휴렛 패커드(H-P/Hewlett-Packard) 공장에서는 TV 수상기용 음극선관(陰極線管)과 의료기기, 역전류검출관(逆電流檢出管), 실험용 「논리분석기」와 그밖의 각종 비밀스러운 제품 등 1년에 1억 달러 상당의 전자제품을 생산하고 있었다. 이곳 1,700명의 종업원 중에서 40%가 엔지니어·프로그래머·기술자·사무관리직 종업원이었다. 이들은 천정이 높고 거대한 개방적 공간에서 일한다. 한쪽 벽에는 거대한 전망창이 있어 위풍당당한 파이크스(Pikes) 봉우리를 볼 수 있다. 다른 벽면들은 밝은 노란색과 흰색으로 칠해져 있다. 바닥은 밝은 색의 비닐을 깔아 빛이 나고 병원처럼 깨끗하다.

이 H-P공장의 근로자들은 사무직이건, 컴퓨터 전문가이건, 공장장이건 그리고 조립공이나 검사원이건간에 모두 칸막이없는 개방된 장소에서 함께 일한다. 이들은 기계의 소음 속에서 큰 소리로 외칠 필요없이 서로 보통의 목소리로 얘기한다. 모두가 평상복을 입고 있기 때문에 겉모습으로는 직급과 직종을 구별할 수 없다. 생산직 근로자들은 각자 작업대나 책상 앞에 앉아 있다. 대부분의 작업대는 덩굴풀이나 각종 꽃 등의 화초로 장식되어 있어 보기에 따라서는 마치 정원에 나와 있는 듯한 착각에 빠질 정도이다.

필자는 이 공장 안을 걸어다니면서 만일 필자가 마법을 써서 전에 일했던 주물공장이나 자동차 조립공장의 옛 동료들을 그 소음과 먼지, 그 힘든 육체노동과 이에 수반되는 엄격하고 위압적인 규율로부터 번쩍 들어다가 이 최신식 작업환경에 옮겨다 놓으면 얼마나 통쾌한 일일까 하고 생각해 보았다.

그들은 눈앞에 벌어지는 광경에 눈이 휘둥그레질 것이다. 필자는 이 H-P공장이 노동자의 낙원이라고는 믿지 않으며 또 필자의 임금 노동직 동료들도 쉽사리 속지는 않을 것이다. 그들은 급여대장이라든가 특별급여·고정 처리절차 등에 관하여 조목조목 캐물으려 할 것이다. 그들은 이 공장에서 취급하는 색다른 새 자재들이 정말로 안전한가, 환경보건상의 위험은 없는가를 물으려 할 것이다. 그들은 또 응당 겉보기에 자유로운 것 같은 인간관계의 이면에는 역시 명령하는 자와 명령받는 자가 있을 것이라고 지레 짐작할 것이다.

그렇더라도 필자의 옛 동료들은 그 날카로운 눈으로 이 공장은 그들이 알고 있는 전통적인 공장들과 크게 다르고 새롭다는 것을 발견하게 될 것이다. 예컨대 그들은 이 H-P공장 근로자들이 모두 같은 시간에 출근하여 출근카드를 찍고 작업장으로 달려가는 것이 아니라 제한된 범위내에서 각자의 근로시간을 선택할 수 있도록 되어 있다는 점에 주목하게 될 것이다. 이 공장의 근로자들은 또 한 장소에서만 일하도록 강요받지 않고 자유로이 자리를 옮길 수 있다. 이들은 또 제한된 범위내에서 각자 작업속도를 정할 수 있도록 되어 있다. 관리직이나 엔지니어에게도 신분이나 지위에 구애받지 않고 자유롭게 얘기한다. 복장도 자유이다. 요컨대 모두가 개인인 것이다. 사실 구두 끝에 철판을 달고 더러운 작업복에 작업모를 쓰고 일하던 필자의 옛 동료들은 이곳을 도저히 공장이라고는 생각하지 않을 것이라고 필자는 생각한다.

그리고 우리가 공장을 대량생산 장소라고 본다면 옛 동료들의 생각은 옳다. 이 공장은「대량」생산을 하고 있지 않기 때문이다. 우리들은 대량생산의 단계를 벗어나고 있다.

쥐젖과 T셔츠

「선진국」에서 제조업 근로자의 비중이 지난 20년 동안 감소되어 왔다는 것은 이제 하나의 상식이다.(미국에서는 현재 전체 인구의 9%에 불과한 2,000만 명의 근로자들이 2억 2,000만 명을 위해 물건을 만들고 있다. 나머지 6,500만 명의 근로자들은 서비스직 및 사무직 근로자들이다.) 그리고 선진국의 제조업 축소가 가속화하면서 일반 제조업은 더욱 더 알제리·멕시코·태국 등 이른바 개발도상국으로 떠넘겨졌다. 이렇게 해서「제2물결」의 가장 낙후된 산업들은 마치 낡아빠진 중고품 자동차처럼 부유한 나라에서 가난한 나라로 수출되었다.

부유한 나라들은 전략적·경제적 이유로 인해 제조업을 몽땅 넘겨줄 수는 없기 때문에 이들이 순전한「서비스 사회」또는「정보산업국가」로 되지는 않을 것이다. 부유한 나라들은 비물질적 생산으로 살아가고 가난한 나라들은 물질적 생산에 종사한다는 생각은 지나치게 단순한 것이다. 대신에 우리는 부유한 나라들이 핵심적인 재화는 계속 생산하되 다만 여기에 필요한 노동자의 수만이 줄어들게 됨을 목격하게 될 것이다. 이것은 현재 인류가 제품을 만드는 방법 그 자체를 변혁시켜 가고 있기 때문이다.

「제2물결」 제조업의 본질은 수백만개의 동일하고 표준화된 제품의 장기적 「생산」에 있었다. 이에 반해 「제3물결」 제조업의 본질은 부분적 또는 전면적인 주문제품의 단기적 생산에 있다.

사람들은 아직도 제조업이라 하면 장기적 흐름을 생각하는 경향이 있다. 또 실제로 우리는 지금도 담배는 수십억 개비씩, 직물은 수백만 야드씩, 전구·성냥·벽돌·점화 플러그 등은 천문학적 수량만큼 생산하고 있다. 이러한 상태가 당분간 더 계속되리라는 것은 의심의 여지가 없다. 그러나 이런 것들은 바로 보다 낙후한 산업들의 제품일 뿐 첨단산업 제품은 아니며 또 전체 공산품에서 차지하는 비중도 5% 정도에 불과하다.

소련문제 연구전문지 「크리티크(Critique)」의 어떤 분석가는 이렇게 지적한다. 『고도의 선진국이 아닌 나라들—1인당 연간 GNP가 1,000~2,000달러인 나라들—은 대량생산 제품에 중점을 두고 있다. 반면에 고도의 선진국들은…고도의 숙련노동과…거액의 연구비를 요하는 1회 생산품 및 단기생산제품의 수출에 전념하고 있다. 컴퓨터·특수기계·항공기·자동생산시스팀·고도기술 페인트·의약품·고도기술의 중합체(重合體)와 플래스틱 등이 그것이다.』

일본·서독·미국 그리고 심지어 소련에서도 전기제품·화학·항공우주·전자·특수차량·통신 등의 분야에서 탈대량화(de-massification) 추세가 두드러지게 나타나고 있음을 볼 수 있다. 예컨대 미국 일리노이주 북부에 있는 웨스턴 일렉트릭사(Western Electric Co.)의 초현대적 공장에서는 400가지가 넘는 「회로 팩(circuit pack)」을 생산하고 있는데 월 생산량은 최고 2,000개에서 적은 것은 단 2개에 불과한 것도 있다. 콜로라도 스프링즈의 H-P공장에서도 생산량이 50 내지 100단위에 불과한 것이 보통이다.

미국의 IBM사, 폴러로이드사(Polaroid Co.), 맥도넬 더글러스사, 웨스팅하우스 일렉트릭사(Westinghouse Electric Corp.), GE사와 영국의 플래시사(Plessey Co.), ITT사, 독일의 지멘스사(Siemens Co.), 스웨덴의 에릭슨사(Ericsson Co.) 등에서도 이와 마찬가지로 단기생산과 주문생산으로의 이행이 두드러지게 나다니고 있다. 한때 노르웨이 조선 톤수의 45%를 차지했던 아케르 그룹(Aker Group)은 최근 해상 석유장비 생산으로 전환했다. 그 결과 선박의 「대량생산」에서 해상시설의 「주문생산」으로 전환했다.

한편 화학공업 분야에서도 미국 엑슨사의 중역인 리(R. E. Lee)에 의하면 이 회사는 『파이프·측선(側線)·파넬 등의 플래스틱 사출용 폴리프로필렌과 폴리에틸렌 등 제품의 단기생산으로 이행하고 있으며 파라민(Paramin)의 경우에도 주문생산이 늘어나고 있다』는 것이다. 또 그는 일부 제품은 생산량이 소량이기 때문에 『우리는 이를 「쥐젖(mouse-milk)」 생산이라고 부른다』고 덧붙였다.

군수품 생산의 경우 대부분의 사람들은 아직도 대량생산이 계속되고 있다고 생각하지만 사실은 여기서도 「탈대량생산」이 이루어지고 있다. 우리는 우선 군복·헬밋·소총 등 똑같은 제품이 수백만개씩 생산되는 상황을 생각한다. 그러나 대부분의 현대적 군사장비는 대량생산을 전혀 필요로 하지 않는다. 제트 전투기는 1회에 10대 내지 50대씩의 소량생산이 가능하다. 그나마 그 각각은 사용목적과 분야에 따라 조금씩 설계가 다를 수도 있다. 이처럼 소량의 주문생산이기 때문에 제트기 부품의 대부분은 일반적으로 단기생산 기간에 제조된다.

그렇기 때문에 미국방성의 최종제품 구매량별 지출을 분석한 자료를 보면 확인할 수 있는 최종제품 구입비 총액 91억 달러 중에서 78%(71억 달러)가 100미만의 단위로 생산된 제품의 구입비라는 놀라운 결과를 나타내고 있다.

아직 부품의 대량생산이 이루어지고 있는 분야에서조차도—일부 첨단산업에서는 아직도 이러한 경우가 있다—그 부품들은 단기가동에 의해 순차적으로 생산되는 여러가지 다양한 최종제품을 만드는 데 사용되는 것이 보통이다.

애리조나주의 고속도로를 달리는 믿을 수 없을 정도로 다양한 차량의 종류를 보면 한때는 비교적 획일적이었던 자동차 시장이 지금은 세분화되어 기술시대의 거물인 자동차 메이커들조차도 이제는 별 수 없이 부분적인 주문생산으로 되돌아가고 있다는 것을 쉽게 알 수 있다. 유럽·미국·일본 등의 자동차 메이커들은 지금 각종 부품과 소조립부품(sub-assembly)들을 대량생산하고 이것을 수없이 다양한 방법으로 조립하여 여러가지 자동차를 생산하고 있다.

이번에는 차원을 달리해서 하찮은 T셔츠의 경우를 살펴보자. 셔츠는 대량으로 생산된다. 그러나 새로 나온 값싼 속열(速熱)인쇄기는 여러가지 디자인이나 문구를 매우 소량씩 인쇄하여 셔츠를 만들어도 경제성을 유지할 수 있게 해주었다. 그 결과 셔츠를 입은 사람이 베토벤 애호가인지, 맥주 애호가인지, 포르노 배우인지를 금방 식별할 수 있는 여러가지 셔츠들이 쏟아져 나오고 있다. 이처럼 자동차와 T셔츠 등 그밖의 여러가지 제품들이 지금 대량생산과 탈대량생산의 중간단계에 와 있다는 것을 대변해 주고 있다.

물론 이 단계를 지나면 완전한 주문산업—실질적인 1종 1제품 생산이 이루어질 것이다. 즉 소비자를 위한 마춤생산이 우리가 나아가고 있는 방향이라는 것이 분명하다.

RAND사(Research and Development Corp.)의 정보서비스 부장이자 첨단산업문제 전문가인 앤더슨(Robert H. Anderson)은 이렇게 말했다. 『가까운 장래에 주문생산을 하는 것은…지금 대량생산하는 것보다 어렵지 않을 것이다. 이제 여러가지 규격품을 만들어 이것을 조립하는 단계는 이미 지나갔다. …우리는 지금 명백한 주문생산 단계로 접어들고 있다. 마치 옷을 마추어 입는 것처럼.』

몇년 전에 의류업계에 도입된 컴퓨터 방식의 레이저 재단기(laser gun)야말로 주문생산으로의 이행을 가장 상징적으로 나타내 주고 있다. 「제2물결」이 대량생산을 가져다 주기 전에는 옷을 마춰 입고 싶은 사람은 양복점이나 침모에게 가든가 아니면 자기 아내가 바느질해서 만들어 주든가 했다. 어느 경우이든 본인의 치수에 맞추어 손으로 만들었다. 바느질업은 모두 본질적으로 주문생산이었다.

「제2물결」이 도래하고 나서 인간은 똑같은 옷들을 대량생산 방식으로 만들기 시작했다. 이 생산체제에서는 근로자가 천을 여러 장 겹쳐놓고 그 위에 옷본을 올려놓은 다음 전기재단기를 사용하여 여러 장의 똑같은 천조각을 잘라냈다. 그리고는 이것들을 똑같은 과정으로 처리하여 치수·모양·색 등이 똑같은 옷들을 만들었다.

새로운 레이저 재단기는 전혀 다른 원리에 따라 작업한다. 이 재단기는 한꺼번에 셔츠나 재킷을 10장, 50장, 100장 또는 500장씩 재단하지 않고 한 번에 「1장」씩 재단한다. 그런데도 지금껏 사용해 온 대량생산 방식보다 더 빨리, 더 값싸게 재단할 수 있다. 옷감의 낭비도 없고 재고를 쌓아놓을 필요도 없다. 이 때문에 미국 최대의 봉재업체인 제네스코사(Genesco Inc.)의 사장은 『레이저 재단기는 옷을 한 벌씩 주문받아도 채산이 맞는 프로그램을 짤 수 있다』고 말한다. 이것은 앞으로 언젠가는 표준치수란 것이 사라질 것임을 시사해 준다. 고객의 치수를 전화로 불러주든가 또는 비디오 카메라로 고객을 촬영하여 자료를 직접 컴퓨터에 입력하면 컴퓨터가 재단기에 지시하여 고객의 치수에 꼭 맞게 옷 한 벌을 재단할 수 있게 될 것이다.

지금 우리가 목격하고 있는 것은 말하자면 고도기술 방식에 의한 주문생산이라고 할 수 있다. 그것은 산업혁명 이전의 생산체제로 복귀하는 것이면서도 동시에 최첨단의 정교한 기술에 토대를 둔 것이다. 마치 매체를 탈대중화하는 것과 마찬가지로 우리는 지금 제조업을 탈대량화하고 있다.

프레스토 효과

그밖에도 몇 가지 색다른 발전이 생산방법을 변혁시키고 있다.

일부 산업이 대량생산에서 소량생산으로 이행하고 있는 가운데 또 다른 일부 산업은 이미 그 단계를 지나 연속흐름 방식에 의한 완전 주문생산으로 나아가고 있다. 단기생산의 전후에 기계를 움직였다 멈췄다 하지 않고 이제는 기계 자신이 연속적으로 움직여 제품이 — 하나하나가 모두 다르다 — 중단되지 않고 계속 기계에서 흘러나오도록 하는 데까지 진전되고 있다. 한마디로 우리는 지금 24시간 연속생산 방식에 의한 기계주문생산을 향해 나아가고 있다.

또 한 가지의 중요한 변화는 후술하는 바와 같이 고객을 직접 제조과정에 끌어들이게 되었다는 점이다. 일부 산업에서는 고객의 주문을 받은 회사가 고객이 원하는 제품의 명세를 직접 제조업체의 컴퓨터에 입력하면 컴퓨터가 생산라인을 관리하는 상황에 거의 도달해 있다. 이러한 방식이 보급되면 고객이 제조과정에 깊이 통합되어 실질적으로 누가 소비자이고 누가 생산자인지 구별하기가 점점 더 어려워질 것이다.

끝으로 「제2물결」 제조업이 제품을 여러 조각으로 분해한 다음 그것을 재차 조립한다는 의미에서 「데카르트적」이라고 하는 데 반해 「제3물결」 제조업은 「비(非)데카르트적」 또는 「전체적(wholistic)」이라고 할 수 있다. 이 점은 흔한 공산품인 팔목시계의 경우에 잘 나타나 있다. 종전에는 팔목시계가 수백개의 부품으로 이루어졌었다. 그러나 지금은 보다 정확하고 신뢰성이 높으면서도 이동성 부품(moving part)을 전혀 사용하지 않는 반도체 시계를 만들 수 있다. 또한 지금 생산되고 있는 「파나소닉(Panasonic)」 TV세트는 10년 전에 비해 부품수가 반밖에 안된다. 기적의 칩들로 만들어진 소형 마이크로프로세서가 여러가지 제품에 사용되어 종전의 수많은 부품들을 대체하고 있기 때문이다. 엑슨사는 「Qyx」라는 신형 타이프라이터를 선보였는데 IBM사의 「실렉트릭(Selectric)」이 수백개의 이동성 부품으로 이루어졌던 데 반해 「Qyx」의 부품은 몇 개밖에 안된다. 또 유명한 35㎜ 카메라 「캐논 AE-1」의 부품수도 지금은 종전의 제품에 비해 300가지나 줄어들었다. 종전의 부품 중 175가지를 지금은 텍사스 인스트루먼츠사가 만든 단 1개의 칩이 대신하고 있다.

우리는 미분자 차원에 들어섬으로써 그리고 컴퓨터에 의한 디자인이나 그밖의 첨단 제조기계를 사용함으로써 더욱 더 많은 기능을 더욱 더 소수의 부품들 속에 통합하여 여러가지 다른 부품들을 「전체적인 것」으로 대체하게 되었다. 현재 일어나고 있는 일은 시각예술에서의 사진술의 출현에 견줄 수 있다. 사진사는 캔버스에 여러가지 색을 칠하지 않고서도 버튼 하나를 눌러 한꺼번에 전체적 영상을 「제작」하게 된다. 우리는 지금 이같은 「프레스토 효과(presto effect)」를 제조업에서도 목격하고 있다.

그렇다면 이 패턴은 명백하다. 기술영역과 정보영역에서 일어난 엄청난 변화들이 수렴되어 제품의 생산방법을 변혁시켰다는 것이다. 우리는 지금 전통적인 대량생산 단계를 지나 대량생산 제품과 탈대량생산 제품이 복잡하게 혼합된 단계로 급속하게 나아가고 있다. 이같은 노력이 추구하는 궁극적 목표는 명백하다. 즉 더욱 더 소비자의 직접적 통제를 받고 있는 전체적인 연속흐름 공정에 의한 완전 주문생산제품의 생산을 추구하고 있는 것이다.

요약하면 우리는 지금 생산구조를 밑바닥까지 혁신하여 사회의 곳곳에까지 변화의 물결을 파급시키고 있다. 그러나 장래를 설계하는 학생이나 투자를 계획하는 기업인 또는 개발전략을 작성하는 국가에게도 큰 영향을 미치게 될 이 변혁은 이것만으로는 이해할 수 없다. 이것은 또 한 가지의 혁명 — 사무분야 혁명과의 직접적인 관련하에서 파악해야만 한다.

비서의 죽음?

부유한 나라들에서는 육체적 노동에 종사하는 근로자 수가 감소하면서 그대신 각종 아이디어 · 특허 · 과학적 방정식 · 청구서 · 송장 · 기구개편 계획 · 문서철 · 서류 · 시장조사 · 판매 안내서 · 서신 · 그래픽 · 소송서류 · 기계 명세서 · 컴퓨터 프로그램 등 수천가지 종류의 데이타나 기호산출(symbolic output)을 만드는 데 더 많은 종업원이 필요하게 되었다. 이같은 사무직 · 전문직 · 관리직 활동의 증가는 여러 나라에서 폭넓은 자료로 입증되고 있기 때문에 여기서 새삼스럽게 통계숫자를 들먹일 필요가 없을 것이다. 사실 일부 사회학자들은 이같은 생산의 추상화(abstraction of production) 증대를 사회가 「산업화 이후(post-industrial)」의 단계로 접어든 증거라고 인식하고 있다.

그러나 현상은 보다 복잡하다. 화이트칼러 노동의 증가는 그것이 새로운 체제로의 도약이라기보다는 산업주의의 연장—즉 「제2물결」의 마지막 파도 — 으로 파악할 때 더 잘 이해할 수 있다. 비록 일이 보다 추상화되고 구체성이 적어진 것은 사실이지만 이러한 일이 이루어지는 현장인 사무실 자체는 「제2물결」 공장들을 직접적인 모델로 하고 있다. 따라서 일 자체가 여전히 단편화되고 반복적이고 따분하고 비인간적이다. 지금도 사무직제 개편 노력은 사무실을 더욱 더 공장과 닮도록 만들려는 시도에 불과한 경우가 많다.

이 「기호공장」에서도 「제2물결」 문명은 공장을 닮은 계급제도를 만들어 냈다. 공장노동자는 육체노동자와 비육체노동자로 구분된다. 마찬가지로 사무실에서도 「고급추상(high abstraction)」 노동자와 「하급추상(low abstraction)」 노동자로 구분된다. 그 한편에는 고급추상자들인 테크너크랫적인 엘리트들이 있다. 즉 각종 모임과 회의, 업무상 오찬에 참석하거나 문서를 받아쓰게 하고 메모를 작성하고 전화를 걸게 하고 정보를 교환하는 일에 대부분의 시간을 보내는 과학자·엔지니어·관리자 등 전문 엘리트들이 바로 그들이다. 최근의 조사결과에 의하면 관리자들은 하루 일과시간의 80%를 150 내지 300건의 「정보처리」에 소비하는 것으로 추정되었다.

또 다른 한편에는 하급추상자들—화이트칼러 프롤레타리아(white-collar proletarian)—이 있다. 이들은 「제2물결」 시대의 공장노동자들처럼 끝없이 반복되는 맥빠지는 일을 수행하고 있다. 대부분이 여성이거나 비조직적 근로자인 이 그룹은 응당 「산업주의 이후」를 얘기하는 사회학자들을 비웃을 것이다. 그들은 바로 사무실에서 일하는 「산업사회」의 노동자들이기 때문이다.

오늘날에는 이 사무실도 역시 「제2물결」을 지나 「제3물결」로 이행하고 있다. 이에 따라 이 산업사회적 계급제도도 도전을 받고 있다. 사무실내의 모든 낡은 위계질서와 구조도 곧 개편되고 말 것이다.

사무실내의 「제3물결」 혁명은 몇 가지 세력의 충돌결과로서 나타난 것이다. 우선 정보의 수요가 너무 급격히 증가한 탓으로 「제2물결」의 사무원·타이피스트·비서 등이 제아무리 많이 동원되어 열심히 일하더라도 이 일을 감당할 수 없게 되었다. 또한 사무비용이 너무 크게 늘어나 사무비용 억제를 위한 연구가 맹렬히 진행되었다.(현재 대부분의 기업에서는 사무비용이 전체 경비의 40~50%로 늘어났다. 일부 전문가들은 여러가지 드러나지 않은 요인들까지 계산에 넣으면 업무용 서신을 작성하는 데 드는 비용이 1건당 14~18달러에 달할 것으로 추정하고 있다.) 더구나 오늘날 미국 공장노동자의 기술장비 비용은 1인당 평균 약 2만 5,000달러로 추정되는 데 반해 한 제록스사(Xerox Corp.) 판매담당자의 주장에 의하면 사무직 근로자는 『500달러 내지 1,

000달러 상당의 구식 타이프라이터와 계산기를 가지고 일하는 세계에서 가장 생산성이 낮은 근로자』라는 것이다. 지난 10년간 미국의 사무직 생산성은 겨우 4% 증가한데 불과했다. 다른 나라들의 경우는 아마도 이러한 경향이 더욱 두드러질 것이다.

반면에 컴퓨터가 수행해야 될 기능의 수가 증가하고 있음에도 불구하고 그 생산코스트는 대폭 떨어지고 있다. 지난 15년간의 컴퓨터 생산은 1만 배 늘었으며 기능건당 코스트는 10만분의 1로 감소한 것으로 추정되고 있다. 한편에서의 사무처리 비용의 증가와 생산성 저하, 다른 한편에서의 컴퓨터 분야의 발전이 어쩔 수 없이 결합되었다. 그 결과는 다름아닌 「말의 지진(wordquake)」으로 나타날 것이다.

이같은 격변기의 주요 상징은 현재 미국의 각 사무실에서 이미 25만대나 사용되고 있는 워드프로세서(word processor)라고 불리우는 전자장치이다. 이 기계를 생산하는 IBM사, 엑슨사와 같은 대기업을 포함한 제조업자들은 이 분야가 곧 연간 100억 달러 규모의 시장이 될 것으로 내다보고 경쟁태세를 갖추고 있다. 「자동화 타이프라이터(smart typewriter)」 또는 「문서 편집기(text editor)」라고도 불리우는 이 기계는 사무실내의 정보흐름을 근본적으로 변혁시키고 나아가서는 그 직무구조까지도 변혁시키고 있다. 그러나 이것도 화이트칼러의 세계에 닥쳐오고 있는 수많은 새 기술들의 하나에 불과하다.

1979년 6월 시카고에서 열린 국제 워드프로세싱협회(International Word Processing Association) 회의에서는 약 2만 명의 참관자들이 전시장에 몰려들어 광학주사기(光學走査機, optical scanner)·고속인쇄기·마이크로그래픽 장치·팩시밀리 시설·컴퓨터 단말기 등 복잡한 기계들을 시험해 보았다. 이들이 참관한 것은 바로 「서류없는 사무실」의 미래상의 개막이었다.

실제로 워싱턴시에서는 마이크로네트사(Micronet Inc.)라는 컨설팅 회사가 17개 제조업체의 시설들을 하나의 통합된 사무실에 모아 놓고 문서작업을 일체 「금지」한 적이 있었다. 이 사무실에 들어오는 모든 서류는 나중에 컴퓨터로 재생할 수 있도록 일단 마이크로필름에 수록하여 보관되었다. 이 시범적 사무실과 훈련시설은 받아쓰기 장치·마이크로필름·광학주사기·비디오 단말기 등을 한데 모아 하나의 시스팀으로 기능하도록 한 것이었다. 마이크로네트사의 스토케트(Larry Stockett) 사장은 이 사무실의 목적은 『서류상의 실수가 전혀 없고 항상 최신의 유통 및 판매·회계·조사자료들을 비치하고 시간당 수십만 매의 정보자료를 페이지당 1센트의 싼 값으로 재생·배포하며…그리고 정보를 인쇄매체에서 디지틀매체·사진매체로 마음대로 옮길 수 있는 미래의 사무실을 실현하는 데 있다』고 말했다.

이와 같은 미래의 사무실을 실현하는 열쇠는 일상적인 통신업무에 있다. 종전의 「제2물결」 사무실에서는 간부가 편지나 메모를 기안하려면 그 매개자, 즉 비서를 불렀다. 비서가 하는 첫번째의 일은 간부의 말을 종이나 노트에 받아적든가 타이프로 쳐서 초안을 만드는 것이다. 그 다음에는 그것을 수정해서 몇 번이고 다시 타이프로 치게 된다. 그리고 나서 타이프로 정서하여 카본이나 제록스로 사본을 만든다. 원본은 우체통이나 우편국을 통해 목적지에 발송하고 사본은 서류에 철해둔다. 여기에는 문안의 구상이라는 최초의 단계를 제외하더라도 각각 다른 연속적인 5단계의 과정이 필요하게 된다.

그러나 오늘날의 사무기계는 이 연속적인 과정을 동시에 행함으로써 5가지 단계를 1개의 단계로 압축해 준다.

필자는 이 과정을 이해하기 위해 — 또 작업능률을 높이기 위해 — 워드프로세서로 사용될 수 있는 간단한 컴퓨터 한 대를 사서 이것으로 이 책의 후반부를 집필해 보았다. 다행히도 필자는 이 기계를 단기간 동안에 익힐 수 있었고 몇 시간내에 자유롭게 다루게 되었다. 그 후 1년 이상 이 기계를 사용하면서 필자는 지금도 그 속도와 능률에 감탄하고 있다.

필자는 지금 책의 원고내용을 종이에 타이프하지 않고 그대신 키보드를 쳐서 원고내용을 전자형태로 만들어 「플로피 디스크(floppy disk)」라는 것에 저장한다. 필자는 원고내용을 TV식 화면을 통해 볼 수 있다. 몇 개의 키를 두드려 필자가 쓴 문장을 고치거나 재배열하고 필자의 마음에 드는 문장이 될 때까지 문구를 바꾸고 삭제하고 추가하고 밑줄을 친다. 이 과정에서는 삭제하고 「지우고」 자르고 붙이고 제거하고 제록스하거나 타이프로 여러 번의 초안을 만드는 과정이 모두 불필요하다. 초고가 완성되어 단추 한 개를 누르면 옆에 달린 인쇄기가 매우 빠른 속도로 오자가 한 자도 없는 최종 원고를 만들어 낸다.

그러나 이러한 기계를 사용하여 인쇄된 사본을 만들어 내는 것은 원시적인 사용방법이고 기계가 갖는 본래의 정신에도 맞지 않는다. 전자화 사무실을 완벽하게 사용하려면 단지 편지를 타이프하고 수정하는 비서의 업무만 없애는 데 그쳐서는 안된다. 자동화 사무실에서는 한 걸음 더 나아가 편지내용을 테이프나 디스크에 전자화된 형태로 철해 둘 수 있다. 그 내용은 전자사전(electronic dictionary)에 넣어 오자를 자동적으로 수정할 수 있을 것이다.(가까운 장래에 그렇게 될 것이다.) 이러한 기계들을 서로 연결하거나 전화선에 연결하면 비서는 편지 내용을 수신인의 프린터나 TV 화면에 즉시 송부할 수 있다. 이처럼 이 기계는 초안을 만들고 수정하고 복사하고 송부하고 파일에 철하는 일들을 사실상 단 한 가지의 과정으로 처리할 수 있다. 속도도 빠르고 경비도 절감되며 더구나 5가지 단계가 1단계로 압축된다.

이같은 압축의 영향은 사무실 밖에까지 미친다. 예컨대 이 장치를 인공위성이나 극초단파 등의 원격통신시설과 연결하면 업무량 과중으로 제 기능을 발휘하지 못하는「제2물결」의 고전적 기구, 즉 우편국의 업무가 끝날 가능성이 있다. 실제로 워드프로세서 사용을 하나의 작은 부분으로 삼는 사무자동화가 보급되면 필연적으로「전자우편(electronic mail)」제도 창설과 연결되어 우편배달부와 그 무거운 우편가방이 불필요해질 것이다.

오늘날 미국에서는 청구서·영수증·구매주문서·송장·은행거래명세서·수표 등의 거래관계 서류가 전체 우편물의 35%를 차지하고 있다. 그러나 방대한 양의 우편물은 개인간이 아닌 조직간의 우편물이다. 우편 위기가 심화됨에 따라「제2물결」우편제도를 대신할「제3물결」제도를 모색하는 기업체가 점점 더 늘어나고 있다.

텔리프린터·팩시밀리 시설·워드프로세서 장비·컴퓨터 단말기 등으로 이루어지는 이 전자우편제도는 특히 선진국에서 매우 빠른 속도로 보급되고 있으며 앞으로 새로운 인공위성 체계에 의해 더 한층 확대될 전망이다.

IBM사, 에트나 상해보험사(Aetna Casualty & Surety Co.), 통신위성사(COMSAT사/Communications Satellite Corp., 반관반민의 통신위성

기구) 등 3개사는 다른 기업체들에게 종합적 정보업무를 제공하기 위해 「위성업무 시스팀(SBS/Satellite Business Systems)」이라는 회사를 설립한 바 있다. 이 SBS사는 예컨대 GM사나 훽스트사(Hoechst AG), 도시바(東芝)사 등과 같은 고객회사들을 위해 통신위성을 쏘아올릴 계획으로 있다. 이 SBS 통신위성이 각 회사에 설치된 값싼 지구국들과 연결되면 각 회사는 공공우편제도를 이용하지 않고 사실상 독자적인 전자우편제도를 가질 수 있게 될 것이다.

새 우편제도는 문서가 아닌 전자파를 발송한다. 아서 D. 리틀사(Arthur D. Little Inc.)의 줄리아노(Vincent Giuliano)에 의하면 전자공학기기는 이미 여러 분야에서 「인기있는」 매체로 되어 있다는 것이다. 즉 지금도 전자기기를 통해 먼저 거래를 한 다음에 이를 확인하기 위해 문서로 된 청구서나 영수증 또는 명세서를 사후적으로 보내고 있다. 문서가 얼마나 더 오랫동안 필요할지가 논쟁의 대상이 되고 있다.

메시지와 메모는 소리없이 순간적으로 이동한다. 책상 위의 단말기가—모든 대기업체에 수천대씩 설치되어 있는—조용하게 깜박거리면서 통신위성에 부딪쳐 지구 저편의 사무실이나 회사간부 주택의 단말기에서 보내온 정보를 처리한다. 필요한 경우 경영자들은 회사의 문서파일을 다른 회사의 컴퓨터와 연결시켜 뉴욕타임즈 정보은행(New York Times Information Bank) 등 수백개소의 데이타 뱅크에 저장된 정보를 끄집어낼 수 있다.

사태가 이런 방향으로 어느 정도까지 나아갈지는 아직 알 수 없다. 미래의 사무실상은 너무나 말끔하고 매끈하고 구체화되어 있지 않아 실감이 나지 않는다. 현실은 항상 번거롭기 마련이다. 그러나 한 가지 분명한 것은 우리가 지금 급속한 속도로 전진하고 있으며 또 전자사무실로의 이행이 부분적으로만 이루어지더라도 사회적·심리적·경제적으로 폭발적인 결과를 가져오기에 충분할 것이라는 점이다. 다가오는 사무실 지진(workquake)은 단지 새로운 기계들만을 의미하는 것은 아니다. 그것은 또한 모든 인간관계와 사무실내에서의 역할의 개편을 약속하는 것이기도 하다.

그것은 우선 비서의 여러가지 기능을 소멸시킬 것이다. 음성인식 기술이 도입되면 미래의 사무실에서는 타이핑조차도 시대에 뒤떨어진 기능으로 전락할 것이다. 처음에는 메시지를 정리하여 전송 가능한 형태로 만들기 위해 타이핑이 필요하겠지만 얼마 안 가서 받아쓰기 장치가 개개인의 특징적인 액센트까지 구별하여 음성을 문자로 전환시키기 때문에 타이핑 작업이 전혀 필요없는 상태가 올 것이다.

줄리아노 박사는 이렇게 말한다.『낡은 기술이 타이피스트를 사용했던 것은 기술이 서툴렀기 때문이다. 점토판을 사용할 때는 점토를 굽고 문자를 새겨넣을 줄 아는 서기가 필요했다. 문자를 쓰는 것은 누구나 할 수 있는 일이 아니었다. 현재 우리는 타이피스트라는 이름의 서기를 고용하고 있다. 그러나 새로운 기술이 나타나 손쉽게 메시지를 파악하고 수정·저장·검색·전송·복사하는 것이 가능해지면 우리는 이 모든 작업을 마치 말하고 글을 쓰는 것처럼 비서없이도 스스로 처리해 낼 수 있게 될 것이다. 손재주 문제만 해결한다면 우리는 타이피스트가 필요하지 않다.』

실제로 여러 워드프로세서 전문가들은 비서가 보다 높은 직위로 승격하고 또 적어도 타이핑이 전혀 불필요하게 되기까지는 간부들이 타이핑을 전담하든가 분담하게 되기를 간절히 바라고 있다. 예컨대 필자가 국제 워드프로세서 대회에서 강연을 했을 때 필자의 비서는 타이핑을 하느냐는 질문을 받은 적이 있다. 필자가 필자 스스로 타이프를 쳐서 원고를 작성하고 실제로 비서는 필자의 워드프로세서에 거의 접근할 기회가 없다고 대답하자 강연장에서는 환성이 일어났다. 청중들은 앞으로 신문구인란에 다음과 같은 광고가 실릴 날을 꿈꾸고 있었던 것이다.

그룹 부사장 구함

- 직무 : 여러 부서의 재정·마키팅·생산라인 개발의 조정
- 자격 : 음성 경영관리 유자격자
- 연락처 : 멀티라인 인터내셔널사(Multi-line International Corp.) 수석부사장

※ 타이핑 기능 필수

반면에 간부들은 스스로 커피잔을 나르기 싫어하듯이 자신의 손가락을 움직이는 일에도 저항할 것이다. 따라서 사무실 구석에 음성인식장치가 설치되어 있어 구술을 하기만 하면 기계가 받아 쓰고 타이핑 작업을 모두 처리한다는 사실을 알면서도 간부들은 키보드를 조작하는 방법을 배우지 않으려고 할 것이다.

그러나 간부들이 원하건 원하지 않건 상관없이 한 가지 피할 수 없는 사실이 있다. 그것은 사무실내의 「제3물결」 제품이 낡은 「제2물결」 체제와 충돌하면서 불안과 분쟁을 조성할 뿐 아니라 사무체제의 개편과 재편성을 가져오고 또 일부 사람들에게는 새로운 직업과 기회를 제공해 주게 된다는 점이다. 새로운 체제는 과거의 모든 구식 간부들의 영역, 위계질서, 남녀의 역할분담 그리고 부서간의 장벽에 도전할 것이다.

이와 같은 사실 때문에 많은 사람들이 두려워하고 있다. 수백만의 일자리를 없애 버리는 데 불과할 것이라고 주장하는 사람들이 있는가 하면(또는 현재의 비서들을 기계의 노예로 전락시킬 것이라고 주장하기도 한다), 워드프로세싱 업계나 부즈 앨런 & 해밀턴 컨설팅회사 사장 골드필드(Randy J. Goldfield)처럼 보다 낙관적인 견해를 피력하는 사람들도 있어 이 두 가지 견해가 날카롭게 대립하고 있다. 골드필드 여사에 의하면 비서들은 머리를 쓰지 않고 반복적인 일을 하는 작업요원으로 격하되기는커녕 오히려 「부사장」으로 격상되어 종전에 완전히 소외되었던 전문적 일이나 의사결정 과정에 참여하게 될 것이라는 것이다. 오히려 화이트칼러 사이에 날카로운 분열이 생겨 일부는 보다 책임있는 지위로 승진하고 나머지 일부는 강등되어 결국 밀려나는 결과가 나타날 것이다.

그렇다면 이들 밀려나는 사람들, 그리고 경제 전반에 어떠한 사태가 일어날 것인가? 자동화가 처음 등장하기 시작한 1950년대 말과 1960년대 초에 여러 나라의 경제학자와 노조 지도자들은 대량실업을 예견했었다. 그러나 고도기술국가에서는 고용이 오히려 확대되었다. 제조업 부문은 축소되었으나 화이트칼러 및 서비스 부문이 확대되어 경기침체를 극복했다. 그러나 앞으로 제조업이 계속 위축되고 동시에 사무직의 고용마저 어려워지는 경우에 내일의 일자리는 어디서 마련할 것인가?

그 해답은 아무도 모른다. 여러가지 연구가 끊임없이 계속되고 여러가지 주장들이 맹렬히 나오고 있지만 지금까지 나타난 예측과 증거는 서로 상반되고 있다. 기계화 및 자동화 투자를 제조부문의 고용수준과 관련시키려는 여러가지 시도는 런던의 「피낸셜 타임즈」지의 지적대로 『상관관계가 전연 없다』는 것이 드러났다. 1963~73년 동안 일본은 조사대상 7개국 중 부가가치에서 차지하는 신기술 투자의 비율이 가장 높았다. 일본은 또 고용증가율에서도 가장 높았다. 설비투자비율이 가장 낮은 영국은 취업자 감소가 가장 많았다. 미국의 경우는 대체로 기술투자와 신규고용 증가가 동시에 이루어지는 일본의 사정과 비슷한 경향을 보였다. 그러나 스웨덴·프랑스·서독·이탈리아 등의 경우는 모두 현저하게 개별적인 유형을 나타냈다.

분명한 것은 고용수준이 단순한 기술발전의 반영은 아니라는 점이다. 자동화를 하느냐의 여부에 따라 고용이 늘고 줄고 하는 것은 아니다. 고용은 여러가지 정책이 수렴되는 결과로 나타난다.

앞으로 고용시장에 대한 압력은 크게 가중될 것이다. 그러나 그 원인이 컴퓨터 한 가지 때문이라고 생각하는 것은 잘못이다.

확실한 것은 앞으로의 사무실과 공장이 모두 혁명을 겪게 되어 있다는 점이다. 화이트칼러 부문과 제조부문의 이 쌍동이 혁명은 결국 이 사회에 전연 새로운 생산양식—인류에게 거대한 전진을 가져다 줄 것이다. 이 전진은 설명하기 어려운 복잡한 의미를 수반한다. 그것은 고용수준이나 산업구조 같은 것에만 영향을 미치는 것이 아니라 정치권력과 경제력의 분포, 작업단위의 크기, 국제분업, 여성의 경제적 역할, 노동의 성격, 생산자와 소비자의 분리 등에도 영향을 미칠 것이다. 그것은 심지어 노동 「장소」와 같은 겉보기에 매우 사소한 사항까지도 변모시키게 될 것이다.

16

가내전자근무체제

새로운 생산체제로 향한 진전의 이면에는 매우 놀랄 만한 한 가지 사회변화의 가능성이 숨겨져 있으나 그 의미를 직시하고자 하는 사람은 별로 없다. 그것은 우리의 가정까지도 변화시키려 하고 있기 때문이다.

이 새로운 생산체제는 작업단위의 소형화를 촉진하고 생산의 탈중앙집권화 및 탈도시화(de-urbanization)를 가능케 하며 노동의 실제적 성격을 변화시키는 데 그치지 않고 나아가서는 문자 그대로 수백만의 일자리를 「제2물결」 사회의 공장이나 사무실로부터 떼어내어 원래의 장소, 즉 가정으로 되돌려 보낼 가능성이 있다. 이렇게 되면 현재 우리가 알고 있는 가정·학교·기업 등 모든 제도에 변혁이 이루어질 것이다.

낫을 든 농민들이 논밭에서 떼를 지어 일하던 300년 전만 해도 언젠가 농촌인구가 줄어들고 사람들이 밥벌이를 위해 도시의 공장으로 몰려가는 날이 올 것이라고 꿈꾼 사람이 있었다면 그는 미친 사람 취급을 받았을 것이다. 그런데 실제로는 이 미친 사람의 말이 옳았었다. 오늘날 대규모 공장이나 회사의 고층건물들이 우리 생전에 반쯤 비어 썰렁한 창고로 전락하거나 생활공간으로 전환될지도 모른다고 말하려면 상당한 용기가 있어야 할 것이다. 그러나 새로운 생산양식은 바로 이같은 가능성을 제시해 주고 있다. 즉 새로운 고도의 전자공학적 기반 위에 「가내공업(cottage industry)」으로의 복귀가 이루어져 가정이 사회의 중심으로서 새로이 각광을 받게 될 가능성이 엿보이고 있다.

멀지 않아 수많은 사람들이 사무실이나 공장으로 출근하는 대신 가정에서 일하게 될 것이라고 말하면 즉각 세찬 반론이 제기될 것이다. 사실 이러한 회의론에도 상당한 이유가 있다. 그들은 이러한 반론을 제시할 것이다. 『사람들은 설사 집에서 일할 수 있게 되더라도 그것을 원치 않을 것이다. 여자들이 어떻게 해서든 집안에서 벗어나 직장에 나가고 싶어하는 것을 보라!』 『애들이 시끄럽게 돌아다니는 데서 무슨 일을 한단 말인가?』 『사람들은 윗사람이 감독하지 않으면 일을 하려고 하지 않는다.』 『사람들이 공동작업에 필요한 신뢰관계를 발전시키려면 서로 직접적인 접촉이 필요하다.』 『일반 가정집의 구조는 그러한 일에 적합치 않다.』 『집에서 노동을 하다니 — 집집마다 지하실에 소형 용광로를 설치한단 말인가?』 『주택·공장지구 제한과 땅 주인의 반대는 어떻게 하나?』 『그런 생각은 노조가 반대할 것이다.』 『세금 징수인들은 무엇이라고 할 것인가? 그들은 자택에서 근무한다는 이유로 세금을 감면해 줘야 한다는 주장에 강력히 반발할 것이다.』 그리고 최후의 반론은 이렇다. 『뭐라고? 아내(또는 남편)와 하루종일 집에서 지내라고?』

그것은 마르크스조차도 눈살을 찌푸릴 노릇이다. 마르크스는 집에서 하는 노동은 반동적 생산형태라고 생각했다. 그것은 「하나의 작업장에 집합하는 것」이 바로 「사회적 분업의 필수조건」이라는 이유에서였다. 요컨대 이와 같은 착상 전체를 터무니없는 생각이라고 보기에 충분한 여러가지 논리(의사〈擬似〉 논리)가 과거에도 제기되었고 지금도 제기되고 있다.

가내노동

그러나 300년 전을 돌이켜 보면 그때도 사람들이 집이나 논밭을 떠나 공장으로 일하러 가게 되는 일은 결코 없을 것이라고 믿게 할 만한 설득력있는 논리가 제기되었었다. 사실 사람들은 300년이 아니라 1만년 동안이나 계속 자신의 집이나 가까운 논밭에서 일해 온 셈이다. 가정생활의 전체적 구조, 육아 및 퍼스낼리티 형성 과정, 전체적인 재산 및 권력체제, 문화 그리고 매일매일의 생존투쟁 등이 모두가 눈에 보이지 않는 수많은 쇠사슬에 의해 가정과 땅에 묶여져 있었다. 그러나 이 쇠사슬은 새로운 생산체제의 등장과 함께 즉시 끊어져 버렸다.

오늘날 이와 같은 사태가 또 다시 벌어지고 있다. 사회적·경제적 여러가지 요인들이 합쳐져 노동의 장소를 이전시키고 있다.

우선 앞에서 살펴본 바와 마찬가지로「제2물결」제조업이 새롭고 더욱 발전된「제3물결」제조업으로 이행하게 되면 실질적으로 물질적 재화를 다루는 근로자의 수는 감소한다. 이것은 제조업분야에서조차도 —원격통신시설과 기타 장비가 제대로 갖춰지면— 각 가정의 거실을 포함하여 어느 곳에서나 해낼 수 있는 성질의 작업량이 증가하고 있음을 의미한다. 그리고 이것은 공상과학소설식의 백일몽만은 아니다.

웨스턴 일렉트릭사가 전화국용 전자기계식 전화교환기 생산을 전자교환기 생산으로 전환했을 때 북부 일리노이주에 있는 이 회사 최신식 공장의 인력구조에 변혁이 일어났다. 생산전환 이전에는 생산직 대 사무직·기술직 근로자의 비율이 3：1이었으나 그것이 지금은 1：1로 바뀌게 되었다. 이것은 이 공장의 근로자 2,000명 중 꼭 절반이 현재 물건 아닌 정보를 다루는 일을 하고 있음을 의미하는 것으로 이러한 일은 집에서도 얼마든지 할 수 있다. 북부 일리노이주 공장의 기술담당이사 쿠오모(Dom Cuomo)는『만일 엔지니어까지 포함시킨다면 현재의 기술수준에서도 지금 이 공장에서 하고 있는 작업의 10~25%는 집에서 할 수 있다』고 단언했다.

쿠오모의 밑에서 일하는 기술과장 미첼(Gerald Mitchell)은 한 걸음 더 나아가 이렇게 덧붙였다.『현재의 기술수준으로도 2,000명 중 600~700명을 집에서 일하도록 할 수 있으며 5년 후에는 그 수를 더욱 늘릴 수 있다.』

이 근거있는「추측」들은 앞서 소개한 콜로라도 스프링즈의 H-P공장 생산담당간부 하워드(Dar Howard)의 예측과 매우 흡사하다. 그는 이렇게 말했다.『우리 공장의 생산부문 인원은 1,000명이다. 기술적으로 그 중 250명을 집에서 일하게 할 수 있다. 자재공급이 복잡해지기는 하겠지만 기재와 자본설비만 갖추게 되면 불가능하지는 않다. 컴퓨터 단말기에 투자할 용의만 있다면 사무직 연구개발요원들도 그 2분의 1 내지 4분의 3을 집에서 일하게 할 수 있다.』 이렇게 되면 H-P공장에서는 추가로 350~520명의 근로자를 집에서 근무하도록 할 수 있을 것이다.

요컨대 이 첨단적 공장에서는 지금 당장이라도 생산방법을 개편하기만 하면 전체 인력의 35~50%를 가정에서 일하도록 할 수 있다. 마르크스가 무슨 말을 했건간에 「제3물결」에서는 노동력의 100%를 작업장에 집결시켜 놓을 필요가 없다.

이것은 전자산업이나 대기업에만 국한된 것이 아니다. 캐나다의 오소 제약회사(Ortho Pharmaceutical Ltd.) 부사장 태틀(Peter Tattle)에 의하면 『몇 사람을 집에서 일하게 할 수 있는가?』가 문제가 아니고 『몇 사람이 사무실이나 공장에서 「일해야」 하는가?』가 문제라는 것이다. 그는 자기 회사의 공장에서 일하는 300명의 종업원에 관해 『필요한 통신기술만 갖춘다면 그 중 75%를 집에서 근무하도록 할 수 있다』고 말한다. 전자업계나 제약업계에 적용되는 일은 다른 첨단산업에도 해당될 것이 분명하다.

지금 당장이라도 생산부문에서 상당수의 근로자를 집에서 근무시킬 수 있다면 물건을 다루지 않는 사무부문에서도 마찬가지의 전환이 가능하다고 보아야 한다.

확실한 통계는 없지만 실제로 지금도 상당량의 일을 가정에서 수행하는 직업인들이 있다. 사무실에는 가끔씩 들르고 주로 전화나 호별방문으로 판매하는 각종 외판원, 건축가, 설계가, 요즘 급성장하고 있는 각종 산업의 전문상담역 조합, 임상의사나 심리학자 등 여러 대인관계 직업인, 음악이나 어학 등의 개인교수, 미술상, 투자상담원, 보험판매원, 변호사, 학문연구가 그리고 그밖에도 여러가지 사무직·기술직·전문직 직업인들이 여기에 해당한다.

더구나 이러한 직업들은 매우 급속한 성장을 보이고 있다. 따라서 언젠가 집집마다 싼 값으로 「작업장」을 설치할 수 있는 기술이 실용화되고 「자동화」 타이프라이터, 팩시밀리 시설, 컴퓨터 조작 탁자, 원격 화상회의시설 등을 갖추게 되면 가내근무의 가능성은 더 한층 확대될 것이다.

이러한 시설이 갖추어지는 경우 중앙집권적 작업에서「가내전자근무체제」로 이행할 최초의 사람들은 누구일까? 사업상 직접적인 대인접촉의 필요성이라든가, 이러한 접촉에 수반되는 온갖 무의식적 또는 무언의 커뮤니케이션이 갖는 중요성을 과소평가하는 것은 잘못이겠지만 특정한 직무들은 외부적 접촉을 전혀 필요로 하지 않거나 가끔씩밖에 필요로 하지 않는다는 것도 사실이다.

실제로「하급추상」사무직 근로자들이 수행하는 직무는 그 대부분이 데이타 입력, 타이핑, 검색, 숫자의 합산, 송장의 작성 등 직접적인 대인접촉을 별로 필요로 하지 않는 것들이다. 이러한 직무들은 손쉽게 가내전자근무체제로 전환시킬 수 있을 것이다. 예컨대 연구원・경제전문가・정책입안자・조직계획 담당자 등 많은「초(超)고급추상(ultra-high-abstraction)」근로자들은 동종업무 종사자 및 동료들과의 밀도높은 접촉도 필요하지만 동시에 혼자서 일하는 시간도 필요하다. 심지어 거래관계 종사자들도 집에 돌아가「숙제」를 해야 할 때가 있다.

레만 브러더즈 쿤 로브(Lehman Brothers Kuhn Loeb)투자은행의 고문이사인 새뮤얼즈(Nathaniel Samuels)도 같은 의견이다. 이미 1년에 50~75일을 집에서 일하고 있는 새뮤얼즈는『미래의 기술은「숙제」의 양을 더욱 증대시켜 줄 것』이라고 주장한다. 실제로 이미 많은 회사들이 일은 꼭 사무실에 나와서 해야 한다는 고집을 완화하고 있다. 대규모 목재가공회사인 웨이어하우저사(Weyerhaeuser Co.)는 얼마 전에 종업원 행동규칙에 관한 새 브로셔를 만들었다. 이때 이 회사의 부사장 시걸(R. L. Siegel)은 3명의 간부사원과 함께 거의 1주일 동안 자기 집에서 회합을 가진 끝에 그 초안을 작성했다. 시걸은 이렇게 말한다.『우리는 사무실의 일을 방해하지 않기 위해 밖으로 나올 필요가 있다고 생각했다. 집에서 일하는 것은 융통성있는 근무시간을 지향하는 추세와도 모순되지 않는다. 중요한 것은 일을 완수하는 것이며 그 일을 어디서 하느냐 하는 것은 부차적인 것이다.』

「월 스트리트 저널(Wall Street Journal)」지에 의하면 웨이어하우저사만 그런 것이 아니다. 이 신문은『그밖에도 많은 회사들이 종업원들을 집에서 근무하도록 하고 있다』고 보도했다. 그 중 유나이티드 항공사

(United Airlines)에서는 홍보담당 이사가 자기 지원들에게 1년에 20일까지 집에서 일하도록 허용하고 있다. 심지어 하급종업원들이 햄버거 식당에서 근무해야만 하는 맥도널즈사(McDonald's Corp.)에서조차도 일부 간부사원들의 가내근무를 권장하고 있다.

부즈 앨런 & 해밀턴사의 포펠은『사무실이라는 것이 정말로 필요한 것인가?』하고 반문한다. 그는 발표되지 않은 예측보고서에서『1990년대에 가면 쌍방향 통신 능력이 제고되어 가내근무의 확대가 더욱 촉진될 것』이라고 예언했다. 그의 견해를 지지하는 여러 연구가들 중에는 몬트리올 소재 벨 캐나다사(Bell Canada Enterprises Inc.)의 장기계획 담당자인 레이덤(Robert F. Latham)과 같은 사람도 있다. 레이덤은『정보관계업무가 늘어나고 통신시설이 개선됨에 따라 집이나 현지 업무센터에서 일하는 사람의 수가 늘어나게 될 것』이라고 내다보고 있다.

또한 미국 내무성의 관리담당고문 베일(Hollis Vail)은 1980년대 중반에는『미래의 워드프로세싱 센터들을 손쉽게 각 개인의 집에 설치할 수 있을 것』이라고 주장했다. 그가 집필한 시나리오에서는「아프거사(Afgar Co.)」에서 일하는「애덤스(Jane Adams)」라는 비서가 가내근무를 하면서「당면문제를 협의하고 회사파티에 참석하기 위해서만」가끔 그의 상사를 만나는 것으로 묘사하고 있다.

이같은 견해에는 미국의 미래연구소(IFF/Institute for the Future)도 동조하고 있다. 이 연구소는 1971년에 이미 새로운 정보관계 기술을 취급하는「최첨단」기업체의 전문가 150명을 대상으로 조사를 실시한 끝에 가내근무로 전환할 수 있는 5개 부문의 작업을 분류했다.

IFF는 이렇게 밝혔다. 현재의 비서업무는 필요한 시설만 갖춰진다면 그 대부분을『사무실뿐 아니라 집에서도 수행할 수 있다. 이러한 체제는 결혼한 비서들이 집에서 아이를 키우면서도 회사일을 할 수 있도록 함으로써 노동력 풀(pool)을 확대해 주게 될 것이다. …많은 경우에 비서가 자기 집에서 집안에 설치된 단말기를 통해 구술을 받아 그 텍스트를 타이핑하여 구술한 사람의 자택이나 사무실에 정리된 텍스트를 보내서 안될 이유가 전혀 없다.』

IFF는 계속해서 이렇게 지적했다.『엔지니어나 설계원, 그리고 기타 사무직 근로자들의 많은 일들이 사무실에서와 마찬가지로, 때로는 사무실보다 더 신속하게 집에서도 행해질 수 있다.』 영국의 한 회사에서는 벌써 이같은 「미래의 씨앗」이 싹트고 있다. 예컨대 F. 인터내셔널사(F. International Ltd., 「F」는 프리랜스〈Freelance〉, 즉 자유계약을 의미함)는 400명의 컴퓨터 프로그래머를 파트 타임제로 채용하고 있는데 그 중 소수를 제외한 모든 직원이 가내근무를 하고 있다. 기업체를 위해 프로그래머 팀을 조직해 주고 있는 이 회사는 네덜란드와 스칸디나비아에까지 진출하여 이미 브리티시 스틸사(British Steel Co.), 셸사(Shell Co.), 유니레버사(Unilever N. V.) 등 대기업체들을 고객으로 확보하고 있다. 「가디언(Guardian)」지는 『홈 컴퓨터 프로그래밍이야말로 1980년대의 가내공업』이라고 쓴 바 있다.

요컨대 어떤 학자가 말한 것처럼 「제3물결」이 사회를 휩쓸게 됨에 따라 회사라는 것이 더욱 더 「사람들이 컴퓨터 주위에 몰려 있는 장소」에 불과한 존재로 되어가고 있음을 우리는 보게 된다. 그런데 컴퓨터를 개인의 가정에 설치해 놓으면 사람들이 모여 있을 필요가 없다. 「제3물결」 사무직 근로자들도 「제3물결」 생산직 근로자들과 마찬가지로 인력의 100%가 사업장에 집중되어 있을 필요가 없다.

그러나 작업장을 「제2물결」 장소인 공장에서 「제3물결」 장소인 가정으로 전환하는 데는 많은 난관이 따른다는 점을 경시해서는 안된다. 동기부여와 관리상의 문제, 회사개편과 사회적 개편의 문제 때문에 작업장소의 전환은 지연되고 또 많은 곤란이 뒤따를 것이다. 또 커뮤니케이션을 모두 간접적으로만 할 수도 없을 것이다. 특히 비일상적인 결정과 복잡한 창의력이 요구되는 거래행위와 같은 일부 업무는 더욱 더 직접적인 대인접촉을 필요로 할 것이다. 이 때문에 캐나다 오버시즈 인베스트먼츠사(Canada Overseas Investments Ltd.)의 코너(Michael Koerner) 사장은 『전직원이 1,000피트 이내에 거주할 필요가 있다』고 말한다.

컴퓨터 자택 근무자

그럼에도 불구하고 여러가지 강력한 요인들이 합쳐져 가내전자근무체제를 촉진하고 있다. 가장 즉각적으로 알 수 있는 것은 운송과 원격통신 사이의 경제적 득실이다. 오늘날 대부분의 고도기술국가들은 심각한 교통난을 겪고 있다. 대중교통체계가 극한점에 와 있고 도로와 고속도로는 꽉 막히고 주차장이 부족하고 오염문제가 심각해지고 파업과 파괴가 거의 일상화되고 교통비용이 급등하고 있다.

통근비용의 급상승은 개별근로자의 부담으로 된다. 그러나 그것은 물론 간접적으로 임금인상의 형태로 사용자측에 전가되며 또 제품가격인상의 형태로 소비자에게도 전가된다. 닐스(Jack Nilles) 연구팀은 미국과학재단의 지원하에 사무직 업무를 도심지의 사무실로부터 이전하는 경우에 얻을 수 있는 경비절감과 에너지절약 효과를 분석한 바 있다. 닐스 연구팀은 업무를 종업원의 집에 가져간다고 생각하지 않고 다만 집 가까운 곳에 설치될 여러 곳의 업무센터로 분산시킨다는 가정하에 이른바 중간 가옥(halfway-house) 모델을 사용했다.

이 연구결과가 갖는 의미는 놀라운 것이다. 닐스 연구팀은 로스앤젤레스의 어떤 보험회사 종업원 2,048명을 대상으로 조사한 결과 이들의 1인당 하루평균 출퇴근 왕복거리가 21.4마일임을 밝혀냈다(미국 도시근로자의 평균 왕복 통근거리는 18.8마일). 고위 관리직일수록 통근거리가 길어져 최고 간부들의 왕복 통근거리는 평균 33.2마일이었다. 결국 이곳 종업원들의 1년 동안의 통근거리를 합산하면 1,240만 마일, 여기에 소요된 통근시간은 약 50년에 달한다는 결론이 나왔다.

1974년의 물가에 따라 마일당 통근비용을 22센트로 환산하면 이것은 도합 273만 달러의 비용을 회사측과 소비자가 간접적으로 부담했다는 얘기가 된다. 닐스가 밝힌 바에 의하면 이 회사는 도시에서 일하는 종업원들에게 지방에 분산되어 있는 회사들의 임금수준보다 연간 520달러를 더 지급했는데 이것은 사실상 「교통비용 보조금」이었다. 그밖에도 이 회사는 도심지에 위치한 탓으로 주차장과 여러가지 값비싼 서비스를 제공하고 있었다. 비서 1명의 연간 인건비를 1만 달러 정도라고 가정할 때 이와 같은 통근비용을 없애는 경우 이 회사는 약 300명의 종업원을 더 고용하거나 아니면 그만큼 회사의 이익을 실질적으로 더 높일 수 있었다는 결론이 나온다.

여기서 핵심문제는 언제쯤 원격통신시설의 설치 및 운영비가 현재의 통근비용보다 낮아질 것인가 하는 점이다. 오늘날 휘발유 값과 그밖의 교통비용(승용차 대신 대중교통수단을 도입하는 비용을 포함하여)이 도처에서 급등하고 있는 데 반해 원격통신비용은 현저하게 떨어지고 있다.* 언젠가는 이 두 가지 곡선이 교차하는 날이 올 것이다.

그러나 궁극적으로 미래의 가내전자근무체제의 실현을 향해 교묘하게 작용하고 있는 요인은 생산장소의 지리적 분산만이 아니다. 닐스 연구팀이 밝힌 바에 의하면 미국의 평균적 도시근로자가 왕복통근에 사용하는 하루의 휘발유는 64.6kW의 에너지에 해당한다는 것이다.(로스앤젤레스 보험회사 종업원의 경우는 통근을 위하여 연간 3,740만kW의 열량을 소비한 셈이다.) 그에 반해 정보를 보내는 데는 이보다 훨씬 적은 에너지가 소모된다.

보통의 컴퓨터 단말기는 조작중에 100~125W 또는 그 이하의 전기밖에 소비하지 않는다. 또 전화선은 통화중 겨우 1W 이하의 에너지만 소모하면 된다. 『통신시설의 필요경비와 그 가동기간에 관한 몇 가지 가정하에 닐스 연구팀은 『통신통근(telecommuting)과 현행의 통근을 비교하여(즉 통근 에너지 소비에 대한 통신통근 에너지 소비의 비율) 소비에너지가 얼마나 절약되는가를 계산했다. 자가용을 사용한 경우 그것은 29 대 1, 대량수송의 경우 정상 탑재상태에서는 11 : 1, 그리고 대량수송 체계를 100% 활용하는 경우는 2 : 1이었다』고 추정했다.

이 연구결과에 의하면 다음과 같은 계산이 나온다. 즉 1975년에 도

* 인공위성 덕분에 장거리 통신중계 비용이 떨어져 시그널당 비용이 거의 제로에 가까와지고 있기 때문에 오늘날의 엔지니어들은 「거리에 상관없는」 통신을 운위하게 되었다. 컴퓨터 능력이 기하급수적으로 높아지고 그 비용은 급격히 떨어지고 있기 때문에 엔지니어와 투자가들은 모두 어이없어 하고 있다. 광섬유 등 새로운 기술혁신이 본격화되면 앞으로 비용절감이 더 한층 이루어져 메모리 단위당, 처리단계당, 그리고 전송 시그널당 비용이 모두 떨어질 것이 분명하다.

시 통근의 12~14%를 통신통근으로 내체했더라면 미국은 약 7,500만 배럴의 가솔린을 절약하여 외국에서 가솔린을 수입할 필요가 전혀 없었을 것이다. 이 한 가지 사실만 보아도 이것이 미국의 국제수지나 중동정책에 부여하는 의미는 결코 작은 것이 아님을 알 수 있다.

앞으로 십수년에 걸쳐 휘발유 가격과 그밖의 에너지 비용은 대체로 올라갈 것이다. 그에 반해「자동화」타이프라이터・전송 복사기・음성 영상 전달기・홈 컴퓨터조작 탁자 등의 운영비용과 에너지 비용은 급격히 떨어질 것이다. 그 뿐만 아니라「제2물결」시대를 지배하고 있던 대규모로 집중화된 작업장에서 소량이라도 생산의 일부를 분산하거나 이전할 때 여기서 파생하는 이익은 점점 증가할 것이다.

휘발유 부족, 승용차의 홀수・짝수 운행제도, 주유소 앞에 길게 늘어선 행렬, 소비제한에 의해서 일어나는 정상적인 통근의 혼란과 지연, 게다가 사회적・경제적 조건에 의한 휘발유 가격의 상승이 단속적으로 일어나면 원격통신이 통근을 대신할 필요성은 절박해질 것이다.

이러한 경향을 촉진시키는 또 다른 압력들도 있다. 기업체나 정부기관들은 일하는 장소를 가정 — 또는 가정과 직장의 중간지점의 지역사회나 근처의 업무센터 — 으로 이전시킴으로써 지금 지불되고 있는 막대한 부동산 비용을 크게 감축시킬 수 있다. 본사나 공장이 소규모화되면 될수록 부동산 지출도 적어지며 냉난방・조명・경비・건물의 유지관리 비용도 틀림없이 경감될 것이다. 토지나 상・공업용 부동산 그리고 이에 관련된 세금이 급등하면 기업은 이들 경비를 어떻게든 경감시키거나 외부화하고자 업무장소의 하청을 바라게 될 것이다.

작업장의 이전과 통근의 감소는 또한 환경오염을 완화시켜 환경정화비용을 경감시킬 것이다. 오염의 원인이 기업에 있을 때는 기업 스스로가 책임을 져야만 한다는 환경보호론자들의 주장이 설득력을 가지면 가질수록 기업의 운영은 오염도가 낮은 쪽으로 전환하게 될 것이다. 그러기 위해서는 대규모로 중앙집권화된 직장으로부터 보다 소형의 업무센터로, 더 바람직한 형태로서는 가정으로 업무의 분산이 이루어질 것이다.

또한 환경보호론자나 민간 자연보호단체들이 오늘날 자동차의 파괴적인 영향에 맞서 도로나 고속도로의 건설에 반대하거나 특정 지역에서 차를 축출하는 데 성공했는데 이런 운동도 무의식중에 작업장의 이전에 찬성하고 있는 것이다. 이러한 운동은 값싸고 편리한 통신시설에 비해 교통시설은 값도 비싸고 개인에게도 불편하다는 것을 부각시켜 주고 있다.

환경보호론자들이 통신과 통근의 장단점을 발견하고 가정으로의 작업장 이전을 참다운 선택의 길이라고 생각하게 된다면 그들은 이 중요한 탈중앙집권적 움직임에 영향을 주어 인류가 「제3물결」 문명으로 진입하도록 하는 데 도움을 줄 수 있을 것이다.

사회적 요인들도 가내전자근무체제로의 이행을 뒷받침하고 있다. 근무시간이 짧아지면 통근시간은 상대적으로 길어진다. 8시간 노동을 위해 통근에 1시간을 소비해야 한다는 사실에 불만을 가지고 있는 노동자는 만약 근무시간이 단축되면 통근에 1시간씩이나 낭비해야 한다는 것을 참을 수 없게 될 것이다. 근무시간에 대한 통근시간의 비율이 높아지면 높아질수록 직장으로 왕복하는 과정은 더욱 불합리하고 헛수고이고 바보스러운 일이 된다. 통근에 대한 근로자의 저항이 높아지면 사용자는 통근시간, 불편, 통근비용을 줄이는 대신에 임금을 적게 받기를 바라는 근로자들에 대처하기 위해 중앙집권화된 대규모의 직장에서 일하는 근로자들에게는 간접적으로 상여금을 증액시키지 않을 수 없다. 이런 요인도 작업의 이전을 크게 촉진시키게 될 것이다.

끝으로 사람들의 가치관도 이러한 방향으로 변해 가고 있다. 개인주의의 성장과 소도시 및 농촌생활이 갖는 새로운 매력과는 전연 별도로 우리는 오늘날 가족단위를 지향하는 근본적인 태도변화가 나타나고 있음을 목격할 수 있다. 「제2물결」 시기 전체를 통해 사회적으로 승인된 표준적 가족형태였던 핵가족은 지금 분명히 위기에 처해 있다. 미래의 가족형태에 관해서는 다음 장에서 살펴보기로 하고 여기서는 다만 미국과 유럽 — 핵가족으로부터의 탈피가 가장 먼저 이루어지고 있는 곳 — 에서 가족단위의 재결합 요구가 점증하고 있다는 것만을 지적해 두고자 한다. 그리고 또 한 가지 지적할 것은 역사적으로 여러 가족을 하나로 집결시켜 준 한 가지 요소는 노동의 분담이었다는 사실이다.

오늘날에도 사람들은 함께 일하는 부부들 중에는 이혼율이 낮다고 생각한다. 가내전자근무체제는 또 다시 남편과 아내, 심지어 자녀들까지도 작업단위로서 함께 일할 가능성을 크게 높여주고 있다. 또한 가정생활 캠페인을 벌이는 사람들이 가정으로의 작업장 이전이 갖는 여러가지의 가능성을 깨닫게 된다면 이 이동과정의 촉진을 위해 정치적 시책—예컨대 세제상의 혜택, 노동자의 권리에 관한 새로운 개념의 도입 등—을 요구하는 목소리가 높아지게 될 것이다.

「제2물결」 시대의 초기에는 노동운동이 「1일 10시간 노동」을 위해 싸웠는데 이와 같은 요구는 「제1물결」 시대에는 생각도 할 수 없는 것이었다. 이제 얼마 안 있어 우리는 집에서 할 수 있는 일은 집에서 하도록 요구하는 운동이 일어나는 것을 목격하게 될 것이다. 많은 근로자들이 이러한 선택을 하나의 권리로서 주장할 것이다. 그리고 이같은 작업장 변경이 가정생활의 강화를 가져오는 것으로 인식된다면 그들의 이러한 요구는 정치·종교·문화계 등 각계각층의 사람들로부터 강력한 지지를 받게 될 것이다.

가내전자근무체제를 요구하는 이 투쟁은 「제2물결」의 과거와 「제3물결」 미래간에 전개되는 보다 큰 초투쟁의 일부이다. 그리고 이 투쟁은 새로운 기술적 가능성들을 개발하고자 열망하는 기술자들과 기업뿐 아니라 폭넓은 다른 세력들—환경보호론자, 새로운 스타일의 노동개혁운동가, 그리고 보수적 교회로부터 급진적 여권운동가와 정치단체의 주류세력에 이르는 광범위한 연합세력들—까지도 결합시켜 새롭고 보다 만족할 만한 가족의 미래를 실현하는 일을 지원하도록 만들게 될 것이다. 이렇게 해서 가내전자근무체제는 내일의 「제3물결」 세력들의 핵심적 관심의 초점으로 등장하게 될 것이다.

가정중심의 사회

가내전자근무체제가 보급되면 사회 전반에 걸쳐 매우 중요한 결과가 연이어 일어날 것이다. 그 중 여러가지 결과는 열성적 환경보호론자나 기술반역자를 만족시켜 주는 한편 기업경영에 있어서도 새로운 선택의 문을 열어줄 것이다.

공동체에 대한 영향: 상당수의 인구가 가정내 직장에서 일하게 되면

현재로서는 변화가 심한 여러 지역에서 기대하기 어려운 목표인 공동체의 안정을 제고하는 데 크게 기여할 수 있을 것이다. 종업원들이 집안에서 작업의 일부 또는 전부를 수행하게 되면 지금처럼 직장을 바꿀 때마다 이사해야 할 필요도 없다. 플러그를 다른 컴퓨터에 꽂기만 하면 되기 때문이다.

이렇게 되면 어쩔 수 없이 이사하는 일도 줄고 개인의 스트레스와 쓸데없이 잡다한 인간관계도 줄어들 것이다. 반면에 공동체 생활에의 참여는 늘어날 것이다. 지금은 한 가족이 어떤 지역사회에 이사가더라도 1~2년내에 다시 이사갈 것이라는 생각 때문에 이웃의 단체에 가입하거나 사람들과 깊이 사귀고 그 지방의 정치에 참여하고 공동체 생활에 깊이 관여하기를 꺼리는 것이 보통이다. 가내전자근무체제는 공동체에 대한 소속감을 회복시키는 데 크게 기여하게 될 것이다. 또한 교회·여성단체·지역단체·클럽·체육단체·청소년단체 등 각종 임의단체들을 부흥시키는 데도 큰 도움이 될 것이다. 가내전자근무체제는 독일어 학술용어를 즐기는 사회학자들이 말하는 이른바 「공동사회(gemeinschaft)」 이상의 것을 의미할 수 있을 것이다.

환경적 영향 : 업무의 전부 또는 일부를 가정으로 이전하는 것은 전술한 바와 같이 에너지 수요를 줄일 수 있을 뿐 아니라 나아가서는 에너지를 탈중앙집권화시킬 수도 있다. 가내전자근무체제는 고층사무실 건물이나 무질서하게 늘어선 공장단지를 중심으로 하는 대량의 에너지 집중이 필요없다. 그대신에 에너지 수요를 분산시켜 태양이나 풍력을 이용한 대체에너지 기술의 사용을 용이하게 해줄 것이다. 각 가정에 설치된 소규모 에너지 생산장치가 현재 사용되고 있는 집중화된 에너지의 일부를 대체할 수 있을 것이다. 이렇게 하면 오염문제도 줄일 수 있다. 그 이유는 두 가지이다. 첫째는 소규모의 재생가능 에너지원으로 전환하면 오염도가 높은 연료를 배제할 수 있기 때문이다. 둘째는 이렇게 하면 소수의 환경위험지역에서 나오는 고농도의 오염물질 방출을 줄일 수 있기 때문이다.

경제적 영향 : 이러한 체제하에서 쇠퇴하는 기업도 있고 번영·성장하는 기업도 있을 것이다. 분명한 것은 전자·컴퓨터·통신산업은 번영하리라는 점이다. 반면에 석유회사·자동차산업·부동산 개발업은

타격을 입을 것이다. 소규모의 컴퓨터 판매업이나 정보서비스업 등 전연 새로운 업종이 나타날 것이며 반면에 우편사업은 위축될 것이다. 제지업은 타격받을 것이고 대부분의 서비스업과 화이트칼러 산업은 혜택을 볼 것이다.

좀더 깊이 분석해 보면 각 개인이 전자 단말기나 시설을 외상으로 구입하여 소유할 수 있게 되면 개인은 이제 고전적 의미의 종업원이 아니라 독립적 기업인이 되는 셈이다. 이것은 말하자면 노동자에 의한 「생산수단」의 소유가 강화되는 것을 의미한다. 또한 일단의 가내근무자들이 소규모 회사를 차려 용역계약을 체결하든가 또는 조합을 만들어 각종 기계를 공동소유로 하는 경우도 나타날 것이다. 이에 따라 온갖 새로운 관계와 조직형태가 가능해질 것이다.

심리적 영향: 추상적 기호에 더욱 더 의존하는 노동세계는 과도한 대뇌 활동을 요구하는 작업환경을 불러들일 것이다. 이 작업환경은 지금의 우리에게는 낯선 것이고 또 어떤 면에서는 지금보다 비인간적일 것이다. 그러나 또 다른 면에서 가내근무는 가정내의 관계와 이웃과의 관계를 더욱 직접적이고 정감넘치는 것으로 만들어 줄 것이다. 그것은 여러 공상과학소설들이 그리고 있는 것처럼 한 개인과 다른 인간들과의 중간에 전광스크린이 개재하는 순전히 간접적인 인간관계의 세계가 아니라 오히려 두 가지 인간관계 — 실질적 인간관계와 간접적 인간관계 — 로 나뉘어 그 각각이 별도의 규칙과 역할을 갖는 그러한 세계라고 생각할 수 있다.

앞으로 여러가지 변화와 불완전한 조치가 시험대에 오르게 될 것이 틀림없다. 집에서는 파트 타임제로 일하고 밖에서도 일하는 사람이 많을 것이다. 여러 곳에 업무센터가 설치될 것이 틀림없다. 집에서 몇 달 또는 몇 년 동안 일하다가는 바깥 직장에서 일하고 다시 집에 돌아와 일하는 사람들도 있을 것이다. 리더십이나 경영능력의 패턴도 달라져야 할 것이다. 소규모 회사들이 생겨나 대기업에서 화이트칼러 업무를 하청받기도 하고 가내근무자들을 조직·훈련·관리하는 전문화된 직책을 수행하기도 할 것이다. 이 가내근무자들간의 적절한 유대를 유지하기 위해 아마도 이 소규모 회사들은 각종 파티·사교모임·기타 공동휴일 등을 갖고 그 팀의 성원들이 컴퓨터 조작 탁자나 키보드를 통해서 뿐 아니라 서로 직접적인 접촉을 통해 사귈 수 있도록 주선하게 될 것이다.

물론 모든 사람이 다 가정에서 일할 수는 없고 또 그렇게 하기를 바라지 않는 사람도 있을 것이다. 우리는 오늘날 임금 수준이나 기회비용을 둘러싼 분규에 직면하고 있다. 만일 직업상의 인간관계가 컴퓨터를 통해 간접적으로 이루어지는 것이 증가하는 한편 가정내의 직접적이고도 정감넘치는 관계가 강화된다면 이 사회에는 어떠한 일이 일어날까? 도시에는 어떤 영향을 가져올 것인가? 실업통계에는 어떠한 영향을 미칠 것인가? 실제로 이러한 체제에서는 「취업」과 「실업」이란 용어가 어떠한 의미를 갖게 될 것인가? 이러한 질문이나 문제점을 외면해서는 안될 것이다.

그러나 설사 미해결의 문제와 어려운 난관이 있더라도 새로운 가능성들도 있다. 새로운 생산체제로 도약하게 되면 현시기의 여러가지 아주 어려운 문제들이 저절로 해결될 것이다. 예컨대 봉건제하의 노동의 참상은 봉건적 농업체제하에서는 완화될 수 없었다. 농민봉기나 애타적인 귀족들 또는 종교적 유토피아 사상가에 의해서도 제거될 수 없었다. 이 참상은 그 나름대로 여러가지 결점을 지닌 공장제도의 도래에 의해 완전히 변모될 때까지 지속되었다.

그러나 이번에는 산업사회의 여러가지 특징적 문제들이 제기되었다. 실업문제에서 작업의 지나친 단조로움, 지나친 전문화, 개인의 학대, 저임금 등에 이르는 여러가지 문제들은 각 기업, 노조, 인자한 사용자 또는 혁명적 노동자 정당들의 온갖 노력이나 약속에도 불구하고 「제2물결」 생산체제의 구조내에서는 전연 해결할 수 없었다. 이러한 문제들이 자본주의와 사회주의 체제하에 300년 동안이나 지속되어 왔다면 이 문제들은 이 생산양식이 안고 있는 본질적인 것이라고 생각하지 않을 수 없다.

제조업과 화이트칼러 부문에서 새로운 생산체제가 이루어져 가내전자근무체제를 달성할 돌파구가 마련된다면 현재의 논쟁거리가 모두 달라져 오늘날 수많은 사람들이 때로는 목숨까지 잃어가며 다투고 싸우는 문제들이 대부분 무의미한 것이 되고 말 것이다.

사실 지금으로서는 가내전자근무체제가 미래의 규범으로 정착될지의 여부를 확실히 알 수는 없다. 그러나 현재 징의되고 있는 노동력의 10~20%의 소수만이라도 앞으로 20~30년에 걸쳐 이 역사적인 작업장 이전에 참여한다면 인류의 전체 경제·도시·생태계·가족구조·가치관 그리고 심지어 정치분야에서도 상상을 초월하는 큰 변혁이 일어나리라는 것을 인정할 필요가 있다.

이것은 신중히 검토해 볼 만한 가능성—아마도 바람직한 가능성—이 아닐 수 없다.

여러가지「제3물결」변화들을 개별적으로 검토하는 것이 상례이지만 이들을 상호연관 속에 고찰하는 것도 가능하다. 우리는 현재의 기술체계와 에너지 기반이 하나의 새로운「기술영역」으로 변모하는 과정을 살펴보았다. 이러한 현상과 함께 인간은 대중매체의 탈대중화와 지적 환경의 조성을 통해「정보영역」의 혁명도 이룩한다. 한 걸음 더 나아가 이 두 가지 거대한 흐름은 생산체제를 근본적으로 변혁시켜 공장과 사무실내의 작업성격을 바꾸고 궁극적으로는 작업장소를 가정으로 되돌리는 방향으로 이끌어 간다.

이 거대한 역사적 전환만으로도 인류가 현재 새로운 문명의 문턱에 서 있다는 주장을 쉽게 뒷받침해 주고 있다. 그러나 인류는 지금 가족관계와 우정에서 학교와 기업에 이르기까지 모든 사회생활을 재편성하고 있는 중이다. 인류는 지금「제3물결」의 기술영역 및 정보영역과 함께 그「사회영역」도 창조해 가고 있다.

17
미래의 가족

1930년대 대공황기에 수백만 명의 실업자가 발생했다. 공장문들이 덜커덕 닫혀 버려 수많은 사람들이 극도의 절망과 죄책감에 빠졌고 이들의 자아(ego)가 빨간색 해고딱지 앞에 산산조각나고 말았다.

이윽고 실업이란 것은 어떤 개인의 태만이나 도덕적 과오 때문이 아니라 개인의 힘이 미치지 않는 거대한 외부적 힘 때문에 일어난 것이라고 이해하는 보다 지각있는 견해가 나타나게 되었다. 실업은 해고당한 근로자들의 개인적 결함 때문이 아니라 잘못된 부의 분배, 근시안적 투자, 무작정한 투기, 어리석은 통상정책, 무능한 정부 때문에 야기된 현상이었다. 대개의 경우 죄책감은 순진하고 잘못된 생각이었다.

오늘날 또 다시 수많은 사람들의 자아가 벽에 내던져진 달걀처럼 산산이 부서지고 있다. 그러나 오늘날의 죄책감은 경제문제 때문이 아니라 가정의 파탄과 관련된 것이다. 결혼생활의 파국에서 기어나온 수백만의 남녀가 자책감으로 번민하고 있다. 그러나 이번에도 이같은 죄책감은 대부분 잘못된 생각에서 나온 것이다.

가정파탄이 소수에 국한된 현상이라면 개인적인 과오 때문이라고 볼 수도 있을 것이다. 그러나 이혼·별거 등의 가정적 파국이 여러 나라에서 한꺼번에 수백만 건씩 일어난다면 그것은 어느 개인의 잘못만을 탓할 문제가 아니다.

사실 오늘날의 가정파탄은 산업주의의 전반적 위기의 일부로서 「제2

물결」이 만들어 낸 온갖 제도의 붕괴를 반영하는 것이다. 그것은 새로운 「제3물결」 사회영역을 위한 정지(整地)작업의 일환이다. 또한 그것은 각 개인의 생활 속에 반영되어 있는 충격적인 과정, 즉 가족제도의 원형을 찾아 볼 수 없을 만큼 변혁시키는 과정 바로 그것이기도 하다.

오늘날 우리는 「가정」이 붕괴되고 있다거나 또는 「가족」이 우리 시대 「최대의 문제」라고 자주 말한다. 카터 대통령도 『정부가 가족보호정책을 세워야 한다는 것은 분명하다. …이보다 더 시급한 문제는 없다』고 말했다. 교직자 후보자나 국무총리, 언론기관, 성실한 수사학자도 모두 비슷한 얘기를 한다. 그러나 이들이 「가족」이라고 말할 때 그것은 수많은 형태의 온갖 가족을 다 의미하는 것이 아니고 일반적으로 특정한 한 가지 형태의 가족, 즉 「제2물결」 가족을 의미한다.

이들이 염두에 두고 있는 가족이란 남편은 밥벌이를 하고 아내는 집안을 돌보고 어린 자녀를 여럿 거느리고 있는 그러한 가정이다. 그밖에도 여러가지 가족형태가 존재하지만 「제2물결」 문명이 이상화하여 전세계의 지배적 가족형태로 보급한 것은 바로 이 특수한 형태의 가족, 즉 핵가족이었다.

이 형태의 가족이 사회적으로 용인된 표준적 모델로 된 이유는 이 가족구조가 폭넓은 공동의 가치관과 생활방식, 위계적·관료적인 권력, 그리고 시장에 있어서 가정생활과 직장생활의 명확한 구분을 특징으로 하는 대량생산 사회의 요구에 꼭 들어맞았기 때문이었다.

오늘날 당국자들이 가정의 「회복」을 촉구할 때 그들이 보통 염두에 두고 있는 것은 바로 이 「제2물결」의 핵가족이다. 이러한 좁은 생각 때문에 그들은 문제의 전체적 판단을 그르칠 뿐 아니라 실제적으로 핵가족에 종전의 중요성을 회복시켜 주기 위한 대책을 강구하는 데 있어서도 유치한 순진성을 드러내고 있다.

결국 당국자들은 가정위기가 「저질 잡지」와 록뮤직에 이르는 모든 것 때문에 빚어진 것이라고 책임을 마구 전가한다. 또 어떤 사람들은 낙태를 금지하거나 성교육을 폐지하거나 여권운동에 반대하기만 하면 가정을 원상회복시킬 수 있다고 주장하기도 한다. 또는 「가정교육」 강좌를 촉구하는 사람도 있다. 가족문제에 관한 미국 정부의 통계책임자는 사람들에게 보다 현명한 결혼방법을 가르쳐 줄 「효과적 훈련」이라든가 「결혼상대 선정을 위한 과학적으로 검증된 설득력있는 제도」의 도입을 권고하고 있다. 또 우리가 필요한 것은 가정의 이미지를 개선하기 위해 더 많은 결혼상담소를 두고 홍보활동을 강화하는 것이라고 주장하는 사람들도 있다. 역사의 변화 물결이 인류를 어느 방향으로 이끌고 가는지를 이해하지 못하는 사람들은 비록 선의에서 나온 것이긴 해도 종종 이처럼 문제의 핵심에서 완전히 빗나간 엉뚱한 제안을 내놓곤 하는 것이다.

핵가족 보호 캠페인

종전과 같은 핵가족으로 복귀되기를 진심으로 원한다면 몇 가지 가능한 방법이 있기는 하다. 몇 가지 예를 들어보면 다음과 같다.

1) 모든 기술을 「제2물결」 단계에서 동결시켜 공장 중심의 대량생산사회를 유지한다. 우선 컴퓨터부터 파괴해야 한다. 컴퓨터는 낙태허용법이나 동성연애자 권리보호운동·포르노 등보다도 「제2물결」 가족에 더욱 큰 위협이 되고 있다. 핵가족은 그 우월성을 유지하기 위해 대량생산체제를 「필요」로 하는 데 반해 컴퓨터는 인간을 대량생산으로부터 끌어내고 있기 때문이다.

2) 경제분야에서 제조업을 장려하고 서비스 부문의 성장을 억제한다. 화이트칼러·전문직·기술직 근로자들은 블루칼러 근로자들에 비해 비인습적이고 비가정적이며 또한 정신적·심리적으로 변하기 쉽다. 서비스 직종이 늘어남에 따라 이혼율도 높아져 왔다.

3) 에너지 위기를 「해결」하기 위해 원자력 발전 등 고도로 중앙집권화된 에너지 생산방법을 채용한다. 핵가족은 탈중앙집권화 사회보다는 중앙집권화 사회에 적합하며 에너지체계는 사회적·정치적 중앙집권화의 정도에 큰 영향을 미친다.

4) 날로 더 탈대중화하고 있는 매체를 규제한다. 우선 유선 TV와 카셋부터 규제하되 지방이나 지역의 잡지도 빠뜨리지 말아야 한다. 핵가족이 가장 적합한 사회는 정보와 가치관에 관해 국민적 컨센서스가

이루어진 사회이며 고도의 다양성에 기초한 사회가 아니다. 일부 소박한 비평가들은 매체가 가정의 기초를 위태롭게 하고 있다고 비난하고 있으나 실은 핵가족을 가장 먼저 이상적 형태로 찬양한 것은 바로 대중매체였다.

5) 여성을 다시 부엌으로 되돌려 보낸다. 여성의 임금을 절대적 최저수준으로 삭감한다. 노동시장에서 여성의 지위를 더욱 불리하게 만들기 위해 노조의 선임권 조항을 더욱 강화해야 한다. 핵가족이 핵을 상실한 것은 집안에 어른이 한 명도 남아 있지 않기 때문이다.(물론 여성은 직장에 그대로 나가고 남편이 집안에 남아 자녀를 돌보도록 해도 마찬가지 효과를 거둘 수 있다.)

6) 또한 청소년 근로자의 임금을 대폭 깎아 이들이 보다 오랜 기간 동안 부모에게 생계를 의존하고 나아가서는 정신적으로도 의존하도록 만든다. 청소년들이 부모의 통제를 벗어나 직장에 나가면 핵가족은 더욱 분해되기 마련이다.

7) 피임을 금지하고 생식생물학 연구를 금한다. 이러한 것들은 여성의 독립을 가져오고 핵가족의 유대를 파괴하는 혼외 성관계를 조성하기 때문이다.

8) 전체사회의 생활수준을 1955년 이전의 수준으로 떨어뜨린다. 생활수준의 향상은 독신자·이혼자·근로여성 등 미혼자들의 경제적 자립을 가능케 해주기 때문이다. 핵가족이 유지되려면 적절한 수준의 빈곤이 필요하다.

9) 끝으로 현재 급속도로 탈대중화되고 있는 이 사회를 재대중화(re-massify)한다. 이를 위해서는 정치·예술·교육·경제 등의 모든 분야에서 다양성, 주거이전 및 사상의 자유, 개인주의를 조장하는 모든 변화를 저지해야 한다. 핵가족은 대중사회에서만 우위를 유지할 수 있다.

요컨대 핵가족을 계속 고집하려면 이상과 같은 가족 보호정책을 도입해야 한다. 「제2물결」 가족으로의 복귀를 진심으로 원한다면 「제2물결」 문명 전체를 회복해야 하며 기술뿐 아니라 역사 그 자체를 동결해야 한다.

현재 우리가 목격하고 있는 것은 가족제도 그 자체의 소멸이 아니라 핵가족을 이상적 모델로 한「제2물결」가족제도의 최종적 파탄이며 또한 이에 대신한 다양한 가족형태의 등장이다. 우리는 지금 매체와 생산을 탈대중화하는 동시에 가족제도를 탈대중화하면서「제3물결」문명으로 이행해 가고 있다.

비핵가족의 생활양식

물론「제2물결」의 도래가 확대가족제도의 종식을 의미하는 것이 아니었던 것과 마찬가지로「제3물결」이 도래한다고 해서 핵가족제도가 종식되는 것은 아니다. 다만 이제는 핵가족이 사회의 이상적 모델이 될 수 없게 되었다는 것을 의미할 뿐이다.

별로 주목되고 있지 않은 한 가지 사실은 적어도「제3물결」이 가장 진전되어 있는 미국에 있어서 대부분의 사람들이「이미」고전적 핵가족 형태를 벗어나서 살고 있다는 것이다.

남편이 일하고 아내가 집안을 돌보며 2명의 자녀를 둔 가족을 핵가족이라고 정의하고 실제로 이러한 가족형태를 가지고 있는 미국인이 얼마나 되는지를 살펴보면 놀라지 않을 수 없다. 이러한 사람은 미국 전체 인구의 7%에 불과하다. 나머지 93%의 사람들은 이미「제2물결」의 이상적 모델에서 벗어나 있다.

설사 개념정의를 넓혀 맞벌이 부부의 가정이나 자녀수가 2명보다 많든가 적은 가정을 모두 포함하더라도 대다수의 미국인들은—전체 인구의 3분의 2 또는 4분의 3—현재 핵가족을 이루고 있지 않다. 더구나 모든 증거로 미루어 보아 다른 가족형태가 급속도로 늘어나고 있는데 반해 핵가족의 수는(이를 어떻게 정의하든간에) 지금도 계속 줄어들고 있다.

우선 눈에 띄는 것은 애당초 가족과 동떨어져 혼자서 사는「단독생활자」가 급증하고 있다는 점이다. 미국에서는 1970~78년 사이에 14~34세 연령층의 단독생활자 수가 150만 명에서 430만 명으로 거의 3배가 늘어났다. 오늘날 미국 전체 가구의 5분의 1이 1명의 단독생활자를 가지고 있는 셈이다. 이들 모두가 짝을 잃거나 삶에 실패하여 어쩔 수 없이 독신생활을 하는 것은 아니다. 적어도 당분간은 자기가 원해서 혼자 사는 사람들이다. 시애틀 시의회의 어떤 여성의원을 도와 입법보좌관 일을 하고 있는 한 직장여성은 이렇게 말한다. 『좋은 사람이 나타나면 결혼을 생각해 보아야죠. 하지만 결혼 때문에 직장생활을 포기하진 않겠어요.』 그녀는 지금도 혼자 살고 있다. 그녀는 가정을 떠나 혼자 살면서 아직 결혼하지 않고 있는 수많은 젊은이들 중의 한 사람에 불과하다. 인구문제전문가 노튼(Arthur Norton)은 이러한 현상을 현대 사람들의 인생 사이클의 일부로 받아들여지고 있는 『과도기적 생활단계』라고 규정짓고 있다.

보다 나이든 연령층을 살펴보면 상당수의 결혼경력자들이 있는데 이들은 대부분이 자기가 원해서 「이혼독신자」(역주 between-marrieds, 과거에 결혼을 하여 이혼을 한 뒤 앞으로 결혼할 의사를 갖고 있는 독신자)로 살고 있는 사람들이다. 이러한 집단이 늘어남에 따라 술집·스키클럽·관광여행사 등 독립된 개인을 대상으로 하는 「독신자」 문화가 번영하여 여러가지 서비스업이나 제품이 크게 증가하고 있음은 널리 알려진 사실이다. 또한 부동산업계도 「독신자용」 콘도미니엄을 내놓기에 이르렀고 최근에는 침실수가 적은 소형 아파트나 교외주택의 수요에 응하고 있다. 현재 미국에서는 주택구입자 전체의 약 5분의 1이 독신자이다.

또한 법적 절차에 구애받지 않고 동거하는 사람의 수도 급증하고 있다. 미국 정부당국에 의하면 혼인 신고를 하지 않고 동거하는 사람의 수가 지난 10년간 배 이상 증가했다는 것이다. 이러한 관행이 크게 보편화된 탓으로 미국 주택도시개발성은 종전의 규칙을 개정하여 이러한 동거자들에게도 공영주택의 입주를 허용하게 되었다. 한편 코네티컷주와 캘리포니아 주 등의 법원은 이러한 동거자들이 「이혼」하는 경우에 발생하는 법률상·재산상의 복잡한 문제들 때문에 골머리를 앓고 있다. 신문의 에티켓 칼럼니스트들은 동거자들이 사용할 상대방의 호칭에 관한 글을 쓰고 있다. 또한 최근에는 결혼상담소와 함께 「커플상담소」라는 새로운 전문 서비스가 나타나고 있다.

자녀없는 문화

또 한 가지 중요한 변화는 이른바 「무자녀(child-free)」 생활방식을 의식적으로 선택하는 사람의 수가 증가하고 있다는 것이다. 미국 정책연구센터의 선임연구원 레이미(James Ramey)는 지금 인류는 「자녀중심」의 가정으로부터 「어른중심」의 가정으로 대거 이행하고 있다고 말한다. 20세기 초에는 독신자가 별로 없었고 또 막내가 독립하여 나간 후에 오랫동안 생존하는 부모도 상대적으로 적었다. 이 때문에 대부분의 가정은 자녀중심적이었다. 이에 반해 1970년에는 벌써 18세 미만의 자녀와 함께 사는 어른의 수가 3명 중 1명꼴로 줄어들었다.

오늘날에는 자녀갖지 않기 운동을 벌이는 단체가 나타나 여러 선진국들에서는 자녀갖기를 주저하는 경향이 보급되고 있다. 1960년에는 「결혼경력」이 있는 30세 미만의 미국 여성 중 자녀를 갖지 않은 여성의 비율은 20%에 불과했다. 그러나 1975년에는 이 비율이 32%로 15년 동안에 무려 60%나 증가했다. 최근 미국에서는 「전국 자유선택부모동맹(National Alliance for Optional Parenthood)」이라는 시끄러운 단체가 나타나 아이를 갖지 않을 권리를 옹호하고 출산촉진운동에 반대하며 싸우고 있다.

영국에서도 이와 유사한 「전국 무자녀협회(National Association for the Childless)」가 생겼고 그밖의 유럽 여러 나라의 부모들도 고의적으로 자녀를 갖지 않고 있다. 예컨대 서독의 본에 살고 있는 30대 중반의 롤 부부(Theo & Agnes Rohl)는(남편은 시청공무원, 아내는 비서) 『우리는 아기를 갖지 않을 겁니다. …』라고 말한다. 롤 부부는 꽤 잘사는 편이며 조그만 집도 가지고 있다. 이들은 가끔씩 캘리포니아나 프랑스 남부지방으로 휴가여행을 가기도 한다. 아기가 생기면 이러한 생활양식에 큰 변화가 일어날 것이다. 롤 부부는 『우리는 이런 생활양식에 익숙해져 있어요. 구속받기가 싫습니다』라고 말한다. 이처럼 자녀갖기 싫어하는 경향을 자본주의적 퇴폐현상이라고 볼 수만은 없다. 이러한 현상은 소련에서도 나타나고 있다. 소련의 많은 젊은 부부들도를 부부와 같은 생각으로 아기갖기를 공공연히 거부하고 있다. 반면에 비러시아계 소수민족의 출산율은 여전히 높기 때문에 소련당국의 우려를 자아내고 있다.

이제 자녀가 「있는」 층으로 눈을 돌려보면 편친(偏親)가정의 급증에서 더 한층 뚜렷한 핵가족 붕괴현상을 엿볼 수 있다. 최근 이혼·결혼파탄·별거 등의 현상이 주로 핵가족 가정에서 나타나 놀랍게도 오늘날의 미국 어린이 중 7분의 1이 편친 슬하에서 자라고 있으며 이 비율이 도시에서는 4분의 1로 더욱 높은 수준을 보이고 있다.*

이러한 가정이 증가함에 따라 최근에는 편친가정이—비록 심각한 문제가 있기는 하지만—특정한 환경에서는 끊임없이 불화가 계속되는 핵가족보다 오히려 어린이에게 더 좋을 수도 있다는 인식이 증대하게 되었다. 여러 신문과 단체들도 지금은 편친들을 지지하면서 이런 사람들의 집단의식과 정치적 요구를 강화해 주고 있다.

그리고 이러한 현상도 역시 미국에만 국한된 것은 아니다. 오늘날 영국도 전체 가정 중 10분의 1이 편친가정—그 중 6분의 1은 편부(偏父)가정—이며 특히 편친가정은 「뉴 소사이어티」지의 지적대로 『빈민층에서 가장 급속도로 증가하고 있는 집단』으로 되어 있다. 런던에서는 이들의 권익을 옹호할 목적으로 「전국 편친가정협의회(National Council for One-Parent Families)」라는 단체가 설립되었다.

서독 쾰른에 있는 한 주택조합은 최근 편친가정을 위한 전용아파트를 건설하고 직장에 나가는 편친들을 위해 탁아소를 운영하고 있다. 또 스칸디나비아에서도 이러한 가정들을 지원하기 위한 일련의 특별복지사업을 마련해 놓고 있다. 예컨대 스웨덴에서는 탁아소와 유아원이 편친가정에 우선권을 주고 있다. 실제로 노르웨이와 스웨덴에서는 편친가정이 전형적인 핵가족보다 높은 생활수준을 누릴 수 있는 경우가 많다.

한편 재혼율의 증가를 반영한 파격적인 새로운 가족형태가 등장하고 있다. 필자가 「미래 쇼크」에서 「집합가족(aggregate family)」이라고

---

* 이 숫자에는 서자와 독신여성 및 독신남성(최근에 더욱 늘고 있다)이 입양한 양자가 포함되어 있다.

부른 이 가족형태는 이혼부부가 자녀를 데리고 재혼함으로써 양측의 자녀들(이미 성인이 된 사람도 포함)과 함께 새로운 형태의 확대가족을 이루는 것을 말한다. 미국에서는 이런 가족에 속하는 자녀가 전체 어린이의 25%에 달하는 것으로 추정되고 있다. 메일리즈(Davidyne Mayleas)는 「다부모(多父母, poly-parents)」를 갖는 이러한 가족단위가 장차 지배적인 가족형태로 될 가능성이 있다고 지적하면서 『인류는 지금 경제적 일부다처제(economic polygamy)로 나아가고 있다』고 말한다. 그것은 통합된 두 개의 가족단위가 자녀양육비나 그밖의 보상의 형태로 금전을 주고받는다는 의미에서의 일부다처제를 뜻한다. 그녀의 보고에 의하면 이러한 가족형태의 보급에 따라 부모와 혈연관계가 없는 자녀간의 성관계가 늘어나고 있다고 한다.

오늘날 선진국에서는 놀랄 만큼 복잡한 가족형태가 존재하고 있다. 즉 동성결혼, 집단생활, 노인들이 함께 모여 생활비를 공동부담하는(때로는 성관계도 갖는) 집단, 일부 소수민족에서 볼 수 있는 부족생활 등 실로 그 어느 때보다도 복잡한 여러가지의 가족형태가 공존하고 있다. 또 계약결혼(contract marriage)·연속결혼(serial marriage)·가족집단(family cluster)과 그밖에도 성관계를 수반하거나 수반하지 않는 여러가지 형태의 친밀한 조직망과 부모가 각각 다른 도시에서 살면서 직장에 다니는 가족 등 갖가지의 가족형태가 있다.

이러한 것들도 겉으로 드러나지 않은 여러가지 변형적 가족형태의 극히 일부에 불과하다. 켈람(Sheppard G. Kellam), 엔스밍거(Margaret E. Ensminger), 터너(R. Jay Turner) 등 3명의 정신과 의사가 시카고 지역의 흑인 빈민가 한군데를 대상으로 「가족형태의 변형」을 조사해 본 결과 「86가지 이상의 성인결합」 형태를 밝혀냈다. 그 중에는 여러가지 형태의 「어머니—할머니」가족, 「어머니—숙모」가족, 「어머니—의붓아버지」가족, 「어머니—타인」가족 등이 포함되어 있었다.

이처럼 복잡한 혈연관계에 직면하여 이제는 웬만한 정통파 학자들도 인류가 현재 핵가족 시대를 벗어나 다양한 가족생활을 특징으로 하는 새로운 사회로 이행하고 있다는 견해—이전에는 과격하다고 여겨진—를 받아들이게 되었다. 사회학자 버나드(Jessie Bernard)는 이렇게 말한다. 『미래의 결혼생활이 갖는 가장 특징적인 측면은 서로의 관계에서 여러가지 다양한 것을 요구하는 여러 종류의 사람들에게 유용한 여러가지의 선택이 가능해진다는 데 있을 것이다.』

요즈음 자주 듣게 되는『미래의 가족은 어떻게 될까?』하는 질문은 앞으로「제2물결」의 핵가족이 우위를 상실하여 다른 가족형태로 대체될 것이라는 생각을 함축하는 것이 보통이다. 그러나 보다 가능성있는 전망은「제3물결」문명에서는 어떤 특정한 단일 가족형태가 오랫동안 지배하는 일은 없을 것이고 그대신에 매우 여러가지의 가족구조가 나타나게 되리라는 것이다. 다수의 대중이 획일적인 가족제도하에 사는 것이 아니라 사람들이 일생 동안 각자의 개별적 궤도 또는「마춤식(customized)」궤도를 그리면서 이 체제를 살아가게 된다.

그렇다고 해서 핵가족이 전면적으로 소멸되거나「사멸」한다는 얘기는 아니다. 다만 앞으로는 핵가족이 사회적으로 용인 또는 승인된 여러가지 가족형태의 하나에 불과하게 되리라는 것을 의미할 뿐이다.「제3물결」이 닥쳐옴에 따라 사회의 생산체제 및 정보체제와 함께 가족제도도 탈대중화를 겪고 있다.

「뜨거운」관계

이러한 다양한 가족형태가 꽃핀다고 하지만 과연「제3물결」문명에서 어떠한 가족제도가 중요한 형태로 등장하게 될지는 아직 속단할 수 없다.

앞으로 우리 자녀들은 여러 해 동안 혹은 수십년 동안 혼자서 살게 될 것인가? 그들은 아이를 낳지 않을 것인가? 우리는 퇴직 후 양로원에서 살게 될까? 좀더 기발한 가능성은 없을까? 다부일처제가 생기지는 않을까?(서투른 유전공학의 발달로 자녀의 출산 전 성감별이 가능해져 아들이 지나치게 많아지면 이런 일이 생길 수 있을 것이다.) 동성부부가 아이를 양육하는 문제는 어떻게 다룰 것인가? 법원은 벌써부터 이 문제를 논하고 있다. 영양생식은 어떠한 영향을 미칠 것인가?

우리들 각자가 일생중에 여러가지 가족형태를 경험한다면 그것은 어떠한 단계들을 거치게 될까? 우선 시험결혼을 한 후 자녀를 두지 않는 맞벌이 결혼생활로 들어가서 그 다음에는 「자녀를 둔」 동성결혼으로 이어지는 단계가 될까? 그밖에도 여러가지 무수한 변환이 가능하다. 여러가지 비난의 함성이 있겠지만 그 어느 것도 생각해 볼 수 있는 가능성이 있다. 버나드는 이렇게 지적한다. 『문자 그대로 상상할 수 있는 모든 형태의 결혼이 존재한다. …이 모든 변형들도 실제로 그런 생활을 하고 있는 사람들에게는 아주 자연스러운 것이다.』

어떠한 특수한 가족형태들이 사라지고 어떠한 형태가 늘어날 것인가는 『가족은 신성하다』고 책상을 치면서 열변을 토해 가지고 결정될 문제가 아니라 우리가 기술 및 노동에 관해 어떠한 결정을 내리느냐에 따라 좌우된다. 가족구조에 영향을 주는 요인으로는 통신의 패턴·가치관·인구변화·종교운동·생태계 변화 등 여러가지가 있지만 그 중에서도 가족형태는 노동의 형태와 특히 강력한 연관성을 가지고 있다. 따라서 과거에 공장과 사무실작업의 등장이 핵가족을 촉진했던 것과 마찬가지로 앞으로 공장과 사무실로부터의 작업이전이 이루어지면 이 역시 가족형태에 큰 영향을 미치게 될 것이다.

앞으로 노동력이나 작업성격의 변화가 가정생활을 어떻게 변화시킬 것인가를 제한된 지면에 모두 열거한다는 것은 불가능하다. 그러나 지금까지보다 훨씬 더 주목해야 할 혁명적이고도 우리의 경험상 생소한 한 가지 변화가 있다. 그것은 두말할 필요도 없이 사무실과 공장의 작업이 다시 가정으로 되돌아가는 현상이다.

앞으로 25년 후에 전체 노동력의 15%가 가정에서 풀 타임제 또는 파트 타임제로 근무하게 된다고 가정해 보자. 가내노동은 우리의 인간관계 또는 사랑의 의미에 어떠한 질적인 변화를 가져올 것인가? 가내전자근무체제의 생활은 어떠한 모습일까?

가정내 작업내용이 컴퓨터 프로그래밍이건, 팸플릿 작성이건, 생산공정의 원거리 모니터이건, 건물의 설계이건 또는 전자 서신의 타이핑이건간에 한 가지 직접적인 변화가 분명히 일어날 것이다. 작업이 가정으로 이전될 경우 종전에 매일 제한된 시간 동안밖에 얼굴을 마주대하지 못했던 수많은 부부가 보다 친밀한 생활을 하게 되리라는 점이다. 물론 부부가 접촉할 시간이 길어진 것을 싫어하는 사람도 있을 것이다. 그러나 대부분의 사람들은 부부가 함께 경험을 나누게 됨으로써 이제야말로 결혼생활이 구제되어 부부관계가 훨씬 더 긴밀해졌다는 생각을 갖게 될 것이다.

가내전자근무 가정을 몇 집 방문하여 사람들이 이 엄청난 변화의 사회에 어떻게 적응하고 있는지 살펴보기로 하자. 이렇게 하면 여러가지 다양한 생활방식과 작업방식을 발견할 수 있을 것이다.

아마도 대다수의 가정에서는 부부가 종전처럼 일을 분담해서 처리할 것이다. 즉 한 사람은 「직장일」을 하고 또 한 사람은 가사를 돌볼 것이다. 아마 남자는 프로그램을 작성하고 여자는 아이들을 돌보고 있을 것이다. 그러나 집안에서 작업을 하기 때문에 직장일이나 가사를 서로 돕는 일이 많아질 것이다. 그러므로 부부가 한 가지 풀 타임 직업을 분담해서 하는 가정을 많이 보게 될 것이다. 예컨대 서재에 놓인 컴퓨터 조작 탁자의 화면을 보면서 부부가 각각 하루 4시간씩 교대로 복잡한 생산공정을 모니터하는 광경도 볼 수 있을 것이다.

그러나 또 다른 집에 가보면 부부가 각기 전연 다른 직업을 가지고 따로따로 일하는 모습을 볼 수 있을 것이다. 예컨대 세포생리학자와 공인회계사인 부부가 각기 자기 일을 하고 있는 것이다. 그러나 이처럼 일의 성격이 크게 다른 경우에도 어느 정도 서로의 과제를 분담하고 상대방의 전문용어를 배우고 어느 정도의 공동관심사를 가지며 일에 관한 대화를 나누는 것이 가능할 것이다. 이러한 작업환경에서 일과 개인생활을 엄격히 분리한다는 것은 거의 불가능할 것이다. 마찬가지 이유로 상대방을 자기의 존재영역에서 완전히 배제해 버리는 것도 거의 불가능할 것이다.

또 그 바로 옆집에 가보면 부부가 두 가지 다른 직업을 공동으로 하고 있는 것을 보게 될 것이다. 예컨대 남편이 파트 타임으로 보험계획 업무와 건축조수의 두 가지 일을 아내와 교대로 수행하는 것이다. 이렇게 하면 두 사람 모두에게 일이 다양하여 재미가 있을 것이다.

부부가 한 가지 일을 분담하건 여러가지 일을 분담하건간에 이러한 가정에서는 부부가 서로 상대방에게서 일을 배우고 함께 문제해결에 참여하는 등 복잡하게 주고 받는 관계가 성립되므로 두 사람이 더욱 친밀해질 수밖에 없다. 물론 억지로 함께 있는다고 해서 행복이 보장되는 것은 아니다. 「제1물결」 시대의 확대가족도 경제적 생산단위였지만 그것이 상호간에 감성교류와 정신적 지원을 받는 모델이었다고 보기는 어렵다. 그러한 가족제도에는 그 나름대로의 문제와 스트레스가 있었다. 그러나 그 당시에는 서로 무관심한 「냉담한」 관계가 별로 없었다. 함께 일함으로써 적어도 친밀하고 복잡하고 「뜨거운」 인간관계 ― 오늘날의 많은 사람들이 부러워할 만한 깊은 의존관계가 보장되었었다.

요컨대 가내근무가 대규모로 보급되면 가족구조에 영향을 줄 뿐 아니라 가정내의 인간관계도 변형시키게 된다. 간단히 말해서 부부 공동의 체험이 많아져 부부간의 대화가 부활된다는 것이다. 그렇게 되면 부부관계는 「차가운」 관계에서 「뜨거운」 관계로 변할 수 있다. 또한 사랑의 정의 자체가 달라져 「사랑＋α」라는 개념이 정립될 것이다.

사랑＋α

「제2물결」이 진전됨에 따라 가정은 여러가지 기능을 다른 기관들에 이관하게 되었다. 예컨대 교육은 학교에, 환자치료는 병원에 떠맡겼던 것이다. 이처럼 가족단위의 기능들이 한 가지씩 떨어져 나가면서 비로소 낭만적 사랑이 나타나게 되었다.

「제1물결」 시대에는 배우자를 구할 때 이런 질문을 했을 것이다. 『그 배우자감은 일을 잘 하나? 병을 잘 고치나? 자녀교육을 잘 할 수 있나? 더불어 함께 일할 만한가? 부지런한 사람인가, 게으른 사람인가?』 실제로 농가에서는 『그 여자는 몸이 튼튼해서 일을 잘 할 수 있는가, 아니면 병약한가?』를 묻곤 했다.

「제2물결」 시대에 가정의 기능이 축소되면서 이러한 질문에 변화가 생겼다. 가정은 이제 생산단위도 아니고 학교나 야전병원·보육원을 겸할 필요도 없게 되었다. 그대신 가정의 정신적 기능이 중요해졌다. 결혼생활에서는 인생의 반려자, 섹스, 따뜻함, 마음의 의지를 구하게 되었다. 이같은 가정기능의 변화는 배우자 선택기준에도 그대로 반영되었다. 여러가지 기준을 한 마디로 요약하면 그것은 사랑이었다. 대중문화는 사람들에게 세상을 움직이는 것이 사랑이라고 가르쳤다.

물론 실제생활이 연애소설 같은 경우는 좀처럼 없었다. 배우자를 선택하는 데는 여전히 계급, 사회적 신분, 소득수준이 중요한 역할을 담당했다. 그러나 이 모든 것은 「사랑」에 대해 부차적인 것으로 간주되었다.

장차 가내전자근무체제가 등장하게 되면 이같은 외고집 단순논리는 떨쳐버리게 될 것이다. 낮시간의 대부분을 밖에서 보내지 않고 집에서 배우자와 함께 일하고자 하는 사람들은 단순한 성적·정신적 만족이나 또는 사회적 신분 같은 것만을 고려하지는 않을 것이다. 이런 사람들은 「사랑+α」—성적·정신적 만족감+두뇌(전에 조상들이 튼튼한 근육을 요구했던 것처럼)를, 다시 말해 사랑+성실성·책임감·수양 등 직업과 관련된 덕목을 요구하게 될 것이다. 미래의 존 덴버(John Denver)와 같은 사람들이 다음과 같은 노래를 부르지 않으리라고 누가 장담하겠는가?

나는 사랑한다. 너의 눈, 앵두빛 입술을,
언제나 변치않는 사랑,
화면을 조작하고,
컴퓨터를 다루는
당신의 손가락을.

보다 진지하게 말한다면 적어도 미래의 일부 가정들은 여러가지 기능을 포기하기는커녕 오히려 추가해 갈 것이며 좁은 분야의 전문화된 사회단위로서가 아니라 다목적 사회단위로서 기능하게 될 것이다. 이러한 변화와 함께 결혼상대의 기준과 사랑의 정의 자체도 변하게 될 것이다.

연소자 노동 캠페인

한편 가내전자근무체제내의 자녀들은 현재의 아이들과는 다른 성장과정을 체험할 것이다. 우선 부모가 일하는 것을 보면서 자란다는 사실만으로도 현재의 아이들과는 커다란 차이가 있다. 「제1물결」의 자녀들은 어렸을 때부터 양친이 일하는 모습을 보고 자랐었다. 이에 반해 「제2물결」의 자녀들 — 적어도 최근 세대의 아이들 — 은 학교에 격리되어 실제의 노동생활과 동떨어진 생활을 하고 있다. 오늘날 아이들의 대부분은 부모가 어떠한 일을 하고 어떻게 생활하고 있는가를 거의 알지 못한다. 꾸며낸 이야기겠지만 이런 경우가 있다. 한 회사의 중역이 어느 날 아들을 회사에 데리고 갔다. 그 소년은 중역실에 호화스러운 융단이 깔려 있고 간접조명이 된 우아한 접견실을 보았다. 점심 때는 고급 레스토랑에 데리고 갔다. 그는 또한 예의바른 웨이터가 시중을 들고 가격이 놀랄 정도로 비싼 환상적인 레스토랑을 보았다. 소년은 집에 있을 때의 아버지의 모습과 너무 다른 것에 놀라서 불쑥 말했다. 『아버지, 우리집은 가난한데 아버지는 회사에 오면 어떻게 이렇게 부자가 될 수 있어요?』

현대의 아이들, 특히 부유한 체제의 아이들은 부모의 생활의 가장 중요한 면을 전혀 모르고 자란다. 가내전자근무체제의 아이들은 양친이 일하고 있는 것을 볼 뿐 아니라 일정한 연령이 되면 아이들 자신도 일하게 된다. 「제2물결」 시대에는 연소자 노동이 제한되었었다. 초기에는 연소자 취로의 제한이 선의적인 필요에 의하여 제한되었지만 오늘날에는 젊은 노동력을 노동시장에서 축출하는 시대착오적인 장치로 변모되었다. 노동이 가정내에서 행해지면 이러한 종류의 제한을 적용하기가 더 한층 어려워진다. 일의 성격에 따라서 어린이에게 적합한 것을 선택하여 주는 것이 오히려 교육의 일환이 될 수도 있다.(아주 어린 사람들의 능력으로는 고도의 복잡한 일을 이해하여 처리할 수 없다고 과소평가하는 사람이 있을지 모른다. 그러나 위법이지만 캘리포니아의 컴퓨터 가게에서 일하는 「판매원」이 14~15세도 못되는 소년들이었다. 치아에 치열교정기를 단 어린이들이 홈 컴퓨터의 복잡한 구조를 필자에게 설명해 주었다.)

오늘날 청소년의 소외현상은 그들이 아주 긴 사춘기 동안 사회의 생산활동에 참여하는 것이 허용되지 않는데 큰 원인이 있다. 가내전자근무체제에서는 이러한 상황이 달라질 것이다.

사실 청년층의 실업문제를 해결하기 위해서는 젊은이들을 가내전자 근무체제의 작업장으로 통합시킬 수밖에 없다. 실업문제는 청소년 범죄·폭력·정신병 등 모든 현존하는 죄악과 함께 미국 이외의 여러 나라들에서도 가까운 장래에 현저하게 증가될 것이다. 예컨대 이것은 전체주의적인 방법으로 젊은이를 전쟁에 동원하든가, 혹은 강제노동을 시키지 않는 한 「제2물결」 경제체제 속에서는 해결할 수 없다. 가내전자근무체제는 청소년에게 또 다시 사회적·경제적으로 생산적인 역할을 돌려줄 가능성을 열어주고 있다. 멀지 않아 연소자들의 노동에 반대하기보다는 그들이 경제적으로 착취를 당하지 않도록 보호하는 필요한 조치를 위한 투쟁과 더불어 연소자 노동시장 확대를 위한 정치캠페인이 전개될 날이 올 것이다.

전자 확대가족

한 걸음 더 나아가 가내근무 가정이 전혀 다른 형태로 변해 「전자 확대가족(electronic expanded family)」으로 발전할 가능성도 쉽게 생각해 볼 수 있다.

아마도 「제1물결」 사회의 가장 보편적인 가족형태는 여러 세대가 한 집에서 거주하는 이른바 확대가족이었을 것이다. 또 원래의 가족 성원에 혈연관계가 없는 한 두 명의 고아나 도제·머슴 등을 포함시킨 「확대가족」도 있었다. 미래의 가내근무 가정에서도 이처럼 한 두 명의 외부사람—예컨대 남편이나 아내의 회사동료라든가, 업무상의 단골이나 공급자 또는 일을 배우고자 하는 이웃집 자녀들—을 참여시킬 수 있을 것이다. 가정과 직장을 겸한 생활공동체(commune)를 육성하기 위해 제정된 특별법하의 소규모 기업과 같은 그러한 가족의 법인조직을 예견할 수도 있다. 이렇게 해서 여러 가정들이 전자 확대가족 형태를 취하게 될 것이다.

1960년대로부터 1970년대에 걸쳐 생겨난 대부분의 생활공동체가 급속하게 붕괴된 것이 사실이다. 따라서 소위 생활공동체 같은 것은 고도기술사회에서는 원천적으로 불안정한 것처럼 보이게 되었다. 그러나 더 자세히 살펴보면 가장 급속도로 붕괴된 것은 주로 정신적인 목적, 즉 인간간의 감성교류를 조장하고 고독과 싸우고 친교를 맺는 것 등을 위해 조직된 것들이었음을 알 수 있다. 그 대부분이 경제적 기반이 없었고 유토피아적인 실험장치로 생각되었다. 그와는 반대로 성공하여 존속해 온 생활공동체는 명확하게 드러난 사명, 경제적 기반, 순전히 유토피아적인 것만이 아닌 실제적인 전망을 가진 것들이었다.

외부적으로 드러난 사명이 한 집단의 결속을 강화시켜 주고 필요한 경제적 기반도 제공해 주게 된다. 이러한 외부적으로 드러난 사명이 신제품의 개발, 병원의 전산기를 이용한 사무처리, 보험회사 부서의 데이타 처리, 컴퓨터에 의한 비행기 시간표의 작성, 캐털로그 작성, 기술정보 서비스의 운용 등인 경우 사실상 내일의 전자생활공동체는 완전히 실현 가능하고 안정된 가족형태가 될 수 있다.

더구나 이러한 전자 확대가족은 그밖의 생활양식을 비난하거나 전시효과를 노릴 목적으로 만들어지는 것이 아니고 오히려 경제체제와 주로 연결된 필수적인 부분으로 구상되어질 것이다. 그에 따라 전자 확대가족이 유지될 수 있는 기회가 크게 늘어나게 될 것이다. 확대가족들이 결속하여 네트워크를 형성하는 것도 생각할 수 있다. 이러한 확대가족의 네트워크는 그들의 업무 거래에 협력을 하거나 그들을 대변하는 자체의 독특한 노동조합을 설립하여 몇 가지 필요한 일거리나 사회적 서비스를 제공할 수도 있다. 전자 확대가족 내부에서는 결혼이라는 경계선을 벗어나 성을 공유할 수도 있고 또 그렇게 하지 않을 수도 있다. 이성간의 관계와 더불어 동성애관계도 있을지 모른다. 자녀가 없는 가정이 있는가 하면 많은 자녀를 가진 가정도 있을 것이다.

요컨대 확대가족이 부활할 가능성이 있다. 현재 미국에서는 성인의 약 6%가 통상적인 확대가족제도하에서 생활하고 있다. 다음 세대에는 이 숫자가 2배나 3배로 늘어나게 될 것이라는 것을 쉽게 상상할 수 있다. 그 중에는 혈연관계가 없는 사람들이 끼어 있는 확대가족도 있을 것이다. 이것은 결코 사소한 사건이 아니다. 미국에서만도 수백만 명의 사람이 관련된 움직임인 것이다. 전자 확대가족은 공동체 생활, 사랑과 결혼의 유형, 친구관계의 재건, 경제와 소비자 시장, 정신과 퍼스낼리티 구조 등에도 중대한 영향을 미칠 것이다.

여기에서 이 새로운 형태의 확대가족이 필연적인 것이라고 주장하려는 것은 아니다. 그밖의 가족형태와 비교하여 좋다거나 나쁘다고 논하려는 것도 아니다. 다만 복잡해지는 미래의 사회환경에 적합한 수많은 새로운 가족형태 중 하나의 예시로서 제시한 데 불과하다.

부모의 비행

이렇게 아주 다양한 가족형태는 고통과 고뇌를 겪지 않고서는 이루어질 수 없다. 가족구조의 변화에 따라서 인간이 살아가는 역할도 달라지기 때문이다. 모든 사회는 그 사회가 갖고 있는 제도를 통해서 그 자체의 역할구조와 사회적 기대를 창출해 낸다. 기업과 노동조합은 그들간에 노동자와 관리자에게 요구하는 바를 개괄적으로 규정한다. 학교는 교사와 학생의 역할을 각각 정한다. 또「제2물결」가정은 가족 부양자·주부·자녀의 역할을 할당한다. 말하자면 핵가족이 위기를 맞게 되면 사람들은 격심한 충격으로 고통을 받아 그에 관련된 역할도 동요되고 붕괴되기 시작한다. 프리던(Betty Friedan)의 충격적인 저서인「여성의 신비(The Feminine Mystique)」가 수많은 국가들에서 현대적인 여권운동을 일으킨 그 때부터 핵가족 이후의 미래 가족형태에 적합한 조건을 갖춘 남녀의 역할을 재규정하기 위한 고통스러운 투쟁이 계속되어 왔다. 남녀에 대한 기대와 행동은 직업, 법적·경제적 권리, 가정내의 책임 그리고 성생활 등에도 변화를 가져 왔다. 록뮤직 잡지인「크로대디(Crawdaddy)」의 편집자 노블러(Peter Knobler)는 이렇게 말하고 있다.『이제는 남성이 모든 규칙들을 파괴하는 여성들과 싸울 차례가 되었다. …파괴해도 좋을 규칙이 수없이 많다. 그러나 그것이 사태를 완화시키지는 못한다.』

예컨대 정치가도 성직자도 의사도 남편도 아닌 여성들이 자신들의 신체를 관리할 권리를 가져야 한다고 주장하는 경우에는 남녀의 역할이 낙태 합법화 투쟁 때문에 흔들리게 된다. 남녀의 역할은 남성이 동성애를 요구함으로써 더욱 모호해진다. 또한 부분적으로나마「동성애의 권리」를 획득한다. 사회에 있어서의 어린이의 역할도 변한다. 어린이들을 옹호하는 사람들은「어린이 권리장전(Children's Bill of Rights)」제정을 위해 로비활동에 홀연히 뛰어든다.

핵가족에 대체되는 가족형태가 늘어나 그것들이 사회적으로 받아들여지게 되면 남녀의 역할을 재규정하는 것에 관련된 소송사건이 법원에 쇄도하게 될 것이다. 법적 결혼절차를 밟지 않은 부부가 이혼을 한 뒤에 그들의 재산을 분배해야 하는가? 한 부부가 인공수정으로 그들을 위해 아이를 낳아준 여성에게 법률적으로 그 대가를 지불할 수 있을까?(영국 법정은 이를 인정하지 않았다. 그러나 그것이 얼마나 오랫동안 계속될까?) 동성애를 하는 여성이「성실한 어머니」역할을 할 수 있고 이혼을 한 뒤에도 자녀의 보호자가 될 수 있을까?(미국의 법정은 이를 인정한다.) 성실한 어머니란 어떤 것을 의미할까? 콜로라도주의 볼더(Boulder)에서 한센(Tom Hansen)이라는 24세의 성난 젊은이가 제기한 소송사건 이상으로 남녀 역할 구조의 변화를 설명해 주는 것은 없다. 한센의 변호사는 양친이 과오를 범할 수 있으나 그 결과에 대해서는 법률적으로나 경제적으로 책임을 져야 한다고 주장했다. 따라서 한센의 소송을 담당한 법정은 일찍이 없었던 법률적인 문제, 즉 부모의 비행에 대해서 35만 달러의 손해배상 판결을 내렸다.

미래로의 이행

모든 이러한 혼란과 동요를 배경으로 다양한 가족형태와 갖가지 개인의 역할에 기초한 새로운「제3물결」가족제도가 탄생하고 있다. 이러한 가족의 탈대중화는 수많은 새로운 가족제도를 개인의 기호에 맞게 선택할 수 있는 문을 열어 주게 된다.「제3물결」문명은 모든 사람들에게 한 가지 가족형태만을 강요하려 들지는 않을 것이다. 이러한 이유 때문에 앞으로 출현할 가족제도는 각자가 자신의 적합한 위치를 찾아내 각 개인의 요구에 맞는 가족형태나 궤도를 선택하거나 만들어 내도록 자유로와질 수 있다.

그러나 축하의 춤을 추기 전에 변화의 고통을 겪지 않으면 안된다.

새로운 체제가 아직 확립되지 않은 채 구체제가 붕괴되었기 때문에 더 높은 차원의 다양성은 수많은 사람들에게 도움을 주기보다는 당황하게 만든다. 사람들은 구속에서 벗어나는 대신에 과잉선택권(overchoice) 때문에 고통을 받고 선택의 다양성을 강화함으로써 슬픔과 고독에 잠기고 상처를 받고 괴로움을 당하게 된다.

이 새로운 다양성이 우리에게 불리하게 작용하지 않고 우리를 위해 이용되도록 하려면 도덕·세금·고용·관습 등 여러가지 차원에서 동시에 변혁되어야 한다.

우선 가치관면에서는 기존의 가족형태가 붕괴되고 그것을 개조하는 데 따르는 용납되지 않는 죄의식에서 벗어날 필요가 있다. 정당화될 수 없는 죄의식을 격화시키는 대신에 매체·교회·법원·정치체제는 죄의식의 정도를 약화시키는 방향으로 노력해야 할 것이다.

핵가족의 테두리 밖에서 살려는 결단을 내리는 것은 어려운 일이 아니고 용이한 일이 되어야 한다. 일반적으로 가치관은 사회의 현실보다 더 서서히 변화한다. 따라서 탈대중화 사회가 요구하고 탄생시킬 다양성에 대한 관용의 윤리관을 아직도 발전시키지 못했다. 「제2물결」 상황에서 자란 사람들은 단 한 가지 종류의 가족형태가 「정상적」인 것이라고 배워 왔기 때문에 그밖의 형태가 정상적인 궤도를 벗어난 것이라고는 보지 않더라도 다소 이상하게 여기는 경우가 있다. 많은 사람들은 가족형태의 새로운 다양성을 받아들이려 하지 않는다. 이러한 생각이 변하지 않는 한 핵가족으로부터 다음 단계로의 이행에 따른 고통은 불필요하게 클 것이다.

경제·사회생활에 있어서 법률·세법·복지관행·학교제도·주택공급 규약·건축양식 등 이 모든 것이 은연중에 「제2물결」 가족에 편향되어 있는 한 개인들은 폭넓은 가족 선택의 이점을 향유할 수 없다. 이것은 근로여성, 자녀를 돌보면서 집안에 머물러 있는 남성, 독신남성과 「독신여성」(거북스러운 용어이지만), 이혼독신자, 「집합가족」, 혼자서 살거나 공동생활을 하고 있는 미망인 등의 특수한 요구를 고려하지 않고 있다. 「제2물결」 사회에서는 모든 이러한 그룹의 사람들이 음으로 양으로 차별대우를 받아 왔다.

「제2물결」 문명은 가사를 경건하게 찬양하면서도 가사를 수행하는 사람의 존엄성을 부정했다. 가사는 생산적이고 실로 아주 중대한 활동이다. 또한 이는 경제의 일부로서 인정되어야 할 필요가 있다. 가사의 지위를 향상시키려면 그것이 여성에 의해서 행해지건 남성 또는 개인이나 협동작업을 하는 집단에 의해 행해지건간에 임금을 지불하거나 그에 대한 경제적 가치를 부여해야 한다.

가정 이외의 경제에 있어서 많은 곳의 고용관행은 아직도 남성이 주된 가족부양자이고 아내는 노동시장에서의 완전히 독립된 참가자가 아닌 보조적 소모용 일꾼이라는 시대에 뒤떨어진 전제에 입각해 있다. 선임자 우선의 승진 요건을 완화하고 자유근무시간제를 확대하고 파트타임제를 개방함으로써 생산을 인간화할 수 있을 뿐 아니라 다양한 가족제도의 요구에 적응할 수 있다. 오늘날 근로제도가 새로이 나타나는 다양한 가족형태에 적응되어 가기 시작하는 여러가지 징후들이 나타나고 있다. 미국 최대 은행의 하나인 시티뱅크(Citibank)가 여성을 관리직에 승진시키기 시작하자 남성 중역들이 이 새로운 동료와 결혼하는 현상이 생겼다. 그 은행에는 오랫동안 부부 고용을 금지하는 규칙이 있었으나 그 규칙을 바꿔야만 했다. 「비즈니스 위크」지에 의하면 「회사 부부(company couple)」는 회사나 가족생활에 유익하기 때문에 현재 증가일로에 있다는 것이다.

멀지 않은 장래에 이러한 사소한 적응 이상의 성과를 거둘 것 같다. 「회사 부부」뿐 아니라 가족 전원을 고용하여 하나의 생산팀으로서 협동작업을 하게 하라는 요구가 나올 것이다. 이러한 고용형태가 「제2물결」 공장에서 비능률적이었기 때문에 오늘날에도 적합하지 않다고 말할 수는 없다. 이러한 정책이 어떻게 만들어졌는지는 아무도 모른다. 그러나 다른 가족문제들에 있어서처럼 소규모의 실험을 장려하고 때로는 공공의 재정지원을 해야만 한다.

이러한 시책은 수많은 사람들이 이러한 이행과정에서 겪는 고통을 최소화시켜 미래로 가는 길을 순탄하게 도와줄 것이다. 그러나 그 과정에서 고통이 따르든 따르지 않든간에 과거의 「제2물결」을 특징지었던 핵가족 대신에 새로운 가족제도가 출현하고 있다. 이러한 새로운 가족제도는 새로운 기술영역과 정보영역의 성립과 더불어 형성되고 있는 새로운 사회영역의 핵심적인 제도가 될 것이다. 우리 세대가 새로운 문명에 적응하고 그것을 건설하는 것도 사회적 창조 행위의 일부분이다.

18

기업의 자기동일성 위기

산업화시대를 특징짓는 사업조직은 대기업이었다. 오늘날 민간 또는 공공의 수천을 헤아리는 이들 대기업은 온세계를 활보하면서 우리가 사들이는 상품이나 서비스의 대부분을 생산한다.

외부에서 볼 때 대기업들은 위압적인 모습이다. 이들은 방대한 자원을 지배하고 수백만의 사람을 고용하여 경제뿐 아니라 정치에까지도 깊은 영향력을 행사하고 있다. 이들이 갖고 있는 컴퓨터와 전용 제트기들, 대규모 사업을 계획·투자·집행할 수 있는 엄청난 능력에 비추어 볼 때 이들은 요지부동의 강력하고도 영구적인 존재인 것처럼 보인다. 우리들 대부분이 무력감에 사로잡혀 있는 오늘날 이들이 우리의 운명을 지배하는 것처럼 보인다.

그러나 내부에서 이들 조직을 움직이는 남성들(더러는 여성들)의 눈에는 사태가 그렇게 비치지 않는다. 사실 오늘날 대부분의 최고경영자는 우리와 마찬가지로 좌절감과 무력감에 시달리고 있다. 핵가족·학교·대중매체 그리고 그밖의 산업화시대의 주요 사회조직들과 마찬가지로 기업도 「제3물결」이 일으키는 변화에 휘말려 흔들리고 변형을 계속하고 있기 때문이다. 그리고 아주 많은 경영자들은 그들이 부딪치게 된 사태가 무엇인지를 파악하지 못하고 있다.

춤추는 통화

기업에 가장 직접적으로 영향을 미치고 있는 변화는 세계경제의 위기이다. 지난 300년 동안「제2물결」문명은 세계를 하나의 통합된 시장으로 만드는 일을 계속해 왔다. 이러한 움직임은 이따금 일어난 전쟁·공황 그리고 그밖의 재해들에 의해 일시적인 후퇴를 겪기도 했다. 그러나 그때마다 세계경제는 회복되었으며 그 규모는 더 커졌고 더 밀접하게 통합되어 갔다.

오늘날 세계경제는 새로운 위기에 직면해 있다. 그러나 이번 위기는 종전의 것과는 다르다. 산업화시대에 겪었던 과거의 모든 위기와는 달리 이 위기는 단지 통화만의 위기가 아니고 사회의 전체 에너지체계가 흔들리는 그러한 위기이다. 과거의 위기와는 달리 이 위기는 인플레이션과 실업을 순차적으로가 아니라 동시적으로 일으킨다. 또 한 가지 과거와 다른 점은 그것이 기본적인 생태환경의 문제 및 전혀 새로운 기술 그리고 생산체제에 대한 새로운 수준의 커뮤니케이션 도입 등과 직접 관련되어 있다는 것이다. 끝으로 이 위기는 마르크스주의자들의 주장과는 달리 자본주의만의 위기가 아니라 사회주의 산업국가에서도 마찬가지로 겪고 있는 그러한 위기이다. 한 마디로 그것은 산업문명 전체가 겪고 있는 전반적 위기이다.

세계경제의 격동으로 기업은 생존 자체를 위협받게 되었고 그 경영자들은 전혀 생소한 환경 속으로 내던져진 꼴이 되었다. 그렇게 해서 제2차세계대전의 종결 이후 1970년대 초까지 기업은 비교적 안정된 환경에서 기능해 온 것이 사실이다. 성장이 그 표어였다. 달러는 곧 왕이었고 통화는 오랫동안 안정을 유지하였다. 자본주의 산업국가들이 브레튼 우즈에서 마련한 전후의 금융구조도, 소련이 창설한 COMECON체제도 견고한 것처럼 보였다. 풍요로움으로 향하는 에스컬레이터는 계속 상승하기만 했다. 경제학자들은 경제의 움직임을 예측하고 통제할 수 있다고 확신하게 되었다. 그래서 그들은 경제에 대한「멋진 조율」따위의 말을 가벼이 입에 올렸다.

그러나 오늘날 그런 따위의 말은 비웃음을 살 뿐이다. 카터 대통령은 경제학자보다도 훨씬 더 앞날의 일을 잘 알아맞히는 조지아주의 시골 점장이를 알고 있다고 농담한 바 있다. 또 카터 행정부의 재무장관이었던 블루멘덜은『경제학자라는 직업은 사전이건 사후이건 경제의 현황을 파악하는 데는 파탄상태에 와 있다』고 말하기도 했다. 종래의 경제이론이 파국에 빠지고 전후경제의 기반이 무너지는 것을 눈앞에 두고 기업의 의사결정자들은 증가하는 불확실성에 직면해 있다.

금리는 지그재그로 오르내리고 통화는 소용돌이를 친다. 각국의 중앙은행들은 화폐를 사고 팔면서 통화의 동요를 진정시키려 하나 통화불안은 더욱 극단적으로 치달릴 뿐이다. 달러화도 엔화도 춤을 추고 유럽은「에쿠(ecu)」라고 하는 기묘한 이름의 독자적인 새 화폐발행을 추진하는가 하면 아랍제국은 몇십억 달러의 미국 지폐를 처분하려고 안달하고 있다. 금값은 기록을 깨뜨리면서 치솟고 있다.

이러한 모든 사태가 일어나고 있는 한편으로 기술과 커뮤니케이션의 발달은 세계시장의 구조를 바꾸어 초국가적(transnational) 생산을 가능하게 하고 필요하게 하고 있다. 이와 같은 움직임을 용이하게 하기 위하여 제트기 시대에 걸맞는 통화체제가 형성되고 있다. 컴퓨터와 인공위성 이전에는 생각할 수도 없었던 일이지만 전자공학을 이용한 전세계적인 은행 조직망이 이제는 홍콩·마닐라·싱가포르 등을 바하마 제도·케이맨 제도·뉴욕 등과 동시에 연결시켜 준다.

크레딧 쉬스(Crédit Suisse) 은행이나 아부 다비 국립은행(National Bank of Abu Dhabi)은 말할 것도 없고 미국의 시티뱅크, 영국의 바클레이(Barclay) 은행, 일본의 스미토모(住友) 은행, 소련의 국립은행(Narodny) 등을 잇는 거대한 은행망은 어느 한 나라 정부의 지배를 벗어나 있는 통화와 신용—즉「무국적 통화(stateless currency)」의 풍선을 만들어 냈다. 그리고 이 풍선이 언제 터져버릴지 모두 겁에 질려 있다.

이들 무국적 통화의 대부분은 유러달러(Eurodollar)—즉 미국 밖으로 유출된 달러화이다. 필자는 1975년에 유러달러의 급격한 증가현상에 대해 언급하면서 이 새로운 통화가 경제라는 게임에서 와일드 카드 구실을 하게 될 것이라고 다음과 같이 경고한 바 있다.『유러달러는 국경도 아랑곳하지 않고 이곳 저곳을 넘나들면서 인플레이션을 부채질하고 국제수지 균형을 역전시키는가 하면 통화가치를 위태롭게 한다.』 그 당시 유러달러의 총액은 약 1,800억 달러로 추정되었다.

1978년에 이르러 「비즈니스 위크」지는 겁에 질린 어조로 국제금융체제가 「믿을 수 없는 상태」에 놓여 있고 당초의 1,800억 달러가 4,000억 달러 상당의 유러달러·유러마르크·유러프랑·유러길더·유러엔 등으로 증대했다고 보도했다. 이 초국가적 통화를 다루는 은행들은 현금유보가 없더라도 무제한으로 크레딧을 발행할 수 있으며 아주 싼 금리로 대출할 수도 있었다. 오늘날 유러달러의 총계는 1조 달러에 이를 것으로 추정된다.

기업을 성장시킨 「제2물결」 경제체제는 국가를 단위로 하는 시장·통화·정부에 기반을 둔 것이었다. 그러나 이러한 한 나라 단위의 하부구조는 초국가적이고 전자적인 새로운 「유러달러 풍선(Eurobubble)을 규제하거나 견제할 능력이 전혀 없다. 「제2물결」 세계에 맞추어 설계된 경제구조는 이미 그 타당성을 잃었다.

사실 종전에 대기업들을 위해 세계 무역관계를 안정시켜 주었던 범세계적 구조물이 지금은 송두리째 흔들려 분해될 위험에 처해 있다. 세계은행, GATT 등 모두가 심한 타격을 받고 있다. 유럽 국가들은 자신이 관리할 수 있는 새로운 기구를 만들어 내고자 서두르고 있다. 한편에서는 오일 달러를 무기로 휘두르는 아랍 국가들이 각기 나름대로 내일의 금융제도 안에서의 영향력을 외쳐대면서 IMF에 대항하는 독자적인 기금의 설립을 주장하고 있다. 달러화는 이제 왕자에서 끌어내려졌으며 세계경제는 도처에서 경련과 발작을 일으키고 있다.

이 모든 것은 에너지와 자원의 변덕스런 과부족, 소비자와 노동자 및 경영자의 급격한 변화, 무역수지의 급격한 불균형 상태로의 이행 그리고 무엇보다도 비산업 세계의 점증하는 호전성 등이 서로 얽히고 설켜 더 한층 가중되고 있다.

이와 같이 극히 가변적이고 혼란된 환경 속에서 오늘의 기업은 투쟁을 벌이면서 운영되고 있다. 그렇다고 이런 기업을 운영하는 경영자들은 기업이 갖는 힘을 포기할 생각이 조금도 없다. 그들은 이윤과 생산, 자신의 발전을 위해 싸워나갈 것이다. 그러나 고조되고 있는 예측할 수 없는 상황, 높아져 가는 대중의 비판, 적대적인 정치 압력 등에 직면하여 대부분의 지성적인 경영자들은 기업조직의 목표·구조·책임과 그 「존재이유」 등에 관하여 의문을 품기 시작하고 있다. 다수의 대기업은 한때 안정되었던 「제2물결」의 구조가 목전에서 허물어지는 것을 지켜보면서 자기동일성(identity)의 위기와 유사한 어떤 것을 경험하고 있다.

가속적 경제

이러한 기업의 자기동일성 위기는 사태변화의 빠른 속도 때문에 더욱 심화되고 있다. 바로 이 변화의 속도가 기업경영에 새로운 요소를 도입하여 생소한 환경에 벌써부터 신경을 곤두세우고 있는 기업 임원들에게 더욱 더 빠른 속도로 더욱 더 많은 결정을 내리도록 강요하고 있기 때문이다. 대응조치를 생각할 시간의 여유는 거의 없다.

금융면에서도 은행과 그밖의 금융기관의 업무가 컴퓨터화됨에 따라 거래의 속도가 가속화하고 있다. 심지어 시차에서 발생하는 이익을 좇아 점포의 위치를 옮기는 은행들마저 생겨났다. 국제금융잡지인 「유러머니(Euromoney)」지는 『경쟁의 무기로서 시차를 이용할 수 있게 되었다』고 쓰고 있다.

이와 같이 가열된 환경에서 대기업은 싫든 좋든 갖가지 통화를 그것도 1년이나 90일 또는 7일이라는 기간을 단위로 하는 것이 아니라 문자 그대로 하룻밤 또는 분 단위로 대차거래를 하게 되었다. 임원실에는 「국제현금담당 지배인(international cash manager)」이라는 새로운 회사간부가 등장했다. 24시간 내내 전세계에 연결되어 있는 컴퓨터 카지노를 움직여서 가장 싼 이자, 가장 유리한 통화에 의한 거래, 가장 빠른 회전방법 등을 찾아내는 것이 그 새로운 간부가 하는 일이다.*

마키팅 분야에서도 이와 같은 가속화 현상을 명백히 찾아볼 수 있

---

* 이 기능은 사소한 것이 아니다. 농작물을 재배해서 얻는 것보다 땅을 팔아서 더 큰 이득을 얻는 농부처럼 몇몇 중요한 기업들은 그들의 제품에서 얻는 것보다 통화와 금융의 조작에서 더 큰 이윤을 얻지만 때로는 더 큰 손실도 본다.

다. 「애드버타이징(Advertising)」지는 이렇게 보도하고 있다. 『내일에 살아남기를 다짐하기 위해서 시장담당자들은 재빨리 대응하지 않으면 안된다. 미국 3대 네트워크의 TV 편성 책임자들은…시청률이 낮은 새로운 TV 시리즈를 중단시키는 것을 가속화시키고 있다. 이제 6~7주 또는 한 시즌을 기다려 보고 가부를 결정하는 따위의 일은 거의 없다. …하나 더 예를 들어보자. 브리스틀 마이어즈사(Bristol Myers Co.)가 존슨 앤드 존슨사(J&J/Johnson & Johnson Co.)의 타이레놀(Tylenol)이라는 진통제와 경쟁할 약품의 염가판매를 결정한 것을 J&J사가 알고 있다고 하자. J&J사가 관망태도를 채택하겠는가? 그럴 리는 없다. 숨 돌릴 새도 없이 즉각 타이레놀의 소매가격을 인하할 것이다. 몇 주일이나 몇 달을 두고 꾸물거리는 일은 결코 있을 수 없다.』 이 기사의 문장 자체가 숨가쁘다.

엔지니어링·제조·연구·판매·연수·인사 등 기업의 모든 부서에서 그와 같은 의사결정의 신속화를 찾아볼 수 있다.

진도가 다소 뒤떨어져 있기는 하지만 이런 면에서 사회주의 산업국가도 같은 과정을 겪고 있다. COMECON은 전에는 5개년 계획을 세워 5년마다 가격을 수정해 왔지만 최근에는 빨라진 사태진전 속도에 발맞추기 위해 해마다 그 가격을 수정하지 않을 수 없게 되었다. 멀지 않아 그 기간은 6개월 또는 그 이하로 단축될 것이다.

기업신진대사의 일반화된 가속화도 갖가지 결과를 빚고 있다. 상품의 수명이 짧아지고 점점 더 리스(lease)와 임대를 많이 이용하게 되고 매매의 빈도 또한 높아진다. 소비유형의 변화도 자주 일어나고 일시적인 유행이 성행한다. 새로운 업무에 끊임없이 적응해 나가야만 하는 근로자들을 위한 연수의 횟수가 증가된다. 계약의 빈도가 잦아지고 협상과 법률사무가 늘어난다. 가격의 변동이 심해지고 이직률이 높아진다. 점점 더 많이 자료에 의존하게 되고 점점 많은 「애드호크」 기구가 생겨나게 된다. 이 모든 것은 인플레이션에 의해 한층 더 조장된다.

그 결과 큰 노름판, 고도로 흥분된 기업환경이 조성된다. 이러한 갖가지 압력이 증대되는 가운데서 기업가·은행가·회사 중역들은 그들이 무엇을 하고 있고 왜 하고 있는가에 대해 회의를 품게 되는 이유를 쉽게 알 수 있다. 「제2물결」 시대의 확신 속에서 성장한 그들은 그들이 알고 있던 세계가 가속적으로 밀어닥치는 변화의 물결의 충격을 받아 산산조각이 되는 것을 보게 된다.

탈대중화 사회

그들을 더욱 얼떨떨하고 당황하게 만드는 것은 그들이 훈련되어 일하고 있는 산업화시대의 대중사회가 파탄되고 있다는 점이다. 「제2물결」 시대의 관리자들이 배워 온 것은 대량생산이 가장 앞서고 가장 효율적인 생산방식이라는 것, 대량시장이 표준화된 상품을 필요로 한다는 것,…대량분배가 필수 불가결하다는 것,…획일적인 노동자 대중이 기본적으로 모두 비슷하여 동일한 유인에 의해 동기가 부여된다는 것 등이다. 유능한 관리자는 목표를 달성하려면 동시화·중앙집권화·극대화·집중화가 필요하다고 배웠다. 그런데 이러한 가설들이 「제2물결」에서는 기본적으로 옳았다.

오늘날 「제3물결」이 밀어닥침에 따라 기업관리자들은 종래의 낡은 가설이 도전받고 있다는 것을 알게 되었다. 대중사회에 맞게 만들어진 것인데도 그 대중사회가 이제 탈대중화해 가고 있다. 비단 정보·생산·가정생활뿐 아니라 상품시장이나 노동시장마저도 더 작고 더 다양한 소단위로 분해되기 시작하고 있다.

대량시장은 분열하여 끊임없이 그 수가 늘어나고 변화를 계속하는 소시장이 되었다. 그러한 소시장은 상품의 선택권·모델·타입·크기·색깔·주문생산 등의 범위를 끊임없이 확대할 것을 요구받고 있다. 전에 미국의 가정에 모두 똑같은 흑색 수화기를 공급하여 거의 성공을 거둔 벨 전화회사는 현재 갖가지 부품을 맞추고 끼워서 1,000가지에 이르는 수화기를 제조하고 있다. 핑크색·녹색·흰색 전화기로부터 맹인용 전화기, 성대를 사용하지 못하는 벙어리용 전화기, 공사현장용 폭발음 방지 전화기에 이르는 갖가지가 있다. 백화점은 원래 시장을 대량화하기 위해 만든 것이지만 지금은 하나의 백화점에 많은 「전문점포(boutique)」가 생겨나고 있다. 미국의 페더레이티드 백화점(Federated Department Store)의 부사장 스웰(Phyllis Sewell)은 『앞으로 보다 여러가지의 백화점이 생기면서…너욱 더 전문화의 길을 걷게 될 것』이라고 말하고 있다.

고도기술국가들에서 상품 및 서비스의 종류가 매우 빨리 늘어나고 있는 것은 기업이 소비자를 조종하여 가수요를 창출하고 하찮은 품목에 비싼 가격을 매겨 이윤을 높이려 하기 때문이라고 흔히들 설명하고 있다. 이러한 비난에 일면의 진리가 있는 것은 의문의 여지가 없다. 그러나 보다 깊은 이유가 있다. 즉 상품 및 서비스 종류의 다양화는 탈대중화하는 「제3물결」 사회에서 실제로 수요・가치・생활양식의 다양화를 반영한다.

사회적 다양성의 이같은 심화는 특히 화이트칼러와 서비스 부문에서 새로운 직종이 속출하는 것을 반영한 노동시장 분화에 의해 더욱 촉진되었다. 신문에는 「워드프로세싱에 능숙한 비서」나 「소형 컴퓨터 프로그래머」 따위를 찾는 구인광고의 소리가 요란하다. 필자는 서비스 직종에 관한 어떤 회의에서 한 심리학자가 소비자 보호가(consumer advocate), 공공이익 옹호자(public defender), 성 치료사(sex therapist)로부터 심리 화학요법사(psycho-chemotherapist), 민원조사관(ombudsman)에 이르는 무려 68종의 새로운 직종을 열거하는 것을 들은 일이 있다.

직업의 상호교환성이 상실됨에 따라 사람의 상호교환성도 상실되어 가고 있다. 사람들은 누구와도 서로 맞바꿀 수 있는 존재로 처우되는 것을 거부하고 직장에 있어서도 그들의 인종・종교・직업・성・소문화(subculture) 및 개인의 상이점을 날카롭게 의식하면서 행동한다. 「제2물결」 시대를 통해 대중사회로의 「통합」과 「동화」를 위해 싸웠던 집단들이 이제는 각자의 차이점의 해소를 거부하고 있다. 그런데 「제2물결」 기업들은 아직도 대중사회에서 기능하도록 조직되어 있는 까닭에 종업원과 고객들 사이에 계속 높아지고 있는 다양성의 조류에 어떻게 대응해야 할지 확실한 대답을 얻지 못하고 있다.

미국에서 두드러진 사회적 탈대중화 현상은 다른 나라에서도 신속히 진행되고 있다. 영국은 한때 고도의 동질적 사회를 자처했지만 지금은 파키스탄・서인도 제도・키프로스・우간다・터키・스페인 등에서 건너온 소수 인종들과 원주민들이 서로 뒤섞여 이제는 영국인 자체가 점점 더 동질성을 잃어가고 있다. 또 일본인·미국인·독일인·네덜란드인·아라비아인·아프리카인 등의 관광객이 밀물처럼 밀려들자 이제는 미국식 햄버거 스탠드와 일본의 덴뿌라 식당이 길거리에 나타나게 되었고 상점의 창문에는 「스페인어가 통합니다(Se Habla Espanol)」라는 표지가 나붙게 되었다.

온세계에서 소수민족이 자기동일성을 주장하고 오랫동안 줄곧 거부당해 온 일할 권리, 소득을 얻을 권리, 기업에서 승진할 권리 등을 요구하고 있다. 그 전까지 정치적으로 수동적이라고 여겨졌던 오스트레일리아의 원주민, 뉴질랜드의 마오리족, 캐나다의 에스키모족, 미국의 흑인과 멕시코계 미국인 그리고 심지어 동양계의 소수민족까지도 이제는 활발히 움직이고 있다. 그리고 미국 동해안의 메인주와 극서부 지방에 이르는 전역에서 미국의 원주민인 인디언은 「붉은 힘(Red Power)」을 주장하면서 그 부족의 토지를 돌려달라고 요구하고 OPEC 제국에 정치적·경제적 지원을 요청하고 있다.

오랫동안 가장 동질적인 산업국가라고 생각되었던 일본에서마저도 탈대중화의 징후가 높아가고 있다. 교육도 받지 못한 한 전과자가 하룻밤 사이에 아이누족(Ainu)이라는 소수 인종집단의 대변자로서 두각을 나타내고 있다. 한국인 소수민족도 동요하고 있다. 일본 조치(上智)대학의 사회학자인 다카네 마사아키(高根正昭) 교수는 이렇게 말하고 있다. 『나는 한 가지 불안감에 사로잡혀 왔다. …일본 사회는 지금 급속도로 통일성을 잃어가면서 분해되어 가고 있다.』

덴마크에서는 덴마크인과 이민 노동자들 사이에, 또 가죽점퍼를 입은 오토바이족과 장발족 젊은이들 사이에 거리에서 난투극이 빈번히 벌어지고 있다. 벨기에에서는 왈룬(Walloon)계 주민, 플랑드르인들, 브뤼셀 지방의 주민들 사이에 산업화 이전에 일어난 옛 분쟁이 재연되고 있다. 캐나다에서는 퀘백주의 분리운동이 일어나고 대기업은 몬트리올의 본사를 폐쇄하고 있다. 그리고 캐나다 전역에서 영어를 사용하는 기업 중역들은 서둘러 프랑스어 강의를 받고 있다.

지금까지 대중사회를 형성해 온 갖가지 힘들이 갑자기 반대방향으로 움직이기 시작했다. 민족주의는 고도기술체계와의 관련 속에서 지역주의로 대체되고 있다. 여러 인종을 한 도가니에 넣어 융합시키던 힘은 새로운 인종주의로 바뀌었다. 매체도 종전처럼 대중문화를 창조하는 것이 아니라 문화를 탈대중화시키고 있다. 이러한 사태는 에너지 형태의 다양화의 출현과 대량생산의 다음 단계를 지향하는 움직임과 병행하여 일어나고 있다.

이러한 모든 변화들이 서로 연관지워져서 전혀 새로운 구조를 창출해 내고 있다. 사회의 생산조직이 사기업이든 사회주의 기업이든 이 새로운 구조 안에서 기능하게 될 것이다. 아직도 대중사회적 사고방식을 벗어나지 못한 관리자들은 그들이 이해할 수 없는 새로운 세계를 눈앞에 두고 충격을 받아 혼란에 빠지게 될 것이다.

기업목적의 재검토

기업의 자기동일성 위기를 한층 심화시키고 있는 것은 이처럼 이미 동요하고 있는 배경과는 대조적으로 이런저런 기업의 부분적인 변경이 아닌 기업목적의 철저한 재검토를 요구하는 세계적인 움직임의 출현이다.

미국의 「하버드 비즈니스 리뷰(Harvard Business Review)」지의 편집자인 유잉(David Ewing)은 이렇게 쓰고 있다. 『기업에 대한 대중의 분노가 깜짝 놀랄 정도로 분출해 가기 시작하고 있다.』 유잉은 하버드 대학 경영대학원의 한 연구원이 1977년에 행한 조사보고서를 인용하면서 이 조사보고서가 『기업계에 전율을 느끼게 해주었다』고 말했다. 이 조사에 의하면 조사대상 소비자의 거의 반수가 10년 전에 비하여 시장에서 상인들이 그들을 대하는 태도가 나빠졌다고 생각한다는 것이다. 또 60%는 상품의 질이 떨어졌다고 답했고 반수 이상이 상품에 대한 보증을 신뢰하지 않는다고 응답했다. 유잉이 인용한 바에 의하면 어떤 사업가는 괴로워 하면서 『마치 산 안드레아스(San Andreas) 절벽 위에 앉아 있는 느낌이다』라고 말했다는 것이다.

유잉은 계속해서 이렇게 썼다. 더욱 좋지 않은 현상은 『새로운 기술과 모험기업의 미몽에서 깨어나 이에 대해 짜증을 내고 화를 낼 뿐 아니라…까닭 모르게 무턱대고 겁을 집어먹는 사람들이 점점 더 많아지고 있다.』

거대한 1급 회계사무소의 하나인 프라이스 워터하우스사(Price Waterhouse & Co.)의 중역 비글러(John C. Biegler)는 이렇게 말한다. 『오늘날 미국 기업에 대한 대중의 신뢰도는 대공황 이래 전례없이 낮다. 미국의 기업가와 공인회계사는 원점으로 되돌아가서 그들이 행하고 있는 업무를 재조정하고 재검토할 것이 요구되고 있다. …기업의 업적 또한 새롭고 생소한 척도에 의하여 측정되고 있다.』

이와 유사한 경향은 스칸디나비아·서유럽, 나아가서는 사회주의 산업국가에서조차도 나타나고 있다. 일본에서도 도요타(豊田) 자동차회사의 간행물에 나타난 바에 의하면 『일본에서 지금까지 볼 수 없었던 유형의 시민운동이 점차 세력을 얻어가고 있다. 기업이 일상생활을 파괴한다고 비판하고 있다』는 것이다.

사실 기업이 맹렬한 공격을 받았던 일은 역사상 여러 번 있었다. 그러나 현재 일어나고 있는 불만의 소리는 과거의 그것과는 근본적으로 다르고 사라져 가는 산업화시대의 과거가 아니라 미래의 「제3물결」 문명의 가치관과 가정에서 연유한다.

「제2물결」 시대에는 기업은 어디까지나 경제단위로만 여겨졌고 기업에 대한 비판도 주로 기업의 경제문제에 집중되어졌다. 기업은 노동자에게 충분한 임금을 주지 않는다, 고객에게 비싼 값으로 팔아넘긴다, 카르텔을 결성하고 값을 조작한다, 부정상품을 만든다는 등의 수많은 기업범죄 행위가 비난의 대상이 되었다. 그러나 아무리 가혹한 비판자라 하더라도 그들 대부분은 기업이란 본래가 경제조직으로서 역할한다고 하는 기업 자체의 정의를 받아들였다.

오늘날의 기업비판가들은 과거와는 전적으로 다른 전제에서 출발한다. 그들은 경제를 정치나 도덕, 인간생활의 다른 측면으로부터 인위적으로 분리시키는 것을 공격한다. 그들은 경제적 성과에 대해서 뿐 아니라 대기오염으로부터 회사 중역들의 스트레스에 이르는 모든 부차적 영향에 대해서까지 기업의 책임영역을 넓혀서 생각한다. 그래서 기업은 석면공해를 일으킨다든가 가난한 사람들을 의약품 테스트의 시험재료로 삼는다든가 혹은 비산업화 세계의 발전을 왜곡시키고 있다든가 하는 비난을 받는다. 또 인종차별·남녀차별·비밀주의·기만 따위에 대한 책임도 추궁받게 된다. 그들은 칠레의 파시스트 장군들이나 남아프리카의 인종차별주의자들, 이탈리아 공산당 등 평판이 좋지 않은 정권이나 정당을 지원한다는 조소를 받기도 한다.

여기서 문제가 되는 것은 그러한 비난이 타당한가—대부분의 경우 타당하지만—하는 점이 아니다. 훨씬 더 중요한 것은 기업을 비판하는 사람들이 갖는 기업의 개념이다. 「제3물결」과 더불어 새로운 종류의 기업제도—이윤을 올리거나 상품을 생산하는 일에 그치지 않고 환경적·도덕적·정치적·인종적·성적·사회적 문제들의 해결에도 동시에 기여할 수 있는 그러한 기업제도를 요구하는 소리가 높아지고 있다.

기업은 극히 전문화된 경제적 기능에만 매달리는 존재가 아니라 비판과 법률 그리고 관련 중역들의 자극을 받아 다목적 제도로 되어가고 있다.

다섯 가지의 압력

기업의 목적을 재정의하는 일은 선택의 문제가 아니라 실제 생산조건에서 일어나고 있는 다섯 가지의 혁명적 변화에 대응하기 위한 필연적인 과제이다. 즉 물리적인 환경의 변화, 사회의 여러 세력관계의 변화, 정보가 수행하는 역할의 변화, 정부조직의 변화 그리고 도덕기준의 변화 등 이 모든 것이 기업을 채찍질하여 새롭고 다면적이고 다목적적인 형태로 만들고 있다.

이 새로운 압력 중에서 가장 먼저 닥쳐오는 것은 생물영역의 변화이다.

미국에서 「제2물결」이 그 성숙단계에 이른 1950년대 중반 세계의 인구는 아직 27억 5,000만 명선에 머물고 있었다. 지금은 40억이 넘는다. 1950년대 중반 인류가 소비하던 에너지의 양은 영국식 열량단위로 1년중 8만 7.000조Btu에 지나지 않았다. 그러나 지금은 26만조Btu가 넘는 에너지를 소비하고 있다. 50년대 중반 당시 아연 같은 주요 원료의 소비량은 한 해에 고작 270만 톤이던 것이 지금은 560만 톤이나 된다.

어떤 방법으로 측정하건 자원에 대한 수요는 엄청나게 늘어나고만 있다. 그 결과 생물영역은 우리에게 오염, 불모화, 해상오염 징후, 기후의 미묘한 변화 등 위험신호를 보내고 있다. 우리가 이것을 무시하면 파멸을 맞게 될 것이다. 이러한 경고는 우리가 이제까지의 「제2물결」 시대와 같은 방법으로는 생산을 조직화할 수 없다는 것을 말해 준다.

경제적 생산활동의 주된 담당자가 기업이기 때문에 환경에 미치는 충격의 주된 「생산자」 역시 기업이다. 우리가 앞으로 계속 경제성장을 추구하기를 원한다면 그리고 정녕 우리가 앞으로 살아남기를 원한다면 내일의 기업경영자들은 환경에 미치는 기업의 마이너스 영향을 플러스 영향으로 바꾸는 일의 책임을 져야 한다. 이 추가적 책임을 자발적으로 지게 되거나 그렇게 하지 않을 수 없게 될 것이다. 생물영역의 여러가지 조건의 변화가 그것을 필요로 하기 때문이다. 기업은 경제적 제도이면서 동시에 환경적 제도로 변모해 가고 있다. 기업을 그렇게 변모시키는 것은 공상적 사회개혁론자들이나 과격파·생태학자·정부관료들이 아니고 다름아닌 생산과 생물영역의 상호관계의 구체적 변화이다.

제2의 압력은 기업 그 자체가 존립하는 사회환경에서 거의 주목받지 못하고 있는 변화로부터 생겨난다. 기업의 사회적 환경은 이제 전보다 훨씬 조직화되어 있다. 옛날에는 각 기업이 미조직 사회라고 할 수 있는 상황에서 운영되었다. 오늘날에는 사회영역이 새로운 조직화의 단계로 신속히 옮아가고 있다. 특히 미국에서 그러하다. 짜임새있고 넉넉한 자금을 가진 단체나 기관·노동조합과 그밖의 집단들이 얽혀 서로 작용하면서 한 덩어리로 묶여진다.

오늘날 미국에 있어서 약 137만 개의 회사는 대학을 포함한 9만여개의 학교, 33만여개의 교회, 1만 3,000여개의 전국규모 조직 산하의 수십만개나 되는 지점, 그밖의 수많은 지역단위의 환경·사회·종교·체육·정치·인종·민간단체 등과 상호연관되어 있으면서도 이들은 제각기 독자적인 과제와 우선하는 문제를 갖고 있다. 이들 단체간의 관계를 조정하기 위해 14만 4,000개의 법률사무소가 있다.

이렇게 많은 단체들이 들어차 있는 사회영역에서는 모든 기업의 행동이 고독하거나 무력한 개인에 대해서는 물론이고 전문 참모진을 거느리고 그 자신의 간행물을 내고 정치체제에 연줄을 갖고 전문가나 변호사, 기타 조수를 고용할 재원을 가진 조직화된 단체에까지도 반사적 영향을 준다.

이렇듯 정교하게 배열되어 있는 사회영역에서는 기업의 결정이 엄격한 감시를 받게 된다. 실업이라든가 지역사회 붕괴와 강제이전 등의 형태로 기업이 저지르는 「사회오염(social pollution)」은 즉각 적발되고 기업은 경제적 「생산물」뿐 아니라 사회적 「생산물」에 대해서도 전보다 더 큰 책임을 지도록 압력을 받는다.

제3의 압력은 정보영역에서 일어난 변화를 반영한다. 따라서 사회의 탈대중화는 기업을 포함한 여러가지 사회제도가 서로간에 균형관계를 유지하기 위해 훨씬 더 많은 정보교환을 해야 한다는 것을 의미한다. 「제3물결」의 생산방법은 원료로서의 정보에 대한 기업의 욕구를 더욱 강화한다. 그러므로 기업은 거대한 진공청소기처럼 빨아들인 자료들을 처리하여 더욱 복잡한 방법으로 다른 기업에 전달한다. 정보가 생산과정에서 중요해지고 기업의 「정보담당 관리자」가 산업계에서 부쩍 늘어남에 따라 기업은 물리적·사회적 환경에 충격을 미치는 것과 마찬가지로 필연적으로 정보환경에 대해서도 충격을 미치게 된다.

정보가 새로이 중요성을 갖게 되면서 기업 자료의 관리를 둘러싼 분쟁이 일게 된다. 정보를 일반인들에게 더 많이 공개하려는 투쟁이나 기업수지(예를 들면 석유회사의 생산고와 이윤 등)를 공개하라는 요구, 「거짓없는 광고」 또는 「대출의 진상」을 밝힐 것을 요구하는 압력이 생기게 된다. 새로운 시대에 있어서 「정보의 충격」은 환경의 충격이나 사회의 충격과 마찬가지로 심각한 문제가 되고 기업은 경제적 생산자인 동시에 정보의 생산자로 인식되기 때문이다.

기업에 가해지는 제4의 압력은 정치와 권력의 영역에서 생겨난다. 사회의 급속한 다양화와 변화의 가속화는 어느 곳에서나 정부를 엄청나게 복잡하게 만들었다. 사회의 분화는 정부의 분화를 가져왔다. 그러므로 기업은 점점 더 전문화되어 가는 정부의 부서를 상대하지 않으면 안된다. 더욱이 이들 정부 부서들은 서로 조정이 잘 안되고 각기 독자적인 정책목표를 가지고 있기 때문에 끊임없이 조직개편을 되풀이하는 혼란을 겪고 있다.

걸프 석유회사(Gulf Oil Corp.)의 스페인(Jayne Baker Spain) 부사장은 10년이나 15년 전만 해도 『EPA, EEOC, ERISSA, OSHA, ERDA, FEA와 같은 정부기관은 없었다』고 지적하고 있다. 이 모든 기구들과 그밖의 많은 정부기관들은 모두 그 이후에 생겨난 것들이다.

그래서 각 기업은 지방·지역·국가적인 차원에서는 물론이고 심지어 초국가적인 차원에서도 더욱 더 정치에 휘말리게 되었다. 그 역으로 기업의 모든 중요한 결정은 상품을 생산하는 것에 그치지 않고 그것과 함께 적어도 간접적인 정치적 영향까지도 「생산」하기 때문에 그것들에 대해서도 점점 더 많은 책임을 지지 않으면 안되게 되었다.

끝으로 「제2물결」 문명이 퇴조하고 그 가치체계가 무너짐에 따라 제5의 압력이 등장하여 기업을 포함한 모든 제도에 영향을 미치게 된다. 이것은 고도의 도덕적 압력이라고도 할 수 있다. 지금까지 정상적인 것으로 여겨졌던 행위가 갑자기 부패했다거나 부도덕하다거나 스캔들이라고 다시 해석되기에 이른다. 록히드 항공사에서 뇌물을 받았다 하여 일본 내각이 무너지고 남아프리카에 무기를 수출한 혐의로 올린사(Olin Corp.)가 기소되기도 했다. 걸프 석유회사의 사장은 뇌물 스캔들 때문에 물러나지 않으면 안되었다. 진정제인 탈리도마이드(Thalidomide) 피해자에게 적절한 보상을 하지 않았던 영국의 디스틸러즈사(Distillers Co.)에 대한 저항이나 DC—10형 여객기에 관한 맥도넬 더글러스사의 실수 등은 모두 도덕적인 반발을 불러일으킨 사건들이었다.

기업의 윤리적 자세가 사회의 가치체계에 직접적인 영향을 끼친다고 보는 견해가 점점 더 많아지고 있으며 일부에서는 그것을 물리적 환경이나 사회체제에 대한 영향 못지 않게 중요한 영향이라고 인식하게 되었다. 기업은 더욱 더 도덕적 영향의 「생산자」로 간주되고 있다.

생산활동의 물질적·비물질적인 조건의 다섯 가지의 대변화에 의하여 기업이 단지 경제적 제도에 지나지 않는다는 「제2물결」 시대의 교과서적인 관념은 옹호할 수 없게 되었다. 이 새로운 상황에서는 기업은 생산이건 이윤이건간에 몇 가지 경제기능을 최대화하기 위한 기구로서만 운용할 수 없게 되었다. 「생산」이라는 말의 정의 자체가 크게 확대되어 기업활동의 중추적 효과뿐 아니라 부차적인 효과, 직접적인 효과뿐 아니라 장기적 효과까지도 포괄하게 되었다. 간단히 말해서 모든 기업은 이제 「제2물결」 경영자들이 일찍이 생각하지 못했던 여러가지 「생산물」들—비단 경제적 생산물뿐 아니라 환경적·사회적·정보적·정치적·도덕적 생산물들을 만들어 내고 이에 대한 책임을 지게 되었다.

기업의 목적은 이처럼 단수에서 복수로 변했다—단지 수사학적 표현면에서나 홍보면에서가 아니라 기업의 자기동일성과 자기규정의 측면에서 복수의 목적을 갖게 되었다.

「제2물결」 시대에 한 가지 목적만을 추구한 기업들과 「제3물결」 시대의 생산조건에 대응하여 미래의 다목적 기업을 위해 분투할 준비를 갖춘 기업간의 내부적 투쟁을 예견할 수 있다.

다목적 기업

「제2물결」 문명에서 성장한 우리들로서는 기업을 이러한 방식의 제도로 생각하는 것이 어렵다. 의료 이외에 경제적 기능을 가진 병원이라든지 교육 이외에 정치적 기능을 가진 학교라든지 또는 강력한 비경제적 또는 「초경제적(trans-economic)」 기능을 가진 기업 등을 평가한다는 것은 쉬운 일이 아니다. 최근에 은퇴한 포드 2세(Henry Ford Ⅱ)는 「제2물결」적인 사고방식을 가진 전형적인 사람이다. 그는 이렇게 주장한다. 『기업은 사회의 경제적 요구에 이바지하도록 만들어진 전문기구이므로 기업활동과 무관한 사회적 요구에 이바지할 태세를 갖추고 있지 못하다.』 그러나 포드 2세와 같은 「제2물결」 옹호자들이 이와 같이 생산조직에 대한 정의의 재정립에 저항하고 있는가 하면 한편에서는 적지 않은 기업가들이 그 용어나 방침을 바꾸어 나가고 있는 것이 현실이다.

실질적인 변화를 꾀하지는 않고 입으로만 번지르르하게 말하며 그럴

듯하게 대외선전만 하는 경우도 흔히 볼 수 있다. 새로운 사회적 책임의 시대를 선포하는 그럴 듯한 판촉 책자들로 강도귀족(robber-baron)의 탐욕을 은폐하는 경우가 너무나 많다. 그럼에도 불구하고 「제3물결」이 몰고 온 새로운 갖가지 압력에 기업의 구조·목표·책임 등에 관한 기본적인 「패러다임 전이(paradigm shift)」, 즉 개념의 재정립이 일어나고 있다. 이러한 변화의 징조는 수없이 많다.

예컨대 세계 굴지의 석유회사인 아모코사(Amoco Corp.)는 이렇게 말하고 있다. 『공장의 입지선정에 있어서 통상의 경제적 평가만이 아니라 그 지역에 미치게 될 사회적 영향까지도 세밀히 조사하는 것이 우리 회사의 방침이다. …우리 회사는 자연환경뿐만 아니라 주위의 공공시설에 대한 영향, 그 지역의 고용, 특히 소수민족 집단의 고용조건에 대한 영향 등 많은 요인을 고려한다.』 물론 아모코사는 계속 경제적 평가에 최대의 역점을 두고 있지만 다른 요인에도 중점을 둔다. 또 입지선정이 경제적 조건면에서는 비슷하나 「사회적 영향」면에서는 다르기 때문에 이들 사회적 요인이 결정적인 것으로 나타날 수 있다.

기업합병을 제의하는 경우에 있어서도 미국 최대의 컴퓨터 제조회사의 하나인 컨트롤 데이타사(Control Data Corp.)의 경영자는 재정적·경제적 고려사항뿐 아니라 「모든 관련요인」, 즉 합병사의 사회적 효과라든가 종업원과 컨트롤 데이타사가 지역사회에 미치게 될 영향 등을 충분히 고려하고 있다. 또 다른 회사가 공장을 교외로 옮기는 것과는 반대로 컨트롤 데이타사는 심사숙고를 한 끝에 새 공장을 워싱턴이나 세인트폴·미니애폴리스의 도심지에 세워서 소수민족 집단의 고용을 촉진하고 도심부에 활기를 불어넣어 준다. 이 회사는 자기 회사의 사명을 「시민생활의 질을 높이고 평등을 촉진하며 잠재적 가능성을 신장시키는 것」이라고 밝히고 있는데 한 기업체의 목표 속에 평등이라는 말이 등장한다는 것은 파격적인 일이라 아니할 수 없다.

미국에서는 여성과 유색인종의 지위향상이 오랫동안 끌어온 국가정책 문제였다. 「차별철폐 조치(affirmative action)」의 목표에 잘 대응한 경영자들에게 포상을 한 몇몇 회사도 있다. 일류 식품회사인 필즈버리사(Pillsbury Co.)는 3개의 생산부문별로 다음 해의 판매계획과 함께 여성 및 소수민족 집단의 고용·훈련·승진 등에 관한 계획을 세워 제출하도록 하고 있다. 관리식에 대한 인센티브제도는 이러한 사회적 목표의 달성과 연결되어 있다. AT&T사는 해마다 모든 관리직에 대한 근무평정을 하고 있다. 이러한 차별철폐 조치 목표의 달성은 근무평정에서 좋은 평점을 받는 기준의 하나가 되어 있다. 뉴욕의 케미컬 은행(Chemical Bank)에서는 지점장의 직무성적 평가의 10% 내지 15%를 지점장의 사회활동, 즉 지역사회의 어떤 기관의 이사회에 자리를 차지했다든가 비영리 단체에 대부를 해주었다든가 또는 소수민족 출신을 고용했거나 승진시켰다든가 하는 일 등에 근거를 두고 있다. 많은 신문사들의 체인조직을 거느리고 있는 가네트(Gannett)사의 사장 뉴하드(Allen Neuharth)는 편집인들과 체인에 가입한 지방신문 발행인들에게 『보너스의 주된 부분이 이 프로그램의 달성도에 따라 결정된다』고 잘라 말한다.

기업활동의 환경적 결과에 관여하고 있는 임원들의 지위와 영향력이 뚜렷이 강대해진 것을 우리는 볼 수 있다. 어떤 회사는 사장에게 직접 보고서를 내기도 하고 또 이사회내에 특별위원회를 설치하여 기업의 새로운 책임을 규정하기도 한다.

기업의 이와 같은 사회적 반응이 모두가 실천적인 것은 아니다. 호프만 라 로슈의 미국내 자회사의 지역사회문제 책임자인 브루너(Rosemary Bruner)는 이렇게 말한다. 『물론 그 중에 어떤 것은 전적으로 대외선전용인 것도 있다. 또 어떤 것은 회사의 이익을 위한 것도 있다. 그러나 어쨌든 그 대부분은 실제로 기업기능에 대한 인식의 변화를 반영하고 있다.』 그래서 경영자들은 칭찬받을 만한 동기와 더불어 항의와 소송, 정부의 조치에 대한 두려움 등에 쫓겨 마지 못해 새로운 생산조건에 적응하기 시작하면서 기업이 여러가지 목적을 가지고 있다는 생각을 받아들이고 있다.

여러가지 순수익

지금 등장하고 있는 다목적 기업은 무엇보다도 우수한 간부를 필요로 한다. 다목적 기업의 경영진은 복수의 목표를 구체적으로 설정하고 그 비중을 결정하고 상호연관성을 규정하고 여러가지 목표를 동시에 수행하는 상승적 경영방침을 찾아낼 수 있어야 한다. 다목적 기업은 한 가지 변수가 아니라 여러가지 변수를 동시에 만족시킬 수 있는 정책을 필요로 한다. 전통적인「제2물결」시대의 외고집형 경영자들에게서는 아무 것도 나올 수 없다.

나아가서 일단 복수의 목표설정이 필요하다는 것을 인정하고 나면 기업의 업적평가 척도도 새로이 고안해 내지 않으면 안된다. 경영자들은 오직「순수익(bottom line)」만을 생각하도록 훈련받아 왔지만「제3물결」시대의 기업은 서로 연관된 복수의 순수익—사회·환경·정보·정치·도덕면에서의 순수익에 대해서도 주의를 기울일 것을 요구받고 있다.

이러한 새로운 복잡한 요구들에 직면하여 오늘날의 경영자들은 대부분 깜짝 놀란다. 그들은「제3물결」시대의 기업경영에 필요한 지적 도구를 가지고 있지 못하다. 기업의 수익성을 계산하는 방법은 알지만 비경제적 목표의 달성도를 어떻게 측정 또는 평가한다는 말인가? 회계사무소인 프라이스 워터하우스사의 비글러는 이렇게 말한다.『경영자들은 실질적인 책임기준이 확립되어 있지 않은 분야에서의 기업활동을 책임지도록 요구받고 있다—이 분야에서는 책임에 관한 용어조차도 발전되어 있지 않다.』

이 때문에 최근에는 책임(accountability)에 관한 새로운 용어를 발전시키려는 노력이 일어나고 있다. 실제로 회계(accounting)라는 말 자체의 뜻이 혁명적인 변화를 일으켜 좁은 경제적 의미의 테두리를 벗어나려 하고 있다.

예컨대 미국 회계학회(American Accounting Association)는「효율의 비재정적 측정에 관한 위원회 보고서」등을 간행하고 있다. 이러한 방향으로 많은 연구가 이루어지고 있고 이들 각각의 보고서에는 250개에 가까운 단편적인 논문과 전문적인 논문 및 자료의 문헌 목록이 실려 있다.

필라델피아에 있는 컨설팅 회사인 휴먼 리소시스 네트워크(Human Resources Network)사는 미국의 12개 대기업과 공동으로 무엇이 기업의「초경제적」목표로 불리어져야 하는가를 규정하는 산업상호간의 방법을 개발하기 위해 연구를 하고 있다. 이러한 목표들은 기업의 업무계획에 통합시켜 기업의 초경제적 업적을 측정하는 방법을 발견하고자 하는 것이다. 한편 워싱턴에서 크레프스(Juanita Kreps) 상무장관은 정부 스스로 「사회업적지수(Social Performance Index)」를 만들어 『기업이 그들의 업적과 사회적 영향을 평가하는 데 사용할 수 있는 수단으로 삼아야 할 것이다』라고 말하여 크게 논쟁을 불러일으켰다.

유럽에서도 이와 비슷한 연구가 진행되고 있다. 베를린에 본부를 둔 국제환경·사회문제연구소(International Institute for Environment and Society)의 디르케스(Meinolf Dierkes)와 코포크(Rob Coppock)에 의하면 『유럽의 대기업과 중규모 기업의 대부분이 사회업적 보고(social report)라는 개념을 실험하고 있다. …예컨대 서독에서는 정상급 대기업 약 20개가 정기적으로 사회업적 보고서를 발간하고 있고 그밖에도 100개사 이상의 기업이 내부 경영자료로 사용할 목적으로 사회업적 보고서를 작성하고 있다』고 한다.

이들 보고서 중 어떤 것들은 공해와 같은 논쟁의 여지가 있는 문제를 고의로 간과하고 회사의 「훌륭한 업적」만 설명한 자기선전에 불과한 것도 있다. 그러나 그밖의 것들은 매우 편견이 없고 객관적이고 강경한 내용을 담은 것이다. 예컨대 스위스의 대규모 식품회사인 미그로스 게노센샤프트 분트(Migros-Genossenschafts-Bund)사가 낸 사회보고서는 여성종업원의 임금이 남자보다 낮다는 것, 대부분의 작업이 「극히 따분하다」는 것, 과거 4년 동안에 이산화질소의 배출량이 많아졌다는 것 등을 자기비판조로 털어 놓고 있다. 이 회사의 전무이사 아르놀(Pierre Arnold)은 『한 기업으로서 목표와 현실적 결과와의 격차를 밝힌다는 것은 용기가 필요한 일』이라고 말하고 있다.

STEAG사나 자아르베르그베르케사(Saarbergwerke AG) 같은 회사는 기업지출을 특정한 사회적 혜택에 관련시키려는 노력에 앞장섰다. 공식적인 것은 못되지만 출판사인 베르텔스만사(Bertelsmann AG), 복사기 제조업체인 랑크 제록스사(Rank Xerox GmbH), 화학약품 제조업체인 훽스트사 등은 일반에게 이용될 수 있는 사회적 데이타의 종류를 과감하게 넓혔다.

스웨덴이나 스위스의 기업들과 서독의 도이치 셸사(Deutsche Shell

AG) 등은 훨씬 더 앞선 시스템을 도입했다. 도이치 셸사는 연차보고서 간행을 중단하고 경제적·초경제적 데이타를 연관시킨 「연차 사회보고서(Annual and Social Report)」를 간행하고 있다. 디르케스와 코포크가 「목표 회계와 보고(goal accounting and reporting)」라고 한 셸사가 사용한 이 방식은 기업의 경제적·환경적·사회적 목표 등을 규정하고 이를 달성하기 위해 취해야 할 조치를 상세히 설명하면서 이에 할당할 경비를 기록하고 있다.

셸사는 또 다섯 가지의 포괄적인 기업목표를 들고 있다. 「정당한 투자수익」을 달성하는 것은 그 목표 중의 하나에 불과하다. 그리고 이 다섯 가지 목표는 경제적인 목표이건 비경제적인 목표이건간에 기업의 의사결정에 있어서 「똑같은 비중으로 고려되어야 한다」는 것을 특별히 명기하고 있다. 목표회계 방식은 기업이 초경제적 목표를 명확히 설정하고 그 달성기간을 명기하고 이를 일반이 검토할 수 있게 공개하는 것이다.

영국의 버밍엄대학의 회계학 교수 갬블링(Trevor Gambling)은 그의 저서 「사회 회계학(Societal Accounting)」에서 이를 좀더 폭넓은 이론적 수준에서 고찰하면서 사회지표와 사회회계 방식을 개발한 사회과학자들의 업적과 경제전문가·회계사의 업적의 통합을 출발점으로 하여 회계방식을 근본적으로 다시 정립해야 한다고 주장한다.

네덜란드의 델프트대학 경영대학원의 브레보르(Cornelius Brevoord) 원장은 기업행동을 모니터하는 다차원적인 기준을 고안해 냈다. 그는 이러한 것이 필요하게 된 것은 사회의 가치기준이 크게 변하고 특히 그 중에서도 사회가 「경제적 생산지향(economic production orientation)」으로부터 「전체적 복지지향(total well-being orientation)」으로 이행하고 있기 때문이라고 말했다. 또한 그는 「기능별 전문화」에서 「관련학문 종합방식」으로의 이행에도 주목하고 있다. 이러한 변화들이 기업으로 하여금 더욱 원숙한 개념을 만들 필요성을 강화시키고 있다.

브레보르는 기업의 업적을 평가하는 32가지의 다른 기준을 들고 있다. 그 중에는 소비자·주주·노동조합과의 관계로부터 환경보호단체와 경영진과의 관계 등이 열거되어 있다. 그러나 그는 앞으로 나타날 미래의 기업이 자기평가를 할 경우 이들 32가지도 매개변수의 「아주 작은」 부분에 불과하다고 지적한다.

「제2물결」의 경제적 하부구조가 무너지고 탈대중화의 확산에 따라 변화가 가속화하고 생물영역이 위험신호를 보내오고 사회의 조직화가 고도로 진행되고 또한 생산의 정보·정치·도덕적 조건이 변화함과 더불어 「제2물결」의 기업은 시대에 뒤떨어진 것이 되고 말았다.

그러므로 생산의 의미와 지금까지 생산활동을 조직화해 온 제도의 의미를 철저히 재개념화하려는 운동이 일어나고 있는 것이다. 그 결과 내일의 새로운 기업스타일에의 복잡한 이행이 이루어지고 있다. 아메리칸대학의 경영학 교수 핼럴(William E. Halal)은 이렇게 말한다. 『마치 농업사회가 산업사회로 전환했을 때 봉건적 장원이 기업에 의해 대체되었던 것처럼 낡은 형태의 기업은 새로운 형태의 경제제도에 의해 대체될 것이다. …』 이러한 새로운 제도는 경제적 목적과 초경제적 목적을 결합시키는 것이 될 것이다. 그러한 제도는 복수의 순수익을 얻게 될 것이다.

기업의 변혁은 사회영역 전반에서 일어나는 보다 큰 변화의 일부로서 일어난다. 그것은 기술영역과 정보영역에서 일어나는 극적인 변화와 병행해서 일어난다. 이것들이 모두 합쳐져 거대한 역사의 이행을 만들어 낸다. 그러나 변하는 것은 이 거대한 구조들만이 아니다. 우리는 보통사람들이 일상적인 생활에서 행동하는 양식도 변화시키고 있다. 문명의 심층적인 구조를 바꾼다는 것은 우리가 살아가는 모든 규범을 동시에 다시 써야 하기 때문이다.

19

새로운 규칙의 해석

수백만의 중산층 가정에서는 관례화된 드라머가 연출되고 있다. 대학을 갓 졸업한 아들이나 딸이 뒤늦게 저녁식탁에 앉으면서 고함을 친다. 신문의 구인광고를 내던지면서 아침 9시부터 저녁 5시까지 얽매이는 직업을 품위를 떨어뜨리는 속임수라고 공언한다. 조금이라도 자존심이 있는 사람이라면 아침 9시부터 저녁 5시까지의 근무제를 받아들일 수는 없다는 것이다.

부모가 식당에 들어온다.

아침 9시부터 저녁 5시까지 직장에서 일하고 막 돌아온 아버지와 최근에 받은 청구서 뭉치에 돈을 지불하고 기진맥진하여 의기소침해진 어머니는 그 말을 듣고 크게 화를 낸다. 부모들도 예전에 이런 일을 겪은 적이 있다. 인생의 단맛 쓴맛을 다 겪은 부모는 대기업에서 안정된 일자리를 얻는 것이 좋지 않겠느냐고 권한다. 젊은이는 코웃음을 친다. 소기업이 더 낫다. 어느 회사가 가장 좋은지 알 수 없다. 학위라니? 그런 것이 무슨 소용이 있느냐? 그런 것은 다 쓸 데 없는 것이다!

얼이 빠진 부모는 그들의 제안이 차례로 거부된 것을 알게 된다. 부모의 좌절감은 최고조에 이르러 『도대체 너는 언제나 현실 세계에서 살겠느냐?』는 어버이로서의 마지막 외침을 부르짖는다.

이러한 광경은 미국이나 유럽의 부유한 가정에만 국한된 것이 아니다. 일본 기업계 거물들도 술자리에서 직업윤리와 기업에 대한 충성심, 일에 대한 시간엄수와 기강 등이 젊은이들 사이에서 급속히 사라져 가고 있다고 불평한다. 심지어 소련의 중산층 가정에서도 부모들은 자녀로부터 비슷한 도전을 받고 있다.

이러한 것은「부모를 깜짝 놀라게 하는 것」, 즉 전통적인 세대간 갈등의 한 예에 지나지 않는 것일까? 아니면 무엇인가 새로운 일이 일어나고 있는 것일까? 젊은이들과 그들의 부모들은 똑같은「현실 세계」를 말하고 있는 것이 아닐 수 있는 것인가?

사실은 우리가 앞에서 살펴본 것이 낭만적인 젊은이들과 현실적인 어른들 사이에 옛부터 있어 온 대결이 아니라는 점이다. 실제로 과거에는 현실적이었던 것이 지금은 비현실적인 것이 되어 버렸다. 사회생활의 기본규칙을 포함한 인간행동의 기본규범이 돌진해 오는「제3물결」도래와 함께 급격히 변하고 있기 때문이다.

우리는「제2물결」이 그와 함께 인간의 일상행동을 지배하는 원리와 규칙 등을 담은「규범서」를 부여해 준 것을 앞에서 이미 살펴보았다. 동시화·표준화·극대화와 같은 원칙이 경제·정치·일상생활에 적용되어 시간엄수와 스케줄에 집착하게 되었다.

오늘날에는 반규범서가 출현하고 있다. 즉 탈대중화되는 경제와 대중매체, 새로운 가족과 기업구조 위에 우리가 쌓아 올리고 있는 새로운 생활을 위한 새로운 기본적 규칙이 나타나고 있다. 젊은이들과 어른들 사이에서 벌어지고 있는 무의미한 것 같은 많은 싸움들은 학교의 교실, 이사회의 회의석상 그리고 정치무대의 이면에서 벌어지고 있는 온갖 대립들과 마찬가지로 사실은 신·구의 두 규범서 중 어느 것을 적용할 것인가를 놓고 벌어지는 충돌이다.

새로운 규범서는「제2물결」시대의 사람들이 옳은 것이라고 배워 왔던 대부분의 것들, 즉 시간엄수와 동시화를 중요시하고 순응과 표준화를 요구하던 옛 덕목을 모두 정면으로 공격한다. 또 이전에는 당연한 것으로 여겼던 중앙집권화와 전문직업인화의 효율성에도 이의를 제기한다. 나아가서 큰 것이 좋은 것이라는 확신과「집중화」의 사고방식을 재고하도록 강요하고 있다. 이러한 새로운 규범을 이해한다면 그리고 그것이 과거의 낡은 것과 얼마나 대조적인가를 이해한다면 우리 주위에서 소용돌이치면서 우리의 에너지를 소모시키고 개인의 능력과 명성이나 수입 등을 위협하는 갖가지 충돌을 즉각 이해할 수 있게 될 것이다.

9시~5시 근무제의 종말

좌절에 빠져 있는 부모의 경우를 생각해 보자. 「제2물결」 문명은 앞에서 지적한 바와 같이 일상생활을 동시화했다. 그 결과 잠자고 깨어있는 시간, 일하고 노는 시간의 리듬이 근본적으로 기계의 진동에 얽매이게 되었다. 이러한 문명 가운데서 자란 부모들은 일이 동시에 이루어져야 한다고 생각한다. 모든 사람이 동시에 출근하여 동시에 일해야 한다고 생각한다. 러시 아워의 교통혼잡은 피할 수 없는 일이라고 생각한다. 또한 식사시간은 일정해야 하고 아이들에게 어릴 때부터 시간관념과 시간엄수를 고취시켜야 한다고 생각한다. 부모는 아침 9시부터 저녁 5시까지의 근무제(또는 스케줄이 정해진 일)가 과거에는 아무렇지도 않은 일이었는데 왜 아이들에게는 참을 수 없는 일로 갑자기 생각되게 되었는지 그 까닭을 이해하지 못한다.

그 이유는 「제3물결」이 밀어닥치면서 전혀 다른 시간관념이 도입된다는 것이다. 「제2물결」이 생활을 기계의 템포에 맞게 결박한 것이었다면 「제3물결」은 이와 같은 기계적 동시화에 도전하고 우리의 가장 기본적인 사회적 리듬을 바꾸어 놓음으로써 우리를 기계로부터 해방시킨다.

우리가 일단 이 사실을 이해하고 나면 1970년대에 산업계에서 가장 빨리 보급된 혁신 중의 하나가 바로 「자유근무시간제」였다는 것도 별로 놀랍게 생각되지 않을 것이다. 자유근무시간제는 미리 정해진 한계내에서 근로자들이 자기의 근무시간을 선택하도록 허용한다. 전형적으로 자유근무시간제를 운용하는 기업은 모든 사원을 똑같은 시간이나 미리 정한 시차를 둔 시간에 공장 문이나 사무실에 도착하게 하는 대신에 모든 사람이 출근할 것으로 예상되는 중심근무시간대(core hours)를 설정하고 그밖의 시간대를 신축성있게 분류한다. 종업원은 각자가 그들이 일하면서 보내고자 하는 신축성있는 시간대들 중에서 어느 시간대를 택하게 된다.

이것은 생리적인 리듬이 일상적으로 아침 일찍 잠에서 깨어나는 사람, 즉「주간형 인간(day person)」은 아침 8시에 근무장에 도착하는 것을 택할 수 있을 것이고 반면에 신진대사가 그와 다른「야간형 인간(night person)」은 오전 10시나 10시 30분에 시작하는 근무를 택할 수 있음을 의미한다. 또한 그것은 종업원이 집안의 자질구레한 일이나 쇼핑을 하는 것, 또는 자녀를 의사에게 데리고 가는 것에서 벗어나 시간의 여유를 가질 수 있게 되는 것을 의미하기도 한다. 아침 일찍 또는 오후 늦게 볼링을 하고자 하는 일단의 노동자들이 볼링을 할 수 있도록 그들의 스케줄을 함께 짤 수 있다. 요컨대 시간 그 자체가 탈대중화되고 있다.

자유근무시간제 운동은 독일의 여성경제학자인 캠머러(Christel Kämmerer)가 더 많은 주부들을 노동시장에 내보내는 방법으로 제안한 것으로서 1965년에 시작되었다. 1967년「독일의 보잉사」라고 할 수 있는 맛서슈미트 뵐코브 블롬사(Masserschmitt-Bölkow-Blohm GmbH)는 많은 노동자들이 러시 아워의 교통혼잡과 싸우며 지친상태로 근무장에 도착하고 있다는 것을 발견하게 되었다. 경영진은 2,000명의 노동자들에게 아침 8시부터 저녁 5시까지의 엄격한 근무시간제를 중지하고 그들 자신의 근무시간을 선택하도록 허용하는 실험을 했다. 2년 이내에 1만 2,000명의 전노동자가 자유시간제로 일을 하게 되었고 어떤 부서들은 심지어 모든 사람이 중심근무시간대에 근무장에 있어야 한다는 요구조건을 포기하기도 했다.

1972년「오이로파(Europa)」지는 다음과 같이 보도했다.『약 2,000개의 서독 기업에서 엄격한 시간엄수의 국민적 개념이 완전히 사라졌다. …그 이유는 글라이트차이트(Gleizeit), 즉「변화하는(sliding)」또는「신축성있는」근무시간제의 도입이었다. 1977년까지 서독의 전노동력의 4분의 1, 즉 500만명 이상의 종업원들이 완전히 한 가지 또는 다른 형태의 자유근무시간제로 일하게 되었고 또한 이 제도는 프랑스·핀란드·덴마크·스웨덴·이탈리아·영국 등의 2만 2,000개 기업에 종사하는 약 400만명의 노동자들에게도 채용되어졌다. 스위스에서는 모든 산업체의 15~20%가 그들 노동력의 전부 또는 일부를 이 새로운 제도로 전환시켰다.

다국적기업(오늘날의 세계에 있어서 문화적 확산의 주요 세력)들은 이윽고 이 제도를 유럽으로부터 수출하기 시작했다. 예컨대 네슬레사(Nestlé S. A.)와 루프트한자 항공사(Lufthansa-German Airlines)는 그 제도를 미국내에 있어서의 그들의 경영에 도입했다. 놀렌(Stanley No1len) 교수와 컨설턴트인 마틴(Virginia Martin)이 미국 경영자협회를 위해 마련한 보고서에 의하면 1977년까지 모든 미국 기업의 13%가 신축성있는 근무시간제를 채용하고 있었다. 또 그들은 몇년 안에 그 숫자가 800만명 이상의 노동자에 해당하는 17%에 이르를 것이라고 내다 보았다. 자유근무시간제를 시도하고 있는 미국 기업들 중에는 스코트 페이퍼사(Scott Paper Co.), 캘리포니아은행(Bank of California), GM사, 브리스틀 마이어즈사, 이퀴터블 라이프 보험회사(Equitable Life Assurance Co.) 등과 같은 대기업이 있다.

일부 보다 더 보수적인 노동조합들—「제2물결」 현상 유지자들—은 이를 망설이고 있다. 그러나 개개의 노동자들은 대부분 자유근무시간제가 자신들을 자유롭게 해주는 힘으로 생각한다. 런던에 본점이 있는 한 보험회사의 중역은 『기혼의 젊은 여성이 그러한 변화를 절대적으로 환영하고 있다』고 말한다. 스위스의 한 조사보고서는 자유근무시간제에 호의를 가진 노동자들의 95%가 전적으로 그 제도에 찬성하고 있다는 것을 확인해 주었다. 35%-여자보다 남자가 많다-가 그 이전보다 가족과 함께 지내는 시간이 더 많아졌다고 응답했다.

보스턴의 한 은행에서 근무하는 아이를 가진 흑인여성은 다른 점에서는 좋은 일꾼이었으나 다만 계속 지각을 한다는 이유로 해고당할 직전의 상태에 있었다. 그녀의 좋지 않은 출근성적이 흑인노동자의 「미덥지 못함」과 「게으름」에 대한 인종차별주의자의 고정관념을 더욱 강화시켜 주었다. 그러나 그녀의 직장이 자유근무시간제를 채택하게 되자 그녀가 지각을 한다고 생각하지는 않게 되었다. 사회학자 코엔(Allen R. Cohen)은 『그녀는 아들을 탁아소에 맡겨야 했기 때문에 지각을 했고 그래서 근무 시작시간에 사무실에 결코 도착할 수 없었다』고 보고하고 있다.

고용주측에서도 생산성의 향상, 결근율의 감소, 그밖의 잇점 등을 보고하고 있다. 물론 이 제도에도 다른 혁신이 그러하듯이 문제점은 있다. 미국경영자협회가 조사한 바에 의하면 자유근무시간제를 시도하고 있는 회사들의 2%만이 과거의 고정근무시간체제로 되돌아 갔다고 한다. 루프트한자 항공사의 한 중역은 그 제도를 간단명료하게 이렇게 요약했다. 『이제는 시간엄수문제와 같은 일은 없어졌다.』

잠자지 않는 고르곤

그러나 자유근무시간제가 널리 일반에게 알려지긴 했지만 그것은 「제3물결」이 가져온 시간의 전반적인 재편성의 극히 일부분에 불과하다. 우리는 또한 야근노동자의 증가에 따라 교대근무시간제가 강력히 출현하고 있음을 목격하고 있다. 이러한 현상은 야간교대근무를 하는 많은 노동자를 항상 고용하고 있는 애크런(Akron)이나 볼티모어와 같은 전통적 제조업단지에서 많이 나타나는 것이 아니라 급속히 확대되고 있는 서비스업과 선진화한 컴퓨터 이용 산업에서 나타나고 있다.

프랑스의 신문 「르 몽드(Le Monde)」는 이렇게 밝히고 있다. 『「현대의 도시」는 결코 잠을 자지 않는 마녀 고르곤(Gorgon)과 같은 존재이며 그 곳에서는…(정상적으로) 낮에 활동하는 리듬을 벗어나서 일을 하는 시민들의 비율이 늘어나고 있다.』 선진기술국가를 통틀어 야근노동자의 수는 전종업원의 15~20%에 이르고 있다. 예컨대 프랑스에서는 1957년에 12%에 지나지 않던 비율이 1974년까지 21%로 늘어났다. 미국에서는 풀 타임 야근노동자의 수가 1974~77년 사이에 13%나 늘어나 파트 타임 노동자를 포함한 총수가 1,350만 명에 이르렀다.

더욱 더 인상적인 것은 파트 타임 노동의 확대이다. 대부분의 사람들이 파트 타임 노동을 적극적으로 선호하는 것으로 나타났다. 디트로이트 지역에 있는 J.L. 허드슨(J. L. Hudson) 백화점의 전노동력의 약 65%가 파트 타임 근무자이다. 프루덴셜 보험회사(Prudential Insurance Co.)는 미국과 캐나다 지사에서 약 1,600명의 파트 타임 근무자를 고용하고 있다. 미국에는 현재 통틀어 각 5명의 풀 타임 노동자에

1명꼴의 자발적 파트 타임 노동자가 있으며 파트 타임 노동력은 1954년 이래 풀 타임 노동력만큼 빠른 속도로 2배나 증가되어 왔다.

1977년 조지타운 대학의 연구원들이 내놓은 연구보고서가 미래에 거의 모든 일자리는 파트 타임 근무로 될 것이라고 암시한 그러한 과정이 지금까지 추진되어 왔다. 「상임 파트 타임 고용 : 경영진의 전망(Permanent Part-Time Employment : The Manager's Perspective)」이라는 표제로 된 그 연구보고서는 이미 파트 타임 노동자를 채용한 기업의 반수를 넘는 68개 기업을 조사대상으로 했다. 더욱 더 주목을 끄는 것은 파트 타임 근무만을 원하는 실업자의 비율이 과거 20년 동안에 2배나 늘어났다는 사실이다.

특히 여성·고령자·준퇴직자 그리고 자신의 취미·스포츠나 종교적·예술적·정치적 관심사를 추구하는 시간을 얻는 대가로 적은 급료에 기꺼이 만족하는 젊은이들이 파트 타임 일자리의 길이 열리는 것을 환영하고 있다.

따라서 우리가 앞에서 살펴본 것은 「제2물결」의 동시화가 근본적으로 붕괴되고 있다는 사실이다. 자유근무시간제·파트 타임 근무제·야간근무제의 결합은 더욱 더 많은 사람들이 9시~5시 근무제(또는 어떤 고정 스케줄)에서 벗어나 일을 하고 있고 사회 전체가 24시간 밤낮없이 움직이는 체제로 이행하고 있음을 의미한다.

또한 새로운 소비자 패턴은 생산의 시간구조면에서의 변화를 직접적으로 수반한다. 그 한 예로 철야영업을 하는 슈퍼마켓의 번창을 들 수 있다. 「뉴욕타임즈」지는 『캘리포니아에서의 괴짜 징표로 오랫동안 생각되어 온 새벽 4시의 물건구매자가 서부보다 덜 열정적인 동부에서도 생활의 정상적인 특징으로 될 수 있을 것인가?』라고 묻고 있다. 그에 대한 대답은 『예스』이다.

미국 동부의 어느 슈퍼마켓 체인의 대변인은 『사람들이 예전보다 더 늦게까지 자지 않고 있기 때문에』 그의 회사가 점포를 철야로 열게 될 것이라고 말하고 있다. 「뉴욕타임즈」지의 특집담당 기자가 한 전형적인 가게에서 밤을 새우면서 늦은 밤 시간을 이용하는 각양각색의 고객들에 관해 다음과 같은 내용의 보도를 하고 있다. 아내가 병환중인 트럭 운전사가 그의 6명의 가족을 위해 쇼핑을 하러 온다. 자정 이후의 심야 데이트를 하러 가는 젊은 여인이 연하장을 사러 불쑥 들어온다. 병을 앓고 있는 딸을 밤늦도록 간호하던 한 남자가 장난감 밴조를 사러 달려 왔다가 덤으로 화로를 사가는 것을 그만 둔다. 어떤 부인은 도자기 학원에서 돌아오는 길에 1주일분의 쇼핑을 하러 들른다. 새벽 3시에는 오토바이를 탄 사람이 카드 한 벌을 사러 요란한 소리를 내면서 도착한다. 동이 틀 무렵에는 2명의 남자가 낚시를 하러 가는 도중에 차례로 들어선다.…

식사시간도 이러한 변화의 영향을 받아 그와 유사하게 동시화의 틀을 벗어나고 있다. 대부분의 사람들이 전에는 같은 시간에 식사를 했으나 이제는 모든 사람들이 그렇게 하지 않고 있다. 어느 시간에라도 수십억명분의 식사를 서비스할 수 있는 패스트푸드(fast-food) 점포들이 날이 갈수록 늘어 남에 따라 하루에 세 끼 식사를 하는 고정된 패턴이 깨어지고 있다. TV 프로그래머들이 「도시 성인・야근노동자 그리고 단순한 불면증 환자」를 대상으로 한 쇼를 기획함에 따라 TV 시청 경향도 변하고 있다. 그에 따라 은행도 누구나 주지하고 있는 「은행 영업시간」을 포기해 버렸다.

맨해턴의 대은행인 시티뱅크는 새로이 도입한 은행업무 자동화시스템을 TV 광고로 다음과 같이 선전하고 있다. 『여러분은 은행업무 혁명의 여명을 목격하게 될 것입니다. 이것은 시티뱅크의 새로운 24시간 서비스체제입니다. …여러분은 여러분이 원하시는 어느 시간에라도 대부분의 일상 은행업무를 서비스받으실 수 있습니다. 슬레이터(Don Slater)씨가 먼동이 트는 시각에 예금잔고를 확인하고자 한다면 그렇게 할 수 있습니다. 또 홀랜드(Brian Holland)씨가 원하는 어느 때라도 저축예금을 당좌예금으로 바꿀 수 있습니다. …생활이 월요일부터 금요일까지 오후 3시에 끝나는 것이 아니라는 것을 우리 모두가 알고 있습니다. …시티뱅크는 항상 깨어 있습니다.』

그러므로 우리 사회가 지금 시간을 어떤 방법으로 처리하고 있는지를 전반적으로 관찰해 보면 우리 생활이 「제2물결」 리듬으로부터 새로운 시간구조를 향하여 포착하기는 어려우나 급격하게 변화해 가고 있는 것을 발견하게 된다. 사실 현재 일어나고 있는 것은 시간의 탈대중화이다. 시간의 탈대중화는 정확히 말해 「제3물결」이 몰려옴에 따라 사회생활의 다른 특징적인 면들의 탈대중화와 병행하여 진행되고 있다.

친구 찾기 스케줄

우리는 이러한 시간구조의 재편성이 사회에 미치는 영향을 이제야 겨우 느끼기 시작하고 있다. 예컨대 시간패턴의 개별화를 촉진시키면 노동의 지루함을 줄일 수 있는 것은 틀림없지만 동시에 고독감과 사회적 고립을 증대시킬 수도 있다. 만약 친구나 애인 또는 가족 모두가 각기 다른 시간에 일을 하게 되고 이들 각자의 스케줄을 조정하는 데 도움을 주는 새로운 서비스 기능이 생기지 않는다면 서로가 얼굴을 마주하는 사회적 접촉을 하기가 점점 더 어렵게 될 것이다. 이웃의 선술집·교회 집회·학교 무도회 등 옛날식의 사교장은 이제 그것이 지닌 전통적인 의미를 상실해 가고 있다. 그러한 견지에서 새로운 「제3물결」 제도들이 사회생활을 용이하게 하기 위하여 창출되지 않으면 안된다.

예컨대 우리는 「개인 스케줄(Pers-Sched)」 또는 「친구 스케줄(Friend-Sched)」이라고 부르는 새로운 컴퓨터화된 서비스 장치를 쉽게 생각해 볼 수 있다. 그것은 당신 자신의 약속들을 당신에게 상기시켜 줄 뿐 아니라 여러 친구들이나 가족구성원들의 스케줄을 저장하고 있다. 그래서 사회적 관계를 맺고 사는 각 개인이 그 장치의 버튼만 누르면 그의 친구들이나 친지들이 어느 곳에 언제 있게 될 것인지를 찾아낼 수 있으며 그에 따라 약속을 할 수가 있다. 그러나 이보다 훨씬 더 중요한 것은 사회생활을 용이하게 할 수 있는 제도가 필요하게 될 것이라는 점이다.

시간의 탈대중화는 그밖에도 많은 결과를 가져오고 있다. 그래서 수송부문에서 그 효과를 이미 목격할 수 있게 되었다. 「제2물결」 체제하에서 고정된 일반대중 노동스케줄을 강요한 것이 그것 특유의 러시 아워의 혼잡을 가져왔다. 시간의 탈대중화는 시간적으로나 공간적으로 교통량의 흐름을 재편시키고 있다.

사실 어떤 사회에서「제3물결」이 얼마 만큼 진전되었는가를 바로 판단하는 하나의 초보적인 방법은 교통량의 흐름을 관찰하는 것이다. 교통혼잡이 최고에 이르는 시간이 아직도 아주 두드러지거나 교통량이 아침에는 한쪽으로만 흐르고 저녁에는 그 반대쪽으로만 움직인다면 그것은「제2물결」의 동시화가 아직도 우세하다는 것을 의미한다. 많은 도시에서 보는 바와 같이 교통량의 흐름이 온종일 계속되고 한쪽으로만 왔다 갔다하는 것이 아니라 모든 방향으로 움직인다면「제3물결」이 뿌리를 내렸고 서비스업 노동자들의 수가 제조업 노동자들의 수를 훨씬 능가하고 자유근무시간제가 확산되기 시작하고 파트 타임 노동과 야간노동이 널리 보급되고 소형 슈퍼마켓·은행·주유소·레스토랑 등의 철야 서비스가 멀지 않게 될 것이라고 간주해도 무방하다.

보다 신축성있게 개인사정에 맞추는 스케줄로 전환하게 되면 최고의 혼잡이 빚어지는 시간대의 교통량을 분산시켜 에너지 비용과 공해도 줄이게 된다. 미국 12개 주에서는 전력회사들이 종래에 전력소비가 절정을 이루는 시간대의 에너지 사용을 억제하기 위해 기업이나 가정 고객에 대해「시간별」요금제를 채택하고 있다. 한편 코네티컷주의 환경보호국은 연방정부의 환경보호 요구조건에 호응하는 방법으로서 기업들에게 자유근무시간제를 시행하도록 촉구해 왔다.

앞에서 언급한 것들은 시간구조의 변화를 가장 명백하게 암시하는 것들이다. 이 변화의 과정이 수년 또는 수십년에 걸쳐 계속 진행되면 훨씬 더 강력하고 지금까지 상상하지 못했던 결과가 나타날 것이다. 새로운 시간패턴은 일상적인 가정생활의 리듬, 예술, 생태에 영향을 줄 것이다. 우리가 시간과 관련을 맺고 있을 때에는 우리는 모든 인간적인 경험과 관련을 갖게 되기 때문이다.

컴퓨터와 마리화나

이들「제3물결」리듬은 깊숙이 잠재해 있는 심리적·경제적·기술적 힘으로부터 생긴다. 어떤 측면에서 그것은 사람들의 변화된 성격으로부터 기인한다. 현대인들은 그들의 부모보다 더욱 더 풍요롭고 더욱 많은 교육을 받았는가 하면 보다 많은 인생의 선택기회에 직면해 왔기 때문에 대중화되는 것을 완강히 거부한다. 사람들은 그들이 하는 일이나 소비하는 생산품에 의해 달라지면 달라질수록 더욱 더 개체로서 대우받기를 요구하고 사회적으로 강요된 스케줄에 더욱 더 저항하게 된다.

그러나 또 다른 측면에서는 새롭고 더욱 개체화된「제3물결」리듬이 우리 생활 속으로 파고들어 광범위한 새로운 기술을 수용하게 된다. 예컨대 비디오 카셋과 가정용 비디오 녹화장치는 TV 시청자들이 프로그램을 테이프에 수록하여 그들 자신이 선택한 시간에 볼 수 있게 해준다. 칼럼니스트인 브릴(Steven Brill)은『앞으로 2~3년 안에 TV가 아마 최악의 TV시청중독자들의 스케줄조차도 지배하지 못하게 될 것』이라고 쓰고 있다. 시청을 동시에 하게 되어 있는 NBC, BBC(British Broadcasting Corp.)나 NHK(Nippon Hoso Kyokai) 등 대방송망의 위력은 사라지고 말 것이다.

컴퓨터도 우리의 스케줄과 시간개념을 바꾸어 놓기 시작하고 있다. 사실 컴퓨터가 대조직체에서 자유근무시간제를 가능하게 만들고 있다. 가장 간단한 컴퓨터라도 복잡하게 뒤섞인 수천개의 개별화된 신축성있는 스케줄을 쉽게 처리할 수 있다. 그러나 그것은 또한 커뮤니케이션 패턴을 바꾸어 놓음으로써 자료를「동시」또는「비동시」에 입수하고 교환할 수 있게 한다.

그것이 갖는 의미는 오늘날「컴퓨터 회의(computer conferencing)」에 관계하는 컴퓨터 이용자들의 수가 증가하고 있는 것으로도 설명된다. 이것은 한 집단이 그들의 가정이나 사무실에서 컴퓨터 단말기를 통해 서로 커뮤니케이션을 할 수 있게 한다. 오늘날 약 660명에 이르는 여러 나라의 과학자·미래주의자·계획담당자·교육자들이「전자정보교환시스팀(Electronic Information Exchange System)」을 통해 에너지·경제·탈중앙집권화·인공위성문제 등에 관해 상호간에 장시간의 토의를 한다. 가정이나 사무실에 비치된 텔리프린터와 비디오는 즉석에서 또는 추후에 커뮤니케이션을 할 수 있는 선택기회를 부여한다. 많은 시간대로 나누어 각 이용자들이 가장 편리한 때에 자료를 보내고 받는 것을 선택할 수 있다. 누구라도 그렇게 하고 싶은 생각이 드는 경우에는 새벽 3시에 일할 수 있다. 또 여러 사람이 그렇게 하기를 선택한다면 같은 시간에 근무할 수도 있다.

그러나 컴퓨터는 우리의 시간에 관한 사고방식에까지 아주 중대한 영향을 미친다. 컴퓨터는 시간의 여러가지 현상을 명확히 하고 분류하고 재개념화하는 새로운 용어(예컨대 실시간〈實時間, real-time〉과 같은 말)를 도입하고 있다. 그것은 사회에서 가장 중요한 시간을 지키는 장치나 속도계로서 시계를 대신해 가기 시작하고 있다.

컴퓨터가 너무 빨리 작동하기 때문에 인간의 감각으로 감지하고 인간의 신경반응으로 대응하기에는 너무나도 짧은 간격인 이른바「의식에 떠오르지 않는 시간(subliminal time)」내에 프로그램에 따라 자료를 처리한다. 현재 1분에 1만 행에서 2만 행을 출력할 수 있는 컴퓨터에 의해 작동되는 마이크로프린터가 있다. 그것은 사람이 읽을 수 있는 속도보다 200배 이상이나 빠른 것이지만 이것은 아직도 컴퓨터 시스팀 중 가장 느린 부분이다. 20년 이내에 컴퓨터 과학자들은 1,000분의 1초에서 더 나아가 10억분의 1초로 환산하여 언급할 정도로 발전해 왔다. 이것은 인간의 상상력을 거의 초월하여 시간을 압축시킨 것이다. 한 개인의 평생 노동시간을 1년에 2,000시간으로 치면 40년 동안에 8만 시간이 되지만 그것이 단 4.8분에 처리된다.

컴퓨터 이외에도 탈대중적 시간의 방향으로 나아가는 기술과 생산품이 있다. 인간의 정신신경에 영향을 주는 약제(마리화나는 말할 것도 없고)는 사람의 시간에 관한 지각작용을 변화시키고 있다. 훨씬 더 고도화된 정신신경용 약제가 개발된다면 심지어 시간에 대한 인간의 내부의식이나 시간의 지속에 대한 인간의 경험은 그것이 좋건 나쁘건 더욱 더 개성화되고 보편성이 줄어들 것이다.

「제2물결」 문명시대에는 기계가 서로 연결되어 동시화되었고 그에 따라 조립라인에 종사하는 사람들도 기계의 작동과 동시화되었다. 모든 이러한 여러가지 사회적인 결과들은 이러한 사실로부터 생겨난 것이다. 오늘날 기계의 동시화는 극히 고도의 수준에 이르렀고 이에 비하면 가장 능숙한 노동자들의 동작이 우스꽝스러울 정도로 느리기 때문에 기술의 이점을 충분히 도출해 내려면 노동자와 기계를 짝지워 주는 것이 아니라 노동자를 기계로부터 떼어내는 것이 필요하다.

달리 말한다면 「제2물결」 문명시대에는 기계의 동시화가 인간을 기계의 능력에 얽어매고 모든 사회생활을 공통의 테두리 속에 가두어 넣었다. 그것은 자본주의나 사회주의 사회에 공통된 현상이었다. 오늘날 기계의 동시화가 더욱 더 정밀해짐에 따라 인간은 그 속에 갇히는 것이 아니라 그것으로부터 점진적으로 해방되어 가고 있다.

이러한 사실이 가져온 심리적 결과의 하나는 인간의 생활에서 시간엄수의 의미를 변화시켜 버린 것이다. 이제는 전면적인 시간엄수에서 선택적이거나 상황적인 시간엄수로 이행해 가고 있다. 우리의 자녀들은 아마 어렴풋이 느끼고 있겠지만 시간을 지킨다는 것이 이전에 의미했던 것을 이미 의미하지는 않게 되었다.

앞에서 살펴본 것처럼 「제1물결」 시대에는 시간엄수가 별로 중요한 것이 아니었다. 근본적으로 농사가 크게 상호의존적이 아니었기 때문이다. 「제2물결」 도래와 더불어 노동자 한 명의 지각이 공장이나 사무실에서 많은 다른 노동자들의 근무분위기를 직접적이고 극적으로 와해시켜 버렸다. 그에 따라 시간을 엄수시키려는 엄청난 문화적 압력이 가해졌다.

오늘날 「제3물결」은 보편화되었거나 대중화된 스케줄을 개별화된 스케줄로 바꾸어 놓았기 때문에 지각의 결과가 별로 뚜렷이 나타나지는 않는다. 지각은 친구나 동료 노동자에게 불편을 줄지 모른다. 그러나 지각이 생산에 미치는 파괴적인 영향이 어떤 직업에서는 아직도 어쩌면 격심할는지 모르지만 점점 희미해져 가고 있다. 특히 젊은이들에게 시간엄수가 어느 경우에 중요하고 어느 경우에 습관·예의·의례 등의 단순한 영향력에 의해 요구되는지를 말하기가 점점 어렵게 되어 가고 있다. 시간엄수가 어떤 상황에서는 중요시되지만 컴퓨터가 보급되어 사람들이 24시간 동안 계속해서 마음대로 컴퓨터의 플러그를 꽂았다 뺐다 할 수 있게 됨에 따라 생산능률이 노동자수에 의존하는 현상이 서서히 감소하고 있다.

결과적으로 「시간을 지키라」는 압력이 줄어들게 되고 시간에 대해 더욱 더 무관심한 태도가 젊은이들 사이에 만연되고 있다. 시간엄수는 도덕성과 마찬가지로 상황적인 것이 되었다.

요컨대 낡은 산업화시대의 행동양식에 도전하면서 밀려온 「제3물결」

은 전체 문명과 시간의 관계를 변화시키고 있다. 수많은 자발성과 생활의 기쁨을 파괴하고 「제2물결」을 실질적으로 상징한 낡은 기계적 동시화는 사라져 가고 있다. 9시~5시 근무체제를 거부하고 고전적인 시간엄수에 무관심한 젊은이들은 그들이 행동하는 것처럼 왜 행동하고 있는지를 이해하지 못할는지도 모른다. 그러나 시간 자체가 「현실세계」에서 변화되어 왔고 그에 따라 인간은 일찍이 인간을 지배한 기본 규칙을 변화시켜 왔다.

탈표준화 정신

「제3물결」은 「제2물결」 패턴인 동시화를 완전히 변화시키고 있을 뿐 아니라 산업화시대 생활의 또 다른 기본적인 특징인 표준화를 공격하고 있다.

「제2물결」 사회의 드러나지 않은 규범은 가치·중량·거리·크기·시간·통화로부터 생산품·가격에 이르기까지 많은 것들의 표준화를 강압적으로 촉진시켰다. 「제2물결」 기업가들은 모든 부품들을 동일화시키기 위해 열심히 일을 했고 일부 기업가들은 지금도 그렇게 하고 있다.

앞에서 살펴본 바와 같이 오늘날의 가장 치밀한 기업가들은 가장 싼 값으로 주문생산(표준화와는 반대되는 것이지만)을 하는 방법을 알고 있으며 최신의 기술을 생산품과 서비스의 개성화에 적용하는 정교한 방법을 찾아내고 있다. 고용에 있어서도 직업의 다양성이 증가함에 따라 동일한 일을 하는 노동자의 수가 점점 줄어들고 있다. 임금과 특별급여도 노동자에 따라 더욱 다양화되기 시작하고 있다. 노동자 자신들 서로가 점점 더 달라지고 있으며 그들도 소비자인 까닭에 그러한 차이가 시장에 직접 반영되고 있다.

따라서 전통적인 대량생산 체제로부터의 이탈은 마케팅·거래·소비의 탈대중화를 수반한다. 소비자들은 생산품이 특수한 물질적·심리적 기능을 하기 때문이 아니라 그들이 필요로 하는 생산품과 서비스의 보다 광범위한 형태를 구비하고 있기 때문에 선택을 하게 된다. 고도로 개성화된 이러한 형태들은 그것들의 특징을 뚜렷이 드러내 주는데 도움을 주는 생활양식이 존재하는 것과 같이 일시적이다.

「제2물결」 시대에 표준화되었던 생산품의 가격도 오늘날에는 점차 탈표준화되어 가기 시작하고 있다. 주문생산품은 주문생산가격을 요구하고 있기 때문이다. 가격표는 옵션의 특수 부품에 의해 좌우된다. 자동차의 하이파이 세트 가격도 조립된 단위장치와 구매자가 얼마나 많은 장치를 하고자 하는가에 따라 결정된다. 항공기·해저 석유굴착기·선박·컴퓨터 그리고 그밖의 고도기술부품 등의 가격은 단위장치에 따라 달라진다.

우리는 정치에서도 비슷한 경향을 보게 된다. 개개인의 견해가 점차 탈표준화되어 가고 있다. 나라마다 국민적 합의가 깨지고 수많은 「쟁점 그룹(issue group)」이 생겨나 각자가 그 자신의 협소하고 때로는 일시적인 목표를 위해 싸운다. 그 결과 문화 자체가 점차로 탈표준화되어 가고 있다.

그리하여 제13장에서 기술한 새로운 커뮤니케이션 매체가 활용됨에 따라 대중정신의 와해에 봉착하게 된다. 유선 TV·카셋·컴퓨터 등과 더불어 미니잡지, 뉴스레터, 흔히 제록스로 복사하는 소규모의 통신문 등의 출현, 즉 대중매체의 탈대중화는 「제2물결」 커뮤니케이션 기술이 보급시켜 놓은 표준화된 세계상을 파괴하고 다양한 이미지·관념·상징·가치 등을 사회에 주입시키고 있다. 오늘날 우리는 주문생산품을 사용하고 있을 뿐 아니라 다양한 상징을 사용하여 우리의 세계관까지도 주문생산을 하고 있다.

「아트 뉴스(Art News)」지는 서베를린에 있는 국립미술관의 호니시(Dieter Honisch) 관장의 견해를 다음과 같이 요약하여 소개하고 있다. 『쾰른에서 호평을 받는 작품이 뮌헨에서도 그렇게 받아들여지는 것이 아니고 슈투트가르트에서 성공한 작품이 함부르크 사람들에게도 감명을 주는 것은 아니다. 지방적 관심에 지배됨으로써 독일은 국민적 문화감각을 상실해 가고 있다.』

이러한 문화적 탈표준화의 과정을 미국의 보수적 프로티스턴트 대변지인 「크리스티애니티 투데이(Christianity Today)」의 최근호에 실린 한 기사보다 더 명쾌하게 명시해 준 것은 없다. 편집자는 『많은 기독교도들이 너무나 많은 성서 번역판이 나와 있어 어느 것이 좋은지 혼란에 빠져 있는 것 같다. 옛날 기독교도들은 그렇게 많은 선택의 다양성에 직면해 있지 않았었다』고 기록하고 있다. 그리고는 사람을 깜짝 놀라게 할 말을 덧붙이고 있다. 『「크리스티애니티 투데이」지는 어떤 번역판도 표준적인 것이 되어서는 안된다고 충고하는 바이다.』 종교 일반에 있어서와 마찬가지로 성서번역의 좁은 영역내에서마저도 단일표준이 있다는 관념은 사라지고 있다. 우리의 종교관은 우리의 취미와 마찬가지로 점차 일률성과 표준화에서 벗어나고 있다.

그 결과 우리는 「제2물결」적 경향의 단순한 연장이라고 할 수 있는 특징없는 탈개인적 인간들로 구성된 헉슬리(Aldous Leonard Huxley)적 또는 오웰(George Orwell)적 사회로부터 탈피하여 그 대신 다양한 생활양식과 보다 고도로 개성화된 퍼스낼리티를 향해 나아가고 있다. 우리는 지금 「탈표준화 정신(post-standardized mind)」과 「탈표준화 민중(post-standardized public)」이 나타나는 것을 지켜보고 있다.

이것은 그것 자체의 사회적·심리적·철학적 문제들을 제기하게 될 것이다. 그 중 어떤 문제들은 우리 주변에서 고독과 사회적 고립으로 이미 감지되고 있다. 그러나 이러한 것들은 산업화시대에 우리에게 영향을 준 대중적 획일화 문제와는 전혀 다르다.

「제3물결」은 기술이 고도로 발달한 나라에서까지도 아직 지배적인 것이 아니기 때문에 「제2물결」의 거센 조류의 견인력을 계속 감지하게 된다. 우리는 「제2물결」의 마무리되어지지 못한 몇 가지 사항을 아직도 완성시켜 가고 있는 중이다. 예컨대 미국에서 오랫동안 뒤떨어진 산업이었던 하드커버 서적 출판이 페이퍼백 출판과 대부분의 다른 소비산업이 한 세대 훨씬 이전에 이룩한 대량판매의 단계로 이제야 이행하고 있다. 미국에서 도량형법을 유럽에서 사용되는 것과 일치시키기 위해 이처럼 뒤늦은 시기에 미터제도를 채택하라고 촉구하는 것과 같은 「제2물결」 운동은 비현실적이다. 그런데도 브뤼셀의 유럽공동시장(Common Market) 관료들이 자동차 백미러에서 대학 학위증에 이르는 모든 것을 일치시키려 하는 것과 같은 또 다른 「제2물결」 운동은 관료주의적 지배력을 구축하려는 데서 나온 발상이다. 「일치(harmonisation)」란 산업화의 스타일인 표준화를 위해 널리 통용되는 완곡한 표현이다.

마지막으로 문자 그대로 시계를 거꾸로 돌리려는 운동들이 있다. 미국 학교에서의 「원칙으로 되돌아가기 운동(back to basics movement)」이 그것이다. 대중교육의 폐해에 대해 합리적인 분개를 표시하는 이 운동은 탈대중사회가 새로운 교육전략을 요구하는 것을 인정하지 않고 그 대신에 학교에서 「제2물결」의 획일성으로 되돌아가 그것을 강행하는 것을 추구하고 있다.

그런데도 획일성을 성취하려는 모든 이러한 시도들은 본질적으로 사라진 문명의 후위활동일 뿐이다. 「제3물결」 변화의 추진력은 다양성을 증대시키려는 것이지 생활의 표준화를 촉진시키려는 것은 아니다. 그리고 이것은 자동화된 생산만이 아니라 사상·정치적 신념·성적 습벽·교육방법·식생활 관습·종교관·인종관·음악적 취향·패션·가족형태에도 해당된다.

이제 역사적 전환점에 이르렀고 「제2물결」 문명의 또 하나의 지배원리인 표준화가 대체되어 가고 있다.

새로운 매트릭스

우리가 지금 산업사회 스타일의 동시화와 표준화를 얼마나 급속히 탈피해 가고 있는가를 안다면 우리가 그밖의 사회규범도 바꿔가고 있다는 것은 놀라운 일이 아니다.

앞에서 살펴본 바와 같이 모든 사회는 어느 정도 중앙집권화와 탈중앙집권화 양자를 필요로 하지만 「제2물결」 문명은 전자에 크게 치우치고 후자를 소홀히 했다. 산업주의 건설에 도움을 준 「위대한 표준주의자」들은 해밀턴과 레닌에서 루스벨트에 이르는 「위대한 중앙집권주의자(Great Centralizer)들과 제휴했다.

오늘날 그 정반대 방향으로 급선회되어 진행되고 있는 것은 명백하다. 새로운 정당과 새로운 경영기법 그리고 새로운 철학은 「제2물결」의 중앙집권주의적 전제를 분명히 부정하는 데서 생겨난다. 탈중앙집권화는 캘리포니아에서 키예프에 이르기까지 격렬한 정치적 쟁점이 되어 왔다.

스웨덴에서는 대부분 탈중앙집권주의자인 군소정당들의 연합이 44년간 정권을 잡고 있던 중앙집권주의의 사회민주당을 권좌로부터 몰아냈다. 프랑스에서도 최근 수년간 탈중앙집권화와 지역주의를 둘러싼 논쟁이 격렬하게 벌어져 왔으며 도버해협 너머 영국 북부의 스코틀랜드 국민당은 현재 「철저한 경제적 탈중앙집권화」를 공약한 일부 세력을 포용하고 있다. 이와 유사한 정치운동은 서유럽 각국에서 똑같이 일어났다. 뉴질랜드에서는 아직 약세인 밸류즈당(Values Party)이 『지방 및 지역정부의 기능과 자치의 확대에 따른 중앙정부의 기능과 규모의 축소』를 요구하면서 탄생했다.

미국에서도 탈중앙집권주의는 지지를 받아 왔고 그것이 좋건 나쁘건 전국에 번지고 있는 조세 저항의 극히 일부분의 원동력이 되고 있다. 시정(市政)차원에서도 탈중앙집권주의가 득세하여 「지역 파워(neighborhood power)」를 요구하는 지방정치가가 출현했다. 주민에 기반을 둔 행동주의자의 집단들도 늘어나고 있다. 산 안토니오(San Antonio)의 환경개선 주민위원회(ROBBED/Residents Organized for Better and Beautiful Environmental Development), 클리블랜드의 대로회수 시민모임(CBBB/Citizens to Bring Broadway Back), 브루클린의 민간소방단(People's Firehouse) 등이 그 예이다. 많은 사람들은 워싱턴의 중앙정부가 지역문제를 치유할 수 있는 존재가 아니라 도리어 지역에 해악을 주는 원천으로 보고 있다.

지역 및 공민권 운동가였고 현재는 미국 주택도시개발성의 지역담당 차관보인 바로니(Monsignor Geno Baroni)에 의하면 탈중앙집권화된 이들 소규모 집단들은 파벌정치(machine politics)의 붕괴를 반영하고 있으며 또한 지역적 조건과 주민의 광범위한 다양성에 대응할 중앙정부의 능력 부재를 반영하고 있다는 것이다. 「뉴욕타임즈」지는 지역운동가들이 『워싱턴과 미국 전역에서 승리』를 거두고 있다고 보도하고 있다.

이러한 탈중앙집권주의적 철학은 미국의 버클리대학과 예일대학, 런던의 건축학회 등의 건축설계연구실에까지 확산되고 있다. 이 곳 학생들은 특히 환경보호, 태양열 이용, 지역사회가 미래에 부분적으로나마 자급자족을 할 수 있는 것을 목표로 한 도시농업 등을 위해 새로운 기술을 탐구하고 있다. 이들 젊은 설계가와 건축가들은 그들이 책임있는 지위에 올라 서게 되는 향후 몇년 사이에 점차적으로 영향을 미치게 될 것이다.

그러나 더욱 더 중요한 것은 「탈중앙집권화」라는 용어가 경영면에서 유행어가 되어 왔다는 점이다. 그리고 대기업들은 경쟁적으로 그들의 부서를 더욱 세분화하여 더욱 자치적인 「이윤 센터(profit center)」를 만들어 가고 있다. 그 대표적인 경우가 식품・화학제품・석유・보험업 등을 운영하는 대기업인 에스마르크사(Esmark Inc.)의 조직개편이다.

에스마르크사의 레네커(Robert Reneker) 회장은 『과거에 우리는 통제하기 어려운 경영을 해왔다. …부문간의 조정노력을 발전시킬 수 있는 유일한 방법은 조직을 작은 단위로 분할하는 것이다』고 말했다. 그 결과 에스마르크사는 각각 자신의 운영을 책임지는 1,000개의 「이윤 센터」로 분할했다.

『정(正)의 효과는 레네커 회장의 일상적인 의사결정의 부담을 제거해 준 것이다. 에스마르크사의 재정면의 통제를 제외한 모든 부문에서 탈중앙집권화가 나타나고 있다』고 「비즈니스 위크」지는 밝히고 있다.

에스마르크사는 그 뒤에도 몇 차례 조직을 개편했지만 중요한 것은 에스마르크사 자체가 아니라 이 회사의 예가 일반적 추세를 나타내 주고 있다는 점이다. 몇백, 아마 몇천개의 회사 역시 조직을 계속 개편하여 탈중앙집권화를 시켜 가고 있으며 때로 그 도가 지나쳐 실패를 한 끝에 후회를 하기도 했으나 시간이 지남에 따라 그들의 일상운영에 대한 중앙집권적 통제를 점차 감소시켜 가고 있다.

좀더 깊이 살펴보면 대규모 조직들도 중앙집권주의를 뒷받침하던 권한 패턴을 바꿔가고 있다. 전형적인 「제2물결」 기업이나 정부기관은 「1인 1상사(one man, one boss)」라는 원칙하에 조직되어 있었다. 종업원이나 임원이 부하직원을 많이 거느리는 경우라도 그는 한 명의 보스에게만 보고할 뿐이었다. 이 원칙은 명령계통이 모두 중앙으로 집중되었음을 말해 준다.

오늘날 첨단산업・서비스업・전문직업 그리고 많은 정부기관에서 그러한 제도가 자체의 중량을 감당하지 못한 채 붕괴되어 가고 있는 것을 보는 것은 흥미로운 일이다. 오늘날에는 우리가 한 명 이상의 보스를 가지는 경우가 날로 늘어나고 있는 것도 사실이다.

필자는 「미래 쇼크」에서 대규모 조직들이 기동 대책반(task force), 부서간 위원회(interdepartmental committee), 프로젝트 팀 등과 같은 임시 조직단위로 벌집처럼 만드는 경우가 늘어나고 있다고 지적했다. 필자는 이러한 현상을 애드호크러시라고 불렀다. 그 뒤 많은 대기업들이 이러한 일시적인 조직단위들을 「매트릭스 조직(matrix organization)」이라고 부르는 아주 새로운 공식적인 조직으로 구체화시키게 되었다. 매트릭스 조직은 중앙집권화된 통제 대신에 「복수명령체제」를 채택하고 있다.

이러한 체제하에서는 각 종업원은 한 부서에 소속되어 통상적인 방법으로 한 명의 보스에게 업무를 보고한다. 그러나 그 종업원 역시 단일 부서로는 처리할 수 없는 업무수행을 위해 하나 또는 그 이상의 팀에 배속된다. 따라서 전형적인 프로젝트 팀은 생산·조사·판매·기술·경리 등 여러 부서에서 모인 사람들로 구성된다. 이 팀의 구성원은 모두 「통상적」인 보스에게는 물론 프로젝트 리더에게도 업무를 보고한다.

그 결과 오늘날 많은 사람들이 한 명의 보스에게는 순수한 행정적인 목적을 위해, 다른 보스 (또는 다수의 보스들)에게는 실질적인 업무수행 목적을 위해 보고를 한다. 이러한 체제는 종업원들에게 동시에 한 가지 이상의 업무에 주의를 기울이게 한다. 그것은 정보의 흐름을 가속화시키고 자신이 속한 한 부서의 좁은 창구를 통해서만 문제를 바라보는 것을 예방해 주며 급속도로 변하는 여러가지 상황에 대응하도록 도움을 준다. 그러나 이러한 체제는 역시 중앙집권적 통제를 근본적으로 뒤엎어 놓고 있다.

매트릭스 조직은 그것을 일찍이 도입하여 사용한 미국의 GE사, 스웨덴의 스칸디아 보험(Skandia Insurance) 회사 등과 같은 기업들로부터 보급되기 시작하여 오늘날에는 병원·회계사무소·미국 의회(미국 의회에는 여러 종류의 새롭고 반(半)공식적인 「정보교환회(clearinghouse)」와 「정당간부회의(caucus)」가 위원회의 라인조직에 생겨나고 있

다) 등에서도 찾아 볼 수 있다. 보스턴대학의 데이비스(S. M. Davis) 교수와 하버드대학의 로렌스(P. R. Lawrence) 교수는 매트릭스는『단순한 경영기법의 하나이거나 일시적인 유행이 아니다. …그것은 강도 높은 붕괴를 나타내 주는 것이다. …매트릭스는 새로운 종류의 경영조직을 의미한다』고 말한다.

그리고 이러한 새로운 종류의 경영조직은「제2물결」시대를 특징짓는 구식의 1인 보스체제보다 원래부터 중앙집권화되어 있지 않다.

가장 중요한 것은 경제 전반도 철저하게 탈중앙집권화되고 있다는 점이다. 미국에서는 소수의 기존「금융시장」의 거인들의 세력에 대항하여 소규모의 지방은행 세력이 대두하고 있음을 보게 된다. (산업이 지역적으로 더욱 분산됨에 따라 그 이전에는「금융 중심지」은행들에 의존하던 기업들이 점차 지방은행으로 거래선을 바꾸고 있다. 내슈빌〈Nashville〉에 본점을 둔 퍼스트 아메리칸은행〈First American Bank〉의 로버츠〈Kenneth L. Roberts〉 행장은『미국 은행업의 미래가 금융시장의 은행들에 달려 있는 것이 아니다』라고 말하고 있다.) 또한 이러한 현상은 금융제도뿐 아니라 경제 자체에도 나타나고 있다.

「제2물결」은 역사상 처음으로 참된 의미의 국가단위의 시장을 출현시켰고 국민경제라는 개념 자체를 만들어 냈다. 이와 함께 국가적인 경제운용 도구가 발달되었다. 사회주의 국가의 중앙계획 그리고 자본주의 국가의 중앙은행과 국가 차원의 금융·재정정책이 그것이다. 오늘날에는 이 두 가지 경제운용 도구가 제대로 기능을 하지 못하고 있기 때문에 체제 운용을 위해 애쓰는「제2물결」경제전문가와 정치가들을 당황하게 하고 있다.

아직은 그러한 사실이 막연하게 이해되고 있지만 국민경제는 지역별·부문별 단위 — 그 자체의 특유하게 다른 문제를 안은 하위국민경제(subnational economy)—로 급속하게 분해되고 있다. 미국의 선 벨트, 이탈리아의 메초조르노(Mezzogiorno) 또는 일본의 간사이(關西) 등의 지역은 산업화시대에 그러했던 것처럼 비슷한 모습으로 성장해 가지 않고 에너지 수요, 자원, 직종의 혼재, 교육수준, 문화 등 여러 가지 주요 요인들에 의해서 각기 다른 특성을 갖기 시작하고 있다. 더구나 이들 많은 하위국민경제는 한 세대 전만 해도 국민경제의 규모에 이르러 있었다.

이러한 사태를 인식하지 못한 것이 경제안정을 위한 정부의 노력의 실패에 대해 많은 설명을 해준다. 전국적인 조세감면이나 인상, 통화나 신용의 조작 또는 그밖의 획일적이고 특성이 없는 정책을 통해서 인플레이션이나 실업에 대응하려는 것은 불건전한 상태를 더욱 악화시킬 뿐이다.

그러한 중앙집권적인 「제2물결」 도구를 가지고 「제3물결」 경제를 운영하려는 사람들은 어느 날 아침에 출근하여 환자들이 다리 골절·비장 파열·뇌종양·발톱 발육부진 등 어느 증상을 가졌는가를 무시한 채 모든 환자들에게 똑같이 아드레날린 주사를 무턱대고 처방하는 의사와 같다. 새로운 경제에서는 분해되어 점차 탈중앙집권화되는 경영만이 활용되어질 수 있다. 경제 역시 거의가 세계적·획일적인 양상을 나타내는 바로 그 순간부터 점점 더 탈중앙집권화되고 있기 때문이다.

정치, 기업이나 정부조직, 경제 그 자체에 있어서의 모든 이러한 반(反)중앙집권주의적 경향(매체·컴퓨터 위력의 확산·에너지체계 등 많은 분야의 동시적 발달에 의해 강화되었다)은 전혀 새로운 사회를 창출해 내고 있으며 또한 어제의 규칙을 시대에 뒤떨어진 것으로 만들고 있다.

큰 것 속의 작은 것이 아름답다

「제3물결」의 도래와 함께 「제2물결」의 수많은 다른 규범들도 철저하게 수정되고 있다. 따라서 「제2물결」 문명의 강박관념적인 극대화 지향도 세찬 공격을 받고 있다. 『큰 것이 좋다』고 주창하는 사람들이 『작은 것이 아름답다』고 주창하는 사람들로부터 공격을 받는 일은 이전엔 결코 없었다. 「작은 것이 아름답다(Small is Beautiful)」는 제목의 책이 세계적인 베스트셀러가 되어 큰 영향력을 행사한 것은 1960년대였다.

우리는 도처에서 아주 자만에 찬 규모의 경제(economy of scale)에는 한계가 있으며 수많은 조직체들이 이 한계를 넘어섰다는 인식이 나타나고 있음을 목격하고 있다. 기업들은 이제 그들의 작업단위의 규모를 축소하는 방법을 적극적으로 모색하고 있다. 새로운 기술과 서비스 산업으로의 이행이 경영의 규모를 아주 축소시키고 있다. 한 지붕 밑에서 몇천명이 일하는 전통적인 「제2물결」 공장이나 사무실은 고도기술국가에서는 찾아 보기 힘들게 될 것이다.

호주에서 필자가 어느 자동차회사 사장에게 미래의 자동차산업에 관해서 언급해 주기를 요청했더니 아주 확신을 가지고 이렇게 대답했다. 『나는 한 지붕 밑에서 7,000명이나 되는 노동자들이 일하는 것과 같은 공장을 또 다시 세우지는 않을 것이다. 각각 300명 또는 400명이 일할 수 있는 소규모 공장으로 분할할 생각이다. 새로운 기술이 이제 이를 가능케 해주고 있다.』 필자는 그 뒤에도 그와 비슷한 의견을 식품과 여러가지 제품을 생산하는 회사의 사장이나 회장들로부터 들었다.

오늘날 우리는 큰 것도 작은 것도 아름다운 것이 아니고 큰 것과 작은 것 양자를 잘 조화시킨 것이 어느 것보다도 가장 아름답다는 것을 인식하기 시작하고 있다. (이것은 「작은 것이 아름답다」의 저자인 슈마거〈E. F. Schumacher〉가 그의 열렬한 추종자들보다 더 잘 알고 있는 일이다. 슈마거는 그가 소규모 조직의 세계에서 살았더라면 「큰 것이 아름답다」라는 책을 썼을 것이라고 친구들에게 말한 적이 있다.)

우리는 큰 것과 작은 것 양자의 장점을 결합시킨 새로운 형태의 조직을 시험하기 시작하고 있다. 예컨대 미국·영국·네덜란드 등 여러 나라에서 독점판매권이 급속히 보급되는 것은 흔히 자본 부족에 대한 해결책이자 탈세를 위한 대응책이기 때문에 여러가지 면에서 비판의 대상이 될 수 있다. 그러나 그것은 중앙집권화나 탈중앙집권화의 다양화 정도에 따라 소규모의 단위 조직을 급속하게 만들어 내고 그것들을 보다 큰 체계에 연결시켜 가는 방법을 말한다. 또한 그것은 대규모 및 소규모의 조직을 조화시키는 시도이다.

「제2물결」의 극대화는 사라져 가고 있으며 그 대신에 적절한 규모가 등장하고 있다.

오늘날 사회는 「제2물결」의 전문화와 전문직업주의에 대해 비판적인 태도를 취하고 있다. 「제2물결」 규범은 전문가를 크게 추겨 올렸다.

규범의 기본규칙 중 하나가 「성공하려면 전문화하라」는 것이었다 오늘날에는 정치계를 포함한 모든 분야에서 전문가에 대한 태도가 근본적으로 바뀌었다. 예전에는 중립적인 지성의 확고한 원천으로 간주되었던 전문가가 대중의 인정을 받지 못하게 되었다. 그들은 자신의 사리만을 추구하고 편협한 시야 이외의 어떠한 것도 해낼 수 없다는 비판을 점차 받고 있다. 예컨대 병원과 그밖의 많은 기관들에서 의사결정기구에 비전문가를 참여시켜 전문가의 권한을 억제하려는 노력이 더욱더 늘어나고 있다.

부모들은 교육을 직업적인 교육자들에게 맡기는 것에 만족하지 않고 학교의 결정에 영향을 주는 권리를 요구하고 있다. 몇년 전 워싱턴주의 한 기동 대책반이 시민들의 정치참여문제를 조사연구한 뒤 시민들의 새로운 태도를 요약한 보고서에서 『당신은 당신이 무엇을 원하는가를 알기 위해 전문가가 될 필요는 없다』고 결론지었다.

「제2물결」 문명은 아직도 또 하나의 원리인 집중화를 장려했다. 이 문명은 자본·에너지·자원·사람을 집중화시켰다. 특히 방대한 인구가 도시에 집중적으로 쏟아져 들어 왔다. 오늘날에는 이러한 과정이 뒤바뀌기 시작했다. 오히려 인구의 지리적 분산이 증대되고 있음을 볼 수 있다. 에너지 경우는 화석연료의 밀집된 매장량에 의존하는 것으로부터 보다 광범하게 산재된 여러가지 에너지 형태로 옮겨가고 있으며 학교·병원·연구기관 등의 인구를 「분산」시키려는 수많은 실험이 행해지고 있다.

요컨대 「제2물결」의 모든 규범, 즉 중앙집권화·극대화·전문화·집중화에 이어 표준화·동시화를 체계적으로 살펴볼 수 있다. 또한 「제3물결」 문명의 도래와 더불어 우리의 일상생활과 사회적 의사결정을 지배해 온 낡은 기본규칙이 얼마나 커다란 변혁을 겪고 있는 중인가를 하나하나 보여주고 있다.

미래의 조직

앞에서 살펴본 바와 같이 모든 「제2물결」 원리가 하나의 조직에 적용되어질 때 고전적인 산업주의적 관료제도, 즉 비교적 안정된 산업화 환경 속에서 반복 생산이나 반복 결정을 하도록 거대하고 위계적이고 영속적이고 상의하달식이고 기계적이며 잘 설계된 조직을 탄생시킨다.

그러나 이제 우리가 새로운 원리로 이행하여 그것들을 적용하기 시작할 때에는 필연적으로 전혀 새로운 종류의 조직으로 나아가게 된다. 이들 「제3물결」 조직은 보다 단조로운 위계제도를 가지고 있으며 상층부가 차지하는 비중이 과중하지도 않다. 또한 이들 조직은 수시로 배치될 수 있는 소규모 구성단위로 이루어져 있다. 이들 각 구성단위는 외부세계와의 독자적인 관계, 즉 중앙을 거치지 않고 견지되는 소위 독자적인 대외정책을 가지고 있다. 이들 조직은 점차 24시간 가동되게 된다.

그러나 이들 조직은 또 다른 근본적인 점에서 관료제도와 다르다. 그것들은 열을 가하거나 냉각시킬 때는 형태가 변하지만 통상온도가 되면 원래의 형태로 되돌아가는 미래의 플래스틱처럼 조건이 주어질 때는 2개 또는 그 이상의 구조적 형태를 가질 수 있는 「이원적」 또는 「다원적」 조직이라고 해도 좋을 것이다.

군대의 경우를 생각해 보자. 군대는 평시에는 민주적이고 임의참여적이지만 전시에는 고도로 중앙집권적이고 권위주의적이기 때문에 원래 이 두 가지 기능을 할 수 있게 조직된 것이다. 또 이와 유사한 예를 축구팀에서 찾아볼 수 있다. 축구팀 멤버들은 여러 시합에서 T포메이션 등 수많은 대형으로 재배치될 수 있을 뿐 아니라 호각소리가 나면 경기 종류에 따라 축구·야구·농구팀으로 얼마든지 재편성될 수 있다. 그러한 조직에서 일하는 사람들은 어떤 상황에도 즉각 적응할 수 있는 훈련을 받을 필요가 있고 보다 광범위하고 유용한 조직구조나 역할을 흔쾌히 받아들여야 한다.

우리가 필요로 하는 경영자는 위계적 방식만이 아니고 개방적이고 자유로운 방식으로도 운영할 수 있는 사람이며 이집트의 피라밋과 같은 조직에서는 물론이고 콜더(Alexander Calder)의 모빌(역주 mobile, 움직이는 부분이 있는 추상파 조각)과 같은 조직, 즉 소수의 가느다란 경영상의 끈으로 연결되어 있어 산들바람만 불어도 움직이도록 되어 있는 거의 자율적인 단위들로 구성된 조직에서도 일할 수 있는 사람이다.

우리는 아직도 이러한 미래의 조직을 기술할 단어를 갖지 못하고 있다. 「매트릭스」나 「애드호크(ad-hoc)」와 같은 용어는 부적절하다. 많은 이론가들이 갖가지 단어를 제시했다. 광고업자인 분더만(Lester Wunderman)은 『특공대로서 행동하는 앙상블 그룹이 위계적 구조를 대체하게 될 것이다』고 말했다. 가장 훌륭한 조직이론가 중의 한 사람인 저지(Tony Judge)는 미래에 출현할 이들 조직의 「네트워크」적 특성에 관해 광범위하게 기술하고 있는 가운데 『네트워크는 어느 특정인에 의해 조정되는 것이 아니고 그에 참여하는 집단들이 「자동조정」이라고 말할 수 있을 정도로 그들 스스로를 조정하는 것이다』라고 지적했다. 또 저지는 풀러(Buckminster Fuller)의 「연결(tensegrity)」 원리에 의해 미래의 조직을 설명했다.

그러나 어떠한 용어를 사용하든 혁명적인 어떤 일이 일어나고 있다. 우리는 새로운 조직형태의 탄생만이 아니고 새로운 문명의 탄생에 참여하고 있다. 새로운 규범서가 일련의 「제3물결」 원리, 사회적 생존을 위한 새로운 기본규칙에 대한 형태를 갖추어 가고 있다.

대부분 아직도 산업화시대의 규범서에 얽매어 있는 부모들이 자녀들과 충돌하는 일이 늘어나는 것을 발견하게 된다. 자녀들은 낡은 규칙들이 점점 더 부적절해져 가고 있다는 것을 알고 새로운 규칙의 출현을 어렴풋이나마 깨달은 경우에도 그에 대해 확신을 갖지 못하고 있다. 그들과 우리 모두가 사라져 가는 「제2물결」 질서와 내일의 「제3물결」 문명의 틈바구니에 위치해 있다.

20

생산소비자의 출현

역사의 커다란 변혁이 일상적 행동의 사소한 변화에 의해 상징되는 경우가 많다. 그러한 변화—그 중요성이 완전히 간과되었었지만—가 1970년대 초에 일어났다. 새로운 제품이 프랑스·영국·네덜란드 등 유럽 여러 나라의 약국에 침투하기 시작했다. 새 제품은 스스로 사용할 수 있는 임신테스트 용품이었다. 이 용품은 몇년 안에 유럽 여성들에게 1,500만 내지 2,000만 개가 팔려 나갔다. 얼마 후 미국 신문들에 『임신? 빨리 알수록 좋아요』라는 광고가 실렸다. 미국의 워너-램버트사(Warner-Lambert Co.)가 자기 회사 상표를 붙여 이 제품을 내놓자 「엄청나게 좋은」 반응이 일어났다. 1980년까지에는 대서양 양쪽의 수백만 여성들이 종전에 의사와 연구소가 수행해 주던 일을 자신이 일상적으로 행하게 되었다.

의사를 불필요하게 만든 것은 이 제품만이 아니었다. 「메디컬 월드 뉴스(Medical World News)」지는 이렇게 쓰고 있다. 『사람들이 더욱 더 스스로를 의학적으로 돌볼 수 있으며 또 마땅히 그래야만 한다는 자가치료(self-care) 개념이 급속도로 유행하고 있다.… 전국적으로 일반인들이 청진기와 혈압측정기의 취급법을 배우고 자가 흉부검사와 자궁암 조기 진단법을 익히고 심지어 초보적인 외과수술까지도 실시하고 있다.』

오늘날에는 어머니들이 인후의 세균을 채취하고 있다. 학교에서는 발 치료법에서 「즉석 소아과」에 이르는 온갖 과정을 가르치고 있다. 미국에서는 1,300개소가 넘는 쇼핑센터·공항·백화점 등에 동전을 사용하는 혈압측정기가 설치되어 있어서 사람들이 자기 혈압을 스스로 측정하고 있다.

1972년까지만 해도 의사 아닌 사람에게 판매되는 의료기구는 별로 없었다. 오늘날에는 의료기기 시장에서 가정용이 차지하는 비중이 날로 커지고 있다. 개개인이 자신의 건강에 대해 보다 많은 책임을 지고 의사를 찾는 횟수가 줄고 입원 기간을 단축함에 따라 검이경(檢耳鏡), 귀지 파내는 장치, 코나 인후 관주기(灌注器), 전문화된 회복기 환자용 제품 등이 날개돋친 듯 팔리고 있다.

표면상으로는 이 모든 것을 일시적 유행이라고 할 수도 있다. 그러나 이처럼 자기 문제를 스스로 처리하려는 (돈을 주고 남에게 시키지 않고) 경향이 갑자기 늘어난 것은 우리들의 가치관, 질병에 관한 정의, 신체 및 자아에 관한 인식이 크게 달라지고 있음을 반영한다. 그러나 이같은 설명만으로는 이 변화가 지니는 보다 큰 의미를 간과하게 된다. 이 현상이 갖는 참다운 역사적 의미를 이해하려면 잠시 과거를 되돌아볼 필요가 있다.

보이지 않는 경제

「제1물결」 시대에는 대부분의 사람들이 스스로 생산한 것을 소비했다. 그들은 통상적 의미의 생산자도 소비자도 아니었다. 말하자면 「생산소비자」라고나 불러야 할 사람들이었다. 사회에 쐐기를 박아 이 두 가지 기능을 분리시킴으로써 오늘날 우리가 생산자와 소비자라고 부르는 사람들을 탄생시킨 것은 바로 산업혁명이었다. 이같은 기능분리는 시장 또는 교환망—사람들이 생산한 재화와 서비스를 서로 상대방에게 전달하는 미로와 같은 채널—의 급속한 확대를 가져왔다.

앞서 주장한 것처럼 우리는 「제2물결」 기간중에 「소비를 위한 생산」에 기초한 농업사회—말하자면 생산소비자 경제—로부터 「교환을 위한 생산」에 기초한 산업사회로 이행해 갔다. 그러나 그 실제의 상황은 보다 복잡했다. 「제1물결」 기간중에도 소량의 교환용 생산이 존재했고 「제2물결」 기간중에도 소량의 자가소비용 생산이 존속했기 때문이다.

그러므로 경제에 관한 사고방식을 보다 분명히 드러내려면 경제에 두 가지 부문이 있다고 생각해야 할 것이다. A부문은 사람들이 자기 자신과 가족이나 공동체를 위해 직접 수행하는 모든 무보수 노동을 포함하며 B부문은 교환망이나 시장을 통한 판매 또는 교환을 위한 모든 재화나 서비스의 생산을 포함한다.

이렇게 보면 우리는 「제1물결」 기간중에는 소비용 생산에 기초한 A부문이 크고 B부문은 작았다고 말할 수 있다. 또 「제2물결」 기간 중에는 그 역이었다고 말할 수 있다. 실제로 이 기간에는 시장을 대상으로 한 재화 및 서비스의 생산이 크게 늘어났기 때문에 「제2물결」 경제학자들은 사실상 A부문의 존재를 망각할 정도였다. 「경제」라는 단어 자체가 시장을 대상으로 하지 않는 모든 형태의 노동이나 생산을 배제하는 의미로 정의되어 생산소비자는 눈에 보이지 않게 되었다.

그 결과 예컨대 여성이 가정에서 행하는 모든 무보수 노동, 즉 세탁·청소·육아·지역사회 조직 등은 「비경제적」 노동이라고 경멸되었다. 그러나 B부문(눈에 보이는 경제)은 A부문(눈에 보이지 않는 경제)이 생산하는 재화 및 서비스없이는 존재할 수 없다. 집에서 아이들을 돌보는 사람이 없다면 다음 세대에 B부문에서 일할 임금노동자가 없어지고 체제가 자체의 중압에 못이겨 무너져 버리고 말 것이다.

어렸을 때 화장실 사용법을 훈련받고 말을 배우고 문화에 적응하게 된 노동자들이 없었더라면 생산성 높은 경제는 차치하고 어떻게 기능적 경제를 상상할 수 있겠는가? B부문에 유입되는 노동자들이 이같은 최소한의 기능마저도 갖추지 못한다면 이 B부문의 생산성은 어떻게 되겠는가? 「제2물결」 경제전문가들이 간과하고 있는 사실이지만 두 부문의 생산성은 서로 크게 의존하는 관계에 있는 것이다.

오늘날 「제2물결」 사회는 말기적 위기를 겪고 있다. 그런데도 정치인과 전문가들은 여전히 전적으로 B부문 거래에 바탕을 둔 경제통계만을 들먹이면서 「성장」과 「생산성」의 둔화를 걱정하고 있다. 그러나 「제2물결」 범주에서 사고를 계속하는 한, A부문을 무시하고 이를 경제외적인 부문으로 간주하는 한 —그리고 생산소비자가 보이지 않는 존재로 남아 있는 한—그들은 결코 경제문제를 올바로 다룰 수 없을 것이다.

면밀히 관찰해 보면 이 두 부문간 또는 여러 생산형태 상호간의 관계에 근본적 변화의 시초가 나타나고 있음을 발견하게 된다. 생산자와 소비자를 구별짓는 선이 점차 애매해지고 생산소비자의 중요성이 커지고 있다. 더구나 우리 생활과 세계 체제에서 차지하는 시장의 역할 자체까지도 변혁시키게 될 엄청난 변화가 다가오고 있음을 알 수 있다.

여기서 우리는 다시 종전에 의사가 수행했던 일을 스스로 처리하기 시작한 수많은 사람들의 문제로 되돌아 간다. 그들이 지금 실제로 하고 있는 일은 생산의 일부를 B부문에서 A부문으로, 경제전문가들이 대상으로 삼는 눈에 보이는 경제에서 그들이 망각해 온 가공의 경제(phantom economy)로 이행시키고 있는 것이기 때문이다.

그들은 「생산소비」를 하는 사람들이다. 그들은 이제 외롭지 않다.

대식가와 미망인

1970년 영국의 맨체스터에 사는 피셔(Katherine Fisher)라는 가정주부는 여러 해 동안 심한 외출공포증으로 고생하던 끝에 비슷한 공포증에 걸린 사람들을 위한 단체를 조직했다. 오늘날 수많은 지부를 두고 있는 이 공포증협회(The Phobics Society)는 사람들이 자신의 심리적·의학적·사회적·성적인 문제들에 직접 대응하도록 돕기 위해 오늘날 여러 고도기술 국가들에서 우후죽순처럼 생겨나고 있는 수천개의 새로운 집단들 중의 하나이다.

미국 디트로이트에서는 친척이나 친구를 잃고 슬퍼하는 사람들을 돕기 위해 약 50개의 「사별자 모임」이 생겨났다. 오스트레일리아에는 정신병이나 「신경증」 환자였던 사람들이 만든 그로우(GROW)라는 단체가 있다. 이 단체는 지금 하와이·뉴질랜드·아일랜드 등에 지부를 두고 있다. 미국의 22개 주에는 동성애 자녀를 둔 부모들을 돕기 위한 「남녀 동성애자 부모 협회(Parents of Gays and Lesbians)」가 조직되어 있다. 영국에서는 「우울증 환자 협회(Depressives Associated)」가 약 60개 지부를 두고 있다. 그밖에도 「익명의 마약중독자(Addicts Anonymous), 「흑인 폐협회(Black Lung Association)」, 「배우자 없는 부모(Parents Without Partners)」, 「미망인 상조회(Widow-to-Widow)」 등 여러가지 새로운 단체들이 도처에서 결성되고 있다.

물론 곤경에 처한 사람들이 함께 모여 자신들의 문제를 의논하고 서로의 경험을 배운다는 것은 새로운 일이 아니다. 그러나 오늘날처럼 자조운동(self-help movement)이 요원의 불길처럼 번져나갔던 일은 역사상 그 선례를 찾아보기 힘들다.

「뉴 휴먼 서비스 인스티튜트(New Human Services Institute)」의 공동소장인 리스먼(Frank Riessman)과 가트너(Alan Gartner)는 현재 미국에만 이러한 단체의 수가 50만 — 인구 435명당 1개 단체 — 이 넘으며 지금도 매일 늘어나고 있다고 어림잡고 있다. 단명한 것도 많지만 하나가 없어지면 몇 개가 그 자리를 차지한다.

이러한 단체들은 성격도 매우 다양하다. 전문가들에 대한 새로운 의구심을 지니고 자기들끼리 일해 보고자 하는 모임들도 있다. 이런 단체들은 종전처럼 전문직업인들에게서 카운셀링을 받는 것이 아니라 각자 스스로의 삶의 경험을 바탕으로 자문을 교환하는 이른바 「상호 카운셀링(cross-counseling)」에 전적으로 의존하고 있다. 곤경에 처한 사람들에게 지원체제를 제공하는 단체도 있다. 또 법령개정이나 세제개혁을 위한 로비활동을 하는 등 정치적 역할을 수행하는 단체도 있다. 또한 준(準)종교적 성격의 단체도 있으며 회원들이 모여서 실제로 함께 생활하는 목표지향적 공동체들도 있다.

이러한 단체들은 지금 지역적, 심지어 초국가적 연합체를 결성하고 있다. 전문적인 심리학자·사회사업가·의사 등이 참여하는 경우에는 더 한층 역할 변화가 이루어져 무엇이든지 다 아는 체 하는 비인격적 전문가의 역할로부터 환자나 고객과 함께 노력하는 경청자·교사·안내자의 역할로 바뀌어 가고 있다. 당초 다른 사람들을 도울 목적으로 조직된 기존의 자원단체나 비영리단체들도 자조원칙에 입각한 운동에 적응하는 방법을 알기 위해 애쓰고 있다.

이처럼 자조운동은 지금 사회영역을 개편해 가고 있다. 흡연자, 말

더듬이, 자살 위험이 있는 자, 도박꾼, 인후염 환자, 쌍둥이 부모, 대식가 등의 온갖 단체가 밀도 높은 조직망을 형성하여 현재 등장하고 있는「제3물결」가족 및 기업의 구조들과 맞물려 돌아가고 있다.

그러나 그들이 사회적 조직에 대해 갖는 의미가 무엇이든 간에 이 단체들은 기본적으로 수동적 소비자로부터 능동적 생산자로의 이행을 상징하고 있으며 그렇기 때문에 경제적인 의미도 지니고 있다. 비록 궁극적으로는 시장에 의존하면서 여전히 시장과 뒤엉켜 있지만 이 단체들은 경제의 B부문에서 A부문으로, 교환부문에서 생산소비부문으로 활동을 이행시켜 가고 있다. 새로 시작된 이러한 운동만이 유일한 추진력이 되고 있는 것은 아니다. 세계의 가장 부유한 대기업들 중에는 —각기 기술적·경제적 이유 때문에—생산소비자의 등장을 가속화시키는 것들이 있다.

손수 만드는 사람

미국의 AT&T사는 폭발적인 통신 수요의 부담에 짓눌린 끝에 1956년부터 통화자가 직접 다이얼을 돌려 장거리 전화를 걸 수 있는 새로운 전자기술을 도입하기 시작했다. 오늘날에는 한 걸음 더 나아가 국제전화도 직접 걸 수 있게 되었다. 소비자가 특정번호를 돌리기만 하면 종전에 교환원이 해주던 일을 스스로 할 수 있게 되었다.

1973~74년에 아랍의 석유금수조치로 인해 휘발유 값이 급등했다. 대석유회사들은 떼돈을 벌었지만 각 지방의 주유소 운영자들은 경제적으로 생존을 위해 처절한 싸움을 벌여야만 했다. 많은 주유소들이 원가절감을 위해 셀프서비스 급유장치를 도입했다. 처음에는 이상한 일로 보였다. 신문들은 휘발유 호스를 차의 라디에이터에 들이대려 하는 운전자의 이야기를 흥미거리 기사로 보도했다. 그러나 얼마 안가서 소비자가 스스로 휘발유를 주유하는 광경이 평범한 일로 되었다.

1974년에는 미국의 주유소 중 셀프서비스 방식으로 운영되는 곳이 8%에 불과했으나 1977년에는 거의 50%에 이르렀다. 서독에서는 1976년까지 3만 3,500개소의 주유소 중에서 15%가 셀프서비스로 전환하여 총 휘발유 판매고의 35%를 차지하게 되었다. 업계 전문가들은 이 비중이 곧 전체의 70%에 이르게 될 것이라고 말하고 있다. 여기서도 소비자가 생산자의 일을 떠맡아 생산소비자가 되고 있다.

같은 시기에 전자식 은행업무가 도입되어 「은행시간」의 패턴이 붕괴되기 시작했을 뿐 아니라 종전에 은행직원이 하던 일을 고객이 하도록 함으로써 금전출납 업무도 더욱 줄어들게 되었다.

고객에게 일을 분담시키는 것 — 경제학자들은 이를 「노동비용의 외부화(externalization of labor cost)」라고 한다 — 은 새로운 것이 아니다. 셀프서비스식 슈퍼마켓이 그 좋은 예이다. 재고를 알고, 물건을 갖다주던 웃음띤 점원은 고객이 밀고 다니는 쇼핑 수레로 대체되었다. 인간적으로 서비스해 주던 그리운 옛날을 아쉬워하는 고객들도 있지만 대부분의 사람들은 이 새로운 제도를 좋아한다. 자기가 직접 물건을 찾을 수 있고 몇 푼이라도 싸게 살 수 있기 때문이다. 요컨대 고객들은 종전에 점원이 하던 일만큼 대가를 지불받게 되었다.

오늘날 다른 여러 분야에서도 이같은 형태의 외부화가 일어나고 있다. 예컨대 디스카운트 상점들이 등장하는 것도 부분적으로 똑같은 방향을 지향하는 현상이다. 점원수가 크게 줄어들고 고객은 돈을 약간 덜 내는 대신 약간 수고를 해야 한다. 심지어 오래 전부터 숙련된 점원이 필수적이라고 생각되었던 양화점들조차도 셀프서비스로 전환하여 구두 찾는 일을 소비자에게 떠맡기고 있다.

그와 똑같은 원리를 다른 여러 곳에서도 찾아볼 수 있다. 버드(Caroline Bird)는 「밀집증후군(The Crowding Syndrome)」이라는 책에서 이렇게 쓰고 있다. 『집에서 손쉽게 조립할 수 있는 분해제품들이 늘어나고 있다. …그리고 크리스마스 철에는 뉴욕의 몇몇 오래된 일류 상점에서조차도 점원들이 판매전표를 끊을 시간이 없거나 끊으려 하지 않기 때문에 고객이 직접 전표를 끊어야 하는 경우가 많다.』

1978년 1월 워싱턴시의 정부기관에서 근무하는 30세의 너스범(Barry Nussbaum)이라는 근로자는 자기집 냉장고에서 나는 이상한 잡음을 들었다. 전같으면 그가 수리공을 불러 그에게 돈을 주고 고치도록 하는 것이 보통이었다. 수리비용도 비싸거니와 수리공을 편리한 시간에 불러오기도 힘들었기 때문에 너스범은 냉장고의 취급설명서를 읽어 보았다. 취급설명서에는 「800」이라는 전화번호가 적혀 있었는데 이 전화번호는 제조업체 — 미시간주 벤튼 하버(Benton Harbor)의 훨풀사(Whirlpool Corp.) — 를 무료로 부를 수 있는 것이었다.

「쿨 라인(Cool-Line)」이라고 부르는 이 전화는 훨풀사가 고객들의 서비스문제를 돕기 위해 설치한 것이었다. 너스범이 전화를 걸었더니 상대방은 수리방법을 철저하게 가르쳐주면서 어떤 나사못을 풀고 무슨 소리를 들어야 하며 또 어떤 부품이 필요한지를 정확하게 설명해 주었다. 너스범은 『그 친구 아주 큰 도움이 되었어요. 내가 바라는 것이 무엇인지 잘 알 뿐 아니라 자신감을 크게 심어 주더군요』라고 말한다. 그 냉장고는 즉시 수리되었다.

훨풀사는 9명의 풀 타임 상담원과 여러 명의 파트 타임 상담원들을 두고 있는데 그들 중 일부는 현장 정비요원을 거친 사람들이다. 헤드폰을 끼고 전화를 받는 이 상담원들의 앞에 설치된 스크린이 즉각 문제가 된 제품의 다이아그램을 보여 주어(훨풀사는 냉장고 외에도 냉동기, 접시닦는 기계, 에어콘 등 여러가지 가전제품을 만든다) 그들의 상담업무를 도와준다. 1978년 한 해 동안만 해도 훨풀사는 이러한 전화를 15만 건이나 처리했다.

「쿨 라인」은 미래의 주택수리 체제의 기초적 모형이 되어 전에는 돈을 주고 외부에서 수리공이나 전문가를 불러서 하던 일을 집주인이 스스로 할 수 있도록 해줄 것이다. 장거리 전화의 코스트를 떨어뜨린 기술발전에 의해 가능해진 이 미래의 수리체제에서는 집안의 TV 스크린에 상담원이 말하는 단계별 자가수리 지시사항들이 실제로 나타나게 될 것이다. 이러한 체제가 보급되면 수리공들은 보다 중요한 일만을 맡게 되거나 아니면(의사나 사회사업가의 경우처럼) 생산소비자를 위한 교사·안내자·지도자의 역할을 맡게 될 것이다.

지금 우리는 많은 산업에 영향을 주고 있는 패턴, 즉 외부화의 증대, 종전에 다른 사람이 해주던 일에 대한 소비자 참여의 증대를 목격하고 있다. 따라서 여기에서도 경제활동이 B부문으로부터 A부문으로, 교환부문으로부터 생산소비부문으로 이행하는 것을 목격하게 된다.

지금까지 살펴본 변화는 손수 만들기(DIY/do-it-yourself) 산업 이외

그밖의 다른 분야에서 일어난 극적인 변화에 비하면 미미한 것에 불과하다. 손수 만드는 사람(do-it-yourselfers)들은 항상 깨어진 유리창, 고장난 전기시설, 금이 간 판석(板石) 등을 시간을 허비해 가면서 수리해 왔다. 그런 일은 새로운 것이 아니다. 놀랄 만큼 변화한 것은 손수 만드는 사람과 전문적인 건축업자·목수·전기기술자·연관공 등간의 관계이다.

불과 10년 전까지만 해도 미국에서 각종 전기공구들 중에서 손수 만드는 사람에게 판매된 것은 30%에 불과했고 70%는 목공 등 전문기술자에게 판매되었다. 그 후 불과 10년 동안에 이 비율이 역전되어 지금은 30%가 전문기능공들에게 판매되고 70%는 손수 만드는 경향이 날로 늘어나고 있는 소비자들에게 판매되고 있다.

미국의 주요 산업연구회사인 프로스트 & 설리번(Frost & Sullivan)사에 의하면 미국에서는 1974~76년 사이에 보다 중요한 변화가 있었다. 이 기간중에 『처음으로 모든 건축자재의 절반 이상이…건축업자들이 아니라 주택소유자들에게 직접 판매되었다』는 것이다. 더구나 여기에는 가정기능공들이 1건당 25달러 미만의 일거리에 지출한 도합 3억 5,000만 달러의 비용은 포함되어 있지도 않다.

70년대 전반에 전체 건설자재 구입비는 31% 증가했으나 손수 만드는 주택소유자들의 건축자재 구입액은 이보다 2배나 높은 65% 이상의 증가율을 보였다. 프로스트 & 설리번사의 사업보고서는 이러한 변화가 『극적이면서도 지속적』이라고 지적하고 있다.

프로스트 & 설리번사의 또 다른 연구보고서는 이같은 비용지출의 급성장에 관해 언급하고 자급자족을 지향하는 가치관 변화를 강조하고 있다. 사람들(적어도 중산층에 속하는)은 자기의 손으로 일하는 것을 경멸하고 있었지만 이젠 도리어 그것이 자랑거리가 되고 있다. 자기 일을 하는 사람들은 긍지를 느끼고 있다.

각급 학교·대학·출판사들에서는 하우 투(how-to)에 관한 각종 강좌와 책들이 쏟아져 나오고 있다. 「유 에스 뉴스 & 월드 리포트(U.S. News & World Report)」지는 이렇게 보도했다. 『빈부의 구별없이 모두가 열성적으로 달려들고 있다. 클리블랜드시에서는 공공주택 사업계획 속에 자가 주택수리법 강의를 개설하고 있다. 캘리포니아주에서는 주택소유자가 직접 사우나탕·온천·지붕을 만드는 일이 유행되고 있다.』

유럽에서도 이른바 「DIY혁명」이 일어나고 있다. 다만 국민의 기질에 따라 약간의 정도에 차이가 있을 뿐이다. (독일과 네덜란드의 손수 만드는 사람들은 이런 일을 아주 진지하게 대하고 수준도 높으며 장비도 치밀하게 갖추고 있다. 그와는 대조적으로 이탈리아에서는 DIY운동이 이제 막 시작된 단계여서 나이가 든 많은 사람들이 스스로 자기 일을 하는 것을 품위를 손상시키는 것이라 주장하고 있다.)

여기서도 그 이유는 여러가지가 있다. 인플레이션이 그 한 가지 이유이다. 목공이나 연관공을 불러오기가 힘들다. 일솜씨도 형편없다. 쉬는 시간이 많아졌다. 이 모든 이유가 영향을 미치고 있다. 그러나 가장 큰 원인은 이른바 「상대적 비효율성의 법칙(Law of Relative Inefficiency)」이라고 할 수 있다. 재화의 생산을 자동화시켜 단위당 생산비가 떨어질수록 수공품과 비(非)자동화 서비스의 상대가격이 상승한다는 원리이다. (연관공을 한 시간 동안 집에 불러오는데 20달러가 들고 20달러로 휴대용 전자계산기 한 대를 살 수 있는 경우에 이 20달러로 휴대용 전자계산기를 여러 대 살 수 있게 될 때에는 연관공의 노임이 크게 오르는 셈이 된다. 즉 다른 재화의 가격에 비해 노임이 상대적으로 여러 배 오른 셈이 된다.)

이러한 이유 때문에 여러가지 서비스 가격은 앞으로 여러 해 동안 계속 치솟을 수밖에 없을 것이다. 그리고 서비스 가격이 오름에 따라 손수 일하는 사람들이 더욱 늘어나게 될 것이다. 요컨대 인플레이션이 없더라도 「상대적 비효율성의 법칙」에 따라 자가 소비용 생산이 더욱 더 「이익」이 될 것이며 이 때문에 더욱 더 많은 활동이 B부문에서 A부문으로, 교환용 생산에서 생산소비로 이행해 가게 될 것이다.

아웃사이더와 인사이더

이러한 사태발전의 미래를 장기적으로 전망해 보려면 서비스뿐 아니라 재화도 살펴볼 필요가 있다. 그러면 이 분야에서도 소비자가 더욱 더 생산과정에 끌려들어 가고 있음을 발견하게 된다.

따라서 오늘날 열성적인 제조업자들은 제품설계에 협조할 고객들을 모집할 뿐 아니라 그들에게 보수까지 지급하고 있다. 이러한 현상은 식품·비누·화장품 등 대중을 상대로 직접 판매하는 업종에만 국한된 것이 아니며 탈대중화가 급속도로 이루어지고 있는 전자공업 등 첨단 산업에서 더욱 두드러지게 나타나고 있다.

텍사스 인스트루먼츠사의 기획시스팀 부장은 이렇게 말한다. 『한 두 명의 고객과 긴밀히 협조해서 일할 때 가장 큰 성과가 나타난다. 서둘러 우리끼리만 타당성을 검토하고 표준제품을 시장에 내놓으려 할 때는 성공하지 못했다.』

실제로 애널로그 디바이스사(Analog Devices, Inc.)의 브라운(Cyril H. Brown)은 모든 제품을 「내부(inside-out)」와 「외부(outside-in)」 제품 등 두 종류로 구분하고 있다. 후자는 제조업체가 아니라 잠재적 고객에 의해 규정되는데 브라운은 이 아웃사이더 제품이 이상적이라고 말한다. 첨단제조업으로 이행해 갈수록 그리고 생산의 탈대중화와 주문화가 더 한층 진전될수록 고객의 생산과정 참여가 필연적으로 늘어나게 된다.

지금 컴퓨터 에이디드 매뉴팩처링 인터내셔널(CAM-I/Computer-aided Manufacturing International)의 회원사들은 생산의 완전자동화를 위해 부품과 공정을 분류하고 코드화하는데 전력하고 있다. 미국 펜실베이니아 주립대학 산업생산 시스팀 엔지니어링과 교수인 함인용(Inyong Ham)과 같은 전문가들의 눈에는 앞으로의 전망이 아직은 초기단계에 머무르고 있지만 궁극적으로 고객이 생산공장의 컴퓨터에 직접 자기가 원하는 제품명세를 입력할 수 있게 될 것이다.

함교수는 컴퓨터가 고객이 원하는 제품을 설계할 뿐 아니라 그 제조를 위한 생산공정까지도 선택하게 될 것이라고 설명한다. 컴퓨터는 기계까지도 정해 줄 것이며 금속 절삭이나 연마에서 도장에 이르는 모든 필요한 단계의 순서도 정해준다. 소형 컴퓨터들이나 기계조작용 수치제어장치들에 필요한 프로그램도 마련해 준다. 또한 경제적·환경적 목적을 위해 이들 여러가지 공정을 가장 효과적으로 활용할 수 있도록 해주는 「적응적 통제(adaptive control)」도 가능케 해줄지도 모른다.

마침내 고객이 단지 제품명세서를 제시할 뿐 아니라 단추를 눌러 전체 공정을 가동하도록까지 하는 단계에 이르게 되면 고객은 현재 작업복 입은 조립라인 노동자가 사라져 가는 세계에서 차지했던 자리를 물려받아 생산공정의 한 부분으로 편입되게 될 것이다.

이같은 고객참여 생산체제는 아직은 어느 정도 시간이 걸려야 하겠지만 적어도 이에 필요한 일부 하드웨어는 이미 나와있다. 그러므로 적어도 이론상으로는 만일 제15장에서 설명한 봉제공장의 컴퓨터 제어 레이저 재단기를 전화로 가정의 퍼스널 컴퓨터와 연결하기만 한다면 고객은 자기 집에 가만히 앉아서 자기 몸의 치수를 입력하고 적당한 옷감을 선택하여 실제로 그 레이저 재단기를 작동시키는 일도 가능할 것이다.

미국 RAND사의 정보서비스부 책임자이며 컴퓨터화 생산공정의 수석전문가인 앤더슨(Robert H. Anderson)은 이를 다음과 같이 설명한다. 『앞으로 20년 후에 인간이 하게 될 가장 창조적인 일은 창조적인 고객이 되는 일일 것이다. …즉 사람들이 가만히 앉아서 자기가 입을 옷을 디자인하거나 표준 디자인에 수정을 가하는 등의 일만 해주면 컴퓨터가 알아서 레이저로 재단하고 수치제어 기계로 바느질을 해줄 것이다. …』『컴퓨터 덕분에 사람들은 실제로 제품명세서를 가지고 가서 자동차를 만들 수도 있을 것이다. 물론 컴퓨터에는 연방정부 안전기준과 상황의 물리적 특성이 모두 프로그램되어 있어 기준에서 크게 벗어나지 않도록 해줄 것이다.』

그리고 이에 덧붙여 멀지 않아 많은 사람들이 어떤 방식으로든 미래의 가내전자근무체제에서 일하게 되리라는 가능성을 감안한다면 소비자가 이용할 수 있는 「도구」들에도 큰 변화가 일어나리라는 것을 쉽게 상상할 수 있다. 보수를 받기 위해 집안에서 일할 때 사용하는 여러가지 전자장비의 대부분은 자가소비용 재화 및 서비스의 생산에도 사용될 수 있을 것이다. 이 체제에서는 「제1물결」 사회를 지배했던 생산소비자가 다시 ―이번에는 「제3물결」의 첨단기술을 바탕으로 하여― 경제활동의 중심으로 복귀하게 된다.

요컨대 자조운동을 보거나 손수 만들기 경향 또는 새로운 생산기술을 보더라도 우리는 소비자의 보다 밀접한 생산과정 참여를 향한 똑같은 변화가 일어나고 있음을 발견하게 된다. 이 세계에서는 생산자와 소비자간의 재래식 구분이 사라진다. 「아웃사이더」가 「인사이더」로 되며 보다 많은 생산이 B부문 경제에서 생산소비자가 지배하는 A부문으로 이행하게 된다.

이러한 사태가 발생하는 가운데 우리는 — 처음에는 미온적으로 그러나 나중에는 아마 가속적으로 — 우리 시대의 가장 기본적인 제도, 즉 시장을 변혁시키게 된다.

생산소비자 생활양식

자진해서 소비자를 생산과정에 끌어들인다는 것은 엄청난 의미를 함축한다. 그 이유를 이해하려면 시장이란 것이 바로 지금은 희미해져 가고 있는 생산자와 소비자간의 구분을 전제로 하고 있다는 점을 상기할 필요가 있다. 대부분의 사람들이 자기가 만든 것을 소비하던 시절에는 정교한 시장이 필요하지 않았다. 소비하는 일이 생산하는 일로부터 분리됨으로써 비로소 시장이 필요하게 되었다.

재래식 학자들은 시장을 좁은 의미로 화폐에 기초한 자본주의적 현상이라고 정의하고 있다. 그러나 시장이란 다른 말로 표현하면 바로 교환망(exchange network)이다. 이 교환망에는 지금까지(그리고 지금도) 여러가지 다른 종류가 존재해 왔다. 서방에서의 우리에게 가장 낯익은 것은 이윤을 목적으로 하는 자본주의적 시장이다. 그러나 사회주의적 시장도 존재한다 — 소련의 스몰렌스크(Smolensk)에 사는 이바노비치(Ivan Ivanovich)가 만든 재화 및 서비스를 동베를린에 사는 슈미트(Johann Schmidt)가 만든 재화 및 서비스와 바꾸는 교환망이 존재한다. 화폐에 기초한 시장도 있지만 물물교환 시장도 있다. 시장은 자본주의적인 것도 사회주의적인 것도 아니다. 그것은 생산자와 소비자의 분리가 가져온 직접적이고 필연적인 결과일 뿐이다. 이 분리가 발생하는 곳이라면 어디든지 시장이 생기게 마련이다. 그리고 생산자와 소비자간의 간격이 좁혀지는 곳이면 어디서든지 시장이 갖는 기능·역할 그리고 힘이 전체적으로 문제시되게 된다.

이처럼 생산소비의 등장은 오늘날 우리 생활에서 시장이 갖는 역할을 변모시키고 있다.

앞으로 이 미묘하고도 중요한 움직임이 어떤 방향으로 진행되게 될지는 아직 속단할 수 없다. 한 가지 확실한 것은 시장이 사라지지는 않으리라는 점이다. 시장 이전의 경제로 되돌아가는 일도 없을 것이다. 필자가 B부문이라고 부르는 교환부문이 축소되어 사라지는 일도 없을 것이다. 우리는 앞으로도 오랫동안 계속 시장에 크게 의존하게 될 것이다.

그럼에도 불구하고 생산소비의 등장은 A부문과 B부문간의 관계—「제2물결」 경제학자들이 지금껏 사실상 무시해 온 관계—에 근본적인 변화가 나타나리라는 것을 강력히 시사하고 있다.

그것은 생산소비가 적어도 일부 경제활동의 「탈시장화(de-marketization)」를 수반하고, 따라서 시장의 사회적 역할을 대폭 변화시키기 때문이다. 그것은 미래의 경제가 지금까지와는 전연 다른 경제—A부문이나 B부문의 어느 쪽에도 치우치지 않는 경제—가 되리라는 것을 시사해 준다. 또한 그것은 앞으로 출현할 경제는 「제1물결」 경제나 「제2물결」 경제를 닮지 않고 그대신 이 두 가지 특성을 새로운 역사적 통합물로 결합시키는 경제가 되리라는 것을 시사해 주고 있다.

여러가지 유료 서비스 비용의 급등, 「제2물결」의 관료적 서비스 체제의 붕괴, 「제3물결」 기술의 출현, 구조적 실업 문제 등 여러가지 요인들의 수렴에 의해 추진되고 있는 생산소비자의 등장은 새로운 노동양식과 생활양식을 가져다 주고 있다. 앞서 설명한 탈동시화와 파트 타임 유급노동으로의 이행, 가내전자근무체제 등장의 가능성, 가정생활 구조의 변화 등 몇 가지 추이를 염두에 두고 생각해보면 이같은 생활양식에서 일어나고 있는 몇 가지 변화를 식별해 낼 수 있게 된다.

결국 우리가 지향하고 있는 미래의 경제에서는 대다수의 사람들이 풀 타임 유급직업을 갖지 않게 되거나 또는 최근에 나타나고 있는 바와 같이 「풀 타임」이라는 개념 자체를 재정립하게 될 것이며, 이에 따라 주간 또는 연간 근로시간이 더욱 더 단축되게 될 것이다. (스웨덴에서는 최근의 법률에 의해 연령이나 근속년수에 상관없이 모든 근로자에게 5주간의 유급휴가가 보장되었고 연간 근로시간은 1,840시간으로 간주되게 되었다. 실제로는 결근율이 높기 때문에 1인당 연평균 노동시간은 1,600시간이라고 보는 것이 현실적이다.)

수많은 노동자들이 이미 주평균 3~4일 동안만 유급노동에 종사하고 있거나 교육·휴식 등의 목적을 위해 6개월 또는 1년씩의 휴가를 얻고 있다. 맞벌이 가정이 늘어남에 따라 이러한 패턴은 더욱 강화될 것이다. 임금노동시장에 참여하는 사람이 늘어나면 — 경제학자들의 말대로 「노동참가율」이 높아지면 — 이에 따라 근로자 1인당 노동시간도 단축될 것이다.

여기서 여가문제 전반이 새로운 조명을 받게 된다. 우리가 이른바 여가시간의 대부분을 자가소비용 재화 및 서비스를 생산하는데, 즉 생산소비하는데 소비하게 된다면 지금까지와 같은 노동과 여가의 구별은 무의미해진다. 문제는 노동이냐 여가냐의 구별이 아니라 B부문을 위한 유급노동이냐 아니면 A부문을 위한 스스로 지휘·감독하는 무보수 노동이냐 하는 것이다.

「제3물결」적 관점에서는 반쯤은 교환을 위한 생산에 기반을 두고 나머지 반은 자가소비 생산에 기반을 두는 새로운 생활양식이 실제적인 것이 된다. 이같은 생활양식은 실제로 산업혁명 초기 서서히 도시 프롤레타리아로 흡수되고 있던 농촌주민들간에 보편화되어 있었다. 이 장기간의 과도기 중에는 수많은 사람들이 반은 공장에서 반은 농토에서 일하면서 식량을 스스로 생산하고 생활필수품의 일부는 구입하고 나머지는 만들어 쓰는 생활을 했다. 이러한 생활양식은 지금도 세계 곳곳에서 — 원시적인 기술을 바탕으로 하는 경우가 보통이기는 하지만 — 행해지고 있다.

이러한 생활양식이 21세기의 재화 및 식량생산 기술뿐 아니라 매우 발달한 여러가지 서비스의 자조적 생산방법까지도 갖추게 되는 경우를 상상해 보라. 예컨대 미래의 생산소비자는 옷본을 사오는 대신 「자동화된」 전자 재봉틀을 돌려줄 프로그램 내장 카셋을 구입하게 될 것이다. 이 카셋만 있으면 솜씨가 서투른 남편도 스스로 맞춤 셔츠를 만들어 입을 수 있을 것이다. 기계를 만지기 좋아하는 사람은 자동차를 스스로 정비하는 데 그치지 않고 실제로 자동차를 반쯤 조립할 수 있게 될 것이다.

앞서 살펴본 것처럼 언젠가는 고객이 자기가 원하는 제품명세를 컴퓨터나 전화를 통해 자동차 생산공정에 프로그램화할 수 있는 날이 올지도 모른다. 그러나 지금도 고객이 자동차 생산에 참여할 수 있는 다른 방법이 있다.

브래들리 오토모티브(Bradley Automotive)라는 회사는 벌써부터 고객이 『스스로 사치스러운 스포츠카를 조립』할 수 있는 이른바 「브래들리 GT 키트」라는 것을 내놓고 있다. 반쯤 조립된 이 키트를 구입하는 생산소비자는 폴크스바겐 샤시에 유리섬유 차체를 올려놓고 엔진 배선을 연결하고 핸들을 부착시키고 좌석을 얹어 놓는 등의 일을 하면 된다.

파트 타임 유급 근무가 일반화하면 자기 집에 여러가지 값싼 소규모 기계장비를 갖추어 놓고 스스로 물건을 만들고 싶어하는 세대가 인구의 큰 부분을 차지하게 되리라는 것을 쉽게 상상할 수 있다. 1년 중 반은 시장에서, 반은 시장 밖에서 단속적으로 일하면서 1년에 가끔 휴가를 얻는다면 수입은 줄어들겠지만 지금까지 남에게 돈을 주고 하던 많은 일들을 스스로 하게 되어 수입감소를 메울 수 있을 뿐 아니라 인플레이션의 영향도 줄일 수 있게 될 것이다.

미국 모르몬 교도들은 미래에 있을 생활양식에 관해 또 하나의 단서를 제공해 준다. 모르몬교의 여러 교구들—이 교구는 가톨릭 교회의 주교구에 해당된다고 할 수 있다—은 자체의 농장을 소유·운영하고 있다. 교구의 신도들은 —도시에 사는 신도들까지도 포함하여—시간이 있을 때는 자원 농장원으로서 식량을 재배한다. 생산물의 대부분은 판매하지 않고 그대신 비상용으로 저장하거나 가난한 모르몬 교도들에게 분배된다. 중앙에는 통조림 공장·음료수 공장·곡물창고 같은 것도 있다. 자기가 재배한 식량을 통조림 공장으로 가지고 오는 사람도 있고 슈퍼마켓에서 신선한 채소를 구입하여 자기 지방의 통조림 공장으로 가지고 가는 사람도 있다.

솔트 레이크 시티(Salt Lake City)의 어떤 모르몬 교도는 이렇게 말한다. 『우리 어머니는 토마토를 사다가 통조림을 만든다. 어머니가 일하시는 여성지원단체인 「구제회」는 날짜를 정해 모두 함께 가서 그들이 사용할 토마토 통조림을 만든다.』 또한 모르몬 교도들 중에는 교회에 헌금을 할 뿐 아니라 예컨대 건설작업 등 자원노동에 참여하기도 한다.

이런 말을 한다고 해서 우리 모두가 모르몬 교도가 되어야 한다는 것은 아니며 또한 앞으로 매우 참여적이면서도 신학적으로는 독재적인 이 집단에서 볼 수 있는 사회적·공동체적 유대가 광범위하게 재창조될 가능성이 있다고 말하고자 하는 것도 아니다. 그러나 개인적이든 집단적이든 앞으로는 자가소비용 생산원리가 더 한층 보급될 것이다.

홈 컴퓨터라든가 도시 또는 심지어 아파트에서 재배할 수 있도록 유전학적으로 설계된 종자가 공급되고 값싼 가정용 플래스틱 가공기구·신소재·접착제·세포막이 공급되고 또 전화를 걸면 무료로 기술자문을 해주고 TV나 컴퓨터 화면을 통해 지시사항이 제공되기도 한다면 그때는 전형적인 「제2물결」 문명보다 더욱 원숙하고 다양하고 따분하지 않고 창의력을 더욱 만족시키고 시장 의존도가 덜한 생활양식을 창조할 수 있게 될 것이다.

B부문의 교환활동으로부터 A부문의 생산소비활동으로의 이같은 변화 추세가 어디까지 나아갈지, 나라마다 이 두 부문간의 균형이 어느 정도까지 달라지게 될지 그리고 이러한 추세에서 실제로 어떠한 생활양식이 등장하게 될지를 판단하기는 아직 너무 이르다. 그러나 한 가지 확실한 것은 소비용 생산과 교환용 생산간의 균형에 중요한 변화가 일어나게 되면 그것은 우리의 경제체제와 가치관에 장치된 폭뢰를 터뜨리는 결과를 가져오게 되리라는 점이다.

「제3물결」 경제

많은 사람들이 개탄해 마지 않는 프로티스턴트 노동 윤리의 퇴조는 타인을 위한 생산으로부터 자신을 위한 생산으로의 이같은 전환과 관련된 것일까? 사람들을 열심히 일하도록 만들었던 근면정신은 지금 도처에서 시들어가고 있다. 서방의 기업경영자들은 이러한 「영국병」에 관해 탄식하면서 이 병을 고치지 않으면 우리 모두가 궁핍한 상태로 전락하게 될 것이라고 생각하고 있다. 그들은 『일본인만이 지금도 열심히 일한다』고 말한다. 그러나 필자는 최근 일본업계의 최고경영자들이 일본의 노동자들도 같은 병에 걸렸다고 말하는 것을 들었다. 그들은 『열심히 일하는 것은 한국인뿐』이라고 말한다.

그러나 직장에서는 열심히 일하려 하지 않는 사람이 의외로 직장밖에서는 화장실 타일을 깔고 카펫을 짜고 시간과 정력을 들여 정치운동에 참여하고 자조모임에 참가하고 바느질을 하고 정원에서 채소를 재배하고 단편소설을 쓰고 다락방을 고치는 등 열심히 일하는 경우가 많다. 전에 B부문의 확대를 추진했던 원동력이 지금은 A부문, 즉 생산소비에 집중되고 있는 것일까?

「제2물결」은 증기기관이나 직조기계 이상의 것을 가져다 주었다. 그것은 엄청난 성격학적(characterological) 변화를 가져왔다. 오늘날 이러한 변화는 지금도 「제1물결」 사회에서 「제2물결」 사회로 이행해 가고 있는 나라들—예컨대 한국처럼 지금도 A부문을 축소하여 B부문을 확대하려고 도모하는 나라들에서 일어나고 있는 현상이다.

이와 반대로 「제3물결」의 영향을 받고 있는 성숙한 「제2물결」 사회에서는 —생산이 다시 A부문으로 복귀하고 소비자가 생산공정에 다시 참여하게 됨에 따라—이와는 다른 성격학적 변화가 시작되고 있다. 이 흥미로운 변화에 관해서는 후술하기로 한다. 다만 여기서는 생산소비의 등장에 따라 퍼스낼리티 구조 자체가 크게 영향받게 된다는 점을 유념해 둘 필요가 있다.

그러나 생산소비자의 출현으로 가장 폭발적인 변화를 겪는 것은 경제분야이다. 경제학자들은 B부문에만 관심을 집중해서는 안되고 경제에 관한 새롭고 보다 종합적인 개념을 발전시켜 A부문에서 일어나는 상황도 동시에 분석하고 또한 이 두 부문이 서로 어떠한 관계를 갖는가도 연구해야 할 것이다.

「제3물결」이 세계경제를 개편하기 시작하면서 경제학자들은 사태를 설명하지 못한다는 이유로 혹독한 비판을 받고 있다. 컴퓨터화한 모델이나 행렬 등 아주 정교한 도구들도 경제가 실제로 어떻게 움직이는지 제대로 설명해 주지 못하고 있는 것 같다. 사실 여러 경제학자들 스스로가 서방측 경제학이건 마르크스 경제학이건 불문하고 재래식 경제이론으로는 급변하는 현실을 따라갈 수 없다고 결론짓고 있다.

그 한 가지 핵심적 이유는 큰 중요성을 갖는 변화들이 더욱더 B부문 바깥에서—즉 전체 교환과정의 바깥에서—이루어지고 있다는 데 있을지도 모른다. 경제학자들이 다시 현실을 따라잡을 수 있도록 만들려면「제3물결」경제학자들은 A부문의 과정들을 설명할 수 있는 새로운 모델·척도·지수를 개발해야 할 것이며 또한 생산소비자의 등장을 감안하여 여러가지 근본적 가정들을 재조명해야만 할 것이다.

일단 계량 가능한 B부문의 생산(그리고 생산성)과 계량 불가능한 A부문, 즉 눈에 보이지 않는 경제의 생산(그리고 생산성)간에 강력한 연관관계가 있음을 인정한다면 이러한 용어들을 모두 재정립할 수밖에 없다. 미국의 전국경제연구위원회(National Bureau of Economic Research)의 경제학자인 푹스(Victor Fuchs)는 1960년대 중반에 벌써 이 문제를 감지하고 서비스산업의 등장으로 인해 전통적인 생산성 척도는 시대에 뒤떨어지게 되었다고 지적한 바 있다. 푹스는 이렇게 선언했다.『서비스의 생산성에는 소비자의 지식·경험·정직성 그리고 동기가 영향을 미친다.』

그러나 이 소비자의「생산성」이라는 말조차도 여전히 B부문만을 염두에 둔 것, 즉 교환을 위한 생산에 대해서만 적용되는 것으로 이해되고 있다. 아직은 A부문에서도 실제로 생산이 행해지고 있다는 인식, 즉 자가소비를 위해 생산되는 재화 및 서비스도 매우 실물적이어서 B부문에서 생산된 재화 및 서비스를 대신하거나 대체할 수 있다는 인식을 찾아볼 수 없다. 재래식 생산통계, 특히 GNP 통계는 A부문에서 일어나고 있는 일들까지 포함하도록 범위를 명백히 확대하지 않는 한 그 의미가 더욱 줄어들게 될 것이다.

생산소비자의 출현이 갖는 의미를 이해하면 코스트의 개념도 더 한층 분명해진다. 따라서 A부문에서의 생산소비자의 효율성이 B부문에서 활동하는 기업체나 정부기관의 코스트를 높일수도 내릴 수도 있다는 것을 깨닫게 되면 강력한 통찰력을 얻게 될 것이다.

예컨대 노동력 중에서 알콜중독·결근·신경쇠약·정신장애 등의 비율이 높아지면 이 모두가 편의상 B부문에서 측정되는「사업운영 코스트」에 부담을 주게 된다.(알콜중독만으로도 미국의 산업생산에 매년 200억 달러의 코스트 요인이 되는 것으로 추산되고 있다. 이 현상이 더욱 확산되어 있는 폴란드나 소련에서는 그 숫자가 더욱 엄청날 것이다.) 자조그룹들은 노동력 내부의 이러한 문제들을 경감시킴으로써 이같은 운영 코스트를 절감시켜 준다. 이처럼 생산소비의 효율성은 생산의 효율성에 영향을 미친다.

그밖에도 여러가지 미묘한 요인들이 기업생산 코스트에 영향을 미친다. 노동자들이 어느 정도 읽고 쓸 줄 아는가? 모두 같은 언어를 사용하는가? 시계를 볼 줄 아는가? 문화적으로 취업 태세가 되어 있는가? 가정생활에서 배운 사회적 기능이 그들의 능력에 보탬이 되는가, 장애가 되는가? B부문, 즉 교환부문의 생산성 제고에 필요한 이러한 자질·태도·가치관·숙련도 및 동기부여는 모두가 A부문에서 생산되는 것, 보다 정확히 말하면 생산소비되는 것이다. 생산소비자의 출현 — 소비자의 생산과정에의 재통합 — 은 이같은 상호관계를 보다 면밀하게 관찰하지 않을 수 없도록 만들게 될 것이다.

이같은 강력한 변화는「효율성」을 재정의하는 것을 불가피하게 만들 것이다. 오늘날 경제학자들은 효율성을 평가함에 있어서 동일한 제품이나 서비스를 생산하는 선택적 방법들을 비교한다. 그러나

B부문에서의 생산효율을 A부문에서의 생산소비 효율과 비교하는 일은 거의 없다. 그러나 오늘날 경제이론에 무지하다는 수많은 사람들이 바로 이러한 일을 하고 있다. 그들은 어느 정도의 화폐소득이 보장되고 나면 돈을 더 벌기보다는 생산소비를 하는 편이 경제적으로나 심리적으로 보다 이익이 될 수도 있음을 터득하고 있다.

경제학자나 기업인들은 B부문의 효율성이 A부문에 미치는 부정적인 영향도 체계적으로 파악하고 있지 못하다. 예컨대 어떤 회사 간부들에게 극도로 높은 기동력을 요구함으로써 스트레스성 질병과 가정파탄을 만연시키고 그 결과 알콜 소비가 늘어나도록 만드는 경우가 그것이다. 재래적인 B부문적 관점에서는 비효율적인 것처럼 보이는 것도 경제의 어느 한 부분이 아닌 전체를 볼 때에는 사실상 매우 효율적일 수가 있는 경우가 많다.

「효율성」은 1차적 효과뿐 아니라 2차적 효과까지도 언급할 때, 그리고 경제의 한 가지 부문만이 아니라 두 부문 모두를 언급할 때 의미를 갖는다.

「소득」·「복지」·「빈곤」·「실업」 등의 개념은 어떠한가? 어떤 사람이 시장체제에 반쯤 발을 들여 놓고 나머지 반은 시장 밖에서 생활한다고 할 때 그 유형·무형의 생산물 중에서 어떤 것이 그의 소득을 구성한다고 보아야 할 것인가? 평균인의 소득 가운데 생산소비가 큰 비중을 차지하는 사회에서 소득통계가 과연 얼마나 의미가 있겠는가?

이러한 체제에서는 복지를 어떻게 정의해야 할 것인가? 복지 수혜자도 일을 해야 할 것인가? 그렇다면 이러한 노동도 반드시 B부문에 속해야 할 것인가? 또는 복지 수혜자에게도 생산소비를 장려해야 할 것인가?

실업의 진정한 의미는 무엇인가? 일시해고된 자동차 정비공이 자기집 지붕을 고친다든가 자동차를 수리한다고 할 때 이런 사람도 그저 집에서 TV의 축구중계나 보고 앉아 있는 사람과 동일한 의미의 실업자라고 할 수 있을까? 생산소비자의 등장은 한편으로는 실업, 다른 한편으로는 관료주의적 낭비와 과잉고용이라는 두 가지 문제를 파악하는 우리들의 방법 전체에 문제를 제기하고 있다.

「제2물결」 사회는 실업을 해결하기 위해, 예컨대 기술도입에 저항하고 이주민을 억제하고 직업소개소를 창설하고 수출을 늘리고 수입을 억제하고 공공 토목사업을 전개하고 근로시간을 단축하고 노동이동률을 높이고 노동력을 수출하고 심지어 경기 자극을 위해 전쟁을 일으키는 등의 여러가지 수단을 강구한다. 그러나 문제는 날로 더 복잡하고 어려워지고 있다.

노동공급의 문제 — 공급 과잉과 부족 문제 모두 — 는 자본주의 사회이건 사회주의 사회이건 「제2물결」 사회의 테두리 안에서는 만족스러운 해결이 불가능한 것일까? 경제의 어느 한 부분에만 초점을 맞추지 않고 그 전체를 파악함으로써 문제해결에 도움이 될 새로운 방법을 강구할 수 있지 않을까?

만일 두 부문 모두에서 생산이 이루어진다면, 사람들이 한 부문에서는 자신들을 위해 재화 및 서비스를 생산하고 다른 부문에서는 다른 사람들을 위해 재화 및 서비스를 생산하고 있다면 그것이 모든 노동자에게 최저임금을 보장해야 한다는 주장에 어떠한 영향을 미칠 것인가? 전형적으로 「제2물결」 사회에서의 소득은 교환경제를 위한 노동과 밀접하게 연관되어 왔다. 그러나 생산소비자들이 시장경제에 속해 있지 않거나 부분적으로만 참여한다 해도 그들 역시 「노동」을 하고 있지 않은가? 집에서 자녀를 키우는 사람도 A부문에서의 노동을 통해 B부문의 생산성에 공헌하고 있으므로 설사 그들이 B부문에서 유급 직장을 갖고 있지 않다고 하더라도 어느 정도의 소득을 받아야 할 것이 아닌가?

생산소비자의 출현은 경제에 관한 우리의 모든 사고방식을 결정적으로 뒤바꿔 놓을 것이다. 그것은 또한 경제적 투쟁의 기반도 변화시킬 것이다. 노동자인 생산자와 경영자인 생산자들간의 경쟁도 계속될 것이 틀림없다. 그러나 생산소비 활동이 증대하여 더 한층 「제3물결」 사회로 나아가게 되면 이러한 경쟁은 그 중요성이 줄어들게 될 것이다. 그대신 새로운 사회적 충돌이 일어나게 될 것이다.

어떠한 수요를 경제의 어떤 부문이 충족시켜야 하는가를 둘러싸고 싸움이 벌어질 것이다. 「제2물결」 세력이 생산소비자들의 진출을 막아 직업과 이익을 고수하려고 시도함에 따라, 예컨대 면허발급·건축기준 등을 둘러싼 투쟁이 첨예화할 것이다. 전형적으로 교원조합들은 뒤떨어진 건축기준을 고수하려고 싸우는 건축업자들과 같은 대단한 열의를 가지고 학교에서 학부모들을 몰아내기 위해 싸운다. 그러나 마치 건강문제들(예컨대 과식·운동 부족·흡연 등으로 생기는 문제들과 같은) 중에는 의사만으로는 해결할 수 없고 그 대신 환자의 적극적인 참여가 요구되는 문제가 많은 것처럼 교육문제 중에도 학부모의 참여없이는 해결할 수 없는 것이 많다. 생산소비자의 출현은 전체적인 경제적 상황을 변화시키고 있다.

그리고 지금껏 「제2물결」 경제학자와 사상가들이 간과해 오다시피한 한 가지 거대한 역사적 사실에 의해 이러한 모든 영향들이 더욱 강화되어 세계경제 전체가 변화하게 될 것이다. 이 마지막 중요한 사실이 지금까지 이 장에서 설명한 모든 것을 분명히 해줄 것이다.

시장화의 종언

지금까지 거의 간과되어 온 사실은 단순히 시장참여의 패턴이 변화하고 있을 뿐 아니라 보다 근본적으로는 시장 형성의 역사적인 과정 전체가 완성되고 있다는 것이다. 이 전환점이 갖는 함축은 매우 혁명적이고도 미묘하기 때문에 자본주의 학자와 마르크스주의 학자들 모두가 「제2물결」 논쟁에 몰두한 나머지 이같은 징후에는 거의 주목하지 못했다. 그것은 양쪽 이론에 모두 맞지 않기 때문에 지금까지 간과될 수밖에 없었다.

인류는 적어도 1만년 이상에 걸쳐 전세계적 범위의 교환망, 즉 시장을 구축해 왔다. 「제2물결」이 시작된 이래 지난 300년 동안 이 과정은 급속도로 진전되었다. 「제2물결」 문명은 세계를 「시장화」했다. 오늘날—생산소비 활동이 다시 출현하고 있는 바로 이 순간에—이 과정은 종언을 맞이하고 있다.

이러한 사태가 갖는 커다란 역사적 의미를 이해하려면 시장 또는 교환망이 무엇인가를 분명히 인식해야 한다. 시장을 하나의 파이프라인이라고 생각하면 이해하기 쉽다. 지구상에 산업혁명이 만개하여「제2물결」이 시작되었을 당시만 해도 통화체제에 편입되어 있는 사람은 별로 없었다. 교역이 존재하기는 했지만 그것은 사회의 주변 지역에만 영향을 미쳤다. 날품팔이 일꾼·판매대리점·도매상인·소매상인·금융업자 등 교역체제의 여러 요소들로 이루어진 각종 조직망은 규모가 작고 초보적 상태에 있어서 재화와 화폐가 유통되는 소수의 좁은 파이프라인만을 제공해 주고 있었다.

지난 300년 동안 이 파이프라인을 건설하는데 엄청난 에너지가 투입되었다. 그것은 세 가지 방법으로 이루어졌다. 첫째로「제2물결」 문명의 상인과 그 고용인들은 세계 방방곡곡을 돌아다니면서 새로운 사람들을 시장에 참여하도록—생산을 늘리고 생산소비를 줄이도록—권유하거나 강제했다. 자급자족을 하던 아프리카 부족민들은 환금작물을 재배하고 구리를 캐내도록 권유받거나 강요당했다. 식량을 자급하던 아시아의 농민들은 플랜테이션에 투입되어 자동차 타이어를 만들 고무를 채취하게 되었다. 라틴 아메리카인들은 유럽과 미국에 판매할 코피를 재배하기 시작했다. 이러한 각 과정을 거쳐 파이프라인이 건설되거나 더욱 정교해졌고 더욱 더 많은 사람들이 이에 의존하게 되었다.

시장을 확대한 두번째 방법은 생활의「상품화(commoditization)」를 촉진하는 것이었다. 보다 많은 사람들이 이 시장에 걸려들었을 뿐 아니라 보다 많은 재화 및 서비스가 시장을 위해 설계되어 체제의「유통 용량」을 계속 확대할 필요가 생겼다. 즉 파이프라인의 직경이 커지게 된 것이다.

끝으로 시장을 확대하는 세번째 방법을 살펴보자. 사회와 경제가 더 한층 복잡해짐에 따라, 예컨대 비누 한 개를 생산자에서 소비자에게 전달하는데 필요한 거래 횟수가 늘어나게 되었다. 중개상이 늘어날수록 채널 또는 파이프라인은 더 한층 여러 갈래로 복잡해졌다. 이처럼 유통체제가 복잡해진다는 것 자체가 마치 파이프라인에 특수한 튜브나 밸브를 부착하는 것과 마찬가지로 일종의 발전이었다.

오늘날에는 이 모든 형태의 시장확대가 그 외적인 한계에 도달하고 있다. 이제는 더 이상 시장에 끌어들일 사람이 남아 있지 않기 때문이다. 아직껏 시장의 영향을 받고 있지 않는 사람은 소수의 산간벽지 사람들뿐이다. 가난한 나라에서 생계농업을 유지하고 있는 수억의 농민들조차도 적어도 부분적으로는 시장에 통합되어 화폐체제에 동참하고 있다.

그러므로 이제는 기껏해야 소탕작전이 남아 있을 뿐이다. 이제는 새로이 많은 인구를 끌어들여 시장을 확대할 가능성이 없어졌다.

시장확대의 두번째 형태는 이론적으로는 아직도 가능하다. 상상력만 발휘하면 지금도 판매용 또는 물물교환용의 서비스나 재화를 더 생각해 낼 수 있을 것이다. 그러나 생산소비자의 출현이 중요한 의미를 갖는 것은 바로 이 분야에서이다. A부문과 B부문간의 관계는 복잡하여 생산소비자의 활동도 시장에서 구입한 재료와 도구에 의존하는 것이 많다. 그러나 특히 자조활동의 성장과 여러가지 재화 및 서비스의 탈시장화는 여기서 다시 한번 시장화 과정의 종언이 임박했음을 시사해 주고 있다.

마지막으로 「파이프라인」의 정교화 증대 — 유통과정 복잡화와 중간상인 개입 등의 증가 — 도 이제는 막다른 길에 접어든 느낌이다. 비록 편의상 측정하는 것이라 하더라도 교환 비용 자체가 이제는 여러 분야에서 재료생산 비용을 상회하고 있다. 이 과정도 어느 시점에 가면 한계점에 도달하게 마련이다. 반면에 컴퓨터, 생산소비자와 관련된 기술의 등장 등 이 양자는 제품 재고를 축소시키고 유통망을 복잡화시키기보다는 단순화시키는 경향이 있다. 이처럼 이 분야의 징후도 시장화 과정이 비록 우리 세대가 아니더라도 그 후의 가까운 장래에 종식을 고하리라는 것을 시사하고 있다.

「파이프라인 공사」의 완공이 임박했다는 것은 우리들의 노동·가치관·정신상태에 어떠한 의미를 갖는 것일까? 요컨대 시장이라는 것은 그 안에서 유통되는 철강·구두·원면·통조림 식품 등으로 이루어지는 것은 아니다. 시장이라는 것은 이러한 재화 및 서비스가 경유하는 구조이다. 더구나 그것은 단순한 경제적 구조만인 것도 아니다. 시장은 사람들을 조직하는 방식, 사고방식, 정신적 풍토이자 일련의 공통적인 기대감(예컨대 구입한 상품이 실제로 배달되리라는 기대감)이다. 이처럼 시장은 경제적인 실체인 동시에 하나의 심리적 구조이기도 하다. 그리고 시장이 미치는 영향은 경제 문제의 범위를 훨씬 초월한다.

시장은 수십억 인구가 서로 체계적으로 상호관련을 맺도록 만듦으로써 그 누구도 ― 어떠한 개인이나 국가나 문화도 ― 독자적으로 자신의 운명을 통제할 수 없는 세계를 만들어 놓았다. 그것이 시장에 통합되는 것은 「진보적」이고 자급자족은 「퇴보적」이라는 신념을 조성시켰다. 그것이 천박한 물질주의를 퍼뜨리고 경제와 경제적 동기야말로 인간생활의 원동력이라는 신념을 보급시켰다. 그것이 생활은 거래계약의 연속이며 사회는 「결혼계약」이나 「사회계약」으로 결합되어 있다는 생각을 조장했다. 이처럼 시장화는 수십억 인간의 사고방식·가치관 그리고 행동양식을 형성시킴으로써 「제2물결」 문명의 기조를 마련해 주었다.

미국 사우스 캐롤라이나주의 어떤 구매 담당자가 한국에 있는 생면부지의 회사원과 거래를 추진할 수 있는 상황이 조성되기까지에는 엄청난 시간과 에너지·자본·문화·원자재가 투입되었다. 이 경우 두 사람은 각기 주판이나 컴퓨터를 소지하고 각기 시장에 관한 나름대로의 이미지를 지니고 각기 상대방에 대한 일련의 기대감을 갖는 등 두 사람 모두가 평생 동안 미리 정해진 특정한 역할을 수행하도록 훈련받았기 때문에 각기 예측 가능한 특정한 행동을 하고 각기 수백만, 수십억 인간이 참여하는 거대한 범세계적 체제의 한 부분을 이룬다.

이 정교한 인간관계 구조물을 구축하여 이를 지구상에 폭발적으로 확산시킨 것이야말로 「제2물결」 문명이 이룩한 단 하나의 가장 인상적인 공적, 그간의 장대한 기술분야의 발전을 무색케 만들 정도의 공적이라고 말할 수 있을 것이다. 본질적으로 사회 문화적·심리적인 이 교환구조를 차근차근 쌓아올린 것은(이를 통해 유통된 엄청난 양의 재화 및 서비스는 차치하고) 이집트의 피라밋, 고대 로마의 수로, 중국의 만리장성, 중세시대의 대성당들의 건설을 모두 합해 1,000배를 곱한 것에 필적하는 업적이라고 할 수 있다.

문명의 경제생활이 맥박치면서 흘러갈 수 있도록 관과 수로를 설치해 준 이 역사상 최대의 건설공사는 「제2물결」 문명의 도처에 내적인 활기와 추진력을 불어넣어 주었다. 사실 오늘날 사라져 가고 있는 이 문명이 수행해야 했던 역사적 사명이 무엇이었느냐고 묻는다면 세계를 시장화하는 것이었다고 말할 수 있을 것이다.

오늘날 이 사명은 모두 완성되었다.

영웅적인 시장 건설의 시대는 끝나고—이제는 이 파이프라인을 유지·보수·갱신해 가기만 하면 되는 새로운 국면을 맞이하게 되었다. 물론 급증하는 정보의 흐름을 수용하려면 그 중요한 부분들을 재설계해야 할 일도 있을 것이다. 이 체제는 앞으로 전자공학·생물학·새로운 사회공학 등에 더욱 더 의존하게 될 것이다. 이를 위해서도 자원·상상력·자본 등이 필요하게 될 것이다. 그러나 「제2물결」 시대가 시장화에 쏟은 노력에 비교한다면 이 갱신 작업에는 시간·에너지·자본·상상력이 훨씬 적게 들 것이다. 이런 일은 원래의 건설공정에 비해 하드웨어가 적게 들고 인력도 적게 소요될 것이다. 전환과정이 아무리 복잡하다 하더라도 시장화가 이미 문명의 중심적 사업일 수는 없을 것이다.

그러므로 「제3물결」은 역사상 최초의 「초시장(trans-market)」 문명을 만들어 내게 될 것이다.

초시장이라고 해서 교환망이 없는 문명, 즉 상호 교역할 능력도 의사도 없는 소규모의 고립된 완전한 자급자족 사회로 되돌아 가는 세계를 의미하는 것은 아니다. 문명이 후퇴한다는 의미가 아니다. 「초시장」이라는 것은 시장에 의존하면서도 이 구조물을 건설·확장·개수·통합하는 일에 정력을 소모할 필요가 없는 그러한 문명이다. 시장이 이미 완성되어 있기 때문에 한 문명이 이제 새로운 과제를 향해 나아갈 수 있게 된다.

그리고 16세기의 사람은 시장의 성장이 기술·정치·종교·예술·사회생활·법률·결혼·퍼스낼리티 형성 등의 면에서 세계의 과제에 어떠한 변화를 가져올지 상상할 수 없었던 것과 마찬가지로 오늘날 우리들에게도 시장화의 종언이 가져올 장기적 영향을 예견해 본다는 것은 극히 어려운 일이다.

그러나 우리 세대가 아니더라도 우리 자녀들의 세대에는 그 영향이 생활의 구석구석에까지 미칠 것이다. 시장화 작업에는 대가가 따랐다. 순수한 경제적 관점에서만 보더라도 이 대가는 엄청난 것이었다. 지난 300년 동안 인류의 생산성이 증대했다고 하지만 그 생산성의 상당 부분—A·B 두 부문에서—이 시장 건설사업에 배정되었다.

이제는 그 기초공사가 사실상 완성되었기 때문에 종전에 세계시장체제의 구축에 쏟아 넣었던 엄청난 에너지를 인류의 다른 목적에 이용할 수 있게 될 것이다. 이 한 가지 사실만으로도 이 문명에 무한한 변화가 일어나게 될 것이다. 새로운 종교가 태어나고 지금껏 상상도 못했던 스케일의 예술작품이 나오고 기상천외의 과학발전이 이룩될 것이다. 그리고 무엇보다도 전연 새로운 종류의 사회적·정치적 제도가 나타나게 될 것이다.

오늘날의 문제는 단순한 자본주의나 사회주의의 문제가 아니며 에너지·식량·인구·자본·원자재·일자리 등의 문제만도 아니다. 오늘날의 문제는 우리 생활에서의 시장의 역할 그리고 문명 그 자체의 미래에 관한 것이다.

생산소비자 출현이 갖는 핵심적 의미는 바로 여기에 있다.

경제의 심층구조에서 일어나고 있는 이 변화는 현재 우리의 에너지 기반·기술·정보체계·가족 및 경영제도를 강타하고 있는 상호연관된 변화의 물결의 일부를 이루고 있다. 이 변화들은 또한 우리들의 세계관과도 얽혀져 있다. 그리고 이 영역에서도 우리는 하나의 역사적인 격변을 겪고 있다. 산업문명—산업현실상—에 관한 세계관 전체가 지금 혁명을 겪고 있다.

21
정신적 대혼란

지금처럼 많은 나라에서 그 많은 사람들이—심지어 교육받은 교양인이라는 사람들조차도—모순되고 혼란되고 불협화음을 이루는 여러가지 관념의 대혼란에 빠져들어 정신적인 무력감을 드러낸 적은 일찍이 없었다. 여러가지 세계관의 충돌로 인해 우리의 정신세계가 뒤흔들리고 있다.

매일처럼 새로운 유행·과학적 발견·종교·운동·선언문이 나타난다. 자연숭배·초능력·전체론적 의학·사회생물학·무정부주의·구조주의·네오 마르크스주의·신물리학·동방 신비주의·기술애호벽·기술공포증 등 수많은 사조와 반(反)사조가 각기 말솜씨 좋은 성직자와 10분짜리 교도사(敎導師)에 의해 의식의 화면을 휩쓸고 지나간다.

기존의 과학에 대한 공격이 가열되고 있다. 근본주의 종교가 요원의 불길처럼 되살아 나고 사람들은 무언가—아무것이라도—믿을 수 있는 대상을 필사적으로 찾아다니고 있다.

이같은 혼란의 대부분은 실제로 격렬해지고 있는 문화전쟁—신흥 「제3물결」 문화와 산업사회의 기성 관념 및 가정들간의 충돌—의 산물이다. 마치 「제2물결」이 전통적 사고방식을 매몰시켜 버리고 필자가 산업현실상이라고 부르는 신념체계를 보급했던 것처럼 오늘날 우리는 지난 300년 동안을 지배해 온 가정들을 뒤집어 엎고자 하는 철학적 반란의 시초를 목격하고 있다. 산업화시대의 핵심적 사상들이 의심받고 외면당하고 자리를 빼앗기거나 또는 보다 크고 강력한 이론에 포함되고 있다.

「제2물결」 문명의 핵심적 신념들이 인정받기까지는 지난 3세기 동안 격렬한 투쟁을 겪어야만 했다. 과학·교육·종교 등 수많은 분야에서 산업주의의 「진보적」 사상가들은 농업사회를 반영하고 정당화한 「반동적」 사상가들과 싸웠다. 오늘날 바로 이 산업주의 옹호자들은 새로이 형성되고 있는 「제3물결」 문화로 인해 궁지에 몰리고 있다.

새로운 자연관

여러 사상의 이같은 충돌을 가장 분명히 보여주는 것이 우리의 자연관의 변화이다.

지난 10년 동안 지구의 생태계에 일어나고 있는 근본적이고도 위험성있는 변화에 대한 반응으로 환경보호운동이 전세계적으로 퍼져갔다. 그리고 이 운동은 단순히 대기오염·식품첨가물·원자로·고속도로·헤어스프레이 에어졸 등을 배격하는 운동만은 아니었다. 이 운동은 인간이 자연에 의존하고 있음을 다시 한번 생각케 해주었다. 그 결과 우리는 인간이 자연과 피비린내 나는 투쟁을 벌이고 있다고 생각하는 대신에 이 지구와의 공존·조화를 강조하는 새로운 견해를 가지게 되었다. 우리는 적대적 자세에서 비적대적 자세로 변화해 가고 있다.

이에 따라 과학의 차원에서는 생태관계를 구명하여 자연에 대한 인간의 영향을 완화하거나 그 영향을 건설적인 방향으로 돌리고자 하는 수많은 연구가 나타나고 있다. 우리는 이같은 관계가 갖는 복잡성과 그 역학관계를 평가하여 사회 그 자체를 자연계의 재순환·복원·수용력이라는 관점에서 재조명하기 시작했다.

이 모든 것이 자연을 대하는 대중의 태도 변화에 반영되었다. 여론조사 결과를 보거나 팝송의 가사, 광고의 시각영상 또는 설교의 내용을 보더라도 자연에 대한 관심이 비록 낭만적인 경우가 있기는 하지만 그런대로 높아지고 있다는 증거를 발견하게 된다.

수많은 도시인들이 시골을 동경하고 있으며 도시지역연구소(Urban

Land Institute)는 농촌지역으로의 대규모 인구이동을 보고하고 있다. 천연식품, 자연분만법, 모유에 의한 육아, 바이오 리듬, 신체관리 등에 대한 관심이 최근 붐을 이루고 있다. 그리고 기술에 대한 불신이 사람들간에 널리 퍼져 있어 오늘날에는 외곬의 GNP 추종자들조차도 적어도 입으로는 자연을 해치지 말고 보호해야 한다고—기술이 자연에 미치는 해로운 부작용을 간단히 무시해 버려서는 안되고 미리 내다보고 예방해야 한다고—말하게 되었다.

인간의 파괴력이 커졌기 때문에 이제 지구는「제2물결」문명이 생각했던 것보다 훨씬 더 취약하다고 간주되게 되었다. 또한 지구는 이제 시시각각으로 확대되고 복잡해지는 우주 안에서 사라져 가는 하나의 작은 점이라고 간주되기에 이르렀다.

약 25년 전「제3물결」이 시작된 이래로 과학자들은 자연계를 구석구석 탐색할 수 있는 일련의 새로운 도구들을 개발해 왔다. 레이저, 로킷, 가속장치, 플래즈마(plasma), 기상천외의 사진기술, 컴퓨터 입자충돌 빔(colliding-beam) 장치 등은 우리를 둘러싸고 있는 것들에 관한 종래의 개념을 깨뜨려 버렸다.

우리는 지금 과거의「제2물결」당시에 시험했던 어떤 것보다 그 규모에 있어서 더 크고 더 작고 더 빠른 현상들을 관찰하고 있다. 오늘날에는 적어도 100,000,000,000,000,000,000,000마일 거리까지 탐색 가능한 이 우주에서 1㎝의 1,000,000,000,000,000분의 1밖에 안되는 미세한 현상까지도 탐색되고 있다. 우리는 1초의 10,000,000,000,000,000,000,000분의 1이라는 짧은 시간에 일어나는 현상을 연구하고 있다. 반면에 천문학자와 우주과학자들은 우주의 나이가 200억 년쯤 된다고 설명하고 있다. 탐색 가능한 자연계의 규모가 지난 날의 어정쩡한 억측의 범위를 크게 벗어나게 되었다.

더구나 우리는 이 소용돌이치는 광활한 우주 안에서 생물이 사는 천체가 지구만이 아닐지도 모른다는 이야기를 듣고 있다. 천문학자 스트루브(Otto Struve)는 이렇게 말한다.

『혹성을 거느리고 있음이 틀림없는 방대한 수의 항성들을 볼 때, 생명체란 특정한 형태의 복잡한 분자들이나 분자 집합체들이 가지고 있는 고유의 속성이라는 여러 생물학자들의 결론을 볼 때 그리고 우주

전체에 걸친 화학원소들의 통일성, 태양과 같은 종류의 별들이 발산하는 빛과 열, 지구만이 아니라 화성과 금성에도 물이 존재한다는 사실 등을 볼 때 우리는 종전의 사고방식을 고치지 않을 수 없다.』그러므로 외계에 생명체가 존재할 가능성을 생각하지 않을 수 없다.

그렇다고 해서 키가 작은 초록색의 우주인이 있다거나 미확인 비행물체(UFO/Unidentified Flying Object)가 있다는(또는 없다는) 얘기는 아니다. 그러나 생명체가 지구에만 있는 것이 아니라고 생각한다면 자연에 관한 인간의 인식과 그 속에서의 인간의 위치가 더 한층 달라질 수밖에 없다. 1960년 이래 과학자들은 어딘가 먼 곳에 있는 지적인 존재가 보내오는 신호를 탐지해 보고자 어둠 속에서 귀를 기울이고 있다. 미국 의회는「우주의 다른 곳에서의 지적인 생명체의 가능성(The Possibility of Intelligent Life Elsewhere in the Universe)」에 관한 공청회를 연 바 있다. 그리고 우주선「파이어니어 10호」는 외계인에게 보내는 그림 인사장을 싣고 행성간의 우주공간을 날아갔다.

「제3물결」이 시작되면서 우리가 사는 지구는 더 한층 작고 취약해 보이게 되었다. 우주에서의 인간의 위치도 별로 당당해 보이지 않게 되었다. 그리고 우리 외에도 생명체가 있을지 모른다는 희미한 가능성만으로도 우리는 생각에 잠기게 된다.

우리의 자연관이 이제 종전과 달라지게 되었다.

진화의 설계

우리의 진화관—또는 말하자면 진화 그 자체—도 종전과는 달라졌다.

생물학자·고고학자·인류학자들도 진화의 신비를 구명하려고 노력하는 과정에서 이 세계가 종전에 생각했던 것보다 더 한층 크고 복잡하다는 것을 깨닫고 또한 종전에 보편적으로 적용된다고 생각했던 법칙들이 사실은 특수한 경우였다는 것을 발견한다.

노벨상 수상자인 유전학자 자코브(François Jacob)는 이렇게 말한다.『다윈 이래 생물학자들은 자연도태라고 불리우는 진화 메커니즘의

도식을…서서히 발전시켜 왔다. 그 기초 위에서 모든 진화—우주적·화학적·문화적·이데올로기적·사회적 진화—를 이와 유사한 자연도태 메커니즘에 의해 지배되는 것으로 묘사하려는 시도가 있어 왔다. 그러나 법칙이 모든 차원에서 바뀌고 있기 때문에 이같은 생각은 버려야 할 때가 된 것 같다.』

생물학의 차원에서조차도 한때 모든 분야에 적용된다고 생각했던 법칙들이 의문시되고 있다. 그래서 과학자들은 이제 모든 생물학적 진화가 변이와 자연도태에 대한 반응인지, 또는 분자적 차원에서 변이의 누적에 의존하면서 다윈적 자연도태의 영향을 받지 않고 「유전적 퇴적물(genetic drift)」에서 결과되는 것인지 의문을 품지 않을 수 없게 되었다. 일본 국립유전학연구소의 기무라 모토(木村資生) 박사는 분자 차원의 진화는 『네오 다위니즘(neo-Darwinism)의 예상과는 전연 양립할 수 없는 것 같다』고 말한다.

그밖의 여러가지 오래된 가설들도 흔들리고 있다. 생물학자들은 지금까지 유카리오테스(eukaryotes, 인간 등 대부분의 생명체)들은 궁극적으로 프로카리오테스(prokaryotes, 박테리아·조류 등)들이라는 단순한 세포에서 생겨난 것이라고 설명해 왔다. 이제는 새로운 연구에 의해 이 이론이 무너져 거꾸로 단순한 생물체가 복잡한 생물체에서 생겨났을지도 모른다는 정립되지 않은 견해도 나타나게 되었다.

더구나 진화는 생존에 유리한 방향으로의 적응을 촉진한다고 생각되어 왔다. 그러나 오늘날에는 장기적으로는 유리하지만 단기적으로는 불리한 진화과정을 보여주는 놀라운 예들이 발견되고 있다. 진화는 과연 어느 쪽에 유리한 것일까?

그런데 애틀랜타의 그랜트 파크동물원(Grant Park Zoo)에 있는 매우 다른 염색체를 가진 두 종의 원숭이가 교미하여 전대미문의 새로운 잡종 원숭이를 낳았다는 놀라운 뉴스가 있었다. 과학자들은 이 잡종 원숭이에게 생식능력이 있을지에 관해 아직 확신을 갖지 못하고 있지만 이 암원숭이의 기묘한 유전자는 진화가 단지 작은 변화의 누적을 통해서만 진행되는 것이 아니라 한꺼번에 급속도로 이루어질 수도 있다는 생각을 뒷받침해 주고 있다.

사실 오늘날의 생명과학자와 고고학자들 중에 진화를 하나의 순탄한 과정으로 보지 않고 진화 기록의 여러가지들에 나타나 있는 「갭」과 「비약」을 설명하기 위해 「돌발적인 대변동 이론(theory of catastrophes)」을 연구하고 있는 사람이 많다. 또한 작은 변화들이 피드백을 통해 증폭되어 갑작스러운 구조적 변화를 일으키는 과정을 연구하는 사람들도 있다. 이런 문제들 하나하나를 둘러싸고 과학계는 여러 갈래로 나뉘어 열띤 논쟁을 벌이고 있다.

그러나 모든 이런 논쟁들도 역사를 뒤바꾼 한 가지 사실 앞에서는 왜소하게 보인다.

1953년의 어느 날 영국의 케임브리지에서 웟슨(James Dewey Watson)이라는 젊은 생물학자가 선술집 「이글(Eagle)」에 앉아 있을 때 그의 동료 크릭(Francis Harry Compton Crick)이 흥분해서 뛰어들어와 그 곳에 모인 모든 사람들에게 『우리는 생명의 비밀을 발견했다』고 소리쳤다. 그 말은 사실이었다. 웟슨과 크릭이 DNA의 구조를 해명해 냈다.

「제3물결」의 최초의 태동이 감지되기 시작한 1957년에 와서는 콘버그(Arthur Kornberg) 박사가 DNA의 증식방법을 알아냈다. 널리 알려져 있는 어떤 보고서는 그 후의 경과를 이렇게 설명하고 있다. 『우리는 DNA의 암호를 해독했다. …DNA가 세포에 명령을 전달하는 방법을 알아냈다. …염색체를 분석하여 유전자의 기능을 밝혀냈다. …세포를 합성시켰다. …두 가지 다른 종의 세포를 융합시켰다. …순수한 인간의 유전자를 분리해 냈다. …유전자를 「도형화」했다. …유전자를 합성시켰다. …세포의 유전형질을 변화시켰다.』 오늘날 전세계 연구소의 유전공학자들은 전연 새로운 형태의 생명체를 창조해 낼 능력을 지니고 있다. 그들은 진화 그 자체를 따돌리고 있다.

「제2물결」 사상가들은 인류가 오랜 진화과정의 정점에 있다고 생각했다. 그러나 「제3물결」 사상가들은 이제 인간이 진화의 「설계자」가 되어가고 있다는 사실을 직시해야 한다. 진화라는 것이 종전과는 달라지리라는 것이다.

자연의 개념과 마찬가지로 진화의 개념도 근본적인 재정립 과정에 놓이게 되었다.

진보의 나무

자연과 진화에 관한「제2물결」적 개념이 변화함과 더불어 진보에 관한「제2물결」적 개념들이 지금 철저하게 재평가되고 있다는 것도 놀라운 일이 아니다. 전술한 바와 마찬가지로 산업화시대는 모든 과학적 돌파구나「새로운 개량품」을 인류의 완성을 향한 필연적 발전의 증거로 간주하는 안이한 낙관론에 의해 특징지어졌었다. 이같은 낙관적 신념은「제3물결」이「제2물결」 문명을 강타하기 시작한 1950년대 중반 이후 큰 타격을 받고 있다.

50년대의「비트족」과 60년대의「히피족」은 인간조건에 관한 낙관론이 아닌 비관론을 문화적 테마로 보급시켰다. 이들의 운동은 무작정한 낙관론을 무작정한 비관론으로 대체하는데 큰 몫을 했다.

오래지 않아 비관론이 단연 멋진 유행이 되었다. 예컨대 1950년대와 1960년대의 할리우드 영화들은 1930년대와 1940년대의 미남 영웅들 대신에 소외된 반(反)영웅들—이유없는 반항자, 멋진 총잡이, 매력있는 마약 밀매업자, 불안에 쫓기는 오토바이족, 거칠고 무뚝뚝한(그러나 감상적인) 펑크족—을 등장시켰다. 인생은 승자없는 게임이 되었다.

많은「제2물결」 국가들의 소설·드라마·예술도 또한 무덤과 같은 절망감을 표현했다. 50년대 초에 프랑스의 작가 카뮈(Albert Camus)가 이미 이러한 테마를 명확히 했고 수많은 소설가들이 그 뒤를 따랐다. 영국의 어떤 비평가는 이를 이렇게 요약했다.『인간은 오류를 범하고 정치이론은 상대적이며 자동적인 진보라는 것은 하나의 환상이다.』한때 유토피아적 모험으로 충만했던 공상과학소설조차도 신랄하고 비관적으로 되어 헉슬리와 오웰을 흉내낸 값싼 작품들이 무수히 쏟아져 나왔다.

기술은 발전의 원동력으로 묘사되기는 커녕 더욱 더 인간의 자유와 물리적 환경을 파괴하는 엄청난 힘으로 등장하게 되었다. 사실 여러 환경보호론자들은「진보」란 것을 더러운 말로 여기게 되었다.「막다른 사회(The Stalled Society)」,「암흑시대의 도래(The Coming Dark

Age)」, 「진보의 위험 속에서(In Danger of Progress)」, 「진보의 종언(The Death of Progress)」과 같은 제명이 붙은 두툼한 책들이 책방에 쏟아져 나왔다.

「제2물결」 사회가 70년대에 비틀거리게 되자 로마클럽(Club of Rome)은 「성장의 한계(The Limits to Growth)」라는 보고서에서 불길한 어조로 향후 10년 동안에 산업계에 파국이 닥쳐오리라고 예측했다. 1973년의 석유금수조치로 악화된 격변·실업·인플레이션은 염세주의의 장막을 펼치고 인류의 필연적 진보라는 관념을 부정하도록 더욱 부채질했다. 키신저(Henry Kissinger)가 슈펭글러의 어투로 서방의 몰락을 논하여 많은 선량한 사람들의 등골에 또 다른 공포의 전율을 느끼게 만들었다.

이같은 절망감이 옳은 것이었는지, 또는 지금도 옳은 것인지는 독자들이 판단할 문제이다. 그러나 한 가지 분명한 것은 「제2물결」 문명의 종말이 가까와짐에 따라 이제 산업현실상을 지탱하는 또 하나의 기둥인 필연적인 직선적 진보라는 개념을 지니고 있는 사람이 더욱 줄어들고 있다는 점이다.

오늘날에는 전세계에 걸쳐 진보라는 것이 기술이나 물질적 생활 수준만을 가지고는 측정할 수 없다는 인식, 즉 도덕적·미학적·정치적·환경적으로 타락한 사회는 아무리 부유하고 기술적으로 고도화해 있다고 하더라도 이를 선진사회라고 볼 수 없다는 인식이 급속도로 확산되고 있다. 요컨대 우리는 지금 진보에 관해 훨씬 더 포괄적인 생각, 즉 진보는 자동적으로 달성되는 것이 아니고 물질적 기준만으로 규정할 수 없다는 생각을 향해 나아가고 있다.

우리는 또한 여러 사회들이 단일 궤도를 따라 움직이고 있으며 각 사회는 어떤 하나의 문화적 중간역으로부터 다른 것보다 더 「선진된」 다음 번 중간역을 향해 자동적으로 움직여 가고 있다는 생각을 더욱더 갖지 않게 되었다. 단일 노반(路盤)이 아니라 여러 개의 지선(支線)이 있으며 사회는 다양한 방식으로 종합적인 발전을 이룩해 가고 있는 것인지도 모른다.

우리는 진보라는 것이 마치 미래를 향해 수많은 가지를 뻗은 나무가 꽃을 피우는 것과 같은 것이고 인간문화의 다양성과 풍부함이 진보를 측정하는 척도가 된다고 생각하기 시작하고 있다. 이렇게 본다면 오늘날 우리가 보다 다양하고 탈대중화된 세계로 이행해 가고 있다는 사실 자체 — 생물의 진화에서 흔히 볼 수 있는 특수화 및 복잡화의 경향과 마찬가지로 — 가 하나의 중요한 약진으로 간주될 수 있다.

다음 번에 어떠한 사태가 일어나건 이 문화가 다시 「제2물결」 시대를 특징짓고 고무했던 소박하고 직선적이고 맹목적으로 낙천적인 진보주의로 되돌아 가는 일은 없다고 보아야 할 것이다.

그러므로 지난 수십년 동안에는 자연계・진화・진보 등에 관한 개념의 재정립이 불가피했다. 그러나 이러한 개념들은 모두 더 한층 기본적인 관념들, 즉 시간・공간・사물・인과관계 등에 관한 여러가지 가정들에 기초한 것이었다. 「제3물결」은 지금 「제2물결」 문명의 지적인 접착제 역할을 했던 이 가설들마저 해소시키고 있다.

시간의 미래

문명은 새로 등장할 때마다 사람들의 일상생활에 있어서의 시간취급 방법을 변화시킬 뿐 아니라 시간에 관한 정신적 지도(地圖)도 바꾸어 놓는다. 「제3물결」은 이 시간의 지도들을 다시 그리고 있다.

「제2물결」 문명은 뉴턴 이래로 시간이 과거의 안개로부터 머나먼 미래로 일직선으로 나아가는 것이라고 가정했었다. 시간은 절대적이고 온 우주를 통해 등속적(等速的)이며 물질과 공간으로부터 독립되어 있다고 설명되었다. 시간의 순간순간이나 토막토막은 모두 똑같은 것이라고 가정되었다.

천체물리학자 출신으로 과학분야 저술가인 그리빈(John Gribbin)은 이렇게 쓰고 있다. 『완벽한 학문적 배경과 다년간의 연구경력을 가진 진지한 과학자들은 우리에게…시간이란 시계나 달력이 가리키듯이 한결같은 속도로 가차없이 흘러가는 것이 아니라 본질상 빗나가고 뒤틀릴 수 있기 때문에 그 최종결과는 관측자의 위치에 따라 달라지는 것이라고 차분히 가르쳐 주고 있다. 극단적인 예로 초고밀도에 의해 생기는 중력장의 구멍인 블랙 홀(black hole)이 시간을 완전히 무효화시켜 버려 그 부근에서는 시간이 정지될 수 있다.』

금세기 초에 아인슈타인(Albert Einstein)은 이미 시간은 압축과 연장이 가능하다는 것을 증명함으로써 시간은 절대적이라는 개념을 무너뜨려 버렸다. 지금은 고전적인 경우가 된 두 명의 관찰자와 철도선로를 예로 들면서 그는 대충 다음과 같이 설명하고 있다.

기찻길 옆에 서있는 사람이 선로의 북쪽 끝과 남쪽 끝에서 동시에 발생한 두 개의 번개불을 보았다고 하자. 관찰자는 두 번개의 중간에 위치해 있다. 두번째 사람이 고속 열차를 타고 기찻길을 따라 북쪽으로 달려간다. 이 사람도 열차 밖에 서있는 관찰자의 옆을 통과하면서 번개의 섬광을 본다. 그러나 그에게는 두 개의 섬광이 동시에 발생하는 것으로 보이지는 않는다. 열차가 그를 한쪽에서 다른 쪽으로 빠른 속도로 이동시키기 때문에 한쪽의 빛이 다른 쪽의 빛보다 그에게 빨리 도달하게 된다. 움직이는 열차에 탄 사람에게는 북쪽의 섬광이 먼저 일어난 것처럼 보인다.

일상생활에서는 거리가 너무 가깝고 빛의 속도가 너무 빠르기 때문에 그 차이를 감지할 수 없겠지만 이 예는 아인슈타인이 논점을 잘 설명해 주고 있다. 즉 시간적으로 어떤 일이 첫번째, 두번째 또는 나중에 일어나는가 하는 사건의 연대기적 순서는 관찰자의 속도에 따라 달라진다. 시간은 절대적이 아니라 상대적이다.

이것은 고전물리학과 산업현실상의 기초가 되었던 시간개념과는 전연 다른 것이다. 고전물리학과 산업현실상은 「앞」과 「뒤」가 관찰자의 위치에 상관없이 당연히 고정적 의미를 지니고 있다고 생각되었다.

오늘날 물리학은 외파(外破)와 내파(內破)를 동시에 겪고 있다. 물리학에 종사하는 사람들은 매일처럼 쿼크(quark)에서 준항성(quasar)에 이르는 각종 새로운 소립자나 천체물리학적 현상들을 발견하거나 이에 관한 가설을 세우고 있다. 놀라운 함축을 지니고 있는 이러한 발견이나 가설 중의 일부는 시간개념의 추가적인 변화를 불가피하게 만들고 있다.

예컨대 광활한 천체에서는 블랙 홀이 하늘에 구멍을 열고 그안에 빛을 포함한 모든 것을 빨아들임으로써 물리학의 제법칙을 파괴하는 것은 아니지만 왜곡시키고 있는 것처럼 보인다. 이 컴컴한 큰 소용돌이는 에너지와 물질이 쉽게 사라지는 「기묘한 것」이 된다고 한다. 물리학자 펜로우즈(Roger Penrose)는 사라진 에너지와 물질이 다른 우주—그것이 무엇을 의미하건간에—로 분출되는 「벌레 구멍(wormholes)」과 「흰 구멍(white holes)」이 존재한다는 가정까지도 세워 놓았다.

블랙 홀 부근에서의 한 순간은 지구상의 영겁(永劫)에 해당할 것이라고 믿어지고 있다. 따라서 어떤 우주비행관제소 같은 데서 우주선을 파견하여 블랙 홀을 탐험토록 한다면 이 우주선이 도착할 때까지 100만년쯤 기다려야 할지도 모른다. 그러나 속도의 영향은 차치하고라도 블랙 홀 주변의 중력의 왜곡 때문에 우주선의 시계는 불과 몇 분 또는 몇 초밖에 경과하지 않을 것이다.

광활한 천체를 떠나 아주 미세한 입자나 극초단파의 세계에 들어서더라도 여러가지 수수께끼 같은 현상에 부딪치게 된다. 컬럼비아대학의 파인버그(Gerald Feinberg) 박사는 심지어 타키온(tachyon)이라는 입자를 상정하고 있는데 이 입자는 빛보다 빨리 움직이기 때문에 그의 동료들에 의하면 시간이 타키온에 대해서는 거꾸로 흐른다는 것이다.

영국 물리학자 테일러(J. G. Taylor)는 『미시적 시간개념은 거시적 시간개념과 크게 다르다』고 말한다. 역시 물리학자인 카프라(Fritjof Capra)는 그 현상을 보다 간결하게 설명한다. 그는 『시간이 우주의 여러 부분에서 각기 다른 속도로 흐른다』고 말한다. 그러므로 우리는 더욱 더 「시간」을 단수형태로 말할 수 없으며 우주의 여러 부분들, 또는 우리가 사는 우주 안에는 각기 다른 법칙에 따라 움직이는 선택적인 복수의 「시간들」이 있으리라는 것이다. 이 모든 것은 「제2물결」 문명의 보편적·직선적 시간개념의 기반을—시간이 순환한다는 고대인들의 개념을 대체시키지 않은 채—무너뜨리고 말았다.

그러므로 바로 이 순간에 우리는 시간의 사회적 이용방법을 근본적으로 재편성하고 있으며—19장에서 설명한 직장에서의 자유근무시간제 도입, 기계적인 컨베이어로부터의 노동자의 해방 등 여러가지 방법으로—또한 시간에 대한 이론적 이미지를 근본적으로 재정립하고 있다. 지금 당장에는 이같은 이론적 발견을 일상생활에 실제로 적용할 일이 없겠지만 당초 공론(空論)으로만 여겨졌던 칠판 위의 백묵 표시들—이 공식으로 나중에 원자를 분열시키게 되었다—의 경우도 마찬가지였다.

우주 여행자

시간개념에 관한 여러가지 변화가 이루어진 결과 공간에 관한 이론적인 해석에도 여러가지 결함이 생기고 말았다. 시간과 공간은 서로 밀접하게 연관되어 있기 때문이다. 그러나 공간에 대한 우리들의 이미지 변화는 더 한층 직접적이다.

무엇보다도 우리가 실제로 생활하고 일하고 노는 공간이 달라지고 있다. 직장에 어떻게 갈 것인가, 어느 정도의 거리를 어느 정도의 빈도로 여행할 것인가, 어디에 살 것인가 등—이 모든 것이 우리의 공간 경험에 영향을 미친다. 그리고 이 모든 것이 변화하고 있다. 실제로 「제3물결」이 도래함에 따라 인간성과 공간과의 관계가 새로운 국면으로 접어들고 있다.

전술한 바와 같이 「제1물결」은 전세계에 농업을 보급시켰으며 이에 따라 항구적인 농경지대가 생겨나 대부분의 사람들은 태어난 곳에서 수마일 범위내의 지역에서 평생을 살아가게 되었다. 농업은 사람들을 정착시켜 공간적으로 집약적인 생활을 하도록 만들었으며 강한 향토애, 즉 촌락 의식을 키워주었다.

「제2물결」 문명은 이와는 달리 거대한 인구를 대도시에 집중시켰다. 그리고 먼 곳에서 자원을 수집하고 먼 곳으로 제품을 유통시킬 필요 때문에 이동성 인간을 길러냈다. 「제2물결」은 공간을 넓혀 촌락 중심이 아닌 도시 또는 국가 중심의 문화를 만들어 냈다.

「제3물결」은 인구를 집중시키지 않고 오히려 분산시킴으로써 우리의 공간 경험을 변화시키고 있다. 세계의 산업화 과정에 있는 국가들에서는 아직 수많은 사람들이 도시지역으로 유입되고 있지만 모든 고도기술국가들에서는 이미 이러한 흐름의 역전을 경험하고 있다. 동경·런던·취리히·글래스고 등 수십개의 대도시에서는 인구가 줄어들고 있고 중소도시의 인구는 늘어나고 있다.

미국 생명보험심의회(The American Council of Life Insurance)는 『일부 도시문제 전문가들이 미국의 대도시를 과거의 유물로 생각하고 있다』고 지적한 바 있다. 「포천(Fortune)」지는 『수송수단과 통신기술의 발달이 대기업들을 전통적인 본사 도시(headquarters city)에 묶어 놓았던 밧줄을 끊어 놓았다』고 썼다. 또 「비즈니스 위크」지는 「중요 도시가 없는 나라의 전망(The Prospect of a Nation With No Important Cities)」이라는 제목의 논설을 게재했다.

이같은 인구의 재분배와 탈집중화(de-concentration)는 얼마 안가서 개인적·사회적 공간, 바람직한 통근거리, 거주 밀도 등 여러가지 것에 관한 우리들의 가정과 기대를 변화시키게 될 것이다.

이러한 변화들과 함께 「제3물결」은 또한 극히 지방적이면서도 동시에 전세계적, 심지어 은하계적이라고도 할 수 있는 한 가지 새로운 전망을 열어주고 있다고 할 수 있다. 우리는 도처에서 「지역사회」와 「이웃」, 국내정치와 국내적 유대에 관한 새로운 관심이 집중되고 있을 뿐 아니라 동시에 수많은 사람들이 — 가장 국내문제 지향적인 바로 그 사람들도 — 세계문제에 관심을 가지고 1만 마일 떨어진 지역의 기아나 전쟁문제를 걱정하고 있음을 목격하게 된다.

첨단 통신체제가 확산되어 작업이 가내전자근무체제로 이행되면 이같은 새로운 이중적 초점이 더욱 조장되어 집에서 멀리 벗어나지 않고 이주하는 일도 드물고 여행을 하더라도 일을 위해서라기보다는 즐기기 위해서 하며 그러면서도 관심과 메시지는 지구 전체와 우주공간에까지 미치는 그러한 사람들을 많이 배출하게 될 것이다. 「제3물결」의 의식은 근(近)과 원(遠)에 대한 관심을 겸비하게 된다.

우리는 또한 보다 동적이고 보다 상대론적인 공간상(空間像)을 급속도로 채택해 가고 있다. 필자의 사무실에는 인공위성과 U-2기에서 촬영한 뉴욕과 그 주변지역의 커다란 확대사진이 몇 장 걸려 있다. 위성사진들은 짙은 녹색의 바다를 배경으로 오밀조밀한 해안선이 드러나 있는 것이 아주 멋진 추상화처럼 보인다. U-2기 사진은 뉴욕시를 적외선으로 찍은 것으로서 메트로폴리탄 박물관(Metropolitan Museum)과 라 가디아 공항(La Guardia Airport)램프에 정지해 있는 비행기 하나하나까지도 선명하게 보인다. 필자는 어떤 NASA 직원에게 이 라

가디아 공항의 비행기들에 관해 이야기하던 중에 사진을 더 확대하면 비행기 날개에 그려진 줄이나 표지들까지 실제로 보이겠느냐고 질문했다. 그 사람은 필자를 재미있다는 듯이 느긋하게 쳐다보면서 내 말을 정정해 주었다. 그는 『못까지 보입니다』라고 대답했다.

그러나 지금은 그처럼 섬세하게 정밀한 정물사진에만 국한되어 있지가 않다. 미국 위스콘신대학의 지도전문가 로빈슨(Arthur H. Robinson) 교수는 우리가 앞으로 10여년내에 인공위성들을 통해 도시나 시골의 살아 있는 지도—살아 있는 것 같은 전시물—를 들여다 보면서 그 곳에서 일어나는 활동을 관찰할 수 있게 될 것이라고 말하고 있다.

이렇게 되면 지도는 정지된 표현물이 아니라 일종의 영화—실제로 움직이는 X선 사진—가 된다. 단순히 지구의 표면에 있는 것만이 아니라 지표의 밑에 있는 것과 지상의 각 고도에 있는 것들까지도 층층이 드러내 주기 때문이다. 이 지도는 지형의 섬세하고 끊임없이 변화하는 모습과 그것에 대한 인간의 관계까지를 보여줄 것이다.

한편 일부 지도제작자들은 「제2물결」 교실마다에 걸려 있는 재래식 세계지도에도 반발하고 있다. 산업혁명 이래 가장 널리 사용되고 있는 세계지도는 메르카토르(Gerhardus Mercator)식 투영도법에 의한 것이다. 이런 형의 지도는 해양을 항해하는 되는 편리하지만 지표의 축척을 크게 왜곡시킨다. 아무 지도나 잠시 살펴보면—그것이 메르카토르법에 의한 지도인 경우—스칸디나비아 반도가 인도보다 크게 그려져 있겠지만 실제로는 후자가 거의 세 배나 더 크다.

지금은 지도제작자들간에 독일 역사학자인 페터스(Arno Peters)가 개발한 새로운 투영법을 둘러싸고 열띤 논쟁이 벌어지고 있다. 이 투영법은 지표를 제 비례대로 나타내 준다. 페터스는 메르카토르식 지도의 왜곡이 산업국가들의 오만을 부채질했으며 지도제작상으로는 물론이고 정치적 시각에서도 비산업화 세계를 올바르게 이해하기 힘들도록 만들었다고 비난한다.

페터스는 『개발도상국들이 자국의 지표와 중요성에 관해 기만당해 왔다』고 주장한다. 유럽인이나 미국인의 눈에는 생소한 페터스의 지도에서는 유럽은 축소되고 알래스카·캐나다·소련은 납작하게 오그라들고 남아메리카·아프리카·아라비아·인도는 크게 확대된 모습으로 나타난다. 페터스의 지도는 독일의 복음전도 단체인 세계선교회(Weltmission) 등 여러 종교단체에 의해 비산업국가들에 6만부가 배포되었다.

이 논쟁이 강조하는 바는 어느 한 가지 지도만 「옳다」고 할 수는 없으며 여러가지 다른 목적에 따라 공간에 대한 이미지가 달라질 수 있다는 인식이다. 「제3물결」의 도래는 문자 그대로 세계를 보는 새로운 방법을 가져다 주고 있다.

전체론과 절반론

우리가 사물을 서로 고립시켜 연구하도록 강조하는 「제2물결」 문화에서 배경·관계·전체성을 강조하는 「제3물결」 문화로 이행해 감에 따라 자연·진화·진보·시간·공간 등에 관한 우리의 견해에 한꺼번에 커다란 변화가 닥쳐오기 시작했다.

생물학자들이 유전자의 비밀을 해독하고 있던 바로 그 1950년대 초에 미국 벨 연구소의 커뮤니케이션 이론가 및 기술자, IBM사의 컴퓨터 전문가, 영국 체신연구소(Post Office Laboratory)의 물리학자 그리고 프랑스의 국립과학연구소(Le Centre National de Récherche Scientifique) 전문가들도 매우 흥미로운 연구작업에 착수했다.

제2차세계대전시의 「오퍼레이션즈 리서치(역주 operations research, 기업경영에 대한 과학적 조사연구)」를 응용한 것이면서도 이를 훨씬 더 발전시킨 이 연구작업은 자동화 혁명을 탄생시킴과 동시에 공장과 사무실에서의 「제3물결」 생산을 뒷받침하는 전연 새로운 종류의 기술을 탄생시켰다. 그러나 이 하드웨어와 함께 새로운 사고방식이 나타나게 되었다. 자동화 혁명의 핵심적 산물은 바로 「시스팀 어프로치(system approach)」였다.

데카르트파 사상가들이 때로는 전체적 맥락을 희생시켜 가면서까지 구성요소의 분석을 강조한 데 반해 시스팀 사상가들은 초기의 시스팀 이론가 라모(Simon Ramo)가 말한 이른바 『단편적이 아닌 전체적인 문제 파악』을 중요시한다. 하부 시스팀(subsystem)들간의 피드백 관계와 이들 단위로 구성된 보다 큰 전체를 강조하는 이 시스팀적 사고방식은 1950년 중반부터 연구실 밖으로 처음으로 침투하여 광범위한 문화적 충격을 미쳤다. 이 이론의 용어와 개념들은 사회과학자와 심리학자, 철학자와 외교정책 분석가, 논리학자와 언어학자, 엔지니어와 행정가들까지도 사용하기에 이르렀다.

그러나 지난 10년, 20년 동안 문제를 파악하는 보다 종합적인 방법을 촉구한 것은 비단 이들 시스팀 이론 주창자들만이 아니었다.

생태학자들이 더욱 더 자연계의 「거미줄」, 여러 종(種)간의 상호관련성, 생태계의 전체적 성격을 발견해 감에 따라 편협한 과잉전문화에 대한 반발도 역시 1970년대의 환경보호운동에서 격려를 받았다. 로페스(Barry Lopez)는 「환경보호운동(Environmental Action)」에서 『비환경보호론자들은 사물을 구성요소들로 분해하여 한 번에 한 가지씩 해결하려는 경향이 있다』고 하면서 이에 반해 『환경보호론자들은 사물을 전연 다른 방식으로 이해하려는 경향이 있다. …그들은 본능적으로 한 가지 부분을 해결하려 하기보다는 전체의 균형을 취하려 한다』고 썼다. 생태적 어프로치나 시스팀 어프로치는 서로 중복되면서 모두 지식의 종합과 통합을 추진해 나갔다.

한편 대학에서는 학제적(學際的, interdisciplinary) 사고에 대한 요구가 더욱 더 높아져 갔다. 대부분의 대학에서는 학과간의 장벽이 여러 가지 사상의 수용과 정보의 통합을 여전히 방해하고 있기는 하지만 이 같은 학제적·다학문간(multi-disciplinary) 연구에의 요구가 크게 높아져 이제는 이러한 연구가 하나의 관행이 되고 있다.

지적 생활에서의 이같은 변화는 문화의 다른 분야들에도 반영되었다. 예컨대 동방종교는 오랫동안 유럽의 중산층에 극소수의 신자밖에 확보하지 못하고 있었으나 산업사회가 본격적으로 붕괴되면서부터는 서방의 수많은 젊은이들이 인도의 성자를 숭배하고 16세 된 힌두교 도사의 말을 듣기 위해 「아스트로돔」(역주 Astrodome, 미국 휴스턴에 있는 반투명의 둥근 지붕이 있는 경기장)에 몰려들고 라가(역주 raga, 인도 음악의 전통적인 선율)를 듣고 힌두교식 채식 전문식당을 열고 뉴욕의 5번가 거리에서 춤을 추고 다니기 시작했다. 그들은 이 세계는 데카르트적인 단편으로 쪼개져 있지 않고 하나의 「전체(oneness)」를 이루고 있다고 갑자기 외치기 시작했다.

정신건강 분야에서는 정신요법 의사들이 형상요법(gestalt therapy)을 이용하여 전인(全人)을 치료하는 방법을 연구했다. 이 형상요법이 폭발적으로 유행하여 미국 전역에 형상요법 치료소와 연구소들이 설치되었다. 정신요법 의사인 펄스(Frederick S. Perls)에 의하면 이 활동의 목적은 개인의 감각의식·인식·외계와의 관계 등의 『통합과정을 통해 인간의 잠재력을 증대시키는 데 있다』고 한다.

의학부문에서는 「전체론적 건강(holistic health)」 운동이 일어났다. 이것은 개인의 행복이 육체적·정신적·심령적인 것들의 통합에 달려 있다는 생각에 바탕을 둔 것이다. 엉터리 의술과 진지한 의학적 혁신을 뒤섞은 이 운동은 1970년대 후반에 크게 성행했다.

「사이언스」지는 이렇게 보도했다. 『몇년 전만 해도 연방정부가 신앙요법, 홍채(虹彩)진단법(iridology), 지압, 불교의 참선, 전자의학과 같은 주제로 열리는 보건회의를 후원한다는 것은 상상할 수도 없었다.』 그러나 그 후로는 『여러가지 대체적 치료방법 및 체계에 관한 관심이 사실상 폭발적으로 증대하고 있는 바 이 모든 것이 전체론적 건강이라는 이름으로 행해지고 있다.』

「전체론(wholism 또는 holism)」이라는 용어가 여러가지 활동을 통해 여러가지 차원에서 대중적 어휘에 침투하고 있다는 것은 결코 놀라운 일이 아니다. 오늘날 이런 용어들은 거의 무차별적으로 사용되고 있다. 「세계은행」의 전문가는 『도시 주거에 관한… 전체론적 이해』를 촉구한다. 미국 의회의 어떤 조사단은 장기적인 「전체론적」 연구를 요구하고 있다. 어떤 교과과정 전문가는 학생들의 작문교육에서 「전체론적 독서 및 채점」 방법을 사용하자고 주장한다. 그리고 비버리 힐즈의 어떤 미용체육관은 「전체론적 체조」를 가르치고 있다.

이런 여러가지 운동·유행·문화적 조류 등은 각기 상이한 것이지만 한 가지 분명한 공통적 요소를 지니고 있다. 이들 모두는 전체를 고립된 부분으로 나누어 연구함으로써 이해할 수 있다고 하는 가정에 대한 공격을 대변하고 있다. 이들의 주장은 대표적인 시스팀 이론가이며 철학자인 라슬로(Ervin Laszlo)의 다음과 같은 말로 요약할 수 있다. 『우리는 상호연관적인 자연계의 시스팀의 한 부분이므로 학식있는 「다재다능한 사람」들이 이 상호연관 패턴에 관한 체계적 이론을 개발하는 일을 해내지 않는 한 우리의 여러가지 단기적인 사업들과 제한된 통제력은 우리 자신을 파멸로 이끌어 갈 것이다.』

단편적인 것, 부분적인 것, 분석적인 것에 대한 이같은 공격이 매우 심해진 나머지 수많은 광적인「전체론자들」은 형언할 수 없는 전체를 추구하는 과정에서 실제로 부분적인 것들을 속 편하게 망각하고 있다. 그 결과는 이미 전체가 아니라 또 하나의 단편일 뿐이다. 그들의 전체론은 절반론(halfism)이다.

그러나 보다 사려깊은 비평가들은 종합에 보다 큰 중점을 두어「제2물결」의 분석기법을 균형있게 만들려고 노력하고 있다. 이러한 사고방식을 가장 분명하게 피력한 사람은 생태학자 오덤(Eugene P. Odum)일 것이다. 그는 동료학자들에게 전체론을 환원론(reductionism)과 결합시키라고, 즉 전체적 체계와 함께 그 부분들도 관찰하라고 촉구했다. 그는 유명한 그의 형 하워드(Howard)와 생명연구소상(Prix de l'Institut de la Vie)을 공동수상한 후 이렇게 선언했다.『여러가지 구성요소들이…결합되어 보다 큰 기능적 전체가 형성됨에 따라 한 단계 낮은 차원에서는 존재하지 않았거나 나타나지 않았던 새로운 특성들이 등장하게 된다. …』

『그렇다고 해서 지금까지 이 접근방법을 통해 인류에게 커다란 이익을 준 환원론적 과학을 포기하자는 것은 아니고』 다만 이제는『대규모 종합체계』에 관한 연구도 똑같이 지원해 주어야 할 때가 왔다.

종합해 보면 시스팀 이론·생태학 그리고 전체론적 사고방식에 대한 일반적 강조 등은 시공(時空)에 관한 개념의 변화와 마찬가지로「제2물결」 문명의 지적인 전제들에 대한 문화적 공격의 일부를 이루고 있다. 그러나 이같은 공격이 절정에 달하면 사물이 발생하는 이유에 대한 새로운 견해, 즉 새로운 인과관이 등장하게 된다.

우주의 오락실

「제2물결」 문명은 우리에게 인간이 사물의 발생원인을 알고 있다는 (또는 알 수 있다는) 만족스런 확신을 주었다. 이 문명은 우리에게 모든 현상이 공간적·시간적으로 독특하고 한정된 장소를 차지하고 있고 동일한 조건에서는 항상 동일한 결과가 일어난다고 가르쳤다. 또한 그것은 전체 우주가, 말하자면 당구의 공과 큐—원인과 결과—들로 이루어져 있다고 가르쳤다.

이같은 기계론적 인과관은 극히 유용했으며 지금도 마찬가지로 유용하다. 그것은 질병을 치료하고 거대한 마천루를 짓고 정밀한 기계를 설계하고 거대한 조직체를 구성하는 데 도움을 준다. 그러나 그것은 단순한 기계처럼 작동하는 현상을 설명하는 데는 큰 힘이 될지라도 성장과 쇠퇴, 새로운 복잡한 수준으로의 갑작스러운 발전, 갑자기 용두사미로 끝나는 대변화 그리고 역으로 가끔씩 거대한 폭발적 힘으로 확산되는 사소한—때로는 우연한—사건 등과 같은 여러가지 현상을 설명하는 데는 만족스럽지 못하다는 것이 입증되었다.

오늘날 뉴턴적 당구대는 우주의 오락실 한 구석으로 밀려나고 있다. 기계론적 인과율은 어떤 현상에는 적용되지만 모든 현상에 적용되지는 않는 특수한 케이스로 간주되고 있으며 지금 전세계의 학자와 과학자들은 자연·진화·진보·시간·공간 및 사물에 관한 급변하는 견해들과 보조를 맞추어 우연과 인과관계에 대한 새로운 견해를 정립해 가고 있다.

일본 태생의 인식론 철학자 마루야마(丸山), 프랑스 사회학자 모랭(Edgar Morin), 비어(Stafford Beer)와 라보리(Henri Laborit) 등의 정보이론가들 그리고 그밖의 여러 사람들은 살고 죽고 성장하고 진화와 변혁을 겪는 여러가지 비기계적 체계에서 인과관계가 어떻게 작용하는지에 관해 단서를 제공해 주고 있다. 벨기에의 노벨상 수상자 프리고기네(Ilya Prigogine)는 질서와 혼란, 우연과 필연 그리고 그것들이 인과율과 어떤 관계를 갖는가에 관해 놀랄 만한 종합적 견해를 제시하고 있다.

부분적으로 「제3물결」의 인과율은 시스팀 이론의 핵심적 개념인 피드백 관념에서 연유하고 있다. 이러한 사고방식을 설명해 주는 고전적인 사례의 하나로 실내온도를 일정하게 유지해 주는 가정용 자동온도조절기를 들 수 있다. 자동온도조절기는 난방장치를 가동시킨 후 이에 따른 온도 상승과정을 탐지한다. 방안 온도가 충분히 더워지면 난방장치를 끈다. 그리고 온도가 떨어지면 이 환경변화를 감지하여 난방장치를 다시 가동시켜 준다.

여기서 우리는 변화가 일정한 수준을 초과할 듯하면 이를 완화시키거나 억제하여 평형을 유지하는 피드백 과정을 목격하게 된다. 「네거티브 피드백(negative feedback)」이라고 불리우는 이 과정의 기능은 안정을 유지하는 데 있다.

1940년대 말과 1950년대 초에 걸쳐 정보이론가들과 시스팀 사상가들이 네거티브 피드백의 개념을 정립하고 이를 연구하게 되자 과학자들은 그 실례나 유사현상들을 찾기 시작했다. 그리고 그들은 흥분이 고조됨과 더불어 이와 유사한 안정유지 체계들을 생리학(예컨대 신체의 체온유지 과정)에서 정치학(예컨대 「체제」가 허용될 수준을 넘어선 반대파를 제거하는 방법)에 이르는 모든 분야에서 발견해 냈다. 네거티브 피드백은 우리 주변 도처에서 작용하여 사물로 하여금 평형 또는 안정을 유지하도록 해주는 것처럼 보였다.

그러나 1960년대 초에 와서 마루야마 교수 등 비평가들은 변화가 아닌 안정에만 지나친 관심이 집중되고 있다는 데 주목하기 시작했다. 그는 「포지티브 피드백(positive feedback)」— 변화를 억제하는 것이 아니라 이를 확대하는 과정, 안정을 유지하는 것이 아니라 이에 도전하고 때로는 이를 압도하는 과정 — 에 대해 보다 많은 연구를 할 필요가 있다고 주장했다. 마루야마 교수는 포지티브 피드백이 시스팀 속의 사소한 편차 또는 「반발」을 가져와 거대한 구조를 위협하는 진동으로 확대시킬 수 있다고 강조한다.

첫번째 종류의 피드백이 변화 축소적 또는 「네거티브」한 것이었다면 이것은 변화 확대적 또는 「포지티브」한 전반적인 과정이라고 할 수 있는데 이 두 가지를 똑같이 주목할 필요가 있다. 포지티브 피드백은 종전에 이해하기 어려웠던 여러가지 과정들의 인과관계를 밝혀줄 수 있을 것이다.

포지티브 피드백은 안정을 깨고 자기 자신을 먹고 살기 때문에 악순환 — 그리고 선(善)순환 — 을 설명하는 데 도움을 준다. 앞의 자동온도조절기에서 감지장치와 제동 메커니즘이 거꾸로 되어 있다고 가정해 보자. 실내 온도가 더워지면 자동온도조절기는 난방장치를 끄지 않고 오히려 켜서 온도가 더욱 뜨거운 수준으로 올라가도록 만든다. 또 「모노폴리(Monopoly)」 게임을 생각해 보자. (실생활 경제의 게임이라고 생각해도 좋다.) 이 게임에서는 경기자가 돈을 많이 가질수록 부동산을 많이 살 수 있고 그에 따라 임대료 수입이 늘어나며 또 이렇게 되면 더 많은 돈으로 부동산을 살 수 있게 된다. 두 가지가 모두 포지티브 피드백의 작용을 보여주는 실례이다.

포지티브 피드백은 모든 자기도발적(self-excitatory) 과정을 설명하는데 도움을 준다. 예컨대 군비경쟁에서 소련이 새 무기를 만들면 미국이 더 큰 무기를 만들고 이것이 다시 소련으로 하여금 또 다른 무기를 만들도록 자극하여…전세계적인 광란상태에 이르게 되는 경우가 그것이다.

그리고 네거티브 및 포지티브 피드백을 함께 놓고 이 두 가지의 다른 과정이 인간의 두뇌로부터 경제구조에 이르는 복잡한 유기적 조직체들 안에서 활발하게 상호작용한다는 것을 이해하면 놀랄 만한 통찰력을 얻게 된다. 사실 한 문화가 참으로 복잡한 체제 — 생물체 · 도시 또는 국제정치질서 등 — 는 그 내부에 변화 확대자와 변화 축소자를 동시에 가지고 있고 또한 서로 상호작용하는 포지티브 및 네거티브 피드백의 회로들을 동시에 가지고 있다는 것을 이해하게 되면 우리는 우리가 살고 있는 이 복잡한 세계를 전연 새로운 차원에서 바라 볼 수 있게 될 것이다. 인과관계에 대한 우리의 이해가 이만큼 진전되고 있다.

다음과 같은 것을 인식할 때 이해가 더 한층 높아지게 된다. 즉 이 같은 변화 축소자 또는 변화 확대자는 반드시 당초부터 생물체나 사회체제에 내재되어 있는 것은 아니고 처음에는 존재하지 않다가 나중에 우연한 결과로 나타나게 되는 경우가 많다. 이처럼 우발적인 사건이 엄청난 일련의 예상하지 못한 결과들을 촉발시킬 수 있다.

변화라는 것이 추적하거나 추측하기가 어렵고 또 경이로 가득차게 되는 경우가 많은 것은 바로 이 때문이다. 완만하고 지속적인 과정이 갑자기 폭발적인 변화로 전환하거나 또는 그 역의 전환이 일어나는 것도 이 때문이다. 또한 처음에는 비슷한 조건에서 출발했던 것들이 전연 다른 결과를 가져오는 경우가 생기는 이유도 여기에 있다 — 이것은 「제2물결」 의식구조에서는 생소한 개념이다.

지금 점차로 모습을 드러내고 있는「제3물결」인과율은 서로 상호작용하는 여러가지 요소들로 구성된 하나의 복잡한 세계를 그려내고 있다. 놀라움으로 가득찬 이 세계는 우주라는 당구대 위에서 서로 끊임없이 예측 가능하게 충돌하는 당구공들만으로 구성된 세계가 아니라 변화 확대자와 변화 축소자 및 그밖의 여러가지 요소들로 구성된 세계이다. 그것은 단순한「제2물결」메커니즘이 시사하는 것과는 전연 다른 세계이다.

모든 것은「제2물결」의 기계론적 인과율이 의미하듯이 원칙적으로 예측 가능한 것인가? 아니면 사물은 기계론 비판자들의 주장처럼 원래가 필연적으로 예측 불가능한 것인가? 우리는 우연의 지배를 받고 있는가, 아니면 필연의 지배를 받고 있는가?

「제3물결」인과율은 이같은 옛부터의 논쟁에 대해서도 흥미있는 새로운 설명을 제시해 준다. 실제로 그것은 우리가 오랫동안 결정론자와 비결정론자들이 빠져 있던 양자택일—우연이냐 필연이냐—의 함정으로부터 마침내 벗어날 수 있도록 해주고 있다. 이것이야말로「제3물결」인과율이 마련한 가장 중요한 철학적 돌파구라고 해야 할 것이다.

흰개미의 교훈

프리고기네 박사와 브뤼셀 자유대학 및 오스틴의 텍사스대학에 재직중인 그의 동료 연구자들은 화학구조 등이 우연과 필연의 결합을 통해 보다 높은 단계의 분화와 복잡성으로 도약한다는 것을 밝힘으로써「제2물결」의 여러가지 가정들에 직접적인 타격을 가했다. 프리고기네는 이 연구 때문에 노벨상을 받았다.

모스크바에서 출생하여 벨기에에서 자라난 프리고기네는 젊었을 때부터 시간의 문제에 큰 흥미를 가지고 얼핏 모순되는 것처럼 보이는 한 가지 문제와 씨름했다. 한편에서는 물리학자들이 엔트로피(역주 entropy, 물질계의 열적(熱的)인 상태를 나타내는 물리량의 하나)를 내세우면서 우주는 점차로 쇠퇴하고 모든 유기체는 결국 소멸되어 버린다고 생각하고 있었다. 다른 한편에서는 생물학자들이 생명은 그 자체가 유기체이며 인간은 보다 높은 차원의 보다 복잡한 유기체로 계속 발전해 가고 있다고 인식하고 있었다. 엔트로피와 진화는 그 방향이 정반대였다.

여기서 프리고기네는 보다 높은 형태의 유기체가 어떻게 생성되는가에 의문을 가지고 그 해답을 찾고자 여러 해 동안 화학과 물리학을 연구했다.

오늘날 프리고기네는 액체의 분자에서 뇌의 뉴런(역주 neuron, 신경단위)이나 도시의 교통에 이르는 어떠한 복잡한 체제에서도 체제의 각 부분은 항상 소규모의 변화를 겪고 있다고 지적한다. 즉 각 부분은 계속 유동하고 있다는 것이다. 어떤 체제도 그 내부는 변동에 의해 흔들리고 있다.

네거티브 피드백이 작용할 때 때로는 이 변동이 약화되거나 억압되어 체제의 평형을 유지하게 된다. 그러나 증폭되거나 포지티브 피드백이 작용할 때는 이 변동들 중의 일부는 크게 확대되어 전체 체제의 평형이 위협받게 된다. 이 순간에 외부환경의 변동이 닥쳐와 그 진동을 더욱 증폭시키며 결국은 전체의 평형이 깨어져 기존의 구조가 붕괴되고 만다.*

제멋대로의 내부적 변동의 결과이든 외부적 요인의 결과이든, 아니면 이 두 가지 모두의 결과이든간에 이같은 낡은 평형의 파괴는 혼란이나 붕괴로 귀결되지 않고 오히려 보다 높은 차원에서 전혀 새로운 구조의 창조를 가져오는 경우가 많다. 이 새 구조는 낡은 구조에 비해 더욱 분화되고 내적인 상호작용이 활발하고 더욱 복잡하며 또한 자체의 유지를 위해 보다 많은 에너지와 물질(그리고 아마도 보다 많은 정보와 그밖의 자원들)을 필요로 하는 경우가 있을 것이다.

주로 물리적·화학적 반응을 논하면서도 가끔씩 사회적 유사현상들에 대해서도 관심을 촉구했던 프리고기네는 이 새롭고 복잡한 체제들을 「방산(放散)구조(dissipative structure)」라고 부르고 있다.

그는 진화 자체는 새롭고 보다 고차원적인 방산구조들의 등장을 통

---

* 경제문제도 이런 식으로 보면 분명해진다. 공급과 수요는 여러가지 피드백 과정에 의해 평형을 유지하고 있다. 실업은 체제내 어딘가에 포지티브 피드백으로 강화되거나 네거티브 피드백에 의해 상쇄되지 않는 한 전체의 안정을 위협할 수 있다. 외부 변동들—석유값 인상 등—이 수렴되면 보다 격렬한 내부적 동요와 변동을 일으켜 결국 체제 전체의 균형이 깨어진다.

해 점차로 더욱 복잡하고 다양화한 생물학적·사회적 유기체로 향해 나아가는 과정으로 볼 수 있다고 말한다. 따라서 순수한 과학적 의미뿐만 아니라 정치적·철학적 의미도 지니고 있는 프리고기네의 사상에 의하면 우리는 「변동에서의 질서(order out of fluctuation)」, 또는 그의 어떤 강의제목의 표현처럼 「혼란에서의 질서(Order out of Chaos)」를 발전시켜 가고 있다.

그러나 이러한 진화는 기계적 방법으로 계획하거나 예정할 수는 없다. 「제2물결」을 주도해 온 많은 사상가들은 양자이론이 나오기 전까지는 우연은 변화에 대해 거의 아무런 역할을 하지 않는다고 생각했다. 한 과정의 초기 조건들이 그 결과까지를 예정한다고 생각했다. 오늘날에는 예컨대 소립자 물리학에서는 우연이 변화를 지배한다고 널리 믿어지고 있다. 최근에는 생물학의 모노(Jacques Monod), 사회학의 버클리(Walter Buckley), 인식론과 인공두뇌학의 마루야마 등 여러 과학지들이 이 대립개념들을 통합하려고 시도하고 있다.

프리고기네의 연구는 우연과 필연을 결합시키는 데 그치지 않고 실제로 그 상호간의 관계까지를 규정하고 있다. 요컨대 그는 하나의 구조가 복잡한 새 단계로 「도약」하는 바로 그 순간에는 그것이 여러가지 형태 중 어느 것을 취하게 될지를 예측한다는 것이 실제적으로나 원리적으로도 불가능하다고 강력히 주장한다.* 그러나 일단 길이 선택되고 새로운 구조가 탄생하고 나면 또 다시 결정론이 지배하게 된다.

그는 한 가지 이채로운 예로서 흰개미가 일견 무질서한 행동을 통해 고도로 구조화된 집을 짓는 과정을 묘사하고 있다. 흰개미들은 지면을 제멋대로 기어다니면서 여기저기 멈춰서서 끈적거리는 아교 같은 것을 조금씩 남기고 간다. 이것은 우연하게 분포되지만 이 물질에는 화학적 유인물질이 포함되어 있기 때문에 다른 흰개미들을 끌어들인다.

이렇게 해서 몇몇 장소에 끈적거리는 것이 모이면서 점차로 기둥이나 벽같은 것을 쌓아 올라가게 된다. 이 축조물들이 서로 떨어지게 되면 작업이 중단된다. 그러나 우연히 축조물들이 서로 인접하게 되면

---

* 이 주장은 화학적 반응에 대해서는 물론이고 「제2물결」에서 「제3물결」로의 비약에 대해서도 적용할 수 있을 것이다.

하나의 아치가 생기고 이를 토대로 하여 복잡한 개미집이 건축된다. 무작위 활동으로 시작된 것이 고도로 정밀한 작위적 구조물로 된다. 프리고기네의 말대로 우리는 여기서 「일관성있는 구조물의 임의적 형성」, 즉 혼란에서의 질서를 목격하게 된다.

이 모든 것은 옛 인과율과 정면으로 충돌한다. 프리고기네는 이를 이렇게 요약하고 있다. 『엄밀한 인과법칙은 오늘날에는 한정된 상황에서 지극히 이상화된 경우에 적용되는 것으로서 변화의 설명방법치고는 희화적(戱畵的)인 것이라 할 수 있다. …복잡한 과학은…완전히 다른 견해에 도달한다.』

우리는 시계처럼 기계적으로 기능하는 폐쇄된 우주에 갇혀있는 것이 아니라 훨씬 더 융통성있는 체제에 처하게 되는데 이 체제에는 그가 말하듯이 『새로운 메커니즘으로 귀결될 수 있는 어떤 불안정의 가능성이 항상 존재한다. 실로 우리는 「열려진 우주」에 살고 있다.』

우리가 「제2물결」의 인과율에 속박된 사고를 뛰어넘을 때 그리고 상호간의 영향, 확대자와 축소자, 체제 단절과 갑작스러운 혁명적 비약, 방산구조와 우연 및 필연의 결합 등의 견지에서 생각할 때 — 요컨대 「제2물결」의 눈가리개를 떼어낼 때 — 전연 새로운 문화, 「제3물결」의 문화에 섬광처럼 들어서게 된다.

이 새로운 문화 — 변화와 다양성 증대를 지향하는 — 는 새로운 자연관·진화관 및 진보관, 시간과 공간에 관한 새롭고 보다 풍부한 개념 그리고 환원론과 전체론의 결합을 새로운 인과율과 통합하려고 시도하고 있다.

한때 그처럼 강력하고 완전하게, 그처럼 포괄적으로 우주와 그 구성요소들의 결합을 설명해 주는 것처럼 보였던 산업현실상은 지금까지 아주 유용했던 것으로 인정되고 있지만 이제는 그 보편적 타당성이 붕괴되고 말았다. 「제2물결」의 초이데올로기는 내일의 관점에서 보면 국부적이고 자기중심적이었음이 밝혀지게 될 것이다.

「제2물결」 사고체계의 쇠퇴에 따라 수많은 사람들이 무엇이든 의지할 것 — 텍사스의 도교(道敎)에서 스웨덴의 수피교(Sufism), 필리핀의 신앙요법에서 웨일스의 마술에 이르기까지 — 에 필사적으로 매달리게 되었다. 사람들은 새 세계에 어울리는 새로운 문화를 건설하는 대신에 다른 시대와 장소에나 적합한 낡은 관념을 수입·이식하기도 하고 생활조건이 근본적으로 달랐던 조상들의 광신적 신앙을 재생시키려고 시도하기도 한다.

오늘날 사람들이 안이하게 낡은 해답이나 추구하고 또 반짝하고 일어났다가 순식간에 사라져 버리는 사이비 지성의 유행이 계속되고 있는 것은 바로 이처럼 산업화시대의 정신구조가 붕괴되어 새로운 기술적·사회적·정치적 현실에 더욱 더 적응하지 못하게 되었기 때문이다.

불쾌한 난장판 소동과 종교적 사기가 판을 치는 영적인 슈퍼마켓의 한가운데서 우리 시대와 장소에 적합한 적극적이고 새로운 문화의 씨가 뿌려지고 있다. 강력하고 새로운 종합적 통찰력, 현실 이해를 위한 새로운 비유법이 등장하기 시작하고 있다. 산업주의의 문화적 잔재가 역사의 「제3물결」 변화에 휩쓸려 감에 따라 이제는 새로운 응집과 품위의 초기적 단서를 엿볼 수 있게 되었다.

지금 붕괴되고 있는 「제2물결」 문명의 초이데올로기는 산업주의가 세계를 조직화했던 방법에도 반영되어 있었다. 자연이 각각 분리된 입자들로 구성되었다는 관념은 각각 분리된 주권을 가진 국민국가라는 사고방식에도 반영되어 있었다. 오늘날에는 자연이나 물질에 대한 관념의 변화에 따라 국민국가 그 자체가 변모해 가고 있다. 이것도 「제3물결」 문명에 한 발자국 접근하고 있다.

22
국가의 붕괴

전세계에 걸쳐 민족주의의 불꽃이 강렬하게 타오르는 이 시기 — 에티오피아와 필리핀 같은 나라에서 민족해방운동이 확산되고 카리브해의 도미니카나 남태평양의 피지같은 작은 섬들이 국가를 선포하고 UN에 대표단을 파견하고 있는 이 때 — 에 고도기술세계에서는 한 가지 이상한 일이 일어나고 있다. 즉 이런 지역에서는 새로운 국가가 탄생하는 것이 아니라 오히려 오래된 나라들이 붕괴 위기에 처해 있다.

「제3물결」이 지구 위를 요란스럽게 휩쓸면서 「제2물결」 시대의 핵심적 정치단위였던 국민국가가 지금은 마치 압축기에 눌린 것처럼 위·아래에서 압박을 받고 있다.

일단의 세력들은 국민국가의 정치권력을 아래쪽으로, 국가내의 각 지역이나 집단으로 이양하려고 노력한다. 또 다른 세력들은 국가의 권력을 윗쪽으로, 초국가적 기관 및 단체에 이양하려고 노력하고 있다. 이 두 가지 힘이 결합함으로써 고도기술국가들은 보다 작고 권력이 약한 단위로 붕괴해 가는 경향을 보이고 있는데 이러한 경향은 오늘날의 세계정세를 살펴보면 금방 명확히 드러난다.

압하지아인과 텍시코인

1977년 8월이었다. 복면을 한 3명의 사나이가 임시로 만든 테이블에 앉아 있었다. 테이블 한쪽 끝에는 등불이, 다른 한쪽 끝에는 촛불이 켜져 있고 그 중앙에는 깃발이 덮여 있었다. 깃발에는 소용돌이 모양의 머리띠를 두른 성난 남자의 얼굴이 그려져 있고 FLNC라는 글자가 쓰여져 있었다. 이 복면의 사나이들은 눈을 가린 채 회견장으로 끌려 온 기자단을 눈구멍으로 쳐다보면서 자기들이 프랑스 TV 방송의 유일한 코르시카섬 중계국인 세라 디 피뇨(Serra-di-Pigno)를 폭파한 장본인이라고 밝혔다. 그들은 코르시카를 프랑스에서 분리할 것을 요구하고 있었다.

코르시카 주민들은 프랑스 정부가 전통적으로 섬 주민을 멸시하고 섬의 경제발전에 무관심한 데 분개하고 있던 중 알제리 전쟁 이후 「프랑스 외인부대」가 코르시카의 기지로 이동하자 이들의 분노가 재연되었다. 더구나 프랑스 정부가 「검은 발(pieds noirs)」이라고 불리우는 옛 알제리 식민지 정착민들에게 각종 보조금과 함께 코르시카 정착 특권을 부여하게 되자 섬 주민들은 더 한층 분노했다. 이주민들이 대거 몰려와 관광을 제외하고는 이 섬의 유일한 주요 산업인 많은 포도밭을 순식간에 매입해 버리자 코르시카인들은 자기 땅에서 더 한층 소외감을 느끼게 되었다. 오늘날 프랑스는 지중해의 이 섬에서 일종의 소규모적인 북아일랜드 문제를 안고 있다.

최근에 이 나라의 반대편 끝에서도 오랫동안 비등해 온 분리주의 감정이 폭발하고 있다. 실업률이 높고 임금수준도 프랑스에서 가장 낮은 편인 브르타뉴(Bretagne) 지방에서 분리주의 운동이 광범한 대중적 지지를 얻고 있다. 이 운동은 여러 경쟁적 정당들로 분열되어 있으며 또한 테러조직도 가지고 있어 그 구성원들이 베르사이유궁 등 공공건물 폭파혐의로 체포되어 왔다. 프랑스 정부는 그밖에도 알사스(Alsace)·로렌(Lorraine) 지방과 랑그독(Languedoc)의 일부 지방 그리고 그밖의 다른 지방들에서도 문화적·지역적 자치 요구에 직면해 있다.

해협 건너의 영국도 비록 격렬함은 덜하지만 스코틀랜드 주민들로부터 이와 유사한 압력을 받고 있다. 1970년대 초만 해도 런던에서는 스코틀랜드 민족주의에 관한 이야기가 농담으로 받아들여졌다. 그러나 북해 석유의 개발로 스코틀랜드의 독자적 경제개발 가능성이 마련된 오늘날 이 문제는 결코 농담이 아니다. 별개의 스코틀랜드 의회를 창설하려는 운동이 1979년에 좌절되기는 했으나 자치 압력의 뿌리는 깊다. 영국정부의 남부지방 위주의 경제개발 정책에 오랫동안 분개해 온 스코틀랜드 민족주의자들은 지금 스코틀랜드의 경제는 도약의 계기를 맞이했으나 침체된 영국 경제가 그들을 끌어내리고 있다고 비난하고 있다.

그들은 북해 석유에 대한 보다 큰 관리권을 요구하고 있다. 그들은 또한 그들의 침체된 철강 및 조선산업을 전자 등 첨단산업에 기초한 새로운 산업으로 대체하려 하고 있다. 실제로 영국은 현재 정부지원하의 반도체산업 개발계획 추진을 둘러싸고 논란을 벌이고 있지만 스코틀랜드는 이미 미국 캘리포니아와 매사추세츠주에 이어 세계에서 세번째로 큰 집적회로 조립지대로 성장해 있다.

한편 영국의 웨일스(Wales)지방에서도 분리주의 압력이 나타나고 있으며 콘월(Cornwall)과 웨섹스(Wessex) 등의 지방에서도 규모는 작지만 지방자치 운동이 표면화되고 있다. 이곳 분리주의자들은 지방자치, 독자적인 입법기관 그리고 낙후산업의 고도기술산업으로의 이행 등을 요구하고 있다.

오늘날 벨기에(왈룬인 · 플랑드르인 · 브뤼셀인들간에 긴장이 고조됨)에서 스위스(최근 쥐라〈Jura〉지방에서 분파집단이 독자적인 자치주 쟁취 투쟁에서 승리함), 서독(수데텐〈Sudeten〉 주민들이 인근 체코슬로바키아내의 고향으로 돌아갈 권리를 요구하고 있음), 이탈리아의 남부 티롤인(Tyrolese), 오스트리아의 슬로베니아인(Slovene), 스페인의 바스크족(Basque)과 카탈로니아족(Catalan), 유고슬라비아의 크로아티아족(Croatian) 그리고 그밖에도 잘 알려지지 않은 수십개 민족에 이르기까지 유럽 전역에 걸쳐 원심분리적 압력이 세차게 일어나고 있다.

대서양 건너 캐나다에서도 퀘벡주를 둘러싼 국내 위기가 아직 해결되지 않고 있다. 퀘벡 분리주의자 레베크(René Lévesque)의 주지사당선, 자본과 기업의 몬트리올로부터의 도피, 프랑스어 사용 국민과 영어 사용 국민들간의 반목 고조는 정말로 국가분열의 가능성마저 조성하고 있다. 국가통일의 유지를 위해 싸웠던 전 수상 트뤼도(Pierre Elliott Trudeau)는 이렇게 경고했다. 『만일 어떤 원심분리적 경향이 이루어진다면 이 나라는 붕괴되든가 아니면 하나의 국가로서의 존재와 행동 능력이 파괴될 정도로 분열되는 결과를 가져올 것이다.』 더구나 이같은 분열 압력이 퀘벡에서만 나타나고 있는 것은 아니다. 외부에는 잘 알려져 있지 않지만 아마도 이에 못지 않게 중요한 움직임으로 석유가 풍부한 앨버타(Alberta)주에서도 분리주의자와 자치주의자들의 합창소리가 커지고 있다는 점을 들 수 있을 것이다.

태평양을 건너면 오스트레일리아와 뉴질랜드 같은 나라들도 이와 유사한 경향을 나타내고 있다. 퍼스(Perth)에서는 핸콕(Lang Hancock)이라는 이름의 광산재벌이 광물이 풍부한 웨스턴 오스트레일리아주가 동부지방의 공산품을 인위적인 비싼 값으로 사도록 강요당하고 있다고 비난하고 있다. 무엇보다도 웨스턴 오스트레일리아는 캔버라 중앙정부에서 정치적 대표권을 제대로 행사하지 못하고 있고 이 방대한 나라에서 항공운임이 자신들에게 부당하게 조작되고 있으며 또한 국가정책이 서부지방에 대한 외국인 투자를 방해하고 있다고 주장하고 있다. 핸콕의 사무실 밖에는 금박 글씨로 「웨스턴 오스트레일리아 분리운동(Western Australia Secession Movement)」이라고 쓴 간판이 걸려 있다.

한편 뉴질랜드도 나름대로 골치아픈 분리주의 문제를 안고 있다. 이 나라는 사우스 아일랜드의 수력발전이 전국 에너지 수요의 대부분을 공급하고 있다. 그러나 전체 인구의 약 3분의 1을 차지하는 사우스 아일랜드 주민들은 자기들이 그 대가를 별로 받지 못하고 있으며 산업이 계속 북쪽으로 떠나가고 있다고 불평하고 있다. 최근 더니든(Dunedin)시의 시장이 주재한 한 집회에서 사우스 아일랜드의 독립을 선포하는 운동이 탄생했다.

전체적으로 우리는 국민국가들의 붕괴를 위협하는 균열현상이 확대되고 있음을 목격하고 있다. 이러한 압력은 소련과 미국이라는 양대국의 경우에도 예외는 아니다.

소련의 반체제 역사학자 아말리크(Andrei Alekseevich Amalrik)가 예언한 대로 소련이 실제로 붕괴할지 상상해 보기는 어렵다. 그러나 소련 당국은 1977년의 모스크바 지하철 폭파사건으로 아르메니아 민족주의자들을 투옥했으며 「민족통일당(National Unification Party)」이라는 지하단체는 1968년부터 아르메니아 재통일 운동을 전개해 오고 있다. 소련의 다른 공화국들에도 이와 비슷한 단체들이 있다. 그루지아(Georgia)에서는 수천명의 시위대가 공화국 정부로 하여금 그루지아어를 공용어로 채택하도록 만들었으며 그 결과 외국인 여행자들은 트빌리시(Tbilisi) 공항에서 모스크바행 항공편을 「소련행」이라고 안내하는 방송을 듣고 깜짝 놀랐다.

그루지아인들이 러시아인에 대항하여 시위를 하는 동안 압하지아인(Abkhazian)들 — 그루지아내의 소수민족 — 은 수도 수쿠미(Sukhumi)에서 집회를 갖고 그루지아로부터의 독립을 요구하고 있었다. 이들의 요구와 또 3개 도시에서 개최된 군중집회가 매우 강경했기 때문에 몇몇 공산당 간부들이 해임되었고 소련 정부는 압하지아인들을 달래기 위해 7억 5,000만 달러 규모의 압하지아 개발계획을 발표했다.

소련내 여러 지방의 분리주의 감정의 강도를 정확히 측량하기는 어렵다. 그러나 여러가지 분리주의 운동의 악몽이 당국자들을 괴롭히고 있다. 만일 중국과의 전쟁이 일어나거나 동유럽에서 갑자기 일련의 봉기가 발생할 경우 소련 정부는 내부의 여러 공화국들에서 분리주의·자치주의자들의 폭동에 직면하게 될지도 모른다.

대부분의 미국인들은 미국도 분열될 수 있는 상황에 놓여 있다는 것을 상상도 못하고 있다.(대부분의 캐나다인들도 10년 전에는 그랬다.) 그러나 미국에서도 분리주의 압력이 급성장하고 있다. 지금 캘리포니아주에서 베스트셀러로 되어 있는 어떤 지하출판 소설은 서북지방이 뉴욕과 워싱턴의 핵지뢰를 폭발시키겠다고 위협함으로써 미합중국에서 독립하는 과정을 그리고 있다. 그밖에도 여러가지 분리주의 시나리오가 유포되고 있다. 키신저가 대통령 안보담당 특별보좌관으로 재직할 당시 그에게 제출된 한 보고서는 캘리포니아와 서남지방이 떨어져 나와 스페인어 사용권 또는 복수언어 사용권의 지리적 독립체 — 「치카노 퀘벡(Chicano Quebecs)」 — 를 형성할 가능성을 논한 바 있다. 신문의 독자 투고난에도 텍사스를 다시 멕시코에 병합시켜 「텍시코(Texico)」라는 이름의 강력한 산유국을 만들자는 이야기가 등장하고 있다.

필자는 얼마 전 오스틴시의 한 호텔 신문판매대에서 「텍사스 몬슬리(Texas Monthly)」지 한 부를 샀는데 이 잡지는 미국 정부의 멕시코에 대한 「그링고」(역주 gringo, 멕시코인들이 백인, 특히 미국인을 지칭하는 말) 정책을 통렬히 비난하면서 이렇게 덧붙이고 있었다. 『최근 우리는 워싱턴의 지도자들보다는 멕시코시티의 옛 적들과 보다 많은 공통점을 갖게 된 것으로 생각된다. …양키들은 「스핀들톱(Spindletop)」 이래로 우리의 석유를 훔쳐가고 있으며 …그러므로 텍사스인들은 같은 종류의 경제적 제국주의를 모면하려는 멕시코의 시도에 대해 결코 놀라지 않을 것이다.』

필자는 같은 신문판매대에서 눈에 잘 띄게 놓여진 승용차 범퍼 스티커도 한 장 샀다. 이 스티커에는 텍사스 별(역주 Texas star, 텍사스주의 상징)과 「분리(Secede)」라는 한 마디가 인쇄되어 있었다.

이러한 이야기는 지나친 억지일지도 모르지만 분명한 사실은 다른 고도기술국가들에서와 마찬가지로 미국에서도 전국적 권위가 시련을 겪고 있으며 분리주의 압력이 증대하고 있다는 점이다. 푸에르토리코와 알래스카에서의 분리주의 가능성 증대나 아메리카 원주민들의 주권국가 승인 요구는 차치하고라도 우리는 북미 대륙의 여러 주들간에도 균열이 확대되고 있음을 발견할 수 있다. 전미(全美)주의회회의(U.S. National Conference of State Legislatures)에 의하면 『지금 미국에는 제2의 남북전쟁이 일어나고 있다. 산업화된 동북부 및 중서부 지방과 남부 및 서남부 지방의 선벨트 여러 주들간에 갈등이 심화되고 있다』는 것이다.

어떤 유력한 비즈니스 관계 간행물은 「제2차 주간(州間) 전쟁(the Second War Between the States)」을 거론하면서 『불균등 경제성장이 각 지역을 첨예한 분쟁으로 몰고 가고 있다』고 단언했다. 이와 유사한 호전적 언사는 남부와 서부의 분노한 주지사와 공무원들도 사용하고 있는데 이들은 현재의 사태를 『경제적인 남북전쟁과 같은 것』이라고 부르고 있다. 「뉴욕타임즈」지에 의하면 이 공무원들은 백악관의 에너지 제안에 격노하여 『자기 지역의 성장하는 산업기반을 위한 석유와 천연가스 공급을 확보하기 위해 연방으로부터의 분리를 제외한 모든 공약을 내걸고 있다』는 것이다.

이같은 균열 확대는 또한 서부 여러 주들 자체를 갈라놓고 있다. 「지구의 벗(Friends of Earth)」(역주 1971년에 설립된 국제환경보호 단체)의 법규부장 나이트(Jeffery Knight)는 『서부 주들은 갈수록 스스로를 캘리포니아주 등의 에너지 식민지로 간주하고 있다』고 말한다.

이 때문에 1970년대 중반의 난방용 유류 파동 때 텍사스·오클라호마 및 루이지애나에서는 『놈들을 어둠 속에서 떨게 하자』라고 쓴 범퍼 스티커들이 크게 유행했었다. 루이지애나주가 「뉴욕타임즈」지에 게재한 광고 문안에서도 분리를 함축하는 노골적인 표현을 찾아볼 수 있다. 이 광고는 독자들에게 『루이지애나 없는 미국을 상상해 보라』고 촉구하고 있었다.

오늘날 미국 중서부 사람들은 「굴뚝 산업 추구」를 중단하고 보다 선진화된 산업을 추진할 것과 지역인의 입장에서 사고할 것을 권유받고 있으며 반면에 동북부의 주지사들은 자기 지역의 이익을 옹호하기 위한 조직을 갖추고 있다. 「뉴욕 수호 연합(Coalition to Save New York)」이라는 단체가 실은 전면 광고는 이같은 대중의 분위기를 잘 나타내 주었다. 이 광고는 연방정책에 의해 『뉴욕이 강간당하고 있다』고 비난하면서 『뉴욕 시민은 반격할 수 있다』고 선언했다.

각종 항의운동이나 폭력사태는 물론이고 전세계에서 들리는 이같은 모든 호전적 언사들은 도대체 무엇을 의미하는가? 그 해답은 명백하다. 산업혁명이 낳은 국가들에서 내부적 긴장이 폭발할 가능성을 보이고 있다는 것이다.

이러한 긴장사태의 일부는 에너지 위기에서, 그리고 「제2물결」 에너지 기반에서 「제3물결」 에너지 기반으로 전환할 필요성에서 연유한 것임이 분명하다. 또 다른 긴장사태들은 산업기반이 「제2물결」에서 「제3물결」로 이행해 가는 과정을 둘러싼 분쟁에서 그 원인을 찾을 수 있을 것이다. 또한 제19장에서 살펴본 것처럼 오늘날 여러 나라에서는 한 세대 전의 국민경제의 규모만큼 크고 복잡하고 내부적으로 분화된 지역 또는 지방경제가 성장하고 있음을 목격할 수 있다. 이러한 것들이 분리주의 운동이나 자치운동의 경제적 토대를 이루고 있다.

그러나 공공연한 분리주의 형태를 취하건, 아니면 지역주의·복수언어주의 · 지방자치주의 · 탈중앙집권주의 등의 형태를 취하건간에 이같은 원심분리적 세력들은 또한 국민정부들이 사회의 급속한 탈대중화에 융통성있게 대응하지 못하는 데서도 힘을 얻고 있다.

산업화시대의 대중사회가 「제3물결」의 충격으로 해체됨에 따라 지역적 · 지방적 · 인종적 · 사회적 · 종교적 집단들이 점차 획일성을 상실해 가고 있다. 여러가지 조건과 요구가 다양해지고 있다. 개인들도 역시 스스로의 차별성을 발견하거나 재확인하고 있다.

기업체들은 전형적으로 제품라인에 보다 큰 다양성을 도입하고 공격적인 「시장세분화(market segmentation)」 정책을 추구함으로써 이러한 문제에 대응하고 있다.

이에 반해 국민정부들은 정책을 주문화하기가 힘들다. 「제2물결」의 정치적 · 관료적 구조에 갇혀 있는 국민정부들로서는 개개의 지역이나 도시, 서로 다투는 개개의 인종적 · 종교적 · 사회적 · 성적 · 민족적 집단을 개별적으로 다룬다는 것이 불가능하며 개개의 시민을 개인으로 다룬다는 것은 더욱 불가능하다. 여러가지 조건이 다양화함에 따라 전국적 의사결정자들은 급변하는 지방적 요구에 무지할 수밖에 없게 된다. 설사 고도로 지역화 · 전문화한 이러한 요구들을 파악하려고 한다 해도 결국은 지나치게 상세하고 소화할 수 없는 자료의 홍수에 빠지고 만다.

캐나다의 분리주의와 싸웠던 트뤼도는 1967년에 벌써 이 문제를 이렇게 밝힌 바 있다. 『연방정부의 일부분인 성이나 주가 매우 중요한 특수위치에 있거나 또는 다른 성들에 비해 중앙정부에 대해 유별난 관계를 갖게 된다면 효율적이고 영향력 있는 연방정부체제를 가질 수 없다.』

그 결과 워싱턴 · 런던 · 파리 · 모스크바 등의 국민정부들은 대체로 더 한층 다양화하고 단편화한 국민에 토대를 둔 대중사회에 적합하도록 획일적이고 표준화된 정책을 계속 밀고 나가고 있다. 지역적 · 개인적 욕구는 망각되거나 묵살되어 분노의 불길이 뜨겁게 타오르고 있다. 탈대중화가 진전됨에 따라 분리주의적 · 원심분리적 세력이 더욱 극적으로 강화되어 여러 국민국가들의 통일을 위협하게 될 것으로 예상된다.

「제3물결」은 국민국가들에 대해 엄청난 밑으로부터의 압력을 가하고 있다.

위로부터의 압력

이와 동시에 국민국가를 짓누르는 강력한 힘이 위로부터도 가해지고 있음을 볼 수 있다. 「제3물결」은 새로운 문제들, 새로운 커뮤니케이션 구조, 세계 무대에서의 새로운 주역들을 등장시키고 있다—이 모든 것이 개개 국민국가들의 힘을 크게 위축시키고 있다.

수많은 문제들이 국민정부가 효율적으로 다루기에는 너무 사소하거나 국지화하고 있는 반면에 어떤 국가가 혼자서 대응하기에는 너무 큰 새로운 문제들이 빠른 속도로 늘어나고 있다. 프랑스의 정치사상가 루주망(Denis de Rougement)은 이렇게 말한다. 『스스로를 절대주권국으로 간주하는 국민국가는 세계적 차원에서 어떤 실질적 역할을 수행하기에는 너무 작다는 것이 분명하다. 이제는 28개 유럽 국가들 중 그 어느 나라도 혼자서는 자국의 군사적 방위와 번영, 기술적 자원,…핵전쟁과 생태 파괴의 예방 등을 보장할 수 없게 되었다.』 미국이나 소련・일본도 마찬가지이다.

국가들간에 경제적 관계의 강화로 인해 오늘날 어떤 개별적인 국민정부도 자국의 경제를 독자적으로 운영하거나 인플레이션을 억제하기가 사실상 불가능해졌다. 전술한 것처럼, 예컨대 날로 커지는 유러달러라는 풍선을 어떤 개별적인 나라가 규제하기는 불가능하게 되어 있다. 국내정책으로 「인플레이션 억제」나 「실업 일소」를 달성할 수 있다고 주장하는 정치가가 있다면 그는 순진한 사람이거나 거짓말쟁이일 것이다. 대부분의 경제적 전염병이 지금 국경을 넘어 전파되고 있기 때문이다. 국민국가라는 경제적 껍질은 이제 침투하기가 더욱 용이해졌다.

더구나 경제의 흐름을 막을 수 없게 된 국경선은 환경적 요인을 방어하는 데는 더욱 무력해지고 있다. 스위스의 화학공장들이 라인강에 폐기물을 버리면 그 오염물질은 독일과 네덜란드를 거쳐 결국 북해로 흘러들어 간다. 네덜란드도 독일도 혼자서는 자국내 수로의 수질을 보장할 수 없다. 유조선의 누출, 대기오염, 실수로 인한 기상변화, 산림파괴 등 여러가지 활동들은 국경을 초월한 부작용을 일으킬 때가 많다. 오늘날의 국경선은 구멍 투성이이다.

새로운 범세계적 커뮤니케이션 체제는 각 국가에 대한 외부로부터의 침투 가능성을 더욱 확대해 놓고 있다. 캐나다인들은 국경지대에 있는 약 70개의 미국 TV 방송국들이 캐나다 시청자들을 상대로 프로그램을 방영하고 있다는 사실에 오랫동안 분개해 왔다. 그러나 이같은「제2물결」적 문화침투 형태는 인공위성·컴퓨터·텔리프린터·쌍방향 유선방송 체제·염가의 지상 중계국 등에 기초한「제3물결」커뮤니케이션 체제들에 의해 가능해진 문화침투에 비하면 아무것도 아니다.

미국 상원의원 매거번(George S. McGovern)은 이렇게 말한다.『어떤 나라를「공격」하는 한 가지 방법은 정보의 흐름을 제한하는 것—다국적기업의 본사와 해외 지사들간의 접촉을 차단하고…그 나라 주위에 정보의 벽을 쌓는 것이다. …지금 국제관계의 어휘에「정보주권(information sovereignty)」이라는 새로운 용어가 추가되고 있다.』

그러나 과연 국경선을 얼마나 효율적으로—또는 얼마나 오랫동안—봉쇄할 수 있을지는 의문이다.「제3물결」산업기반으로의 이행은 고도로 세분화하고 민감하고 개방적인「신경조직」이나 정보체제가 필요하며 따라서 자료의 흐름을 막으려는 개별 국가들의 기도는 자국의 경제발전을 가속화하기는커녕 오히려 방해하게 될지도 모르기 때문이다. 더구나 그때마다 기술적 돌파구가 마련되어 국가의 껍질을 침투할 또 다른 방법을 제시해 준다.

이상과 같은 사태발전들—새로운 경제문제, 새로운 환경문제 그리고 새로운 커뮤니케이션 기술—이 수렴되어 범세계적인 상황 체계 속에 위치해 있는 국민국가의 지위를 위태롭게 하고 있다. 더구나 이러한 사태가 전개되고 있는 바로 이 순간에 세계 무대에는 국가권력에 도전하는 새로운 강력한 주역들이 등장하고 있다.

범세계적 기업

이 새로운 세력들 중에서 가장 널리 알려지고 가장 강력한 존재는 흔히 다국적기업이라고 불리우는 초국가기업이다.

지난 25년 동안 우리는 엄청난 생산의 세계화를 목격해 왔다. 이것은 비단 한 나라로부터 다른 나라로의 원자재 또는 완제품의 수출에 기초한 것만이 아니라 국경을 초월하는 생산 조직에 기초한 것이었다.

초국가기업은 한 나라에서는 조사연구를 하고 다른 나라에서는 부품을 만들고 제3의 나라에서는 이를 조립하며 제4의 나라에서는 생산품을 판매하고 제5의 나라에는 그 이익금을 예금하는 등의 일을 할 수 있다. 초국가기업은 수십개국에서 계열회사를 운영할 수도 있다. 세계무대에 나타난 이 새로운 주역의 규모·중요성·정치적 힘은 1950년대 중반 이후로 급격히 증대했다. 오늘날 비공산 고도기술국가에는 해외계열회사를 가지고 있는 업체가 1만이 넘는다. 그 중 2,000여 업체는 6개국 이상에 계열회사를 두고 있다.

매출액 10억 달러 이상의 382개 대기업 중 242개사를 매출액·자산·수출·소득·고용면에서 살펴보면 「해외항목(foreign content)」이 25% 이상이나 되었다. 그리고 초국가기업을 어떻게 정의하고 평가하느냐(그리고 어떻게 분류하고 그 수를 헤아리느냐)에 관해서는 경제학자들간에 의견이 크게 엇갈려 있지만 한 가지 분명한 것은 그것들이 오늘날 이 세계체제에서 중요한 새로운 요소—그리고 국민국가에 대한 도전—가 되고 있다는 점이다.

초국가기업들의 규모가 어느 정도인가 알아보려면 1971년의 어느 날 이들이 보유한 단기 유동자산이 2,680억 달러였다는 사실을 아는 것이 도움을 준다. 미국 상원의 국제무역소위원회(International Trade Subcommittee)에 의하면 이것은 『같은날 전세계의 국제통화기관들이 보유했던 총액의 2배 이상』에 달하는 규모였다. UN의 「연간」 예산은 이 금액의 268분의 1 또는 0.0037%에 불과했다.

1970년대 초 미국 GM사의 연간 매출액은 벨기에나 스위스의 GNP

보다도 컸다. 세계동향연구소(Worldwatch Institute) 소장인 경제학자 브라운(Lester Brown)은 이같은 비교를 보고 이렇게 말했다. 『전에는 대영제국에 해가 지지 않는다고 했었다. 오늘날 대영제국에는 해가 지지만 IBM사·유니레버사·폴크스바겐사·히타치사 등을 비롯한 수십 개의 범세계적 대기업들에서는 해가 지지 않는다.』

엑손사 1개사의 유조선 선복량만 해도 소련의 선복량보다 50%나 크다. 동서관계 전문가이며 오스트레일리아 육군사관학교 경제학 교수인 윌신스키(Josef Wilczynski)는 다음과 같이 기발한 점을 지적한 바 있다. 즉 1973년에 『이들 초국가기업들 중 단지 10개사의 매출이익』만 합해도 『14개 사회주의 국가 모두의 공산당원 5,800만명에게 미국의 생활수준에 맞추어 6개월간의 휴가를 주기에 충분하다.』

초국가기업은 자본주의의 발명품이라고 생각하는 것이 보통이지만 사실은 COMECON 회원국들에서도 약 50개의 「사회주의 초국가기업」이 있어 송유관을 부설하고 화학약품과 볼 베어링을 만들고 가성칼리와 석면을 생산하고 성기선을 운행하는 등의 사업을 하고 있다. 더구나 여러 사회주의 은행과 금융기관들—모스크바 인민은행(Moscow Narodny Bank)과 흑해·발틱해 종합보험회사(Black Sea and Baltic General Insurance Co.) 등—이 취리히·빈·런던·프랑크푸르트·파리 등지에서 영업을 하고 있다. 일부 마르크스주의 이론가들은 지금 「생산의 국제화」를 필연적·「진보적」인 것으로 보고 있다. 또한 1973년에 매출액 5억 달러 이상을 기록한 서방의 민간소유 초국가기업 500개사 중에서 1개국 이상의 COMECON 회원국과 「상당한 규모의 상업적 거래」를 한 업체는 140개사나 되었다.

초국가기업이 부유국에만 본사를 두고 있는 것도 아니다. 중남미 경제체제(Latin American Economic System)의 25개 회원국은 최근 농업관련 산업·염가주택·자본재 등의 분야에 독자적인 초국가기업들을 창설하는 조치를 취했다. 필리핀에 본사를 둔 회사들이 페르시아만에 심해 항만을 개발하고 있으며 인도의 초국가기업들은 유고슬라비아에서 전자공장을, 리비아에서 제철소를 그리고 알제리에서 공작기계 공장을 각각 건설하고 있다. 초국가기업의 출현은 지구상에서 국민국가의 지위를 변모시키고 있다.

마르크스주의자들은 국민정부를 기업세력의 시녀라고 간주하고 따라서 양자간의 공동이익을 강조하는 경향이 있지만 초국가기업들은 모국의 이해와 상반되는 독자적인 이해관계를 갖는 경우가 매우 많고 그 반대의 경우도 있다.

「영국적」 초국가기업들은 영국의 금수조치를 어기고 있다. 「미국적」 초국가기업들은 아랍의 유태계 기업 보이콧에 관한 미국의 규제를 어기고 있다. OPEC의 석유금수조치 기간중 초국가 석유회사들은 국가적 우선순위가 아니라 각 회사의 우선순위에 따라 국가별 석유 인도량을 배정했다. 세계 어느 곳에서든지 기회만 주어지면 국가에 대한 충성심은 쉽게 사라지기 때문에 초국가기업들은 일거리를 이 나라 저 나라로 옮기고 환경규제 법망을 피해 다니며 투자대상국들을 서로 대결시켜 어부지리를 얻는다.

브라운은 이렇게 쓰고 있다. 『지난 몇 세기 동안 세계는 독립된 주권 국민국가들로 정연하게 분할되어 있었다. …그러나 문자 그대로 수백개나 되는 다국적기업 또는 범세계적 기업들의 출현에 따라 이같은 상호 배타적인 정치적 실체로서의 세계의 조직화는 이제 경제적 조직망에 의해 압도되고 있다.』

이러한 기반 위에서 한때 세계 무대의 유일한 주요 세력이었던 국민국가의 전유물인 권력이 적어도 상대적으로 크게 축소되기에 이르렀다.

실제로 초국가기업들은 이미 그 규모가 매우 커져 그 자체로서 몇가지 국민국가적 특성을 지니게 되었다. 회사 자체의 준외교관적 요원들과 고도의 효율성을 지닌 정보기관의 요원 등이 그 예이다.

민간정보기관들을 분석한 「유령(Spooks)」의 저자 호건(Jim Hougan)은 이렇게 쓰고 있다. 『다국적기업의 정보수요는 미국・프랑스 등 여러 나라의 정보수요와 크게 다를 것이 없다. …사실 CIA・KGB 및 그 위성기관들간의 정보전쟁에 관한 어떠한 논의도 엑슨사・체이스 맨해턴은행(Chase Manhattan Bank)・미쓰비시사・록히드 항공사・필립스사(Phillips Co.) 등의 여러 정보기관들이 수행하는 중요한 역할들을 설명하지 않으면 불완전한 것일 수밖에 없다.』

초국가기업들은 때에 따라 「모국」과 협력하기도 하고 모국을 이용하기도 하고 모국의 정책을 집행하기도 하고 자신의 정책을 집행하기 위해 모국의 정책을 이용하기도 하지만 이런 초국가기업들의 선악을 일률적으로 말할 수는 없다. 그러나 수십억 달러를 국경 너머로 이동시킬 수 있는 능력과 기술을 이전시키고 상대적으로 신속하게 움직일 수 있는 힘을 가진 이 초국가기업들은 국민정부들을 앞질러 행동할 때가 많다.

스티븐슨(Hugh Stephenson)은 국민국가에 미친 초국가기업의 영향을 분석한 한 보고서에서 이렇게 쓰고 있다. 『초국가기업들이 어떤 특정한 지역의 법률과 규정을 우회할 수 있느냐의 여부만이 문제인 것은 아니며, 그것은 중요한 문제도 아니다. …문제는 우리가 모든 사고와 반응의 틀을…주권 국민국가라는 개념 속에서 찾고 있는데 [반해] 오늘날 초국가기업들은 이러한 생각을 쓸모없는 것으로 만들고 있다는 데 있다.』

범세계적 권력체제의 관점에서 보면 대규모 초국가기업들의 등장은 밑으로부터의 원심분리적 압력이 이 체제의 분열을 위협하고 있는 바로 그 순간에 국민국가의 역할을 강화하기보다는 오히려 이를 축소시켜 왔다.

「T-네트」의 출현

초국가기업은 오늘날 가장 잘 알려져 있기는 하지만 세계무대의 유일한 세력은 아니다. 예컨대 우리는 초국가적 노동조합—말하자면 초국가기업의 반사물—들의 출현을 목격하고 있다. 또 국경을 초월하여 서로 제휴하는 여러가지 종교적·문화적·인종적 운동들의 성장도 볼 수 있다. 유럽에서는 한 번에 여러 나라의 시위자들이 반핵운동 시위에 참가하는 것을 보게 된다. 우리는 또한 초국가적 정당 그룹의 등장도 목격하고 있다. 여러 기독교 민주당과 사회당들이 모두 개별 국가의 경계선을 초월하는 「유럽당(Europarties)」의 결성을 거론하고 있는데 이러한 움직임은 유럽의회(European Parliament)의 창설에 의해 더욱 가속화되고 있다.

한편 이러한 사태발전에 병행하여 초국가적 비정부단체들도 급속히 확산되고 있다. 이러한 단체들은 교육·해양탐사·스포츠·과학·원예·재해구조 등 모든 분야에서 헌신하고 있다. 대양주 축구협회(Oceania Football Confederation)가 있는가 하면 국제적십자사(International Red Cross), 국제중소기업연맹(International Federation of Small and Medium-Sized Commercial Enterprises), 국제여성법률가연맹(International Federation of Women Lawyers)도 있다. 이러한 「우산(umbrella)」 단체 또는 연맹들은 전체적으로 여러 나라에 수백만 회원과 수만의 지부를 두고 있다. 그들은 생각할 수 있는 온갖 정치적 이해관계 또는 이해관계의 부재를 반영하고 있다.

1963년에는 약 1,300개의 이러한 단체들이 국경선을 초월하여 활동했다. 이 수가 1970년대 중반에는 2,600으로 배증했다. 이 총개가 1985년까지는 3,500~4,500으로 급증하여 3일마다 1개 단체씩 신설될 것으로 예상된다.

UN을 「세계기구」라 한다면 별로 두드러지지 않는 이러한 집단들은 사실상 「제2의 세계기구」를 형성하고 있다고 할 수 있다. 이들의 1975년 예산총액은 15억 달러에 불과했으나 이 금액은 그 하부조직들이 관장한 재원의 극히 작은 일부분에 불과한 것이다. 이 기구들은 독자적인 「동업조합」으로서 브뤼셀에 본부를 둔 국제단체연합(Union of International Associations)을 가지고 있다. 그들은 서로 수직관계를 맺고 초국가적 조직 아래 지역별·지방별·국가별로 각종 단체들을 두고 있다. 그들은 또한 콘소시엄·실무회의·단체간 위원회·기동 대책반 등의 밀접한 조직망을 통해 횡적인 관계도 유지하고 있다.

이같은 초국가적 연계가 매우 긴밀하게 짜여져 있기 때문에 국제단체연합의 연구에 의하면 1977년에 1,857개의 이러한 집단들이 추정컨대 5만 2,075가지의 중첩관계와 교차 결합관계를 맺었던 것으로 확인되고 있다. 더구나 이 숫자는 지금도 계속 증가하고 있다. 문자 그대로 수천종의 각종 초국가적 집회·회의·심포지엄 등을 통해 이 여러가지 단체의 구성원들이 서로 접촉을 맺고 있다.

아직은 상대적으로 미발달 상태에 있기는 하지만 급성장하는 이 초국가적 조직망(transnational network), 즉 T-네트(T-Net)는 「제3물결」 세계체제의 도래에 또 하나의 차원을 더해 주고 있다. 그러나 이것만으로는 전체 상황을 확실히 알 수 없다.

국가들 자신이 초국가적 기관을 창설하도록 강요받는 상황에서 국민국가의 역할은 더 한층 감소하고 있다. 국민국가들은 될수록 통치권과 행동의 자유를 보전하려고 분투하고 있다. 그러나 그들은 자신의 독립성을 제약하는 새로운 요인들을 한 가지씩 받아들이지 않을 수 없는 상황에 몰리고 있다.

예컨대 유럽 국가들은 마지 못해 유럽공동시장·유럽의회·유럽통화체제 그리고 유럽핵연구기구(European Organization for Nuclear Research)와 같은 전문기관들을 창설할 수밖에 없었다. 유럽공동시장의 조세담당위원인 버크(Richard Burke)는 회원국들에게 내국세 정책을 변경하도록 압력을 가하고 있다. 옛날에는 런던이나 파리에서 결정되던 농업·산업 정책들이 지금은 브뤼셀에서 마련되고 있다. 유럽의회 의원들은 본국 정부들의 반대를 무릅쓰고 실제로 EEC 예산의 8억 4,000만 달러 증액을 관철시켰다.

유럽공동시장이야말로 초국가적 기관으로의 권력 집중을 보여주는 으뜸가는 예일 것이다. 그러나 결코 유일한 예는 아니다. 실제로 우리는 현재 정부간 기구(inter-governmental organization)의 폭발적 증가를 목격하고 있다. 그 종류는 OPEC를 비롯하여 세계기상기구(World Meteorological Organization), 국제원자력기구(International Atomic Energy Agency), 국제커피기구(International Coffee Organization), 라틴아메리카 자유무역연합(Latin American Free Trade Association) 등 매우 다양하다. 오늘날 이같은 기구들은 전세계에 걸친 교통·통신·특허 등의 업무를 조정하고 쌀과 고무 등 수십가지 분야에서 활동하고 있다. 이 정부간 기구들의 수도 1960년의 139개에서 1977년에는 262개로 배증했다.

국민국가는 국내 차원에서는 최대한의 결정권을 장악하면서도 국가차원을 넘어선 보다 큰 문제들은 이 정부간 기구들을 통해 대응하고자 노력하고 있다. 그러나 보다 많은 결정 권한이 국가차원을 넘어선 이런 조직체들에게 부여됨—또는 이런 조직체들에 의해 제한됨—에 따라 꾸준한 권력 이동이 서서히 일어나고 있다.

초국가기업의 출현에서 초국가적 단체들의 폭발적 증가 그리고 이 모든 정부간 기구들의 창설에 이르기까지 모두가 한 가지 방향으로 움직이는 일련의 사태발전을 우리는 목격하고 있다. 국가들은 점점 독립적 행동을 취하기가 어렵게 되어 통치권을 크게 상실해 가고 있다.

지금 우리가 만들어 내고 있는 것은 일종의 다층화된 새로운 범세계적 게임이다. 이 게임에는 국가뿐 아니라 기업체와 노동조합, 각종 정치적·인종적·문화적 단체들, 초국가적 단체와 초국가적 기관들이 모두 참가하고 있다. 이미 밑으로부터의 압력으로 위협받고 있는 국민국가는 근본적으로 새로운 범세계적 체제가 형태를 갖춤에 따라 그 행동의 자유가 억제되고 그 권한도 박탈당하거나 감소하고 있다.

지구 의식

국민국가의 위축은 「제3물결」이 밀어닥치기 시작한 이후 등장하고 있는 새로운 스타일의 범세계적 경제의 출현을 반영하고 있다. 국민국가는 국가 규모의 경제를 수용하기 위해 필요한 정치적 용기(容器)였다. 오늘날 이 용기들은 틈이 나 샐 뿐만 아니라 그 자체의 성공의 결과로 시대에 뒤떨어진 것이 되었다. 첫째, 국가내에서 지역경제가 성장하여 종전의 국가경제의 규모와 맞먹을 정도가 되었다. 둘째, 국민국가들이 일으킨 세계경제의 규모가 폭발적으로 커져 종전에 볼 수 없던 새로운 형태를 갖게 되었다.

이렇게 해서 새로운 세계경제는 이제 커다란 초국가기업들에 의해 지배되게 되었다. 세계경제는 전자적(電子的) 속도로 운영되는 각종 은행·금융산업에 의해 뒷받침되고 있다. 세계경제는 어떤 국가도 혼자서는 관리할 수 없는 통화와 신용을 만들어 내고 있다. 세계경제는 초국가적 통화—단일 「세계 통화」가 아니라 각기 국가별 통화 또는 상품의 「시장 바스켓」에 기초하고 있는 다양한 통화, 즉 초(超)통화(meta-currency)—로 나아가고 있다. 세계경제는 자원 공급자와 소비자간의 세계적 규모의 분쟁으로 분열되어 있다. 세계경제는 지금껏 상상할 수도 없었던 규모의 엄청난 부채로 허덕이고 있다. 세계경제는 일종의 혼합경제로서 자본주의적 민간기업과 국가사회주의적 기업들이 합작사업을 벌여 사이좋게 협력하고 있다. 그리고 그 이데올로기는 자유방임주의나 마르크스주의가 아닌 세계주의(globalism), 즉 민족주의가 시대에 뒤떨어진 것이라는 관념이다.

마치 「제2물결」이 지역적 차원을 초월하는 이해관계를 지니고 민족주의 이데올로기 기초를 이룬 소수의 사람들을 만들어냈던 것과 마찬가지로 「제3물결」은 국가 차원을 초월하는 이해관계를 지닌 집단들을 만들어 내고 있다. 이러한 집단들이 「지구 의식(planetary consciousness)」이라고도 불리우는 세계주의 이데올로기 출현의 기초가 되고 있다.

이러한 의식은 3자위원회(역주 Trilateral Commission, 1973년에 조직된 유럽·미국·일본의 상호협력위원회) 회원들은 말할 것도 없고 다국적기업의 중역, 장발의 환경보호운동가, 금융인, 혁명가, 지식인, 시인, 화가 등도 공통적으로 가지고 있다. 최근에는 미국의 어떤 유명한 4성장군까지도 필자에게 『국민국가는 죽었다』고 확언한 바 있다. 세계주의는 어떤 한정된 집단의 이익에 봉사하는 이데올로기 이상의 것을 표방하고 있다. 마치 민족주의가 모든 국가를 대변한다고 표방했던 것과 마찬가지로 세계주의는 전세계를 대변한다고 주장한다. 그리고 세계주의의 출현은 하나의 진화론적 필연으로서 전체 우주까지를 포용하는 「우주 의식(cosmic consciousness)」에 한 걸음 더 다가선 것이라고 간주되고 있다.

따라서 요컨대 우리는 지금 경제와 정치에서 조직과 이데올로기에 이르는 모든 차원에서 「제2물결」 문명의 지주인 국민국가에 대해 안팎으로부터 격렬한 공격이 가해지고 있음을 목격하고 있다.

과거에는 국가의 독립성이 산업화 성공에 필수적이었던 탓으로 지금도 여러 가난한 나라들이 국가적 자기동일성을 확립코자 필사적으로 싸우고 있거니와 바로 이 역사적 순간에 이미 산업주의를 벗어나 달려가는 부유국들은 국가의 역할을 축소하고 대체하거나 또는 저하시키고 있다.

한 가지 예상할 수 있는 것은 향후 수십년 동안은 세계의 전(前)국가적(prenational) 및 후(後)국가적(postnational) 사람들을 공정하게 대표하는 새로운 범세계적 조직들의 창설을 둘러싼 투쟁으로 점철되리라는 점이다.

신화와 창안

오늘날 백악관이나 크렘린의 전문가들에서 길거리의 일반인에 이르기까지 새로운 세계체제가 앞으로 어떻게 전개될지—어떤 종류의 새로운 제도가 나타나 지역적·세계적 질서를 마련해 주게 될지— 장담할 수 있는 사람은 아무도 없다. 그러나 몇 가지 대중적 신화들을 깨뜨리는 것은 가능하다.

그 첫번째 것은「롤러볼(Rollerball)」이나「네트워크(Network)」 등의 영화가 전파한 신화로서 그것들은 냉혹한 눈초리의 악한이 이 세계가 일단의 초국가기업들에 의해 분할·운영되거나 앞으로 그렇게 될 것이라고 선언한다. 이런 신화는 공통적으로 세계적 규모의 단일「에너지 회사」, 단일「식량회사」, 단일「주택회사」, 단일「레크리에이션 회사」 등을 묘사하고 있다. 그 변형으로서 이들 각 회사를 보다 큰 거대기업의 산하조직으로 묘사하는 경우도 있다.

이러한 단순한 이미지는 전문화·극대화·중앙집권화 등「제2물결」 추세의 직선적 외삽법(外挿法)에 기초한 것이다.

이러한 견해는 현실 생활여건의 놀라운 다양성, 세계적인 문화·종교·전통상의 충돌, 변화의 속도 그리고 현재 고도기술국가들을 탈대중화로 이끌어 가고 있는 역사적 추진력을 고려하지 못한 것이며 에너지·주택·식량 등의 수요를 간단하게 구획지을 수 있다는 소박한 전제에 입각하고 있을 뿐 아니라 기업 자체의 구조와 목적을 변혁시키고 있는 근본적인 변화들을 도외시하고 있다. 요컨대 그것은 기업의 본질과 그 구조에 관한 시대에 뒤떨어진「제2물결」적 이미지에 기초한다.

이와 밀접하게 관련된 또 한 가지 환상은 이 지구가 단일의 중앙집권적「세계정부(World Government)」에 의해 다스려지는 것으로 묘사한 것이다. 이러한 환상은 기존의 몇 가지 조직이나 정부—「세계합중국(United States of the World)」,「지구 프롤레타리아 국가(Planetary

Proletarian State)」, 또는 현재의 UN 등 — 의 연장이라고 생각하는 것이 보통이다. 이러한 사고방식 역시 「제2물결」적 원칙의 단순한 연장선상에 서 있다.

앞으로 등장하는 것은 기업이 지배하는 미래도 아니고 세계정부도 아니며 현재 이미 몇몇 첨단산업에서 나타나고 있는 모체(母體)조직, 즉 매트릭스조직과 유사한 보다 복잡한 체제가 될 것이다. 우리는 지금 한 두 가지의 피라미드형인 범세계적 관료체제가 아니라 공통 이익을 가진 여러 종류의 조직들을 묶는 망 또는 매트릭스들을 엮어 나가고 있다.

예컨대 앞으로 10년 후에는 국민국가뿐 아니라 해양에 관심을 갖는 여러 지역·도시·기업·환경보호단체·과학단체 등으로 구성되는 「해양 매트릭스」가 등장하게 될지도 모른다. 상황 변화에 따라 새로운 단체들이 등장하여 이 매트릭스에 가입하기도 하고 탈퇴하기도 할 것이다. 그밖의 다른 문제를 다루기 위해 유사한 조직구조로서 「우주 매트릭스」·「식량 매트릭스」·「수송 매트릭스」·「에너지 매트릭스」 등이 출현할 가능성 — 어떤 의미에서는 이미 그 모습을 드러내고 있다 — 도 많다. 이 모든 매트릭스들이 서로 이합집산을 거듭하고 중첩하면서 아주 폐쇄적이 아닌, 어지럽게 개방된 체제를 형성하고 있다.

요컨대 지금 우리는 관료체제의 부서들처럼 조직된 것이 아니라 신경세포처럼 서로 밀접하게 연관된 단위들로 구성된 세계체제를 향해 나아가고 있다.

이러한 사태가 발생하면 우리는 UN 내부에서 이 기구를 「국민국가들의 동업조합(trade association of nation-states)」으로 존속시킬 것인가, 아니면 다른 형태의 단위들 — 지역단체·종교단체·기업체·인종단체 등 — 을 참여시킬 것인가를 둘러싸고 큰 싸움이 벌어지리라고 예상할 수 있다.

국가들이 분열·재편성되고 초국가기업 등 새로운 요소들이 세계 무대에 등장하고 불안정과 전쟁위협이 급증함에 따라 국민국가가 여러 면에서 위험한 시대착오에 빠지고 있는 이 세계에 그나마 질서를 부여하려면 우리는 전적으로 새로운 정치형태나 「용기(容器)」를 창안해 낼 필요가 있을 것이다.

23

인공위성을 가진 간디

「격심한 전율」…「뜻밖의 봉기」…「격렬한 동요」…. 신문기사 제목을 다는 편집자들은 그들이 감지한 세계의 점증하는 무질서 상태를 묘사할 용어를 찾아내기에 광분한다. 이란내의 회교도 봉기가 그들을 아연실색케 만든다. 중국에서의 모택동주의 정책의 갑작스러운 역전, 달러화의 붕괴, 가난한 나라들의 새로운 호전성, 엘살바도르나 아프가니스탄에서의 반란 등 이 모두가 놀랍고 제멋대로이고 연관성이 없는 사태로 비쳐진다. 우리는 이 세계가 혼란으로 치닫고 있다는 말을 듣는다.

그러나 일면 무정부적인 것 같지만 실제로는 그렇지 않다. 지구상에 새로운 문명이 나타나면 낡은 관계들이 깨뜨려지고 정권이 전복되고 금융체제가 소용돌이치게 되는 것은 어쩔 수 없는 일이다. 혼란상태처럼 보이는 것도 실제로는 새로운 문명을 수용하기 위한 대대적인 세력개편 과정일 뿐이다.

「제2물결」 문명의 황혼기에 처해 있는 오늘을 되돌아 보면 우리가 직면하고 있는 현실에 우울해지지 않을 수 없다. 산업문명이 끝나게 되면 그것은 인류의 4분의 1이 상대적 풍요를 누리고 4분의 3은 상대적 빈곤 속에 — 그리고 8억 명은 세계은행의 용어대로 「절대」빈곤 속에 사는 세계를 남겨 놓기 때문이다. 7억 명은 영양실조에 걸리고 5억 5,000만 명은 문맹이다. 산업화시대가 끝나가고 있는 지금 약 12억으로 추정되는 인간이 보건시설이나 심지어 안전한 식수마저도 이용하지 못하고 있다.

이 문명이 남겨 놓은 세계에서는 20~30개 산업국가들이 자국의 경제성장을 위해 값싼 에너지와 값싼 원자재 조달을 위한 은밀한 국가보조에 의존하고 있다. 이 문명은「제2물결」세력의 이익을 위해 무역과 금융을 규제하는 범세계적 하부구조―IMF·GATT·세계은행·COMECON 등―를 남겨 놓았다. 또한 그것은 부유국들의 수요를 충족시키기 위해 여러 가난한 나라들에게 왜곡된 단일 농작물 경제를 남겨 주었다.

「제3물결」의 급속한 출현은「제2물결」지배의 종말을 예고할 뿐 아니라 지구상의 빈곤 종식에 관한 모든 전통적 사고방식을 깨뜨리고 있다.

「제2물결」전략

1940년대 말 이래로 세계의 빈부격차 해소를 위한 대부분의 노력을 지배해 온 한 가지 주요 전략이 있다. 필자는 이를「제2물결」전략이라고 부르고자 한다.

이 접근방식은「제2물결」사회가 진화과정의 정점에 있다는 전제, 그리고 이 사회의 문제해결을 위해서는 모든 사회가 서방·소련·일본 등에서 일어났던 것과 같은 산업혁명을 반드시 거쳐야 한다는 전제에서 출발하고 있다. 여기서 진보라는 것은 수백만 인구를 농업에서 대량생산으로 이동시키는 것을 말한다. 그것은 도시화·표준화 등 모든「제2물결」적 요소들을 필요로 한다. 간단히 말해 개발이란 기존의 성공 모델을 충실히 모방하는 것을 의미한다.

실제로 수십개국 정부들이 차례로 이 게임 플랜을 실행해 보았다. 한국이나 대만 등 특수한 조건을 갖춘 소수의 나라들은「제2물결」사회를 건설하는데 성공하고 있는 것으로 보인다. 그러나 대부분의 경우 이러한 노력은 참담한 실패로 끝났다.

여러 빈곤국들이 실패한 데는 수없이 많은 여러가지 원인이 있었다.

신식민주의, 미숙한 계획작성, 부패, 뒤떨어진 종교, 부족주의, 초국가기업, 미국 CIA, 지나치게 느리거나 지나치게 빠른 속도 등이 그것이다. 그러나 그 원인이 무엇이든간에 한 가지 엄연한 사실은 「제2물결」 모델에 따른 산업화 노력이 성공한 것보다 실패한 경우가 훨씬 더 많다는 점이다.

이란이 이 점에 관해 가장 극적인 사례를 제공해 주고 있다.

이란의 전제군주인 팔레비는 1975년까지만 해도 「제2물결」 전략을 추구하여 이란을 중동에서 가장 앞선 선진 산업국가로 만들 수 있다고 자만하고 있었다. 「뉴스위크(Newsweek)」지는 이렇게 보도했다. 『팔레비의 건설자들은 본격적인 산업혁명에 어울리는 온갖 화려한 공장·댐·철도·고속도로와 그밖의 부수시설들을 위해 노력을 쏟았다.』 1978년 6월까지만 해도 국제금융기관들이 앞을 다투어 가며 수십억 달러의 저리 자금을 페르시아 걸프 조선회사(Persian Gulf Shipbuilding Corp.), 마자데른 방직회사(Mazadern Textile Co.), 국영전력회사인 타바니르(Tavanir), 이스파한(Isfahan) 종합제철소, 이란 알루미늄회사(Iran Aluminium Co.) 등에 제공해 주고 있었다.

그러나 이란이 이러한 건설을 통해 이른바 「근대」국가로 변모하고 있던 그 시기에 부정부패가 테헤란을 지배하고 있었다. 과시적인 소비가 빈부의 차를 심화시켰다. 외국인 관계자들—그 대부분이 미국인이었다—은 놀고 먹었다.(테헤란의 어떤 독일인 경영자는 본국에서보다 3분의 1이 많은 봉급을 받았으나 그의 종업원들이 받는 급료는 독일인 노동자의 10분의 1에 불과했다.) 도시의 중산층은 마치 빈곤의 바다 위에 떠 있는 작은 섬과 같은 존재였다. 석유를 제외하면 시장판매를 위해 생산되는 모든 재화의 3분의 2는 전체인구의 10분의 1밖에 안되는 사람들에 의해 테헤란에서 소비되었다. 그와는 반대로 소득 수준이 도시의 5분의 1밖에 안되는 농민 대중은 계속 가증스럽고 억압적인 상황에서 살아가고 있었다.

서방에서 교육받아 「제2물결」 전략을 적용하고자 한 백만장자와 장군들 그리고 테헤란 정부를 운영하기 위해 고용된 기술관료들은 개발이란 것이 기본적으로 경제적 과정이라고 생각했다. 달러만 제대로 벌어들이면 종교·문화·가정생활·남녀의 역할 등 모든 문제가 저절로 해결될 것이라고 믿었다. 산업현실상에 경도되었던 그들은 이 세계가 다양화가 아니라 더욱 더 표준화로 나아가고 있다고 믿었기 때문에 문화적 뿌리 같은 것은 별의미가 없었다. 각료의 90%가 하바드·버클리나 유럽 대학 출신인 내각은 서방 사상에 대한 저항을「후진적」인 것이라고 일축해 버렸다.

석유와 이슬람교의 혼합으로 가연성이 높아지는 등 몇 가지 특수한 상황에도 불구하고 이란에서 일어난 사태는 그 대부분이「제2물결」전략을 추구하는 다른 나라들과 공통되는 것이었다. 몇 가지 차이는 있었지만 아시아·아프리카·라틴 아메리카의 여러 빈곤사회에 대해서도 같은 말을 할 수 있었을 것이다.

테헤란에서의 팔레비 정권의 붕괴는 마닐라에서 멕시코 시티에 이르는 여러 나라의 수도들에서 광범위한 논쟁을 불러일으켰다. 가장 자주 제기된 한 가지 문제는 변화의 속도에 관한 것이었다. 속도가 너무 빨랐던 것일까? 이란인들이 미래 쇼크를 받았던 것일까? 석유 수입이 있는 경우라도 정부는 과연 혁명적 변혁을 모면하기에 충분할 만큼 중산층을 빠른 속도로 형성시킬 수 있을 것인가? 그러나 이란의 비극과 팔레비 정권을 대신해 들어선 똑같은 억압적인 신권(神權)정치를 볼 때 우리는「제2물결」전략의 근본적 전제들 자체에 대해 의문을 품지 않을 수 없게 된다.

고전적인 산업화만이 진보의 유일한 길인가? 그리고 산업문명 자체가 단말마의 고통을 겪고 있는 지금에 와서 산업화 모델을 모방한다는 것이 과연 어떤 의미가 있겠는가?

깨어진 성공 모델

「제2물결」국가들이「성공적」인 상태—안정되고 풍요하고 더욱 부유해지는 상태—에 있는 한 세계의 다른 나라들이 그들을 모델로 삼는 데는 아무런 문제가 없었다. 그러나 1960년대 후반에 들어서면서 산업주의의 전반적 위기가 폭발했다.

파업·정전·파괴·범죄·심리적 고통 등이「제2물결」세계 곳곳에

만연했다. 잡지들은「왜 아무 것도 더 이상 하지 못하고 있는가」라는 내용의 기사를 실었다. 에너지체계와 가족제도가 흔들리고 있다. 가치체계와 도시 구조도 무너졌다. 공해·부패·인플레이션·소외·고독·인종차별·관료주의·이혼·맹목적 소비풍조 등 모든 것이 거센 공격을 받고 있다. 경제학자들은 금융체제의 전면적 붕괴 가능성을 경고했다.

한편 전세계의 환경보호운동은 공해·에너지·자원 등이 곧 그 한계에 도달하여 기존의「제2물결」국가들조차도 정상적 기능을 유지할 수 없게 될지도 모른다고 경고했다. 이 한계를 넘어서면 설사「제2물결」전략이 가난한 나라들에 기적적으로 잘 적용된다 하더라도 지구 전체가 하나의 거대한 공장으로 변모하여 대대적인 생태계 파괴를 일으킬 것이라고 지적되었다.

산업주의의 전반적 위기가 심화됨에 따라 부유한 나라들에도 어두운 그림자가 드리워지게 되었다. 그리고 전세계의 수많은 사람들이 갑자기 과연「제2물결」전략이 제대로 되어갈 것인가,「제2물결」문명 자체가 격렬한 붕괴의 고통을 겪고 있는 마당에 왜 그 문명을 모방해야 하는가 하고 자문하게 되었다.

또 한 가지 놀라운 사태발전이 일어나「제2물결」전략이 빈곤에서 풍요에 이르는 유일한 길이라는 신념을 무너뜨렸다. 이 전략에는 항상『우선「개발」하라, 그러면 부유해지리라』하는 가정, 즉 풍요로움은 근검·절약·프로티스턴트 윤리 그리고 오랫동안의 경제적·사회적 변혁 등의 결과로 이루어지는 것이라는 가정이 은연중에 함축되어 있었다.

그러나 OPEC의 석유금수조치와 중동으로의 갑작스러운 오일달러 유입은 이같은 칼빈주의적 생각을 완전히 뒤집어 놓았다. 불과 몇 달 동안에 예기치 않았던 수십억 달러의 돈이 이란·사우디아라비아·쿠웨이트·리비아 등 아랍국가들로 요란스럽게 쏟아져 들어갔고 이에 따라 세계는 겉보기에 무한한 부(富)가 변혁의 결과로서가 아니라 변혁에「선행」하여 이루어지는 것을 목격하게 되었다. 중동에서는「개발」이 돈을 벌게 해준 것이 아니라 돈이「개발」을 추진케 해주었다. 이런 현상이 그처럼 대대적으로 일어난 적은 일찍이 없었다.

한편 부유한 나라들간의 경쟁은 가열되고 있었다. 「뉴욕타임즈」지의 동경 특파원은 이렇게 썼다. 『한국산 철강이 캘리포니아 건설공사장에서 사용되고 대만산 TV세트가 유럽에 수출되고 인도의 트랙터들이 중동에서 판매되고…중국이 잠재적인 주요 공업세력으로 극적으로 등장하는 상황에서 개발도상국들의 경제가 과연 어느 정도까지 일본·미국·유럽 등 선진국들의 기존 산업을 침식할 것인가 하는 관심이 고조되고 있다.』

파업중인 프랑스 철강노동자들은 당연히 이 사태를 보다 원색적으로 표현했다. 그들은 「철강업 학살」의 종식을 요구하면서 에펠탑을 점거했다. 종전의 산업국가들에서는 「제2물결」 산업과 그 정치적 동맹세력이 「일자리의 수출」과 가난한 나라들에 대한 산업화 확산정책을 공박하고 나섰다.

요컨대 그처럼 요란하게 떠들어댄 「제2물결」 전략이 과연 제대로 기능을 발휘할 수 있을까 — 더구나 발휘해야 할까 — 하는 의문이 곳곳으로 퍼져나갔다.

「제1물결」 전략

「제2물결」 전략의 실패에 직면하고 세계경제의 전면적 개편을 요구하는 가난한 나라들의 성난 목소리에 부딪치고 또한 자신들의 미래에 심각한 우려를 갖게 된 부유한 나라들은 1970년대부터 가난한 나라들을 위한 새로운 전략을 강구하기 시작했다.

여러 정부와 세계은행, 국제개발처(Agency for International Development), 해외개발협의회(Overseas Development Council) 등의 「개발기관」들은 거의 하룻밤 사이에 「제1물결」 전략이라고 부를 수밖에 없는 새로운 전략으로 전환했다.

이 방식은 「제2물결」 전략을 거꾸로 복사한 것이나 다름없다. 즉 농촌주민을 쥐어짜서 인구과밀의 도시로 몰아내는 대신에 농촌개발을 다시금 강조하고, 수출용 환금작물에 중점을 두는 대신에 식량자급을 촉구하고, 맹목적으로 GNP 증가를 추진하면 그 혜택이 빈민에게까지 미칠 것이라고 기대하는 대신에 자원을 직접 「인간의 기본적 욕구」를 위해 돌릴 것을 촉구하고 있다.

새로운 접근방법은 또한 노동절약형 기술을 추구하는 대신에 자본·에너지 및 기술의 요구수준이 낮은 노동집약형 생산을 강조하고 있다. 그것은 또 거대한 제철소나 대규모의 도시 공장들을 건설하는 대신에 부락별로 탈중앙집권화된 소규모 시설들을 선호하고 있다.

「제1물결」 전략 주창자들은 「제2물결」적 주장을 거꾸로 뒤집어 여러 가지 산업기술이 가난한 나라에 이전될 때 재난을 가져왔다는 것을 입증할 수 있었다. 기계가 고장나도 수리하지 않은 채 사용했다. 기계는 값비싼 수입 원자재를 필요로 했다. 훈련받은 노동자가 부족했다. 그러므로 필요한 것은 「적절한 기술(appropriate technology)」이라는 것이 이 새로운 접근방법의 논거이다. 「중간(intermediate)」 기술, 「소프트(soft)」 기술, 「대체(alternative)」 기술 등으로 불리우는 이 기술은 말하자면 「낫과 콤바인 수확기의 중간」에 위치하는 것이다.

미국과 유럽 전역에 곧 이러한 기술을 개발하기 위한 연구소들이 생겨났다. 1965년 영국에 설립된 중간기술개발그룹(Intermediate Technology Development Group)이 그 초기의 모델이었다. 그러나 개발도상국들도 이러한 연구단체를 설립하여 낮은 수준의 기술혁신을 내놓기 시작했다.

예컨대 보츠와나의 모추디 농민대(Mochudi Farmers Brigade)는 소나 당나귀를 이용하여 한 줄 또는 두 줄의 이랑을 갈고 심고 비료를 뿌릴 수 있는 장치를 개발했다. 갬비아 농업부는 보습 쟁기, 낙화생을 파내는 기구, 파종기, 이랑 만드는 기구 등을 끼워서 사용할 수 있는 세네갈식 농기구를 채택했다. 가나에서는 페달식 벼 탈곡기, 양조장 찌꺼기를 짜내는 스크루식 프레스, 바나나 섬유에서 수분을 짜내는 목제 압착기 등의 연구가 진행되고 있다.

「제1물결」 전략은 또한 매우 광범위한 기반 위에 적용되어 왔다. 1978년에 인도의 새 정부는 석유값 및 비료값 상승으로 휘청거린 데다 네루(Jawaharlal Nehru)와 간디(Indira Gandhi)가 추진한 「제2물결」 전략에 실망한 나머지 실제로 섬유산업 기계화의 확대를 금지하면서 동력 직조기 대신에 수동식 직조기를 사용한 직물의 증산을 권장했다. 그 목적은 고용을 증대할 뿐 아니라 농촌 가내공업을 육성함으로써 인구의 도시집중을 지연시키려는 데 있었다.

이 새로운 방식에는 확실히 우수한 점이 많다. 이 방식은 도시로의 대규모 인구이동을 지연시킬 필요성을 충족시켜 준다. 이 방식은 세계 빈민의 대다수가 살고 있는 농촌부락의 생활조건을 개선하는 데 목적이 있다. 그것은 생태학적 요인들에 대해서도 민감하다. 그것은 값비싼 수입 자원이 아닌 값싼 국산 자원의 사용을 강조한다. 그것은 「효율성」에 관한 종전의 지나치게 협소한 개념 정의에 도전한다. 그것은 국내의 관습과 문화를 감안하여 테크너크랫적(technocratic) 성격이 덜한 개발방식을 제시하고 있다. 그것은 자본이 부유층의 손을 거치는 동안에 얼마간의 복지혜택이 돌아오리라고 기대하기보다는 빈민층의 생활조건 개선을 강조하고 있다.

그러나 이 모든 장점을 감안하더라도 「제1물결」 방식은 역시 최악의 「제1물결」적 상황을 경감시켜 줄 뿐 이를 변혁시키지는 못하는 전략이다. 그것은 치료가 아니라 「응급처치」이며 세계의 여러 정부들도 바로 이렇게 생각하고 있다.

인도네시아의 수하르토(T. N. J. Suharto) 대통령은 훈시를 하는 가운데 널리 인식되고 있는 견해를 이렇게 표현했다. 『이같은 전략은 새로운 형태의 제국주의일 수도 있다. 만일 서방이 오직 소규모의 농촌 프로젝트에만 기여한다면 우리의 곤궁은 어느 정도 경감되기는 하겠지만 우리는 결코 성장하지는 못할 것이다.』

갑작스러운 노동집약 산업의 예찬도 또한 그것이 부유한 나라들의 이익에 봉사하기 위한 것이라는 비난을 받고 있다. 가난한 나라들이 「제1물결」 상황에 머물러 있는 기간이 길수록 그들이 공급과잉 상태에 있는 세계시장에 내놓을 수 있는 경쟁상품이 줄어들 것이다. 말하자면 그들이 더 오랫동안 농업에 머물러 있을수록 석유·가스 등 희귀자원을 덜 생산해 낼 것이고 또한 정치적으로 더 무력해져 말썽을 부리지 않게 될 것이다.

「제1물결」 전략에는 또한 한 가지 가족주의적 가정이 깔려 있는데 그것은 다른 생산요소들은 절약할 필요가 있지만 노동자의 시간과 에너지는 그것이 다른 사람의 것인 한 절약할 필요가 없다는 — 논밭에서 단조롭게 허리가 부러지도록 일해도 좋다는 — 가정이다.

아프리카 경제개발계획연구소(Institute of African Economic Development and Planning) 소장 아민(Samir Amin)은 이러한 여러가지 견해들을 요약하면서 노동집약 기술이 갑자기 매력을 끌게 된 것은 『히피 사상, 황금시대와 고귀한 야만인(noble savage) 신화로의 복귀 그리고 자본주의 세계의 현실에 대한 비판이 혼합된 탓』이라고 말하고 있다.

설상가상으로 「제1물결」 방식은 첨단 과학기술의 역할을 위험할 정도로 과소평가하고 있다. 현재 「적절」하다고 장려되고 있는 대부분의 기술은 1776년 당시 미국 농민들이 사용하던 기술보다도 원시적이어서 수확기(탈고기 등)보다는 낫에 훨씬 더 가깝다. 미국과 유럽의 농민들은 150년 전에 보다 「적절한 기술」을 사용하기 시작하여 목제 써레에서 철제 써레 또는 철제 쟁기로 이행해 감으로써 세계가 축적한 공학과 야금 분야의 지식을 외면하지 않고 이를 활용했다.

당시의 기록에 의하면 1855년의 파리박람회에서는 새로 발명된 여러가지 탈곡기들의 극적인 시범이 행해졌다. 6명의 남자가 도리깨를 가지고 탈곡을 하는 동안에 여러가지 기계들이 작동을 개시했는데 1시간 동안의 작업 결과는 다음과 같았다.

도리깨를 가진 6명의 탈곡자……	밀 36리터
벨기에제 탈곡기……	밀 150리터
프랑스제 탈곡기……	밀 250리터
영국제 탈곡기……	밀 410리터
미국제 탈곡기……	밀 740리터

이미 1855년에 인간보다 123배나 빠른 속도로 탈곡할 수 있는 기계를 가볍게 외면할 수 있는 것은 여러 해 동안 힘든 육체노동을 해본 적이 없는 사람들 뿐일 것이다.

우리가 지금 「첨단과학」이라고 부르는 것은 그 대부분이 부유한 나라의 과학자들이 부유한 나라의 문제를 해결하기 위해 개발한 것들이다. 세계의 가난한 사람들의 일상문제를 해결하기 위한 값진 연구는 별로 없는 실정이다. 그럼에도 불구하고 처음부터 첨단 과학·기술 지식이 갖는 잠재적 가능성을 무시한 채 시작하는「개발정책」은 절망과 굶주림과 노동으로 시달리는 수많은 농민들의 지위를 영구적으로 떨어뜨리게 된다.

장소와 시간에 따라서「제1물결」전략이 대다수 주민들의 생활을 개선시켜 줄 수도 있다. 그러나 안타깝게도 어떤 큰 나라가 기계화 이전의「제1물결」방법을 사용하여 변화에 투자할 정도로 충분한 생산을 할 수 있음을 보여주는 증거는 거의 없다. 실제로 수많은 증거가 그 정반대로 나타나고 있다.

「제1물결」방식의 기본 요소들을 창안하여 시행했던 모택동의 중국은 영웅적인 노력에 힘입어 그럭저럭 기아를 예방할 수 있었다. 그것은 대단한 업적이었다. 그러나 60년대 말에 와서는 모택동주의의 농촌개발과 농촌공업에 대한 강조는 그 극에 달했다. 중국은 막다른 길에 접어 들었다.

그것은「제1물결」방식 그 자체는 궁극적으로 침체를 가져오는 처방으로서 가난한 모든 나라들에 적용할 수 없는 것이기는「제2물결」전략이나 똑같기 때문이다.

오늘날의 폭발적인 다양화 세계에서 우리는 여러가지 혁신적 전략을 창안해 내야 하며 산업화시대인 현재나 산업화 이전 시대인 과거에서 모델을 찾으려 해서는 안된다. 지금은 다가오는 미래를 응시해야 할 때이다.

「제3물결」문제

우리는 시대에 뒤떨어진 이 두 가지 사고방식에 언제까지나 사로잡혀 있어야 할 것인가? 필자는 이 두 전략의 차이점을 드러내기 위해 의도적으로 이 전략들을 풍자적으로 묘사해 보았다. 현실생활에서는 추상적 이론을 추종할 만큼 한가한 정부는 별로 없다. 우리는 이 두 가지 전략의 요소들을 결합하려는 여러가지 시도를 목격하게 된다. 그러나 「제3물결」의 등장은 우리가 이제는 더 이상 두 방식 사이를 핑퐁처럼 왔다갔다 할 필요가 없게 되었음을 강력히 시사해 주고 있다.

「제3물결」의 도래는 모든 것을 철저하게 바꿔 놓고 있다. 자본주의 편향이건 마르크스주의 편향이건간에 고도기술 세계에서 나온 이론을 가지고는 「개발도상 세계」의 문제를 해결할 수 없게 되었고 기존의 모델들은 전혀 이전할 수 없게 되었으며 「제1물결」 사회와 급속히 형성되고 있는 「제3물결」 문명간에는 기묘한 새로운 관계가 생겨나고 있다.

우리는 지금까지 기본적으로 「제1물결」적인 나라를 「개발」하기 위해 이런 나라에 어울리지도 않는 「제2물결」적 형식들—예컨대 대량생산, 대중매체, 공장식 교육, 웨스트민스터(Westminster)식 의회정체, 국민국가 등—을 강요하면서도 이런 것들을 성공적으로 운영하려면 전통적인 가정·결혼 관습·종교·역할 구조 등을 모두 분쇄하여 전체 문화를 뿌리부터 뒤엎어야 한다는 점을 인정치 않는 소박한 시도들을 여러 차례 목격해 왔다.

이와 대조적으로 「제3물결」 문명은 실제로 「제1물결」 사회와 매우 흡사한 여러가지 특징들—탈집중화된 생산, 적정 규모, 재생 가능한 에너지, 탈도시화, 가내 노동, 고도의 생산소비 등—을 가지고 있는 것으로 밝혀지고 있다. 우리는 지금 변증법적 회귀와 매우 흡사한 현상을 목격하고 있다.

이것이 오늘날의 아주 경이적인 기술혁신 대부분이 혜성의 꼬리와 같은 기억의 추적에서 이루어지고 있는 이유이다. 급속도로 등장하고 있는 「제3물결」 사회에서 우리가 발견할 수 있는 과거의 농촌에 매력을 느끼게 되는 것도 바로 이러한 「전에 본 것 같은(déjà vu)」 기이한 느낌 때문이다. 오늘날 매우 놀라운 한 가지 사실은 「제1물결」과 「제3물결」 문명이 서로간에 「제2물결」 문명보다 더 많은 공통점을 가지고 있는 것처럼 보인다는 점이다. 요컨대 이 두 가지 문명은 일치점을 가지고 있다.

이 기묘한 일치점에 비추어 오늘날의 여러 「제1물결」 국가들은 알약을 몽땅 삼키지 않고서도, 다시 말해 자신의 문화를 모두 포기하거나 또는 먼저 「제2물결」적 개발 「단계」를 거치지 않고서도 몇 가지 「제3

물결」 문명의 특징들을 갖추는 것이 가능하지 않을까? 실제로 어떤 나라들에게는 고전적 방식의 산업화보다 「제3물결」 구조들을 도입하기가 더 쉽지 않을까?

더구나 지금은 과거와 달리 한 사회가 그 모든 정력을 교환하기 위한 생산에 집요하게 쏟지 않고서도 높은 물질적 생활수준을 달성하는 것이 가능한 것일까? 「제3물결」이 가져온 여러가지 선택 가능성이 주어질 때 우리는 자신의 종교나 가치관을 버리거나 「제2물결」 문명의 보급에 수반되는 서방의 물질주의를 포용하지 않고서도 유아사망률을 낮추고 평균수명·문맹률·영양상태 그리고 전반적인 생활의 질을 개선할 수 없는 것일까?

내일의 「개발」 전략은 워싱턴이나 모스크바·파리·제네바 등이 아니라 아프리카·아시아·라틴 아메리카에서 나오게 될 것이다. 이러한 전략은 토착적이고 각 지역의 실제적 요구에도 부합하는 것일 것이다. 그것은 경제문제를 지나치게 강조하는 나머지 생태·문화·종교 또는 가족구조와 생존의 심리적 차원을 희생시키는 일도 없을 것이다. 그것은 어떤 외부적 모델을 모방하는 것이 아닐 것이다. 「제1물결」이나 「제2물결」 또는 「제3물결」도 그에 관한 한 마찬가지일 것이다.

그러나 「제3물결」의 도래는 우리의 모든 노력에 새로운 시야를 열어준다. 「제3물결」은 부유한 나라들 뿐 아니라 세계의 가난한 나라들에게도 전혀 새로운 가능성을 제공해 주기 때문이다.

태양·새우 그리고 칩

「제1물결」 문명과 「제3물결」 문명의 여러가지 구조적 특징들간에 나타나는 놀라운 일치성은 앞으로 10년 후에는 과거와 미래의 여러가지 요소들을 새롭고 보다 나은 현재에 결합시킬 수 있으리라는 가능성을 시사해 주고 있다.

예컨대 에너지 문제를 생각해 보자.

「제3물결」 문명으로 이행해 가는 나라들에서의 에너지 위기에 관해 여러가지 말들을 하고 있지만 「제1물결」 사회들도 나름대로 에너지 위기에 직면하고 있다는 사실이 망각되는 경우가 많다. 극단적으로 낮은 기반에서 출발하는 이런 사회들은 어떠한 종류의 에너지체계를 만들어 내야 할 것인가?

이런 사회들도 「제2물결」 형태처럼 화석연료를 사용하는 집중화된 대규모의 발전소를 필요로 한다는 것은 틀림없다. 그러나 인도 과학자 레디(Amulya Kumar N. Reddy)가 지적하듯이 이러한 사회들이 가장 긴급히 필요로 하는 것은 도시를 위한 집중화된 방대한 에너지 공급이 아니라 농촌을 위한 탈집중화된 에너지 공급인 경우가 많다.

농지없는 인도의 어떤 농가는 지금 취사 및 난방용 땔감을 구하는 데만 하루에 6시간 가량을 소비하고 있다. 또 우물에서 물을 길어 오는 데 4~6시간, 그리고 소·염소·양에게 풀을 먹이는 데도 이와 비슷한 시간을 들이고 있다. 레디는 『이러한 농가는 사람을 고용하거나 생력화(省力化) 장비를 구입할 여력이 없기 때문에 유일한 합리적 해결방안은 에너지 수요를 충족시키기 위해 3명 이상의 자녀를 갖는 것』이라고 하면서 농촌 에너지 공급은 『훌륭한 피임방법이 될 수도 있을 것』이라고 지적한다.

레디는 농촌 에너지 수요를 연구한 끝에 부락의 수요는 부락 주민과 가축의 분뇨를 사용하는 소규모의 값싼 메탄가스 공장만으로도 쉽게 충족시킬 수 있다고 결론지었다. 그는 한 걸음 더 나아가 소수의 집중화된 대형 발전소들을 건설하는 것보다 이러한 시설 수천개를 설치하는 것이 훨씬 더 유용하고 생태적으로도 건전하고 경제적이라고 설명하고 있다.

바로 이같은 이론이 방글라데시에서 피지에 이르는 여러 나라들의 메탄가스 연구 및 시설계획들을 뒷받침하고 있다. 인도는 이미 1만 2,000개 공장을 가동중이며 10만개소 설치를 목표로 하고 있다. 중국은 사천성(四川省)에서 20만개소의 가정용 메탄가스 시설을 계획하고 있다. 한국에는 2만 9,450개소가 있으며 1985년까지 이를 총 5만 5,000개소로 늘릴 계획이다.

뉴델리 교외에서는 저명한 미래학 저술가이며 기업가인 카푸르(Jagdish Kapur)가 메마르고 매우 비생산적인 10에이커의 땅을 세계적으로 유명한 메탄가스 공장을 갖춘 시범 「태양 농장 (solar farm)」으로 만들었다. 이 농장은 현재 여러 톤의 식량을 시장에 출하하여 이익을 올리는 외에도 그의 가족과 종업원들이 충분히 먹을 만한 각종 곡물·과일·야채를 생산하고 있다.

한편 인도기술연구소(Indian Institute of Technology)는 가정 조명·용수 펌프·지역내 TV 및 라디오에 전력을 공급하기 위해 10kW의 부락용 태양발전소를 설계했다. 타밀 나두(Tamil Nadu)주의 마드라스(Madras)에서는 시당국이 태양전력을 이용하는 담수공장을 설치했다. 또 뉴델리 근교의 센트럴 일렉트로닉스(Central Electronics)사는 태양광전지를 사용하여 발전하는 시범 주택을 세운 바 있다.

이스라엘에서는 분자생물학자 아비브(Haim Aviv)가 시나이반도에 이집트-이스라엘 합작 농·공 프로젝트를 실시하자고 제의했다. 이 프로젝트는 이집트의 물과 이스라엘의 선진관개기술을 이용하여 카사바(cassava)나 사탕수수를 재배한 뒤 그것들로부터 자동차 연료인 에탄올을 생산해 낸다는 것이다. 그의 계획은 사탕수수 부산물을 양과 소의 사료로 사용하고 그 셀룰로스 폐기물을 이용하는 제지공장을 세우는 등 종합적인 생태 사이클을 조성하도록 촉구하고 있다. 아비브는 이와 유사한 프로젝트를 아프리카·동남아·라틴 아메리카 등에서도 실시할 수 있다고 제의하고 있다.

「제2물결」 문명의 한 가지 붕괴 원인이 되고 있는 에너지 위기는 지구상의 가난한 지역들에서 집중적·탈집중적인 그리고 대·소 규모의 에너지 생산을 위한 여러가지 새로운 아이디어를 만들어 내고 있다. 그리고 「제1물결」 사회와 현재 등장하고 있는 「제3물결」 사회가 직면한 일부 문제들간에는 명백한 유사성이 있다. 양자 모두가 「제2물결」 시대에 맞도록 고안된 에너지체제에는 의존할 수 없다.

농업은 어떠한가? 이 분야에서도 「제3물결」은 우리를 종전과 다른 방향으로 이끌어 가고 있다. 미국 애리조나주 투손(Tucson)에 있는 환경연구소(Environmental Research Lab)에서는 온실 안에 있는 긴 통에서 새우를 양식하고 그 바로 옆에서는 오이와 상치를 재배함으로써 새우의 배설물을 채소 재배를 위한 비료로 재생 이용하고 있다. 버몬트의 실험소들에서는 메기·숭어 및 채소를 비슷한 방식으로 기르고 있다. 양어 탱크의 물이 태양열을 모아 두었다가 밤에 이를 방출하여 온도를 유지하게 된다. 여기서도 물고기의 배설물이 비료로 사용되고 있다.

매사추세츠주의 뉴 앨키미 연구소(New Alchemy Institute)에서는 양어 탱크 위에서 닭을 키우고 있다. 닭똥이 물고기가 먹는 해조류의 비료가 된다. 지금까지 소개한 세 가지 사례는 식량 생산 및 가공 분야의 수많은 기술혁신 사례 중 일부에 불과하지만 그 대부분은 오늘날의 「제1물결」 사회들에 특별한, 그리고 흥미로운 관심을 불러일으키고 있다.

미국 남캘리포니아대학의 미래연구소(CFR/Center for Futures Research)가 작성한 세계 식량공급의 20년 장기예측은 예컨대 몇 가지 핵심적 기술개발이 인조비료의 수요를 늘리기보다는 오히려 감소시킬 것이라고 시사하고 있다. CFR 보고서에 의하면 1996년까지 값싼 지효성(遲效性) 비료가 개발되어 질소비료의 수요를 15% 감소시키게 될 가능성이 9할이다. 그때까지는 질소 고정력이 있는 곡물이 나와 비료 수요를 더 한층 감축시키게 될 가능성이 크다.

보고서는 비(非)관개 농토에서 에이커당 수확량을 높일 수 있는—증수율이 25~50% 높은—새로운 곡물 품종이 나올 것이 「거의 확실하다」고 보고 있다. 보고서는 풍력우물을 분산 설치하고 물을 말·소 등 짐승이 운반하는 「점적(點滴)」 관개체제를 도입하면 수확량의 연도별 변동폭을 축소시키고 수확량을 대폭 늘릴 수 있다고 제인하고 있다.

이 보고서는 또한 사료용 목초는 최소한의 물만을 필요로 하기 때문에 건조한 지역의 가축 운송 능력을 배증시킬 수 있다는 점, 영양소 배합에 관한 이해를 증진시키면 열대 토양에서의 비(非)곡물 수확량을 30%까지 늘릴 수 있다는 점, 병충해 방제의 돌파구를 마련하면 작물 손실을 대폭 줄일 수 있다는 점, 새로운 방법의 값싼 펌프식 우물, 가축 사육지역을 크게 넓혀 줄 체체파리(역주 tsetse fly, 열대 아프리카에서 서식하는 파리로 잠자는 병 등을 옮긴다.) 방제방법 등에 관해서 설명하고 있다.

장기적으로는 농업의 상당부분이 「에너지 농업」—에너지 생산을 위한 작물재배—에 전념하는 경우도 상상해 볼 수 있다. 우리는 궁극적으로 기후 조작·컴퓨터·위성 관측·유전학 등이 결합하여 세계 식량 공급에 혁명을 일으키는 경우도 생각할 수 있다.

이러한 가능성만으로 지금 당장 굶주린 농민의 배를 채울 수는 없겠지만 「제1물결」 정부들은 장기농업계획을 입안할 때 이러한 가능성들을 고려해야 할 것이며 또한 말하자면 호미와 컴퓨터를 결합시키는 방안들도 모색해야 할 것이다.

「제3물결」 문명으로의 이행과 관련된 새로운 기술들도 새 가능성들을 열어주고 있다. 작고한 미래주의자 맥헤일(John McHale)과 그의 부인이자 동료인 코델(Magda Cordell)은 그들의 뛰어난 연구보고서 「인간의 기본 욕구(Basic Human Needs)」에서 초첨단 생물공학 기술의 등장이 「제1물결」 사회의 변혁에 커다란 가능성을 제시해 주고 있다고 결론지었다. 이러한 기술에는 해양농업을 비롯하여 곤충 등의 유기물을 이용한 생산활동, 미생물을 이용한 셀률로스 폐기물로부터의 육류 생산, 등대풀 등의 식물을 이용한 무(無)유황 연료의 생산 등이 포함된다. 지금까지 알려지지 않았거나 이용되지 않은 식물에서 의약품을 만드는 「녹색 의약(green medicine)」도 여러 「제1물결」 나라들에서 높은 가능성을 보여주고 있다.

그밖의 다른 분야의 진보도 역시 개발에 관한 전통적 사고방식에 의문을 던져주고 있다. 여러 「제1물결」 나라들이 직면하고 있는 한 가지 폭발적인 문제는 대량실업과 불완전고용이다. 이 문제는 「제1물결」 옹호자와 「제2물결」 옹호자들간에 범세계적인 논쟁을 불러일으키고 있다. 한편에서는 대량생산 산업이 노동력을 많이 사용하지 않고 있으며 따라서 인력을 많이 사용하고 자본과 에너지가 적게 드는 기술적으로 원시적인 소규모 공장들을 세우는 데 개발의 역점을 두어야 한다고 주장한다. 다른 한편에서는 현재 대부분의 기술선진국들에서 빠져나오고 있는 바로 그 「제2물결」 산업 — 철강·자동차·신발·섬유 등 — 을 도입해야 한다고 촉구한다.

그러나 지금 「제2물결」적 제철소를 만드는 것은 마차 채찍(buggy-whip) 공장을 건설하는 것이나 다름없다. 제철소를 세우는 데는 나름대로 전략이나 이유가 있겠지만 지금 알루미늄보다 여러 배나 강하고 견고하고 가벼운 전연 새로운 합성물질, 강철처럼 단단한 투명 소재, 전기도금 수도관을 대체할 강화 플래스틱 모르타르가 등장하고 있는 마당에 과연 철강 수요가 정점에 도달하여 생산능력 과잉이 될 날이 얼마나 남았겠는가? 인도의 과학자 이옌가르(M. S. Iyengar)에 의하면 이러한 진보는 『철강과 알루미늄 생산의 직선적 확장을 불필요하게 만들 것』이라고 한다. 가난한 나라들은 철강 생산을 늘리기 위해 차관이나 외자를 들여오기보다 이제는 소재시대(materials age)」에 대비해야 하지 않겠는가?

「제3물결」은 보다 직접적인 가능성들도 제시해 주고 있다. 스웨덴 룬드대학(University of Lund)의 연구정책 프로그램(Research Policy Program)에 참가하고 있는 모어하우스(Ward Morehouse)는 가난한 나라들이 이제 시야를 넓혀 「제1물결」의 소규모 산업이나 「제2물결」의 집중화된 대규모 산업이 아니라 지금 등장하고 있는 「제3물결」의 핵심적 산업의 하나인 마이크로 전자산업에 중점을 두어야 할 것이라고 주장한다.

모어하우스는 『생산성이 낮은 노동집약 기술에 대한 지나친 강조는 가난한 나라들에게 함정일 수가 있다』고 지적한다. 그는 현재 컴퓨터 칩 산업의 생산성이 급증하고 있음을 지적하면서 『자본이 부족한 개발도상국들에게는 투하자본의 단위당 산출이 커지는 것이 이롭다는 것이 분명하다』고 주장한다.

그러나 보다 중요한 것은 「제3물결」 기술이 현존하는 사회제도와 양립 가능하다는 점이다. 따라서 모어하우스는 마이크로 전자산업 제품의 다양성은 『개발도상국들이 어떤 기초적 기술을 수용하여 자국의 사회적 필요나 원자재에 적합하도록 더욱 쉽게 적응시킬 수 있음』을 의미하는 것이라고 하면서 『마이크로 전자기술은 생산의 탈집중화에 도움이 된다』고 주장하고 있다.

이것은 또한 대도시의 인구압력 완화를 가져오며 이 분야에서의 급속한 소형화 달성은 수송비의 절감도 가져다 준다. 더구나 이러한 생산형태는 에너지 수요가 적고 시장의 성장이 급속하고 경쟁도 치열하기 때문에 부유한 나라들이 이들 산업을 독점하려고 해도 성공할 가능성이 적다.

최첨단「제3물결」산업이 가난한 나라들의 필요에 꼭 맞는다고 지적하는 사람은 모어하우스만이 아니다. 스탠퍼드대학의 직접회로 연구소(Integrated Circuit Laboratory) 부소장 멜렌(Roger Melen)은 이렇게 말한다.『산업화세계는 생산을 위해 모든 사람을 도시로 몰아 넣었으나 우리는 지금 공장과 노동력을 다시 농촌으로 되돌려 보내고 있다. 그러나 중국을 포함한 여러 나라들은 아직 17세기의 농업경제로부터 완전히 전환하지 못하고 있다.』

그것이 사실이라면「제3물결」은 빈곤과의 싸움을 위한 새로운 기술전략을 제공해 주고 있는 셈이다.

「제3물결」은 교통·통신의 수요에 대해서도 새로운 시야를 열어주고 있다. 산업혁명 당시에는 도로가 사회적·정치적·경제적 발전의 선행조건이었다. 오늘날에는 전자통신체제가 필요하다. 전에는 통신이란 것을 경제개발의 부산물 정도로 생각했었다. 아서 D. 리틀사 연구소의 매기(John Magee) 소장은 이것을 오늘날 시대에 뒤떨어진 생각이라고 지적하면서『원격통신은 어떤 결과라기보다는 오히려 선행조건이다』라고 말한다.

오늘날 통신비용의 격감은 여러가지 운송 기능이 통신으로 대체될 것임을 시사해 주고 있다. 장기적으로는 비용이 많이 드는 가로를 거미줄처럼 만드는 것보다는 첨단통신망을 설치하는 것이 비용도 훨씬 적게 들고 에너지도 절약되어 유리하다. 도로운송이 필요하다는 것은 분명하다. 그러나 생산이 집중화되지 않고 분산화되면 부락들을 다른 부락이나 도시지역으로부터, 또는 세계 전체로부터 고립시키지 않고서도 운송비용을 최소화할 수 있다.

「제1물결」국가 지도자들이 오늘날 통신의 중요성을 더욱 더 인식하고 있다는 것은 그들이 세계의 전자 스펙트럼의 재배분을 위한 싸움을 벌이고 있는 데서도 명백해지고 있다.「제2물결」세력들은 원격통신을 일찍 발전시켰기 때문에 이용 가능한 주파수를 장악해 왔다. 미국과 소련 두 나라만이 이용 가능한 단파방송 스펙트럼의 25%와 보다 정교한 스펙트럼의 대부분을 사용하고 있다.

그러나 이 스펙트럼은 해저나 숨쉴 수 있는 지구의 공기와 마찬가지로 몇몇 나라의 전유물이 아니라 모든 인류의 것이며 또 그렇게 되어야 한다. 그러므로 「제1물결」 나라들은 스펙트럼이 일종의 한정된 자원이라고 주장하면서 아직은 이를 사용할 시설을 갖추지 못하고 있지만 그 몫을 분배받기를 원하고 있다.(그들은 이를 사용할 태세를 갖출 때까지는 자신의 몫을 「임대」해 줄 수 있다고 주장하고 있다.) 그들은 미・소 양국의 저항에 직면하게 되자 「신세계정보질서(New World Information Order)」를 요구하고 있다.

그러나 「제1물결」 나라들이 직면하고 있는 보다 큰 문제는 내부적인 것이다. 즉 자신들의 한정된 자원을 어떻게 원격통신과 수송에 배분하느냐 하는 것이다. 기술선진국들이 직면해야 할 문제도 바로 이것이다. 코스트가 낮은 지상국(地上局), 컴퓨터화한 키부츠(kibbutz) 규모의 관개체제, 지질탐지 장치, 부락이나 가내공업에서 사용하는 매우 값싼 컴퓨터 단말기 등을 갖추게 된다면 「제1물결」 사회들은 종전에 「제2물결」 나라들이 부담해야 했던 엄청난 수송비용을 면할 수 있게 될지도 모른다. 이러한 생각이 지금은 공상처럼 들리겠지만 이같은 것들이 상식화하게 될 날이 곧 닥쳐올 것이다.

얼마 전 인도네시아의 수하르토 대통령은 전통적인 칼의 끝으로 전자식 버튼을 누름으로써 인도네시아 군도를 하나로 묶는 위성통신체제를 가동시켰다. 이것은 마치 1세기 전에 미국 동・서해안을 잇는 횡단철도를 황금못으로 연결시켰던 것과 같다. 수하르토는 이렇게 함으로써 변혁을 추구하는 나라들에게 「제3물결」이 제시해 주는 새로운 선택가능성들을 상징해 보여 주었다.

에너지・농업・기술・통신분야에서의 이같은 사태발전은 무엇인가 보다 심오한 것, 즉 과거와 미래의 결합, 「제1물결」과 「제3물결」의 결합에 기초한 전혀 새로운 사회들을 시사해 주고 있다.

우리는 이제 저속의 촌락형 소자본 농촌공업과 몇 가지 엄선된 고속의 기술 등 양자의 개발에 토대를 두고 이 양자를 보호 또는 촉진하도록 경제를 구획하는 변혁전략을 구상해 볼 수 있다.

카푸르는 이렇게 썼다. 인류가 이용할 수 있는 최첨단 과학기술과 『간디가 꿈꾼 목가적 녹색전원, 즉 촌락사회(village republic)간에 이제는 어떤 새로운 균형이 이루어져야 한다.』 카푸르는 또한 이같은 실천적 결합이 이루어지려면 『사회와 상징 및 가치체계, 교육제도, 인센티브, 에너지 자원의 흐름, 과학 및 산업의 조사연구 그리고 그밖의 모든 제도들의 전면적 변혁』이 필요하다고 선언한다.

그러나 지금 이러한 변혁이 이미 일어나 우리를 전혀 새로운 종합으로 이끌어 가고 있다고 확신하는 미래주의자·사회분석가·학자 그리고 과학자들의 수가 늘어나고 있다. 요컨대 간디가 인공위성을 갖게 되었다.

최초의 생산소비자

이 새로운 접근방법에는 보다 심오한 수준의 또 하나의 종합이 함축되어 있다. 여기에는 시장—그 형태가 자본주의적이건 사회주의적이건 상관없이—에 대한 인간의 경제적 관계 전체가 포함된다. 그것은 어느 개인의 전체 시간과 노동이 얼마만큼 생산에 돌려져야 하는가, 그리고 생산소비에는 얼마만큼이 돌려져야 하는가, 즉 시장을 상대로 한 작업과 자신을 위한 작업에 얼마만큼의 시간과 노동을 돌려야 하는가 하는 문제를 제기한다.

「제1물결」 사람들도 이미 대부분 화폐체제에 편입되어 있다. 그들도 「시장화」되어 있다. 그러나 세계의 가난한 사람들이 벌어들이는 얼마 안되는 화폐수입은 그들의 생존에 극히 중요한 것인데 반해 교환을 위한 생산은 그들의 수입 중에서 일부만을 차지하고 생산소비가 나머지를 충당하고 있다.

「제3물결」은 이러한 상황도 새로운 시각에서 관찰하도록 해주고 있다. 이 나라 저 나라에서 수많은 사람들이 일자리를 잃고 있다. 그러나 이러한 사회들에서 완전고용이 과연 현실성있는 목표일까? 어떠한 정책을 취해야만 우리 생애 중에 급증하는 이 모든 실업자들에게 풀타임 직장을 제공할 수 있을 것인가? 스웨덴 경제학자 뮈르달(Karl Gunnar Myrdal)이 암시한 것처럼 「실업」이라는 개념 자체가 「제2물결」적인 것인가?

세계은행의 스트리튼(Paul Streeten)은 이렇게 쓰고 있다. 『문제는… 「실업」이 아니다. 실업이란 것은 현대적 부문의 임금고용·노동시장·직업소개소 그리고 사회보장 급부를 전제로 하는 서방적 개념이다. … 문제는 오히려 가난한 사람들, 특히 농촌빈민들의 무보수의 비생산적 노동에 있다.』 오늘날 「제3물결」의 뚜렷한 현상으로 나타나고 있는 부유한 나라들에서 생산소비자의 괄목할 등장은 대부분의 「제2물결」 경제학자들이 지니고 있는 아주 심오한 가정과 목표들에 의문을 제기해 주고 있다.

아마도 대부분의 경제활동을 A부문(생산소비부문)에서 B부문(시장부문)으로 이행시킨 서방의 산업혁명을 그대로 모방하는 것은 잘못일 것이다.

아마도 생산소비라는 것은 유감스러운 과거의 유물이라기보다는 오히려 긍정적인 요소로 간주될 필요가 있다.

아마도 대부분의 사람들이 필요로 하는 것은 임금(가능하면 약간의 이전소득과 함께)을 얻기 위한 파트 타임 고용, 그리고 여기에 덧붙여 그들의 생산소비를 보다 「생산적」인 것으로 만들어 줄 상상력있는 새로운 정책들이다. 사실 이 두 가지 경제활동을 보다 현명하게 상호 연계시키는 일이야말로 수많은 사람들의 생존을 위해 우리가 찾아내야 할 잃어버린 열쇠일 것이다.

실제적으로 말한다면 이것은—현재 부유한 나라들이 하고 있는 것처럼—「생산소비용 자본장비」를 제공해 주는 것을 의미할 것이다. 부유한 나라들에서는 지금 이 두 부문간에 흥미있는 협동이 이루어져 시장이 세탁기에서 핸드 드릴과 배터리 검사기에 이르기까지 생산소비자가 사용할 강력한 자본장비를 공급해 주고 있음을 목격할 수 있다. 가난한 나라들의 상황은 극도로 비참하여 얼핏 세탁기나 동력공구를 거론하기가 거북스럽게 생각되는 경우가 많다. 그러나 「제1물결」 문명을 탈피하고 있는 사회들에 적합한 어떤 유사한 장비는 없는 것일까?

프랑스의 건축설계가 프리드망(Yona Friedman)은 우리에게 세계의 빈민들이 반드시 직장을 원하는 것은 아니며 그들이 원하는 것은 「식량과 주거」라는 점을 상기시켜 주고 있다. 직장이란 이 목표를 이루기 위한 수단에 불과하다. 그러나 사람은 자기가 먹을 식량을 재배하고 자기가 살 집을 짓거나 하는 일에 최소한 기여할 수 있는 경우가 많다. 그러므로 프리드망은 국제연합 교육 과학 문화기구(UNESCO/United Nations Educational, Scientific and Cultural Organization)의 어떤 보고서에서 각국 정부는 특정한 토지법과 건축규정을 완화함으로써 필자가 말하는 생산소비를 촉진시켜야 한다고 주장했다. 이러한 법령들 때문에 무허가 거주자들의 내집 마련이 힘들고 때로는 불가능해지고 있다.

프리드망은 각국 정부가 이러한 장애물을 제거하여 사람들이 자기의 집을 마련하도록 지원하고 그들에게 『조직사업의 지원과 얻기 힘든 일부 자재의 공급…그리고 가능하면 택지 개발(즉 수도와 전기)』 등을 제공하라고 강력히 촉구하고 있다. 프리드망 등이 지금 주장하고 있는 것은 개인이 보다 효율적으로 생산소비하도록 돕는 일이 종래의 GNP 개념으로 측정하는 생산과 마찬가지로 중요하다는 점이다.

생산소비자의 「생산성」 향상을 위해 정부는 생산소비 분야에 관한 과학적·기술적 연구를 강화할 필요가 있다. 그러나 지금부터라도 정부는 매우 싼 값으로 간단한 수동 도구, 지역사회 작업장, 훈련받은 기능공이나 교사, 일정한 통신시설 그리고 가능하면 발전설비까지 제공해 줄 수 있으며 나아가서는 자기 집을 짓거나 자기 토지를 개량하는 데 「노동지분(sweat equity)」을 투자하는 사람들에게 유익한 선전이나 정신적 지원도 할 수 있다.

불행하게도 오늘날 「제2물결」 선전활동은 세계의 가장 외딴 벽지에 사는 가난한 사람들에게까지 그들이 만드는 물건이 원래부터 최악의 대량생산 제품보다 열등하다는 생각을 심어주고 있다. 정부는 사람들에게 자신의 노력을 경멸하고 「제2물결」 제품을 높게 평가하고 자신이 만든 것을 낮게 평가하도록 가르칠 것이 아니라 자기 손으로 만든 가장 우수하고 창의력이 풍부한 주택이나 재화, 가장 「생산적」인 생산소비에 대해 상을 주도록 해야 할 것이다. 세계의 가장 부유한 사람들도 생산소비를 늘려가고 있다는 것을 알려주면 가난한 사람들의 태도를 바꾸는 데 도움이 될 것이다. 「제3물결」이 미래의 모든 사회에서 이루어질 비(非)시장활동과 시장활동과의 전체적 관계에 극적인 새로운 조명을 해주고 있기 때문이다.

「제3물결」은 또한 비경제적·비기술적 관심사들을 일차적인 중요한 위치로 끌어올리고 있다. 그것은 예컨대 교육문제를 새로운 시각에서 보도록 해준다. 교육이 개발에 중요하다는 데는 모두가 동의한다. 그러나 어떤 종류의 교육이어야 하는가?

식민주의 세력은 아프리카와 인도 등 「제1물결」 세계에 정식 교육을 도입하면서 공장식 학교를 그대로 이식하거나 아니면 자국 엘리트 학교를 흉내낸 최악의 소형학교들을 설치했다. 오늘날 이 「제2물결」 교육 모델들은 도처에서 의문을 일으키고 있다. 「세3물결」은 교육이 반드시 교실에서 이루어져야 한다는 「제2물결」적 발상에 도전하고 있다. 오늘날 우리는 학습을 노동, 정치투쟁, 지역사회 봉사, 심지어 놀이와도 결합시킬 필요가 있다. 교육에 관한 종전의 모든 가정들은 빈부의 모든 나라들에서 재검토되어야 할 것이다.

예컨대 문맹추방이란 것이 과연 적절한 목표인가? 적절한 것이라면 과연 문맹퇴치란 무엇을 의미하는 것인가? 읽기와 쓰기를 모두 가리키는 것일까? 저명한 인류학자 리치(Edmund Leach)경은 영국 에딘버러 소재의 미래연구센터인 네비스연구소(Nevis Institute)에 제출한 도전적인 논문에서 읽기는 쓰기보다 배우기가 쉽고 더 유용하며 따라서 모든 사람이 다 쓰기를 배울 필요는 없다고 주장했다. 맥루언(Marshall McLuhan)은 여러 「제1물결」 사회에 보다 적합한 구두(口頭)문화로서의 복귀를 거론한 바 있다. 오늘날 음성인식기술은 엄청난 새로운 전망을 열어주고 있다. 언젠가는 간단한 농기구에 내장된 매우 값싼 새로운 통신 「버튼」이라든가 소형 테이프 레코더를 이용하여 문맹자인 농민들에게 구두교육을 실시할 수 있을 것이다. 이렇게 본다면 기능적 문맹퇴치에 관한 정의도 재검토가 요구된다고 하겠다.

끝으로 「제3물결」은 동기부여에 관한 종전의 「제2물결」적 가설들도 재검토하도록 만들고 있다. 영양상태의 개선은 수백만 어린이들의 지적인 수준과 기능적 능력을 전체적으로 높여줄 것이며 동시에 추진력과 동기부여도 향상시켜 줄 것이다.

「제2물결」 사람들은 종종 예컨대 인도의 부락민이나 콜럼비아의 농민들이 피동적이며 동기부여가 결여되어 있다고 말하곤 한다. 영양실조·기생충·기후·억압적인 정치적 통제 등이 미치는 동기박탈(demotivation)적 영향은 제쳐 놓더라도 동기부여의 결여라고 생각되는 것의 일부는 앞으로 여러 해 후에 생활이 개선되리라는 막연한 희망만으로 현재의 가정·가족·생활을 파괴하고 싶지 않다는 데 그 원인이 있는 것이 아닐까? 「개발」이 기존의 문화 위에 전연 낯선 문화를 첨가하는 것을 의미하는 한, 그리고 현실적인 개선이 당장 이룩될 가망이 없다고 생각되는 한 사람들이 지금 가지고 있는 작은 것에 매달리는 것은 당연한 일이라 하겠다.

「제3물결」 문명의 여러가지 특징들은 그것이 중국이건 인도이건 「제1물결」 문명의 특징들과 닮은 점이 많기 때문에 분열·고통 그리고 미래 쇼크를 별로 체험하지 않고서도 변화를 이룩할 수 있는 가능성을 함축하고 있다. 그러므로 우리가 동기박탈이라고 불렀던 것을 뿌리 채 뒤바꾸게 될지도 모른다.

이처럼 「제3물결」은 에너지나 기술, 농업이나 경제문제뿐 아니라 개인의 두뇌와 행동 자체에도 혁명적인 변화를 가져올 잠재력을 지니고 있다.

출발점

지금 등장하고 있는 「제3물결」 문명은 모방할 수 있는 기성품 모델을 제시해 주지 못하고 있다. 「제3물결」 문명은 그 자체가 아직 완전히 형성되어 있지 않다. 그러나 그것은 부유한 사람은 물론이고 가난한 사람들에게도 새로운, 그리고 아마도 해방적인 가능성을 제시해 줄 것이다. 그것은 「제1물결」 세계의 취약점·빈곤·비참함 등만이 아니고 여기에 내재되어 있는 몇 가지 강점들에 대해서도 관심을 촉구하고 있기 때문이다. 「제2물결」적 관점에서는 후진적인 것으로 보이는 옛 문명의 특징들도 진보적인 「제3물결」의 척도로 측정하면 잠재적인 장점을 지닌 것으로 나타난다.

이 두 문명간의 이같은 조화성은 앞으로 지구상의 부자와 빈자간의 관계에 관한 우리의 사고방식을 변혁시키게 될 것이다. 경제학자 아민은 『오늘날의 서방에서 현대 기술을 복사해 올 것이냐, 아니면 1세기 전 서방의 상황에 부합되었던 낡은 기술이냐 하는 「거짓 딜레마」를 깨뜨려야 할 「절대적 필요성」이 있다』고 말한다. 「제3물결」이 갖는 가능성은 바로 여기에 있다.

이제 부자와 빈자가 모두 똑같이 미래로 향한, 지금까지와는 전혀 다른 새로운 경주의 출발점에 서 있다.

24
종결부 : 대합류

우리는 이제 10년 전처럼 서로의 관계를 알 수 없는 변화에 어리둥절한 채 서 있지는 않다. 지금은 변화의 혼돈 저 너머로 점차 하나의 일관성있는 패턴이 떠오르고 있다. 미래가 형태를 드러내고 있다.

노호(怒號)하는 수많은 변화의 강물들이 하나의 거대한 역사적 대합류(大合流)를 이루어 「제3물결」이라는 변화의 바다로 흘러가면서 시시각각으로 그 세력을 더해가고 있다.

역사 변화의 이 「제3물결」은 산업사회의 연장선상에 서 있는 것이 아니라 종래의 방향을 크게 뒤바꾸거나 때로는 부정하고 있다. 그것은 적어도 300년 전의 산업문명에 필적하는 우리 시대의 혁명이라고 할 수 있는 그야말로 완전한 변혁이다.

더구나 현재 일어나고 있는 것은 단순한 기술혁명이 아니고 문자 그대로 전혀 새로운 문명의 출현이다. 따라서 지금까지 우리가 걸어온 발자취를 잠시 돌이켜 보면 우리는 여러 차원에서 의미심장하고 빈번한 평행적 변화들이 동시에 일어났다는 것을 발견하게 된다.

모든 문명은 생물영역을 중심으로 전개되면서 인구와 자원의 결합상태를 반영하기도 하고 변경시키기도 한다. 모든 문명은 각기 특징적인 기술영역 — 분배체제와 서로 결부되어 있는 생산체제와 연관된 에너지 기반 — 을 갖는다. 모든 문명은 상호관련된 사회제도들로 구성된 사회영역을 갖는다. 모든 문명은 정보영역—필요한 정보가 유통하는 커뮤니케이션 채널—을 갖는다. 모든 문명은 각기 독자적인 권력영역도 가지고 있다.

또한 모든 문명은 외부세계에 대해서도 일련의 특징적인 —착취적·공생적·호전적·유화적—관계를 갖는다. 그리고 모든 문명은 각기 독자적인 초이데올로기—자신의 현실관을 구성하고 그 작용을 정당화하는 일련의 강력한 문화적 가정들—를 갖는다.

「제3물결」은 이제 이러한 모든 여러가지 차원에서 한꺼번에 혁명적이면서도 자기 강화적인 변화를 가져 오고 있음이 분명해지고 있다. 그 결과 단순히 낡은 사회가 붕괴되는 데 그치지 않고 새로운 사회의 기초가 창조되고 있다.

「제2물결」 제도들이 우리 주변에서 와해되고 범죄가 증가하고 핵가족이 무너지고 전에는 믿을만 했던 관료체제가 급속히 제 기능을 상실하고 의료체제가 균열되고 산업경제가 위태롭게 동요하는 등 우리는 주변에서 쇠퇴와 붕괴만을 목격할 때가 많다. 그러나 사회의 쇠퇴는 새로운 문명의 비료와 같은 토대가 된다. 에너지·기술·가족구조·문화 등의 여러 분야에서 우리는 지금 새로운 문명의 주요 특징들을 규정하게 될 기초 구조를 마련하고 있다.

사실 우리는 이제 처음으로 이 주요 특징들과 한 걸음 더 나아가 그 상호관계들까지도 밝힐 수 있게 되었다. 고무적인 것은 현재 우리가 목격하고 있는 「제3물결」 문명의 새싹이 생태적·경제적 의미에서 일관성있고 실행 가능할 뿐 아니라 우리가 유의하기만 하면 현재의 문명보다 보다 품위있고 민주적인 것으로 만들 수 있다.

이것이 결코 필연적이라고는 말할 수 없다. 이 과도기는 경제적 동요, 파벌간의 충돌, 분리 시도, 기술적 혼란이나 재난, 정치적 혼란, 폭력, 전쟁, 전쟁의 위협 등은 물론이고 극단적인 사회적 분열로 점철되게 될 것이다. 각종 제도나 가치관이 붕괴되는 풍토에서는 권위주의적 선동 정치가와 운동들이 일어나 권력장악을 시도하게 될 것이다. 지식인이라면 아무도 그 결과를 탐탁치 않게 생각할 것이다. 두 문명간의 충돌이 거대한 위험을 조성하게 된다.

그러나 파괴보다는 궁극적인 생존의 가능성이 크다. 그리고 중요한 것은 변화의 주된 추진력이 우리를 어디로 데려가는가 — 우리 앞에 가로놓인 단기적인 최악의 위험을 모면하고 나면 어떠한 세계가 될 것인가 — 를 인식하는 것이다. 간단히 말하면 지금 어떠한 종류의 사회가 형성되고 있는가 하는 것이다.

내일의 기초

「제3물결」 문명은 그 앞의 문명과 달리 놀라울 정도로 다양한 에너지원 — 수소·태양열·지열·조수·생물자원·번개의 방전 그리고 첨단 핵융합력 등 1980년대에는 상상도 못할 여러가지 에너지원 — 에 의존해야 하며 또 그렇게 될 것이다.(스리 마일섬 사건보다 더 큰 일련의 재난이 일어나더라도 핵발전소의 일부는 확실히 계속 가동되겠지만 전체적으로 원자력은 비용과 위험성면에서 퇴조를 보이게 될 것이다.)

새로운 다양한 에너지 기반으로의 이행 과정은 극히 시행착오적이어서 공급과잉, 부족사태, 격심한 가격변동 등으로 점철될 것이다. 그러나 그 장기적 방향은 매우 분명해 보인다. 즉 하나의 에너지원에만 기초한 문명으로부터 보다 안전하게 여러가지 에너지원에 기초한 문명으로 이행하게 된다. 궁극적으로 우리는 다시 한번 소모성 에너지원이 아니라 재생 가능한 자급적 에너지원에 기초한 사회를 목격하게 될 것이다.

「제3물결」 문명은 생물학·유전학·전자공학·소재과학으로부터 생성된 훨씬 더 다양한 기술기반에 의존할 뿐 아니라 우주 및 해저활동에도 의존하게 될 것이다. 고도의 에너지 투입을 필요로 하는 일부 새 기술도 있겠지만 대부분의 「제3물결」 기술들은 에너지를 적게 소비하도록 설계될 것이다. 또 「제3물결」 기술들은 종전의 기술처럼 대규모적이고 생태적인 위험이 크지도 않을 것이다. 그 대부분은 규모가 작고 조작이 간편하며 한 산업의 폐기물은 다른 산업의 주원료로 재이용할 수 있도록 미리 설계될 것이다.

「제3물결」 문명에서 가장 기본적인 — 그리고 결코 소모되지 않는 — 원료는 상상력을 포함한 정보이다. 상상력과 정보를 통해 현재의 여러

가지 소모성 자원들의 대체물 — 더구나 이 대체물에도 극적인 경제적 변동과 곤경이 자주 수반되겠지만 — 을 발견할 수 있게 될 것이다.

정보가 그 어느 때보다도 큰 중요성을 띠게 됨에 따라 새로운 문명은 교육을 개편하고 과학연구를 재정의하며 무엇보다도 커뮤니케이션 매체를 재편성하게 될 것이다. 오늘날의 대중매체는 인쇄매체와 전자매체를 불문하고 커뮤니케이션 수요에 대응하여 생존을 위해 필요한 문화적 다양성을 제공해 주기에는 전연 부적절하다. 「제3물결」 문명은 소수의 대중매체에 의해 문화적으로 지배되지 않고 그대신 상호작용적이고 탈대중화한 매체에 의존하면서 사회의 의식흐름에 극도로 다양하고 때로는 고도로 개성적인 이미지를 공급해 주게 될 것이다.

먼 장래를 내다보면 TV는 앞으로 「인디비디오(indi-video)」에 자리를 물려주게 될 것이다. 이것은 최종 시청자를 상대로 한 번에 한 개인에게만 이미지를 보내는 협송(狹送)(역주 narrow-casting, 방송(broadcasting)에 대칭되는 용어로서 유선방송을 뜻함)을 말한다. 또 나중에는 마약을 사용하여 뇌와 뇌 사이의 직접 통신을 시도하는 등 지금까지는 막연하게 상상되고 있는 여러가지 전자화학적 커뮤니케이션 방식들이 실용화될지도 모른다. 이 모든 것이 해결될 수 없는 것은 아니라 할지라도 깜짝 놀랄 여러가지 정치적·도덕적 문제를 제기하게 될 것이다.

윙윙 돌아가는 테이프와 복잡한 냉각장치를 갖춘 현재의 거대한 중앙집중식 컴퓨터를 보완하기 위해 수많은 지능 칩(chip of intelligence)들을 어떤 형태로든 모든 집·병원·호텔·차량과 장비, 심지어 모든 건축용 벽돌에 내장하게 될 것이다. 이러한 전자공학적 환경이 문자 그대로 우리와 대화를 나누게 될 것이다.

일반인의 오해와는 달리 정보에 기초한 이 고도로 전자화된 사회로의 이행은 값비싼 에너지의 수요를 더 한층 감소시켜 줄 것이다.

사회의 이같은 컴퓨터화(보다 정확히 말하면 정보화)가 인간관계의 더 한층의 탈개성화(depersonalization)를 의미하는 것은 아니다. 다음 장에서 살펴보겠지만 사람들은 여전히 고통받고 울고 웃고 서로 즐기며 놀 것이다. 그러나 사람들은 크게 달라진 상황에서도 이러한 모든 행동을 취하게 될 것이다.

「제3물결」적인 각종 에너지 형태, 기술 및 정보매체의 결합은 노동방식의 혁명적 변화를 촉진시킬 것이다. 여전히 공장을 짓기는 하겠지만(세계의 일부 지역에서는 앞으로 수십년 동안 더 공장 건설이 계속될 것이다. 「제3물결」적 공장들은 이미 지금까지 우리가 알고 있는 공장과 닮은 점이 별로 없으며 부유한 나라에서는 공장의 취업자 수가 앞으로 격감될 것이다.

「제3물결」 문명에서는 공장은 다른 제도의 모델 구실을 하지 못하게 될 것이다. 또한 대량생산을 그 주된 기능으로 삼지도 않게 될 것이다. 지금도 「제3물결」 공장은 탈대량화된 — 때로는 주문생산되는 — 최종 제품을 생산하게 된다. 이 공장은 전체적(wholistic) 생산 또는 「프레스토(presto)」 생산과 같은 첨단적 방법에 의존한다. 그것은 궁극적으로 에너지를 적게 사용하고 원자재를 적게 낭비하고 부품사용량을 줄이고 훨씬 더 많은 디자인 지식을 필요로 하게 될 것이다. 가장 중요한 것은 이 공장의 여러가지 기계들은 노동자가 아니라 멀리 떨어져 있는 소비자들 자신에 의해 직접 조작되게 된다는 점이다.

「제3물결」 공장에서 일하는 사람들은 「제2물결」 직장에 아직도 갇혀 있는 사람들에 비해 훨씬 덜 비인간적이고 비반복적인 일을 하게 될 것이다. 그들은 기계적인 컨베이어 벨트에 작업속도를 맞출 필요가 없다. 소음 수준도 낮을 것이다. 노동자들은 자기에게 편리한 시간에 출퇴근할 것이다. 작업현장이 훨씬 더 인간적이고 개성화되어 꽃과 수목이 기계와 자리를 함께 하게 될 것이다. 일정한 한도내에서 각종 급료와 특별급여가 더욱 더 각 개인의 선호에 맞추어 지급되게 될 것이다.

「제3물결」 공장들은 점차 대도시의 외곽지대로 옮겨가게 될 것이다. 이 공장들은 또한 과거에 비해 규모가 훨씬 작아지고 조직단위도 소규모화하여 각 단위가 보다 높은 수준의 자주관리를 하게 될 것이다.

또한 「제3물결」 사무실도 오늘날의 사무실과는 달라지게 될 것이다. 사무실 업무의 핵심 요소인 문서업무가 크게(전부는 아니더라도) 대체될 것이다. 시끄러운 타자기 소리도 없어질 것이며 서류 캐비닛도 사라질 것이다. 전자장치로 인해 종전의 여러가지 업무가 없어지고 새로운 가능성이 전개됨에 따라 비서의 역할도 변모하게 될 것이다. 이 책상 저 책상으로 서류가 계속 왔다갔다 하는 일, 서식란에 숫자를 타이핑하는 끝없는 반복작업 등 — 이 모든 일의 중요성이 줄어들고 그대신

신중한 결정을 내리는 일이 더욱 중요해지고 또 이에 참여하는 사람이 크게 늘어나게 될 것이다.

이같은 미래의 공장과 사무실을 운영하기 위해 「제3물결」 기업들은 기계적 반응 능력보다는 분별력과 창의력을 갖춘 노동자들을 필요로 하게 될 것이다. 이러한 종업원을 양성하기 위해 학교는 아직도 주로 고도의 반복작업에 적합한 「제2물결」적 노동자를 배출하는 현재의 교육방법을 점차 탈피해 가게 될 것이다.

그러나 「제3물결」 문명에서의 가장 큰 변화는 아마도 공장과 사무실에서 가정으로 작업을 이전시키는 것일 것이다.

모든 일거리를 다 가정에서 수행할 수는 없으며 또 그렇게 되어서도 안될 것이다. 그러나 값싼 커뮤니케이션이 값비싼 교통을 대체해 감에 따라, 그리고 생산에서 지능과 상상력의 역할이 증대하여 비인간적인 힘이나 일상적 정신노동의 역할이 감소함에 따라 「제3물결」 사회에서는 노동력의 커다란 부분이 적어도 노동의 일부를 가정에서 수행하게 될 것이며 공장에는 실제로 물리적 재료를 취급해야 할 사람만 남게 될 것이다.

여기서 우리는 「제3물결」 문명의 제도적 구조에 관해 한 가지 암시를 얻게 된다. 일부 학자들은 정보의 중요성이 증대함에 따라 대학이 공장을 대신하여 내일의 중심적 조직체가 될 것이라고 시사하고 있다. 그러나 주로 학계에서 제기되고 있는 이같은 생각은 대학만이 학문적 지식을 담을 수 있거나 또는 담고 있다는 편협한 가정에 근거한 것이다. 그것은 학자들의 소망충족심리에서 나온 환상에 불과하다.

다국적기업의 중역들은 그들 나름대로 회사의 중역실이 내일의 중심을 이룰 것이라고 보고 있다. 「정보관리자(information manager)」라는 새로운 전문직 사람들은 자기들의 컴퓨터실이 새 문명의 중심이 될 것이라고 생각한다. 과학자들은 산업연구실에 주목하고 있다. 아직도 남아 있는 소수의 히피들은 농업공동체를 신(新)중세적 미래의 중심체로 재건한다는 꿈을 지니고 있다. 또 레저중심 사회의 「안락실(gratification chamber)」을 지목하는 사람들도 있다.

앞서 설명한 여러가지 이유에서 필자 자신이 지목하는 것은 이 중 어느 것도 아니다. 필자가 지목하는 것은 역시 가정이다.

필자는「제3물결」문명에서는 가정이 깜짝 놀랄 정도의 새로운 중요성을 가질 것으로 생각하고 있다. 생산소비자의 출현, 가내전자근무체제의 보급, 새로운 기업내 조직구조의 창안, 생산의 탈대량화와 자동화 등은 모두 가정이 미래사회의 중심적 단위—경제적·의료적·교육적·사회적인 여러 기능들이 축소되기보다는 더욱 고양되는 단위—로 재등장하리라는 것을 말해 주고 있다.

그러나 그 어느 조직체도—심지어 가정조차도—과거의 교회나 공장과 같은 중심적 역할을 할 수는 없을 것이다. 그것은 앞으로 사회가 새로운 제도들의 위계체제가 아니라 하나의 네트워크를 이루게 될 것이기 때문이다.

이것은 또한 내일의 기업(그리고 사회주의적 생산조직)들은 다른 사회조직들 위에 군림하지 못하리라는 것을 말해 준다.「제3물결」사회에서는 기업은 단지 이윤이나 생산 쿼타만이 아니라 여러가지 복수의 목표를 동시에 추구하는 복합적 조직체로 인식될 것이다. 오늘날 대부분의 경영자들은 단 한 가지의 순수익만 생각하도록 교육받았지만「제3물결」의 유능한 경영자는 복수의「순수익」들을 주시할 것이고 이에 대해 개인적으로 책임지게 될 것이다.

자발적이건 강요된 것이건 기업들이 오늘날 비경제적이라고 간주되는 것들, 따라서 기업과는 별 상관없는 것이라고 간주되는 요소—생태적·정치적·사회적·문화적·도덕적 요소—들에 보다 민감하게 반응하게 됨에 따라 기업 간부들의 봉급과 보너스는 점차로 이 새로운 복합적 기능을 반영하게 될 것이다.

「제2물결」적 효율성 개념은 간접비용을 소비자나 납세자에게 전가시키는 기업의 능력에 토대를 두는 것이 보통이지만 이러한 개념도 경제적 이연(移延)비용으로 전환될 때가 많은 사회적·경제적인 여러가지 간접비용까지를 감안하여 재정립될 것이다.「제2물결」경영자들의 특징적 결함인「경제중심의 사고방식(econo-think)」도 그 보편성을 상실할 것이다.

「제3물결」문명의 기본원리들이 작용하게 됨에 따라 기업들 역시 다른 대부분의 조직체들처럼 철저한 개편을 겪게 될 것이다.「제3물결」사회는 조립라인의 속도에 맞추어 동시화된 사회가 아니라 융통성있는 리듬과 스케줄에 따라 움직여 갈 것이다. 「제3물결」 사회는 대중사회의 극단적인 행동·이념·언어·생활양식의 표준화가 아니라 단편화와 다양성 위에 세워질 것이다. 「제3물결」 사회는 인구·에너지 흐름 등 여러가지 생활상의 특징들을 집중화시키는 것이 아니라 이를 분산시키고 탈집중화하게 될 것이다. 「제3물결」 사회는 「큰 것이 좋다」는 원칙하에 최대 규모를 선호하는 대신에 「적정 규모」의 의미를 이해하게 될 것이다. 「제3물결」 사회는 고도로 중앙집권화된 사회가 아니라 고도로 탈중앙집권화된 의사결정의 가치를 인정하는 사회가 될 것이다.

이같은 변화들은 표준화된 구식 관료체제로부터의 뚜렷한 전환, 그리고 기업·정부·학교 등 광범위하고 다양한 신식 조직체들의 등장을 의미한다. 위계체계가 남아 있더라도 그것은 평준화되거나 보다 일시적인 경향을 나타내게 될 것이다. 여러 새 조직체들은 옛부터 내려온 「1인 1상사」라는 고집을 버리게 될 것이다. 이 모든 것은 보다 많은 사람들이 임시적인 결정 권한을 나누어 갖는 노동세계의 등장을 시사해 주고 있다.

「제3물결」로 이행해 가는 모든 사회들은 단기적 실업문제의 심화에 직면하고 있다. 1950년대 이래로 화이트칼러 및 서비스직이 대대적으로 증가하여 위축일로에 있는 제조업 부문에서 해고된 수많은 노동자들을 흡수했다. 오늘날에는 화이트칼러 직종까지도 자동화했기 때문에 재래식 서비스 부문의 확대 만으로 실업을 해결할 수 있겠는가 하는 심각한 문제가 제기되고 있다. 일부 국가들은 이 문제를 호도하기 위해 초과고용이나 생산제한을 장려하고 공공 및 민간의 관료체제를 확대하고 과잉노동력을 수출하는 등 여러가지 방책을 강구하고 있다. 그러나 「제2물결」 경제의 테두리 안에서는 문제의 해결을 기대할 수 없다.

필자가 생산소비자의 등장이라고 부른 이 생산자와 소비자의 결합이 중요한 의미를 갖는 것은 바로 이 때문이다. 「제3물결」 문명에는 교환 아닌 사용을 위한 생산에 기초한 거대한 경제부문, 시장을 위한 생산이 아닌 스스로를 위한 생산에 기초한 경제부문의 재등장이 수반된다. 「시장화」된 지 300년만에 이루어지는 이 극적인 전환은 실업과 복지에서 레저와 노동의 역할에 이르는 모든 경제문제에 관해 근본적으로 새로운 사고를 요구하고 또 이를 가능케 해줄 것이다.

그것은 또한「가사노동」이 경제에서 차지하는 역할에 대한 인식의 변화, 그리고 그에 따라 아직 가사노동자의 대다수를 이루고 있는 여성의 역할에 대한 기본적인 변화를 수반하게 될 것이다. 지구를 휩쓸고 있는 강력한 시장화 물결이 높아지면서 지금껏 상상하지 못했던 여러가지 중요한 영향이 미래의 문명에 가해지고 있다.

한편「제3물결」사람들은 자연·진보·진화·시간·공간·사물·인과관계에 관한 새로운 가정들을 채택하게 될 것이다. 그들의 사고방식은 기계에 기초한 유추의 영향을 적게 받고 과정·피드백·불균형 등의 개념에 의해 더욱 더 영향받게 될 것이다. 그들은 연속성에 직접 이어지는 불연속성을 더욱 더 인식하게 될 것이다.

수많은 새로운 종교, 새로운 과학의 개념, 인간 본질에 관한 새로운 이미지, 새로운 예술 형식들이 산업화시대에 가능했거나 필요로 했던 것보다 훨씬 더 풍부한 다양성을 가지고 등장하게 될 것이다. 지금 등장하고 있는 이 다중(多重)문화(multiculture)는 집단분규 해결의 새로운 형식이 개발되기까지는 혼란을 겪게 될 것이다.(오늘날의 법률체계는 고도의 다양성 사회에 적용하기에는 상상력이 모자라 한심할 정도로 부적당하다.)

사회적 분화의 증가는 또한 지금까지 주요 표준화 세력이었던 국민국가의 역할 감소를 수반할 것이다.「제3물결」문명은 새로운 권력배분에 기초하게 될 것이다. 여기서는 국가 자체는 종전과 같은 영향력을 상실하고 다른 제도—초국가기업에서 자치구역 또는 심지어 도시국가에 이르는 제도—들이 보다 큰 중요성을 갖게 될 것이다.

전국적인 시장과 경제가 조각조각 세분화하여 그 중 일부는 이미 과거의 전국적인 시장이나 경제보다 규모가 더 커지게 됨에 따라 각 지역의 세력이 강해지게 될 것이다. 지리적 접근성보다는 공통의 문화적·생태적·종교적·경제적 유사성에 기초한 새로운 동맹관계가 형성될 것이며 따라서 북아메리카의 어떤 지역은 가까운 이웃 지역이나—궁극적으로는—자기 나라 정부보다 유럽이나 일본의 어떤 지역과 보다 긴밀한 관계를 발전시키게 될 것이다. 이 모든 것을 하나로 묶는 것은 통일적인 세계정부가 아니라 새로운 초국가적 조직체들의 긴밀한 네크워크일 것이다.

부유한 나라들 바깥에서는 인류의 4분의 3을 차지하는 비산업화 지역 주민들이 이제는 맹목적으로 「제2물결」 사회를 모방하거나 「제1물결」적 상황에 만족하려 하지 않고 새로운 수단들을 동원하여 빈곤과 싸워나가게 될 것이다. 급진적인 새로운 「개발전략」들이 등장하여 각 지역의 특수한 종교적·문화적 특성을 반영하면서 의식적으로 미래 쇼크를 최소화하는 태세를 갖추게 될 것이다.

앞으로 많은 나라들은 산업화한 영국·독일·미국 ·소련 등을 모방하기 위해 자기 자신의 종교적 전통, 가족구조, 사회생활 등을 철저하게 파괴하지 않고 「제1물결」 사회의 어떤 특징들과 현재 고도기술을 바탕으로 「제3물결」 나라들에서 재등장하고 있는 몇몇 특징들간에 일치성이 있다는 데 주목하면서 자신들의 과거를 토대로 새로운 건설을 시도하게 될 것이다.

프랙토피아의 개념

그러므로 지금 우리가 목격하고 있는 것은 개인뿐 아니라 지구 전체에 영향을 미치게 될 전혀 새로운 생활방식의 모습이다. 여기서 개관한 새로운 문명을 유토피아라고 부르기는 어렵다. 이 문명은 여러가지 심각한 문제의 영향을 받을 것이다. 그 중 몇 가지 문제에 관해서는 후술하고자 한다. 자기 자신과 공동체에 관한 문제, 정치문제, 정의·평등 및 도덕성 문제, 새로운 경제와 관련된 문제(그리고 특히 고용·복지 및 생산소비간의 관계에 관한 문제) 등—이 모든 문제들이 싸움에 임할 열정을 불러일으켜 줄 것이다.

그러나 「제3물결」 문명은 또한 「반(反)유토피아」적인 것이 아니다. 그것은 「1984년」(역주 오웰의 소설)의 확대판도 아니고 「멋진 신세계(Brave New World)」(역주 헉슬리의 소설)의 재현도 아니다. 이 두 훌륭한 저서와 여기에 영향받은 수많은 공상과학소설들은 미래를 개인의 차이가 말살된 고도로 중앙집권화되고 관료화된 그리고 표준화된 사회로 묘사하고 있다. 우리는 지금 그 정반대의 방향으로 나아가고 있다.

「제3물결」은 생태학적 위협에서 핵 테러의 위험과 전자공학적 파시즘에 이르기까지 인류에 대해 여러가지 심각한 도전을 수반하고 있지만 그것이 단순히 산업주의의 악몽과 같은 연장선상에 있는 것은 아니다.

여기서 우리 앞에 모습을 드러내고 있는 것을 「프랙토피아(practopia)」라고 부를 수 있을 것이다. 그것은 모든 가능한 세계 중에 가장 좋은 것도 가장 나쁜 것도 아니며 우리가 갖고 있는 세계보다 실용적이고 바람직한 것일 것이다. 유토피아와는 달리 프랙토피아는 질병, 정치적 악폐, 악습에서 해방된 사회가 아니다. 대부분의 유토피아와는 달리 프랙토피아는 상상 속의 완전상태에 정지되거나 고정되어 있지 않다. 또 그것은 상상 속의 과거를 이상으로 삼는 복귀적인 것도 아니다.

역으로 말하면 프랙토피아는 뒤집혀진 유토피아가 갖는 구체적 악(惡)을 구현시킨 것도 아니다. 그것은 철저하게 반민주적이지도 않고 본래부터 군국주의적인 것도 아니다. 그것은 시민들을 얼굴없는 획일적 존재로 격하시키지도 않으며 이웃을 파괴하거나 환경을 퇴화시키지도 않는다.

요컨대 프랙토피아는 긍정적이고 심지어 혁명적이면서도 현실적으로 실현 가능한 범위내에 있는 대안을 제시해 준다.

이러한 의미에서 「제3물결」 문명이야말로 바로 프랙토피아적 미래이다. 우리는 이 속에서 개인의 차이를 인정하고 인종적·지역적·종교적·소문화별 다양성을 억압하지 않고 포용하는 문명을 엿볼 수 있다. 그 문명은 상당한 정도로 가정을 중심으로 이루어져 있다. 그것은 호박 속에 응고되어 있지 않고 혁신으로 약동하는 문명이며 그러면서도 상대적 안정을 필요로 하거나 바라는 사람들에게 아늑한 장소를 제공해 줄 수도 있다. 그것은 더 이상 최대의 에너지를 시장화에 투입할 필요가 없는 문명이다. 그것은 예술에 큰 정열을 쏟을 수 있는 문명이다. 그것은 미증유의 역사적 선택—한 가지 예를 들면 유전공학과 진화에 관한 선택—에 직면하여 이 복잡한 문제를 다룰 새로운 윤리적·도덕적 기준을 만들어 내야 하는 문명이다. 끝으로 그것은 적어도 잠재적으로는 민주적·인간적이며 또한 생물영역과 훌륭한 균형을 이루고 있어 세계의 다른 나라들이 제공하는 자원개발을 위한 보조금에 의존할 필요가 없는 문명이다. 그것은 비록 힘들기는 하지만 달성이 불가능한 문명이 아니다.

이처럼 오늘날의 변화들은 한데 모여 거대한 합류점을 이루어 흘러가면서 시대에 점차 뒤떨어져 실행이 불가능해지고 있는 산업화 체제에 대한 대안인 실행 가능한 반(反)문명(countercivilization)을 지향하고 있다.

한 마디로 오늘날의 변화들은 프랙토피아를 지향하고 있다.

잘못된 질문

왜 이러한 현상이 일어나는 것인가? 낡은 「제2물결」이 왜 갑자기 실행 불가능하게 되는 것인가? 이 새로운 문명의 조류가 왜 낡은 조류와 충돌하게 되는 것인가?

그 해답은 아무도 모른다. 산업혁명이 일어난 지 300년이 지난 오늘날에 와서도 역사학자들은 그 「원인」을 명확히 밝히지 못하고 있다. 전술한 바와 같이 각 학회나 철학의 학파들은 나름대로 설명을 하고 있다. 기술결정론자들은 증기기관을, 생태학자들은 영국의 삼림황폐를, 경제학자들은 양모 가격의 변동을 그 이유로 지적하고 있다. 다른 사람들은 종교적·문화적 변화, 종교개혁, 계몽주의 운동 등을 강조하기도 한다.

오늘날의 세계에서도 우리는 서로 관련된 여러가지 인과요인들을 지적할 수 있다. 전문가들은 석유제품에 대한 수요의 증대, 세계인구의 급증 또는 세계적 규모의 구조변화를 일으키는 핵심요소로서의 지구오염 위협의 증대 등을 지적하고 있다. 다른 사람들은 제2차세계대전 이후의 엄청난 과학·기술 발전과 이에 수반된 사회적·정치적 변화를 지적하고 있다. 또 비산업세계의 각성과 이에 따른 정치적 격동으로 값싼 에너지와 원자재의 생명선이 위협받게 되었다는 점을 강조하는 사람들도 있다.

우리는 여러가지 충격적인 변화들—성(性)의 혁명, 1960년대의 청소년 격동, 노동에 대한 태도의 급속한 변화 등—도 원인으로 들 수 있다. 특정한 종류의 기술변화를 크게 가속화시킨 군비경쟁을 원인으로 꼽을 수도 있다. 아니면 우리 시대에 종교개혁과 계몽주의 운동을 합친 것만큼이나 심대한 영향을 미쳤다고 할 수 있는 문화적·인식론적 변화에서 「제3물결」의 원인을 찾아볼 수도 있을 것이다.

요컨대 우리는 수십, 수백가지 변화의 흐름이 하나의 대합류를 이루어 그 모두가 서로 인과관계를 맺고 있음을 알 수 있다. 우리는 사회체제 속에서 놀랄만큼 긍정적인 피드백 고리들이 특정한 변화들을 광범위하게 증폭시키며 또한 부정적인 고리들은 다른 변화들을 억제하고 있음을 알 수 있다. 우리는 이 격동의 시대에 프리고기네 등 과학자들이 말한 것처럼 어떤 단순한 구조가 우연한 계기에 갑자기 복잡하고 다양한 전연 새로운 차원으로 뛰어오르는 이른바 대「약진(leap)」과 비슷한 것을 발견하게 된다.

우리가 알 수 없는 것은 「제3물결」이 단일 독립변수 또는 그 쇠사슬을 연결시켜 주고 있는 고리를 의미한다고 볼 때 「그」 원인이 무엇인가 하는 점이다. 사실 「그」 원인이 무엇이냐고 묻는 것은 잘못된 질문방법일 수도 있고 한 걸음 더 나아가 질문 자체가 애당초 잘못된 것일 수도 있다. 『「제3물결」의 원인은 무엇인가?』라는 질문은 「제2물결」적 질문일지도 모른다.

이렇게 말하는 것은 인과관계를 도외시하려는 것이 아니고 단지 문제의 복잡성을 인식하려는 것이다. 또 역사적 필연성을 시사하려는 것도 아니다. 「제2물결」 문명이 붕괴되고 기능을 상실한다고 해서 반드시 여기서 설명한 「제3물결」 문명이 형성되어야 한다고 말하는 것도 아니다. 몇 가지 요인에 의해 그 전도가 크게 달라질 수도 있다. 얼른 떠오르는 것만 해도 전쟁, 경제적 붕괴, 생태계 파괴 등을 들 수 있다. 최근의 역사적 변화 물결을 아무도 멈추게 할 수 없겠지만 필연과 우연이 함께 작용하고 있다. 그러나 이것은 우리가 그 진로에 영향을 미칠 수 없다는 말은 아니다. 긍정적 피드백에 관한 필자의 말이 옳다면 체제에 약간의 「자극」만 주어도 대규모의 변화를 일으킬 수 있는 경우가 많다.

우리가 오늘날 개인·집단·정부로서 행하는 여러가지 결정은 흘러가는 변화의 물결을 비켜 가게 하거나 다른 데로 돌리거나 또는 한 방향으로 유도해 갈 수도 있다. 사람들은 「제2물결」 옹호자들이 「제3물결」 옹호자들과 싸우는 초투쟁에서 제기되는 도전에 대해 각양각색의 반응을 나타낼 것이다. 소련인의 반응이 다르고 미국인·일본인·독일인·노르웨이인의 반응이 다를 것이며 각국은 점점 더 비슷해지기보다 서로 달라지게 될 것이다.

국가의 내부에서도 사정은 같다. 조그만 변화로도 기업·학교·교회·병원·이웃에서 큰 영향을 촉발시킬 수 있다. 뭐니뭐니 해도 사람—심지어 개개인—이 아직도 중요시되고 있는 것은 바로 이 때문이다.

사람이 중요한 것은 앞으로 일어날 변화가 자동적으로 진행되는 것이 아니라 투쟁의 결과이기 때문에 더욱 그러하다. 따라서 모든 기술선진국에서도 낙후지역들은 산업화를 완성시키기 위해 싸우고 있다. 그들은 「제2물결」적 공장들과 이를 바탕으로 한 일자리를 보존하려고 애쓴다. 이 때문에 그들은 「제3물결」적 운영의 기술적 기반을 구축하는 데 훨씬 앞서 있는 다른 지역들과 정면으로 충돌하게 된다. 이러한 싸움은 사회를 분열시키기도 하지만 다른 한편으로는 효율적인 정치적·사회적 행동을 위한 여러가지 기회를 열어주기도 한다.

현재 모든 사회에서 「제2물결」 사람들과 「제3물결」 사람들이 초투쟁을 벌이고 있다고 해서 그밖의 다른 투쟁들이 중요성을 상실하는 것은 아니다. 계급투쟁, 인종대립, 필자가 말하는 이른바 「중년층 제국주의(imperialism of the middle-aged)」에 대한 노소(老少)의 투쟁, 그리고 지역간·남녀간·종교간의 투쟁 등—이 모든 것이 계속되고 있다. 실제로 그 중 일부는 더욱 격화되고 있다. 그러나 이 모든 투쟁은 초투쟁에 의해 형성되고 또 그것에 종속되어 있다. 미래를 기본적으로 규정하는 것은 이 초투쟁이다.

한편 「제3물결」의 노호 소리가 들려오면서 두 가지 현상이 각 방면에 나타나고 있다. 그 하나는 보다 높은 차원의 사회적 다양성으로의 이행, 즉 대중사회의 탈대중화이다. 두번째는 가속화, 즉 역사상의 변화가 일어나는 속도의 증가이다. 이 두 가지가 합쳐져 개인과 조직체 모두에게 엄청난 긴장을 부과하면서 우리에게 닥쳐오는 초투쟁을 격화시키고 있다.

낮은 다양성과 느린 변화에 대응하도록 익숙해 있던 개인과 조직체들이 갑자기 고도의 다양성과 빠른 속도의 변화에 대응하려고 노력하게 되었다. 이에 따른 압력이 그들의 결정 능력에 과중한 부담을 주고 있다. 그 결과는 미래 쇼크이다.

우리에게는 한 가지 선택만이 남아 있다. 우리는 새로운 현실에 대응하기 위해 우리 스스로와 우리의 조직체들을 개조해 나갈 각오를 해야 한다.

그것은 실행 가능하고 품위있는 인간적 미래에 도달하기 위한 대가이기 때문이다. 그러나 필요한 변화를 이룩하려면 우리는 두 가지 중요한 문제를 아주 새롭고도 상상력있는 시각에서 살펴볼 필요가 있다. 이 두 가지는 인류가 생존하기 위한 아주 중대한 문제임에도 불구하고 일반인들의 논의에서는 모두 무시되고 있다. 그것은 퍼스낼리티의 미래와 미래의 정치에 관한 문제이다.

이제 이 문제들을 살펴보기로 하자.…

제3물결

제 IV 부

결 론

25
새로운 정신영역

새로운 문명이 형성되고 있다. 그러나 우리는 어느 위치에서 이 문명에 적응할 수 있을까? 오늘날의 기술변화와 사회적 격변은 우애·사랑·헌신·공동체·보살핌 등의 종식을 의미하는 것은 아닐까? 내일의 전자공학적 경이들은 인간관계를 지금보다 더 공허하고 간접적인 것으로 만들지 않을까?

이러한 질문들은 정당한 것이다. 이 질문들은 당연한 공포심에서 나온 것이기 때문에 이를 가볍게 묵살할 수 있는 사람은 천진난만한 테크너크랫들뿐일 것이다. 우리 주변을 둘러보면 정신적 파탄의 징후가 널리 퍼져 있음을 찾아볼 수 있다. 그것은 마치 인류 공동의 「정신영역」에 폭탄이 터진 것과도 같다. 실제로 우리는 지금 「제2물결」의 기술영역·정보영역·사회영역뿐 아니라 그 정신영역도 붕괴되고 있음을 체험하고 있다.

부유한 나라들에서는 청소년 자살률의 증가, 알콜중독자의 엄청난 증가, 정신적 우울증의 만연, 문화파괴행동, 범죄 등 이러한 일련의 현상은 너무나도 낯익은 것이다. 미국에서는 병원 응급실에 「신경 파탄자」는 말할 것도 없고 「마리화나 상습자」, 「스피드광」, 「수면제 상습 미성년자」, 「코카인 중독자」, 「헤로인 상용자」 등이 우글거리고 있다.

사회사업과 정신건강산업이 도처에서 붐을 이루고 있다. 워싱턴에서는 백악관 정신보건위원회(President's Commission on Mental Health)가 전체 미국 시민의 4분의 1이 어떤 형태로든 심각한 정서적 스트레스를 겪고 있다고 발표하고 있다. 또 전국정신보건연구소(National Institute of Mental Health)의 한 심리학자는 어떤 형태이든 정신적 장애자가 없는 가정이 거의 없다고 설명하면서 『미래에 대해 혼란되고 의견이 엇갈리고 불안해 하는 미국 사회에서는…정신적 동요가 만연하고 있다』고 밝혔다.

물론 개념정의가 엉성하고 통계의 신빙성이 없어 이같은 포괄적 일반화에 의문이 가는 것은 사실이며 또한 종전의 사회들이 훌륭한 정신보건의 모델이 되기 어렵다는 것은 더더구나 사실이다. 그러나 오늘날 무엇인가가 크게 잘못되어 있다.

오늘날의 일상생활은 각박하고 칼날처럼 긴장되어 있다. 신경은 거칠어지고 또한—지하철이나 주유소 행렬에서 일어나는 난투극이나 총격사건이 시사해 주듯이—감정은 일촉즉발의 상태에 있다. 수많은 사람들은 끝내 넌더리가 날대로 나 있다.

더구나 사람들은 난폭자·괴짜·미치광이·기인(奇人)·정신병자 등의 무리가 늘어나 들볶이고 있는 데도 매체에서는 이들의 반사회적 행동을 미화하고 있는 실정이다. 적어도 서방에서는 광기를 낭만적으로 묘사하고 「버꾸기 둥지」(역주 cuckoo nest, 정신병원의 속어) 수용자를 미화하는 나쁜 경향을 볼 수 있다. 베스트셀러들은 정신착란이 허구라고 주장하고 있으며 버클리에서 출판되는 어떤 문예잡지는 『광인·천재·성자는 모두 동일한 영역에 속하므로 동일한 명칭과 명성이 주어져야 한다』는 의견을 제시하고 있다.

그런가 하면 수많은 사람들이 미친듯이 자기동일성을 탐색하고 있으며 자신의 퍼스낼리티를 되찾아 주고 즉흥적인 친밀감이나 황홀감을 제공해 주고 「들뜬」 의식상태로 이끌어 줄 그 어떤 마법적인 치료법을 추구하고 있다.

1970년대 말에 와서는 캘리포니아주에서 일어난 인간잠재력운동(human potential movement)이 동쪽으로 번져가면서 온갖 종류의 정신분석·동방종교·섹스실험·게임요법·옛날식 신앙부흥운동 등이 뒤섞인 약 8,000종의「치료법」이 생겨 나게 되었다. 어떤 비판적 연구보고서는 이렇게 지적하고 있다.『이러한 기법들은「정신역학(Mind Dynamics),「아리카(Arica)」,「실바 마인드 컨트롤(Silva Mind Control)」등의 이름으로 그럴듯하게 포장되어 전국으로 보급되었다.「초월적 명상법(Transcendental Meditation)」은 이미 속독법 못지않게 판매되고 있고「사이언톨로지」(역주 scientology, 미국의 허버드(L. Ron Hubbard)에 의해 창안된 정신위생의 종합과학)의「다이어네틱스」(역주 dianetics, 해로운 심성을 제거해 줌으로써 어떤 신체적인 증상을 치료하고자 하는 심리요법)는 1950년대부터 인기있는 치료법으로 대량판매되고 있다. 또한 미국의 여러 신흥종교들도 전국을 조용히 누비면서 대규모의 기금조성과 신도모집에 나서고 있다.』

지금 성장하고 있는 이 인간잠재력 산업보다 더욱 중요한 것은 기독교의 복음운동이다. 빈민층과 저학력층을 대상으로 고성능 라디오나 TV를 교묘하게 활용하는 이른바「거듭나기」운동이 급속히 확대되고 있다. 종교행상들은 기세좋게 이 사회가 퇴폐하여 멸망할 수밖에 없다고 묘사하면서 추종자들로 하여금 앞을 다투어 구원을 얻도록 만들고 있다.

이 병적인 물결이 기술 세계의 곳곳에 똑같이 미치고 있는 것은 아니다. 이 때문에 유럽 등 다른 지역의 독자들은 이것을 주로 미국적인 현상이라고 대수롭지 않게 생각하고 싶을 것이며 또 미국 자체에서도 일부 사람들은 아직도 이 현상을 캘리포니아 특유의 우화적 기벽(奇癖)의 표현으로 이해하고 있다.

그러나 이것처럼 잘못된 생각은 없다. 만일 미국, 특히 캘리포니아에서 정신적 고뇌와 파탄이 가장 심하게 나타난다면 그것은「제3물결」이 다른 지역보다 약간 빨리 도달하여「제2물결」의 사회구조들이 약간 빨리, 그리고 보다 눈에 띄게 붕괴되고 있다는 사실을 반영하는 것일 뿐이다.

실제로 수많은 지역사회에 일종의 편집광 증상이 깔려 있는데 그것은 비단 미국에서만이 아니다. 로마와 토리노에서는 테러리스트들이 거리를 활보하고 있다. 파리에서, 그리고 전에는 평화로왔던 런던에서조차도 노상강도와 문화파괴 행위가 늘어나고 있다. 시카고에서는 노인들이 해가 진 후에 길거리에 나서기를 두려워하고 있다. 뉴욕에서는 학교와 지하철에서 폭력이 난무한다. 그리고 다시 캘리포니아에서는 어떤 잡지가 『권총 및 소총 사용법 강좌, 공격용으로 훈련된 맹견, 도난경보기, 호신용구, 호신술 강좌, 컴퓨터 보안체제』 등에 관한 이른바 실용적인 안내를 독자들에게 제공하고 있다.

지금 공중에는 병의 기운이 감돌고 있다. 그것은 「제2물결」 문명이 죽어가는 냄새이다.

고독과의 싸움

다가오는 내일의 문명을 맞이할 보람있는 정서생활과 건전한 정신영역을 창조하려면 우리는 개개인이 가지고 있는 세 가지 기본적 요구를 인정해야 한다. 공동체·구조 및 의미에 대한 요구가 그것이다. 「제2물결」 사회의 붕괴가 이 세 가지를 위태롭게 하고 있다는 것을 이해하면 우리 자신과 우리 자손들의 미래를 위해 보다 건강한 정신적 환경을 설계하는 실마리를 제시할 수 있을 것이다.

우선 제대로 된 사회라면 공동체 의식을 조성할 수 있어야 한다. 공동체는 고독감을 없애주며 사람들에게 꼭 필요한 소속감을 심어준다. 그러나 오늘날에는 모든 기술사회에서 공동체를 뒷받침하는 제도들이 무너지고 있다. 그 결과 고독감이 만연해 가고 있다.

로스앤젤레스에서 레닌그라드에 이르기까지 세계 도처의 10대 청소년, 결혼생활이 원만치 못한 부부, 독신 부모, 일반 근로자, 노년층 등이 모두 사회적 고립을 호소하고 있다. 부모들은 자녀들이 너무 바빠 찾아오지 않고 심지어 전화도 걸어오지 않는다고 털어 놓는다. 선술집이나 셀프서비스 세탁소에서 서성거리는 고독한 이방인들은 어느 사회학자가 말한 「그 너무나 슬픈 이야기들」을 제공해 준다. 독신자 클럽과 디스코장은 절망에 빠진 이혼남녀에게 인육시장 구실을 하고 있다.

고독은 경제적 요인으로서도 소홀히 취급되고 있다. 풍요한 교외주택에서의 공허한 삶에 짓눌린 끝에 정신건강을 찾으려고 일자리를 찾아나서는 중·상류층 주부가 얼마나 많은가? 텅빈 집안의 정적을 달래기 위해 얼마나 많은 애완동물(그리고 엄청난 애완동물용 식품)이 구입되고 있는가? 고독감은 관광업과 유흥업을 크게 뒷받침해 주고 있다. 그것은 마약 상용·우울증 그리고 생산성 저하의 원인이 되기도 한다. 그것은 또한 외로운 사람들이 「제짝」을 찾아 인연을 맺도록 도와주는 데 목적이 있는 수지맞는 「외로운 애인」 산업을 일으켜 주고 있다.

물론 외로움의 고통은 새로운 것이 아니다. 그러나 지금은 고독이 매우 광범하게 퍼져 있기 때문에 역설적으로 공통의 경험으로 되어가고 있다.

그러나 공동체는 정서적으로 만족스러운 개인들간의 유대 이상의 것을 요구한다. 그것은 개인과 조직체간의 강력하고 성실한 결속도 요구한다. 사람들이 다른 개인들과의 교우관계가 없는 것을 슬프게 생각하는 것과 마찬가지로 오늘날 수많은 사람들은 자기가 속한 제도로부터 단절되었다는 느낌도 갖고 있다. 사람들은 자기가 존경·애정 그리고 충성을 바칠만한 제도를 갈망하고 있다.

기업체가 바로 이러한 경우에 해당한다.

기업체가 성장하여 더욱 비인격화하고 여러가지 다른 사업분야로 다양화함에 따라 종업원들에게는 공통의 사명감 같은 것이 별로 남지 않게 되었다. 공동체 의식이 없어진 것이다. 「애사심」이라는 말 자체가 케케묵은 단어가 되었다. 실제로 많은 사람들은 애사심을 자기기만이라고 생각하고 있다. 대기업을 다룬 크네이벌(Fletcher Knebel)의 인기소설 「순수익(The Bottom Line)」에서는 여주인공이 회사 중역인 남편에게 『애사심이라니! 이젠 구역질이 나요』라고 떠든다.

아직 종신고용제와 기업온정주의가 남아 있는 일본을 제외하면(노동력의 비중은 줄고 있지만) 오늘날 직장관계는 더욱 더 일시적이고 정서적으로 불만족스러운 것으로 되어가고 있다. 회사가 고용에 대해 어떤 사교적 차원의 행사 — 연례 야유회, 회사가 후원하는 볼링대회, 회사내 크리스마스 파티 등 — 를 제공해 주려고 애쓰는 경우에도 대부분의 직장관계는 피상적일 수밖에 없다.

이러한 이유 때문에 오늘날 자기보다 더 낫고 큰 어떤 대상에 대해 소속감을 가지고 있는 사람은 별로 없다. 위기·긴장·재난 또는 대중봉기의 시기에는 이같은 따뜻한 참여의식이 자발적으로 우러날 때가 있다. 예컨대 1960년대의 대규모 학생운동 때는 공동체 의식이 넘쳤었다. 오늘날의 반핵운동의 경우도 마찬가지이다. 그러나 이 두 가지 운동과 여기서 우러나는 의식은 모두 일시적이다. 공동체는 거의 찾아볼 수 없다.

고독감이 만연하게 된 한 가지 원인은 사회적 다양성이 증대한 데서 찾아볼 수 있다. 사회를 탈대중화함으로써, 유사성보다는 상이성을 강조함으로써 우리는 사람들이 스스로를 개성화하도록 조장하고 있다. 우리는 각자가 자신의 잠재력을 최대한 실현시킬 수 있도록 만들었다. 그러나 동시에 우리는 인간적 접촉을 더욱 어렵게 만들고 있다. 인간은 개성화하면 할수록 자기와 관심사·가치관·스케줄·취미가 똑같은 배우자나 연인을 찾기가 더욱 어렵게 되기 때문이다. 친구를 만나기도 더욱 어려워지고 있다. 우리는 사회적 관계를 맺는 것이 더 한층 까다로워지고 있다. 그러나 다른 사람들도 마찬가지이다. 그 결과 수많은 사람들이 짝이 안 맞는 관계를 맺고 있거나 전연 관계를 맺지 못하고 있다.

그러므로 대중사회의 붕괴는 비록 개개인에게 훨씬 큰 자기성취를 약속해 주기는 하지만 적어도 현재로서는 고립의 고통을 만연시키고 있다고 할 수 있다. 다가오는 「제3물결」 사회가 마음이 텅 빈, 금속처럼 차가운 것이 되지 않도록 하려면 이 문제와 정면으로 대결해야 한다. 그 사회는 공동체를 회복시켜야 한다.

그러자면 무슨 일부터 해야 할 것인가?

고독이 이제는 개인적인 문제가 아니라 「제2물결」 제도들의 와해로 인해 야기되는 사회적 문제가 되었다는 점을 인정할 때 우리는 여러가지 대책을 강구할 수 있다. 우선 공동체의 출발점인 가정의 축소된 기능을 확대하는 일부터 시작할 수 있다.

가족은 산업혁명 이후 점차 노령자 부양의 부담에서 벗어났다. 우리가 지금까지는 가족의 노령자에 대한 부양책임에서 벗어나 있었지만 이제는 이 책임을 부분적으로 부활시켜야 할 때가 되었다. 공·사의 연금제도를 해체하거나 노령자들이 전처럼 전적으로 가족에 의존하도록 해야 한다고 생각한다면 그것은 복고적인 어리석은 생각일 것이다. 그러나 노령자들을 비인간적인 「양로원」에 맡기지 않고 스스로 집안에서 돌보아 주는 가족들—비핵가족과 여러가지 비재래적인 가족들을 포함하여—에게 세제상 혜택 등의 장려책을 제공하지 말아야 할 이유가 없다. 여러 세대에 걸쳐 가족적 유대를 유지·공고화시키는 사람들을 경제적으로 처벌할 것이 아니라 오히려 보상해 주어야 하지 않겠는가?

가족의 다른 기능들에 대해서도 같은 원칙을 적용할 수 있다. 가정은 청소년 교육에서도 보다 큰 역할을 맡도록 장려되어야 한다. 집에서 자녀를 직접 가르치고자 하는 부모들을 괴짜나 범법자로 간주할 것이 아니라 학교에서 지원을 받도록 해주어야 한다. 그리고 부모들은 학교에 대해 보다 큰 영향력을 행사할 수 있어야 한다.

또한 학교 자체도 소속감 조성을 위해 여러가지 일을 할 수 있다. 학생을 순전히 개인별 성적만 가지고 평가할 것이 아니라 학급 전체 또는 분단의 성적을 부분적으로 감안하여 평가하도록 할 수 있다. 이렇게 하면 인간은 서로에 대해 책임을 진다는 관념을 일찍부터 명확하게 심어줄 수 있을 것이다. 상상력있는 교육자들은 조금만 격려해 주면 공동체 의식을 조성할 수 있는 여러가지 보다 더 좋은 방안을 생각해 낼 수 있다.

기업체들도 인간적 유대를 새로이 구축하기 위해 여러가지 일을 할 수 있다. 「제3물결」적 생산은 탈중앙집권화와 소규모의 보다 인간적인 작업단위를 가능케 해준다. 창의적인 회사들은 노동자의 그룹들이 미니회사(mini-company) 또는 협동조합을 만들도록 하고 이 그룹들에게 특정한 작업을 하도록 이들과 직접 계약을 함으로써 종업원의 사기와 소속감을 높일 수 있을 것이다.

대기업체를 이처럼 소규모의 자주관리 단위로 분해하게 되면 엄청난 새로운 생산적 에너지를 일으킬 수 있을 뿐만 아니라 공동체를 구축할 수 있다.

「이코노미스트(Economist)」지의 부편집인 매크레이(Norman Macrae)는 이렇게 제안한 바 있다. 『친구로서 함께 일하기를 선택한 6~17명쯤의 인원으로 준(準)자치적인 팀들을 구성하여 시장요인에 따라 생산 모듈별로 생산단위당 임금이 얼마나 지급될 것인지를 알려 주고 나서 점차 각 팀의 방식대로 생산하도록 허용해야 할 것이다.』

매크레이는 이어 『이같은 집단적 우애조합을 성공적으로 고안해 내는 회사들은 사회적으로 여러가지 좋은 일을 할 것이므로 일정한 장려금이나 세제상 혜택을 받아야 마땅하다』라고 덧붙였다.(이 제도가 특히 흥미를 끄는 것은 영리를 추구하는 기업체내에 협동조합을 만들 수 있고 한 걸음 더 나아가 사회주의적 생산업체의 테두리내에 영리를 추구하는 회사를 만들 수도 있다는 점에 있다.)

기업체들은 또한 현행 퇴직제도를 진지하게 재검토해 볼 필요가 있다. 노령의 노동자를 일거에 내쫓는 것은 개인에게서 정규적인 전액 급여를 빼앗고 사회에서 인정되는 생산적 역할을 박탈할 뿐 아니라 여러가지 사회적 관계를 단절시킨다. 그렇다면 일종의 부분퇴직제도를 도입하여 준(準)퇴직자들로 하여금 인력이 모자라는 공동체 업무에서 자원봉사자 자격이나 급여의 일부만 받는 조건으로 일하도록 할 수는 없을까?

공동체를 구축하는 또 한 가지 방안으로 퇴직자들이 청소년과 새로운 접촉을 갖도록 하는 방안과 그 반대의 방안을 생각할 수 있다. 모든 공동체의 노령자들을 「보조교사」 또는 「스승」으로 임명하여 파트타임 근무 또는 자원봉사자 자격으로 지역학교에서 자기가 갖고 있는 어떤 기능들을 가르치도록 초빙하거나 또는 학생이 그들을 정기적으로 찾아가 지도를 받도록 할 수 있을 것이다. 학교의 감독하에 퇴직한 사진사는 사진기술을, 자동차 정비공은 다루기 힘든 엔진 수리법을, 경리는 부기학을 가르칠 수 있다. 이렇게 하면 대개의 경우 스승과 「제자」간에 수업 이상의 건전한 유대관계가 성장하게 될 것이다.

고독은 죄가 아니며 또한 각종 구조가 빠른 속도로 붕괴되고 있는 사회에서는 수치도 아니다. 따라서 런던의 「주이시 크로니클(Jewish Chronicle)」지에 실린 어떤 독자의 편지는 이렇게 질문하고 있다. 『모든 사람이 이성을 만나기 위해 그런 곳에 찾아가는 이유가 너무나 뻔한 것인데 그런 모임에 가는 것은 왜 「별로 점잖지 못한」 행위로 여겨

집니까?』같은 질문을 독신자 바·디스코장·행락지 등에 대해서도 제기할 수 있다.

이 편지는 동유럽의 「유태인촌」에서는 중매를 해주는 「샤드찬(shadchan)」이라는 조직체가 결혼 적령기의 사람들을 짝지워 주는 데 유익한 역할을 했고 오늘날에도 데이트 소개소·결혼상담소와 같은 중매업이 꼭 필요하다고 지적했다. 『우리는 우리가 도움을 필요로 한다는 것, 인간적 접촉과 사회생활을 필요로 한다는 것을 공개적으로 받아들일 수 있어야 한다』는 것이 이 독자의 주장이었다.

외로운 사람들이 품위있는 방법으로 만남을 갖도록 도와주려면 여러 가지 새로운 서비스—전통적 서비스와 새로운 서비스—가 필요하게 될 것이다. 지금도 어떤 사람들은 동반자나 배우자를 찾기 위해 잡지의 「외로운 연인」 광고란을 이용하고 있다. 얼마 안 있으면 각 지방 또는 마을의 유선 TV가 비디오 광고를 내보내 짝을 찾는 사람들이 데이트하기 전에 서로 상대방의 얼굴을 보게 될 날이 틀림없이 올 것이다.(이런 프로그램은 시청률이 매우 높을 것이다.)

그러나 이같은 데이트 알선 서비스를 로맨틱한 만남을 제공하는 것에만 국한시켜야 할까? 애인이나 결혼상대자가 아니더라도 사람들이 그저 서로 만나 친구로 사귀도록 도와주는 서비스—또는 장소—를 제공하지 못할 이유가 무엇인가? 사회는 이같은 서비스를 필요로 하며 따라서 그 서비스가 정직과 품위만 지킨다면 우리는 주저하지 말고 그러한 서비스를 고안하여 활용해야 할 것이다.

통신공동체

장기적 사회정책 차원에서 우리는 또한 조속히 「통신공동체(telecommunity)」를 향해 나아가야 한다. 공동체를 회복하고자 한다면 통근제도와 고도의 이동성이 사회적 단편화에 미치는 영향에 주목할 필요가 있다. 이 점에 관해서는 「미래 쇼크」에서 상세히 다루었으므로 여기서 재론하지는 않겠다. 그러나 다만 「제3물결」에 공동체 의식을 일으키기 위해 취할 수 있는 한 가지 핵심적 조치는 교통을 선택적으로 커뮤니케이션으로 대체하는 것이다.

컴퓨터와 원격통신이 우리에게서 대인접촉을 빼앗아가 인간관계를 더 한층 간접적인 것으로 만들리라는 일반인의 우려는 단순하고 소박한 생각이다. 사실은 그 반대일 가능성이 크다. 이 새로운 기술들은 일부 사무실이나 공장내의 관계를 희석시키는 경우도 있겠지만 가정과 공동체내의 유대를 크게 강화해 줄 것이다. 컴퓨터와 통신은 공동체의 조성에 도움을 줄 수 있다.

무엇보다도 이 새로운 기술들은 수많은 사람들을 통근으로부터 해방시켜 줄 수 있다. 원심분리기처럼 아침마다 우리를 뿔뿔이 흩어지게 만드는 이 통근제도는 우리를 피상적인 직장관계로 몰아넣고 가정과 공동체내의 보다 중요한 사회적 유대를 약화시키고 있다. 새로운 기술들은 수많은 사람들이 집안에서(또는 가까운 이웃 작업센터에서) 일할 수 있도록 해줌으로써 보다 따뜻하고 강하게 결속된 가족, 그리고 보다 친밀하고 아기자기한 공동체 생활을 가능케 해줄 것이다. 전자근무주택이 미래의 특유한 엄마·아빠의 직장이 될 것이다. 그리고 그것은 전술한 바와 같이 자녀들까지도 포함되는(그리고 때로는 외부 사람들에게까지도 참여하도록 개방되는) 새로운 가족단위 협동직장으로 발전하게 될 것이다.

부부가 낮 동안에 집에서 여러 시간을 함께 일하고 나면 저녁에는 외출하고 싶어하게 될 것이다.(오늘날의 보다 전형적인 패턴은 통근자가 녹초가 되어 집에 돌아오면 한사코 외출하지 않으려는 것이 보통이다.) 통신이 통근을 대체하기 시작하면 마을 주변에 레스토랑·극장·선술집·클럽 등이 크게 늘어나고 교회와 자원단체의 활동도 활발해질 것으로 예상할 수 있다. 이 모든 것 또는 그 대부분은 직접적인 대인접촉을 토대로 한 것이다.

그렇다고 해서 간접적인 관계를 모두 무시해서도 안된다. 문제는 단순한 간접성에 있는 것이 아니라 수동성과 무기력에 있다. 외출이 불가능하거나 직접 사람을 만나기를 두려워하는 부끄러움을 잘 타는 사람이나 병약자를 위해 현재 등장하고 있는 정보영역은 전국 어디서나 다이얼만 돌리면 즉시 비슷한 관심을 가진 다른 사람들—체스 애호가·우표수집가·시 애호가·스포츠 팬 등—과 쌍방향의 전자적 접축을 가질 수 있도록 해줄 것이다.

이러한 관계는 비록 간접적이기는 하지만 메시지가 모두 한 방향으로만 흘러 수동적인 수용자는 스크린의 순간적인 영상과 교호작용을 할 수 없는 오늘날, 우리가 알고 있는 것과 같은 TV보다는 훨씬 더 좋은 고독치료제를 제공해 줄 수 있다.

통신을 선택적으로 응용하면 통신공동체의 목표달성에 도움이 될 수 있다.

요컨대 우리는 「제3물결」 문명을 건설해 가는 동안에도 공동체를 파괴하지 않고 오히려 이를 유지·강화하는 데 도움을 주는 여러가지 일을 할 수 있다.

헤로인 중독 구조

그러나 공동체의 재건은 보다 큰 과정중 작은 일부분에 불과하다고 보아야 한다. 「제2물결」 제도의 붕괴는 우리 생활의 구조와 의미도 함께 파탄시키기 때문이다.

개개인은 생활구조를 필요로 한다. 파악할 수 있는 구조를 갖지 못한 생활은 정처없는 난파선과도 같다. 구조의 부재는 와해를 가져온다.

구조는 우리가 필요로 하는 상대적으로 고정된 좌표를 제공해 준다. 많은 사람들이 직장에 봉급 이상의 심리적 중요성을 부여하는 것은 바로 이 때문이다. 직장은 사람들이 바쳐야 할 시간과 정력의 요구량을 명확히 해줌으로써 생활의 나머지 부분을 조직할 수 있는 일종의 구조를 제시해 주고 있다. 어린이가 부모에게 부과하는 절대적 요구, 병약자를 돌볼 책임, 교회 또는 일부 국가의 정당이 구성원에게 요구하는 엄격한 규율 등—이 모든 것도 생활에 간단한 구조를 부과해 줄 것이다.

가시적 구조의 부재에 직면하여 일부 젊은이들은 마약을 사용하여 구조를 만들어 내고 있다. 심리학자 메이(Rollo May)는 이렇게 쓰고 있다. 『헤로인 중독은 젊은이에게 한 가지 생활방식을 제공해 준다.

끝없는 목적상실감을 겪어 왔기 때문에 지금 그 젊은이의 구조는 어떻게 형사를 따돌리고 그가 필요한 돈을 어떻게 구해서 다음 번에 사용할 마약을 어디서 구할 것인가 하는 문제들로 구성되어 있다. 이 모든 것들이 그에게 새로운 에너지망을 제공하여 종전의 구조없는 세계를 대신하도록 해준다.』

「제2물결」 시대에는 핵가족, 사회적으로 부과된 스케줄, 명확하게 정해진 역할, 가시적인 신분상의 구별 그리고 뚜렷한 권위체계 등—이 모든 요인들이 대다수의 사람들에게 적당한 생활구조를 만들어 주었다.

오늘날에는 「제3물결」적 미래의 제도를 마련해 줄 새로운 구조가 미처 자리를 잡기도 전에 「제2물결」이 붕괴하여 수많은 개인들의 생활구조가 와해되고 있다. 오늘날 수많은 사람들이 일상생활에서 이렇다 할 질서같은 것이 결여되어 있음을 체험하고 있는 것은 단순한 어떤 개인적 좌절 때문이 아니라 바로 이처럼 생활구조가 와해되었기 때문이다.

이같은 질서의 상실에 또 한 가지 덧붙일 것은 의미의 상실이다. 우리 인생이 「중요하다」는 느낌은 주변 사회와의 건전한 관계, 즉 가족·기업·교회·정치운동 등에서 온다. 이런 느낌을 가지려면 또한 스스로를 보다 큰, 심지어 우주적인 사물체계의 한 부분으로 인식할 수 있어야 한다.

오늘날 사회적 기본원칙들의 급격한 변동, 각종 역할과 신분상의 구별·권위체계 등의 문란, 순간영상 문화에의 몰입 그리고 무엇보다도 거대한 사고체계인 산업현실상의 붕괴는 대부분의 사람들이 머리 속에 지니고 있는 세계관을 산산조각내고 있다. 그 결과 오늘날 대부분의 사람들이 주변 세계에서 발견하는 것은 혼돈뿐이다. 사람들은 개인적인 무력감과 방향상실감을 겪고 있다.

우리는 이 모든 것—산업문명의 쇠퇴에 수반되는 고독, 구조 상실 및 의미의 붕괴—을 종합적으로 파악해야만 비로소 우리 시대의 여러 가지 수수께끼 같은 사회현상들을 다소나마 이해할 수 있게 될 것이다. 그 중의 하나가 신흥종교의 놀라운 성장이다.

신흥종교의 비결

오늘날 겉으로는 지성적이고 성공한 사람처럼 보이는 수많은 사람들이「제2물결」체제의 광범위한 균열을 틈타 우후죽순처럼 생겨나는 수많은 신흥종교에 빠져드는 것은 무슨 이유에서일까? 존스(역주 Jim Jones, 인민사원의 교주)가 그의 추종자들의 생명을 좌우할 수 있었던 그 절대적 통제력은 무엇으로 설명할 수 있을까?

오늘날 미국에서는 대략 1,000개의 신흥종교가 약 300만의 추종자를 거느리고 있는 것으로 추정되고 있다. 그 중 큰 것만 들더라도 통일교회(Unification Church), 신광(神光)전도회(Divine Light Mission), 하레 크리슈나파(Hare Krishna), 길(Way) 등이 있는데 이들은 모두 대부분의 주요 도시에 사원이나 지부를 두고 있다. 그 중 문선명(文鮮明)의 통일교회만 하더라도 신도수가 공칭 6만~8만에 달하고 뉴욕에서 일간신문을 발행하고 버지니아주에는 생선포장공장을 운영하고 있으며 그밖에도 여러가지 돈벌이 기업체를 가지고 있다. 판에 박은 듯이 웃는 얼굴을 하고 있는 이 교파의 기금모집원들은 어디서나 볼 수 있는 구경거리가 되어 있다.

이러한 집단들이 미국에만 있는 것도 아니다. 최근 스위스에서 있었던 센세이셔널한 소송사건은 이곳 빈터투르(Winterthur)에 있는 신광전도센터에 국제적인 관심을 집중시켰다. 런던의「이코노미스트」지는 이렇게 썼다.『각종 신흥종교·교파·공동체가…미국에 가장 많은 것은 미국이 이 분야에서도 세계의 다른 나라들보다 20년쯤 앞서 있기 때문이다. 그러나 앞으로는 이런 것들이 동·서 유럽과 그밖의 다른 지역들에도 나타나게 될 것이다.』이러한 집단들은 도대체 어떻게 해서 그 구성원들에게서 거의 절대적인 헌신과 복종을 누리고 있는 것일까? 그들의 비결은 간단하다. 그들은 공동체·구조 및 의미의 필요성을 이해하고 있다. 모든 신흥종교들은 바로 이런 것들을 판매하고 있다.

신흥종교들은 고독한 사람들에게는 우선 격의없는 우정을 베풀어 준다. 통일교회의 어떤 간부는『누군가 외로운 사람이 있으면 우리는 그에게 말을 건다. 세상에는 고독한 사람이 많다』고 말한다. 새로운 신도가 생기면 사람들이 몰려가 우정을 주고 환대를 한다. 대부분의 신흥종교들은 공동체 생활을 요구한다. 이 갑작스러운 온정과 친절이 큰 보람을 주기 때문에 신도들은 그 대가로 자기 가족이나 친구들과의 접촉을 끊고 모든 재산을 신흥종교에 바치고 마약이나 심지어 섹스까지도 멀리하게 되는 수가 많다.

그러나 신흥종교가 파는 것이 공동체만은 아니다. 신흥종교는 사람들이 절실히 요구하는 구조를 제공해 주기도 한다. 신흥종교는 신도들의 행동에 엄격한 제한을 가한다. 신흥종교는 엄청난 규율을 만들어 요구하며 때로는 구타와 강제노동, 자체적인 추방이나 투옥과 같은 방법을 동원하여 징벌하는 것을 강요하기까지 한다. 뉴저지 의과대학의 정신과 의사 수크디오(H. A. S. Sukhdeo)는 존스타운 집단자살 사건의 생존자들을 면담하고 인민사원 신도들의 글을 읽어 본 후 이렇게 결론지었다. 『우리 사회는 너무 자유롭고 관대하여 사람들이 너무나 많은 선택 가능성을 가지고 있기 때문에 스스로 효과적인 결정을 내릴 수가 없다. 그런 사람들은 다른 사람이 결정을 내려주고 자기는 따라가기만 하기를 바란다.』

존스의 추종자들이 가이아나(Guyana)에서 집단자살을 할 때 딸과 전처를 잃은 해리스(Sherwin Harris)라는 사람은 어떤 글에서 이를 이렇게 요약했다. 『이 사건은 일부 미국인들이 자기 생활 속에 어떤 구조를 끌어들이기 위해 어딘가에 복종하고 싶어한다는 것을 보여준 사례이다.』

신흥종교들이 판매하는 마지막 중요한 상품은 「의미」이다. 그들은 각기 나름대로의 편협한 현실관—종교적·정치적·문화적—을 갖고 있다. 각 교파는 유일한 진리를 내세우면서 그러한 진리의 가치를 인정치 않는 외부세계 사람들은 무지하거나 사탄에 빠져 있다고 생각한다. 신흥종교의 메시지가 새 신도에게 밤낮으로 주입된다. 그 신도가 신흥종교 특유의 인용문, 특유의 용어 그리고 궁극적으로는 그 특유한 존재에 대한 은유를 사용하기 시작할 때까지 끊임없이 설교가 계속된다. 신흥종교가 전달하는 「의미」는 외부 사람들에게는 황당무계하게 보일지도 모른다. 그러나 그런 것은 중요한 일이 아니다.

실제로 신흥종교 메시지의 내용을 하나하나 따져보면 거의가 대수롭지 않은 것들이다. 그 힘은 종합명제(synthesis)를 제시하여 우리 주변의 단편화된 순간영상 문화에 대해 대안을 제시해 주는 데서 나온다. 신흥종교의 새 신도가 일단 이 테두리를 받아들이기만 하면 외부세계로부터 밀어 닥치는 온갖 혼돈된 정보를 조직화할 수 있게 된다. 이러한 생각의 테두리는 그것이 외부현실과 부합되건 않건간에 신도가 데이타를 받아들여 저장할 수 있는 깔끔한 작은 방을 제공해 준다. 그것은 이렇게 하여 무거운 짐과 혼란에서 오는 스트레스를 해소시켜 준다. 신흥종교는 진리 그 자체를 제공해 주지는 않지만 질서와 의미를 제공해 준다.

신흥종교는 신도들에게 현실은 의미있는 것이고 또 이 의미를 외부사람들에게 전하는 것이라는 의식을 갖게 함으로써 얼핏 일관성이 없어 보이는 세계에 목적과 일관성을 부여해 준다.

그러나 신흥종교가 판매하는 공동체·구조 및 의미는 그 대가가 엄청나게 비싸다. 그것은 자기 자신의 포기를 요구하기 때문이다. 물론 어떤 사람들에게는 그것이 인격적 파탄을 면할 수 있는 유일한 대안일지도 모른다. 그러나 신흥종교의 실체가 드러난 지금 대부분의 사람들에게 그것은 너무나 비싼 대가이다.

우리가 「제3물결」 문명을 건전하고 민주적인 것으로 만들려면 새로운 에너지원을 만들거나 새 기술을 도입하는 것만으로는 불충분하다. 구조와 의미도 제공해 주어야 한다. 그리고 이를 위해 우리가 할 수 있는 또 한 가지 간단한 일이 있다.

생활조직전문가와 準敎團

우선 가장 손쉽게 당장 할 수 있는 것으로 직업적·준직업적 「생활조직전문가(life-organizer)」의 간부진용을 만들 수 있지 않을까? 예컨대 이드(id)와 에고(ego) 등을 두더지처럼 파고드는 정신요법전문가는 별로 필요가 없지만 하찮은 방법으로라도 우리의 일상생활을 이끌어 주는데 도움이 될 수 있는 사람이 필요할 것이다. 오늘날 아주 자주들을 수 있는 신빙성없는 용구(用句) 중에 『내일은 제대로 해 보겠어』 라든가 『나는 최선을 다하고 있어』라는 말이 있다.

그러나 오늘날과 같이 사회적·기술적으로 격동하는 상황하에서 자신의 생활을 조직화하는 것은 더욱 더 어렵다. 앞에서 살펴본 바와 같이 정상적인 「제2물결」 구조의 붕괴, 생활양식·스케줄·교육기회에 대한 선택 가능성의 지나친 확대 등 모든 것이 어려움을 가중시키고 있다. 풍요롭지 못한 사람들의 경우에는 경제적 압력이 고도의 조직을 강요하고 있다. 중산층과 특히 그들 자녀들의 경우는 그 반대의 현상이 일어난다. 이러한 사실을 왜 인정하지 않는 것일까?

오늘날 일부 정신과의사들은 생활을 조직화하는 기능을 수행한다. 그들은 소파에서 세월을 보내는 것이 아니라 직장을 구하고 소녀나 남자친구를 찾아내고 돈의 지출예산을 짜고 식이요법을 하는 것 등에 실질적인 도움을 준다. 우리는 이러한 상담자·구조제공자(structure-provider)를 더욱 많이 필요로 하며 이들의 서비스를 요구하는 데 어떠한 수치심도 느낄 필요가 없다.

교육에서도 우리는 일상적으로 도외시되어 온 일들에 신경을 쓰기 시작할 필요가 있다. 우리는 오랜 시간을 들여 정부의 구조, 아메바의 구조 등 여러가지 과정을 가르치고 있다. 그러나 일상생활의 구조, 즉 시간을 배분하는 방법, 복잡다단한 사회에서 도움을 받으러 갈 장소 등을 가르쳐 주는 데 얼마나 많은 노력을 기울이고 있는가? 우리는 청소년들이 당연히 사회구조의 여러가지 측면을 이미 알고 있으리라고 생각한다. 그러나 사실상 대부분의 청소년들은 직장이나 기업의 세계가 어떻게 조직되어 있는가에 관해 아주 막연한 생각만을 가지고 있다. 대부분의 학생들은 자기가 살고 있는 도시의 경제구조, 지방관료제도의 운용방식 또는 상인에 대한 불평을 호소하러 갈 장소 등을 전혀 모르고 있다. 대부분이 얼마나 많은 조직이 「제3물결」의 영향으로 변화되고 있는가는 물론 자기 학교가—심지어 대학까지도—어떻게 조직되어 있는가를 알고 있지 못하다.

신흥종교를 포함한 구조를 제공하는 제도를 새롭게 살펴볼 필요가 있다. 분별력있는 사회는 자유로운 형태를 가진 것으로부터 엄격하게 조직화된 것에 이르는 제도의 여러가지 형태를 제공해야 한다. 전통적인 학교는 물론 개방적인 교실도 필요하다. 수도원과 같은 엄격한 질서(종교적이자 세속적인)뿐 아니라 쉽게 가입했다가 쉽게 탈퇴할 수 있는 조직이 필요하다.

오늘날 신흥종교가 시도하는 절대적 구조(total structure)와 일상생활에서 나타나는 절대적 무구조(structurelessness)간의 갭이 너무나 큰 것도 당연하다.

많은 신흥종교가 요구하는 절대복종에 반발을 느끼게 된다면 우리는 무구조적인 자유와 엄격하게 조직화된 편제의 중간에 위치한 소위「준교단(semi-cult)」의 결성을 권장해야 할 것이다. 실제로 종교단체·채식주의자 등 각종 교파나 집단들이 공동체를 형성하여 그러한 생활방식을 원하는 사람들에게 적절한 고도의 구조를 부여하는 것을 장려할 수도 있다. 이들 준교단은 육체적·정신적 폭력, 횡령, 착취 등과 같은 부정행위를 하지 않는다는 것을 보장하기 위해 인가를 받거나 감시를 받아야 할 것이다. 또한 준교단은 외부적 구조를 필요로 하는 사람들이 6개월 또는 1년 기간 동안에 준교단에 가입한 뒤 압력이나 비난을 받지 않고 떠날 수 있게 만들어질 수도 있다.

어떤 사람들은 한동안 준교단내에서 생활하다가 외부세계로 복귀한 뒤 또 다시 한동안 조직으로 되돌아 가는 것을 되풀이하면서 부여된 고도의 구조가 요구하는 것과 보다 넓은 사회가 제공하는 자유를 번갈아 경험하는 것이 유익하다는 것을 알게 될 것이다. 이것이 준교단들에게 가능해야 하지 않을까?

이러한 준교단들은 또한 시민생활의 자유와 군대의 규율 중간에 위치한 세속적 조직의 필요성을 제시해 주고 있다. 시·학교체제 또는 민간기업이 조직한 다양한 민간봉사대가 계약에 따라 지역공동체에 유익한 서비스를 하면서 엄격한 규율 아래 공동생활을 하고 군대 수준의 급여를 받고자 하는 젊은이들을 채용하는 것은 불가능한 것일까?(이러한 급료를 현행의 최저임금 수준에 이르게 하기 위해서는 봉사대원들이 대학등록금이나 연수비를 지불할 수 있는 추가적인 보장을 해주어야 할 것이다.)「공해대책단」·「공중위생단」·「의료봉사단」·「노령자지원단」 등의 조직은 지역공동체와 개인 모두에게 큰 이익을 가져다 줄 수 있다.

이러한 조직들은 유익한 서비스와 어느 정도의 생활구조를 제공해 줄 뿐 아니라 그 성원들의 생활에 절실히 필요한 의미를 부여해 주는 데 도움을 줄 수도 있다. 그 의미는 어느 면에서 의사(擬似) 신비적이거나 정치적인 신학이 아니고 지역사회에 대한 서비스라는 단순한 생각에 기초한 것이다.

그러나 무엇보다도 먼저 우리는 개인적인 의미를 보다 광범위하고 보다 포괄적인 세계관과 통합할 필요가 있다. 사람들이 사회에 대한 자신의 조그만 공헌을 이해하는 것(이해한다고 생각하는 것)만으로는 충분치 않다. 그들은 또한 보다 큰 사물의 구조에 어떻게 적응해 나가야 하는가를 막연하게나마 어느 정도 감지해야만 한다. 「제3물결」이 도래함에 따라 우리는 사물들을 하나로 묶는 포괄적이고 새로운 세계관—단순히 순간적인 영상이 아닌 일관성있는 통합체—을 형성하는 것이 필요할 것이다.

한 가지 세계관만으로 모든 진리를 파악할 수는 없다. 여러가지 임시적인 은유법을 사용해야만 세계의 모습을 개략적으로나마(아직도 불완전하지만) 파악할 수 있다. 그러나 이러한 이치를 인정하는 것은 인생이 무의미하다고 말하는 것과 같은 것은 아니다. 실로 어떤 우주적인 시각에서 볼 때 인생이 무의미하다고 할지라도 우리는 우리 자신을 건전한 사회관계로부터 끌어내 보다 광범위한 드라마, 즉 일관성있는 역사 전개의 일부분으로 묘사함으로써 그 의미를 구성할 수 있을 때가 많다.

따라서 「제3물결」 문명을 구축하는 데 있어서 우리는 고독의 엄습을 극복해 나가야 한다. 또한 인생에 질서와 목표의 테두리를 제공하기 시작해야 한다. 의미·구조·공동체는 삶의 보람이 있는 미래를 실현하기 위한 전제조건으로서 서로 연관되어 있기 때문이다.

이들 목표를 실현하는 데 있어서 그것은 오늘날 많은 사람들이 겪고 있는 사회적 고독·비인격성·무구조성·의미상실감 등에서 오는 고통은 미래를 모방해 가는 증세가 아니라 과거가 붕괴되어 가는 증세임을 이해하는 데 도움을 줄 것이다.

그러나 우리가 사회를 변화시키는 것만으로 충분치는 않을 것이다. 우리가 일상적인 결정과 행동을 통해 「제3물결」을 형성시켜 가는 동안에 「제3물결」이 거꾸로 우리를 형성시켜 줄 것이기 때문이다. 우리의 개성을 근본적으로 변화시킬 새로운 정신영역이 등장하고 있다. 다음 장에서 논할 미래의 퍼스낼리티가 바로 그 문제이다.

26
미래의 퍼스낼리티

하나의 새로운 문명이 우리의 일상생활 속으로 파고들어 옴에 따라 우리는 자신도 시대에 뒤떨어진 것이 아닌가 하는 생각을 하게 된다. 여러가지 습관·가치관·일과 및 반응 등이 문제가 됨으로써 우리가 과거의 인간, 「제2물결」 문명의 유물과 같은 느낌이 들 때가 있는 것도 놀라운 일이 아니다. 그러나 우리들 중에 실제로 시대착오적인 사람들이 있다 하더라도 다가오는 「제3물결」적 미래형 인간, 즉 예견적 시민도 물론 있지 않은가? 우리 주변에서 일어난 쇠퇴와 붕괴를 되돌아 보면 미래의 퍼스낼리티, 즉 앞으로 등장할 소위 「새로운 인간(new man)」의 윤곽이 드러날 수 있지 않을까?

그렇다면 「새로운 인간(un homme nouveau)」이 지평선상에서 감지된 것은 처음이 아닐 것이다. 유럽문화센터(Center for European Culture) 소장 레슬레(André Reszler)는 그의 탁월한 소론(小論)에서 새로운 유형의 인간 등장을 예측한 과거의 여러가지 시도들을 기술했다. 예컨대 18세기 말에는 북아메리카에서 유럽인의 악덕과 약점을 갖지 않고 새로이 탄생한 인간, 즉 「아메리카의 아담(American Adam)」이 있다. 20세기 중반에는 히틀러의 독일에도 새로운 인간이 출현했다. 라우슈닝(Hermann Rauschning)은 나치즘이 『종교 이상의 것이다. 즉 그것은 초인(超人)을 창조하려는 의지이다』고 썼다. 이러한 불요불굴의 「아리아인(Aryan)」은 농민이고 무사이자 신(神)이었을 것이다. 히틀러는 언젠가 라우슈닝에게 이렇게 털어놓았다. 『나는 새로운 인간을 보았다. 그는 용감하고 잔인하다. 나는 그 앞에서 겁에 질려 서 있었다.』

새로운 인간상(뒤에 언급한 것 이외에는 「새로운 여성」에 대해 말하는 사람은 별로 없다)은 공산주의자들에게도 망령으로 나타났다. 소련인들은 아직도 「사회주의적 인간(Socialist Man)」의 출현에 관해 언급하고 있다. 그러나 미래의 인간에 관해 가장 선명하게 말한 사람은 트로츠키였다. 『인간은 비할 데 없이 더욱 강인하고 현명하고 예민한 지각을 갖게 될 것이다. 그의 신체는 보다 조화를 이루고 그의 움직임은 더욱 리드미컬하게 되며 그의 목소리는 보다 아름다운 가락을 갖게 될 것이다. 그의 생활방식은 강렬하고 극적인 특질을 갖게 될 것이다. 표준형의 인간은 아리스토텔레스, 괴테(Johann Wolfgang von Goethe), 마르크스의 수준에 이를 것이다.

불과 10~20년 전에도 파농(Frantz Fanon)이 「새로운 정신(new mind)」을 가진 또 다른 새로운 인간의 출현을 예고했다. 게바라(Ernesto Che Guevara)는 미래의 이상적인 인간을 보다 풍요한 내면생활을 가진 자로 보았다. 그들 각기의 이미지는 서로 다르다.

그러나 레슬레는 대부분의 이러한 「새로운 인간상」의 배후에는 문명에 의해 타락되고 손상된 모든 종류의 특질을 지닌 낯익은 구시대인인 「고귀한 야만인」, 즉 신화적 창조물이 숨겨져 있다고 설득력있는 지적을 했다. 레슬레는 원시인에 대한 이같은 낭만화에 적절하게 의문을 제기하면서 「새로운 인간」을 의식적으로 장려한 정권이 대체로 전체주의적 파국으로 치달았다는 점을 상기시켜 주고 있다.

그러므로 「새로운 인간」의 탄생(유전공학자들이 연구를 진행하고 있는 오늘날 우리가 「새로운 인간」을 극히 엄밀한 생물학적 의미로 말하지 않는 경우)을 다시 거론한다는 것은 어리석은 일이다. 이러한 생각은 하나의 원형, 즉 전체 문명이 애써 모방하려 하는 단일의 이상적 모델을 제시해 주고 있다. 그리고 탈대중화로 급속히 나아가고 있는 사회에서는 그 이상의 어떤 일도 일어날 수 있다.

그럼에도 불구하고 근본적으로 변화된 구체적인 생활여건이 퍼스낼리티나 더 정확히 말해 사회적 성격(social character)에 영향을 미치지 않는다고 생각하는 것 또한 어리석은 일일 것이다. 사회의 심층적인 구조가 변화함에 따라 인간도 변하게 된다. 필자가 공감하지 않는 일반적으로 견지되는 견해, 즉 인간본성(human nature)이 변하지 않는다는 것을 사람들이 믿고 있다고 하더라도 사회가 아직도 어떤 성격적 특성(character trait)들은 이끌어내 보상을 주고 어떤 다른 성격적 특성들은 징벌을 함으로써 일반대중에게 그 특성들을 확산시키는 데 있어서 점진적인 변화를 가져오게 할 것이다.

사회적 성격에 관해 가장 탁월한 저작을 남긴 정신분석학자 프롬(Erich Fromm)은 사회적 성격을 『대부분의 집단 구성원들에게 공통된 성격구조의 부분』이라고 규정한다. 그는 어떠한 문화에도 사회적 성격을 형성하는 광범위한 공통적 특성이 있다고 말한다. 거꾸로 사회적 성격이 인간을 형성시킨다. 그 결과 『인간의 행동은 사회적 패턴에 따라야 할지의 여부를 의식적으로 결정하는 문제가 아니라 「인간이 당연히 행해야 할 행동을 하기를 바라고」 동시에 문화의 요구에 따라 행동하는 데서 만족감을 발견하는 문제이다.』

그러므로 「제3물결」이 수행하고 있는 일은 어떤 관념적인 초인이나 우리 사이를 활보하는 어떤 새로운 영웅적 종족을 창조해 주고 있는 것이 아니고 사회에 확산된 특성들의 극적인 변화를 가져다 주는 것이다. 즉 새로운 인간이 아니라 새로운 사회적 성격을 만들어 준다. 따라서 우리가 해야 할 일은 신화적 「인간」이 아닌 내일의 문명이 높이 평가할 특성을 찾아내는 것이다.

이러한 성격적 특성은 단지 인간에 대한 외부적 압력에서 생겨나거나 이를 반영한 것만은 아니다. 이것은 개개인의 내부적 충동이나 욕망 그리고 사회의 외부적 충동이나 압력간에 존재하는 긴장에서 생긴다. 그러나 이러한 공통의 사회적 성격이 일단 형성되고 나면 사회의 경제적·사회적 발전에 중대한 영향을 미치게 된다.

예컨대 「제2물결」 도래에는 절약, 꾸준한 노력, 만족감의 유예 등을 강조하는 것과 더불어 「프로티스턴트 윤리」의 보급이 수반되었다. 그 특징들은 경제발전 과제에 거대한 에너지를 공급해 주었다. 「제2물결」은 객관성-주관성, 개인주의, 권위에 대한 태도, 추상적 사고능력, 강조능력, 상상력 등에도 변화를 가져왔다.

농민들이 산업노동력으로서 기계에 적응하려면 초보적인 문자해득이 필요했다. 농민들을 교육하고 훈련시켜 노동자로 만들어야 했다. 농민들에게 또 다른 생활방식이 가능하다는 것을 이해시켜야 했다. 그에 따라 새로운 역할과 구조 속에서 스스로를 생각할 능력을 갖춘 많은 사람들을 필요로 했다. 농민들의 정신을 눈 앞의 현실로부터 해방시켜야 했다. 따라서 산업주의는 커뮤니케이션과 정치를 어느 정도까지 민주화시켜야 했던 것처럼 상상력도 민주화시켜야만 했다.

이러한 정신문화적 변화의 결과는 특성 분포의 변화, 즉 새로운 사회적 성격을 가져왔다. 그리고 오늘날 우리는 다시 한번 이와 유사한 정신문화적 격변의 출발점에 서 있다.

우리가 「제2물결」의 오웰적 획일성(역주 Orwellian uniformity, 오웰의 소설 「1984년」에 나오는 획일적 사회를 말함)을 막 벗어나고 있다는 사실이 지금 등장하고 있는 정신상황을 일반화하는 것을 어렵게 만들고 있다. 여기서 미래를 다루는 데 있어서 다른 어느 곳에서보다 우리는 더 더욱 추측에 의존할 수밖에 없다.

그런데도 우리는 「제3물결」 사회의 정신적 발전에 영향을 미칠 몇 가지 강력한 변화를 지적할 수 있다. 그리고 결론에는 이르를 수 없지만 이것은 우리를 여러가지로 흥미있는 문제에 이르게 한다. 이러한 변화는 육아·교육·청소년·노동 그리고 우리 자신의 상(像)을 형성시키는 방법에까지 영향을 미치기 때문이다. 그리고 미래의 사회적 성격 전체를 심층적으로 뒤바꾸지 않는 한 모든 이러한 것을 변화시키는 것은 불가능하다.

성장과정의 변화

우선 내일의 어린이는 우리보다 훨씬 어린이 중심적이 아닌 사회에서 성장하게 될 것이다.

모든 고도기술국가에서의 인구의 「노령화」나 고령화는 일반의 관심을 고연령층에 더욱 집중시키고 있으며 그에 따라 젊은 연령층에 대한 관심은 감소되고 있다. 더욱이 여성이 교환경제하에서 일자리나 전문직업을 개발해 감에 따라 여성의 모든 에너지를 어머니의 역할에 쏟는 전통적 필요성이 감소되고 있다.

「제2물결」 시대에는 수많은 부모들이 그들의 꿈을 자녀들을 통해 실현시켰다. 흔히 부모들은 자녀들이 그들보다 사회적으로나 경제적으로 더 나은 삶을 꾸려 가리라고 큰 기대를 할 수 있었기 때문이다. 이러한 계층 상승기대는 부모들로 하여금 자녀들에게 엄청난 정신적 에너지를 집중시키도록 고무했다. 그러나 오늘날 많은 중산층 부모들은 자녀들이 훨씬 더 어려운 세계 속에서 사회경제적인 면으로 계층이 상승되기보다는 하향되고 있기 때문에 고통스러운 환멸에 직면해 있다. 대상(代償) 성취의 가능성이 사라지고 있다.

이러한 이유들 때문에 내일 태어난 어린이는 그들의 요구·욕구·정신적 발달·순간적 만족감 등에 집착하지 않는 —아마 큰 관심도 없는— 사회에 참여하게 될 것이다. 그렇다면 스폭(Benjamin McLane Spock) 박사는 더욱 조직화되고 요구를 할 줄 아는 유년기를 권장할 것이다. 부모들도 자유방임적이지는 않을 것이다.

사람들은 청년기가 오늘날 많은 젊은이들에게 그런 것처럼 지루하고 고통스러운 과정이 되지는 않을 것인가 하는 생각을 하게 된다. 수많은 어린이들은 편친(偏親) 가정에서 자라고 있다. 이런 가정은 취업하고 있는 모친(또는 부친)을 불안정한 경제에 시달리게 하고 1960년대의 한창인 유년세대에게 물질적·시간적으로 도움을 주지 못했다.

그 뒤의 다른 어린이들은 가내근무 또는 가내전자근무 가정에서 자라게 될 것이다. 엄마와 아빠가 함께 가게를 경영하는 많은 「제2물결」 가정에서처럼 우리는 내일의 가내전자근무체제에서의 어린이들을 가족의 업무에 직접 끌어들여 어릴 때부터 책임을 맡기는 현상이 늘어날 것으로 예상할 수 있다.

이러한 사실은 유년기와 청소년기가 짧아지지만 책임이 따르고 생산적인 시기가 더욱 길어짐을 의미한다. 이러한 가정의 어린이들은 어른들과 함께 일함으로써 동년배의 압력에 쉽게 굴복하지도 않을 것이다. 그들은 내일의 사회에서 크게 성공할 사람이 될 것이다.

구직난이 심한 새로운 사회로 이행해 가는 기간에는 「제2물결」 노동조합들이 가정 바깥의 노동시장에서 청소년들을 배제하기 위해 틀림없이 투쟁하게 될 것이다. 노동조합(그리고 조합에 가입했거나 가입하지 않은 교사들)은 의무교육 또는 준(準)의무교육의 연한을 연장하기 위해 로비를 할 것이다. 그들이 성공한다면 수많은 젊은이들을 연장된 청소년기의 고통스러운 중간단계로 계속 몰아넣을 것이다. 그러므로 가내전자근무체제에서 어릴 때부터 일에 대한 책임감이 투철한 조숙한 젊은이와 바깥에서 보다 더 느리게 성숙한 젊은이 사이에는 현격한 차이가 발생할지도 모른다.

그러나 그에 더하여 교육도 변화될 것으로 예상할 수 있다. 학습활동은 교실 안에서보다는 밖에서 이루어질 것이다. 노동조합의 압력에도 불구하고 의무교육 연한은 더 길어지는 것이 아니라 더 짧아질 것이다. 엄격한 연령구분 대신에 젊은이와 나이든 이가 뒤섞여지게 될 것이다. 교육은 노동과 더욱 더 분리되거나 연관을 맺게 될 것이며 전 생애로 더욱 확산될 것이다. 그리고 노동 그 자체—시장을 대상으로 하는 생산이건 가정용 생산소비건—는 아마 지난 세대나 두 세대 전에 행해진 것보다 더 빠른 시기에 시작될 것이다. 바로 이러한 이유 때문에 「제3물결」 문명은 젊은이들 사이에 완전히 다른 특성, 즉 동년배들에 부화뇌동하지 않고 소비지향을 삼가하며 향락에 스스로 휘말리지 않는 것 등을 선호하게 될 것이다.

이러한 것이 그렇게 되건 안되건 한 가지 사실은 확실하다. 성장과정은 달라질 것이다. 그리고 그 결과 퍼스낼리티도 변화할 것이다.

새로운 노동자

청년이 어른이 되어 직업전선에 들어오게 되면 그들의 퍼스낼리티에 새로운 요인들이 작용하여 어떤 특성들은 포상을 받고 다른 특성들은 징벌을 받게 된다.

「제2물결」 시대 전체를 통해 공장이나 사무실에서의 노동은 더욱 더 반복적·전문적·시간지배적이 되어 고용주는 순종하고 시간을 엄수하고 기계적인 방식의 업무를 기꺼이 수행하는 노동자를 원했다. 이에 부응하는 특성들이 학교에서 함양되었고 기업에서 표창되었다.

「제3물결」이 이 사회를 휩쓸면서 노동은 반복적인 것에서 벗어나고 있다. 또한 노동이 단편화하지 않음으로써 각 개인은 규모가 작은 일보다는 오히려 큰 일을 하게 되었다. 자유근무시간제와 자신의 페이스에 맞춰 일을 하는 것이 종전과 같은 행동의 대중적 동시화의 필요성을 대신하고 있다. 노동자들은 어지러울 정도로 계속되는 인사이동·제품 변화·조직개편 등과 더불어 더욱 빈번히 일어나는 업무의 변화에 대응해 나가야 할 입장에 있다.

따라서 「제3물결」 고용주들은 책임을 인정하는 남녀, 자기 일이 다른 사람의 일과 어떻게 연결되어 있는가를 이해하는 남녀, 환경변화에 신속히 적응하는 남녀 그리고 주위의 사람들과 민감하게 조화해 나가는 남녀를 점차 필요로 하게 된다.

「제2물결」 기업은 꾸준히 일하는 관료적 행위를 우대하는 경우가 많다. 「제3물결」 기업은 미리 계획을 짜지 않고 신속하게 움직이는 인간을 요구한다. 웨스턴 일렉트릭사의 기업연수담당 총지배인인 코너버(Donald K. Conover)는 이 양자간의 차이가 고전음악 연주자와 재즈 즉흥연주자간의 차이와 같다고 말한다. 고전음악 연주자는 미리 정해지고 준비된 패턴에 따라 각 음을 연주하지만 재즈 즉흥연주자는 연주곡목이 정해지면 서로 민감하게 연주지시 악절(樂節)을 선택한 뒤 그것을 바탕으로 다음에 연주할 음을 결정한다.

이러한 사람들은 복합적이고 개인주의적이며 자기가 다른 사람들과는 생활방식이 다르다는 자부심을 갖고 있다. 이들은 「제3물결」 산업이 필요로 하는 탈대중적 노동력의 전형이다.

여론조사 전문가 얀켈로비치(Daniel Yankelovich)에 의하면 미국 노동자의 56%—주로 고령자—만이 아직도 전통적인 인센티브에 의해 동기를 부여받고 있다고 한다. 이들은 엄밀한 작업지침과 명확한 과업에 매우 만족하지만 그들이 하는 일에서 「의미」를 찾으려고 기대하지는 않는다.

이에 반해 17%에 이르는 노동력은 이미 「제3물결」에서 출현한 보다 새로운 가치관을 반영하고 있다. 대부분 젊은 중간관리자들인 이들은 『더 많은 책임을 지고 싶어하며 자기의 재능과 기능에 상응하는 책무가 부하(負荷)되는 중요한 일을 하기를 갈망하고 있다』고 얀켈로비치는 밝힌다. 또 이들은 금전적인 보수와 더불어 일의 의미를 찾고 있다.

고용주들은 이러한 노동자들을 확보하기 위해 개인별 보상을 제공하기 시작하고 있다. 이것은 몇몇 선진적인 기업들(클리블랜드에 본사를 둔 첨단기술회사인 TRW사 등)이 현재 종업원들에게 일률적인 특별급여가 아닌 휴가·의료혜택·연금·보험 등 선택적 급부를 제공하고 있는 이유를 설명하는 데 도움을 준다. 노동자는 각기 그들의 요구에 맞게 여러가지 급부를 만들어 낼 수 있다. 얀켈로비치는『한 가지 인센티브만으로 노동력의 완전한 스펙트럼을 유발시킬 수는 없다』고 말한다. 또한 그는 노동에 대한 여러가지 보수 가운데 돈이 옛날과 같은 동기부여력을 갖지 못하고 있다고 덧붙인다.

이들 노동자가 돈에 욕심이 없다고 말할 사람은 아무도 없다. 그들은 물론 돈을 필요로 한다. 그러나 수입이 일정수준에 이르게 되면 그들이 필요로 하는 것도 아주 다양해진다. 돈의 증액만으로 그들의 행동에 이전과 같은 영향을 주지 못한다. 샌프란시스코의 뱅크 오브 아메리카(Bank of America)가 부지점장 대리 이즐리(Richard Easley)에게 불과 20마일 떨어진 지점으로 승진이동을 제의했을 때 그는 그 회유를 거부했다. 그는 통근하는 것을 원하지 않았다. 10년 전「미래 쇼크」에서 처음으로 전근에 따른 스트레스에 관해 언급했을 때만 해도 종업원의 약 10%만이 기업의 이동에 저항했다. 메릴 린치 리로케이션 매니지먼트사(Merrill Lynch Relocation Management, Inc.)에 의하면 이동이 통상 승급보다도 더 많은 수입을 수반할 경우가 흔한데도 그 숫자는 3분의 1 내지 2분의 1 사이로 늘어났을 뿐이다. 『회사에 경의를 표하면서 팀부크투(Timbuctu)와 같은 아프리카의 오지로 부임해 가는 것으로부터 가족과 생활양식에 더 큰 중점을 두는 쪽으로 마음의 평형이 확연히 옮아간다』고 셀라니즈사(Celanese Corp.)의 부사장은 말한다. 이윤 이상의 것을 추구해야 하는「제3물결」기업처럼 종업원도「다양한 순수익」을 주장하고 있다.

한편 권위의 가장 뿌리깊은 패턴에도 변화가 일어나고 있다.「제2물결」기업에서는 종업원이 각기 한 사람의 상사만을 가지고 있다. 종업원들간의 분쟁은 상사가 해결하도록 되어 있다. 새로운 행렬조직에서는 그 양상이 전혀 달라진다. 노동자들은 한꺼번에 한 사람 이상의 상사를 가진다. 직급이 다르고 기능이 다른 사람들이 임시적인 「애드호크러시적인」 그룹에서 만나게 된다. 그리고 이 주제에 관한 표준적인 저서의 저자인 데이비스와 로렌스는 이렇게 말하고 있다. 『견해 차이는…조정을 하는 데 쉽게 이용할 수 있는 공통의 상사가 없이도 해결된다. …행렬조직의 전제는 이러한 대립이 건전한 것일 수 있다는 것이다. …견해 차이는 높이 평가되고 사람들은 다른 사람들이 동의하지 않을지도 모른다는 것을 알고서도 그들의 의견을 발표한다.』

이러한 체제에서는 맹목적으로 복종하는 노동자들은 벌을 받고 알맞게 반론을 제기하는 노동자들은 상을 받는다. 일의 의미를 찾고 권위에 의문을 제기하고 자유재량권을 행사하려 하고 사회적으로 책임을 다할 수 있는 일을 요구하는 노동자들은 「제2물결」 산업에서 말썽꾸러기로 취급될 것이다. 그러나 「제3물결」 산업은 그러한 노동자들 없이는 운영될 수 없다.

따라서 전반적으로 볼 때 우리는 경제체제에 의해 보상받는 퍼스낼리티의 특성이 미묘하기는 하지만 의미심장한 변화가 일어나고 있음을 알고 있다. 이러한 변화는 앞으로 출현할 사회적 성격을 형성해 갈 수밖에 없다.

생산소비자의 윤리

「제3물결」의 퍼스낼리티 발달에 영향을 미치는 것은 육아·교육·노동과 같은 것만이 아니다. 심지어 보다 깊은 곳에 있는 은인들이 내일의 정신에 영향을 미치고 있다. 경제란 직업이나 임금노동 이상의 것이기 때문이다.

필자가 앞에서 말한 바와 같이 경제는 두 가지 부문으로 생각해 볼 수 있다. 하나는 교환을 목적으로 상품을 생산하고 다른 하나는 자기 자신을 위해 물건을 생산한다. 전자는 시장 또는 생산부문이고 후자는 생산소비부문이다. 그리고 이 양자는 각기 우리들에게 그들 나름의 심리적 영향을 준다. 이 양자는 각기 독자적인 윤리·가치관·성공의 정의를 발전시켜 왔기 때문이다.

「제2물결」 기간중에는 자본주의 사회나 사회주의 사회를 막론하고 시장경제의 광범위한 확산이 탐욕적인 윤리를 조장시켰다. 개인의 성공을 협소하게 경제적으로만 정의하게 만들었다.

그러나 「제3물결」의 진전은 전술한 바와 같이 자조 및 DIY 또는 생산소비의 현저한 증가를 수반한다. 이같은 사용을 위한 생산은 취미의 영역을 넘어 보다 큰 경제적 의미를 갖게 될 것이다. 그리고 생산소비 활동이 우리의 시간과 에너지를 더욱 많이 차지하게 되면 그것도 우리의 생활과 사회적 성격을 형성하게 된다.

생산소비자 윤리는 시장윤리처럼 사람들이 무엇을 소유하고 있느냐에 따라 평가하지 않고 무엇을 하고 있느냐에 높은 가치를 부여한다. 많은 돈을 가지고 있는 것이 아직도 명성을 가져다 준다. 그러나 다른 특성들도 중요하다. 이들 중에는 자립, 어려운 여건하에서 적응·생존하는 능력 그리고 자신의 손으로 물건을 만들어 내는 능력—울타리를 세우고 훌륭한 식사를 요리하고 자신의 옷을 만들거나 골동품 장롱을 복원하는 능력—이 있다.

더욱이 생산윤리 또는 시장윤리가 외곬수를 치켜세우는 데 반해 생산소비자 윤리는 원숙성을 요구한다. 다재다능이 「내포」되어 있다. 「제3물결」의 도래로 교환을 위한 생산과 사용을 위한 생산이 경제면에서 더 잘 조화를 이루게 되면 「균형잡힌」 생활방식을 요구하는 소리가 점점 강해질 것이다.

생산부문에서 생산소비부문으로 활동이 이렇게 이행되는 것은 사람들의 생활에 또 다른 종류의 조화가 도래하고 있음을 시사해 준다. 시장을 위해 생산에 종사하는 노동자들 중에는 언어·숫자·모델 등 추상적 개념과 전혀 알지 못하는 사람들을 다루는 데 시간을 보내는 숫자가 늘어나고 있다.

많은 사람들에게 이러한 「두뇌노동」은 매력적이고 해볼 만한 가치가 있는 것이다. 그러나 두뇌노동은 실제로 일상생활의 실제적인 시각·청각·촉각·감각 등을 단절시키고 있다는 느낌을 수반할 때가 많다. 실로 오늘날 수공업, 정원 손질, 농민이나 노동자의 패션 그리고 「트럭 운전수 스타일」이라고 불려지는 것 등이 인기를 끌고 있는 것은 대부분 생산부문에서 늘어나고 있는 추상화 조류에 대한 일종의 보상작용일지도 모른다.

이와는 반대로 생산소비에서는 보다 구체적이고 직접적인 현실을 사물과 인간의 직접적인 접촉이라는 면에서 다루는 것이 보통이다. 더 많은 사람들이 시간을 쪼개어 일부 시간은 노동자로 일하고 일부 시간은 생산소비자로 일하게 되면 이들은 구체적인 것과 추상적인 것을 병행하면서 두뇌노동과 육체노동의 보완적 즐거움을 누릴 수 있는 위치에 있게 된다. 생산소비자 윤리는 과거 300년 동안에 경멸당해 온 육체노동을 또 다시 존중받게 만들고 있다. 그리고 이러한 새로운 균형 역시 퍼스낼리티의 특성을 확산시키는 데 영향을 미칠 것이다.

또한 전술한 바와 같이 산업주의의 등장이 고도로 상호의존적인 공장노동을 보급시켜 남성들에게는 객관화를 조장시켰으나 가정에 남아 상호의존성이 낮은 일에 종사하는 여성들에게는 주관성을 촉진시켰다. 오늘날 많은 여성들이 시장을 위한 생산직에 참여하게 됨에 따라 그들 역시 점차 객관화되어 가고 있다. 여성도 「남성처럼 사고하도록」 권장되고 있다. 반면에 집에 머물러 가사의 더 많은 몫을 떠맡는 남성들이 늘어남에 따라 「객관성」을 지녀야 한다는 남성들의 요구도 줄어들고 있다. 남성들이 「주관화」하고 있다.

내일의 많은 「제3물결」 사람들이 그들의 생활을 나누어 일부 시간에는 규모가 크고 상호의존적인 기업이나 조직에서 일하고 나머지 시간에는 소규모의 자치적이고 생산소비적인 단위에서 일하게 된다면 남녀는 객관성과 주관성간에 새로운 균형을 이루게 될 것이다.

이러한 체제는 균형이 잡히지 않은 「남성적」 태도와 「여성적」 태도를 발굴해 내는 것이 아니라 양자의 조화를 통해 건전하게 세계를 볼 능력을 갖춘 사람들을 중하게 여길 것이다. 객관적 주관주의자와 주관적 객관주의자들을 중시한다.

요컨대 전체 경제에 대한 생산소비의 중요성이 커짐에 따라 우리는 또 다른 급격한 정신적 변화의 조류를 만들어 내고 있다. 육아와 교육의 심층적 변화에 부가하여 생산과 생산소비에서 일어난 근본적 변화의 복합적 영향은 300년 전 「제2물결」이 그랬던 것처럼 적어도 인간의 사회적 성격을 극적으로 개조시켜 줄 것임에 틀림없다. 새로운 사회적 성격이 바로 우리들 가운데서 돌연히 출현하고 있다.

실은 모든 이러한 견해들이 잘못된 것으로 판명되고 우리가 지금 살펴보고 있는 모든 변화 그 자체가 역전된다고 하더라도 아직도 정신영역의 대변혁을 예상케 하는 결정적인 큰 이유가 있다. 그 이유는 「커뮤니케이션 혁명」이라는 두 개의 단어로 요약될 수 있다.

외형적인 나

커뮤니케이션과 성격의 관계는 복잡하여 따로 떼어 놓고 생각할 수 없다. 우리는 커뮤니케이션의 모든 매체를 완전히 바꿀 수 없고 또 인간이 변화되지 않으리라고 기대할 수도 없다. 매체의 혁명은 정신의 혁명을 의미할 수밖에 없다.

「제2물결」 시대에는 사람들이 대량생산된 이미지의 바다에 잠겨 있었다. 중앙에서 제작된 비교적 소수의 신문·잡지·라디오·TV 방송·영화 등은 비평가들이 말하는 이른바 「단일체 의식(monolithic consciousness)」을 길러 주었다. 개개인은 그들 자신을 비교적 소수인 역할 모델과 비교하고 그들의 생활양식을 소수의 선택된 가능성에 의거하여 평가하도록 끊임없이 권장되었다. 그 결과 사회적으로 용인된 퍼스낼리티 스타일의 폭이 상대적으로 좁아지게 되었다.

오늘날 매체의 탈대중화는 사람들이 자신을 측정할 역할 모델과 생활양식을 눈부실 정도로 다양화시킨다. 더구나 새로운 매체는 완전히 형태를 갖춘 큰 덩어리의 이미지가 아니라 단편적이고 순간적인 이미지를 가져다 준다. 우리는 여러가지 것 중에서 선택된 일관성있는 한 가지의 자기동일성을 제시해 주는 것이 아니라 여러가지 것을 하나로 접합하여 만든 것, 즉 외형적이거나 조립된 「나」(configurative or modular 「me」)를 필요로 하고 있다. 이것은 매우 어려운 일이다. 그리고 그것은 그렇게 수많은 사람들이 자기동일성을 필사적으로 찾고 있는 이유를 설명해 준다.

우리는 이와 같은 노력을 함으로써 우리 자신의 개성의 자각, 즉 우리를 독특하게 만들어 주는 특성의 자각을 높혀 주게 된다. 그 결과 우리의 자아상(self-image)도 변화해 간다. 우리는 개인으로 인식되고 또 취급받기를 요구한다. 그리고 이러한 현상은 새로운 생산체제가 더욱 개성화된 노동자를 필요로 하는 바로 그 시기에 일어난다.

「제3물결」의 새로운 커뮤니케이션 매체는 우리 내부의 순수한 개인적인 것을 구체화시켜 줄 뿐 아니라 우리를 자신의 자아상의 생산자—또는 더 나아가 생산소비자—로 전환시키고 있다.

독일의 시인이며 사회비평가인 엔첸스베르거(Hans Magnus Enzensberger)는 과거의 대중매체에 있어서『수용자와 전달자 간의 기술적 구분은 생산자와 소비자간의 사회적 분업을 반영하고 있다』고 지적했다. 이것은「제2물결」시대를 통해서 전문적인 보도담당자들이 시청자를「위해서」메시지를 생산했음을 의미한다. 시청자는 메시지 발송자에게 직접적으로 반응하거나 서로 영향을 주지는 못했다.

이에 반해 새로운 커뮤니케이션 수단의 가장 혁명적인 특징은 그것 대부분이 서로 영향을 준다는 것이다. 즉 개개의 사용자는 외부로부터 이미지를 받아들일 뿐 아니라 이미지를 만들거나 보낼 수 있게 된다. 송수신 겸용 유선 TV, 비디오 카셋, 값싼 복사기, 테이프 레코더 등 모두가 커뮤니케이션 수단으로 개인의 손아귀에 있게 된다.

우리는 장래에 보통의 TV로도 상호작용이 가능해지는 단계를 생각해 볼 수 있다. 그렇게 되면 우리는 미래의 벙커(Archie Bunker)나 무어(Mary Tyler Moore)를 단순히 보는 것에 그치지 않고 그 쇼에서 실제로 그들과 대화를 하고 그들의 행위에 영향을 줄 수 있다. 지금도 큐브 유선 TV시스팀은 드라마적인 쇼의 시청자들이 연출자에게 연기를 빨리 또는 느리게 진행하거나 한 가지 이야기의 종결을 달리하도록 요구하는 것을 기술적으로 가능하게 하고 있다.

커뮤니케이션 혁명은 인간 각자에게 복잡한 자아상을 제공해 주고 인간을 더욱 분화시켜 준다. 커뮤니케이션 혁명은 인간이 여러가지 자아상을「시험」해 보는 과정을 촉진하고 실제로 이미지의 연속을 통해 인간의 움직임을 가속화한다. 또한 커뮤니케이션 혁명은 인간이 자신의 이미지를 전자공학적으로 전세계에 내보내는 것을 가능하게 한다. 그리고 모든 이러한 것이 인간의 퍼스낼리티에 어떤 영향을 미칠지 아무도 전혀 모른다. 이전의 어떠한 문명도 이처럼 강력한 수단을 가져본적이 없었기 때문이다. 우리는 점차 의식을 지배하는 기술을 소유하게 된다.

우리가 지금 급속히 돌입하고 있는 세계는 우리의 과거의 경험과는 동떨어진 것이기 때문에 모든 심리적 추정이 불확실한 것은 분명하다. 그러나 절대적으로 확실한 것은 여러가지 강력한 힘들이 합류하여 사회적 성격을 변화시키고 있다는 사실이다. 그 결과 어떤 특성들은 조장되고 어떤 다른 특성들은 억제된다. 이러한 과정에서 우리 모두가 완전히 변하게 된다.

「제2물결」 문명을 극복하고 앞으로 나아감으로써 우리는 에너지체계를 변경하거나 기술적 기반을 다음 단계로 전환시키는 것 이상의 일을 하고 있다. 우리는 정신영역에도 혁명을 일으키고 있다. 이러한 사실에 비추어 보면 과거를 미래에 투영하는 것, 즉 「제3물결」 문명의 사람들을 「제2물결」적 용어로 묘사하는 것은 불합리하다.

앞에서 살펴본 가정들이 부분적으로라도 옳다면 내일의 개인들은 오늘날보다 더욱 다양해질 것이다. 대부분의 사람들이 더 빨리 성숙하고 더 어린 나이에 책임감을 갖게 되고 더욱 잘 적응하고 보다 훌륭한 개성을 나타내 줄 것이다. 이들은 부모들보다 더욱 더 권위에 대해 의문을 제기할 것이다. 또 그들은 돈을 바라고 돈을 위해 일할 것이다. 그러나 극단적으로 생활이 궁핍한 상황을 제외하면 그들은 돈만을 위해 일하는 것에 반대할 것이다.

무엇보다도 그들은 생활의 균형, 즉 노동과 휴식, 생산과 생산소비, 두뇌노동과 육체노동, 추상적인 것과 구체적인 것, 객관성과 주관성간의 균형을 갈망하게 될 것이다. 그리고 그들은 과거의 그 어떤 인간들보다도 훨씬 더 복잡한 조건 속에서 자신을 바라보고 또 자신을 투영해 볼 것이다.

「제3물결」 문명이 성숙되어 감에 따라 우리가 창조해야 할 인간은 과거의 인간보다 뛰어난 유토피아적 남녀도 아니고 괴테나 아리스토텔레스(또는 칭기즈칸〈Chingiz Khan〉이나 히틀러)와 같은 초인도 아니다. 우리는 단지 인간적이라고 불릴 가치가 있는 자랑스러운 인류—그리고 문명—를 소망할 따름이다.

그러나 우리가 하나의 마지막 명제, 즉 정치적 변혁에 대한 필요성에 직면할 때까지는 이러한 결과를 바랄 수도 없고 품위있는 새로운 문명으로의 안전한 이행을 바랄 수도 없다. 그리고 우리가 이 책의 마지막 페이지에서 탐구하는 것은 두렵고도 흥분을 자아내는 정치적 변혁에 관한 전망이다. 미래의 퍼스낼리티는 미래의 정치와 조화되어야 한다.

27
정치의 무덤

에너지 혁명, 기술혁명, 가정생활의 혁명, 성 역할의 혁명, 전세계적인 커뮤니케이션 혁명이 한꺼번에 일어나게 되면 멀지 않아 어쩌면 폭발적인 정치혁명에 직면하게 된다.

산업세계의 모든 정당, 모든 국회나 의회 및 소비에트 최고인민회의, 대통령직과 수상직, 재판소와 그밖의 단속기관, 지질층과 같이 여러 계층으로 이루어진 정부관료제도 등—요컨대 우리가 결정을 하여 시행해 나가는 데 사용되는 모든 수단들—이 시대에 뒤떨어져 변형되어 가고 있다. 「제3물결」 문명은 「제2물결」 정치구조로는 운영될 수 없다.

산업화시대를 창조한 혁명가들이 봉건제도의 잔재 기구를 가지고 통치할 수 없었던 것처럼 오늘날 우리는 또 다시 새로운 정치도구를 창안해 내야 할 필요성에 직면해 있다. 이것은「제3물결」의 정치적 메시지이다.

블랙 홀

오늘날 문제의 중요성이 아직도 인식되고 있지는 못하지만 우리가 목격하고 있는 심각한 위기는 이러저러한 정부에 관한 것이 아니라 모든 형태의 대의민주주의 자체에 관한 것이다. 이 나라 저 나라에서 「제2물결」의 정치기술이 잡음과 신음 소리를 내면서 위험할 정도로 제 기능을 상실하고 있다.

미국에서는 사회가 직면해 있는 사활문제와 관련된 경우에도 정치적 의사결정이 거의 완전히 마비상태가 되어 있는 것을 발견하게 된다. OPEC 석유금수조치 이후 만 6년이 된 오늘날 경제에 대한 치명적인 영향, 자립과 심지어 군사적 안전에 대한 위협, 끝없는 의회의 조사, 관료제도의 되풀이되는 개편, 열렬한 대통령의 호소에도 불구하고 미국의 정치기구는 아직도 일관성있는 에너지 정책에 유사한 것마저 만들어 낼 수 없을 정도로 공전하고 있다.

이러한 정책 진공상태는 이것만이 아니다. 미국은 어떠한 포괄적인 (또는 납득할 만한) 도시정책·환경정책·가족정책·기술정책도 가지고 있지 못하다. 해외의 평론가들의 말을 경청해 보더라도 이렇다 할 외교정책조차도 가지고 있지 못하다. 설사 정책이 있다 하더라도 미국의 정치체제는 그러한 정책들을 통합하고 우선순위를 정할 능력이 없다.

이러한 진공상태는 의사결정의 붕괴가 상당히 심화되어 있다는 것을 반영하고 있다. 그래서 카터 대통령은 전혀 선례가 없는 한 연설에서 『자신이 구성한 정부의 무력…정체…표류』를 어찌할 수 없이 비판한 적이 있다.

그러나 의사결정의 이러한 파탄은 한 정당이나 한 대통령에 국한된 문제가 아니다. 그러한 현상은 1960년대 초부터 심화되어 왔고 공화당이나 민주당의 어떤 대통령도 현체제의 테두리내에서 극복할 수 없는 구조적인 문제를 밑바닥에 깔고 있음을 반영해 주고 있다. 이러한 정치적 문제들이 가족·학교·기업 등과 같은 다른 주요한 사회제도에 대한 영향을 불안정하게 만들고 있다.

가족생활에 직접적인 영향을 미치는 수십종의 법률이 무효화되고 서로 모순되어 가족의 위기를 악화시키고 있다. 교육제도는 취학연령 인구가 줄어들기 시작하는 바로 그 시기에 건설자금이 남아 돌아 쓸모없는 학교건물의 난립을 촉발시키고 다른 목적에 꼭 필요한 자금의 삭감을 가져 온다. 한편 기업은 나날이 정부가 기업에 무엇을 기대하고 있는가를 정확히 말할 수 없을 정도로 변덕스러운 정치환경에서 운영될 수밖에 없다.

미국 의회는 처음엔 GM사 등 자동차 제조업체에게 보다 쾌적한 환경을 위해 모든 새 차에 촉매변환기를 설치하라고 요구했다. 그런데 GM사가 변환기 개발에 3억 달러를 들이고 그 제조에 필요한 귀금속 구입을 위한 5억 달러의 10년 계약을 맺고 나자 정부는 촉매변환기를 부착한 차들이 변환기가 없는 차보다 35배나 많은 유황을 배출한다고 발표했다.

동시에 자꾸 늘어나는 단속기관은 점점 더 뚫고 들어 갈 수 없는 규칙의 그물, 즉 한 해에 4만 5,000페이지에 이르는 복잡한 새로운 규정을 만들어 내고 있다. 27개의 다른 정부기관이 철강제조에만 관련되는 약 5,600개의 연방규정의 준수 여부를 감시하고 있다.(수천개의 추가되는 규정이 철강산업의 채굴·마케팅·수송 운영에 적용되고 있다.) 일류 제약업체인 엘리 릴리사는 심장병과 암 연구에 들이는 시간보다 정부의 서식을 기입하는 시간이 더 많다. 석유회사인 엑슨사에서 연방에너지기관에 제출하는 단 1회의 보고서가 44만 5,000페이지, 즉 1,000권의 책에 상당하는 분량에 이르고 있다!

이러한 관료적 복잡성은 경제를 짓누르는가 하면 정부 의사결정권자들의 발작적이고 단속적인 반응이 무정부상태라는 느낌을 짙게 해주고 있다. 나날이 목표없이 갈팡질팡하고 있는 정치체제가 우리의 기초적 사회제도의 생존을 위한 투쟁을 아주 복잡하게 만들고 있다.

이러한 결정의 와해는 미국에만 국한된 현상이 아니다. 이탈리아는 말할 것도 없고 프랑스·독일·일본·영국 등의 정부는 공산주의 산업국가들의 정부와 마찬가지로 비슷한 징후를 나타내고 있다. 그리고 일본의 수상은 이렇게 말하고 있다. 『우리는 민주주의가 전세계적으로 위기에 처해 있다는 이야기를 자주 듣는다. 문제해결 능력 또는 이른바 민주주의의 통치력이 도전받고 있다. 일본에서도 의회민주주의가 시련을 겪고 있다.』

모든 그러한 나라들의 정치적 의사결정 기관은 점점 더 긴장도가 높아지고 혹사를 당할 과중한 업무에 시달리고 아무런 관계도 없는 자료에 파묻히게 되어 지금까지 경험하지 못한 위기에 직면해 있다. 따라서 우리가 현재 목격하고 있는 것은 정부 정책입안자들이 아주 중요한 문제에 대한 결정을 내리지 못하면서도(또는 아주 서투르게 결정을 내리면서도) 수많은 보다 중요치 않은, 때론 사소한 문제에 대한 결정을 내리는 것을 미친듯이 서두르고 있다는 점이다.

심지어 중요한 결정이 내려질 때에도 그 결정이 보통 너무 늦게 내려져 그 결정이 수행하려고 의도한 것을 거의 성취하지 못하고 있다. 지쳐버린 영국의 한 의원은 이렇게 말한다.『우리는 모든 문제를 입법으로 해결했다. 인플레이션의 해결을 위해 7개 법안을 통과시켰다. 수없이 부정을 제거했다. 생태문제도 해결했다. 모든 문제가 입법에 의해 수없이 해결되었다. 그러나 문제는 아직도 남아 있다. 입법이 제 기능을 다하지 못하고 있다.』

미국의 한 TV 아나운서는 국가를 옛날 일에 비유하여 다음과 같이 표현하고 있다.『국가는 말이 쏜살같이 달려 내려가 마부가 고삐를 잡아당겨도 말들이 말을 듣지 않는 역마차라고 나는 이제야 느끼게 되었다.』

정부의 고관을 포함한 많은 사람들이 무력감을 갖게 되는 것은 그러한 이유 때문이다. 미국의 한 지도급 상원의원은 사석에서 그가 어떤 것도 유익한 일을 할 수 없다는 깊은 좌절감에 빠져 있다고 필자에게 이야기했다. 그는 가정생활의 파탄, 광적인 생활속도, 지루한 시간, 피로한 여행, 끊임없는 회의, 계속되는 압박감 등에 회의를 표시했다. 그는『이런 일들이 값어치가 있는가』고 반문했다. 어떤 영국의 의원도 똑같은 의문을 표시하면서『하원은 박물관의 전시품, 즉 유물이다』고 덧붙였다. 백악관의 한 고관도 세계에서 가장 강력한 사람이라고 할 수 있는 미국 대통령마저 무력감을 느끼고 있다고 털어 놓은 적이 있다.『대통령은 마치 상대방이 없는 전화에 소리를 지르는 것같은 기분을 느끼고 있다.』

시의적절하게 훌륭한 결정을 내리는 능력이 이처럼 심각하게 와해되어 가고 있다는 사실이 사회에 가장 깊숙이 깔려 있는 역학관계를 변화시키고 있다. 정상적이고 비혁명적인 환경하에서는 어떤 사회의 엘리트이거나 정치체제를 이용하여 자신들의 지배력을 강화하고 자신들의 목적을 달성한다. 엘리트의 권력은 어떤 일을 일어나게 하거나 어떤 일을 일어나지 못하게 하는 능력에 의해 규정된다. 그러나 이것은 사건들을 예견하고 통제하는 능력을 전제로 하고 있다. 즉 그들이 고삐를 잡아 당기면 말이 멎을 것이라는 점을 가정하고 있다.

오늘날의 엘리트들은 그들 자신의 행동에 대한 결과를 예견할 수 없다. 그들이 운영하는 정치체제는 너무 시대에 뒤떨어지고 낡아 사건이 진행되는 속도에 뒤떨어져 있기 때문에 그들이 그들 자신의 이익을 위해서 빈틈없이 「통제」를 하더라도 예상에 어긋나는 결과를 초래할 때가 많다.

여기에서 한 가지 앞당겨 덧붙이건대 이러한 현상은 상실해 버린 엘리트의 권력이 사회의 나머지 계층으로 이전되는 것을 의미하는 것은 아니다. 권력은 이전되는 것이 아니다. 권력은 점점 더 무작위적으로 이전되기 때문에 누가 무엇을 책임지는가, 누가(명목상이 아닌) 실질적인 권력을 갖고 있는가, 또는 그러한 권력이 얼마나 오래 지속될 것인가를 그때그때 아는 사람은 아무도 없다. 이 어수선한 반(半)무정부 상태에서 일반인들은 자신들이 선출한 「대표자」에 대해서만이 아니라 대의제 자체의 가능성에 대해서도 아주 냉소적이 되어 가고 있다.

그 결과 투표라는 「제2물결」의 「재확인 의식」은 그 힘을 잃어 가고 있다. 해마다 미국의 투표 참여는 감소되어 가고 있다. 1976년 대통령 선거에서는 유권자의 46% 이상이 기권했다. 이것은 대통령이 유권자의 약 4분의 1, 즉 실제로는 그 나라 전국민의 약 8분의 1에 의해서 선출되었다는 것을 말해 준다. 더욱 최근에는 여론조사 전문가 카델(Patrick Caddell)이 유권자의 12%만이 아직도 투표가 아주 중요하다고 생각하고 있다는 사실을 밝혀냈다.

이와 마찬가지로 정당도 흡인력을 상실해 가고 있다. 1960년부터 1972년 사이에 미국에서는 어떤 정당에도 소속되지 않은 「무소속」의 수가 400%로 급증했다. 1972년에는 1세기여만에 처음으로 무소속의 수가 양대 정당 중의 한 당의 의원수와 같게 되었다.

이와 같은 경향은 다른 나라들에서도 볼 수 있다. 1979년까지 영국을 통치한 노동당은 인구가 5,600만인 나라에서 활동적인 당원이 10만이라고 주장할 수 있으면 다행일 정도로 쇠퇴했다. 일본의 「요미우리

(讀賣)신문」은 『투표자들은 자신들이 선택한 정부를 거의 믿지 않는다. 그들은 지도자들과 아무런 연관이 없다고 생각한다』고 보도하고 있다. 정치적 무관심의 파도가 덴마크를 휩쓸고 있다. 그 이유를 묻는 경우 한 덴마크의 엔지니어가 『정치가는 그 경향을 막을 힘이 없다』고 말한다면 이 말은 많은 사람들의 의견을 대변하고 있다.

반체제 작가 네키펠로프(Victor Nekipelov)는 소련에서도 지난 10년이 『심화된 혼란, 군사화, 파국적인 경제적 혼란, 생활비 앙등, 주요 식료품의 부족, 범죄와 술주정의 증가, 부패와 도둑질의 시대였고 무엇보다도 사람들의 눈에는 현 리더십의 걷잡을 수 없는 권위 실추의 시대』로 비쳐졌다고 썼다.

뉴질랜드에서는 정치 주류의 공백상태가 이에 항의하는 한 사람으로 하여금 그의 이름을 「미키 마우스」로 고쳐 입후보하게 만들었다. 그밖의 많은 사람들이 이와 같이 하게 되자―「이상한 나라의 앨리스(Alice in Wonderland)」라는 식의 이름을 택하는 등―의회는 입후보자들이 선거 이전 6개월 이내에 합법적으로 개명한 경우라 하더라도 그 사람의 공직 출마를 금지하는 법을 서둘러 통과시켰다.

시민들은 이제 분노의 단계를 넘어 정치지도자와 정부관리에 대해 반감과 경멸을 나타내고 있다. 그들은 변화가 심하고 갈팡질팡하는 사회에서 핸들이나 안정장치 역할을 해야 할 정치체제가 붕괴되어 통제력을 잃은 채 공전하고 있음을 느끼고 있다.

그래서 최근에 정치학자 팀이 「누가 워싱턴시를 움직이고 있는가?」를 알아 내기 위해 그 곳을 조사했을 때 그들은 간단하고도 결정적인 해답을 얻어냈다. 「아메리칸 엔터프라이즈 인스티튜트(American Enterprise Institute)」가 출판한 이 보고서는 영국 에식스대학(University of Essex)의 킹(Anthony King) 교수에 의해서 이렇게 요약되었다. 『짧은 대답은…「아무도 없다. 여기서 책임을 지고 있는 사람은 아무도 없다」는 것이어야 할 것이다.』

미국만이 아니라 변화의 「제3물결」이 밀어닥치고 있는 많은 「제2물결」 나라에서도 권력의 진공상태가 확대되고 있다. 즉 사회에 「블랙홀」이 출현하고 있다.

사설 군대

이러한 권력의 진공상태가 갖는 위험성은 1970년대 중반을 되돌이켜 잠시 살펴보면 측정될 수 있다. 그 당시 에너지와 원료의 흐름이 OPEC의 석유금수조치 결과로 뒷걸음질치고 인플레이션과 실업이 급격히 증가하고 달러가 폭락하고 아프리카·아시아·남아메리카 등이 새로운 경제적 거래를 요구하기 시작하자 여러가지 정치적 병리증상이 「제2물결」 국가들에 차례로 확산되었다.

관용과 예절의 본 고장으로 칭송받는 영국에서는 퇴역장성들이 질서를 잡기 위해 사설 군대를 모집하기 시작했고 부활된 파시즘 운동단체인 「국민전선(National Front)」이 약 90개의 국회의원 선거구에 후보자를 내세웠다. 파시스트와 좌익이 런던 거리에서 대난투를 벌일 지경에 이르렀다. 이탈리아에서는 좌익계 파시스트인 「붉은 여단(Red Brigades)」이 무릎 사격·납치·암살 등으로 그들의 영향권을 확산시켜 갔다. 폴란드에서는 인플레이션에 맞추어 식료품값을 인상하려는 정부의 시도가 하마터면 전국을 폭동의 와중으로 몰아넣을 뻔했다. 서독에서는 테러리스트의 잇단 살인으로 궁지에 몰려 침착성을 잃은 당국이 반대파를 누르기 위해 일련의 매카시적 법률(McCarthyite law)들을 서둘러 통과시켰다.

1970년대 후반 산업경제가 부분적으로(그리고 일시적으로) 회복됨에 따라 이러한 정치적 불안정 징후가 퇴조한 것이 사실이다. 영국의 사설 군대는 전혀 활동을 개시하지 못했다. 「붉은 여단」은 모로(Aldo Moro) 수상을 암살한 뒤 재편성을 위해 한동안 후퇴한 것으로 판명되었다. 일본에서는 새로운 정권이 순조롭게 교체되었다. 폴란드 정부는 그의 반대파와 불안한 평화를 유지하게 되었다. 미국에서는 「체제」에 도전하여 대통령에 당선된 카터가 (그 뒤 그 체제를 받아들였다) 파국적 인기 하락에도 불구하고 간신히 그의 지위를 유지하고 있다.

그럼에도 불구하고 이와 같은 불안정의 징후들은 각 산업국가들의 현존 「제2물결」 정치체제가 다음 단계의 위기를 극복해 낼 수 있을지

의문을 품게 만들고 있다. 1980년대와 1990년대의 위기는 그 바로 이전의 위기보다도 더 가혹하고 파괴적이고 위험할 것 같기 때문이다. 최악의 사태는 지나갔다고 믿는, 견문이 넓은 관측자들은 별로 없으며 불길한 시나리오가 수없이 많다.

이란에서 몇 주일 동안 석유공급을 중단함으로써 미국의 주유소 앞 행렬에 폭력과 혼란을 야기시킨다면, 또 사우디아라비아의 현 지배자가 왕위에서 추방된다면 미국만이 아니라 세계 도처에서 어떤 일이 일어날 것인가? 세계 석유 보유고의 25%를 점유하고 있는 이 왜소한 왕족이 이웃나라인 북예멘과 남예멘 사이에 간헐적인 전투가 일어나고 오일 달러의 홍수, 이민 노동자, 과격한 팔레스타인 사람 등에 의해 국내정세가 불안정한데도 영구히 권력의 자리에 머무를 수 있을 것 같은가? 가와르(Ghawar)와 아브카이크(Abqaiq)의 유전에서 일어날 태업은 말할 것도 없고 리야드(Riyadh)에서 일어날 쿠데타, 종교적 동란, 혁명적 반란에 워싱턴·런던·파리·모스크바·동경·텔 아비브 등의 전쟁 공포증에 걸려 있는(그리고 미래 쇼크증에 걸려 있는) 정치가들이 얼마나 현명하게 대응할 수 있을 것인가?

야마니(Sheikh Ahmed Zaki Yamani)가 예언하고 있는 바와 같이 잠수공작원들이 호르무즈(Hormuz) 해협의 선박을 침몰시키거나 해역을 기뢰로 폭파시켜 세계의 생존을 좌우하는 석유수송의 절반을 봉쇄해 버린다면 이처럼 과로와 신경증에 시달리는 동·서의 「제2물결」 정치 지도자들이 어떻게 대응해 나갈 것인가? 국내의 법과 질서도 지켜나갈 수 없는 이란이 지도상으로 전략적 중대한 의미를 갖는 이 너무도 협소한 해협의 한쪽에 위치해 있다는 사실을 알게 되면 안심할 수가 없게 된다.

또 한 가지 섬뜩한 시나리오가 있다. 멕시코가 본격적으로 석유를 개발하기 시작하여 갑자기 오일 페소(petro-peso)의 감당해 낼 수 없는 쇄도에 직면하게 된다면 어떠한 일이 있어날 것인가? 멕시코의 소수 독재지배자들이 제대로 먹지도 못하나 참을성이 많은 농민들에게 과연 새로운 부의 많은 양을 분배해 주고 싶은 생각이 들겠는가? 그들이 분배해 주려고 하더라도 전문적인 분배기술을 가지고 있겠는가? 그리고 멕시코에서 지금 일어나고 있는 소규모의 게릴라 활동이 미국의 바로 앞에서 본격적인 전쟁으로 발전하는 것을 신속히 방지할 수는 있을 것인가? 그러한 전쟁이 발발하게 된다면 워싱턴은 어떠한 반응을 보일 것인가? 그리고 남캘리포니아나 텍사스의 소수민족 빈민가에 사는 수많은 멕시코계 미국인들은 어떤 반응을 나타낼 것인가? 오늘날 의회와 백악관에 존재하는 난맥상에 비추어 볼 때 우리는 이와 같은 대규모의 위기에 반정도라도 현명한 결정을 기대해 볼 수 있을까?

경제적인 견지에서 보면 이미 거시경제적인 요인들을 관리할 능력을 상실한 정부가 국제금융체제의 급격한 변동이나 완전한 붕괴에 대응할 수 있을 것인가? 거의 통제를 받지 않는 통화, 억제되지 않고 아직도 팽창일로에 있는 「유럽통화」의 증가, 급증하고 있는 소비자·기업·정부의 차입금 등의 상황 하에서 어느 누가 앞으로 수년내에 경제적 안정을 기대할 수 있을 것인가? 급상승하는 인플레이션과 실업, 신용의 붕괴, 또는 어떤 다른 경제적 파국이 일어나게 되면 사설 군대가 행동을 취할지도 모른다.

마지막으로 현재 생겨나고 있는 무수한 종교적 신흥종파들 중에 정치적 목적으로 조직된 것이 나타난다면 어떠한 사태가 일어날 것인가? 주요 종교조직이 「제3물결」의 탈대중화의 영향을 받아 분열되어 감에 따라 목사·신부·전도사·교사 등을 자칭하는 무리들이 나타날 것이다. 그 가운데는 훈련된 의사(擬似)군대와 같은 정치적 추종자들도 있을 것이다.

미국에서는 어떤 새로운 정당이 출현하여 강렬한 권위주의적 경향과 더불어 다듬어지지 않은 「법과 질서」나 「반(反)포르노」라는 강령에 기반을 두고 그레이엄(Billy Graham)이나 그런 부류의 인물을 입후보로 내세우는 일을 상상하기는 어렵지 않다. 또는 동성연애자의 시민권 획득운동에 반대한 브라이언트의 후계자가 나타나 동성연애자나 「동성연애지지자(gay-symp)」들을 투옥하라고 요구할지도 모른다. 이와 같은 예는 앞으로 가장 비종교적인 사회에서도 종교정치가 충분히 존재할 수 있음을 암시해 주고 있다. 스미스, 슐츠, 산티니 등의 이름을 가진 호메이니(Ayatullah Ruhollah Khomeini)에 의해 이끌리는 각종 신흥종교에 기반을 둔 정치운동을 상상해 볼 수 있다.

필자는 이러한 시나리오들이 반드시 실현될 것이라고 말하는 것은 아니다. 이것들 모두가 억지로 꾸며낸 것으로 밝혀질 수도 있다. 그러나 이들 시나리오가 실현되지 않더라도 우리는 다른 극적인 위기, 지금까지 일어났던 것보다도 더 위험스러운 위기가 닥쳐올 것이라는 점을 생각해 두어야 한다. 그리고 우리는 현재의 「제2물결」 지도자층은 그 위기에 대응하여 어리석게도 아무런 준비도 하고 있지 않다는 사실을 직시해야 한다.

실제로 오늘날에는 「제2물결」 정치구조가 1970년대보다도 더 퇴보되어 있기 때문에 우리는 정부가 1980년대와 1990년대의 위기를 다루는 데 있어서 과거 10년 동안보다도 더 무능력하고 상상력이 부족하며 근시안적이 될 것이라는 것도 생각해 두어야 한다.

그리고 이것은 우리들 마음의 가장 깊숙한 곳에 자리잡고 있는 매우 위험한 정치적 환상을 근저에서부터 재검토해야 한다는 것을 말해 주고 있다.

구세주 콤플렉스

「구세주 콤플렉스(Messiah Complex)」란 맨 윗자리에 있는 사람을 바꾸면 우리들이 어떻게 해서든지 구원을 받을 수 있을 것이라는 환상이다. 「제2물결」 정치가가 「제3물결」의 대두로 야기된 여러가지 문제 때문에 술에 취한 것처럼 비틀거리면서 채찍질을 당하는 것을 목격한 수많은 사람들은 그 압박에 자극을 받으면서 이 곤경의 단 한 가지 단순하고 이해하기 쉬운 설명인 「리더십의 실패」에 도달하게 된다. 구세주가 정치의 지평에 모습을 드러내 여러가지 일들을 모두 원상태로 되돌려 놓으면 좋으련만!

오늘날에는 친숙한 세계가 붕괴되고 환경이 더욱 예측할 수 없게 되어 가고 질서·구조·예측 가능성 등에 대한 갈망이 증대함에 따라 이처럼 제대로 된 씩씩한 지도자를 열망하는 소리가 가장 선량한 사람들 사이에서 나오고 있다. 그래서 히틀러가 등장한 1930년대에 오르테가 이 가세트가 표현한 것처럼 『무수한 개들이 별들을 향해 짖듯이 도를 더해 가고 지휘해 줄 누군가를 또는 무엇인가를 요구하는 강력한 외침』을 우리는 듣고 있다.

미국에서는 대통령의 「리더십 결핍」이 맹렬히 비난을 받고 있다. 영국에서는 대처가 선출된 것은 그녀가 「철의 여성(Iron Lady)」이라는 환상을 제공해 주었기 때문이다. 리더십을 중요시하지 않는 공산주의 산업국가에서조차도 한층 「더 강력한 리더십」을 요구하는 압력이 높아져 가고 있다. 소련에서는 「필요한 정치적 결론」을 끌어내는 스탈린의 능력을 몹시 찬양한 소설이 나왔다. 차코프스키(Alexander Chakovsky)가 쓴 「승리(Victory)」의 출판은 「스탈린주의의 부활」 움직임의 일환으로 생각되고 있다. 스탈린의 조그마한 초상이 자동차 앞유리나 가정·호텔·신문매점 등에 나붙고 있다. 「어리석은 자들의 협회(Institute of Fools)」의 저자인 네키펠로프는 이렇게 쓰고 있다. 『자동차 앞유리의 스탈린 초상은 하층으로부터 올라온 것으로서…역설적이지만 현재의 분열상과 리더십 결핍에 대한 항의이다.』

위기의 시대가 시작되면서 오늘날의 리더십에 대한 요구는 오랫동안 잊혀져 왔던 암흑세력이 우리 사회에서 새로이 활동하기 시작한 그 시기에 나타나고 있다. 「뉴욕타임즈」지의 보도에 의하면 프랑스에서는 『30년 이상이나 동면을 한 뒤 소수이긴 하나 영향력있는 우익단체가 또 다시 지적 각광을 모색하면서 제2차세계대전에서의 파시즘의 패배와 더불어 실추되었던 인종적·생물학적·정치적 엘리트주의 이론을 제시』하고 있다.

아리아인의 인종적 우월성과 격렬한 반미론을 지껄여대는 그들은 주요 언론 창구로 「르 피가로(Le Figaro)」지의 주간판을 장악하고 있다. 그들은 모든 인종이 불평등하게 태어났기 때문에 사회정책으로 그러한 상태를 유지시켜야 한다고 주장한다. 극히 반민주적인 편견에 아마 과학적 색채를 부여하기 위해 윌슨(E. O. Wilson)과 젠센(Arthur Jensen)에 관한 논의를 가미하고 있다.

지구 저편 일본에서 엄청난 교통체증 때문에 45분 동안을 보낸 필자의 아내와 필자는 제복을 입고 헬멧을 쓴 정치건달들이 정부의 어떤 정책에 항의하여 노래를 부르고 하늘을 향해 주먹을 내뻗으면서 트럭을 타고 서서히 움직이는 행렬을 목격한 적이 있다. 일본인 친구들은 이 원시적인 돌격대원들이 마피아와 비슷한 「야쿠자(役人)」갱과 결탁되어 있고 전전(戰前)의 권위주의로의 복귀를 갈망하는 유력한 정치가들의 자금지원을 받고 있다고 말했다.

역으로 이에 대응되는 「좌익」에도 이러한 현상들이 나타나고 있다. 테러리스트 갱들은 사회민주주의의 슬로건을 입에 올리면서도 그들 자신의 특징인 전체주의적인 리더십을 칼라시니코프(Kalashnikov)와 플래스틱 폭탄의 힘을 빌어 사회에 강요하려 한다.

미국에서의 또 다른 불안한 징후들 중의 하나로 뻔뻔스러운 인종주의의 부활을 목격하게 된다. 1978년 이래 부활된 KKK단(Ku Klux Klan)이 애틀랜타에서 십자가를 불태우고 무장한 사람들로 앨라배마주 디케이터(Decatur) 시청을 포위하고 미시시피주 잭슨(Jackson)의 흑인교회와 유태교회에 총탄을 퍼붓는 등 캘리포니아주에서 코네티컷주에 이르는 21개 주에서 활동을 재개할 징후를 보여 주고 있다. 노스 캐롤라이나주에서는 나치당원이라고 자칭하는 KKK단원이 좌익인 반(反) KKK 활동가를 5명이나 살해했다.

요컨대 「더욱 강력한 리더십」을 요구하는 소리가 높아진 것은 대의정치의 붕괴로부터 얻고자 하는 고도로 권위주의적인 집단의 재등장과 때를 같이 하고 있다. 이것은 불쏘시개와 불꽃이 서로 근접해 있는 것처럼 위험하기 짝이 없는 일이다.

이처럼 리더십을 강화해야 한다는 외침은 세 가지 잘못된 생각에 바탕을 두고 있다. 그 첫째는 권위주의적인 능률성의 신화이다. 다른 것은 몰라도 독재자가 『정각에 열차를 달리게 한다』는 생각보다도 더 광범위하게 신봉되는 것은 별로 없다. 오늘날 너무도 많은 제도가 붕괴되고 있고 예측할 수 없는 사태가 너무나 많기 때문에 수많은 사람들이 경제적·사회적·정치적 열차를 정각에 달리게 하기 위해서 자유의 일부(어떤 딴 사람의 자유라면 더욱 좋다)를 기꺼이 넘겨주려고 할 것이다.

그러나 강력한 리더십은 비록 전체주의라 할지라도 능률성에만 만족하지 않는다. 소련의 리더십은 확실히 미국·프랑스·스웨덴보다 「더 강력하고」 더 권위주의적이지만 오늘날의 소련이 능률적으로 운영되고 있다는 것을 시사해 주는 증거는 별로 없다. 소련은 체제 영구화에 절대로 필요한 군대·비밀경찰 등 몇 가지 다른 기능을 제외하면 많은 보도기관을 포함한 누구의 이야기를 듣더라도 물이 새는 배임에 틀림없다. 소련은 낭비·무책임·타성·부패, 요컨대「전체주의적 비능률」로 절름발이가 된 사회이다.

폴란드인·러시아인·유태인 등「비(非)아리아인」을 일소하는 데 경이적인 능력을 발휘한 나치 독일조차도 다른 점에서는 유능하다고 말할 수는 없었다. 독일에서 교육을 받고 독일의 사회상황을 가까이서 관찰해 온 영국의 하원의원 플레처(Raymond Fletcher)는 우리가 망각하고 있는 현실을 상기시켜 주고 있다.

『우리는 나치 독일을 능률의 본보기로 생각하고 있다. 실제로 영국이 독일보다도 전쟁을 위해 더 잘 조직되어 있었다. 나치는 루르(Ruhr)에서 철도가 파괴되어 수송수단이 없어진 뒤에도 탱크와 장갑차를 계속 훌륭하게 생산해 냈다. 나치는 과학자를 부리는 방법도 매우 서툴렀다. 비능률이 만연하고 있었기 때문에 전시중에 이루어진 1만 6,000건의 군사적으로 중요한 발명 가운데 실제로 생산에 이어진 것은 극소수였다. 나치의 정보기관은 서로를 정탐하도록 얽어매어 놓았으나 영국의 정보기관은 아주 월등했다. 영국은 전쟁에 진력하기 위해 모든 사람들을 쇠울타리와 남비를 제조하는 데 기여하도록 조직화했으나 독일은 전시중에도 사치품을 생산하고 있었다. 영국은 일찍부터 여성을 징병한 데 반해 독일은 그렇지 못했다. 히틀러 자신이 우유부단한 전형이었다. 군사적·산업적 능률의 본보기로서의「제3제국」은 엉터리 신화이다.』

후술하는 바와 같이 열차를 정각에 운행하는 데에는 강력한 리더십 이상의 것을 필요로 한다.

강력한 리더십을 요구하는 소리가 중대한 잘못이라는 둘째 이유는 과거에 통용된 리더십의 형태가 현재나 미래에도 통용될 것이라고 암암리에 전제하고 있다는 점이다. 우리가 리더십을 생각할 때는 언제나 루스벨트, 처칠, 드골(Charles André Joseph Marie de Gaulle)과 같은 과거의 인물로부터 그 이미지를 이끌어 내고 있다. 그러나 다른 문명은 아주 다른 질의 리더십을 요구한다. 그리고 한 문명에서 강력한 리더십을 가지고 있었던 것이 다른 문명에서는 부적절하고 극히 허약한 것이 될 수 있다.

농민에 기반을 둔 「제1물결」 기간의 리더십은 특유하게도 업적이 아닌 가문에서 도출한다. 군주는 어떤 한정된 실용적인 능력, 즉 전투에서 부하를 통솔하는 능력, 신하들을 서로 대결시켜 어부지리를 얻는 약삭빠름, 유리한 결혼을 하는 재치 등을 필요로 했다. 읽고 쓰는 능력과 광범위한 추상적인 사고의 힘이 기본적인 요구조건은 아니었다. 더구나 지도자는 헌법·입법부·여론의 견제가 없었기 때문에 가장 변덕스럽고 심지어 종잡을 수 없는 방식으로 개인적인 권위를 전적으로 행사할 수 있는 것이 특징이었다. 승인이 필요한 경우에도 귀족·영주·성직자 등 소수 그룹으로부터 동의만 받으면 되었다. 이와 같은 지지자를 동원할 수 있는 지도자가 「강력」했다.

이에 반해 「제2물결」 지도자는 비개인적이고 보다 더 추상적인 권력을 행사했다. 지도자가 결정을 해야 할 것도 더욱 많아져 매체의 조작에서부터 거시경제의 관리에 이르기까지 훨씬 광범위하고 다양한 일을 처리해야 했다. 그의 결정은 조직과 기관의 계통을 통해 실행되어야 하고 그는 그 조직과 기관의 복잡한 상호관계를 이해하고 조정해야 했다. 읽고 쓰는 것은 물론 추상적인 논리적 사고도 할 수 있어야 했다. 소수의 신하가 아니라 복합적인 진용의 엘리트와 준(準)엘리트들을 거느려야 했다. 더구나 그의 권위는 비록 그가 전체주의적 독재자라 할지라도 적어도 명분상으로는 헌법, 법적인 선례, 정당의 요구, 대중여론의 힘 등에 의해 제한을 받았다.

이렇게 비교해 볼 때 「제2물결」 정치구조에 뛰어든 「가장 강력한」 「제1물결」 지도자는 「제2물결」의 「가장 허약한」 지도자보다도 더 허약하고 뒤죽박죽이고 변덕스럽고 어리석은 것으로 보여지게 될 것이다.

이와 마찬가지로 우리가 새로운 단계의 문명으로 돌입하고 있는 오늘날에는 루스벨트, 처칠, 드골, 아데나워(Konrad Adenauer) — 이 점에 관해서는 스탈린도 마찬가지다 — 등 산업사회의 「강력한」 지도자들은 백악관의 「미친 루드비히왕(Mad King Ludwig)」처럼 역할을 할 수도 없고 어울리지도 않을 것이다. 얼핏 과단성이 있고 고집이 세고 독선적으로 보이는 지도자들—케네디(John Fitzgerald Kennedy)나 코널리

(John Bowden Connally), 레이건, 시라크(Jacques Chirac), 대처 같은 사람이든 어떻든간에 ― 을 찾는 것은 일종의 향수에서 나온 행위이며 구시대의 가정에 바탕을 둔 아버지나 어머니의 상(像)을 찾는 것이다. 오늘날의 지도자들의 「허약함」은 그 개인의 자질을 반영한 것이라기보다는 그들의 권력이 의존하는 제도가 붕괴한 결과이기 때문이다.

지도자들의 표면적인 「허약성」은 사실 그들의 「권력」이 증대된 정확한 결과이다. 따라서 「제3물결」이 보다 훨씬 높은 수준의 다양성과 복잡성을 증가시켜 사회를 계속 변화시키게 됨에 따라 모든 지도자들은 결정을 내리고 실행함에 있어서 점점 더 많은 사람들의 도움에 의존해 가고 있다. 초음속 전투기·핵무기·컴퓨터·원격통신 등 지도자의 지휘력을 발휘하는 데 필요한 도구가 강력해지면 질수록 지도자는 다른 사람들에 대한 의존이 늘어나면 늘어났지 줄어들지는 않는다.

이것은 끊어버릴 수 없는 관계이다. 오늘날 권력이 필연적으로 의존하고 있는 복잡성의 증대를 반영하고 있기 때문이다. 이것 때문에 미국 대통령은 핵무기 발사 버튼 옆에 앉아 지구를 완전히 파괴해 버릴 수 있는 권한을 갖고 있으면서도 전화선에 「상대방이 없는 것」과 같은 무력감을 느끼고 있다. 권력과 무력은 동일한 반도체 칩의 양면과 같은 관계이다.

현재 등장하고 있는 「제3물결」 문명은 이러한 이유 때문에 전혀 새로운 형태의 리더십을 요구하고 있다. 「제3물결」 지도자의 필수적인 특성이 아직도 완전히 명백해진 것은 아니다. 우리는 지도자의 힘이 독단성에 있는 것이 아니라 다른 사람들의 말을 경청하는 능력에 있다는 것, 불도저와 같이 밀고 나가는 힘에 있는 것이 아니라 상상력에 있다는 것, 과대망상증에 있는 것이 아니라 새로운 세계에 있어서의 리더십의 제한적인 성격을 인식하는 데 있다는 것을 알아야 할 것이다.

내일의 지도자들은 현재보다 더 다양한 사회, 즉 훨씬 더 탈중앙집권적이고 참여적인 사회를 대상으로 해야 할 것이다. 그들은 모든 사람들에게 모든 것을 인정받는 존재가 결코 될 수 없다. 실제로 한 인간이 필요한 모든 특성을 갖출 수는 없다. 리더십은 더욱 임시적이고 단체적이고 합의적인 것이 될 것이다.

트위디(Jill Tweedie)는 「가디언」지의 시평란에서 이러한 변화를 감지했다. 그녀는 『카터를…비판하기는 쉽다』고 썼다. 『그는 과거에 허약하고 우유부단했을지도 모른다(지금도 그럴지도 모른다). …그러나 카터의 큰 잘못은 지구가 좁혀져 감에 따라 문제들이…너무나 일반적이고 근본적이고 상호의존적이기 때문에 옛날처럼 한 사람의 지도자나 한 정부의 주도권으로는 해결할 수 없다는 사실을 암암리에 인정한 것…일지도 모른다.』 트위디가 시사하는 것은 요컨대 우리가 애써 새로운 형의 지도자를 찾고 있다는 점이다. 누군가가 이것이 최선의 일이라고 생각하고 있기 때문이 아니고 문제의 성격이 그것을 필요한 것으로 만들고 있기 때문이다. 어제의 강자가 내일의 90파운드짜리 약자가 될 수도 있다.

이것이 그 경우에 해당되든 안되든간에 우리를 재난에서 구해 줄 정치적 구세주가 필요하다는 논의에는 하나의 결정적이고 심지어 비난받아 마땅한 결함이 있다. 이러한 생각은 우리의 기본적인 문제가 개인적인 것이라고 전제되고 있기 때문이다. 그러나 그것은 잘못된 생각이다. 성인·천재·영웅이 주도권을 잡는다 할지라도 우리는 「제2물결」 시대의 정치기술인 대의제 정부의 종국적 위기에 직면하게 될 것이다.

세계의 망상조직

「최선」의 지도자를 선출하는 것만을 걱정한다면 우리의 문제는 현존 정치체제의 테두리내에서 해결될 수 있다. 그러나 사실상 문제는 훨씬 더 심각하다. 한 마디로 지도자들이 —「최선」의 지도자들까지도— 무력하게 되는 것은 그들이 관리해야하는 제도가 시대에 뒤떨어져 있기 때문이다.

우선 현재의 정치구조와 정부구조는 아직도 국민국가가 자신의 역할을 다하고 있던 시기에 만들어진 것이었다. 각국 정부는 다소간에 독자적인 결정을 할 수 있었다. 전술한 바와 같이 오늘날에는 주권이라는 신화가 그대로 존재하고 있지만 정부가 독자적인 결정을 내리는 것은 이미 불가능하다. 인플레이션은 초국가적인 질병이 되었기 때문에 브레즈네프나 그 후계자들마저도 그 전염병이 국경을 넘어 오는 것을 막을 수는 없다. 공산주의 산업국가들은 부분적으로 세계경제로부터 단절되어 내부로부터 엄격한 통제를 받고 있지만 석유·식료품·기술·신용·기타 필수품을 외국에 의존하고 있다. 1979년에 소련은 각종 소비자 물가를 인상하지 않을 수 없었다. 체코슬로바키아는 연료용 석유가격을 두 배로 올렸다. 헝가리는 전력요금을 51%나 인상하여 소비자들을 깜짝 놀라게 했다. 한 나라가 결정을 내릴 때마다 다른 나라에도 문제가 파급되고 반응을 불러일으킨다.

프랑스는 카프 드 라 아그(Cap de la Hague)에 원자력발전소를 건설하고 있는데 이것은 영국의 윈드스케일(Windscale)의 원자로보다도 런던에 더 가깝게 있기 때문에 방사성 먼지나 가스가 방출되면 강풍을 타고 영국으로 날아가게 될 것이다. 멕시코만의 원유 유출은 500마일 떨어진 텍사스 해안을 위험에 빠뜨리고 있다. 그리고 사우디아라비아나 리비아가 석유 생산할당량을 증가시키거나 감소시키면 여러 나라의 생태에 직접적 또는 상기적 영향을 미친다.

이렇게 단단하게 얽힌 망상조직 속에서 국가지도자들은 그들이 아무리 미사여구를 사용하거나 무력을 과시하더라도 대부분의 능력을 상실했다. 그들의 결정은 세계적·지역적 차원에서 값비싸고 바람직하지 못하고 때로는 위험한 반향을 불러 일으키는 것이 보통이다. 정부의 규모와 의사결정권의 배분도 오늘날의 세계에는 절망적으로 잘못되어 있다.

그러나 이것은 현존 정치구조가 시대에 뒤떨어져 있는 이유들 중의 하나에 불과하다.

얽히고 설킨 문제

오늘날의 정치제도는 또한 시대에 뒤떨어진 지식체계를 반영하고 있다. 각 정부는 재정·외무·방위·농업·상업·우편·운수 등과 같은 개별분야를 담당하는 부나 성을 가지고 있다. 미국의 의회와 그밖의 입법기관도 그와 마찬가지로 이들 분야의 문제를 다루는 위원회를 따로 두고 있다. 어떤 「제2물결」 정부라도—심지어 아주 중앙집권화되고 권위주의화된 정부라도—해결할 수 없는 것은 얽히고 설킨 문제(interweave problem), 즉 모순적이고 자기 상쇄적인 효과를 모아 놓은 것이 아니라 질서정연한 전체적인 계획을 내놓을 수 있도록 이러한 모든 단위들의 활동을 통합하는 방법이다.

우리가 지난 수십년간에 배운 한 가지 일이 있다면 그것은 모든 사회적·정치적 문제가 얽히고 설켜 있다는 점이다. 예컨대 에너지는 경제에 영향을 미치고 경제는 건강에, 건강은 교육·노동·가정생활 등 수많은 다른 일에 영향을 미친다. 분명하게 구분되어 있는 문제들을 서로 고립시켜 다루려는 시도—그 자체가 산업적인 정신의 산물이다—는 혼란과 재난밖에 가져오지 못한다. 그러나 정부의 조직구조는 바로 이러한 「제2물결」의 현실에 대한 접근방법을 반영해 준다.

이 시대착오적인 구조는 끊임없는 관할권 투쟁, 비용의 외부화(각 기관은 다른 기관을 희생시켜서 자신의 문제를 해결하려 하고 있다), 역의 부작용 발생을 가져온다. 이런 까닭에 정부가 어떤 문제를 치유하려고 시도하면 새로운 문제들이 발생하고 때로는 원래의 문제보다 더욱 악화되기도 한다.

정부는 일반적으로 관료적 형식주의를 생략하는 「독재자」를 임명하는 등 중앙집권화를 더욱 강화하여 이러한 얽히고 설킨 문제를 해결하려고 시도한다. 독재자는 변화의 파괴적인 부작용을 알지 못한 채 변화를 가져오거나 너무 많은 부가적인 관료적 형식주의를 퇴적시켜 결국은 그 자리에서 쫓겨나게 된다. 권력의 중앙집권화는 이미 효과가 없기 때문이다. 파멸에 이르는 또 다른 수단은 부서간의 위원회를 무수히 만들어 결정을 조정하게 하고 재심사하게 하는 것이다. 그러나 그 결과는 결정이 거쳐야 할 또 다른 일련의 차단장치와 여과장치를 만드는 것이고 또 관료주의적인 미로를 더욱 더 복잡화시킨다. 현존 정부와 정치구조가 시대에 뒤떨어진 것은 세계를 「제2물결」이라는 렌즈를 통해 보고 있기 때문이다.

그래서 이것은 또 다른 문제를 악화시킨다.

결정의 가속화

「제2물결」 정부와 의회제도는 느긋한 속도로 결정을 내리도록 만들어져 있어 보스턴이나 뉴욕에서 필라델피아까지 가는 메시지가 일주일이나 걸리는 그런 세계에 들어 맞는다. 오늘날에는 호메이니가 테헤란에서 인질을 잡고 있거나 콤(Qom)에서 기침을 해도 워싱턴이나 모스크바·파리·런던의 관리들은 그에 대응하여 몇 분 안에 결정을 내려야 할 것이다. 신문이 밝힌 바와 같이 급속한 변화가 정부와 정치가에게 불시에 몰아닥쳐 그들에게 무력감과 혼란을 가져다 주고 있다. 「애드버타이징 에이지」지는 『3개월 전만 해도 백악관은 소비자들에게 달러를 낭비하지 말고 아껴서 물건구입을 하라고 얘기하고 있었다. 그런데 지금은 정부가 소비자들에게 달러를 아낌없이 더 많이 쓰도록 전면적으로 촉구하려 하고 있다』고 쓰고 있다. 독일의 외교정책지인 「아우센폴리티크(Aussenpolitik)」는 석유전문가들이 석유가격의 급등을 예견하고 있었으나 『그 발전의 속도를 예상하지는 못했다』고 보도했다. 「포천」지가 『굉장한 속도와 심각성』이라고 지칭한 1974~75년의 경기후퇴가 미국의 정책입안자들에게 타격을 가했다.

사회적 변화도 가속화되어 정치적 의사결정자들에 대한 압력을 가중시키고 있다. 「비즈니스 위크」지는 이렇게 밝히고 있다. 미국에서 『산업과 인구의 이동이 완만했을 때에는…그것이 국가통일에 도움이 되었다. 그러나 지난 5년 동안에 그 과정이 현존의 정치제도로 조정할 수 있는 한계를 벗어나 버렸다.』

정치가들 자신의 경력도 그들을 놀라게 할 때가 많을 정도로 가속화되어 왔다. 1970년만 해도 대처는 그녀의 생애중에 어떤 여성도 영국정부의 고위 각료직에 임명될 수 없을 것이라고 예견했다. 1979년에 그녀 자신이 수상이 되었다.

미국에서도 무명의 카터가 백악관에 들어 간 것은 불과 몇 달만의 일이었다. 더구나 새 대통령이 취임하는 것은 선거 다음 해 1월인데도 카터는 곧바로 사실상의 대통령이 되어 있었다. 개표가 끝나기도 전에

퇴임을 앞둔 포드(Gerald Ford)가 아니라 카터가 중동문제, 에너지 위기, 그밖의 문제들을 처리해 나갔다. 그 순간 절름발이 오리인 포드는 실질적인 의미에서 죽은 오리가 되어 버렸다. 이제는 정치의 시간이 너무 단축되고 역사가 너무 빨리 움직여 인습적인 지연이 허용되지 않기 때문이다.

마찬가지로 전에 신임 대통령이 누렸던 언론과의 「밀월」도 끝났다. 카터는 취임 전에 각료 인선문제로 비난을 받았고 그의 CIA국장 인선도 철회하지 않으면 안되었다. 그 뒤 4년 임기의 절반도 지나기 전에 통찰력을 가진 정치담당 기자인 리브즈는『즉시 커뮤니케이션이 시간을 크게 단축시켜 오늘날의 4년 임기 대통령직은 과거의 어떤 8년 임기 대통령직보다 더욱 많은 사건, 더욱 많은 분쟁, 더욱 많은 정보를 산출해 내기 때문에』 카터 대통령의 정치생명이 짧을 것이라고 이미 예견했다.

일반화된 변화의 가속화를 반영하는 이 정치생활 속도의 격화가 오늘날의 정치와 정부의 붕괴에 박차를 가하고 있다. 간단히 말하면 좀 더 완만한 사회에 맞게 만들어진「제2물결」 제도를 통해 일할 수밖에 없는 오늘날의 지도자들은 사태가 요구하는 바대로 빨리 현명한 결정을 내릴 수 없다. 결정이 너무 늦게 내려지거나 우유부단함을 드러내게 된다.

예컨대 존 홉킨스대학(John Hopkins University) 국제 정치대학원(School for Advanced International Studies)의 스키델스키(Robert Skidelsky) 교수는 이렇게 쓰고 있다.『비록 다수당이 존재한다 하더라도 의회를 통해서 적의한 절차를 밟는 데 너무 시간이 오래 걸려서 재정정책은 사실상 쓸모없는 것이 되어 버린다.』그리고 이 글은 미국에서 에너지 문제가 6년 동안 계속 교착상태에 빠지기 오래 전인 1974년에 쓰여졌다.

변화의 가속화가 현존 제도의 결정 능력을 압도하기 때문에 정당의 이데올로기나 리더십에도 불구하고 오늘날의 정치구조를 시대에 뒤떨어진 것으로 만들어 버렸다. 이러한 제도들은 규모와 구조면에서만이 아니라 속도의 면에서도 부적당하다. 게다가 문제는 그것만이 아니다.

컨센서스의 붕괴

「제2물결」이 대중사회를 낳았다고 한다면 「제3물결」은 우리를 탈대중화시켜 모든 사회체제를 훨씬 더 높은 수준의 다양성과 복잡성으로 이행하게 한다. 진화에서 일어나는 생물의 분화와 아주 흡사한 이 혁명적 과정은 오늘날 아주 광범위하게 주목되고 있는 정치현상의 하나인 컨센서스의 붕괴를 설명하는 데 도움을 준다.

산업화 세계의 도처에서 우리는 정치가들이 「국가목적」의 상실, 옛날의 훌륭한 「던커크 정신(Dunkirk spirit)」의 결여, 「국민적 일체성」의 침식, 강력한 분파 그룹들의 갑작스럽고 놀라운 신장 등을 탄식하는 소리를 듣고 있다. 최근 워싱턴에서는 「단일쟁점 그룹(single issue group)」이라는 말이 유행하고 있다. 이것은 일반적으로 각자가 낙태, 총기소지 규제, 동성애자의 권리, 학교버스 운행, 원자력 등을 단일 긴급쟁점으로 인식하는 수천명에 의해 결성된 정치조직을 말한다. 전국적·지방적 규모의 이들 세력은 너무 다양하기 때문에 정치가와 관리들이 이들에 관한 기록을 남길 수조차 없게 되었다.

이동주택 소유자들은 조직을 만들어 군(郡) 구획변경을 위해 투쟁한다. 농민들은 송전선(送電線)의 건설에 저항한다. 퇴직자들은 교육세에 반대하기 위해 동원된다. 여권신장론자·멕시코계 미국인·노천채광 광부·노천채광 반대자도 편친과 포르노 반대운동가처럼 조직을 만든다. 어느 미국 중서부 잡지의 보도에 의하면 「동성애자 나치스(gay Nazis)」라는 조직까지 결성되었다고 한다. 이 조직은 물론 이성애를 하는 나치당원과 「동성애자 해방운동」 모두에게 곤혹스러운 것이다.

동시에 전국적 대중조직은 그 조직을 단결시키는 데 고심하고 있다. 자원봉사 단체 회의의 어떤 참가자는 『지방의 교회가 이제 더 이상 중앙의 지시에 따르지 않고 있다』고 말한다. 어느 노동문제 전문가는 AFL-CIO에 의한 단일의 통일적인 정치운동 대신에 가맹조합이 제각기 독자적인 목적을 위해 독자적인 운동을 점차 강화해 가고 있다고 보고했다.

유권자는 여러 개의 분파로 나뉘어져 있는 것만은 아니다. 분파그룹 자체가 점차 일시적인 것이 되어 생겨났다가 사라지는 등 급속히 부침을 거듭하고 불안정하여 분석이 어려울 만큼 유동하고 있다. 어떤 정부관리는 이렇게 말한다. 『캐나다에서는 현재 새로운 자원봉사단체의 수명이 6~8개월일 것으로 추측된다. 그 곳에는 더 많은 그룹이 있지만 단명하다.』 이와 같이 가속화와 다양화가 결합하여 전혀 새로운 국가를 만들어 내고 있다.

이와 같은 경향이 진전됨에 따라 정치연합·동맹 또는 연합전선 등의 개념을 망각해 버리게 되었다. 「제2물결」 사회에서는 1932년의 루스벨트처럼 한 정치지도자가 6개 주요 단체를 밀착시켜 그 결과로 생긴 연합을 여러 해 동안 유지시키는 것을 기대할 수 있었다. 오늘날 연합은 수백 또는 수천개의 소규모의 단명인 특수이익집단을 집결시키는 것이 필요하나 연합 그 자체 역시 단기간밖에 존속할 수 없는 것으로 입증되고 있다. 대통령을 선거하는데 필요한 기간 동안만 연합을 했다가 선거가 끝나면 또 다시 분열되어 대통령은 그의 정강에 대한 지지기반을 잃어버리게 된다.

이같은 정치생활의 탈대중화는 우리가 논의해 온 기술·생산·커뮤니케이션·문화 등 모든 심오한 추세를 반영하는 것으로서 중요한 결정을 내리는 정치가의 능력을 더 한층 황폐화시키고 있다. 소수의 잘 조직되고 명료하게 편성된 선거구민들을 조작하는 것에 익숙한 정치가는 자신이 선거민들에게 포위되어 있다는 것을 발견하게 된다. 어느 곳에서나 유동적으로 조직된 수많은 새로운 선거민들은 현실적이기는 하나 특수하고 낯선 요구에 대해 주의를 기울여 주기를 기대한다.

특수한 요구사항들이 온갖 틈바구니를 통해서, 온갖 우편과 전달수단을 이용하여, 그리고 창과 문을 넘어서 입법기관과 관료기구에 홍수처럼 밀어 닥친다. 이렇게 요구사항이 엄청나게 쌓여가지고는 심의할 시간조차 없다. 더구나 사회가 가속도로 변화하고 있고 시기에 뒤늦은 결정은 전혀 아무런 결정을 하지 않은 것보다 훨씬 더 나쁠 경우가 있기 때문에 모든 사람이 즉각적인 응답을 요구하고 있다. 캘리포니아주 출신의 민주당 하원의원 미네타(N. Y. Mineta)에 의하면 그 결과 의회가 너무 바쁘게 돌아가 『사람들이 들락날락하면서 서로 만나지만 계속 밀착하여 생각을 할 수 없게 되었다.』

상황은 나라에 따라 차이가 있겠지만 한 가지 공통적인 것은「제3물결」에 의해 취해진 혁명적 도전이「제2물결」제도들을 시대에 뒤떨어진 것으로 만들어 버렸다는 점이다.「제2물결」제도는 변화의 속도를 따라 가기에는 너무 느리고 새로운 단계의 사회적·정치적 다양성에 대응하기에는 너무 획일적이다. 오늘날의 제도는 훨씬 더 느리고 더 단순한 사회에 맞게 만들어진 것이기 때문에 궁지에 빠져 시대에 맞지 않게 되어 버렸다. 이러한 도전은 규칙을 어설프게 고치는 것만으로 대응할 수 없다. 이는「제2물결」정치이론의 가장 기본적인 가정인 대의제 개념에 대한 도전이기 때문이다.

따라서 오늘날의 정치체제가 이론적으로는 다수결원칙에 바탕을 두고 있지만 다양성의 증대는 생존에 중요한 문제에 대해서까지도 다수파를 형성할 수 없다는 것을 말해 주고 있다. 그리고 이러한 컨센서스의 붕괴는 불안정하고 불확실한 연합에 바탕을 둔「소수파」정부가 더욱 더 늘어나는 것을 의미하기도 한다.

다수파가 없어질 경우 표준적 민주주의라는 미사여구는 조소의 대상이 되어 버린다. 속도와 다양성의 집중상태하에서는 어느 선거구를「대표한다」고 할 수 있는가의 여부에 의문을 갖지 않을 수 없다. 대중산업사회에서는 사람들과 그들의 요구가 상당히 획일적이고 기본적이었기 때문에 컨센서스는 달성할 수 있는 목표였다. 탈대중화 사회에서는 국가적 목적이 없을 뿐 아니라 지역·주·시 수준의 목적도 없다. 프랑스나 일본 또는 스웨덴이건간에 어떤 하원의원 선거구나 국회의원 선거구에 있어서의 다양성이 너무 방대하기 때문에「대표자」가 컨센서스를 대변하고 있다고 정정당당하게 주장할 수는 없다. 어느 누구도 일반의사(general will)를 대표할 수는 없다. 일반의사란 원래 존재하지 않는다는 단순한 이유 때문이다. 그렇다면「대의제 민주주의」의 관념 그 자체에 어떤 일이 일어날 것인가?

이러한 질문을 하는 것은 민주주의를 공격하기 위한 것이 아니다.(「제3물결」이 어떻게 풍요롭고 확대된 민주주의로의 길을 열어가고 있는가는 다음 장에서 살펴볼 것이다.) 그러나 이 질문은 한 가지 사실, 즉「제2물결」제도뿐 아니라 그 기초가 되는 가정 자체가 시대에 뒤떨어진 것임을 명백히 해준다.

산업화시대의 과중한 짐을 짊어지고 시대에 뒤떨어진 정치기술은 우리 눈 앞에서 붕괴되고 있다. 이 정치기술은 초국가적인 문제를 적절히 처리할 수도 없고 서로 밀접한 관계가 있는 문제를 처리할 수도 없고 가속적인 움직임에 따라갈 수도 없고 고도의 다양성에 대응할 수도 없을 정도로 나쁜 상태에 이르렀다.

결정의 내부파열

오늘날 정치 결정과 정부 결정이 총체적으로 무력해진 것은 일부 사람들이 생각하고 있는 것처럼 「리더십의 결여」 때문이 아니라 너무 많은 기묘하고 낯선 문제들에 대해 너무 빨리, 너무 많은 결정을 내려야 하기 때문이다. 현존 제도는 결정의 내부파열(decisional implosion)로 흔들리고 있다.

시대에 뒤떨어진 정치기술을 활용함으로써 정부의 효과적인 의사결정 능력이 급속히 저하되고 있다. 쇼크로스(William Shawcross)는 「하퍼스(Harper's)」지에서 닉슨과 키신저의 캄보디아정책을 논평하면서 이렇게 썼다. 『백악관이 모든 결정을 내려야 했다면 그 하나하나를 충분히 심의할 시간이 거의 없었을 것이다.』 사실 백악관은 대기오염·의료비·원자력에서 위험한 장난감의 추방에 이르기까지 온갖 결정을 내리도록 너무 시달림을 받고 있다. 그래서 어떤 대통령 고문은 필자에게 『여기서 우리 모두가 미래 쇼크를 겪고 있다!』고 털어 놓았다.

행정기관도 마찬가지 상황이다. 각 부처가 결정의 작업량 증가에 압도당하고 있다. 엄청나게 가속화되는 압력하에서 날마다 무수한 규정을 시행하고 수많은 결정을 내리지 않으면 안된다.

그런데 전미(全美)예술진흥기금(NEA/U.S. National Endowment for the Arts)의 최근 조사는 이사회가 각 부문의 기금신청을 심의하는 데 모두 4분 30초가 걸렸다는 사실을 밝혀냈다. 이 조사보고서는 『신청건수가…NEA의 능력을 훨씬 넘어섰기 때문에 재질을 가려내는 결정을 할 수가 없었다』고 밝혔다.

이러한 결정의 폭주에 관한 훌륭한 조사연구가 별로 없다. 최상의 조사연구 중의 하나는 미국 정보함이 북한에 나포되어 양국이 위험한 최종단계에 이르른 1968년의 「푸에블로(Pueblo)」호 사건에 대한 암브리스터(Trevor Armbrister)의 분석이다. 암브리스터에 의하면 「푸에블로」 임무의 「위험도 평가」를 하고 그것을 승인한 미국방성 관리는 76건의 갖가지 군사적 임무 제안에 대한 위험도를 불과 몇 시간내에 평가해야만 했다. 그 뒤에 그 관리는 「푸에블로」호 사건 심의에 얼마 정도의 시간을 실제로 할애했는가를 밝히는 것을 거부했다.

그러나 암브리스터가 예로 든 의미심장한 인용문에서 국방정보국(DIA/Defense Intelligence Agency)의 어떤 관리는 이렇게 설명했다. 『나는 어느 날 아침 정오까지 되돌려 보내라는 지시와 함께 책상에 한 묶음의 서류가 놓여지는 식으로 업무를 처리하는 것이 보통이다. 그 서류는 시어스 로우벅사의 캐털로그만큼 큰 것이다. 내가 임무 하나하나를 상세히 검토하는 것은 물리적으로 불가능한 일일 것이다.』 그럼에도 불구하고 시간의 제약하에서 「푸에블로」 임무의 위험도는 「최소」로 판정되었다. DIA요원의 말이 정확한 것이라면 그 날 아침에 받은 군사적인 임무 하나하나가 평균 2분 30초 이하의 심의 끝에 평가되었다. 일이 잘 되지 않는 것이 당연하다.

예컨대 미국방성 관리들은 외국의 무기 발주건에서 300억 달러의 행방을 잃어버렸으나 이것이 경리상의 엄청난 착오나 구매자에 대한 전액 청구의 불이행에서 초래된 것인지, 또는 그 돈이 전혀 다른 일에 쓰여졌는지를 알지 못하고 있다. 어떤 국방성의 감사관에 의하면 이와 같은 몇십억 달러의 실책은 『갑판에 고정되어 있지 않고 굴러다니는 대포와 같은 치명적인 가능성』을 가지고 있다는 것이다. 그는 또 이렇게 털어 놓고 있다. 『한층 더 슬픈 사실은 사람들이 이러한 혼란이 실로 얼마나 큰 것인가를 잘 모르고 있다는 점이다. 모든 것을 선별해 내려면 아마 5년은 걸릴 것이다.』 그리고 이 사건에서와 마찬가지로 컴퓨터와 정확한 정보체제를 갖춘 미국방성이 너무 거대하고 복잡하여 관리가 제대로 안될 정도라면 정부 전체는 어떻겠는가?

낡은 의사결정제도는 점차로 외부세계의 혼란상을 반영하고 있다. 카터의 고문인 아이젠스타트(Stuart Eizenstat)는 『사회가 이익집단으로 분화되었고』 그에 따라 『의회 권한도 소집단으로 분산되었다』고 말하고 있다. 이러한 새로운 상황에 직면하여 대통령은 이미 그의 의사를 의회에 쉽게 강요할 수 없게 되었다.

전통적으로 현직 대통령은 원로이자 유력한 6명의 위원장들과 타협을 하여 법안을 승인시키는 데 필요한 표를 확보하는 것을 기대할 수 있었다. 오늘날에는 의회의 위원장들과 여자들조차도 AFL-CIO나 가톨릭 교회가 추종자들의 표를 모을 수 있는 것보다 더 소장 의원들의 표를 모을 수 없게 되어 버렸다. 시대에 뒤떨어진 사람이나 일에 쫓기는 대통령에게는 불행한 일일지 모르지만 사람들은 — 의원을 포함하여 — 더욱 더 자기 자신의 생각대로 행동하고 명령에 따르려 하지 않는다. 그러나 모든 이러한 것이 현재의 구조로는 의회가 어떤 문제에 대해서도 지속적인 관심을 쏟거나 국가의 요구에 신속히 대응할 수 없게 만들고 있다.

의회 미래정보교환소(Congressional Clearinghouse on the Future)의 보고서는 「광란의 스케줄」에 관해 언급하면서 상황을 이렇게 생생하게 요약하고 있다. 『가스 규제해제, 로디지아, 파나마 운하, 교육성의 신설, 식량표, 전국철도여객공사(역주 AMTRAK, American Track의 약칭, 원명은 National Railroad Passenger Corp.)의 인가, 고체 쓰레기의 처리, 절멸 위기에 처한 동식물 등의 문제를 일주일내로 투표하는 것과 마찬가지로 점증하는 복잡성과 빛의 속도처럼 빠른 변화에서 오는 위기가 이전에는 신중하고 사려깊은 토론의 중심부이던 의회를… 나라의 웃음거리로 바꾸어 놓고 있다.』

물론 산업화된 나라라 하더라도 정치적 과정은 나라에 따라 다르나 비슷한 요인이 모든 나라에 작용하고 있다. 『혼란과 정체에 빠져 있는 나라가 미국만이 아니다』고 「유 에스 뉴스 & 월드 리포트」지는 밝히고 있다. 『소련을 한번 살펴보자. …미국의 핵무기 관리 제안에 대응하지 못하고 있다. 사회주의 국가와 자본주의 국가의 무역협정 교섭이 오랫동안 지연되고 있다. 공식방문중인 프랑스의 지스카르 데스탱 대통령의 접대도 뒤죽박죽이 되었다. 중동정책도 우유부단하다. 서유럽의 공산당들에게도 자기 나라의 정부에 적대하라고 했다가 협력하라고 하는 등 모순된 요구를 하고 있다. …일당체제인데도 확고한 정책을 수립하거나 복잡한 문제에 신속히 대응하는 것이 거의 불가능하다.』

런던에서는 어떤 하원의원이 중앙정부가『너무 과중한 부담을 지고 있다』고 말하고 있으며 전 각료이자 현 영국신문발행인협회(British Newspaper Publishers Association) 회장인 마시(Richard Marsh)경은 이렇게 밝히고 있다.『하원의 구조는 지난 250년 동안 상대적으로 변하지 않아 오늘날 필요한 경영적인 의사결정 방법에 맞게 조정되어 있지 않다. …전체적인 것이 완전히 비효과적이다. …그리고 내각도 그보다 낳을 것이 없다.』

스웨덴의 불안정한 연립정부가 거의 10년 동안이나 나라를 분열시켜 온 원자력문제를 해결하지 못한 것은 무엇 때문인가? 또 이탈리아에서는 테러리즘과 되풀이되는 정치적 위기로 한 정권이 6개월도 버티지 못하고 있지 않은가?

우리는 새롭고 위협적인 사상에 직면하고 있다. 지도자들이 부적절하고 못쓰게 되고 과중한 부담을 지고 있는 제도들을 통해 국정을 운영하려고 하는 한 우리가 직면하고 있는 정치적 동요와 위기는 지도자—강력하건 허약하건—가 해결할 수 있는 문제가 아니다.

정치체제는 결정을 내리고 그것을 시행할 능력만 있으면 되는 것이 아니다. 그것은 적정한 규모로 운영되어야 하고 서로 다른 정책들을 통합할 수 있어야 하며 적절한 속도로 결정을 내릴 수 있어야 한다. 또한 그것은 사회의 다양성을 반영하고 그것에 대응해야 한다. 이러한 것들 중에 어떤 것이라도 할 수 없게 되는 경우에는 재난을 초래하게 된다. 문제는「좌익」이냐「우익」이냐,「강력한 리더십」이냐「허약한 리더십」이냐 하는 것이 아니다. 결정체제 그 자체가 위협이 되고 있다.

오늘날 실로 놀라운 사실은 정부가 아직도 조금이나마 기능을 하고 있다는 점이다. 농장을 운영한 경험밖에 없는 18세기의 선조가 깃털펜으로 극히 초보적으로 그린 조직표를 가지고 대회사를 운영하려고 하는 사장은 한 사람도 없을 것이다. 블레리오(Louis Blériot)나 린드버그(Charles A. Lindbergh)가 사용한 항공술과 조종장비를 가지고 초음속 제트기로 비행하려는 제정신을 가진 조종사도 없을 것이다. 그러나 이것은 우리가 정치적으로 행하려 하고 있는 것에 가깝다.

핵무기로 가득차고 미묘하게도 경제적으로나 생태적으로 붕괴 직전의 상태에 있는 세계에서 「제2물결」 정치체제가 급속히 시대에 뒤떨어지고 있는 것은 사회 전체에 —「야당」뿐 아니라 「여당」에게도, 가난한 사람만이 아니라 부유한 사람에게도, 비산업세계에 대해서도—극심한 위협을 주고 있다. 우리 모두에 대한 직접적인 위험은 권력을 가진 자들에 의한 고의적인 권력행사에 있다기보다는 오히려 최선의 의도조차도 잔인한 결과를 초래할 수 있을 정도로 위험스럽게 시대착오적인 정치관료적 결정기구에 의해 내려진 결정의 비고의적인 부작용에 있다.

오늘날 소위 「현대」 정치제도라고 불리우는 것은 공장제도 등장 이전에 창안된 모델들로부터 모방되었다. 그때는 통조림 식품·냉장고·가스등이나 사진, 베세머 용광로나 타자기의 도입, 전화기의 발명 이전이었고 라이트 형제(Orville and Wilbur Wright)가 하늘을 날기 이전이었으며 자동차와 비행기가 거리를 단축시키기 이전이었다. 또한 라디오와 TV가 우리들 마음에 마력을 작용하기 이전이었고 아우슈비츠가 죽음을 산업화하기 이전이었으며 신경가스·핵 미사일·컴퓨터·복사기·피임약·트랜지스터·레이저가 나오기 이전이었다. 이것들은 거의 생각조차 할 수 없는 지적인 세계, 즉 마르크스, 다윈, 프로이트, 아인슈타인 이전의 세계에서 만들어졌다.

그런데 우리가 직면한 단 한 가지의 가장 중요한 정치적 문제는 우리의 가장 기본적인 정치제도와 정부제도가 시대에 뒤떨어졌다는 점이다.

우리가 위기를 계속 겪게 되면 히틀러와 스탈린의 신봉자들이 파멸상태로부터 기어나와 시대에 뒤떨어진 거대한 제도는 물론 자유마저도 내던져버리고 문제를 해결할 때가 왔다고 말할 것이다. 「제3물결」 시대로 질주하고 있는 지금 인간의 자유를 신장시키고자 하는 우리의 소망이 현존의 제도를 옹호하는 것만으로 이루어질 수는 없을 것이다. 우리는 2세기 전에 미국을 건국한 선조들처럼 새로운 제도를 창안해내야 한다.

28

21세기의 민주주의

건국의 선조들께 :

지금은 고인이 된 혁명가 여러분. 당신들께서는 남자·여자·농민·상인·직공·변호사·인쇄업자·시사논설문 필자·상점주인·군인 등 모두가 힘을 합쳐 머나먼 아메리카의 해안에 새로운 국가를 건설했습니다. 여러분들 중에는 1787년 필라델피아의 무더운 여름에 「미합중국 헌법」이라고 불리는 놀라운 문서를 작성하려고 모인 55인도 끼어 있습니다. 여러분은 나의 현재가 된 미래의 창안자였습니다.

1791년에 「권리장전(Bill of Rights)」이 추가된 미합중국 헌법은 인류 역사에서 훌륭한 업적의 하나임에 틀림없습니다. 여러분이 심한 사회적·경제적 혼란의 와중에서 가장 직접적인 압력을 받으면서도 다가올 미래에 대해 어떻게 그렇게 많은 자각을 하고 또 할 수 있었는가를 수많은 다른 사람과 마찬가지로 나는 언제나 스스로에게 묻지 않을 수 없습니다. 여러분은 먼나먼 내일의 소리에 귀를 기울이면서 하나의 문명이 사라지고 새로운 문명이 태어나는 것을 감지했을 것입니다.

나는 여러분이 부적절한 원리와 시대에 뒤떨어진 구조에 의해 마비된 비효율적인 정부의 붕괴를 우려하면서 밀물처럼 몰아닥치는 사태들의 힘에 밀려 어쩔 수 없이 그 일을 추진했으리라는 결론에 이르렀습니다.

기질이 아주 다른 사람들 — 재기가 넘치고 적대적이고 이기적인 사람들 — 이 일찍이 그렇게 장엄한 한편의 작품을 만들어 낸 적이 없었습니다. 여러가지 지역적·경제적 이익에 열정적으로 관여한 사람들이 현존 정부의 엄청난 「비능률」에 당황하고 분노하여 놀라운 원리에 바탕을 둔 근본적으로 새로운 정부를 공동으로 제안한 것입니다.

이러한 원리가 지구상의 수많은 사람들을 감동시켜 왔듯이 지금도 나를 감동시키고 있습니다. 예컨대 제퍼슨이나 페인(Thomas Paine)의 어떤 구절을 읽을 때는 그 아름다움과 의미심장함에 눈물을 금할 수 없다는 사실을 고백합니다.

반세기에 걸친 내 인생이 사람의 지배가 아닌 법의 지배하에서 미국 시민으로서 지내올 수 있었던 것에 대해 고인이 된 혁명가 여러분께 감사드리고자 합니다. 또한 인기없는 의견, 그러나 때로는 어리석거나 잘못된 의견을 생각하여 발표할 수 있게 해주었고 실로 억압을 두려워하지 않으면서 추적한 것을 쓸 수 있게 해준 귀중한 「권리장전」에 대해서도 감사드리고자 합니다.

지금 내가 쓰는 글 모두가 나와 같은 시대의 사람들로부터 너무 쉽게 오해를 받을 수 있기 때문입니다. 폭동을 선동하는 것이라고 생각하는 사람들도 틀림없이 있을 것입니다. 그러나 그것은 고통을 가져다주는 진리로서 여러분은 그것을 재빨리 이해할 수 있을 것이라고 나는 믿습니다. 여러분이 만든 정부체제는 그 바탕에 있는 원리 자체를 포함하여 점차 시대에 뒤떨어진 것이 되고 그에 따라 이를 소홀히 할 경우에는 우리의 복지에 점차 압박을 가하고 위험한 것이 됩니다. 정부체제를 근본적으로 변화시키고 새로운 정부체제, 즉 21세기의 민주주의를 창안해 내야 합니다.

어떠한 정부, 어떠한 정치체제, 어떠한 헌법, 어떠한 헌장이나 국가도 영속적인 것은 아니며 과거의 결정이 미래를 영구히 구속할 수 없다는 것을 여러분은 오늘날의 우리보다 더 잘 알고 있었습니다. 한 문명을 위해 설계된 정부가 다음의 문명에 적절하게 대응할 수는 없습니다.

그러므로 미합중국의 헌법조차도 재검토하여 개정할 필요가 있다는 것을 여러분은 이해해 줄 것입니다. 여기서 필요한 것은 연방예산을 삭감하거나 이것저것 세부적인 원칙을 구체화하는 것이 아니라 과거에는 생각지 못한 자유에 대한 위협을 고려하여「권리장전」을 확대하는 것이며 새로운 세계에서 살아남기 위해 필요한 현명하고 민주주의적인 결정을 내릴 수 있는 포괄적이고 새로운 정부구조를 만들어 내는 것입니다.

나는 내일의 헌법을 손쉽게 만들 청사진을 가지고 있지 못합니다. 우리가 아직도 그 문제를 명확히 하려 하고 있는 시기에 이미 해답을 갖고 있다고 생각하는 사람들을 나는 신용하지 않습니다. 그러나 우리가 완전히 새로운 대안을 생각해 보며 내일의 민주주의적 구조에 대해 철저하게 논의를 하고 이의를 제기하고 논쟁을 벌이고 구상을 할 때가 왔습니다.

우리는 분노의 감정이나 독단, 갑작스러운 충동적인 발작에서가 아니라 가장 폭넓은 협의와 평화적인 국민의 참여를 통해 미국의 재건을 위해 단결할 필요가 있습니다.

여러분은 그 필요성을 이해할 것입니다. 여러분과 같은 세대의 한 사람인 제퍼슨은 깊이 생각한 끝에 이렇게 말했습니다.『헌법을 신성한 외경심을 갖고 바라보며 너무나 신성하여 만져볼 수 없는 성약(聖約)의 궤(櫃)(역주 ark of the covenant 십계명이 새겨진 석판을 넣은 상자)처럼 생각하는 사람들이 있다. 이들은 전 시대의 사람들을 인간 이상의 현자(賢者)로 보고 그들이 행한 일은 수정의 여지가 없다고 생각한다. …나는 물론 법률과 헌법이 빈번하게 심의도 하지 않은 채 바뀌는 것을 옹호하는 사람은 아니다. …그러나 나 또한 법률과 제도가 인간정신의 진보와 제휴하여 나아가야 한다는 것을 알고 있다. …새로운 발견이 이루어지고 새로운 진리가 밝혀지고 환경의 변화에 따라서 생활양식과 신념이 변하게 되면 제도 또한 발전하고 시대와 보조를 맞추어야 한다.』

나는 그렇게 오랫동안 우리에게 크게 도움을 주었으며 이제는 그 역할을 끝내고 새로운 체제로 대체되어야 할 현행 제도를 만드는데 도움을 준 제퍼슨씨의 이러한 예지에 대해 감사를 드립니다.

코네티컷주 워싱턴에서

앨빈 토플러

이것은 가공의 편지이지만…기회가 주어진다면 이와 유사한 소감을 말할 사람들이 여러 나라에 꼭 있을 것이다. 오늘날의 많은 정부가 시대에 뒤떨어져 있다는 것은 나만이 발견한 비밀이 아니기 때문이다. 그것은 미국만의 병폐가 아니다.

실은 낡은 문명의 잔해 위에 새로운 문명을 건설하는 것은 많은 나라에서 새롭고 보다 적절한 정치구조를 일제히 설계하는 것을 의미한다. 이것은 힘이 들지만 필요한 사업으로서 깜짝 놀랄 정도로 광범위하여 완성되려면 아마 수십년이 걸릴 것이다.

미국 의회, 공산권 산업국가들의 중앙위원회와 정치국, 영국의 하원과 상원, 프랑스 하원, 서독 하원, 일본 중의원, 수많은 국가들의 거대한 부처와 확립된 공무원제도, 헌법과 재판제도 등 요컨대 소위 대의제 정부의 경직화되고 점차 융통성이 없어져 가는 대부분의 기구를 철저하게 분해 수리하든가 해체하는 데에는 아마도 장기전이 필요할 것이다.

정치투쟁의 이러한 물결이 국가차원에만 머물지는 않을 것이다. 앞으로 몇개월 또는 몇십년 넘게 UN에서 지방의 시나 읍 그리고 의회에 이르기까지 모든 「지구상의 입법기관」은 종국적으로 거역할 수 없는 구조개편 요구의 증대에 마침내 직면하게 될 것이다.

이러한 모든 구조는 근본적으로 개조되어야 할 것이다. 그것은 그 구조가 본래부터 폐해를 주거나 이런저런 계급 또는 집단에 의해 지배되고 있기 때문이 아니라 급변하는 세계의 요구에 더 이상 알맞지 않을 정도로 점점 더 운용될 수 없게 되기 때문이다.

이 과업은 수백만의 사람들을 연루시키게 될 것이다. 이러한 철저한 해체 수리가 완강한 저항을 받게 되면 유혈사태를 일으킬지도 모른다. 따라서 그 과정이 얼마나 평온하게 진행될 것인가는 여러가지 요인에 의해 좌우될 것이다. 그 요인들로는 현존 엘리트들이 얼마나 융통성이 있는가 또는 비타협적인가의 여부, 경제적 붕괴가 변화를 가속화시키느냐의 여부, 외부로부터의 위협이나 군사개입이 있느냐의 여부 등을 들 수 있다. 분명히 위험은 크다.

그러나 현행의 정치제도를 해체 수리하지 않으면 위험은 더 커진다.

그리고 우리가 그것을 빨리 시작하면 할수록 우리 모두가 더욱 안전해질 것이다.

우리가 새로이 운용할 수 있는 정부를 만들어 우리 생애에서 가장 중요한 정치적 과업을 성취하기 위해서는「제2물결」시대의 누적된 상투적 발상을 불식해야 할 것이다. 그리고 우리는 세 가지의 주요 원리에 의거하여 정치생활을 재고해야 할 것이다.

실로 이 세 가지가 내일의「제3물결」정부의 기초원리임이 밝혀지게 될 것이다.

소수세력

「제3물결」정부의 이단적인 첫번째 원리는 소수세력(minority power)의 원리이다.「제2물결」시대의 정통적인 주요 원리인 다수결원리는 날로 시대에 뒤떨어지는 것이 되고 있다. 중요한 것은 다수가 아니라 소수이다. 그리고 현행 정치체제는 그러한 사실을 더욱 숙고해야 한다.

제퍼슨은 또 다시 혁명적 세대의 신념을 표현하면서 정부는『다수의 결정에 절대 말없이 복종해야 한다』는 주장을 했다. 아마도「제2물결」여명기에 있던 미국과 유럽은 결국 산업화된 대중사회로 전환해 가는 긴 도정을 바로 그때 시작하고 있었다. 다수결원리의 개념은 이러한 사회의 요구에 꼭 들어맞았다.

이미 살펴본 바와 같이 오늘날 우리는 산업주의를 뛰어넘어 급속히 탈대중화 사회로 나아가고 있다. 그 결과 과반수를 동원하거나 연립정부를 구성하는 것조차도 더욱 어려워지고 ― 때론 불가능해지고 ― 있다. 이탈리아에서는 6개월간, 네덜란드에서는 5개월간 완전히 정부가 없는 무정부상태가 계속되었다. 매사추세츠 공과대학(Massachusetts Institute of Technology)의 정치학자인 버넘(Walter Dean Burnham)은 미국에서『오늘날 어떤 것에 대해서나 다수의 찬성을 얻어야 한다는 근거를 찾아볼 수 없다』고 말한다.

「제2물결」엘리트들은 그들의 정당성을 다수파에게 의존하고 있기 때문에 항상 다수를 대변한다고 주장했다. 미국 정부는 「국민의, 국민에 의한, 국민을 위한 것」이었다. 소련 공산당은 「노동자 계급」을 대변했다. 닉슨은 미국의 「말없는 다수」를 대표한다고 주장했다. 그리고 오늘날 미국에서 신보수파 지식인들은 흑인·여권신장론자·멕시코계 미국인 등 새로이 목소리가 높아지고 있는 소수파의 요구를 공격하면서 거대하고 공고하고 온건하고 중도적인 다수파를 대변한다고 주장한다.

오하이오주의 마리에타(Marietta)나 캔자스주의 살리나(Salina)와 같은 곳에 가본 일이 없이 미국 동북부의 유명한 대학이나 워싱턴의 두뇌집단에 본거지를 두고 있는 신보수파는 「미국의 중산층」을 다소 무식하고 반지성적인 블루칼러 출신의 보수반동주의자나 교외에 사는 화이트칼러로 이루어진 거대하고 세련되지 못한 획일적인 「대중」으로 생각한다. 그러나 이들 집단은 지식인이나 정치가가 멀리서 바라보는 것처럼 획일적이지도 단색적이지도 않다. 미국의 중산층에서도 다른 층에서와 마찬가지로 컨센서스를 찾아보기란 힘들다. 기껏해야 컨센서스는 명멸하는 불빛과 같고 단속적이며 극소수의 문제에 국한된다. 신보수파는 실체적이라기보다는 오히려 신화적인 다수의 장막 속에 반(反)소수파 정책을 은폐하고 있다고 해야 할 것이다.

실로 바로 그러한 현상이 정치적 스펙트럼의 다른 한쪽에도 해당된다. 서유럽의 여러 나라에서는 사회당과 공산당이 「노동대중」을 대변한다고 주장하고 있다. 그러나 우리가 산업화된 대중사회를 벗어날수록 더욱 더 마르크스주의의 가설은 지켜질 수 없게 되어 간다. 「제3물결」 문명의 등장으로 대중과 계급이 모두 그 중요성을 크게 상실해 가고 있기 때문이다.

몇 개의 주요 진영이 연합하여 다수파를 형성하는 고도의 계층화 사회 대신에 거의 잠정적으로 조직된 몇천개의 소수파가 아주 새롭고 일시적인 형태로 난립되어 있기 때문에 주요 문제에 대해서 51%의 컨센서스를 이루지 못하는 병렬사회(configurative society)가 도래한다. 따라서 「제3물결」 문명의 진전은 여러 현존 정부들의 정당성을 약화시키고 있다.

「제3물결」은 또한 다수결원리와 사회적 정의의 관계에 대한 우리의 모든 재래적 가설에 도전하고 있다. 이 점에 있어서도 다른 여러가지 일과 마찬가지로 우리는 놀라운 역사적 반복현상을 목격하고 있다. 「제2물결」 문명시대를 통해 다수결원리를 위한 투쟁은 인간적이고 해방적인 것이었다. 남아프리카와 같이 산업화가 진행중인 여러 나라에서는 오늘날에도 그렇다. 「제2물결」 사회에 있어서 다수결원리는 거의 언제나 가난한 사람들에게 보다 더 좋은 기회를 주었다. 가난한 사람들이 다수였기 때문이다.

그러나 오늘날 「제3물결」에 흔들리고 있는 나라에서 대부분의 경우 사태는 확실히 그 정반대이다. 이제는 참으로 가난한 사람들이 반드시 다수를 차지하고 있는 것은 아니다. 풍요로운 여러 나라에서 그들은 다른 모든 사람과 마찬가지로 소수파가 되었다. 그리고 경제적인 대파국을 방지하는 한 그들은 그 상태를 유지할 것이다.

그러므로 「제3물결」로 이행하고 있는 사회에서 다수결원리가 더 이상 정당한 원리로서 적합한 것은 아니며 또 반드시 인간적인 것도 아니고 민주주의적인 것도 아니다.

「제2물결」 제창자들은 대중사회의 해체를 습관적으로 탄식하고 있다. 그들은 이러한 풍부한 다양성을 인류발전의 기회로 보기보다는 「분열」과 「발칸화」(역주 Balkanization, 발칸반도와 같이 대립하는 소국들로 분열하는 현상)라고 공격하고 소수파의 「이기주의」 탓으로 돌린다. 이 하찮은 해명은 결과를 원인으로 뒤바꿔 놓고 있다. 소수파의 행동주의가 증대되는 것은 갑자기 생긴 이기주의의 결과가 아니기 때문이다. 그것은 특히 새로운 생산체제의 필요성을 반영한 것이며 그러한 생산체제는 그 자체의 존립을 위해 우리가 지금까지 알고 있는 어떤 것보다도 훨씬 더 변화가 많고 다채로우면서도 개방적이고 다양한 사회를 필요로 하고 있다.

이러한 사실이 시사하는 바는 엄청나다. 예컨대 소련이 새로운 다양성을 억압하려 하고 다양화와 더불어 나타나는 정치적 다원주의를 억제하려 한다면 그들은 실제로(그들의 전문용어를 쓴다면) 『생산수단을 속박』하여 사회의 경제적·기술적 변화를 지연시키게 된다. 그리고 비공산권 세계에 사는 우리는 그와 똑같은 선택에 직면하게 된다. 즉 우리는 「제2물결」 정치제도를 수호하기 위한 무익한 최후의 노력으로 다양성을 위한 추진력에 저항할 수 있거나 다양성을 인정하고 그에 상응하여 정치제도를 변화시킬 수 있다.

전자의 전략은 전체주의적 수단에 의해서만 달성될 수 있으며 경제적·문화적 정체를 초래하게 된다. 후자는 사회적 진화와 소수에 기초를 둔 21세기 민주주의에 이르게 된다.

「제3물결」 조건 속에서 민주주의를 재구성하려면 다양성의 증가가 자동적으로 사회의 긴장과 대립의 증가를 가져온다는 위협적이고 잘못된 가설을 포기해 버릴 필요가 있다. 실은 바로 그 반대의 경우도 진실일 수 있다. 사회의 대립은 필요한 것일 뿐 아니라 어느 정도까지는 소망스러운 것이다. 그러나 100명의 남자 모두가 똑같은 고관자리를 필사적으로 원한다면 그들은 그 자리를 놓고 다툼을 벌일 수밖에 없다. 반면에 그 100명이 각기 다른 목표를 가지고 있다면 타협하고 협력하며 공생관계를 만드는 것이 그들에게 훨씬 더 많은 보답을 가져다 주게 된다. 적절한 사회적 협약이 이루어지면 다양성은 안전하고 안정된 문명을 만들 수 있다.

오늘날 적절한 정치제도가 없다는 것이 폭력이 첨예화할 정도로 소수파간의 대립을 불필요하게 격화시키고 있다. 또 이러한 제도의 부재는 소수파를 비타협적으로 만들고 다수파를 찾아보는 것을 점점 더 어렵게 만들고 있다.

이들 문제에 대한 해답은 반대의견을 억압하거나 소수파를 이기주의라고 비난하는 것이 아니다(엘리트층과 그들의 전문가들이 똑같이 이기주의적이 아니듯이). 다양성을 수용하고 정당화시켜 주는 상상력이 풍부하고 새로운 장치, 즉 변화하고 증가해 가는 소수파의 급변하는 요구에 민감한 새로운 제도에 그 해답이 있다.

탈대중화 문명의 등장은 표면상으로는 다수결원리의 미래와 선호(選好)를 표현하는 완전히 기계적인 투표제도의 미래에 대해 심각하고 풀릴 수 없는 의문점을 던져 주고 있다. 언젠가 미래의 역사가들은 투표와 다수 추구를 커뮤니케이션면에서 원시적인 사람들이 사용한 고대의식이라고 회고할지도 모른다. 그러나 오늘날 위험에 가득찬 세계에서 우리는 전권(全權)을 어떤 사람에게 위임할 수도 없고 심지어 다수결주의 체제하에 있는 힘없는 민중세력에게 굴복할 수도 없으며 소규모의 소수파에게 다른 모든 소수파들을 전제(專制)하는 방대한 결정을 내리게 할 수도 없다.

파악하기 어려운 다수파를 추적하는 조잡한 「제2물결」 방법을 근본적으로 수정하지 않으면 안되는 것은 이 때문이다. 소수파의 민주주의를 설계하기 위한 새로운 접근방법이 필요하다. 그 방법의 목적은 배타적인 투표, 쟁점의 궤변적인 조작, 부정한 선거절차 등에 바탕을 두고 억지로 만든 가짜의 다수파로 의견의 차이를 호도하는 것이 아니라 그 차이점을 드러내 주는 데 있다. 요컨대 다양한 소수파들의 역할을 강화하고 그 위에 소수파가 다수파를 형성하도록 전체 체제를 근대화할 필요가 있다.

그러나 그렇게 하기 위해서는 민주주의의 상징 그 자체인 투표함을 비롯한 여러가지 정치구조의 근본적인 변화를 필요로 하게 될 것이다.

「제2물결」 사회에서 민중의 의사를 결정하는 투표는 지배 엘리트층에게 피드백의 중요한 원천을 제공해 줄 것이다. 상황이 이런저런 이유로 다수파에게 견딜 수 없는 것이 되고 유권자의 51%가 고통을 표시하는 경우 엘리트층은 최소한 정당을 바꾸고 정책을 변경하거나 어떻게 달리 조정을 하게 될 것이다.

그러나 지난날의 대중사회에서도 51%의 원리는 아주 둔감하고 순전히 양적인 도구에 불과했다. 과반수를 결정하는 투표가 사람들의 의견의 질에 관해서는 아무 것도 알려주지 못하고 있다. 그것은 어떤 특정한 순간에 얼마나 많은 사람들이 어떤 특정한 것을 원하고 있는가를 알려줄 수는 있으나 그들이 그것을 얼마나 절실히 원하고 있는가를 알려줄 수는 없다. 특히 그것은 그들이 어떤 특정한 것, 즉 많은 소수파로 이루어진 사회의 아주 중대한 정보를 얻어내기 위해 어떠한 것이라도 기꺼이 희생해도 좋은가에 관해서는 아무 것도 알려주지 못하고 있다.

또한 그것은 소수파가 큰 위험에 직면해 있다고 느끼고 있거나 어떤 한 가지 문제에 대해 사활이 걸린 중대한 것으로 생각하고 있을 때 그 견해들이 특별히 중요시되어야 할 것이라는 점을 시사해 주는 것은 아니다.

대중사회에서 이같은 다수결원리의 잘 알려진 결점들이 용인되어 온 것은 특히 대부분의 소수파들이 이 제도를 붕괴시킬 힘이 없었기 때문이다. 우리 모두가 소수집단의 성원으로 미묘하게 얽혀 있는 사회에서 이 제도는 이미 진실된 것이 아니다.

탈대중화된 「제3물결」 사회에 있어서 산업화된 과거의 피드백 체제는 너무나 불완전하다. 따라서 우리는 근본적으로 새로운 방식으로 투표와 투표소를 활용해야 할 것이다.

소박한 찬·반 투표를 추구하는 것이 아니라 가능한 교환조건들을 다음과 같은 질문들과 관련시킬 필요가 있다. 『내가 임신중절에 관한 나의 입장을 포기한다면 당신은 국방비나 원자력에 관한 당신의 입장을 포기할 것인가?』 『내가 당신의 사업용으로 유보해 주기 위해 내년도 내 개인소득에 대한 소액의 부가세에 동의한다면 그 대가로 당신은 무엇을 제공해 줄 것인가?』

많은 커뮤니케이션 기술과 더불어 우리가 전속력으로 질주하고 있는 세계에서 사람들은 기표소에 들어가지 않고도 그러한 의견을 표시할 방법이 여러가지가 있다. 또한 조금 뒤에 살펴보겠지만 이러한 의견을 정치적 의사결정 과정에 반영하는 방법도 있다.

우리는 반(反)소수파적 편견을 제거하기 위해 현행 투표법을 완전히 정비하기를 바랄 것이다. 이를 위한 방법은 여러가지가 있다. 그 한 가지는 매우 통상적인 방법으로서 소수 주주의 권리를 보호하기 위해 오늘날 많은 기업들이 이용하는 것과 같은 다소 변형된 누적 투표법을 채택하는 것이다. 이 방법은 투표자가 자신의 선호를 표시할 뿐 아니라 자신의 선택의 강도와 우선순위를 표시하고 있다.

우리는 대량이동과 대량거래의 완만히 변화하는 세계를 위해 설계된 현존의 시대에 뒤떨어진 정당구조를 포기하고 소수파의 이합집산에 기여하는 잠정적인 조립식 정당, 즉 미래의 접합·해체식(plug-in/plug-out) 정당을 거의 틀림없이 만들어 내게 될 것이다.

우리는 국가간의 중재를 하기 위한 것이 아니라 국내의 소수파간의 중재를 하기 위해 직분을 수행하는 「외교관」이나 「대사」를 임명할 필요가 있을 것이다.

우리는 소수파가 직업적·인종적·성적·지역적·오락적·종교적인 어떤 것이건간에 더욱 더 신속하고 용이하게 연합을 이룩하고 깨뜨리는 데 도움을 줄 준(準)정치제도를 만들어야 할 것이다.

예컨대 각양각색의 소수파들이 교대로, 심지어 무작위적으로 제휴하여 문제를 조정하고 협정을 교섭하며 분쟁을 해결하는 무대를 제공할 필요가 있을 것이다. 문제의 해명, 우선순위의 결정, 분쟁의 해결 등에 익숙한 중재자들의 도움을 받아 의사·오토바이 경주자·컴퓨터 프로그래머·안식일 예수 재림교도·그레이 팬더(역주 Gray Panther, 노인의 권리 확대를 목표로 삼는 운동 단체의 일원)집단 등이 제휴한다면 놀랍고 건설적인 연합이 이루어질 것이다.

최소한 견해차이가 드러날 수가 있고 정치 흥정에 대한 근거가 찾아질 수가 있다. 이러한 방법이 모든 대립을 제거해 주지는 못할 것이고 또 그렇게 되어서도 안된다. 그러나 이 방법은 특히 장기적 목표 설정과 연계되기만 한다면 사회적·정치적 분쟁을 보다 지적이고 어쩌면 건설적인 수준으로까지 끌어 올려 줄 수 있다.

오늘날 문제의 복잡성 그 자체가 원래 흥정할 항목의 다양성이 보다 크다는 것을 제시해 주고 있다. 그러나 정치체제는 이러한 사실을 이용하도록 조직되어 있지 않다. 연합과 타협의 가능성이 주의를 끌지 못하게 되어 불필요하게 집단간의 긴장을 고조시키거나 현존 정치제도에 더욱 긴장감을 주고 많은 부담을 안겨 주게 된다.

끝으로 소수파들에게 자신의 보다 많은 문제를 통제할 권한을 부여하여 장기적인 목표를 설정하도록 고무시켜야 한다. 예컨대 특정지역, 특징이 뚜렷한 소문화, 인종적 집단내의 사람들이 그에 소속된 젊은이들의 훈육을 국가에 의존하지 않고 국가 감독하의 그에 소속된 청년회를 설립하도록 도와주어야 할 것이다. 이러한 제도는 공동체와 자기동일성을 형성시켜 주고 법과 질서에 기여하는 한편 불필요한 일을 떠맡은 정부기관의 과중한 부담을 경감시켜 줄 것이다.

그러나 우리는 이러한 개혁주의적 조치보다 앞서 나아갈 필요가 있다는 점을 발견하게 될 것이다. 탈대중화 사회를 위해 설계된 정치체제에서 소수파 대의제를 강화하기 위해서는 결국 적어도 몇몇 관리를 가장 낡은 방법인 제비뽑기에 의해서 선출해야 할 것이다. 그래서 어떤 사람들은 오늘날의 배심원 선출방법이나 군대모집 방법으로 미래의 주의회 의원이나 국회의원을 뽑아야 한다고 진지하게 제안해 왔다.

하와이대학의 법률·정치학 교수인 베커(Theodore Becker)는 『중요한 사활에 관한 결정은 배심원… 으로 종사하는 사람들에 의해 내려지고 있으나 보육원과 국방비 지출에 얼마나 많은 돈을 들여야 하느냐에 관한 결정은 그들의 「대표자」들에게 맡겨져야 하는 이유는 무엇인가?』라고 묻고 있다.

헌법학의 권위자인 베커는 현존의 정치제도가 소수파에게 계획적으로 불이익을 주고 있다고 비난하면서 비(非)백인계가 미국 인구의 약 20%를 차지하고 있는데도 그들은(1976년에) 하원의석의 4%, 상원의석의 1%만을 점유하고 있을 뿐이었다고 상기시키고 있다. 인구의 50% 이상을 차지하고 있는 여성은 하원의석의 4%만을 점유하고 있을 뿐이었고 상원에는 한 사람도 없었다. 가난한 사람들, 젊은이들, 머리는 좋으나 말주변이 없는 사람들, 그밖의 많은 집단들도 마찬가지로 불리한 입장에 있었다. 이것은 미국에만 해당되는 것이 아니다. 서독 하원에서도 여성들이 의석의 7%만을 차지하고 있을 뿐이며 이와 동일한 경향이 여러 다른 나라의 정부에서도 역시 나타나고 있다. 이와 같은 격심한 왜곡현상은 대표자가 적은 집단의 요구에 대한 체제의 감도를 둔화시킬 뿐이다.

베커는 『미국 의회의 50~60% 의석이 필요하다고 판단되는 경우 국민이 징병을 통해 병역을 강요당하는 것과 똑같은 방법으로 미국 국민중에서 무작위로 선출되어야 한다』고 말한다. 그 제안이 얼핏 보기에 놀라운 것이지만 무작위적으로 선출된 대표자들이 현행의 방법으로 선출된 대표자들보다 못할지 어떨지를 진지하게 생각하는 데 초점이 모아져야 한다.

우리가 지금 자유로이 상상해 본다면 그밖의 여러가지 놀라운 대안을 제시할 수 있다. 실로 우리는 현재 지금까지 시행되어 온 우대 배척의 배심원제도나 징집보다도 훨씬 더 참된 대표자 표본을 뽑는 데 필요한 기술을 가지고 있다. 역설적으로 우리는 전통을 해치지 않고도 보다 혁신적인 미래의 의회를 만들 수 있고 현재 그렇게 하고 있다.

많은 평범한 미국인들처럼 제비뽑기로 일단의 사람들을 뽑아 실제로 워싱턴·런던·본·파리·모스크바에 보낼 필요는 없다. 그러나 우리가 대표자를 뽑았다면 선출된 대표자들을 그대로 놓아 두고 그들에게는 어떠한 문제에 대해서나 50%의 투표권을 행사하게 할 수 있는 반면에 국민이 무작위로 추출한 표본에게 나머지 50%의 투표권을 넘겨줄 수도 있다.

컴퓨터·첨단 원격통신·투표방법 등을 이용하면 국민의 무작위 표본을 추출하는 것이 간단할 뿐 아니라 매일 그 표본을 계속 최신의 것으로 만들어 놓아 곧바로 쟁점들에 관한 극히 최신의 정보를 제공하는 것도 간단하다. 법률이 필요해질 때에는 전통적인 방식으로 선출된 대표자 전원이 미국 의회 의사당(Capitol dome)이나 영국 의회 의사당·서독 연방의회 의사당(Bundeshaus)·일본 의회 의사당 등에 재래적인 방법으로 집합하여 법안을 심의·토론하고 수정하여 입안할 수 있다.

그러나 법안을 결정할 때가 되면 선출된 대표자들은 50%의 투표권을 행사하는 반면에 수도에 있지 않고 가정이나 사무실에 지리적으로 분산되어 있는 당시의 무작위 표본은 전자적인 방법으로 나머지 50%의 투표권을 행사할 것이다. 이러한 체세는 「대의」 정부가 지금까지 행해온 것보다도 더욱 대의적인 과정을 제공할 뿐 아니라 거의 모든 의회의 복도에 들끓고 있는 특수이익집단이나 압력단체에 엄청난 타격을 주게 될 것이다. 이러한 집단들은 소수의 선출된 공직자만이 아닌 전국민을 상대로 로비활동을 해야 할 것이다.

이것이 더욱 진전되면 어느 지역의 유권자들은 그들의 「대표자」로서 어떤 한 개인을 선출하는 것이 아니라 사실상 전주민의 무작위 표본으로 추출하는 것이라고 생각하게 될 것이다. 이러한 무작위 표본은 그것이 하나의 인간인 것처럼 투표에 의해 통계적으로 계산된 의견을 직접 「의회에 반영」시킬 수 있다. 그렇지 않으면 무작위 표본은 거꾸로 그를 대표하는 한 사람의 개인을 선발하여 그 개인에게 투표방법을 지시할 수도 있다.

새로운 커뮤니케이션 기술이 제공한 변환은 무한하고 엄청나다. 우리가 현행 제도와 조직이 시대에 뒤떨어져 있다는 것을 인식하고 그 대안들을 찾기 시작한다면 전에는 전혀 불가능했던 모든 종류의 깜짝 놀랄 만한 정치적 선택이 우리 앞에 갑자기 제시될 것이다. 우리가 21세기로 돌입하고 있는 사회를 통치하려면 적어도 20세기에 우리에게 통용되어 온 기술과 개념적 도구를 고려해야 한다.

여기서 중요한 것은 이러한 유별난 제안들이 아니다. 우리가 함께 그것을 연구한다면 계획면에서 철저한 것은 아니지만 실행하기에 보다 쉬운 훨씬 더 좋은 생각을 틀림없이 끌어낼 수 있다. 중요한 것은 우리가 앞으로 나아가기 위해서 선택하는 총체적인 진로이다. 우리는 오늘날 성장하고 있는 소수파를 억압하거나 침몰시키기 위해 승산없는 싸움을 할 수도 있고 또는 새로운 다양성에 적응시키기 위해 정치체제를 재편할 수도 있다. 우리는「제2물결」정치체제의 조잡하고 강압적인 수단을 계속 이용할 수 있거나 또는 소수파에 기반을 둔 내일의 민주주의를 위해 섬세하고 새로운 수단을 만들어 낼 수도 있다.

「제3물결」이 낡은「제2물결」대중사회를 탈대중화시킴에 따라 그 압력이 그러한 선택을 지시해 줄 것이라고 필자는 믿고 있다.「제1물결」시대가「다수결주의 이전(pre-majoritarian)」의 정치이고「제2물결」시대가「다수결주의」의 정치였다고 한다면 내일은 아마 다수결원리와 소수세력이 융합된「소수파 다수결주의(mini-majoritarian)」가 될 것이다.

半직접민주주의

내일의 정치체제의 두번째 골격은「반직접민주주의(semi-direct democracy)」원리이어야 한다. 이 원리는 대표자에게 의존하는 것으로부터 스스로가 대표자가 되는 것으로 전환하는 것이다. 이 두 가지를 혼합한 것이 반직접민주주의이다.

이미 살펴본 바와 같이 컨센서스의 붕괴는 대의제 개념 그 자체를 파괴시키고 있다. 가정을 배경으로 하고 있는 유권자들간의 합의가 없다면 대표자는 도대체 누구를「대표」하고 있는 것인가? 또한 국회의원들은 법률을 제정하는 데 있어서 참모의 보좌와 외부 전문가의 조언에 점점 더 의존하기에 이르렀다. 영국의 하원의원들이 영국 정부의 관료에 비해 약체라는 것은 널리 알려져 있다. 그들은 적절한 참모 보좌를 받지 못하고 있기 때문이다. 그래서 여러가지 권한을 의회로부터 선거에 의해 선출되지 않은 공무원에게 이양하고 있다.

미국 의회는 행정부 관료의 영향력과 균형을 이루기 위해 자체의 관료조직, 즉 의회예산국(Congressional Budget Office), 기술평가국(Office of Technology Assessment) 등 필요한 기관과 부속기관을 만들어 놓았다. 그렇게 해서 지난 10년 동안에 의회의 직원은 1만 700명에서 1만 8,400명으로 늘어났다. 그러나 이것은 문제를 관할 밖에서 관할 안으로 이전시킨 데 지나지 않는다. 우리가 선출한 대표자들은 그들이 결정해야 할 무수한 의안들에 관해 점차로 지식을 갖지 못한 상태가 되어 가기 때문에 어쩔 수 없이 다른 사람들의 판단에 점점 더 의존하게 되어 간다. 대표자들은 이미 자기 자신조차도 대표하지 못하고 있다.

보다 근본적인 것을 말하면 입법부는 이론상으로 경쟁적인 소수파들의 주장을 조정할 수 있는 위치에 있다. 소수파의 「대표자」는 소수파를 위해 홍정을 할 수도 있을 것이다. 오늘날의 낡고 둔감한 정치수단으로는 소집단을 위한 중개나 홍정은 말할 것도 없고 자기가 명목상으로 대표하고 있는 많은 소집단들을 돌아볼 수조차 없다. 그리고 미국 의회나 서독 연방의회·노르웨이 국회 등이 과중한 부담을 짊어지게 되면 될수록 이러한 상황은 더욱 악화된다.

이것은 단일쟁점 정치압력단체가 비타협적이 되는 이유를 설명하는 데 도움을 준다. 미국 의회나 주의회를 통해 복잡한 홍정이나 조정을 할 기회가 제한되어 있다는 점을 생각해 보면 현체제에 대한 그들의 요구는 전혀 협의할 수 없는 것이 된다. 최종적인 중재자로서의 대의정부의 이론도 붕괴되고 만다.

장기적으로 볼 때 홍정의 파탄, 결정의 위기, 대의제도의 마비상태 악화 등은 지금 소수의 의사(疑似) 대표자들이 내리는 여러가지 결정을 점차로 선거민 자신들에게 되돌려 주어야 한다는 것을 말해 주고 있다. 우리가 선출한 중개자들이 우리를 위해 홍정을 할 수 없다면 우리 스스로가 홍정을 해야 할 것이다. 대표자들이 제정한 법률이 우리의 요구와 점차로 동떨어지거나 부합되지 못한다면 우리는 자기 자신의 법률을 만들어야 할 것이다. 그러나 이를 위해서는 새로운 제도와 새로운 기술을 동시에 필요로 하게 된다.

오늘날의 기본적인 대의장치 제도들을 만들어 낸「제2물결」 혁명가들은 대의제 민주주의에 반대되는 것으로서 직접민주주의의 가능성을 잘 알고 있었다. 1793년의 프랑스혁명 헌법에는 직접 참가하여 정치를 하는 직접민주주의의 흔적이 남아 있다. 미국의 혁명가들은 뉴 잉글랜드의 공회당과 소규모의 유기적인 컨센서스 형성방법에 관해서도 잘 알고 있었다. 그 뒤 유럽에서는 마르크스와 그의 후계자들이 파리 코뮌(Paris Commune)을 법률의 제정과 집행에 시민이 참여한 모델로 자주 들었다. 그러나 직접민주주의의 단점과 한계도 잘 알려져 있었고 당시에는 그러한 것들이 더욱 설득력이 있었다.

미국에서「국민투표」제안자들인 맥콜리(Clark McCauley), 루드(Omar Rood), 존슨(Tom Johnson) 등은『「페더럴리스트」지에서 그러한 개혁에 대해 두 가지 반대이유를 들었다』고 쓰고 있다.『첫째로 직접민주주의는 국민의 일시적이고 감정적인 반응을 억제하거나 유예시키지 못한다는 것을 감안하고 있었다. 그리고 둘째로 당시의 커뮤니케이션이 기구를 통제할 수 없었다.』

이러한 이유들이 합당한 문제점이다. 예컨대 1960년대 중반의 좌절되고 격앙된 미국 국민이 하노이(Hanoi)에 핵폭탄을 투하할 것인지의 여부에 대해 어떻게 투표를 했을까? 또는 바더 마인호프(Baader-Meinhof)의 테러리스트들에 격노한 서독 국민이「지지자들」을 위한 수용소를 설치하라는 제안에 대해 어떻게 투표를 했을까? 캐나다인들이 레베크가 권력을 장악한 일주일 뒤 퀘벡에 대해 국민투표를 했다면 어떻게 되었을까? 선거로 선출된 대표자들은 국민보다는 덜 감정적이고 또 보다 더 신중한 것으로 생각된다.

그러나 감정에 빠지기 쉬운 국민의 반응 문제는 국민투표나 그밖의 직접민주주의의 형태를 통해 내려진 주요 결정의 이행에 앞서 냉각기간이나 두번째 투표를 요구하는 것과 같은 여러가지 방법으로 극복될 수 있다.

한 가지 생각해 볼 수 있는 접근방법을 1970년대 중반 스웨덴인들이 수행한 실행 계획서가 제시하고 있다. 그때 스웨덴 정부는 국가에너지 정책의 입안에 국민의 참여를 요구하고 있었다. 정부는 대부분의 시민이 태양·핵·지열 등 다양한 에너지 선택에 관한 적절한 전문적 지식이 없다는 것을 인식하고 있었기 때문에 정부에 공식적인 권고를 하게 하기 위해서 10시간의 에너지 과정 또는 그에 상응한 과정을 설치하여 그것을 필요로 하는 스웨덴인을 초청했다.

동시에 노동조합·성인교육센터·정치적 스펙트럼의 한 쪽 끝에서 다른 쪽 끝에 이르는 정당 등 모두가 각기 자신의 10시간 강좌를 개설했다. 1만 명 정도의 스웨덴인이 참가할 것으로 기대되었다. 모든 사람이 놀랄 정도로 약 7~8만 명이 가정과 지역사회 시설의 토론에 모여 들었다. 미국의 규모로 따져 본다면 약 200만 명에 상당하는 시민이 국가적인 문제에 관해 함께 생각해 보려고 한 것이다. 이와 같은 제도는 국민투표나 그밖의 직접민주주의 형태에 있어서 「과도한 감정주의」의 결점을 해소시키기 위해 용이하게 이용될 수 있을 것이다.

또 다른 결점도 해소시킬 수 있다. 옛날과 같은 커뮤니케이션의 한계가 이미 확대된 직접민주주의를 제약하고 있지 않기 때문이다. 커뮤니케이션 기술의 눈부신 발전은 처음으로 정치적 의사결정에 시민이 직접 참여할 수 있는 깜짝 놀랄 정도의 여러가지 가능성을 열어 놓았다.

얼마 전 필자는 오하이오주 콜럼버스에 있는 큐브 유선 TV체제에 관련된 역사적 사건—세계 최초의 「전자 공회당(electronic town hall)」—의 기조연설을 하는 영광을 누렸다. 이러한 쌍방형의 커뮤니케이션 체제를 활용하게 됨에 따라 소규모의 콜럼버스 교외주민들은 전자공학에 의해 지역계획위원회의 정치적 회합에 실제로 참가했다. 그들이 거실에서 버튼을 눌러 지역구획 획정·주택건설 법령·고속도로 건설안 등과 같은 실제적인 문제에 관련되는 제안들에 대해 즉시 투표를 할 수 있었다. 그들은 찬·반 투표를 할 수 있을 뿐 아니라 토론에 참가하여 널리 거리낌없이 이야기할 수 있었다. 또한 그들은 버튼을 눌러 의장에게 의제를 다음 항목으로 넘기도록 요청할 수도 있었다.

이것은 내일의 직접민주주의의 가능성에 대한 최초의 가장 원시적인 징후에 불과하다. 고성능 컴퓨터·인공위성·전화·유선 TV·투표기법과 그밖의 수단을 사용함으로써 역사상 처음으로 교양있는 시민이 자신의 여러가지 정치적 결정을 내릴 수 있게 되고 있다.

문제는 양자택일이 아니다. 그것은 직접민주주의 대 간접민주주의,

자신에 의한 대의제 대 타인에 의한 대의제의 문제가 아니다.

양 체제가 장점을 가지고 있고 아직 제대로 활용되고 있지는 못하지만 직접적인 시민의 참여와 「대의제」를 새로운 반직접민주주의 체제로 결합시키는 매우 창의적인 방법도 있기 때문이다.

예컨대 캘리포니아주와 오스트리아가 이미 시행한 바대로 핵개발과 같은 논란의 여지가 많은 문제는 국민투표로 결정하게 될 것이다. 그러나 우리는 최종 결정을 직접 유권자들에게 의존하지 않고 아직도 대표단 — 예컨대 미국 의회 — 이 토의를 하여 문제를 최종적으로 결정하는 것을 원하고 있을지도 모른다.

따라서 국민이 핵 찬성에 표를 던진 경우 미리 정해진 일정한 「집단」의 표를 미국 의회의 핵 찬성 옹호자들에게 배분할 수도 있을 것이다. 그들은 국민의 반응을 바탕으로 국민투표의 찬성표의 힘에 의지하여 미국 의회 자체내에서 자동적으로 10%나 25%의 「우위」를 확보하게 될 것이다. 이렇게 하면 시민들의 소망이 완전히 자동적으로 실현되는 것은 아니지만 어떤 특수한 영향력을 가지게 된다. 이것은 앞에서 언급한 「국민투표」 제안의 변형이다.

그밖에 생각해 볼 수 있는 여러가지 제도가 직접민주주의와 간접민주주의를 결합시킴으로써 창안되어질 수 있다. 지금도 미국 의회나 대부분의 다른 나라 의회 및 주의회의 의원들은 자체적인 위원회를 설치하고 있다. 시민들은 입법자들에게 다소 경시되거나 아주 논란의 여지가 많은 문제를 처리할 위원회를 만들게 할 방도가 없다. 그러나 유권자가 직접 청원을 통해 국민 — 입법자가 아닌 — 이 중요하다고 생각되는 문제에 관한 위원회를 만들 입법부를 설치하게 할 권한을 왜 가질 수 없는 것일까?

필자가 이러한 「공상적인」 제안을 되풀이해서 이야기하는 것은 이 제안들에 서슴없이 찬성하기 때문이 아니라 다만 보다 더 보편적인 점을 강조하기 위해서이다. 즉 그것은 이제 붕괴 직전에 있으며 적절하게 대표하고 있다고 생각하는 사람이 거의 없는 체제를 개방하여 민주화해 나갈 강력한 방법이 있다는 것이다. 그러나 우리는 과거 300년 동안의 낡은 관례를 벗어나 사고를 하기 시작해야 한다. 지나간 「제2물결」의 이데올로기나 모델 또는 물려받은 구조로는 문제를 해결해 나갈 수가 없다.

불확실한 함축으로 가득찬 이와 같은 새로운 제안들은 광범위하게 적용되기 이전에 신중한 지역적 실험을 필요로 한다. 그러나 우리가 이러저러한 제안에 대해 어떻게 느끼든간에 대의민주주의에 대한 반대 의견이 강해져 가고 있는 바로 그 시기에 직접민주주의에 대한 오래된 반대의견도 점점 약화되어 가고 있다. 반직접민주주의는 어떤 사람들에게는 위험스럽고 이상하게 생각될는지 모르지만 그것은 미래의 새롭고 실현 가능한 제도를 설계하는 데 도움을 줄 수 있는 온건한 원리이다.

결정권의 분산

체제를 더 많은 소수파 세력에게 개방하고 시민들에게 자신들을 통치하는 데 있어서 더 많은 직접적인 역할을 하게 허용하는 것이 모두 필요하지만 그것만으로는 부족하다. 내일의 정치에 불가결한 세번째 원리는 결정권의 집중을 분산시켜 결정권이 소속된 곳에다 그것을 이관하는 것을 목표로 하고 있다. 이것은 단순히 지도자를 바꾸는 것이 아니라 정치적 마비상태에 대한 해독제인 것이다. 필자는 이것을 「결정권의 분산(decision division)」이라고 부른다.

어떤 문제들은 지방적 차원에서 해결될 수 없다. 또 다른 문제들은 전국적 차원에서도 해결될 수 없다. 어떤 문제들은 동시에 여러가지 차원에서 조치를 필요로 한다. 더구나 어떤 문제를 해결할 적절한 장소가 고정되어 있지 않고 시간에 따라 변한다.

제도적인 과중부담에서 생기는 오늘날의 결정권 집중을 교정하기 위해서는 결정권을 분산시켜 재배분할 필요가 있다. 즉 문제 그 자체가 요구하는 바에 따라 결정권을 더욱 광범위하게 배분하여 의사결정의 장소를 바꾸는 것이 필요하다.

오늘날의 정치제도는 이러한 원리를 크게 위배하고 있다. 문제는 바뀌어도 결정권을 가진 세력은 바뀌지 않는다. 그래서 너무 많은 결정권이 아직도 집중되어 있고 제도적인 구조는 국가적 차원에서 볼 때

아주 정교하게 짜여져 있다. 이와는 대조적으로 초국가적 차원에서는 충분한 결정이 내려지지 못하고 있으며 거기에 필요한 구조는 완전히 후진적이다. 거기에다 지역·주·도·지방·비(非)지리적 사회집단 등과 같은 국가의 하부 차원에서는 극소수의 결정권만이 주어져 있다.

앞에서 살펴본 바와 같이 국민정부가 해결하려고 고심하는 많은 문제들은 어떤 개별 정부에게 너무 방대하여 전혀 손이 미치지 못한다. 따라서 초국가적인 차원에서 가공의 새로운 제도를 만들어 그 제도에 많은 결정권을 양도하는 것이 아주 필요하다. 예컨대 국가의 법률제정만으로 초국가기업—그 자체가 국민국가의 적수—의 광범위한 힘에 대응하는 것을 기대할 수는 없다. 우리는 새로운 초국가적인 제도를 만들 필요가 있으며 그것이 시행될 필요가 있다면 범세계적 차원에서 기업의 행동규범을 만들 필요가 있다.

부패문제를 예로 들어보자. 해외판매망을 갖고 있는 미국 기업들은 다른 나라 정부가 외국 고객들에게 뇌물을 주는 것을 그들의 제조업자들에게 허용하거나 장려까지 하고 있기 때문에 미국의 반증수회(反贈收賄) 법률들에 의해 극심한 손해를 보고 있다. 마찬가지로 책임있는 환경정책에 따르는 다국적기업은 초국가적 차원에서 적절한 하부조직이 없는 한 그렇게 하지 않는 기업과의 불공평한 경쟁에 계속 직면하게 될 것이다.

초국가적인 식량비축과 「분쟁지역」의 재난구조 기구가 필요하다. 앞으로 닥쳐올 흉작을 조기 경보하고 주요 자원가격 변동을 평준화하고 무기거래의 갑작스런 확산을 억제하는 새로운 범세계적 기관이 필요하다. 다양한 범세계적인 문제를 공략할 비정부기구들의 연합과 팀도 필요하다.

통제를 벗어나 있는 통화를 규제할 훨씬 더 우수한 기관이 필요하다. IMF·세계은행·COMECON·북대서양 조약기구(NATO/North Atlantic Treaty Organization) 등과 같은 제도를 대신하는 것 또는 이들의 완전한 변형을 필요로 할 것이다. 기술의 이점을 확산시키고 그 부작용을 제한시키는 새로운 기관을 만들어 내야 할 것이다. 외계와 해양을 통치하기 위한 강력한 초국가적 기관의 설립을 서둘러야 한다. 경직화되고 관료적인 UN을 밑바닥에서부터 끝까지 철저하게 정비해야 할 것이다.

300년 전 산업혁명이 시작되었을 때 국가적 차원에서 그랬던 것처럼 오늘날 초국가적 차원에서도 정치적으로 원시적이고 후진적인 상태에 있다. 몇 가지 결정권을 국민국가로부터 「위」로 옮겨 줌으로써 가장 위험한 문제들 중 대부분이 처해 있는 단계에서 그것을 효과적으로 처리할 수 있게 할 뿐 아니라 동시에 과중한 짐을 지고 있는 중심부인 국민국가의 결정의 부담(decision load)을 경감시켜 줄 수 있게 된다. 결정권의 분산은 필수적이다.

그러나 결정권을 위로 옮겨 가는 경우 그 규모는 과제의 절반에 불과하다. 의사결정의 방대한 양을 중심부로부터 아래로 옮길 필요가 있다는 것도 분명하다.

이 문제 역시 「양자택일」의 성질을 가지고 있는 것은 아니다. 어떤 절대적인 의미에서 중앙집권화 대 탈중앙집권화도 아니다. 문제는 새로운 정보의 홍수가 중앙의 의사결정자들에게 쇄도하고 있는 시점에서 중앙집권화를 과도하게 강조해 온 체제의 의사결정권을 합리적으로 재배분하는 것이다.

정치적 탈중앙집권화가 민주주의를 보장해 주는 것은 아니다. 아주 악질적인 지방주의자의 전제정치가 가능하다. 지역적인 정치는 국가적인 정치보다 더 부패된 경우가 많다. 더구나 탈중앙집권화로 간주되는 대부분—예컨대 닉슨 정부의 개편—은 중앙집권주의자들을 위한 일종의 의사(疑似) 탈중앙집권화이다.

그럼에도 불구하고 이러한 모든 쓸데없는 이의 제기에 따라 중앙권력의 실질적인 위양 없이는 대부분의 정부가 판단력·질서·관리의 「능률」을 회복할 수 없다. 결정의 부담을 분산시켜 그것의 중요한 부분을 밑으로 이관할 필요가 있다.

이것은 낭만적인 무정부주의자들이 「촌락 민주주의」를 회복하기를 원하고 있기 때문도 아니며 또는 성난 부유한 납세자들이 가난한 사람들에 대한 복지사업비를 삭감하기를 원하고 있기 때문도 아니다. 그 이유는 어떤 정치구조가 IBM 370 컴퓨터의 장치를 갖추고 있다 하더라도 일정량의 정보만을 다룰 수 있고 특정한 양과 질의 결정만을 산출해 낼 수 있으며 결정의 내파(內破)가 드디어 이러한 한계점을 넘어

정부를 압박해 왔다는 것이다.

더구나 정부제도는 경제구조·정보체계·문명의 다른 특징 등과 상호관련을 가져야 한다. 오늘날 인습에 사로 잡힌 경제학자들은 거의 주목하고 있지 않지만 우리는 생산과 경제활동의 기본적인 탈중앙집권화를 목격하고 있다. 실로 그 기본단위는 이미 국가경제가 아니라고 해도 좋을 것이다.

필자가 앞에서 강조해 온 바와 같이 우리가 지금 목격하고 있는 것은 각 국가경제내에 아주 거대하고 더욱 더 응집력이 강한 지역적 하위경제가 출현하고 있다는 점이다. 이들 하위경제는 뚜렷이 다른 문제를 지니면서 점차 서로 달라지고 있다. 어떤 하위경제는 실업으로 고통을 받고 또 다른 하위경제는 노동력 부족으로 고통을 받을 것이다. 벨기에의 왈로냐(Wallonia)는 플랑드르로 산업을 이전하는 것에 항의하고 록키산맥 주변의 주들은 서부해안의 「에너지 식민지」가 되는 것을 거부한다.

워싱턴이나 파리·본에서 결재된 획일적인 경제정책은 이들 하위경제에 완전히 다른 영향을 미친다. 한 지역이나 산업에 도움을 주는 똑같은 국가경제정책이 다른 지역이나 산업에는 큰 타격을 준다. 이러한 이유로 여러가지 경제정책 결정은 탈국가화·탈중앙집권화되어야 한다.

기업 차원에서 우리는 사내(社內)의 탈중앙집권화에의 노력(관료주의적 패턴을 타파하고 중앙으로부터 더 많은 결정권을 끌어낼 방법을 논의하는 데 이틀을 보낸 GM사 최고경영진 280명의 최근 회합을 보라)뿐 아니라 실제적인 지리적 탈중앙집권화도 목격하고 있다. 「비즈니스 위크」지는 『대부분의 회사가 국내의 쉽게 접근할 수 없는 지역에 공장을 짓고 사무실을 옮김에 따른 미국 경제의 지리적 경향』에 관해 보도하고 있다.

이러한 모든 것은 사회에 있어서 정보 흐름의 대규모 이동을 부분적으로 반영하고 있다. 앞에서 언급한 것처럼 중앙조직의 힘이 약화됨에 따라 커뮤니케이션의 근본적인 탈중앙집권화가 진행되고 있다. 우리는 유선 TV·카셋·컴퓨터·사설 전자우편제도 등 이 모든 것이 똑같이 탈중앙집권화 방향으로 나아감으로써 이것들의 놀라운 증가를 목격하고 있다.

조만간에 정부의 의사결정도 함께 탈중앙집권화하지 않고는 한 사회가 경제활동·커뮤니케이션 또는 그밖의 여러가지 중요한 과정 등을 탈중앙집권화시키는 것은 불가능하다.

이러한 모든 것은 현존 정치제도의 표면적인 변화 이상의 것을 요구한다. 그것은 예산·세금·토지·에너지·기타 자원 등의 통제에 대한 거대한 투쟁을 의미한다. 결정권의 분산은 쉽게 이루어지지 않을 것이나 과도하게 중앙집권화된 나라에서는 그것을 전혀 피할 수 없다.

지금까지 우리는 정치체제가 또 다시 기능을 할 수 있도록 장애를 분쇄하고 정치체제를 해방시키는 방법으로서 결정권의 분산을 살펴보았다. 그러나 여기에는 눈에 보이는 것보다 보이지 않는 것이 훨씬 더 많이 있다. 이 원리의 적용은 국가 정부의 결정부담을 경감시켜 주는 것 이상의 결과를 가져오기 때문이다. 근본적으로 그것은 엘리트층의 구조 자체를 변화시켜 출현하고 있는 문명의 요구에 그들을 순응하게 만든다.

엘리트층의 확대

「결정의 부담」이라는 개념은 민주주의를 이해하는 데 매우 중요하다. 모든 사회가 그 기능을 발휘하기 위해서는 일정한 양과 질의 정치적 결정을 필요로 한다. 실제로 각 사회는 그 자체의 독자적인 결적구조를 가지고 있다. 사회를 관리하는 데 필요한 결정이 너무 많아지고 다양해지고 복잡해지면 질수록 사회의 정치적 결정의 부담도 더 무거워진다. 그리고 이 부담을 분담하는 방법이 사회의 민주주의 수준에 근본적인 영향을 미친다.

분업이 발달되지 못하고 변화가 완만한 산업화 이전의 사회에서는 실제로 사물을 관리하는 데 필요한 정치적·행정적 결정의 수가 아주 적었다. 결정의 부담이 작았던 것이다. 약간의 교육을 받고 비전문적인 소수의 지배 엘리트가 밑으로부터의 도움을 받지 않고 모든 결정의 부담을 스스로 지고서 사물을 어느 정도 관리해 갈 수 있었다.

지금 우리가 민주주의라고 부르는 것은 결정의 부담이 구엘리트의 처리 능력을 넘어서 갑자기 증가될 때에만 나타났다. 상업의 확대, 분업의 거대화, 사회의 전반적이고 새로운 차원의 복잡성으로의 도약 등을 초래하는 「제2물결」의 도래는 그 당시에 「제3물결」이 오늘날 야기시키고 있는 것과 똑같은 종류의 결정의 내파(內破)를 일으켰다.

그 결과 구(舊)지배집단의 결정 능력이 매몰되고 결정의 부담에 대응하기 위해 새로운 엘리트층과 준(準)엘리트층이 보충되어야 했다. 혁명적인 새로운 정치제도가 이 목적을 위해 설계되어야 했다.

산업사회가 더욱 복잡하게 되어 발전해 감에 따라 「권력의 전문가」인 통합 엘리트가 확대되는 결정의 부담을 지는 데 도움을 줄 새로운 인재를 차례로 계속 보충해야만 했다. 이것이 중간층을 정치무대로 더욱 더 끌어들인, 눈에 보이지는 않으나 움직일 수 없는 과정이었다. 의사결정에 대한 필요성의 이러한 확대는 보다 더 광범위한 참정권을 가져 왔고 밑으로부터 보충될 더 많은 적합한 자리를 만들어 냈다.

미국 흑인의 인종차별철폐를 위한 투쟁, 영국 노동조합원들의 교육기회 균등을 위한 투쟁, 여성들의 정치적 권리를 위한 투쟁, 폴란드나 소련에서의 보이지 않는 계급간의 싸움 등 「제2물결」 나라에서 벌어지는 가장 격렬한 투쟁의 대부분은 이러한 엘리트 구조의 새로운 자리를 배분하는 것과 관계가 있었다.

그러나 어느 일정한 시점에서는 얼마나 많은 추가인원이 통치 엘리트층에 흡수되어질 수 있는가에는 일정한 한계가 있었다. 그리고 이러한 한계는 원래 결정의 부담의 크기에 의해 결정되었다.

따라서 「제2물결」 사회가 실력주의를 바탕으로 삼고 있다는 주장에도 불구하고 모든 하층주민은 인종·남녀 등 이와 비슷한 이유로 차단당하고 있다. 주기적으로 사회가 갑자기 새로운 차원의 복잡성을 띠게 되고 결정의 부담이 증가될 때마다 배척당한 집단들은 새로운 기회를 감지하여 동등한 권리를 위한 요구를 강화할 것이고 엘리트층은 문호를 약간 더 넓게 개방할 것이며 사회는 더욱 진보된 민주화의 물결인 것처럼 보이는 것을 경험하게 될 것이다.

이러한 설명이 개략적으로나마 옳은 것이라면 그것은 민주주의의 신장이 문화, 마르크스주의적 계급, 전쟁터의 용기, 웅변, 정치적 의사 등에 따라 좌우되는 것이 아니라 오히려 그 사회의 결정의 부담에 달려 있다는 것을 우리에게 말해 주고 있다. 무거운 부담은 궁극적으로 더욱 광범위한 민주주의적 참여를 통해 분담되어야 할 것이다. 따라서 사회체제의 결정의 부담이 확대되는 한 민주주의는 선택의 문제가 아니라 진화론적 필연성의 문제가 된다. 이 체제는 그것 없이는 관리 될 수 없다.

이러한 모든 것이 한 가지 더 시사해 주는 것은 우리가 이제 또 다른 민주주의적 대도약을 하고 있다는 점이다. 현재 대통령·수상·정부 등을 당황하게 만드는 의사결정의 내파 그 자체가 산업혁명 이후 처음으로 정치적 참여의 급격한 확대를 위한 가슴 벅찬 전망을 제시해 주고 있다.

다가오는 초투쟁

새로운 정치제도가 필요한 것은 바로 새로운 가족·교육·기업 제도가 필요한 것에 필적한다. 그것은 새로운 에너지 기반, 새로운 기술, 새로운 산업을 탐색하는 것과 깊이 관련되어 있다. 그것은 커뮤니케이션의 격변, 비산업세계와의 관계를 개편하려는 요구 등을 반영하고 있다. 요컨대 그것은 모든 이러한 다른 영역의 가속적인 변화를 정치적으로 반영하는 것이다.

이러한 관련성을 살펴보지 않고는 우리 주변의 주요 사건에 대한 의미를 이해할 수 없다. 오늘날 한 가지 가장 중요한 정치적 문제는 부자와 가난한 자의 갈등도 아니고 우세한 민족집단과 열세한 민족집단의 갈등도 아니며 자본주의자와 공산주의자의 갈등도 아니다. 오늘날 결정적인 투쟁은 산업사회를 옹호하고 유지해 가려는 자와 그것을 뛰어넘어 전진해 가려는 자의 싸움이다. 이것은 내일을 위한 초투쟁이다.

계급·인종·이데올로기 등의 또 다른 보다 전통적인 갈등은 소멸되지 않을 것이다. 앞에서 시사한 바와 같이 특히 대규모의 경제적 혼란을 겪는다면 그러한 갈등은 오히려 더욱 더 격화될 것이다. 그러나 초투쟁이 예술과 성에서 기업과 투표에 이르는 모든 인간활동을 통해 격화될 때 이러한 모든 갈등은 초투쟁에 흡수되어 그 안에서 소진되고 말 것이다.

이것이 바로 우리 주변에서 동시에 격화되고 있는「두 가지」정치적 분쟁의 원인이다. 한 가지 차원에서는 직접적인 이익을 위해 서로 싸우는「제2물결」집단의 일상적인 정치적 충돌을 목격하게 된다. 그러나 좀더 심층적인 차원에서는 이들 전통적인「제2물결」집단이「제3물결」의 새로운 정치세력에 대항하는 것을 도와주고 있다.

이러한 분석은 이데올로기면에서와 마찬가지로 구조면에서 시대에 뒤떨어진 현존 정당들이 서로의 반사 이미지가 뚜렷하지 못한 것처럼 보이는 이유이다. 민주당원과 공화당원, 보수당원과 노동당원, 기독교 민주당원과 드골파의 사람, 자유주의자와 사회주의자, 공산주의자와 보수주의자는 이들의 차이점에도 불구하고 모두「제2물결」정당들이다. 이들 모두가 그 내부에서 권력을 잡으려고 하면서도 기본적으로는 멸망해 가는 산업질서를 유지하는 것에 전념하고 있다.

바꾸어 말하면 현대의 가장 중대한 정치적 발전은「제2물결」문명에 관여되거나「제3물결」문명에 관여된 두 개의 기본적인 진영 사이에서 출현하고 있다. 전자는 핵가족, 대중교육체제, 대기업, 대규모 노동조합, 중앙집권화된 국민국가, 의사(疑似) 대의정부의 정치 등 산업화된 대중사회의 핵심 제도를 유지하는 데 끈질기게 헌신하고 있다. 후자는 에너지·전쟁·빈곤에서 환경오염·가족관계의 붕괴에 이르는 오늘날의 가장 긴급한 문제들이 산업문명의 틀 안에서는 해결될 수 없다는 것을 인식하고 있다.

이들 두 진영간에 명확한 선이 아직도 그어져 있지 않다. 개개인을 보더라도 대부분의 사람들은 각 진영에 양쪽 발을 하나씩 걸쳐 놓고 있다. 문제들이 아직 오리무중 상태이고 서로 연관되어 있지 않다. 게다가 각 진영은 어떤 포괄적인 비전도 없이 각자의 편협하게 인식된 사리를 추구하는 많은 집단들로 구성되어 있다. 어느 쪽도 도덕적인 미덕을 독점하지는 않는다. 훌륭한 사람들이 양쪽 모두에 있다. 그럼에도 불구하고 이들 두 진영의 이면적인 정치적 구조는 엄청나게 큰 차이가 있다.

「제2물결」 옹호자들은 특유하게도 소수세력에 대항해 싸운다. 그들은 직접민주주의를 「대중인기주의(popularism)」라고 조소한다. 그들은 탈중앙집권화 · 지역주의 · 다양성에 저항한다. 그들은 학교를 탈대중화시키려는 시도에 반대한다. 그들은 후진적인 에너지체계를 유지하기 위해 싸운다. 그리고 그들은 핵가족을 신성시하고 생태학적인 관심을 경멸하고 전통적인 산업화시대의 국가주의를 역설하고 더욱 공정한 세계경제 질서를 향한 움직임에 반대한다.

이와는 대조적으로 「제3물결」 세력은 분할된 소수세력의 민주주의를 지지한다. 그들은 가일층의 직접민주주의를 실험할 각오가 되어 있다. 그들은 초국가주의와 근본적인 권력의 이전을 지지한다. 그들은 거대한 관료제도의 붕괴를 요구한다. 그들은 재생 가능하고 탈중앙집권화된 에너지체계를 요구한다. 그들은 핵가족에 대한 선택권을 합법화하고자 한다. 그들은 학교의 탈표준화와 가일층의 개별화를 위해 싸운다. 그들은 환경문제에 우선권을 둔다. 그리고 그들은 보다 균형잡히고 공정한 기반 위에 세계경제를 개편할 필요성을 인식하고 있다.

무엇보다도 「제2물결」 옹호자들이 상투적인 정치게임을 하고 있는 동안에 「제3물결」 사람들은 모두 정치 지망자와 정당(비록 새로운 것일지라도)에 회의적이고 인간의 생존에 아주 중요한 결정이 현존하는 정치의 틀 안에서는 내려질 수 없다는 것을 감지하고 있다.

「제2물결」 진영은 그들 대부분이 「제2물결」 세계관의 부적당성에 의해서 매우 난처하게 되어 있지만 아직도 정치가 · 기업인 · 노조 지도자 · 교육자 · 대중매체의 장 등 현대사회의 명목상의 실력자 대다수를 포괄하고 있다. 숫자상으로는 「제2물결」 진영은 그들 사이에 급속히 확산되는 비관주의와 환멸감에도 불구하고 아직도 일반시민의 상상할 수 없을 정도의 지지를 받고 있음에 틀림없다.

「제3물결」 옹호자들의 성격을 기술하기는 더욱 어렵다. 어떤 사람은 대기업의 장이 되는가 하면 또 어떤 사람은 열렬한 반(反)기업적 소비자보호주의자가 된다. 어떤 사람은 노심초사하는 환경보호론자가 되고 또 어떤 사람들은 성의 역할, 가정생활, 개인적 성장 등의 문제에 더욱 많은 관심을 갖는다. 어떤 사람들은 거의 전적으로 대체 에너지 개발에 주력하고 또 어떤 사람들은 주로 커뮤니케이션 혁명의 민주주의적인 약속에 자극을 받는다.

어떤 사람들은 「제2물결」의 「우파」로부터 나오고 또 어떤 사람들은 「제2물결」의 「좌파」로부터 나온다. 이들 중에는 자유시장론자와 자유론자, 신사회주의자, 여권신장론자와 민권운동가, 히피족의 젊은이와 가장 성실한 사람 등이 포함된다. 어떤 사람들은 평화운동의 오랜 활동가이고 또 어떤 사람들은 그들의 생애에 어떤 것을 위한 행진이나 데모에 참가해 본 적이 없다. 어떤 사람들은 열렬하게 종교적이고 또 어떤 사람들은 완고한 무신론자이다.

학자들은 겉으로 보기에 형태가 없는 집단이 「계급」을 구성할 수 있는가의 여부, 또는 그렇게 되는 경우 그것이 교육을 받은 전문노동자·지식인·기술자 등으로 이루어진 「새로운 계급」인가의 여부에 관해 장황하게 논쟁을 벌일 것이다. 확실히 「제3물결」 진영의 그들 대부분은 대학교육을 받은 중간계급의 사람들이다. 확실히 많은 사람들이 정보의 생산과 전파 또는 서비스업에 직접 종사하고 있다. 그리고 표현을 달리하면 사람들은 아마도 그들을 하나의 계급이라고 부를 수 있을 것이다. 그러나 그렇게 하는 것은 표면에 드러나는 것보다 더 많은 것을 감추게 만든다.

산업사회의 탈대중화를 향해서 나아가는 주요 집단 중에는 상대적으로 교육을 받지 못한 소수민족이 있기 때문에 그 성원의 대부분이 서류가방을 들고 다니는 지식노동자의 상(像)에는 거의 부합되지 않는다.

「제2물결」 사회의 한정된 역할로부터 탈출하기 위해 투쟁하는 여성들을 어떻게 특성지어야 하는가? 더구나 급속히 늘어나는 수많은 자조운동가를 어떻게 설명해야 하는가? 그리고 계급이라는 개념에 제대로 들어 맞지 않는 「심리적으로 억압을 받는」 사람들의 대부분—고독이라는 유행병, 파괴된 가정, 편친, 성적 소수파 등의 수많은 희생자—에 대해서는 어떻게 설명해야 하는가? 이러한 집단들은 사실상 사회의 모든 계층과 직업의 소산이지만 「제3물결」 운동을 위한 중요한 힘의 원천이다.

실은 「운동」이라는 용어까지도 오도될 수 있다. 이것은 지금까지 존재해 온 것보다 더 고차원적인 공통의식을 의미하고 있고 「제3물결」

사람들이 과거의 모든 대중운동을 철저하게 불신하고 있기 때문이다.

그럼에도 불구하고 그것들이 계급·운동 또는 개인의 변화하는 배열과 일시적인 집단 등을 의미하건 아니건간에 그것들 모두는 구제도에 대해 철저한 환멸—구체제가 이젠 고칠 수 없을 정도로 붕괴되고 있다는 공통인식—을 함께 느끼고 있다.

따라서 이들 「제2물결」 세력과 「제3물결」 세력간의 초투쟁은 계급과 정당, 연령집단과 민족집단, 성별 선호와 소문화 등에 불규칙한 경계선을 긋고 있다. 이 초투쟁은 우리의 정치생활을 재편성하고 재정비하고 있다. 그리고 그것은 조화되고 계급없고 갈등없고 이데올로기가 없는 미래사회가 아니라 가까운 미래에 위기를 고조시키고 사회불안을 심화시키는 경향이 있다. 산업사회의 유산으로부터 누가 이익을 얻을 것이냐가 아니고 산업사회 뒤에 오는 것을 형성시키고 궁극적으로 통제하는 데 누가 참여하느냐를 둘러싸고 많은 나라에서 정치적 대접전이 벌어질 것이다.

이러한 격심한 초투쟁은 내일의 정치와 새로운 문명 형태 자체에 결정적으로 영향을 미칠 것이다. 의식적이거나 무의식적이건간에 유격대로서 우리 각자가 역할을 수행하고 있다. 그 역할은 파괴적일 수도 있고 창조적일 수도 있다.

창조하는 운명

어떤 세대는 창조하기 위해 태어나고 또 다른 세대는 문명을 유지하기 위해 태어난다. 역사적 변화를 가져온 「제2물결」을 발전시킨 세대는 환경에 의해 어쩔 수 없이 창조자가 되었다. 몽테스키외(Charles Louis de Secondat Montesquieu), 밀, 매디슨과 같은 사람들은 우리가 아직도 당연하다고 생각하는 대부분의 정치형태를 만들어 냈다. 두 문명 사이에 끼어들어 창조하는 것이 그들의 운명이었다.

오늘날 사회생활·가정·학교·기업·교회·에너지체제·커뮤니케이션 등 모든 분야에서 우리는 새로운 「제3물결」 형태를 창조할 필요성에 직면해 있으며 여러 나라의 수많은 사람들이 이미 그렇게 하고 있다. 그러나 우리의 정치생활보다 더 낡고 위험에 빠진 시대에 뒤떨어진 부문은 없다. 그리고 오늘날 어떤 분야에서도 기본적인 변화를 고찰할 상상력·실험·자발성을 조금도 찾아내지 못하고 있다.

법률사무소나 실험실·부엌·교실·회사 등에서 자신의 일을 과감하게 혁신하는 사람들마저 미국 헌법이나 정치구조가 시대에 뒤떨어져 있어 근본적으로 재정비할 필요가 있다는 어떤 제안에도 냉담한 것 같다. 중대한 정치변화의 전망이 그에 수반되는 위험과 더불어 너무나 놀라운 것이기 때문에 현상유지가 아무리 초현실적이고 가혹한 것이라고 하더라도 모든 가능한 세계 중에서 최선인 것 같은 생각이 돌연히 든다.

반대로 어떠한 사회에도 시대에 뒤떨어진 「제2물결」 가정에 흠뻑 젖어 있는 편향적 의사(疑似) 혁명가들이 있다. 그들에게는 어떠한 변혁안도 혁명적인 것이 아니다. 고전적 마르크스주의자, 무정부주의적 낭만주의자, 우익 광신자, 탁상 게릴라, 열성적인 테러리스트 등은 전체주의적 테크노크러시(역주 technocracy, 전문기술자에게 산업자원의 통제와 사회조직의 개조를 맡기고자 하는 학설. 1932년경 미국에서 주창)나 중세적 유토피아를 꿈꾸고 있다. 우리가 새로운 역사 영역으로 질주하고 있을 때마저도 그들은 노랗게 바랜 과거의 정치논문 페이지에서 끌어낸 혁명의 꿈을 소중하게 가꾸고 있다.

그러나 초투쟁이 격화될 때 당면하는 것은 이전의 어떤 혁명적인 드라마의 재연이 아니다. 즉 끌려다니는 대중과 더불어 특정 「전위파」에 의한 지배 엘리트의 중앙에서 지시된 전복도 아니고 테러리즘에 의해 유발된 자연발생적이고 카타르시스적인 대중봉기도 아니다. 「제3물결」 문명을 위한 새로운 정치구조의 창조는 단 하나의 절정에 이른 대변동에서 초래되는 것이 아니고 몇십년에 걸친 여러 장소와 여러가지 차원에서 수많은 개혁과 충돌의 결과로 초래된다.

이것은 내일로 가는 도정에서 폭력의 가능성을 배제하는 것은 아니다. 「제1물결」로부터 「제2물결」로의 이행은 전쟁·폭동·기근·강제이주·쿠데타·재난 등의 피로 물들여진 하나의 긴 드라마였다. 오늘날 이해관계는 훨씬 더 날카로와지고 시간은 더 짧아지고 가속화는 더 빨라지고 위험은 더욱 더 커지고 있다.

많은 것이 오늘날의 엘리트·준엘리트·슈퍼엘리트의 융통성과 지성에 좌우된다. 이들 집단이 과거의 대다수 지배집단처럼 근시안적이고 상상력이 없고 두려움에 차있는 것으로 판명되는 경우 그들은「제3물결」에 완강히 저항하여 폭력과 자멸의 위험을 고조시키게 될 것이다.

반대로 그들이「제3물결」에 적응해 나간다면, 또 그들이 민주주의를 확대시킬 필요성을 인식한다면「제1물결」의 가장 지성적인 엘리트들이 기술을 기반으로 한 산업사회의 도래를 예상하여 그 창조에 참가했듯이 그들도 실제로「제3물결」문명을 창조하는 과정에 참가할 수 있다.

우리들 대부분은 자신이 얼마나 위험에 가득찬 세계에 살고 있는지를 알거나 감지하고 있다. 우리는 사회적 불안정과 정치적 불확실성이 야성적인 에너지를 분출시킬 수 있다는 것을 알고 있다. 또 우리는 전쟁과 경제적 대변동이 무엇을 의미하는가를 알고 있으며 전체주의가 얼마나 고상한 취지와 사회적 붕괴로부터 자주 나왔는지를 기억하고 있다. 그러나 대부분의 사람들이 현재와 과거의 명확한 차이점을 무시하고 있는 것 같다.

상황은 나라마다 다르지만 그처럼 상당한 교육을 받은 많은 사람들이 집단적으로 아주 놀라울 정도의 포괄적인 지식을 지닌 적이 일찍이 없었다. 그렇게 많은 사람들이 불안정하지만 시민으로서의 관심을 갖고 행동할 수 있는 시간과 에너지를 충분히 부여한 그처럼 높은 수준의 풍요를 누린 적이 일찍이 없었다. 또 그렇게 많은 사람들이 여행을 하고 교류하며 다른 문화로부터 그처럼 많은 것을 배울 수 있었던 적도 일찍이 없었다. 무엇보다도 그렇게 많은 사람들이 필요한 변화 — 좀 격심한 변화가 되겠지만 — 가 평화적으로 이루어질 수 있다는 것을 약속함으로써 그렇게 많은 이득을 얻은 적은 일찍이 없었다.

아무리 개화된 엘리트라 할지라도 그들 힘만으로 새로운 문명을 이룩할 수는 없다. 전체 인류의 에너지가 필요하게 될 것이다. 그러나 그들 에너지는 이용 가능한 것으로서 개발되기를 기다리고 있다. 실로 우리가 특히 고도기술국가에서 완전히 새로운 제도와 구조의 창조를 다음 세대의 명확한 목표로 삼는다면 에너지보다 훨씬 더 강력한 것, 즉 집단적 상상력을 발휘할 수 있을 것이다.

앞에서 서술한 세 가지 원리인 소수세력, 반(半)직접민주주의, 결정권의 분산 등에 기반을 둔 대체 정치제도에 대한 설계를 빨리 시작하면 할수록 평화적인 이행 가능성은 높아진다. 위험도를 높이는 것은 변화 그 자체가 아니라 그러한 변화를 봉쇄하려는 시도이다. 유혈의 위기를 조성하는 것은 시대에 뒤떨어진 것을 옹호하려는 맹목적인 시도이다.

이것은 폭력적 격변을 「회피」하려면 이제 전세계의 시대에 뒤떨어진 정치구조 문제에 초점을 맞추기 시작해야 한다는 것을 의미한다. 그리고 전문가·헌법학자·법률가·정치가뿐 아니라 공중(公衆) 그 자체, 즉 시민조직·노동조합·교회·여성단체·소수민족 및 인종·과학자·주부·사업가 등에게도 이 문제를 제시해 주어야 한다.

첫 단계로 「제3물결」 문명의 요구에 조화되는 새로운 정치체제의 필요성에 대해 아주 광범위한 공중토의를 시작해야 한다. 우리는 정치적 개편을 위한 가장 광범위하고도 상상력이 풍부한 제안을 만들어 내고 참신한 아이디어의 분출을 자유롭게 하는 회의·TV 프로그램·콘테스트·모의연습·모의헌법 제정회의 등을 필요로 한다. 인공위성과 컴퓨터로부터 비디오 디스크와 쌍방향 TV에 이르기까지 우리에게 유용한 가장 선진적인 도구를 활용할 태세를 갖추어야 한다.

미래가 어떻게 될 것인지, 또는 「제3물결」 사회에서 무엇이 가장 훌륭한 기능을 발휘할 것인지 아무도 상세히 모른다. 이러한 이유 때문에 우리는 단순한 대규모의 개편이나 위로부터 강요된 단순한 혁명적 격변만을 생각할 것이 아니라 정치적 의사결정의 새로운 모델을 국가적·초국가적 차원에 적용하기 이전에 지방적·지역적 차원에서 시험할 수 있게 하는 수많은 의식적이고 탈중앙집권화된 실험을 생각해야 한다.

그러나 동시에 우리는 국가적·초국가적 차원에서도 제도에 대한 유사한 실험—그리고 급진적인 재설계—을 위한 지지층을 형성시키기 시작해야 한다. 오늘날 세계로 널리 퍼진 「제2물결」 정부에 대한 환멸·분노·비통 등은 권위주의적 리더십을 요구하는 선동정치가에 의해 열광적인 광란으로 되어버리거나 민주주의의 재건 과정에 동원되어질 수 있다.

방대한 과정의 사회학습—여러 나라에서 동시에 실시되는 예상적 민주주의에 대한 실험—에 착수함으로써 전체주의의 공격을 막을 수 있다. 우리 앞에 놓여 있는 혼란과 위기에 대한 만반의 준비를 갖출 수 있다. 필요한 변화를 가속화시키기 위해 현존 정치체제에 대한 전략적 압력을 가할 수도 있다.

이와 같이 밑으로부터의 엄청난 압력없이 우리는 대통령·정치가·상원의원·중앙위원회 위원 등 오늘날의 많은 명목상의 지도자들이 제도가 아무리 시대에 뒤떨어진 것이라 할지라도 그들에게 명성과 돈을 가져다 주고 현실은 아니지만 권력의 환상을 부여해 주는 제도 그 자체에 도전하기를 기대해서는 안된다. 몇몇 비범하고 선견지명이 있는 정치가나 관리는 정치적 변혁을 위한 투쟁에 일찍부터 지지를 표명한다. 그러나 대부분의 사람들은 밖으로부터의 요구가 불가항력적일 때나 위기가 이미 너무 진전되어 폭력에 가까와져 그들이 어떠한 대안도 찾지 못할 때에만 어떤 수단을 강구하게 될 것이다.

따라서 변화에 대한 책임은 우리에게 있다. 우리 자신들부터 시작해야 한다. 새롭고 놀랍고 급진적인 것 같이 보이는 사람들에 대해 조급히 마음의 문을 닫아버리는 일이 없도록 우리 스스로를 교육시켜야 한다. 이것은 현존하는 것이 아무리 불합리하고 억압적이고 운용할 수 없는 것일지라도 그것은 실용적인 것이라고 옹호하는 한편 어떤 새로운 제안을 비실용적인 것이라는 이유로 묵살하려 드는 아이디어 자객(idea-assassin)과 싸워 그를 격퇴하는 것을 의미한다. 그것은 또한 표현의 자유, 즉 비록 이단적이라 할지라도 자신의 사상을 발표할 수 있는 인간의 권리를 위한 투쟁을 의미한다.

무엇보다도 이제 그것은 현존 정치체제의 붕괴가 더 진전되어 위압적인 전제정치 세력이 거리로 나오고 「21세기 민주주의」로의 평화적 이행을 불가능하게 만들기 전에 이러한 재건의 과정을 시작하는 것을 의미한다.

지금이라도 시작한다면 우리와 우리 자손들은 시대에 뒤떨어진 정치구조뿐 아니라 문명 그 자체의 가슴 벅찬 개조에 참여할 수 있다.

고인이 된 혁명 세대처럼 우리도 창조하는 운명(destiny to create)을 지니고 있다.

제3물결

참고문헌

註

저자 후기

참고문헌

기사, 과학적 및 학문적 논문과 특수보고서에 대해서는 「註」에서 충분히 설명했기 때문에 이 참고문헌 목록에는 저서와 소수의 연구논문·회보 등만을 포함시켰다. 필자는 이러한 참고문헌들을 몇 개의 주제로 분류하여 수록하였다.

예 술

[1] Boucher, François. *20,000 Years of Fashion*. (New York: Harry N. Abrams, 1968.)
[2] Harling, Robert, ed. *The Modern Interior*. (New York: St. Martin's Press, 1964.)
[3] Hauser, Arnold. *The Social History of Art* (4 vols.), trans. Stanley Godman. (New York; Alfred A. Knopf, Vintage Books, 1951.)
[4] Klingender, Francis D. *Art and the Industrial Revolution*, ed. Arthur Elton. (London: Paladin, 1972.)
[5] Kostelanetz, Richard, ed. *On Contemporary Literature*. (New York: Avon, 1974.)
[6] Mueller, John H. *The American Symphony Orchestra*. (Bloomington: Indiana University Press, 1951.)
[7] Sachs, Curt. *The History of Musical Instruments*. (New York: W. W. Norton, 1940.)
[8] Thomson, George. *Marxism and Poetry*. (New York: International Publishers, 1946.)

기업/경영/조직이론

[9] Adams, T. F. M., and N. Kobayashi. *The World of Japanese Business*. (Tokyo: Kodansha International, 1969.)
[10] Anthony, William P. *Participative Management*. (Reading, Mass.: Addison-Wesley, 1978.)
[11] Beer, Stafford. *Brain of the Firm: The Managerial Cybernetics of Organization*. (London: Allen Lane, The Penguin Press, 1972.)
[12] Benton, Lewis, ed. *Management for the Future*. (New York: McGraw-Hill, 1978.)
[13] Davis, Stanley M., and Paul R. Lawrence. *Matrix*. (Reading, Mass.: Addison-Wesley, 1977.)
[14] Dewing, Arthur S. *Financial Policy of Corporations*, Vols. I and Ⅱ, 5th edition. (New York: Ronald Press, 1953.)
[15] Drucker, Peter F. *The Concept of the Corporation*. (New York: New American Library, Mentor, 1964.)
[16] Gambling, Trevor. *Societal Accounting*. (London: George Allen & Unwin, 1974.)
[17] Gross, Bertram M. *The Managing of Organization: The Administrative Struggle*, Vols. I and Ⅱ. (New York: Free Press Macmillan, 1964.)
[18] Gvishiani, D. *Organization and Management: A Sociological Analysis of Western Theories*, trans. Robert Daglish and Leonid Kolesnikov. (Moscow: Progress Publishers, 1972.)
[19] Janger, Allen R. *Corporate Organization Structures: Service Companies*. (New York: Conference Board, 1977.)

[20] Kahn, Herman, ed. *The Future of the Corporation*. (New York: Mason & Lipscomb, 1974.)
[21] Knebel, Fletcher. *The Bottom Line*. (New York: Pocket Books, 1975.)
[22] Korda, Michael. *Power! How To Get It, How To Use It* (New York: Ballantine Books, 1975.)
[23] Labor Research Association. *Billionaire Corporation*. (New York: International Publishers, 1954.)
[24] Lawrence, Paul R., and Jay W. Lorsch. *Developing Organizations: Diagnosis and Action*. (Reading, Mass: Addison-Wesley, 1969.)
[25] Moore, Wilbert E. *The Conduct of the Corporation*. (New York: Random House, Vintage Books, 1962.)
[26] Newman, Peter C. *The Canadian Establishment*, Vol. I. (Toronto: McClelland and Stewart-Bantam, Seal Books, 1977.)
[27] Pattee, Howard H., ed. *Hierarchy Theory: The Challenge of Complex Systems*. (New York: George Braziller, 1973.)
[28] Roy, Robert H. *The Cultures of Management*. (Baltimore: Johns Hopkins University Press, 1977.)
[29] Scull, Penrose, and Prescott C. Fuller. *From Peddlers to Merchant Princes*. (Chicago: Follett, 1967.)
[30] Sloan, Alfred P., Jr. *My Years With General Motors*. (New York: MacFadden-Bartell, 1965.)
[31] Stein, Barry A. *Size, Efficiency, and Community Enterprise*. (Cambridge, Mass: Center for Community Economic Development, 1974.)
[32] Tannenbaum, Arnold S., et al. *Hierarchy in Organizations*. (San Francisco: Jossey-Bass Publishers, 1974.)
[33] Tarnowieski, Dale. *The Changing Success Ethic: An AMA Survey Report*. (New York: Amacom, 1973.)
[34] Toffler, Alvin. *Social Dynamics and the Bell System*. Report to the American Telephone & Telegraph Co.
[35] Van der Haas, Hans. *La Mutation de L'Entreprise Européenne*, trans. Pierre Rocheron. (Paris: Éditions Robert Laffont, L'Usine Nouvelle, 1971.)
[36] Yoshino, M. Y. *Japan's Managerial System: Tradition and Innovation*. (Cambridge, Mass.: MIT Press, 1968.)

커뮤니케이션

[37] Aranguren, J. L. *Human Communication*, trans. Frances Partridge. (New York: McGraw-Hill, World University Library, 1967.)
[38] Baran, Paul. *Potential Market Demand for Two-Way Information Services to the Home, 1970−1990*. (Menlo Park, Cal.: Institute for the Future, 1971.)
[39] *Bell System Statistical Manual 1940~1969*. American Telephone & Telegraph Co., Corporate Results Analysis Division. (New York, 1970.)
[40] Brunner, John. *The Shockwave Rider*. (New York: Harper & Row, 1975.)
[41] Cherry, Colin. *World Communication: Threat or Promise?* (London: John Wiley, Wiley-Interscience, 1971.)
[42] Enzensberger, Hans Magnus, *The Consciousness Industry: On Literature, Politics and the Media*. (New York: Seabury Press, Continuum, 1974.)
[43] Innis, Harold A. *The Bias of Communication*. (Toronto: University of Toronto Press, 1951.)
[44] _____. *Empire and Communications*, rev. Mary Q. Innis. (Toronto: University of Toronto Press, 1972.)
[45] Laborit, Henri. *Decoding the Human Message*, trans. Stephen Bodington and Alison Wilson. (London: Allison & Busby, 1977.)
[46] McLuhan, Marshall. *Understanding Media: The Extensions of Man*. (New York: McGraw-Hill, 1965.)

[47] Martin, James. *The Wired Society*. (Englewood Cliffs, N. J.: Prentice-Hall, 1978.)
[48] Mathison, Stuart L., and Philip M. Walker. *Computers and Telecommunications: Issues in Public Policy*. (Englewood Cliffs, N. J.: Prentice-Hall, 1970.)
[49] Nilles, J. M., et al. *The Telecommunications Transportation Tradeoff: Options for Tomorrow*. (New York: John Wiley, 1976.)
[50] Paine, Albert Bigelow. *In One Man's Life*. (New York: Harper & Brothers, 1921.)
[51] Pye, Lucian W., ed. *Communications and Political Development*. (Princeton, N. J.: Princeton University Press, 1963.)
[52] Servan-Schreiber, Jean Louis. *Le Pouvoir d'Informer*. (Paris: Éditions Robert Laffont, 1972.)
[53] Singer, Benjamin D. *Feedback and Society: A Study of the Uses of Mass Channels for Coping*. (Lexington, Mass: D. C. Heath, Lexington Books, 1973.)
[54] ＿＿＿, ed. *Communications in Canadian Society*. (Toronto: Copp Clark, 1972.)
[55] Soper, Horace N. *The Mails: History, Organization and Methods of Payment*. (London: Keliher, Hudson and Kearns, 1946.)
[56] Zilliacus, Laurin. *From Pillar to Post*. (London: Heinemann, 1956.)

소비자/자조/서비스

[57] Friedman, Yona. *Une Utopie Réalisée*. (Paris: Musée d'Art Moderne, 1975.)
[58] Gartner, Alan, and Frank Riessman. *Self-Help in the Human Services*. (San Francisco: Jossey-Bass Publishers, 1977.)
[59] ＿＿＿. *The Service Society and the Consumer Vanguard*. (New York: Harper & Row, 1974.)
[60] Halmos, Paul. *The Personal Society*. (London: Constable, 1970.)
[61] Kallen, Horace M. *The Decline and Rise of the Consumer*. (New York: Appleton-Century, 1936.)
[62] Katz, Alfred H., and Eugene I. Bender. *The Strength In Us: Self-Help Groups in the Modern World*. (New York: Franklin Watts, New Viewpoints, 1976.)
[63] Lewis, Russell. *The New Service Society*. (London: Longman, 1973.)
[64] Steidl, Rose E., and Esther Crew Bratton. *Work in the Home*. (New York: John Wiley, 1968.)

개발이론/제국주의

[65] Alatas, Syed Hussein. *Modernization and Social Change*. (Sydney, Australia: Angus and Robertson, 1972.)
[66] Amin, Samir. *Accumulation on a World Scale: A Critique of the Theory of Underdevelopment*, trans. Brian Pearce. (New York: Monthly Review Press, 1974.)
[67] Aron, Raymond. *The Industrial Society: Three Essays on Ideology and Development*. (New York: Simon and Schuster, Clarion, 1967.)
[68] Arrighi Giovanni. *The Geometry of Imperialism: The Limits of Hobson's Paradigm*, trans. Patrick Camiller. (Lodon: NLB, 1978.)
[69] Bhagwati, Jagdish N., ed. *The New International Economic Order: The North-South Debate*. (Cambridge, Mass.: MIT Press, 1977.)
[70] Bodard, Lucien. *Green Hell: Massacre of the Brazilian Indians*, trans. Jennifer Monaghan. (New York: Outerbridge and Dienstfrey, 1971.)
[71] Brown, Michael Barratt. *The Economics of Imperialism*. (Harmondsworth, Middlesex: Penguin Books, 1974.)
[72] Brown, Richard D. *Modernization: The Transformation of American Life 1600~1865*, ed. Eric Foner. (New York: Hill and Wang, American Century, 1976.)
[73] Cohen, Benjamin J. *The Question of Imperialism: The Political Economy of dominance and Dependence*. (London: Macmillan, 1974.)
[74] Cotlow, Lewis. *The Twilight of the Primitive*. (New York: Ballantine Books, 1973.)

[75] Curtin, Philip D., ed. *Imperialism*. (New York: Walker, 1971.)
[76] Deutsch, Karl W., ed. *Ecosocial Systems and Ecopolitics: A Reader on Human and Social Implications of Environmental Management in Developing Countries*. (Paris: UNESCO, 1977.)
[77] Emmanuel, Arghiri. *Unequal Exchange: A Study of the Imperialism of Trade*, trans. Brian Pearce. (London: NLB, Monthly Review Press, 1972.)
[78] Erb, Guy F., and Valeriana Kallab, eds. *Beyond Dependency: The Developing World Speaks Out*. (Washington, D.C.: Overseas Development Council, 1975.)
[79] Friedmann, Georges. *Industrial Society: The Emergence of the Human Problems of Automation*, ed. Harold L.Sheppard. (Glencoe, Ill.: Free Press, 1955.)
[80] Goldwin, Robert A., ed. *Readings in Russian Foreign Policy*. (New York: Oxford University Press, 1959.)
[81] Goulet, Denis. *The Cruel Choice: A New Concept in the Theory of Development*. (New York: Atheneum, 1971.)
[82] Harvie, Christopher, Graham Martin, and Aaron Scharf, eds. *Industrialization and Culture 1830~1914*. (London: Macmillan, Open University Press, 1970.)
[83] Hobsbawm, E. J. *Industry and Empire: From 1750 to the Present Day*. (Baltimore: Penguin Books, 1969.)
[84] Hoselitz, Bert F., and Wilbert E. Moore, eds. *Industrialization and Society*. Proceedings of the Chicago Conference on Social Implications of Industrialization and Technical Change, 15~22 September, 1960. (Mouton, France: UNESCO, 1963.)
[85] Howe, Susanne. *Novels of Empire*. (New York: Columbia University Press, 1949.)
[86] Hudson, Michael. *Global Fracture: The New International Economic Order*. (New York: Harper & Row, 1977.)
[87] _____. *Super Imperialism: The Economic Strategy of American Empire*. (New York: Holt, Rinehart and Winston, 1972.)
[88] Lean, Geoffrey. *Rich World, Poor World*. (London: George Allen & Unwin, 1978.)
[89] Lenin, V. I. *Imperialism, The Highest Stage of Capitalism*. (Moscow: Progress Publishers, 1975.)
[90] Lerner, Daniel. *The Passing of Traditional Society: Modernizing the Middle East*. (New York: Free Press, 1958.)
[91] McHale, John, and Magda Cordell McHale. *Basic Human Needs: A Framework for Action*. (New Brunswick, N. J.: Transaction Books, 1977.)
[92] Magdoff, Harry. *The Age of Imperialism: The Economics of U. S. Foreign Policy*. (New York: Monthly Review Press, Modern Reader. 1969.)
[93] Mathias, Peter. *The First Industrial Nation: An Economic History of Britain 1700~1914*. (London: Methuen, 1969.)
[94] Myrdal, Gunnar. *An Approach to the Asian Drama: Methodological and Theoretical*. (New York: Vintage Books, 1970.)
[95] Nidergang, Marcel. *The 20 Latin Americas*, Vols. I and Ⅱ, trans. Rosemary Sheed (Harmondsworth, Middlesex:Penguin Books, 1971.)
[96] Said, Edward W. *Orientalism*. (New York: Pantheon Books, 1978.)
[97] Schumpeter, Joseph. *Imperialism, and Social Classes: Two Essays*, trans. Heinz Norden. (New York: World, 1955.)
[98] Toynbee, Arnold. *The Industrial Revolution*. (Boston: Beacon Press, 1956.)
[99] World Bank. *Rural Development*, Sector Policy Paper. (Washington, D.C., 1975.)

경제사

[100] Birnie, Arthur. *An Economic History of Europe 1760~1939*. (London: Methuen, University Paperbacks, 1962.)
[101] Bogart, Ernest L., and Donald L. Kemmerer. *Economic History of the American People*. (New York:Longmans, Green, 1942.)
[102] Burton, Theodore E. *Financial Crises and Periods of Industrial and Commercial Depression*. (Wells, Vt.: Fraser, 1966.)

[103] Cipolla, Carlo M. *The Economic History of World Pop-ulation*. (Harmondsworth, Middlesex: Penguin Books, 1964.)
[104] Clough, Shepard B., Thomas Moodie, and Carol Moodie, eds. *Economic History of Europe: Twentieth Century*. (New York: Harper & Row, 1968.)
[105] Fohlen, Claude. *The Fontana Economic History of Europe*. Vol. Ⅵ, Chapter 2, *France 1920~1970*, trans. Roger Greaves. (London: Fontana, 1973.)
[106] Garraty, John A. *Unemployment in History: Economic Thought and Public Policy*. (New York: Harper & Row, 1978.)
[107] Hartwell, R. M., et al. *The Long Debate on Poverty: Eight Essays on Industrialization and "The Condition of England"*. (London: Institute of Economic Affairs, 1973.)
[108] Hayek, Friedrich A., ed. *Capitalism and the Historian*. (Chicago: University of Chicago Press, 1954.)
[109] Kenwood, A. G., and A. L. Lougheed. *The Growth of the International Economy 1820~1960*. (London: George Allen & Unwin, 1971.)
[110] Kindleberger, Charles P. *Manias, Panics, and Crashes.: A History of Financial Crises*. (New York: Basic Books, 1978.)
[111] _____. *The World in Depression 1929~1939*. (London: Allen Lane, Penguin Press, 1973.)
[112] Le Clair, Edward E., Jr., and Harold K. Schneider, eds. *Economic Anthropology: Readings in Theory and Analysis*. (New York: Holt, Rinehart and Winston, 1968.)
[113] Maizels, Alfred. *Growth & Trade*. (London: Cambridge University Press, 1970.)
[114] Nove, Alec. *An Economic History of the U.S.S.R.*. (Harmondsworth, Middlesex: Penguin Books, 1969.)
[115] Polanyi, Karl. *The Great Transformation*. (Boston: Beacon Press, 1957.)
[116] Ringer, Fritz K., ed. *The German Inflation of 1923*. (New York: Oxford University Press, 1969.)
[117] Sahlins, Marshall. *Stone Age Economics*. (Chicago: Aldine-Atherton, 1972.)
[118] Williams, Glyndwr. *The Expansion of Europe in the Eighteenth Century: Overseas Rivalry, Discovery and Exploitation*. (New York: Walker, 1967.)
[119] Woodruff, William. *The Fontana Economic History of Europe*. Vol. Ⅳ, Chapter 2, *The Emergence of an International Economy 1700~1914*. (London: Fontana, 1971.)

경제학

[120] Alampiev, P., O. Bogomolov, and Y. Shiryaev. *A New Approach to Economic Integration*, trans. Y. Sdobnikov. (Moscow: Progress Publishers, 1974.)
[121] Aliber, Robert Z. *The International Money Game*, 2nd and expanded edition. (New York: Basic Books, 1976.)
[122] Balassa, Bela. *The Theory of Economic Integration*. (London: George Allen & Unwin, 1962.)
[123] Bozyk, Pawel. *Poland as a Trading Partner*. (Warsaw: Interpress Publishers, 1972.)
[124] Brittan, Samuel. *Participation Without Politics: An Analysis of the Nature and the Role of Markets*. (London: Institute of Economic Affairs, 1975.)
[125] *Concentration in American Industry*. Report of the Sub-committee on Antitrust and Monopoly to the Committee on the Judiciary, U. S. Senate. (Washington, D.C.: U. S. Government Printing Office, 1957.)
[126] *Economic Concentration*. Hearings before the Subcommittee on Antitrust and Monopoly of the Committee on the Judiciary, U. S. Senate. Parts 7 and 7A. (Washington, D. C.: U. S. Government Printing Office, 1968.)
[127] Galbraith, John Kenneth. *Money: Whence It Came, Where It Went*. (Boston: Houghton Mifflin, 1975.)
[128] Henderson, Hazel. *Creating Alternative Futures: The End of Economics*. (New York: Berkley Windhover, 1978.)
[129] *Inflation: Economy and Society*. (London: Institute for Economic Affairs, 1972.)
[130] Ivens, Michael, ed. *Prophets of Freedom and Enterprise*. (London: Kogan Page for

Aims of Industry, 1975.)
[131] Kornai, János. *Anti-Equilibrium: On Economic Systems Theory and the Tasks of Research*. (Amsterdam: North-Holland, 1971.)
[132] Kuznetsov, V. I. *Economic Integration: Two Approaches*, trans. Bean Brian. (Moscow: Progress Publishers, 1976.)
[133] Leiss, William. *The Limits to Satisfaction: On Needs and Commodities*. (London: Marion Boyars, 1978.)
[134] Little, Jane Sneddon. *Euro-Dollars: The Money-Market Gypsies*. (New York: Harper & Row, 1975.)
[135] Loebl, Eugen. *Humanomics: How We Can Make the Economy Serve Us—Not Destroy Us*. (New York: Random House, 1976.)
[136] Mandel, Ernest. *Decline of the Dollar: A Marxist View of the Monetary Crisis*. (New York: Monad Press, 1972.)
[137] Marris, Robin. *The Economic Theory of 'Managerial' Capitalism*. (London: Macmillan, 1967.)
[138] Marx, Karl. *Capital: A Critical Analysis of Capitalist Production*, trans. Samuel Moore and Edward Aveling, ed. Frederick Engels. (New York: International Publishers, 1939.)
[139] Mintz, Morton, and Jerry S. Cohen. *America, Inc.: Who Owns and Operates the United States*. (New York: Dell, 1972.)
[140] Pasinetti, Luigi L. *Lectures on the Theory of Production*. (London: Macmillan, 1977.)
[141] Ritter, Lawrence S., and William L. Silber. *Money*, 2nd edition. (New York: Basic Books, 1973.)
[142] Robertson, James. *Profit or People?: The New Social Role of Money*. (London: Calder & Boyars, 1974.)
[143] Röpke, Wilhelm. *Economics of the Free Society*, trans. Patrick M. Boarman. (Chicago: Henry Regnery, 1963.)
[144] Rothbard, Murray N., and I. W. Sylvester. *What is Money?* (New York: Arno Press & The New York Times, 1972.)
[145] Scott, D. R. *The Cultural Significance of Accounts*. (Columbia, Mo.: Lucas Brothers Publishers, undated.)
[146] Senin, M. *Socialist Integration*. (Moscow: Progress Publishers, 1973.)
[147] Sherman, Howard. *Radical Political Economy: Capitalism and Socialism from a Marxist-Humanist Perspective*. (New York: Basic Books, 1972.)
[148] Smith, Adam. *Essays on Philosophical Subjects*, with *An Account of the Life and Writings of the Author* by Dugald Stewart. (Dublin: Messrs. Wogan, Byrne, J. Moore, Colbert, Rice, W. Jones, Porter, and Folingsby, 1795.)
[149] _____. *The Wealth of Nations*, ed. Edwin Cannan. (New York: Random House, Modern Library, 1937.)
[150] Toffler, Alvin. *The Eco-Spasm Report*. (New York: Bantam Books, 1975.)
[151] Ward, Benjamin. *What's Wrong with Economics?* (London: Macmillan, 1972.)

에너지/생태학

[152] Brown, Lester R. *In the Human Interest: A Strategy to Stabilize World Population*. (New York: W. W. Norton, 1974.)
[153] Carr, Donald E. *Energy & the Earth Machine*. (New York: W. W. Norton, 1976.)
[154] *Choosing Our Environment: Can We Anticipate the Future?* Hearings before the Panel on Environmental Science and Technology of the Subcommittee on Environmental Pollution of the Committee on Public Works, U. S. Senate. Parts 2 and 3. (Washington, D.C.: U. S. Government Printing Office, 1976.)
[155] Clark, Wilson. *Energy for Survival: The Alternative to Extinction*. (Garden City, N. Y.: Doubleday, Anchor Books, 1974.)
[156] Commoner, Barry. *The Closing Circle: Nature, Man, and Technology*. (New York: Alfred A. Knopf, 1971.)

[157] _____. *The Poverty of Power: Energy and the Economic Crisis*. (New York: Bantam Books, 1977.)
[158] Dansereau, Pierre. *Inscape and Landscape*. Massey Lectures, Twelfth Series, Canadian Broadcasting Corporation. (Toronto: CBC Learning Systems, 1973.)
[159] Dubos, René. *Man Adapting*. (New Haven: Yale University Press, 1965.)
[160] *Energy: Global Prospects 1985~2000*. Report of the Workshop on Alternative Energy Strategies, sponsored by MIT. (New York: McGraw-Hill, 1977.)
[161] Hayes, Denis. *The Solar Energy Timetable*. (Washington, D.C.: Worldwatch Institute, 1978.)
[162] Helfrich, Harold W., Jr., ed. *The Environmental Crisis: Man's Struggle to Live With Himself*. (New Haven: Yale University Press, 1970.)
[163] Jungk, Robert. *The New Tyranny: How Nuclear Power Enslaves Us*, trans. Christopher Trump. (New York: Grosset & Dunlap, Fred Jordan Books, 1979.)
[164] Lyons, Barrow. *Tomorrow's Birthright: A Political and Economic Interpretation of Our Natural Resources*. (New York: Funk & Wagnalls, 1955.)
[165] Meadows, Donella H., et al. *The Limits to Growth: A Report for the Club of Rome's Project on the Predicament of Mankind*. (New York: Universe Books, 1972.)
[166] Munson, Richard, ed. *Countdown to a Nuclear Moratorium*. (Washington, D.C.: Environmental Action Foundation, 1976.)
[167] Odum, Howard T. *Environment, Power, and Society*. (New York: John Wiley, Wiley-Interscience, 1971.)
[168] Sampson, Anthony. *The Seven Sisters: The Great Oil Companies and the World They Shaped*. (New York: Bantam Books, 1976.)
[169] Schumacher, E. F. *Small Is Beautiful: Economics as if People Mattered*. (New York: Harper & Row, Perennial Library, 1973.)
[170] *Tokyo Fights Pollution: An Urgent Appeal for Reform*. Liaison and Protocol Section, Bureau of General Affairs, Tokyo Metropolitan Government. (Tokyo, 1971.)
[171] Ubbelohde, A. R. *Man and Energy*. (New York: George Braziller, 1955.)
[172] Université de Montréal/McGill University, Conserver Society Project. *The Selective Conserver Society*, Vol. 1, *The Integrating Report*. (Montreal: GAMMA, 1976.)

진화와 진보

[173] Bury, J. B. *The Idea of Progress*. (New York: Macmillan, 1932.)
[174] Calder, Nigel. *The Life Game: Evolution and the New Biology*. (New York: Dell, Laurel, 1975.)
[175] Crozier, Michel. *The Stalled Society*. (New York: Viking Press, 1973.)
[176] De Closets, François. *En Danger de Progrès*. (Paris: Éditions Denoël, 1970.)
[177] *Evolution and the Fossil Record: Readings from* Scientific American. (San Francisco: W. H. Freeman, 1978.)
[178] James, Bernard. *The Death of Progress*. (New York: Alfred A. Knopf, 1973.)
[179] Jantsch, Erich. *Design for Evolution: Self-Organization and Planning in the Life of Human Systems*. (New York: George Braziller, 1975.)
[180] _____, and Conrad H. Waddington, eds. *Evolution and Consciousness: Human Systems in Transition*. (Reading, Mass.: Addison-Wesley, 1976.)
[181] Kuznetsov, B. G. *Philosophy of Optimism*, trans. Ye. D. Khakina and V. L. Sulima. (Moscow: Progress Publishers, 1977.)
[182] Sorel, Georges. *The Illusions of Progress*, trans. John and Charlotte Stanley. (Berkeley: University of California Press, 1969.)
[183] Vacca, Roberto. *The Coming Dark Age*, trans. J. S. Whale. (Garden City, N. Y.: Doubleday, 1973.)
[184] Van Doren, Charles. *The Idea of Progress*. (New York: Frederick A. Praeger, 1967.)
[185] Williams, George C. *Adaptation and Natural Selection: A Critique of Some Current Evolutionary Thought*. (Princeton, N. J.: Princeton University Press, 1966.)

가족/性

[186] Beard, Mary R. *Woman as Force in History: A Study in Traditions and Realities*. (New York: Macmillan, 1946.)
[187] Bernard, Jessie. *The Future of Marriage*. (New York: Bantam Books, 1973.)
[188] _____. *The Future of Motherhood*. (New York: Penguin Books, 1974.)
[189] Francoeur, Robert T., and Anna K. Francoeur, eds. *The Future of Sexual Relations*. (Englewood Cliffs, N. J.: Prentice-Hall, Spectrum, 1974.)
[190] Friedan, Betty. *The Feminine Mystique*, 10th anniversary edition. (New York: W. W. Norton, 1974.)
[191] Ginsberg, Eli, ed. *The Nation's Children*. (New York: Columbia University Press, 1960.)
[192] Peck, Ellen, and Judith Senderowitz, eds. *Pronatalism: The Myth of Mom & Apple Pie*. (New York: Thomas Y. Crowell, 1974.)
[193] Rapoport, Rhona, and Robert N. Rapoport. *Dual-Career Families*. (Harmondsworth, Middlesex: Penguin Books, 1971.)
[194] Ross, Heather L., and Isabel V. Sawhill. *Time of Transition: The Growth of Families Headed by Women*. (Washington, D.C.: Urban Institute, 1975.)
[195] Tripp, Maggie, ed. *Woman in the Year 2000*. (New York: Arbor House, 1974.)
[196] Zaretsky, Eli. *Capitalism, the Family and Personal Life*. (London: Pluto Press, 1976.)

미래학/예측

[197] Albrecht, Paul, et al., eds. *Faith, Science and the Future*. Preparatory readings for a world conference. (Geneva: World Council of Churches, 1978.)
[198] Bell, Daniel. *The Coming of Post-Industrial Society: A Venture in Social Forecasting*. (New York: Basic Books, 1973.)
[199] Bonn, Anne-Marie. *La Rêverie Terrienne et l'Espace de la Modernité*. (Paris: Librairie Klincksieck, 1976.)
[200] Brzezinski, Zbigniew. *Between Two Ages: America's Role in the Technetronic Era*. (New York: Viking Press, 1970.)
[201] Clarkson, Stephen, ed. *Visions 2020*. (Edmonton, Alberta: M. G. Hurtig, 1970.)
[202] Cornish, Edward, ed. *1999 The World of Tomorrow: Selections from The Futurist*. (Washington, D.C.: World Future Society, 1978.)
[203] Daglish, Robert, ed. *The Scientific and Technological Revolution: Social Effects and Prospects*. (Moscow: Progress Publishers, 1972.)
[204] Economic Commission for Europe. *Overall Economic Perspective for the ECE Region up to 1990*. (New York: United Nations, 1978.)
[205] Fedchenko, V., ed. *Things to Come*. (Moscow: Mir Publishers, 1977.)
[206] Ford, Barbara. *Future Food: Alternate Protein for the Year 2000*. (New York: William Morrow, 1978.)
[207] Gross, Bertram M. *Space-Time and Post-Industrial Society*. Paper presented to 1965 seminars of Comparative Administration Group of the American Society for Public Administration. Syracuse University, 1966.
[208] Harman, Willis W. *An Incomplete Guide to the Future*. (San Francisco: San Francisco Book Company, 1976.)
[209] Laszlo, Ervin, et al. *Goals for Mankind: A Report to the Club of Rome on the New Horizons of Global Community*. (New York: E. P. Dutton, 1977.)
[210] Malita, Mircea. *Chronik für das jahr 2000*. (Bucharest: Kriterion, 1973.)
[211] *Man, Science, Technology: A Marxist Analysis of the Scientific Technological Revolution*. (Prague: Academia Prague, 1973.)
[212] Maruyama, Magoroh, and Arthur Harkins, eds. *Cultures Beyond the Earth*. (New York: Random House, Vintage Books, 1975.)
[213] _____. *Cultures of the Future*. (The Hague: Mouton Publishers, 1978.)
[214] Mesarovic, Mihajlo, and Eduard Pestel. *Mankind at the Turning Point: The Second*

Report to The Club of Rome. (New York : E. P. Dutton, Reader's Digest Press, 1974.)

[215] 1985 : *La France Face au Choc du Futur.* Plan et prospectives, Commissariat Général du Plan. (Paris : Librarie Armand Colin, 1972.)

[216] Royal Ministry for Foreign Affairs in Cooperation with the Secretariat for Future Studies. *To Choose a Future : A Basis for Discussion and Deliberations on Future Studies in Sweden,* trans. Rudy Feichtner. (Stockholm : Swedish Institute, 1974.)

[217] Sorrentino, Joseph N. *The Moral Revolution*. (New York : Manor Books, 1974.)

[218] Spekke, Andrew A., ed. *The Next 25 Years : Crisis & Opportunity*. (Washington, D.C. : World Future Society, 1975.)

[219] Stillman, Edmund, et al. *L'Envol de la France : Portrait de la France dans les annèes 80*. (Paris : Hachette Littérature, 1973.)

[220] Tanaka, Kakuei. *Building a New Japan : A Plan for Remodeling the Japanese Archipelago*. (Tokyo : Simul Press, 1973.)

[221] Theobald, Robert. *Habit and Habitat*. (Englewood Cliffs, N. J. : Prentice-Hall, 1972.)

[222] *Thinking Ahead : UNESCO and the Challenges of Today and Tomorrow*. (Paris : UNESCO, 1977.)

미래학 일반

[223] Ackoff, Russell L. *Redesigning the Future : A Systems Approach to Societal Problems*. (New York : John Wiley, 1974.)

[224] Arab-Ogly, E. *In the Forecasters' Maze,* trans. Katherine Judelson. (Moscow : Progress Publishers, 1975.)

[225] Bell, Wendell, and James A. Mau, eds. *The Sociology of the Future*. (New York : Russell Sage Foundation, 1971.)

[226] Boucher, Wayne I., ed. *The Study of the Future : An Agenda for Research*. (Washington, D.C. : U. S. Government Printing Office, 1977.)

[227] *Choosing Our Environment : Can We Anticipate the Future?* See [154.

[228] Cornish, Edward, ed. *Resources Directory for America's Third Century,* Part 1, *An Introduction to the Study of the Future*. (Washington, D.C. : World Future Society, 1977.)

[229] _____. *Resources Directory for America's Third Century,* Part 2, *Information Sources for the Study of the Future*. (Washington, D.C. : World Future Society, 1977.)

[230] _____, et al. *The Study of the Future : An Introduction to the Art and Science of Understanding and Shaping Tomorrow's World*. (Washington, D.C. : World Future Society, 1977.)

[231] Dickson, Paul. *The Future File : A Guide for People with One Foot in the 21st Century*. (New York : Rawson Associates, 1977.)

[232] Emery, F. E., and E. L. Trist. *Towards a Social Ecology : Contextual Appreciation of the Future in the Present*. (London : Plenum Press, 1973.)

[233] Feinberg, Gerald. *The Prometheus Project : Mankind's Search for Long-Range Goals*. (Garden City, N.Y. : Doubleday, Anchor Books, 1969.)

[234] Heilbroner, Robert I. *The Future as History*. (New York : Grove Press, 1961.)

[235] Jouvenel, Bertrand de. *The Art of Conjecture,* trans. Nikita Lary. (New York : Basic Books, 1967.)

[236] Jungk, Robert. *The Everyman Project : Resources for a Humane Future,* trans. Gabriele Annan and Renate Esslen. (New York : Liveright, 1977.)

[237] McHale, John. *The Future of the Future*. (New York : George Braziller, 1969.)

[238] _____, and Magda Cordell McHale. *Futures Studies : An International Survey*. (New York : United Nations Institute for Training and Research, 1975.)

[239] Polak, Fred L. *The Image of the Future,* trans. Elise Boulding. (Amsterdam : Elsevier Scientific, 1973.)

[240] _____. *Prognostics*. (Amsterdam : Elsevier, 1971.)

[241] Sullivan, John Edward. *Prophets of the West : An Introduction to the Philosophy of*

History. (New York: Holt, Rinehart and Winston, 1970.)

역 사

[242] Bloch, Marc. *Feudal Society*, Vol. 1, *The Growth of Ties of Dependence*, trans. L. A. Manyon. (Chicago: University of Chicago Press, Phoenix Books, 1964.)
[243] ______. *Feudal Society*, Vol. 2, *Social Classes and Political Organization*, trans. L. A. Manyon. (Chicago: University of Chicago Press, Phoenix Books, 1964.)
[244] Braudel, Fernand. *Capitalism and Material Life: 1400~1800*, trans. Miriam Kochan. (New York: Harper & Row, Harper Colophon Books, 1975.)
[245] ______. *The Mediterranean and the Mediterranean World in the Age of Philip II*, Vols. I and II, trans. Siân Reynolds. (New York: Harper & Row, 1973.)
[246] Collis, Maurice. *Cortés and Montezuma*. (London: Faber and Faber, 1963.)
[247] Commager, Henry Steele, ed. *Documents of American History*, 3rd edition. (New York: F. S. Crofts, 1943.)
[248] Darlington, C. D. *The Evolution of Man and Society*. (London: George Allen & Unwin, 1969.)
[249] Deane, Phyllis. *The First Industrial Revolution*. (London: Cambridge University Press, 1965.)
[250] Elias, Norbert. *The Civilizing Process: The Development of Manners*, trans. Edmund Jephcott. (New York: Urizen Books, 1978.)
[251] Glass, D. V., and D. E. C. Eversley, eds. *Population in History*. (London: Edward Arnold, 1965.)
[252] Hale, J. R. *Renaissance Europe 1480~1520*. (London: Fontana, 1971.)
[253] Hill, Christopher. *Reformation to Industrial Revolution: 1530~1780*. (Baltimore: Penguin Books, 1969.)
[254] Hofstadter, Richard, William Miller, and Daniel Aaron. *The United States: The History of a Republic*, 2nd edition. (Englewood Cliffs, N. J.: Prentice-Hall, 1967.)
[255] Huggett, Frank E. *The Past, Present and Future of Factory Life and Work: A Documentary Inquiry*. (London: Harrap, 1973.)
[256] Kirchner, Walther. *Western Civilization Since 1500*. (New York: Barnes & Noble, 1969.)
[257] Littlefield, Henry W. *History of Europe 1500~1848*, 5th edition. (New York: Barnes & Noble, 1939.)
[258] Mannix, Daniel P. *Those About to Die*. (New York: Ballantine Books, 1958.)
[259] Matthews, George T., ed. *The Fugger Newsletter*. (New York: Capricorn Books, 1970.)
[260] Morazé, Charles. *The Triumph of the Middle Classes: A Study of European Values in the Nineteenth Century*. (London: Weidenfeld and Nicolson, 1966.)
[261] Plumb, J. H. *The Growth of Political Stability in England 1675~1725*. (Harmondsworth, Middlesex: Penguin Books, 1967.)
[262] Sansom, G. B. *The Western World and Japan: A Study in the Interaction of European and Asiatic Cultures*. (New York: Random House, Vintage Books, 1973.)
[263] Segal, Ronald. *The Struggle Against History*. (New York: Bantam Books, 1973.)
[264] Stewart, Donald H. *The Opposition Press of the Federalist Period*. (Albany: State University of New York Press, 1969.)
[265] Tawney, R. H. *Religion and the Rise of Capitalism: A Historical Study*. (New York: New American Library, Mentor, 1954.)
[266] Thompson, E. P. *The Making of the English Working Class*. (New York: Vintage Books, 1963.)
[267] Turner, Frederick J. *The Significance of the Frontier in American History*. (New York: Readex Microprint, 1966.)
[268] Walker, James Blaine. *The Epic of American Industry*. (New York: Harper & Brothers, 1949.)
[269] Weber, Max. *The Protestant Ethic and the Spirit of Capitalism*, trans. Talcott Parsons.

(New York: Charles Scribner's Sons, 1958.)

국가/분리주의/초국가적 기관

[270] Barnet, Richard J., and Ronald E. Müller. *Global Reach: The Power of the Multinational Corporations*. (New York: Simon and Schuster, 1974.)
[271] Bendix, Reinhard. *Nation-Building and Citizenship: Studies of Our Changing Social Order*. (Garden City, N. Y.: Doubleday, Anchor Books, 1969.)
[272] Brown, Lester R. *World Without Borders*. (New York: Random House, 1972.)
[273] Brown, Seyom. *New Forces in World Politics*. (Washington, D.C.: Brookings Institution, 1974.)
[274] _ ___, et al. *Regimes for the Ocean, Outer Space, and Weather*. (Washington, D.C.: E ookings Institution, 1977.)
[275] Callenbach, Ernest. *Ecotopia: The Notebooks and Reports of William Weston*. (New York: Bantam Books, 1977.)
[276] Cobban, Alfred. *The Nation State and National Self-Determination*. (New York: Thomas Y. Crowell, 1969.)
[277] Deutsch, Karl W. *Nationalism and Social Communication: An Inquiry into the Foundations of Nationality*. (Cambridge, Mass.: MIT Press, 1966.)
[278] Falk, Richard A. *A Study of Future Worlds*. (New York: Free Press, 1975.)
[279] Fawcett, J. E. S. *The Law of Nations*. (New York: Basic Books, 1968.)
[280] *Information, Perception and Regional Policy.* Report prepared for National Science Foundation, Research Applications Directorate, RANN. (Washington, D.C.: National Science Foundation, 1975.)
[281] Kaldor, Mary. *The Disintegrating West*. (New York: Hill and Wang, 1978.)
[282] Kohn, Hans. *The Idea of Nationalism: A Study in Its Origins and Background*. (Toronto: Collier, 1944.)
[283] Lenin, V. I. *The Right of Nations to Self-Determination*. (Moscow: Progress Publishers, 1947.)
[284] Lévesque, René. *An Option for Quebec*. (Toronto: McClelland and Stewart, 1968.)
[285] Minogue, K. R. *Nationalism*. (Baltimore: Penguin Books, 1967.)
[286] Servan-Schreiber, Jean-Jacques. *Le Pouvoir Régional*. (Paris: Éditions Bernard Grasset, 1971.)
[287] Shaw, Brian. *The Gospel According to Saint Pierre*. (Richmond Hill, Ont.: Pocket Books Canada, 1969.)
[288] Smith, Anthony D. *Theories of Nationalism*. (New York: Harper & Row, Harper Torchbooks, 1971.)
[289] Stephenson, Hugh. *The Coming Clash: The Impact of Multinational Corporations on National States*. (New York: Saturday Review Press, 1972.)
[290] Thomas, Ned. *The Welsh Extremist*. (Talybont, Cardi-ganshire: Y Lolfa, 1973.)
[291] Trudeau, Pierre Elliott. *Federalism and the French Canadians*. Toronto: Macmillan of Canada, 1968.)
[292] Turner, Louis. *Multinational Companies and the Third World*. (New York: Hill and Wang, 1973.)
[293] *The United Nations and the Future,* Proceedings of UNITAR Conference on the Future, Moscow, June 10~14, 1974. (Moscow, UNITAR, 1976.)
[294] *The United States and the United Nations.* Hearings before the Committee on Foreign Relations, U. S. Senate. (Washington, D.C.: U. S. Government Printing Office, 1975.)
[295] Unterman, Lee D., and Christine W. Swent, eds. *The Future of the United States Multinational Corporation*. (Charlottesville: University of Virginia Press, 1975.)
[296] Webb, Keith. *The Growth of Nationalism in Scotland*. (Glasgow: Molendinar Press, 1977.)
[297] Wilczynski, J. *The Multinationals and East-West Relations: Towards Transideological Collaboration*. (London: Macmillan, 1976.)

[298] *Year-Book of World Problems and Human Potential*, compiled by the Secretariats of Union of International Associations. (Brussels, 1976.)

철 학

[299] Borodulina, T., ed. *K. Marx, F. Engels, V. Lenin: On Historical Materialism*. (Moscow: Progress Publishers, 1974.)
[300] Capra, Fritjof. *The Tao of Physics: An Exploration of the Parallels Between Modern Physics and Eastern Mysticism*. (New York: Bantam Books, 1977.)
[301] DeGreene, Kenyon B., ed. *Systems Psychology*. (New York: McGraw-Hill, 1970.)
[302] De La Mettrie, Julien Offray. *Man a Machine*, annot. Gertrude Carman Bussey. (La Salle, Ill.: Open Court, 1912.)
[303] Descartes, René. *Discourse on Method*, trans. John Veitch. (La Salle, Ill.: Open Court, 1962.)
[304] Feinberg, Gerald. *What is the World Made Of?: Atoms, Leptons, Quarks, and Other Tantalizing Particles*. (Garden City, N.Y.: Doubleday, Anchor Books, 1978.)
[305] Gellner, Ernest. *Thought and Change*. (Chicago: University of Chicago Press, 1965.)
[306] Hyman, Stanley Edgar. *The Tangled Bank: Darwin, Marx, Frazer and Freud as Imaginative Writers*. (New York: Atheneum, 1974.)
[307] Lewin, Kurt. *Field Theory in Social Science: Selected Theoretical Papers*, ed. Dorwin Cartwright. (New York: Harper & Row, Harper Torchbooks, 1951.)
[308] Lilienfeld, Robert. *The Rise of Systems Theory: An Ideological Analysis*. (New York: John Wiley-Interscience, 1978.)
[309] Matson, Floyd W. *The Broken Image: Man, Science and Society*. (New York: Doubleday, Anchor Books, 1966.)
[310] Munitz, Milton K., ed. *Theories of the Universe: From Babylonian Myth to Modern Science*. (Glencoe, Ill.: Free Press, Falcon's Wing Press, 1957.)
[311] Ramo, Simon. *Cure for Chaos: Fresh Solutions to Social Problems Through the Systems Approach*. (New York: David McKay, 1969.)
[312] Russell, Bertrand. *A History of Western Philosophy*. (New York: Simon and Schuster, 1945.)
[313] _____. *Human Knowledge: Its Scope and Limits*. (New York: Simon and Schuster, Touchstone, 1948.)
[314] Webb, James. *The Flight from Reason*. (London: Macdonald, 1971.)
[315] Weizenbaum, Joseph. *Computer Power and Human Reason: From Judgement to Calculation*. (San Francisco: W. H. Freeman, 1976.)

정치이론 일반

[316] Jacker, Corinne. *The Black Flag of Anarchy: Antistatism in the United States*. (New York: Charles Scribner's Sons, 1968.)
[317] Johnson, Chalmers. *Revolutionary Change*. (Boston: Little, Brown, 1966.)
[318] Jouvenel, Bertrand de. *On Power: Its Nature and the History of Its Growth*, trans. J. E. Huntington. (Boston: Beacon Press, 1962.)
[319] Krader, Lawrence. *Formation of the State*. (Englewood Cliffs, N.J.: Prentice-Hall, 1968.)
[320] Lenin, V. I. *The State and Revolution*. (Moscow: Progress Publishers, 1949.)
[321] Oppenheimer, Franz. *The State*, trans. John Gitterman. (New York: Free Life Editions, 1975.)
[322] Ortega Y Gasset, José. *Man and Crisis*, trans. Mildred Adams. (New York: W. W. Norton, 1958.)
[323] Rousseau, Jean-Jacques. *The Social Contract*, trans. Maurice Cranston. (Baltimore: Penguin Books, 1968.)
[324] Silvert, Kalman H. *The Reason for Democracy*. (New York: Viking Press, 1977.)

[325] Swartz, Marc J., Victor W. Turner, and Arthur Tuden, eds. *Political Anthropology*. (Chicago: Aldine-Atherton, 1966.)

정치이론/엘리트

[326] Barber, Bernard. *Social Stratification: A Comparative Analysis of Structure and Process*. (New York: Harcourt, Brace & World, 1957.)
[327] Benveniste, Guy. *The Politics of Expertise*. (Berkeley, Cal.: Glendessary Press, 1972.)
[328] Bottomore, T. B. *Elites and Society*. (New York: Basic Books, 1964.)
[329] Brewer, Garry D. *Politicians, Bureaucrats, and the Consultant: A Critique of Urban Problem Solving*. (New York: Basic Books, 1973.)
[330] Burnham, James. *The Managerial Revolution*. (Bloomington: Indiana University Press, 1960.)
[331] Dimock, Marshall E. *The Japanese Technocracy: Management and Government in Japan*. (New York: Walker/Weatherhill, 1968.)
[332] Djilas, Milovan. *The New Class: An Analysis of the Communist System*. (New York: Frederick A. Praeger, 1957.)
[333] _____. *The Unperfect Society: Beyond the New Class*, trans. Dorian Cooke. (London: Unwin Books, 1972.)
[334] Dye, Thomas R., and L. Harmon Zeigler. *The Irony of Democracy: An Uncommon Introduction to American Politics*, 2nd edition. (Belmont, Cal.: Duxbury Press, 1972.)
[335] Girvetz, Harry K. *Democracy and Elitism: Two Essays with Selected Readings*. (New York: Charles Scribner's Sons, 1967.)
[336] Gouldner, Alvin W. *The Future of Intellectuals and the Rise of the New Class*. (New York: Seabury Press, Continuum, 1979.)
[337] Gvishiani, D. M., S. R. Mikulinsky, and S. A. Kugel, eds. *The Scientific Intelligentsia in the USSR: Structure and Dynamics of Personnel*, trans. Jane Sayers. (Moscow: Progress Publishers, 1976.)
[338] Keller, Suzanne. *Beyond the Ruling Class: Strategic Elites in Modern Society*. (New York: Random House, 1963.)
[339] Lederer, Emil. *State of the Masses: The Threat of the Classless Society*. (New York: Howard Fertig, 1967.)
[340] Meynaud, Jean. *Technocracy*, trans. Paul Barnes. (London: Faber and Faber, 1968.)
[341] Ortega y Gasset, José. *The Revolt of the Masses*. (New York: W. W. Norton, 1957.)
[342] Phillips, Kevin P. *Mediacracy: American Parties and Politics in the Communications Age*. (Garden City, N. Y.: Doubleday, 1975.)
[343] Young, Michael. *The Rise of the Meritocracy* 1870−2033: *An Essay on Education and Equality*. (Harmondsworth, Middlesex: Penguin Books, 1961.)

정치이론/대의제도/참여

[344] Afanasyev, V. G. *The Scientific Management of Society*, trans. L. Ilyitskaya. (Moscow: Progress Publishers, 1971.)
[345] Araneta, Salvador. *The Effective Democracy For All*. (Manila: AIA, Bayanikasan Research Foundation, 1976.)
[346] Bezold, Clement, ed. *Anticipatory Democracy: People in the Politics of the Future*. (New York: Random House, Vintage Books, 1978.)
[347] Bihari, Ottó. *Socialist Representative Institutions*, trans. Józef Desényi and Imre Móra. (Budapest: Akadémiai Kiadó, 1970.)
[348] Birch, A. H. *Representation*. (London: Macmillan, 1972.)
[349] Crick, Bernard. *The Reform of Parliament*. (London: Weidenfeld and Nicolson, 1970.)
[350] Finletter, Thomas K. *Can Representative Government Do the Job?* (New York: Reynal

& Hitchcock, 1945.)

[351] Haefele, Edwin T. *Representative Government and Environmental Management*. (Baltimore: Johns Hopkins University Press, 1973.)

[352] International Labour Office. *Participation by Employers' and Workers' Organizations in Economic and Social Planning: A General Introduction*. (Geneva: ILO, 1971.)

[353] Ionescu, Ghita, and Ernest Gellner, eds. *Populism: Its Meanings and National Characteristics*. (London: Weidenfeld and Nicolson, 1970.)

[354] Jones, Charles O. *Every Second Year: Congressional Behavior and the Two-Year Term*. (Washington, D.C.: Brookings Institution, 1967.)

[355] Kozak, Jan. *Without a Shot Being Fired: The Role of Parliament and the Unions in a Communist Revolution*. (London: Independent Information Centre, 1957.)

[356] Langton, Stuart, ed. *Citizen Participation in America: Essays on the State of the Art*. (Lexington, Mass.: D. C. Heath, Lexington Books, 1978.)

[357] Loewenberg, Gerhard, ed. *Modern Parliaments: Change or Decline?* (Chicago: Aldine-Atherton, 1971.)

[358] Mill, John Stuart. *Utilitarianism, Liberty and Representative Government*. (New York: E. P. Dutton, 1951.)

[359] Partridge, P. H. *Consent & Consensus*. (New York: Praeger, 1971.)

[360] Pateman, Carole, *Participation and Democratic Theory*. (Cambridge: Cambridge University Press, 1970.)

[361] Pitkin, Hanna Fenichel, ed. *Representation*. (New York: Atherton Press, 1969.)

[362] Schramm, F. K., ed. *The Bundestag: Legislation in the Federal Republic of Germany*. (Bonn: E. Beinhauer, 1973.)

[363] Spufford, Peter. *Origins of the English Parliament*. (New York: Barnes & Noble, 1967.)

비교정치학

[364] Berkowitz, S. D., and Robert K. Logan, eds. *Canada's Third Option*. (Toronto: Macmillan of Canada, 1978.)

[365] Blondel, Jean. *Comparing Political Systems*. (London: Weidenfeld and Nicolson, 1973.)

[366] Cohen, Ronald, and John Middleton, eds. *Comparative Political Systems: Studies in the Politics of Pre-industrial Societies*. (Garden City, N.Y.: Natural History Press, 1967.)

[367] Finer, S. E. *Comparative Government*. (Harmondsworth, Middlesex: Penguin Books, 1970.)

[368] Gorden, Morton. *Comparative Political Systems: Managing Conflict*. (New York: Macmillan, 1972.)

[369] Hamilton, Alastair. *The Appeal of Fascism: A Study of Intellectuals and Fascism* 1919–1945. (London: Anthony Blond, 1971.)

[370] Kennedy, Gavin, ed. *The Radical Approach: Papers on an Independent Scotland*. (Edinburgh: Palingenesis Press, 1976.)

[371] McClelland, J. S., ed. *The French Right: From De Maistre to Maurras*, trans. Frears, Harber, McClelland, and Phillipson. (London: Jonathan Cape, 1970.)

[372] Macridis, Roy C., and Robert E. Ward, eds. *Modern Political Systems: Europe*, 2nd edition. (Englewood Cliffs, N. J.: Prentice-Hall, 1968.)

[373] Mosse, George L. *The Crisis of German Ideology: Intellectual Origins of the Third Reich*. (London: Weidenfeld and Nicolson, 1966.)

[374] Parti Socialiste Unifié. *Controler Aujourd'hui pour Décider Demain*, manifeste. (Paris: Tema-Éditions, 1972.)

[375] Russett. Bruce M. *Trends in World Politics*. (New York: Macmillan, 1965.)

[376] Scalapino, Robert A., and Junnosuke Masumi. *Parties and Politics in Contemporary Japan*. (Berkeley: University of California Press, 1962.)

[377] Smith, Gordon. *Politics in Western Europe: A Comparative Analysis*. (London: Heinemann Educational Books, 1972.)

[378] Starcke, Anna. *Survival: Taped Interviews With South Africa's Power Elite*. (Cape Town: Tafelberg, 1978.)

미국 정치학

[379] Armbrister, Trevor. *A Matter of Accountability: The True Story of the Pueblo Affair.* (New York: Coward-McCann, 1970.)
[380] Becker, Ted, et al. *Un-Vote for a New America: A Guide to Constitutional Revolution*. (Boston: Allyn and Bacon, 1976.)
[381] Becker, Theodore L. *American Government: Past, Present, Future*. (Boston: Allyn and Bacon, 1976.)
[382] Boorstin, Daniel J. *The Decline of Radicalism: Reflections on America Today*. (New York: Random House, 1969.)
[383] Brant, Irving. *The Bill of Rights: Its Origin and Meaning*. (New York: New American Library, Mentor, 1965.)
[384] Cullop, Floyd G. *The Constitution of the United States: An Introduction*. (New York: New American Library, Signet, 1969.)
[385] Everett, Edward. *The Mount Vernon Papers*, No. 27. (New York: D. Appleton, 1860.)
[386] Fisher, Louis. *President and Congress: Power and Policy*. (New York: Free Press, 1972.)
[387] Flexner, James Thomas. *George Washington and the New Nation* (1783–1793). (Boston: Little, Brown, 1970).
[388] Gilpin, Henry D., ed. *The Papers of James Madison*, Vol. II. (Washington, D.C.: Langtree & O'Sullivan, 1840.)
[389] Hamilton, Alexander, John Jay, and James Madison. *The Federalist: A Commentary on the Constitution of the United States*. (New York: Random House, Modern Library.)
[390] Hougan, Jim. *Spooks: The Haunting of America – The Private Use of Secret Agents*. (New York: William Morrow, 1978.)
[391] Nixon, Richard. *The Memoirs of Richard Nixon*. (New York: Grosset & Dunlap, 1978.)
[392] Padover, Saul K., ed. *Thomas Jefferson on Democracy*. (New York: New American Library, Mentor; Copyright 1939 D. Appleton-Century.)
[393] Paine, Thomas. *Rights of Man: Being an Answer to Mr. Burke's Attack on the French Revolution, ed* Hypatia Bradlaugh Bonner. (London: C. A. Watts, 1937.)
[394] Parrington, Vernon Louis. *Main Currents in American Thought: An Interpretation of American Literature from the Beginnings to* 1920. (New York: Harcourt, Brace, 1927.)
[395] Perloff, Harvey S., ed. *The Future of the United States Government: Toward the Year* 2000. (New York: George Braziller, 1971.)
[396] Saloma, John S., III, and Frederick H. Sontag. *Parties: The Real Opportunity for Effective Citizen Politics*. (New York: Alfred A. Knopf, 1972.)
[397] Scammon, Richard M., and Alice V. McGillivray, eds. *America Votes* 12: *A Handbook of Contemporary Election Statistics*. (Washington, D.C.: Elections Research Center, Congressional Quarterly, 1977.)
[398] Schlesinger, Arthur M., Jr. *The Imperial Presidency*. (New York: Popular Library, 1974.)
[399] Smith, Edward Conrad, ed. *The Constitution of the United States: With Case Summaries*. (New York: Barnes & Noble, 1972.)
[400] Steinfels, Peter. *The Neoconservatives: The Men Who Are Changing America's Politics*. (New York: Simon and Schuster, 1979.)
[401] Tocqueville, Alexis de. *Democracy in America*, text Henry Reeve, rev. Francis Bowen, and ed. Phillips Bradley. (New York: Alfred A. Knopf, Vintage Books, 1945.)

심리학

[402] Allport, Gordon W. *Personality: A Psychological Interpretation*. (New York: Henry Holt, 1937.)
[403] Back, Kurt W. *Beyond Words: The Story of Sensitivity Training and the Encounter Movement*. (New York: Russell Sage Foundation, 1972.)
[404] Conway, Flo, and Jim Siegelman. *Snapping: America's Epidemic of Sudden Personality Change*. (Philadelphia: J. B. Lippincott, 1978.)
[405] Freedman, Alfred M., M.D., Harold I. Kaplan, M.D., and Benjamin J. Sadock, M.D. *Modern Synopsis of Comprehensive Textbook of Psychiatry*. (Baltimore, Williams & Wilkins, 1972.)
[406] Fromm, Erich. *Escape from Freedom*. (New York: Avon Library, 1965.)
[407] ____. *The Sane Society*. (Greenwich, Conn.: Fawcett Premier, 1955.)
[408] Gerth, Hans, and C. Wright Mills. *Character and Social Structure: The Psychology of Social Institutions*. (New York: Harcourt, Brace & World, Harbinger, 1953.)
[409] Gross, Martin L. *The Psychological Society*. (New York: Random House, 1978.)
[410] Gross, Ronald, and Paul Osterman, eds. *Individualism: Man in Modern Society*. (New York: Dell, Laurel, 1971.)
[411] Hall, Calvin S., and Gardner Lindzey. *Theories of Personality*, 3rd edition. (New York: John Wiley, 1978.)
[412] Kardiner, Abram, et al. *The Psychological Frontiers of Society*. (New York: Columbia University Press, 1945.)
[413] Kilpatrick, William. *Identity & Intimacy*. (New York: Delacorte Press, 1975.)
[414] May, Rollo. *Power and Innocence: A Search for the Sources of Violence*. (New York: W. W. Norton, 1972.)
[415] Reich, Wilhelm. *The Mass Psychology of Fascism*, trans. Vincent R. Carfagno. (New York: Farrar, Straus & Giroux, 1971.)
[416] Ruitenbeek, Hendrik M., ed., *Varieties of Personality Theory*. (New York: E. P. Dutton, 1964.)
[417] Smirnov, Georgi. *Soviet Man: The Making of a Socialist Type of Personality*, trans. Robert Daglish. (Moscow: Progress Publishers, 1973.)
[418] Stevens, John O., ed. *Gestalt Is—A Collection of Articles About Gestalt Therapy and Living*. (New York: Bantam Books, 1977.)
[419] Sullivan, Harry Stack, M.D. *The Fusion of Psychiatry and Social Science*. (New York: W. W. Norton, 1964.)
[420] Winter, Ruth. *The Smell Book*. (Philadelphia: J. B. Lip-pincott, 1976.)
[421] Zurcher, Louis A., Jr. *The Mutable Self: A Self-Concept for Social Change*. (Beverly Hills, Cal.: Sage Publications, 1977.)

과학 / 기술

[422] Anderson, Robert H., and Nake M. Kamrany. *Advanced Computer-Based Manufacturing Systems for Defense Needs*. (Marina del Rey, Cal.: USC, Information Sciences Institute, 1973.)
[423] *The Application of Computer Technology for Development*. United Nations, Department of Economic and Social Affairs, Second Report of the Secretary-General. (New York, 1973.)
[424] *Appropriate Technology in the Commonwealth, A Directory of Institutions*. Food Production & Rural Development Division, Commonwealth Secretariat. (London, 1977.)
[425] *Appropriate Technology in the United States: An Exploratory Study*. Study conducted by Integrative Design Associates for the National Science Foundation RANN program. (Washington, D.C.: U.S. Government Printing Office, 1977.)
[426] Asimov, Isaac. *I, Robot*. (New York: Fawcett Crest, 1950.)

[427] _____. *Understanding Physics*, Vol. III, *The Electron, Proton, and Neutron*. (New York : New American Library, Signet, 1966.)
[428] Baldwin, J., and Stewart Brand, eds. *Soft-Tech*. (New York : Penguin Books, 1978.)
[429] Boorstin Daniel J. *The Republic of Technology: Reflections on Our Future Community*. (New York : Harper & Row, 1978.)
[430] Brand, Stewart, ed. *Space Colonies*. (New York : Penguin Books, 1977.)
[431] Buchholz, Hans, and Wolfgang Gmelin, eds. *Science and Technology and the Future*, Parts 1 and 2. (Munich : K. G. Saur, 1979.)
[432] Butterfeld, Herbert. *The Origins of Modern Science*: 1300—1800. (New York : Free Press, 1957.)
[433] Cardwell, D. S. L. *Turning Points in Western Technology*. (New York : Neale Watson Academic Publications, Science History Publications, 1972.)
[434] Cross, Nigel, David Elliot, and Robin Roy, eds. *Man-Made Futures: Readings in Society, Technology and Design*. (London : Hutchinson, 1974.)
[435] Einstein, Albert. *Ideas and Opinions*, trans. Sonja Bargmann. (New York : Dell, Laurel. Copyright Crown, 1954.) .
[436] Ellis, John. *The Social History of the Machine Gun*. (New York : Pantheon Books, 1975.)
[437] Etzioni, Amitai. *Genetic Fix*. (New York : Macmillan, 1973.)
[438] Farago, F. T. *Handbook of Dimensional Measurement*. (New York : Industrial Press, 1965.)
[439] Farrington, Benjamin. *Head and Hand in Ancient Greece: Four Studies in the Social Relations of Thought*. (London : Watts, Thinker's Library, 1947.)
[440] Feyerabend, Paul. *Against Method: Outline of an Anarchistic Theory of Knowledge*. (London : NLB, Verso, 1975.)
[441] Fidell, Oscar H., ed. *Ideas in Science*. (New York : Washington Square Press, Reader's Enrichment, 1966.)
[442] Ford, Henry. *My Life and Work*. (New York : Doubleday, Page, 1923.)
[443] H. B. Maynard and Company. *Production: An International Appraisal of Contemporary Manufacturing Systems and the Changing Role of the Worker*, ed. Rolf Tiefenthal. (London : McGraw-Hill, 1975.)
[444] Harper, Peter, and Godfrey Boyle, eds. *Radical Technology*. (New York : Pantheon Books, 1976.)
[445] Heppenheimer, T. A. *Colonies in Space*. (Harrisburg, Pa. : Stackpole Books, 1977.)
[446] Howard, Ted, and Jeremy Rifkin. *Who Should Play God? The Artificial Creation of Life and What It Means for the Future of the Human Race*. (New York : Dell, 1977.)
[447] Illich, Ivan. *Tools for Conviviality*. (New York : Harper & Row, 1973.)
[448] Jacobs, Jane. *The Economy of Cities*. (New York : Random House, 1969.)
[449] Klein, H. Arthur. *The World of Measurements*. (New York : Simon and Schuster, 1974.)
[450] Kranzberg, Melvin, and Carroll W. Pursell, Jr. *Technology in Western Civilization*, Vol. I. (New York : Oxford University Press, 1967.)
[451] Kuhn, Thomas S. *The Structure of Scientific Revolutions*. (Chicago : University of Chicago Press, 1962.)
[452] Lawless, Edward W. *Technology and Social Shock*. (New Brunswick, N. J. : Rutgers University Press, 1977.)
[453] Lilley, Samuel. *Men, Machines and History*. (New York : International Publishers, 1966.)
[454] Mazlish, Bruce, ed. *The Railroad and the Space Program: An Exploration in Historical Analogy*. (Cambridge, Mass. : MIT Press, 1965.)
[455] Needham, Joseph. *Science and Civilization in China*, Vol. I, *Introductory Orientations*. (Cambridge : Cambridge University Press, 1965.)
[456] _____. *Science and Civilization in China*. Vol. II, *History of Scientific Thought*. (Cambridge : Cambridge University Press, 1969.)
[457] Newman, James R., ed. *What Is Science?* (New York : Washington Square Press, 1961.)

[458] Nicolis, G., and I. Prigogine. *Self-Organization in Non-equilibrium Systems: From Dissipative Structures to Order Through Fluctuations*. (New York: John Wiley, Wiley-Interscience, 1977.)
[459] Nikolaev, L. *Space Chemistry*, trans. Y. Nadler. (Moscow: Mir Publishers, 1976.)
[460] O'Neill, Gerald K. *The High Frontier: Human Colonies in Space*. (New York: Bantam Books, 1978.)
[461] Pyke, Magnus. *Technological Eating, or Where Does the Fish-Finger Point?* (London: John Murray, 1972.)
[462] Ritner, Peter. *The Society of Space*. (New York: Macmillan, 1961.)
[463] Schey, John A. *Introduction to Manufacturing Processes*. (New York: McGraw-Hill, 1977.)
[464] Schofield, Robert E. *The Lunar Society of Birmingham: A Social History of Provincial Science and Industry in Eighteenth-Century England*. (Oxford: Oxford University Press, 1963.)
[465] Sharlin, Harold I. *The Convergent Century: The Unification of Science in the Nineteenth Century*. (New York: Abelard-Schuman, 1966.)
[466] Sorenson, James R. *Social Science Frontiers*, Vol. 3, *Social Aspects of Applied Human Genetics*. (New York: Russell Sage Foundation, 1971.)
[467] Stine, G. Harry. *The Third Industrial Revolution*. (New York: G. P. Putnam's Sons, 1975.)
[468] Sullivan, Walter. *We Are Not Alone: The Search for Intelligent Life on Other Worlds*. (New York: McGraw-Hill, 1964).
[469] U. S. Department of Labor. *Technological Change and Manpower Trends in Five Industries: Pulp and Paper / Hydraulic Cement / Steel / Aircraft and Missile / Wholesale Trade*. (Washington, D.C.: U. S. Government Printing Office, 1975.)
[470] Warshofsky, Fred. *Doomsday: The Science of Catastrophe*. (New York: Reader's Digest Press, 1977.)
[471] Watson, James D. *The Double Helix: A Personal Account of the Discovery of the Structure of DNA*. (New York: New American Library Signet Books, 1968.)

사회주의/공산주의

[472] Amalrik, Andrei. *Will the Soviet Union Survive untill 1984?* (New York: Harper & Row, Perennial Library, 1971.)
[473] Brus, Wlodzimierz. *The Economics and Politics of Socialism: Collected Essays*, trans. Angus Walker (Chapter 3~6). (London: Routledge & Kegan Paul, 1973.)
[474] Christman, Henry M., ed. *Essential Works of Lenin*. (New York: Bantam Books, Matrix, 1966.)
[475] Howe, Irving. *The Basic Writings of Trotsky*. (New York: Random House, Vintage Books, 1965.)
[476] Laidler, Harry W. *History of Socialism*. (New York: Thomas Y. Crowell, 1968.)
[477] Marx, Karl, and Friedrich Engels. *The Communist Manifesto*. (Harmondsworth, Middlesex: Penguin Books, 1967.)
[478] Nicolaus, Martin. *Restoration of Capitalism in the USSR*. (Chicago: Liberator Press, 1975.)
[479] Nordhoff, Charles. *The Communistic Societies of the United States*. (New York: Schocken Books, 1965.)
[480] Possony, Stefan T., ed. *The Lenin Reader: The Outstanding Works of V. I. Lenin*. (Chicago: Henry Regnery, Gateway, 1969.)
[481] Revel, Jean-François. *The Totalitarian Temptation*, trans. David Hapgood. (Harmondsworth, Middlesex: Penguin Books, 1978.)
[482] _____. *Without Marx or Jesus*, trans. J. F. Bernard. (London: Paladin, 1972.)
[483] Smelser, Neil J., ed. *Karl Marx on Society and Social Change, with Selections by Friedrich Engels*. (Chicago: University of Chicago Press, 1973.)
[484] Smith, Hedrick. *The Russians*. (New York: Quadrangle/New York Times, 1976.)

[485] *Socialism Theory and Practice.* Soviet Monthly Digest of the Theoretical and Political Press. January 1976. (Moscow: Novosti Press Agency.)
[486] Trotsky. Leon. *Political Profiles.* trans. R. Chappell. (London: New Park Publications. 1972.)
[487] ____. *The Revolution Betrayed.* trans. Max Eastman. 5th edition. (New York: Pathfinder Press. 1972.)
[488] Wesson. Robert G. *The Soviet State: An Aging Revolution.* (New York: John Wiley. 1972.)

사회학/사회이론

[489] Bird. Caroline. *The Crowding Syndrome: Learning to Live with Too Much and Too Many.* (New York: David McKay. 1972.)
[490] Bottomore. T. B. *Sociology: A Guide to Problems and Literature.* (London: George Allen & Unwin. 1962.)
[491] Chapple. Eliot Dismore. and Carleton Stevens Coon. *Principles of Anthropology.* (New York: Henry Holt. 1942.)
[492] Davis. Kingsley. Harry C. Bredemeier. and Marion J. Levy. *Modern American Society.* (New York: Rinehart. 1950.)
[493] Etzioni. Amitai. *The Active Society: A Theory of Societal and Political Processes.* (New York: Free Press. 1968.)
[494] ____. and Eva Etzioni. eds. *Social Change: Sources. Patterns. and Consequences.* (New York: Basic Books. 1964.)
[495] Greer. Colin. ed. *Divided Society: The Ethnic Experience in America.* (New York: Basic Books. 1974.)
[496] Harris. Marvin. *The Rise of Anthropological Theory: A History of Theories of Culture.* (New York: Thomas Y. Crowell. 1968.)
[497] Isaacs. Harold R. *Idols of the Tribe.* (New York: Harper & Row. 1975.)
[498] Kardiner. Abram. and Edward Preble. *They Studied Man.* (Cleveland: World Publishing. 1961.)
[499] Moore. Wilbert E. *The Professions: Roles and Rules.* (New York: Russell Sage Foundation. 1970.)
[500] Packard. Vance. *A Nation of Strangers.* (New York: David McKay. 1972.)
[501] Raison. Timothy. ed. *The Founding Fathers of Social Science.* (Harmondsworth. Middlesex: Penguin Books. 1969.)
[502] Toffler. Alvin. *Future Shock.* (New York: Bantam Books. 1971.)

시간/공간

[503] Abler. Ronald. et al. *Human Geography in a Shrinking World.* (Belmont. Cal.: Duxbury Press. 1975.)
[504] Blainey. Geoffrey. *The Tyranny of Distance.* (Melbourne: Sun Books. 1971.)
[505] Clay. Grady. *Close-Up: How to Read the American City.* (New York: Praeger. 1973.)
[506] Coleman. Lesley. *A Book of Time.* (London: Longman. 1971.)
[507] Dean. Robert D., William H. Leahy. and David L. McKee. eds. *Spatial Economic Theory.* (New York: Free Press. 1970.)
[508] de Grazia. Sebastian. *Of Time. Work and Leisure.* (New York: Twentieth Century Fund. 1962.)
[509] Fraser. J. T., ed. *The Voices of Time.* (New York: George Braziller. 1966.)
[510] ____. F. C. Haber. and G. H. Müller. eds. *The Study of Time.* (New York: Springer-Verlag. 1972.)
[511] Gould. Peter. and Rodney White. *Mental Maps.* (Baltimore: Penguin Books. 1974.)
[512] Gribbin. John. *Timewarps.* (New York: Delacorte Press/Eleanor Friede. 1979.)
[513] Haggett. Peter. and Richard J. Chorley. *Network Analysis in Geography.* (New York:

St. Martin's Press, 1969.)

[514] Morrill, Richard L. *The Spatial Organization of Society*. (Belmont, Cal.: Duxbury Press, 1970.)

[515] Needham, Joseph. *Time and Eastern Man*, the Henry Myers Lecture 1964, Royal Anthropological Institute Occasional Paper No. 21. (Glasgow: Royal Anthropological Institute of Great Britain & Ireland, 1965.)

[516] Norberg-Schulz, Christian. *Existence, Space & Architecture*. (New York: Praeger, 1971.)

[517] Sandow, Stuart A. *Durations: The Encyclopedia of How Long Things Take*. (New York : Times Books, 1977.)

[518] Tooley, R. V., Charles Brisker, and Gerald Roe Crone. *Landmarks of Mapmaking*. (Amsterdam: Elsevier, 1968.)

[519] Welch, Kenneth F. *Time Measurement: An Introductory History*. (Newton Abbot, Devonshire: David & Charles, 1972.)

[520] Whitrow, G. J. *What is Time?* (London: Thames and Hudson, 1972.)

노동 / 교육

[521] Anderson, Dennis, and Mark W. Leiserson. *Rural Enterprise and Non-farm Employment*. (Washington, D.C.: World Bank, 1978.)

[522] Bartlett, Laile E. *New Work/New Life*. (New York: Harper & Row, 1976.)

[523] Best, Fred, ed. *The Future of Work*. (Englewood Cliffs, N.J.: Prentice-Hall, 1973.)

[524] Bowman, Jim, et al. *The Far Side of the Future: Social Problems and Educational Reconstruction*. (Washington, D.C.: World Future Society, 1978.)

[525] Dickson, Paul. *The Future of the Workplace: The Coming Revolution in Jobs*. (New York: Weybright and Talley, 1975.)

[526] Evans, Archibald A. *Flexibility in Working Life: Opportunities for Individual Choice.* (Paris: Organization for Economic Co-operation and Development, 1973.)

[527] Gates, Arthur I., et al. *Educational Psychology*, a revision of *Psychology for Students of Education*. (New York: Macmillan, 1942.)

[528] Good, H. G. *A History of Western Education*. (New York: Macmillan, 1947.)

[529] Kanter, Rosabeth Moss. *Social Science Frontiers*, Vol. 9, *Work and Family in the United States: A Critical Review and Agenda for Research and Policy*. (New York: Russell Sage Foundation, 1977.)

[530] Poor, Riva, ed. *4 Days, 40 Hours: And Other Forms of the Rearranged Workweek*. (New York: New American Library, Mentor, 1973.)

[531] Roberts, Paul Craig. *Alienation and the Soviet Economy: Toward a General Theory of Marxian Alienation, Organization Principles, and Soviet Economy*. (Albuquerque: University of New Mexico Press, 1971.)

[532] *The Shorter Work Week.* Papers delivered at the Conference on Shorter Hours of Work sponsored by the AFL-CIO. (Washington, D.C.: Public Affairs Press, 1957.)

[533] Wells, H. G. *The Work, Wealth and Happiness of Mankind*. (London: William Heinemann, 1932.)

[534] *Work in America.* Report of a special task force to the Secretary of Health, Education, and Welfare, prepared under the auspices of the W. E. Upjohn Institute for Employment Research. (Cambridge, Mass.: MIT Press, 1973.)

註

맨 앞의 숫자는 본문의 페이지, [ ]앞의 숫자는 앞에 수록한 참고문헌의 번호를 나타내는 것이다. 예컨대 [1]은 Boucher, François. *20,000 Years of Fashion*을 말한다.

제1장 초투쟁

26 농업의 기원에 관해서는 Cipolla, [103], p.18을 참조.
26 새로운 사회의 출현을 묘사하는 여러 용어는 Brzezinski, [200]과 Bell, [198]을 참조. Bell은 「post-industrial」이라는 용어는 1917년에 영국의 작가 Arthur J. Penty가 처음 사용한 것이라고 밝혔다. 마르크스주의 용어는 [211]을 참조.
27 「super-industrial civilization」에 관해서는 [502]와 [150]에서 언급했다.
21 농업에 종사하지 않는 종족에 관해서는 Niedergang, [95]와 Cotlow, [74] 등에 언급되어 있다.

제2장 문명의 구조

41 해상무역에 관해서는 [504], p.3을 참조. Geoffrey Blainey의 저서는 오스트레일리아의 발달과정에 고립과 대륙과의 원거리가 미친 영향에 관하여 예리하게 분석하고 있다.
41 그리스의 공장들에 관해서는 [237], p.40에 간단히 언급되어 있다.
41 초기의 석유탐사에 관해서는 [155], p.30을 참조.
41 고대의 관료체제는 [17], Vol. 1, p.34를 참조.
41 알렉산드리아의 증기기관은 [494], p.435에서 Ralph Linton과 [453], pp.35−36에서 Lilley가 설명했다.
41 산업화 이전의 문명에 관해서는 [171], p.15를 참조.
43 일본의 명치유신 시대는 [262], p.307을 참조.
44 유럽의 말과 소의 총수의 추정은 [244], p.257.
45 Newcomen의 증기기관차는 [453], p.94에서 Lilley와 [433], p.69에서 Cardwell이 설명.
45 Vitruvius는 [171], p.23에서 인용.
46 정밀기계는 [438]의 Preface and Introduction을 참조.
46 공작기계의 역할은 [237], p.41.
46 초기 무역에 관해서는 [259], pp.64−71에 다채롭게 나타나 있다.
47 대량유통의 발전은 [29], p.85, 그리고 대서양·태평양차 회사 연쇄점의 급증가는 p.159, 162를 참조.
48 초기의 다세대 가족은 [191], Vol. 1, p.64를 참조.
48 농업가족의 비이동성에 관해서는 [508], p.196을 참조.
49 Andrew Ure의 말은 [266], pp.359−360에서 인용.
50 미국의 19세기 교육제도는 [528], pp.450−451.
50 취학햇수의 연장에 관해서는 *Historical Statistics of the United States*, p.207을 참조.
50 의무교육에 관해서는 [528], p.451.

50 기계공의 선언은 [492], p.391에서 인용.
50 Dewing의 인용은 [14], p.15.
50 1800년 이전의 미국의 주식회사 수는 [101], p.657.
51 주식회사의 불멸성은 John Marshall 판사가 *Dartmouth College v. Woodward*, 4 Wheat 사건 518, 4 L. Ed. 629(1819)에서 판결했다.
51 사회주의국가의 Leon Smolinski의 *Survey*(London), Winter, 1974에서 인용.
51 소련에서와 마찬가지로 동구 유럽의 사회주의 산업국가에서의 지배적인 형태는 소위 「생산기업(production enterprise)」—더욱 정확하게 「socialist corporation」—이다. 생산기업은 개인투자가에 의해서라기보다 전형적으로 국가에 의해 소유되고 계획경제의 체제내에서 직접적인 정치적 조종을 받는다. 그러나 자본주의 기업체와 마찬가지로 「생산기업」의 주요 기능은 자본을 집중시키고 대량생산을 조직하는 것이며, 그것은 종업원들의 생활을 형성하고 비공식적이지만 강력한 정치적 영향력을 행사하며 새 관리층 엘리트를 창조하고 관료적인 행정방식에 의존하며 생산을 합리화한다. 「생산기업」은 사회질서내에서 과거와 마찬가지로 지금도 별로 중심적인 위치를 차지하고 있지 않다.
52 관현악단의 발전과정에 대해서는 [7], p.389에서 Sachs와 [6]에서 Mueller가 설명함.
53 우편의 역사는 Zilliacus의 책에서 다루고 있다. [56], p.21 참조.
54 Edward Everett의 우편국에 대한 감사의 노래는 [385], p.257.
54 세계의 우편물 홍수사태에 관해서는 [41], p.34를 참조.
또한 *UNESCO Statistical Yearbook*, 1965, p.482를 참조.
55 전화·전보에 관해서는 Singer, [54], pp.18—19와 Walker, [268], p.261을 참조.
55 전화통계는 [39], p.802에서 인용.
56 Servan-Schreiber는 [52], p.45에서 인용.
57 유토피아적 사회주의는 [476]의 8장에 설명되어 있다.

제 3 장 보이지 않는 쐐기

58—59 시장의 역할은 [115], p.49 Polanyi의 seminal work에 언급되었다.
59 틀라텔롤코 시장은 [246], p.133에 생생하게 묘사되어 있다.
59 후추상인의 논평은 [259], pp.64—71에 나온다.
59 Braudel의 말은 그의 거작 [245], Vol. 1, p.247, 425에서 인용.
59—60 생산과 소비의 융합에 대해서는 [265], p.30을 참조.
60 소비자의 사회적·정치적 역할은 Horace M. Kallen의 저서 [61], p.23에 훌륭하게 조사되어 있다.
63 한 개인이 노동자의 역할과 소비자의 역할이라는 정반대의 방향에 심리적으로 이끌리는 것을 관찰한 나의 친구 Bertrand de Jouvenel에게 감사한다.
66 필자는 객관성과 주관성에 대하여 Zaretsky, [196]을 읽고 처음 그 아이디어를 얻게 되었다.

제 4 장 규범의 내용

69 Theodore Vail에 관한 이야기는 [50]을 참조. Vail은 대단한 인물이었으며 그의 경력은 초기 산업발달에 관한 많은 것을 말해 준다.
65—70 Frederick Winslow Taylor가 미친 영향은 Friedmann, [79]와 Dickson [525]에 설명됨.
또한 Taylor Collection, Stevens Institute of Technology를 참조.
Taylorism에 대한 Lenin의 견해는 [79], p.271에서 인용.
70 표준화된 지능테스트는 [527], pp.226—227.
70 소수민족의 언어탄압에 관해서 Thomas, [290], p.31을 참조.
또한 「Challenge to the Nation-State」, *Time*(European edition), October 27, 1975를 참조.
70—71 미터법과 새로운 역법의 도입에 관련된 프랑스혁명의 활동에 관해서는 [260], pp.97—98에서 Morazé, 그리고 [449], p.117에서 Klein이 설명.

71 개인이 발행한 화폐와 통화의 표준화는 [144], pp.10, 33 참조.
71 정가방식은 [29] 참조.
71 「동인도 무역의 이익」은 [138], Vol. 73, p.330에서 인용.
72 핀 제조자에 관한 Adam Smith의 유명한 관찰은 [149], pp.3−7.

Smith는 생산성의 놀라운 상승이 전문화된 노동자의 숙련도 향상, 작업전환을 하지 않는 데서 오는 시간절약, 전문화된 노동자에 의한 연장 개선 등에 기인한다고 보았다. 그러나 Smith는 이 모든 것의 중심에 놓인 것이 시장임을 분명히 인정했다. 생산자와 소비자를 연결시키는 시장이 없다면 누가 하루에 48,000개의 핀을 원하거나 필요로 할 것인가? Smith는 시장의 규모가 크면 클수록 더욱 분업화가 기대된다고 말했다.

그는 옳았다.

72 Henry Ford의 냉정한 추정은 그의 자서전 [442], pp.108−109에서 인용.
72 직종의 수는 *Dictionary of Occupational Titles*, the U. S. Department of Labor, 1977에서 인용.
73 Lenin의 단언은 [474], p.137 Christman에서 인용.
74 노동요의 보조맞추는 역할은 [8], p.18에서 인용.
75 E. P. Thompson의 인용구는 「Time, Work-Discipline, and Industrial Capitalism」, *Past and Present* (London), NO. 38.
76 David J. Rothman의 저서 「The Discovery of the Asylum」, *New Society* (London), February 7, 1974를 평론하는 데서 Stanley Cohen은 이렇게 말했다.
77 유럽의 자동차 생산량은 [126], p.3917에서 인용.
77 알루미늄 · 담배 · 아침식사용 식품 산업의 집중화는 Standard & Poor's *Industry Surveys*, 1978, 1979를 참조.

맥주산업의 집중화는 「New Survival Plan for Olympia Beer」, *The New York Times*, May 15, 1979를 참조.

77 독일의 산업집중화는 [126], p.3972에 자료가 나와 있다.
77 산업의 집중과정은 노동운동에 그대로 모방되었다. 많은 나라의 노동조합들이 대규모 독점과 트러스트에 직면하여 자체 조직을 통합하게 되었다. 20세기 초에 소위 「Wobblies」라고 불리운 「Industrial Workers of the World」는 이른바 「OBU (One Big Union)」 캠페인을 통해 노조통합운동을 전개했다.
77 마르크스주의자들이 관찰한 산업집중화에 관해서는 Leon M. Herman, 「The Cult of Bigness in Soviet Economic Planning」, [126], p.4349+를 참조.

이 논문은 미국의 사회주의자 Daniel De Leon의 널리 알려진 표현을 인용하고 있다. 19세기 말엽에 그는 『인류가 문명으로 향상한 사다리는 생산수단의 발달이며 생산기관의 증가된 권력이다. 트러스트가 이 사다리의 가장 위에 위치하고 있다. 자본계급은 그들의 독점적인 이용을 위해 그것을 유지하려고 한다. 중산계급은 그것을 깨뜨리려고 하므로 문명의 과정이 지연된다. 노동계급은 그들 스스로가 그것을 보존하고 향상시켜 모든 사람이 혜택을 누릴 수 있는 목표를 세우려고 한다』고 논했다.

77 N. Lelyukhina의 논문은 [126], p.4362+에 기재되어 있다.
78 마쓰시타사의 사가(社歌)는 「The Japanese Dilemma」, Willard Barber, *Survey* (London), Autumn, 1972에서 인용.
79 AT&T의 종업원 수는 [39], p.702에서 인용.

프랑스 노동력 통계는 [126], p.3958.

소련의 집중화와 Stalin의 「거대광」 증세에 관해서는 [126], pp.4346−4352를 참조.

이 책을 쓰는 동안에 소련은 세계 최대의 트럭제조시설을 완성하는 데 분망하고 있다. 그 시설은 맨해튼 섬의 거의 두 배가 되는 40평방 마일에 펼쳐진 운반장치와 복잡한 공장시설을 가진 인구 16만 명의 새로운 도시를 필요로 할 것이다. 이 트럭 생산단지에 관해서는 [484], pp.58, 59, 106, 220에서 Hedrick Smith가 생생하게 설명하고 있다. Smith는 소련 사람들은 『미국 사람들이 큰 것을 좋아하는 정도를 능가해 과장된 거대함에 대해 텍사스 사람같은 선호를 보이며 소련의 경제성장 윤리는 이미 자동화가 경제성장에 축복을 가져다 준다는 미국인들의 신념(지금은 흔들리고 있는 신념)을 능가하고 있다』고 말한다.

80 GNP와 관련된 한 가지 재미있는 생각은 가정주부들이 서로 가사를 돌보아 주고 서로 댓가를 지불하도록 한다는 것이다. 만약 모든 Susie Smith가 모든 Barbara Brown에게 각각 가사와 아이 돌보기에 대한 대가로 1주일에 100불을 지불하고 반대로 같은 서비스에 대해 이쪽에서도 100불을 받는다면 GNP에 끼치는 영향은 대단할 것이다. 만약 5,000만 명의 미국 부인들이 이런 무의미한 거래를 한다면 하룻밤 사이에 미국 GNP는 10%나 가산될 것이다.

81—82 1850년 미국의 공장설비의 자본화와 철도운영의 혁신은 Alfred D. Chandler, Jr. and Stephen Salisbury, 「Innovations in Business Administration」, [454], pp.130, 138—141 참조.
82 강력한 중앙정부의 예로서 [389], p.20 참조.
82 Schlesinger는 저서 「The Imperial Presidency」, [398]에서 『나를 포함해 역사가들과 정치학자들이 대통령 숭배 분위기를 일으키는 데 공헌했다 할 수 있다』고 말했다.
82 정치적 항의에 대한 정부의 반응은 [482], pp.189—190.
83 Marx는 [474], p.359, Christman, Engels는 p.324에서 인용.
83 영국·프랑스·독일에서의 중앙은행의 성장은 [127], pp.31—35와 39—41에 Galbraith가 작성한 연대표에 의함.
83 국립은행을 창설하기 위한 Hamilton의 노고는 [254], p.187에 다시 설명되었다.

제5장 권력의 전문가

88 Blumenthal의 말은 [22], p.46, Korda에서 인용.
88—89 사회주의 국가에서의 통합 엘리트의 등장에 관해서는 많은 문헌이 나와 있다.
Lenin의 견해는 [480], pp.102—105 ; Trotsky의 견해는 [475], p.30과 [487], pp.138, 249를 참조. Djilas는 그의 「The New Class」, [332] 때문에 투옥되었다.
또한 「Social Stratification and Sociology in the Soviet Union」, Seymour Martin Lipset and Richard B. Dobson, *Survey* (London), Summer, 1973에는 테크노크러시에 대한 Tito의 불평이 기재되어 있다.
James Burnham의 선도적 저서 「The Managerial Revolution」, [330]이 1941년에 나온 후 이 새로운 통합 엘리트들의 권력상승에 관한 갖가지 문헌이 등장했다.
A. A. Berle, Jr.의 「Power Without Property」를 참조.
「The New Industrial State」에서 John Kenneth Galbraith는 이 새로운 엘리트를 묘사하는 데 「technostructure」라는 새로운 용어를 만들어 썼다.

제6장 숨겨진 청사진

97 Newton의 종합논리는 [433], p.48 참조.
97 De La Mettrie의 선언은 [302], p.93, *Man a Machine*에서 인용.
97 경제체제에 관한 Adam Smith의 견해에 관해서는 「Operating Rules for Planet Earth」, Sam Love, *Environmental Action*, November 24, 1973을 참조.
Smith의 인용문은 그의 사후에 출판된 책 [148], p.60 참조.
97 Madison은 [388]에서 인용.
97 Jefferson은 [392], p.161을 참조.
98 Cromer경은 [96], p.44에 언급.
98 Lenin의 말은 [480], p.163 참조. Trotsky는 [486], pp.5, 14에서 인용.
100 Bihari의 논평은 그의 저서 [347], pp.102—103.
100 V.G. Afanasyev의 인용구는 [344], pp.186—187 참조.
100 선출된 공직자들의 수는 [334], p.167에 나와 있다.

제7장 광란하는 국가

106 「The Amazing New-Country Caper」, Andrew St. George, *Esquire*, February 1975에 아바코섬을 점령하려는 시도에 대한 설명이 있다.
107 Finer는 「The Fetish of Frontiers」, *New Society* (London), September 4, 1975를 참조.
107 제왕들의 통치권이 미치는 조그마한 마을에 관해서는 Braudel, [245], Vol. 2, Chapter IV와 Bottomore, [490], p.155를 참조.
107 Morazé, [260], p.95에 Voltaire의 불평이 기재되어 있다.

109 독일 350개의 미니 국가에 관해서는 [285], p.13을 참조.
109 국민국가에 대한 여러가지 정의는 [277], pp.19, 23에서.
109 Ortega는 [341], p.171.
110 초기 철도의 부설 날짜는 [55], p.13.
110 Morazé의 설명은 [260], p.154.
111 Mazlish의 말은 [454], p.29.

제 8 장 제국주의적 충동

113 식량 수입에 관해서는 [119], p.11.
113 Chamberlain과 Ferry는 Birnie, [100], pp.242−243에 인용되어 있다.
114 탁발승과 다른 기관총의 희생자들에 관해서는 John Ellis의 first-rate monograph, [436] 참조.
115 Re Ricardo의 전문화에 관해서는 [77], Introduction, pp.Xii−Xiii를 참조.
116 세계 무역량에 관해서는 [119], p.7을 참조.
118 [461], pp.7에 Magnus Pyke의 마가린 이야기가 기재되어 있다.
119 아마존 지역 인디언들의 노예화에 대해서는 Cotlow, [74], pp.5−6.
좀더 구체적인 것은 Bodard, [70].
120 Woodruff의 지적은 [119], p.5에서 인용.
120 유럽인들의 정치적 장악에 관해서는 [497], p.6.
120 1913−50년간의 세계무역은 [109], pp.222−223.
121 IMF 창설에 관해서는 [109], p.240.
121 미국의 금보유와 세계은행의 후진국에 대한 융자는 [87], pp.63, 91.
123 Lenin의 견해는 [89], Cohen은 [73], pp.36, 45−47. Lenin의 논점과 Senin의 인용은 [146], pp.22−23.
124 오늘날 중공의 정치적 분쟁은 「만드느냐 사들이느냐」에 대한 충돌이라고 볼 수 있다. 대충 급진파라 불리는 쪽은 자급자족과 국내적 발전을 주장하고 반대로 다른 편은 외부세계와의 광범위한 무역을 주장한다. 자급자족에 대한 주장은 비산업국가의 큰 관심사가 될 것이다. 그것은 그들이 「제2물결」 국가들의 필요를 충족시키기 위해 통합된 세계경제체제 속에 들어가기에는 보이지 않는 큰 비용이 든다는 것을 알기 때문이다.
124 소련의 기니아산 보크사이트 구입에 관해서는 「Success Breeds Success」, *The Economist*, December 2, 1978을 참조.
인도·이란·아프가니스탄으로부터의 소련의 구입은 「How Russia Cons the Third World」, *To the Point* (Sandton, Transvaal, South Africa), February 23, 1979에 상세히 설명되어 있다. 이 South Africa의 주간지는 편견은 있지만 아프리카를 위주로 제3세계 문제를 광범위하게 취급하고 있다.
125 소련의 제국주의는 Edward Crankshaw [80], p.713을 참조.
125 Sherman의 말은 [147], pp.316−317에서 인용.
125 COMECON 보고는 「COMECON Blues」, Nora Beloff, *Foreign Policy*, Summer 1978을 참조.

제 9 장 산업현실상

130 자연에 대한 우리의 「지배권」은 Clarence J. Glacken, 「Man Against Nature : An Outmoded Concept」, [162], pp.128−129 참조.
131 Darwin과 진화에 관한 초기 학설은 Hyman, [306], pp.26−27, 56. 사회진화론은 pp.432−433.
132 Liebniz, Turgot 등 여러 사람의 진보에 관한 견해는 [184], General Introduction에서 Charles Van Doren에 의해 검토되었다.
132 Heilbroner의 말은 [234], p.33에서 인용.
134 시간측정단위는 「Time, Work-Discipline, and Industrial Capitalism」, E. P. Thompson, *Past and Present*, Number 38. Cardwell, [433], p.13 참조.

135 그리니치 표준시 적용은 [519], p.115.
135 불교와 힌두교의 시간에 대한 개념은 [509], p.248.
135 동양의 순환적 시간개념에 관해서는 Needham이 [515], p.47에서 언급.
136 Whitrow의 인용구는 [520], p.18.
136 「제1물결」 문명 이전에 공간을 어떻게 이용했느냐는 [514], pp.23-24에서 Morrill이 설명.
137 농민들의 오두막집에 관해서는 「The Shaping of England's Landscape」, John Patten, *Observer Magazine* (London), April 21, 1974를 참조.
137 Hale의 말은 [252], p.32에서 인용.
139 1루드의 길이의 차이에 대해서는 [449], pp.65-66.
139 항해술에 대한 상금은 Coleman, [506], pp.103-104 참조.
139 미터법은 [449], pp.116, 123-125.
140 Clay의 관찰은 [505], pp.46-47.
140 S모양의 커브는 앞에 나온 John Patten, *Observer Magazine*에서 인용.
141 인간을 자연의 일부로 보는 견해는 Clarence J. Glacken, [162], p.128.
141 Democritus의 원자론은 Munitz, [310], p.6 ; Asimov, [427], Vol. 3, pp.3-4 ; Russell, [312], pp.64-65 참조.
142 묵자와 인도의 원자이론은 Needham, [455], pp.154-155.
142 소수인의 견해라고 간주되는 원자론에 대해서는 [312], pp.72-73.
142 Descartes는 [303], p.19.
143 Dubos의 말은 [159], p.331에서 인용.
144 Aristotle에 대해서는 Russell, [312], p.169 참조.
144 음양에 대해서는 Needham, [456], pp.273-274.
145 Newton은 그의 「Fundamental Principles of Natural Philosophy」, [310], p.205에서 인용.
145 Laplace의 지적은 Gellner, [305], p.207에서 인용.
145-146 b'Holbach의 말은 Matson [309], p.13에서 인용.

제10장 종결부 : 홍수

149 유럽의 산업혁명은 Williams, [118] ; Polanyi, [115] ; Lilley, [453] 참조.
150 사회발달 과정에서의 회계기관의 위치에 대해서는 [145]에서 D. R. Scott가 설명.
152 「제1물결」과 「제2물결」 문명이 풍기는 냄새에 대해서는 [420], pp.125-131.
152 옛 관습은 Norbert Elias의 「The Civilizing Process」, [250], pp.120, 164.
153 사회의 「불결한 소굴」로서의 「제1물결」 공동체는 Hartwell, [107]과 Hayek, [108].
153 Vaizey의 기록은 「Is This New Technology Irresistible?」, *Times Educational Supplement* (London), January 5, 1973.
153 Larner의 견해는 *New Society* (London), January 1. 1976.
158 미국 경영자협회의 조사는 [33], pp.1-2에 요약되어 있다.

제11장 새로운 종합

164 학교 성적은 「Making the Grade : More Schools Demand A Test of Competency for Graduating Pupils」, *The Wall Street Journal*, May 9, 1978 참조.
164 재혼율은 *Social Indicators* 1976, U. S. Department of Commerce report, p.53.
164 여권반대론자는 「Anti-ERA Evangelist Wins Again」, *Time*, July 3, 1978.
164 동성연애자들과 Anita Bryant간의 싸움은 「How Gay Is Gay?」, *Time*, April 23, 1979에 보고되어 있다.

제12장 사령탑

167 Rathbone의 석유가격 결정과 OPEC 형성은 [168], Chapter 8.
168 시브루크와 그론디의 원자력 발전소는 [163], pp.7, 88.
169 세계 에너지 공급의 3분의 2가 석유와 가스라는 것은 [160], p.17에 근거를 두었다.
170 석유매장량의 감소는 「The Oil Crisis is Real This Time」, *Business Week*, July 30, 1979.
170 석탄을 가스화·액화하는 공장에 대한 비판은 Commoner, [157], pp.67−68. 「A Desperate Search for Synthetic Fuels」, *Business Week*, July 30, 1979 참조.
170 핵발전을 위한 정부의 보조는 [157], p.65.
170 플루토늄을 둘러싼 테러행위 등의 위험에 관해서는 Thomas Cochran, Gus Speth, Arthur Tamplin, 「Plutonium : An Invitation to Disaster」, [166], p.102와 Commoner, [157], p.96을 참조.
171 Carr는 [153], p.7.
172 광전지에 대한 Texas Instruments사의 작업은 「Energy : Fuels of the Future」, *Time*, June 11, 1979.
Solarex의 역할은 「The New Business of Harnessing Sunbeams」, Edmund Faltermayer, *Fortune*, February 1976을 참조.
또한 Energy Conversion Devices in 「A New Promise of Cheap Solar Energy」, *Business Week*, July 18, 1977을 참조.
172 성층권과 대류권 사이의 경계면 개발계획은 [153], p.123.
172 지열발전 개발은 「The Coming Energy Transition」, Denis Hayes, *The Futurist*, October, 1977.
172 일본에서의 파력발전은 「Waking Up to Wave Power」, *Time*, October 16, 1978.
172 Southern California Edison사의 발전탑에 대해서는 「Energy : Fuels of the Future」, *Time*, June 11, 1979.
172 수소에너지 개발은 「Can Hydrogen Solve Our Energy Crisis?」, Roger Beardwood, *Telegraph Sunday Magazine* (London), July 29, 1979에 요약되어 있다.
173 「레독스」는 「Washington Report」, *Product Engineering*, May 1979.
173 초전도체는 「Scientists Create a Solid Form of Hydrogen」, *The New York Times*, March 2, 1979.
173 테슬라파의 의미에 대하여는 필자와의 인터뷰, *Omni*, November, 1978에 논평되어 있다.
176−177 「제2물결」에서 「제3물결」 산업으로의 전환은 「The Cross of Lorraine」, *Forbes*, April 16, 1979 참조.
영국의 석탄·철도·철강산업의 국유화는 「The Grim Failure of Britain's Nationalized Industries」, Robert Ball, *Fortune*, December, 1975.
구조정책은 「How Schmidt Is Using His Economic Leverage」, *Business Week*, July 24, 1978.
177 롤스로이스 광고는 CW Communications, Newton, Mass, *Advertising and Publishing News*, September, 1979.
178 1979년 봄 홈 컴퓨터 산업의 범위에 대해서는 *Micro Shopper : The Microcomputer Guide*, published by Micro-Age Wholesale, Tempe, Ariz에 의해 평가할 수 있다. 「Plugging in Everyman」, *Time*, September 5, 1977 참조.
178 통신산업에서의 광섬유는 「Lightbeams in Glass-Slow Explosion Under the Communications Industry」, Robin Lanier, *Communications Tomorrow*, November 1976.
전화산업에서 광섬유와 구리와의 비교는 Donald K. Conover, General Manager, Corporate Education, Western Electric Co., Hopewell, N. J.와의 인터뷰.
179 *Science*지의 내용은 1977년 3월 18일자 잡지에서 인용.
179 우주왕복선 프로그램은 「The Shuttle Opens the Space Frontier to U. S. Industry」, *Business Week*, August 22, 1977.
180 유로키나자에 대한 정보는 Abbott Laboratories, North Chicago, Ⅲ에서 제공.
Von Puttkamer는 「The Industrialization of Space」, *Futurics*, Fall 1977.

180 TRW사의 합금식별은 「Industry's New Frontier in Space」, Gene Bylinsky, *Fortune*, January 29, 1979.
180 Brian O'Leary의 연구와 프린스턴대학의 회의는 G. K. O'Neill, *Newsletter on Space Studies*, June 12, 1977 참조.
181 바다에서 얻는 단백질, 해양생물 전멸의 위험, 그리고 해양문화에 관해서는 「The Oceans : World Breadbasket or Breakdown?」, Robert M. Girling, *Friends Magazine*, February, 1977.
182 Raymond는 John P. Craven, 「Tropical Oceania : The Newest World」, *Problems of Journalism* : Proceedings of the 1977 Convention of the American Society of Newspaper Editors, 1977, p.364에 인용.
182 바다에 있는 광물에 대해서는 「Oceanic Mineral Resources」, John L. Mero, *Futures*, December, 1968 ; 「The Sea-Bed」, P. N. Ganapati, *Seminar* (New Delhi), May, 1971 ; 「The Oceans : Wild West Scramble for Control」, *Time*, July 29, 1974 ; 「Seabed Mining Consortia Hope to Raise the Political Anchor」, *The Financial Times* (London), August 7, 1979 등을 참조.
183 바다에서 얻는 약제는 Roche Research Institute of Marine Pharmacology, Dee Why, N.S.W., 오스트레일리아 선전책자에 설명되어 있다.
183 해상기지 건설기술은 「Floating Cities」, *Marine Policy*, July, 1977.
183 「Mining the Deep Seabed」, *Challenge*, March-April, 1977에서 D. M. Leipziger는 「농장주」와 「공동 유산」에 대한 논쟁을 이야기했다.
185 유전학에 대해서는 Howard and Rifkin, [446] ; 「Industry Starts To Do Biology With Its Eyes Open」, *The Economist* (London), December 2, 1978.
186 유전학 연구조정을 위한 국가정책은 *Draft Information Document on Recombinant* DNA, May 1978, Scientific and Technical Committee of the North Atlantic Assembly에 개요가 나와 있다.
186 Cetus사의 사장은 [446], p.190에서 인용.
186 소련의 공식적인 정책은 *Socialism ; Theory and Practice*, a Soviet monthly digest of the theoretical and political press, January 1976.
188 미국 전국과학재단 보고서는 Lawless, [452].
189 기계에 대항한 러다이트의 반항은 [453], p.111 참조.
191 반핵운동은 「Crusading Against the Atom」, *Time*. April 25, 1977과 「Nuclear Power : The Crisis in Europe and Japan」, *Business Week*, December 25, 1978.
192 적절한 테크놀러지는 [425]와 Harper and Boyle, [444] 참조.
192 비행선에 대한 새로운 관심의 예는 Aerospace Developments, London의 책자에 나와 있다. 「Lighter-Than-Air Transport : Is the Revival for Real?」, James Wargo, *New Engineer*, December, 1975 참조.

제13장 매체의 탈대중화

199 신문 발행부수는 American Newspaper Publishers Association.
199 미국의 신문구독자 비율은 1972 and 1977 *General Social Surveys*, National Opinion Research Center, University of Chicago 참조.

신문 발행부수의 감소는 「Newspapers Challenged as Never Before」, *Los Angeles Times*, November 26, 1976 ; 「Time Inc. Buys Washington Star ; It Will Pay Allbritton $20 Million」, *The New York Times*, February 4, 1978 등을 참조.

영국의 신문에 관해서는 「Newspaper Sales」, Tom Forester, *New Society* (London), October 16, 1975 참조.
200 대중잡지 발행부수의 감소는 *The Gallagher Report*, August 22, 1977 부록에 상세히 기재되어 있다.
200—201 지역 또는 특수 이해집단을 위한 잡지의 급증은 *Folio*, December, 1977을 참조.
201 Richard Reeves는 「And Now a Word from God…」, *Washington Star*, June 2, 1979에서 인용.
202 청소년들의 라디오 청취습성은 *Radio Facts*, Radio Advertising Bureau, New York이 조사하고 있다.

202 CB라디오는「Citizens Band : Fad or Fixture」, Leonard M. Cedar, *Financial World*, June 1, 1976.
1977년에 사용된 CB의 실제 수는 Radio Research Report, Radio Advertising Bureau, New York에서 인용.
CB라디오가 라디오 청취자를 잠식시키지 않았다는 주장은 CBS Radio Network의 June 20, 1977 보도자료.
또한 *Broadcasting*, August 15, 1977에 보고된 Marsteller 조사를 참조.
203 *Time*지는「The Year That Rain Fell Up」, January 9, 1978.
203 NBC는「Webs Nailed for 'Stupidity' ; Share Seen Dipping 50%」, Peter Warner, *The Hollywood Reporter*, August 15, 1979.
203 유선 TV의 확장에 대하여「Cable TV : The Lure of Diversity」, *Time*, May 7, 1979 참조 ; *Media Decisions*, January, 1978 참조.
206 인공위성에 의한 프로그램 보급은「New Flexibility in Programming Envisioned Resulting from Upsurge in Satellite Distribution」, John P. Taylor, *Television/Radio Age*, February 27, 1978.
206 John O'Connor는 그의「TV on the Eve of Drastic Change」, *The New York Times*, November 13, 1977에서 인용.

제14장 지적 환경

211 컴퓨터의 발달단계는 March 27, 1978, Harvey Poppel과의 인터뷰 기사에 요약되었다.
212「분산처리 장치」비용에 대한 자료는 International Data Corporation, Stamford, Conn. 에서.
212 퍼스널 컴퓨터에 대하여「The Electronic Home : Computers Come Home」, Lee Edson, *The New York Times Magazine*, September 30, 1979 참조.
213 홈 컴퓨터의 비용은「TI Gets Set to Move Into Home Computers」, *Business Week*, March 19, 1979.
213「The Source」는 Telecomputing Corporation of America, McLean, Va에서 나온 자료. 1979년 10월 12일 영업담당 부사장 Marshall Graham과의 인터뷰.
214「Fred the House」는 *Micro Shopper*, MicroAge, Tempe, Ariz., Spring 1979.
215「Laws of Robotics」는 Isaac Assimov의 고전 [426]을 참조.
216-217 음성인식기술은「Computers Can Talk to You」, *The New York Times*, August 2, 1978.
음성 데이타 입력에 관해 연구하는 회사들은 *Random-Access Monthly*, May, 1979, Dean Witter Reynolds Inc., New York을 참조.
말하는 컴퓨터의 전망은「Speech Is Another Microelectronics Conquest」, *Science*, February 16, 1979.
218「얽힌 문제」는 [462], p.113.

제15장 대량생산의 저편

226 고도기술국가에서 제조업 부문의 하락경향은 International Labor Organization's, *Yearbook of Labour Statistics*, 1961, 1965, 1966, 1975 참조.
226 개발도상국으로 떠넘겨지는 제조업에 대해서는「Vast Global Changes Challenge Private-Sector Vision」, Frank Vogl, *Financier*, April, 1978 참조. John E. Ullman,「Tides and Shallows」, [12], p.289 참조.
227 탈대량화 생산은 Jacobs, [448], p.239와「Programmable Automation : The Bright Future of Automation」, Robert H. Anderson, *Datamation*, December, 1972 ; A. E. Kobrinsky and N. E. Kobrinsky,「A Story of Production in the Year 2000」, Fedchenko, [205] p.64 참조.
227 전체 공산품에서 다량상품의 비율은「Computer-controlled Assembly」, James L. Nevins and Daniel E. Whitney, *Scientific American*, February 1978 참조.

228 1회 생산품 및 단기생산 현상에 대해서는 「When Will Czechoslovakia Become an Underdeveloped Country」, Palach Press, London, *Critique* (Glasgow), a Journal of Soviet Studies and Socialist Theory, Winter 1976－77을 참조.
또한 「New Programmable Control Aims at Smaller Tasks」, *American Machinist*, September, 1976, 「The Computer Digs Deeper Into Manufacturing」, *Business Week*, February 23, 1976 ; 「In the Amsterdam Plant, The Human Touch」, Ed Grimm, *Think*, August, 1973을 참조.

228 유럽에서의 단기생산은 「Inescapable Problems of the Electronic Revolution」, *The Financial Times* (London), May 13, 1976과 「Aker Outlook」, *Northern Offshore* (Oslo), November, 1976.

228 미국방성의 제품 단위에 대한 분석은 Robert H. Anderson and Nake M. Kamrany, *Advanced Computer-Based Manufacturing Systems for Defense Needs*, Information Sciences Institute, University of Southern California, September, 1973.

228 일본의 자동차 제조방식은 Jiro Tokuyama, Nomura Research Institute of Technology & Economics, Tokyo의 June 14, 1974 통신에서 설명되었다.

229 Anderson의 말은 필자와의 인터뷰에서 인용.

231 Canon AE-1 카메라는 Report of First Quarter and Stockholders Meeting, Texas Instruments, 1977 참고.

233 정보교환의 분량과 사무비용의 증가에 대해서는 Randy J. Goldfield, 「The Office of Tomorrow *Is* Here Today!」, Special Advertising Section, *Time*, November 13, 1978 참조.

233－234 사무자동화가 고용에 미치는 영향은 「Computer Shock : The Inhuman Office of the Future」, John Stewart, *Saturday Review*, June 23, 1979.

234 Micronet사의 「서류없는 사무실」은 「Firms Sponsor Paperless Office」, *The Office*, June, 1979와 「Paperless Office Plans Debut」, *Information World*, April 1979에 묘사되어 있다.

236 우편제도에 대한 대안은 「Another Postal Hike, and Then—」, *U. S. News & World Report*, May 29, 1978.

236 1970년 중반기에 전자우편제도 이전의 제도가 절정에 달했다. *U. S. News & World Report*, December 29, 1975는 『사상 처음으로 지난 1년 동안 우편국에서 취급한 우편물의 양이 줄어들었다. 감소는－지난 한 해 동안 약 8억 3,000만 개의 우편물－앞으로 아마 계속될 것이다』라고 평했다. 「제2물결」의 전형적 제도인 종이 기준의 우편국은 한계에 도달했다.

237 「위성업무 시스팀」은 Shearson Hayden Stone, New York을 위해 준비된 「Special Report」, Drs. William Ginsberg and Robert Golden에 기술되어 있다.

237 Vincent Giuliano의 말은 필자와의 인터뷰에서 인용.

239 Goldfield의 「부사장」에 대한 내용은 필자와의 인터뷰에서 인용.

240 사무자동화와 7개국에 대한 연구는 「The Coming of the Robot Workplace」, *The Financial Times* (London), June 14, 1978.

제16장 가내전자근무체제

246 United Airlines와 McDonald's 같은 회사에서 시행되는 가내업무는 「A Way to Improve Office's Efficiency: Just Stay at Home」 *The Wall Street Journal*, December 14, 1976.

246 Harvey Poppel의 인용은 필자와의 인터뷰와 출판되지 않은 그의 예측 보고서 「The Incredible Information Revolution of 1984」.

246 Latham은 [54], p.30.

246 화이트 칼러 직종에서 일어나는 변화는 「The Automated Office」, Hollis Vail, *The Futurist*, April, 1978.

246 미래연구소의 조사결과는 Paul Baran, *Potential Market Demand for Two-Way Information Services to the Home* 1970－1990, Institute for the Future, Menlo Park, Calif., 1971.

247 홈 컴퓨터 프로그래밍은 「Fitting Baby Into the Programme」, *The Guardian* (Manchester), September 9, 1977.

247 「사람들이 컴퓨터 주위에 몰려 있다」는 「Communicating May Replace Commuting」,

Electronics, March 7, 1974.
247 Michael Koerner는 [26], Vol. Ⅰ, p.240.
248 Nilles 연구팀의 halfway-house 모델은 *Electronics*, March 7, 1974 참고.
248 통근을 통신으로 대치하는 중요 연구는 [49].

제17장 미래의 가족

257—258 Carter의 말은 「Right Now」, *McCall's*, May, 1977에서 인용.
258 가족문제에 관한 미국 정부의 통계책임자인 Dr. Paul Glick는 Dr. Israel Zwerling, 「Is Love Enough to Hold a Family Together?」, *Cincinnati Horizons*, December, 1977에서 인용.
261 미국의 전형적인 핵가족 인구의 비율에 대한 자료는 U. S. Department of Labor, Bureau of Labor Statistics, Special Labor Force Report 206, 「Marital and Family Characteristics of the Labor Force in March 1976」, *Monthly Labor Review*, June, 1977.
261—262 혼자 생활하고 있는 사람에 관한 기사들은 「Today's Family-Something Different」, *U. S. News & World Report*, July 9, 1979 ; 「Trend to Living Alone Brings Economic and Social Change」, *The New York Times*, March 20, 1977 ; 「The Ways 'Singles' Are Changing U. S.」, *U. S. News & World Report*, January 31, 1977.
262 동거현상의 증가에 관한 보고서는 「Unwed Couples Living Together Increase by 117%」, *The Washington Post*, June 28, 1979.
또한 「H.U.D. Will Accept Unmarried Couples for Public Housing」, *The New York Times*, May 29, 1977을 참조.
262 동거자의 「이혼」 소송에 관해서는 「How to Sue Your Live-in Lover」, Sally Abrahms, *New York*, November 13, 1978 ; 「Unmarried Couples : Unique Legal Plight」, *Los Angeles Times*, November 13, 1977.
262 에티켓과 「커플 상담소」에 대해서는 「'Living in Sin' Is In Style」, *The National Observer*, May 30, 1977.
263 Ramey의 말은 National Organization for Non-Parents의 1975년 11월, 12월 보고서에서 인용. 이 기관은 National Alliance for Optional Parenthood로 명칭이 바뀌었다.
263—264 무자녀 부부에 대해서는 「In New German Attitude on Family Life, Many Couples Decide to Forgo Children」, *The New York Times*, August 25, 1976 ; 「Marriage and Divorce, Russian Style—'Strange Blend of Marx and Freud'」, *U. S. News & World Report*, August 30, 1976 참고.
264 편친가정의 어린이들에 대해서는 [194], p.1 참고.
264 인구통계학이나 기술 또는 다른 요인들이 어떻게 가정에 영향을 미치는가를 말하는 것이 단지 가정이 그 체제내의 변화에 적응하고 반응하는 수동적인 존재라는 뜻은 아니다. 가정도 하나의 능동적인 힘이다. 그러나 전쟁이나 기술의 변화같은 외부의 사건이 가정에 미치는 영향은 직접적이다. 반면에 사회에 미치는 가정의 영향은 오랜 시일이 경과한 후에 나타난다. 가정의 실제 영향은 아이들이 성장하여 사회의 일원으로 자기의 위치를 차지할 때 비로소 나타난다.
264 영국·독일·스칸디나비아에서의 편친 가정의 증가에 대한 보고는 「The Contrasting Fortunes of Europe's One-parent Families」, *To The Point International* (Sandton, Transvaal, South Africa), August 23, 1976.
264 「집합가족」은 [502], pp.248—249.
265 Davidyne Mayleas는 「About Women : The Post-Divorce 'Poly-Family'」, *Los Angeles Times*, May 7, 1978에서 인용.
265 가족형태의 다양성에 대한 자료는 「Family Structure and the Mental Health of Children」, Sheppard G. Kellam, M. D., Margaret E. Ensminger, M. A., and R. Jay Turner, Ph. D., *Archives of General Psychiatry* (American Medical Association), September, 1977.
265 가정형태의 변형에 관한 Jessie Bernard의 인용은 [187], pp.302, 305.
275 영국에서 인공수정을 위해 채용된 여인에 대한 신문기사는 「Astonishing Plan Says the Judge」, *Evening News* (London), June 20, 1978 참조. 「Woman Hired to Have a Child」,

The Guardian(Manchester), June 21, 1978 참고.

275 동성연애를 하는 여인의 아이양육권에 대한 자료는 「Judge Grants a Lesbian Custody of 3 Children」, *The New York Times*, June 3, 1978과 「Victory for Lesbian in Child Custody Case」, *San Francisco Chronicle*, April 12, 1978.

275 「부모의 비행」에 대한 소송사건은 「Son Sues Folks for Malpractice」, *Chicago Tribune*, April 28, 1978.

277 기업내의 「회사 부부」의 증가현상은 「The Corporate Woman : 'Company Couples' Flourish」, *Business Week*, August 2, 1976 참고.

제18장 기업의 자기동일성 위기

280 Carter와 Blumenthal의 말은 「I Don't Trust Any Economists Today」, Juan Cameron, *Fortune*, September 11, 1978에 인용.

281 유럽의 새 화폐 「ecu」에 대하여 André M. Coussement, 「Why the Ecu Still Isn't Quite Real」, *Euromoney*, October, 1979 참조.

281 유러화폐와 전자공학을 이용한 전세계적인 은행 조직망에 대한 설명은 「Stateless Money: A New Force on World Economies」, *Business Week*, August 21, 1978; John B. Caouette, 「Time Zones and the Arranging Centre」, *Euromoney*, July, 1978; 「Clash over Stateless Cash」, *Time*, November 5, 1979 참고.

281 유러달러는 필자가 [150], p.11에서 언급하였다.

282 소련에 본부를 둔 COMECON은 그들의 독자적인 여러 문제를 갖고 있다. 최근에 동독 공산당 수뇌인 Erich Honecker는 COMECON의 규칙은 『편파적이고 선견지명이 없는 것』이라고 사상 유례없는 비난을 하면서 『누구도 동독 상품의 생산을 정지시킬 권한이 없다』고 소련에게 경고했다(*Forbes*, March 20, 1978 참조). 소련의 경제는 4개의 모순되는 부문으로 분열되었다—막강한 예산을 요구하는 고도기술의 「제3물결」 군사부문, 소비자의 욕구를 충족시키기에 항상 부족하고 운영을 제대로 하지 못하는 절망적으로 후진된 「제2물결」 부문, 한층 더 후진되고 계획성없이 곤경에 빠져 있는 농업부문, 3개 부문의 하층에 도사리고 있는 네째 부문—부정·부패·뇌물수수에 기반된 실속없는 경제이다. 네째 부문이 없으면 다른 세 부문의 운영도 마비상태가 된다.

사회주의 산업국가들은 세계경제로부터 자본과 기술도입에 크게 의존하면서도(모든 약점에도 불구하고) 그들이 감당할 수 없는 큰 힘에 부닥쳤다. 폴란드를 예로 들면 인플레이션의 요인이 되는 식료품 가격인상과 분노한 노동자의 항의 사이를 왔다갔다 한다. 또한 서방측으로부터 130억 달러의 융자를 받고서 지금은 도산 직전에 서서 채권자들에게 상환기한의 연장을 간청하고 있다. 다른 사회주의 경제들도 탈대량화하기 시작하여 그들의 생산조직도 큰 변화의 물결에 직면했다.

소련의 부패는 Smith, [484], p.86 et seq. 참조. 소련이 기술과 자본을 다른 나라에 의존하는 것은 「Rollback, Mark II」, Brian Crozier, *National Review*, June 8, 1978.

폴란드의 식품과 노동자 문제는 「Poland: Meat and Potatoes」, *Newsweek*, January 2, 1978.

또한 폴란드의 재정문제는 「Poland's Creditors Watch the Ripening Grain」, Alison Macleod, *Euromoney*, July, 1978에 보고되어 있다.

283 「*Euromoney*」지가 인용한 것은 기사 「Time Zones and the Arranging Center」.

283 국제현금담당 지배인의 역할은 「Stateless Money: A New Force on Wórld Economies」, *Business Week*, August 21, 1978.

283—284 마키팅과 TV의 가속화 현상은 「Editorial Viewpoint」, *Advertising Age*, October 13, 1975.

284 COMECON의 가격수정은 「L'inflation se généralise」, *Le Figaro*(Paris), March 4, 1975.

284 The Institute of Economic Affairs에 제출한 논문에서 영국의 경제학자 Graham Hutton은 다음과 같이 말했다. 『인플레이션이 가속화됨에 따라서 정부와 사업부문의 장기채무는 점점 새로이 단기화된다. 통화유통의 속도는 더 빨라진다. 3년 기간의 계약에도 인플레이션율을 예상하는 조문을 넣어야 하며 임금협정도 단기간을 기준으로 한다.』, 「Inflation and Legal Institutions」은 [129], p.120 참조.

287 캐나다의 에스키모에 대해서는 「Eskimos Seek Fifth of Canada as Province」, *The New York Times*, February 28, 1976.

287 인디언들의 요구는「Settlement of Indian Land Claim in Rhode Island Could Pave Way for Resolving 20 Other Disputes」, *The Wall Street Journal*, September 13, 1978과「A Blacklash Stalks the Indians」, *Business Week*, September 11, 1978.

287 일본의 소수민족 아이누족에 대해서는 다음을 참조.「Ainu's Appeal Printed in Book」, *Daily Yomiuri* (Tokyo), November 15, 1973.
한국인에 대해서는「Rightists Attack Korean Office : Six Arrested」, *Daily Yomiuri* (Tokyo), September 4, 1975를 참조.

288 David Ewing의 인용구는「The Corporation As Public Enemy No.1」, *Saturday Review*, January 21, 1978.

289—290 John C. Biegler의 인용구는「Is Corporate Social Responsibility a Dead Issue ?」, *Business and Society Review*, Spring, 1978.

293 Jayne Baker Spain의 지적은「The Crisis in the American Board : A More Muscular Contributor」, American Management Association, 1978의 한 부서인 AMACOM에서 음성 녹음한 테이프에서 인용.

293 기소당한 Olin사에 대해서는 Olin Shareholder Quarterly and Annual Meeting Report, May 1978 참조.

293 탈리도마이드에 대해서는「A Scandal Too Long Concealed」, *Time*, May 7, 1979 참조.

294 Henry Ford Ⅱ의 주장은「Is Corporate Social Responsibility a Dead Issue ?」, *Business and Society Review*, Spring 1978에서 인용.

295 Control Data사의 정책은「The Mounting Blacklash Against Corporate Takeovers」, Bob Tamarkin, *Forbes*, August 7, 1978과 그 회사의「Mission Statement」, 1978.

296 Allen Neuharth의 말은「The News Mogul Who Would Be Famous」, David Shaw, *Esquire*, September 1979에서 인용.

296 Rosemary Bruner의 말은 필자와의 인터뷰에서 인용.

296—297 기업의 복수의 목표에 대해서는「The New Corporate Environmentalists」, *Business Week*, May 28, 1979 및「MCSI : The Future of Social Responsibility」, George C. Sawyer, *Business Tomorrow*, June, 1979 참조.

298 미국 회계학회 보고서는 [16], p.13.

298 Juanita Kreps의 제안은「A Bureaucratic Brainstorm」, Marvin Stone, *U. S. News & World Report*, January 9, 1978.

298 스위스의 대식품회사와 Pierre Arnold의 인용은「When Businessmen Confess Their Social Sins」, *Business Week*, November 6, 1978.

299 유럽 회사들의 사회업적 보고서는「Europe Tries the Corporate Social Report」, Meinolf Dierkes and Rob Coppock, *Business and Society Review*, Spring 1978 참조.

299 Cornelius Brevoord는 [12],「Effective Management in the Future」에서 인용.

300 William E. Halal의 논평은 *Business Tomorrow*, April 1979에 기재된 그의 기사「Beyond R.O.I.」에서 인용.

제19장 새로운 규칙의 해석

303 플렉스타임은 많은 문헌을 배출시켰다. 여기에 사용한 자료들은 다음과 같다:「Workers Find 'Flextime' Makes for Flexible Living」, *The New York Times*, October 15, 1979 ;「Flexible Work Hours a Success, Study Says」, *The New York Times*, November 9, 1977 ;「The Scheme That's Killing The Rat-Race Blues」, Robert Stuart Nathan, *New York*, July 18, 1977 ;「Work When You Want To」, *Europa* Magazine, April 1972 ;「Flexing Time」, Geoffrey Sheridan, *New Society* (London), November 1972 ; Kanter, [529].

306 야간업무의 증가는「Le Sommeil du Travailleur de Nuit」, *Le Monde* (Paris), December 14, 1977 및 Packard, [500], Chapter 4에 묘사되어 있다.

306—307 파트 타임 노동자의 증가는「In Permanent Part-Time Work, You Can't Beat the Hours」, Roberta Graham, *Nation's Business*, January, 1979와「Growing Part-Time Work Force Has Major Impact on Economy」, *The New York Times*, April 12, 1977.

308 시티뱅크의 TV 광고는 뉴욕의 광고회사 Wells, Rich, Greene, Inc.에서 제공한 사본에서 인용.
310 제조업 노동자의 수를 능가한 서비스업 노동자에 [63], p.3 참조.
310 시간별 요금제의 채택은「Environmentalists Are Split Over Issue of Time-of-Day Pricing of Electricity」, *The Wall Street Journal*, October 5, 1978.
310 코네티컷주의 자유근무시간제 시행 촉구는「Your (Flex) Time May Come」, Frank T. Morgan, *Personnel Journal*, February, 1977.
311 텔리비전 프로그램을 비디오에 녹화하는 추세는「Will Betamax Be Busted?」, Steven Brill, *Esquire*, June 20, 1978에 분석되어 있다.
311 컴퓨터 회의는 저자의 경험을 통해 설명되었다. 참고자료는 The Electronic Information Exchange System, New Jersey Institute of Technology, Newark N. J.에서 제공한 것 ; *Planet News*, December, 1978, a publication of Informedia Corporation, Palo Alto, Calif.
314 여러 종류의 임금과 특별급여 형태는「Companies Offer Benefits Cafeteria-Style」, *Business Week*, November 13, 1978에 조사되어 있다.
315 독일 예술의 경향에 대해서는 Dieter Honisch,「What Is Admired in Cologne May Not Be Appreciated in Munich」, *Art News*, October, 1978 참조.
316 하드커버 서적의 대량판매에 대해서는「Just A Minute, Marshall McLuhan」, Cynthia Saltzman, *Forbes*, October 30, 1978 참조.
317 키예프에서의 탈중앙집권화는 [478], p.67.
318 스웨덴에서의 사회주의 정권의 패배는「Swedish Socialists Lose to Coalition After 44－Year Rule」, *The New York Times*, September 20, 1976.
318 스코틀랜드 국민당의 정책은 [370], p.14.
318 뉴질랜드의 밸류즈당 프로그램은 Values Party, *Blueprint for New Zealand*, 1972.
318 지역 파워의 증가는「Cities Big and Small Decentralize in Effort to Relieve Frustrations」, *The New York Times*, April 29, 1979 ;「Neighborhood Planning : Designing for the Future」, *Self-Reliance*, Institute for Local Self-Reliance, Washington D.C., November, 1976.
318 ROBBED와 지역사회 집단에 대해서는「Activist Neighborhood Groups Are Becoming a New Political Force」, *The New York Times*, June 8, 1979 참조.
318 오리건주 공화당 출신 미국 상원의원 Mark Hatfield는 법안을 한 번 제출했는데, 내용은 지역사회의 정부를 부활시키고 주민들이 연간 소득세액의 80%를 합법적으로 수립된 지방정부에 기부함을 허용하는 것이었다.
319 Esmark사의 조직개편은「Esmark Spawns A Thousand Profit Centers」, *Business Week*, August 3, 1974. Esmark의 연간보고서 1978을 참고.
320 필자의「애드호크러시」에 대한 설명은 [502], Chapter 7.
320 매트릭스 조직은 [13]에 기술되어 있다.
321 지방은행의 엄청난 증가는「The Fancy Dans at the Regional Banks」, *Business Week*, April 17, 1978.
323 독점판매는「The Right Way to Invest in Franchise Companies」, Linda Snyder, *Fortune*, April 24, 1978 ; *U. S.* Department of Commerce, Industry and Trade Administration, *Franchising in the Economy 1976－78* 참조.
네덜란드에서의 독점판매는 G. G. Abeln, Secretariat, Nederlandse Franchise Vereniging, Rotterdam이 필자에게 쓴 편지에서.
324 인구분산에 대한 초기 보고서는「Cities : More People Moving Out Than In, New Census Confirms」, *Community Planning Report*, Washington, D.C., November 17, 1975.
326 Lester Wunderman은 *The Village Voice*, August 14, 1978에서 인용.
326 Anthony J. N. Judge의 말은 다음에서 인용 :「Networking : The Need for a New Concept」, *Transnational Associations* (Brussels), No. 172, 1974 ;「A Lesson in Organization From Building Design-Transcending Duality Through Tensional Integrity : Part I」, *Transnational Associations*, No. 248, 1978.

제20장 생산소비자의 출현

327 자조 건강관리의 성행은 「Doctoring Isn't Just for Doctors」, Robert C. Yeager, *Medical World News*, October 3, 1977.

328 혈압측정기는 「Medical Robot: A Slot Machine for Blood Pressure」, *Time*, October 10, 1977 참고.

328 의료기기 판매 성황에 대해서는 「The Revolution in Home Health Care」, John J. Fried, *Free Enterprise*, August, 1978 참고.

330—331 자조 모임에 대해서는 New Human Services Institute의 이사인 Dr. Alan Gartner와의 인터뷰. 「Bereavement Groups Fill Growing Need」, *Los Angeles Times*, November 13, 1977 및 National Self-Help Clearinghouse, New York에서 발간된 *Self-Help Reporter*의 여러 권을 참조.

331 [58], p.6에 Gartner와 Riessman은 50만 개 이상의 자조단체를 언급했다. 이 두 사람은 서비스 경제에 대하여 유용한 연구를 했으며 그들의 1974년 책 [59]는 절대 필요한 책이다.

332 셀프서비스 주유소 도입에 대해서는 「Save on Gasoline: Pump It Yourself」, *Washington Star*, June 6, 1975; 「Now, the No-Service Station」, *Time*, August 22, 1977; 「Business Around the World」, *U. S. News & World Report*, February 9, 1976 참고.

333 은행직원이 하던 일을 고객이 하는 현상에 대해서는 「Tellers Work 24-Hour Day, and Never Breathe a Word」, *The New York Times*, May 14, 1976.

333 셀프서비스로 전환하는 상점들에 대해서는 「Future Shock / Store Service: The Pressure on Payroll Overload」, *Chain Store Age*, September 1975; 「Marketing Observer」, *Business Week*, November 9, 1974.

333 Caroline Bird는 [489], p.109.

334 Whirlpool사의 「쿨 라인」 자료는 Whirlpool Corporation, Benton Harbor, Michigan의 고객 관계지배인 Warren Baver가 제공.

335 공구의 판매에 대해서는 「Tools for the Home: Do-It-Yourself Becomes a National Pastime」, John Ingersoll, *Companion*, September, 1977. 「Psychographics: A Market Segmentation Study of the D-I-Y Customer」, *Hardware Retailing*, *October*, 1978.

335 Frost & Sullivan사의 자료는 *Study of the Market for Home Improvement and Maintenance Products* 1976; *Home Center & Associated Home Improvement Products Market*, 1978; *The Do-It-Yourself Market in the E.E.C. Countries*, 1978, Frost & Sullivan, New York.

335 *U. S. News & World Report*지는 「A Fresh Surge in Do-It-Yourself Boom」, issue of April 23, 1979.

337 Texas Instruments사의 경영자와 Cyril Brown은 「Top Management Develops Strategy Aimed at Penetrating New Markets」, *Electronics*, October 25, 1978에서 인용.

337 함인용 교수의 말은 필자와의 인터뷰에서 인용.

338 Robert Anderson의 말은 필자와의 인터뷰에서 인용.

339—340 「생산소비자」 증가현상에서 흥미로운 것은 일상생활 중 「시장집중」이라고 할 수 있는 것에 일어나는 변화이다. 어떤 사회가 다른 사회보다도 더욱 시장활동에 많은 관여를 하는가를 측정하려면 사람들이 하루의 일과를 어떻게 보내는지를 알아보면 된다. 1960년대 중반기에 십여개국 이상의 사회학자들이 도시 사람들의 시간사용에 대한 조사를 했다. 「시간운영」 연구가들은 하루의 일과를 일, TV 시청, 먹는 것, 잠자는 것, 친지방문 등 37가지로 분류하였다.

필자는 과장없이 과학적으로 이 37가지를 대강 세 부분으로 분류했다 : 시장집중형 사람들, 비시장집중형 사람들, 그리고 그 중간지점의 사람들.

예를 들면 우리가 급여를 위해서 일하고 백화점에서 쇼핑하며 직장으로 출근하는 일은 창문에 놓인 꽃에 물을 주거나 개를 데리고 장난치거나 또는 울타리 너머로 이웃과 잡담하는 것보다는 더 시장집중적이라고 할 수 있다.

동시에 어떤 활동은 시장을 목적으로 하지 않음에도 불구하고 그 중간지점에 위치할 만큼 상업화했다(관광 일괄안 · 주말스키 · 기분전환 캠핑 등은 많은 장비와 비용이 드는 서비스 및 경제적인 거래를 필요로 하기 때문에 일종의 변형된 쇼핑을 뜻한다).

필자는 필자의 분류방법을 사용해서 시간운영 조사를 다시 검토한 결과 특정한 생활양식과 특정한 사회는 다른 곳보다 더 시장집중적이라는 것을 발견했다.

예를 들면 44개의 도시에 사는 미국 사람들은 평균 깨어있는 시간의 36%만을 시장과 관련된 활동을 위해 소비했다. 나머지 64%는 요리·정원 가꾸기·세탁·식사·양치질·공부·기도·독서·텔리비전 시청·자선활동·이야기 또는 단순히 휴식하는 것을 위해 소비했다.

서유럽에서도 비슷한 패턴이 보였다. 일반적인 프랑스 사람들이 미국 사람과 같은 양의 시간을 시장과 관련된 활동을 위해 소모했다. 벨기에 사람들은 그보다 약간 많은 38%, 독일 사람은 그보다 낮은 34%였다.

그러나 지리적으로 동쪽이며 정치적으로 좌파쪽으로 가면 비율은 높아진다. 공산국가들 중에서 가장 기술이 고도로 발전된 동독에서는 보통사람들의 일과의 39%가 시장과 관련된 활동이었다. 체코슬로바키아는 42%, 헝가리는 44%, 소련은 47%였다.

결과적으로 미국 사람들과 비교하면 Pskov에서는 노동시간이 길다는 것 때문에—물론 다른 이유도 있겠지만—일반 시민들의 생활양식은 더욱 시장집중적이었다. 사회주의 이데올로기에도 불구하고 많은 보통사람들의 일과는 사고 팔기·물건교환·서비스 그리고 노동 그 자체에서 헤어나지 못하고 있다.

341 스웨덴의 연간 근로시간과 결근율에 대해서는「Shorter Hours of Work」, Birger Viklund, *Arbetsmiljö International*—78.

342 「브래들리 GT 키트」는 그 회사에서 나온 자료에 설명되어 있다 : Bradley Automotive Division of Thor Corporation, Edina, Minnesota.

345 Fuchs는「How Does Self-Help Work?」, Frank Riessman, *Social Policy*, September/October, 1976에서 인용.

348 초기사회가 실업문제를 어떻게 처리했는가에 대해서는 [106].

351 물물교환과 화폐에 관하여 :「생산소비자」의 증가로 인하여 우리들은 물물교환의 장래를 재고해야 한다. 물물교환은 오늘날 큰 비즈니스가 되고 있다. 범위도 개인들간의 거래, 중고 소파 교환, 약간의 자동차 수리 서비스 혹은 치과에서 받은 치료에 대한 법적 서비스 교환에만 국한되는 것이 아니다(많은 사람들이 물물교환은 세금을 기피하는 데 도움이 된다는 것을 알게 된다). 물물교환은 세계경제에서 점점 중요해지고 있다. 경화(hard currency)와 연화(soft currency)간의 급변하는 관계가 분명치 않으므로 많은 국가들과 기업들은 제트 전투기와 기름을 교환하고 전기와 석탄 또는 브라질 철광석과 중국의 기름을 교환한다. 그러한 물물교환은 교환의 형태이므로 B부문에 적합하다.

그러나 자조 집단의 일의 대부분은 정신적인 교환형태라고 특징지워진다 — 인생의 경험과 충고의 교환, 그리고 가정주부의 전통적인 역할은 일하는 남편이 보수로 얻은 상품과의 교환이라고 해석할 수 있다. 주부의 서비스는 A부문의 일부인가 또는 B부문의 일부분인가?「제3물결」의 경제학자들은 이런 질문들을 분류하기 시작할 것이다 — 그때까지는 역사 속으로 사라져 가는「제2물결」의 경제와는 다른, 우리가 살고 있는 실제의 경제를 점점 이해하기 어려워질 것이다.

마찬가지로 우리는 화폐의 미래에 관해서도 질문할 필요가 있다. 지금까지 화폐가 물물교환을 밀어낸 이유의 일부분은 물물교환이 내포하는 여러가지 다른 측정단위의 복잡성 때문이었다. 화폐는 기록을 보존하는 일을 매우 간편하게 하였다. 그러나 컴퓨터는 극히 복잡한 무역의 기록을 쉽게 만들기 때문에 화폐의 중요성이 상실되어 가고 있다. 우리는 그것에 관해 아직 깊은 생각을 하지 못했다.「생산소비자」의 증가, 물물교환에 대한 생산소비자의 관계, 그리고 새로운 기술은 우리에게 새로운 방법으로 옛 문제를 생각하게 한다.

제 21 장 정신적 대혼란

356 도시지역연구소 보고의 요약은「Rural U. S. Growing Faster Than Cities」, International *Herald Tribune*, August 4—5, 1979.

357 레이저·로켓 등에 대해서는「Contemporary Frontiers in Physics」, Victor F. Weisskopf, *Science*, January 19, 1979.

357 Struve는「Negotiating with Other Worlds」, Michael A. G. Michaud, *The Futurist*, April, 1973에서 인용.

358 신호를 탐지하고자 귀를 기울임 : Sullivan, [468] p.204.
358 François Jacob는 그의 기사 「Darwinism Reconsidered」, *Atlas World Press Review*, January, 1978.
359 「유전적 퇴적물」과 기무라 모토 박사의 논평은 「The Neutral Theory of Molecular Evolution」, *Scientific American*, November, 1979.
359 유카리오테스와 프로카리오테스는 「What Came First?」, *The Economist*, July 28, 1979.
359 그랜트 파크동물원 원숭이에 대해서는 「Ape Hybrid Produced」, *Daily Telegraph* (London), July 28, 1979. 「Old Evolutionary Doctrines Jolted by a Hybrid Ape」, *The New York Times*, July 29, 1979.
360 진화에 대한 설명은 Warshofsky, [470], pp.122－125.
또한 Jantsch and Waddington, [180], Introduction.
360 DNA 구조의 발견은 [471]에서 Watson이 설명했다.
360 Kornberg의 발견과 요약은 [446], pp.24－26.
361 이 영국 평론가는 S. Beynon John이며 「Albert Camus」는 [5], p.312.
362 로마클럽의 보고서는 [165], pp.23－24.
363 시간에 대한 「제2물결」의 관점은 Whitrow, [520], pp.100－101 ; G. J. Whitrow, 「Reflections on the History of the Concept of Time」, [510], pp.10－11.
363 Gribbin은 [512], pp. xiii and xiv.
363－364 블랙 홀에 대해서는 「Those Baffling Black Holes」, *Time*, September 4, 1978 ; 「The Wizard of Space and Time」, Dennis Overbye, *Omni*, February, 1979, Warshofsky, [470], pp.19－20.
365 타키온은 [304], pp.265－266.
365 Taylor는 그의 기사 「Time in Particle Physics」, [510], p.53.
365 Capra는 [300], p.52 참조.
365 서로 다른 복수의 시간에 대해서는 John Archibald Wheeler가 1977년 여름 Varenna (Italy)의 International School of Physics에서 강의한 「Frontiers of Time」.
366 인구가 줄어드는 도시에 대해서는 「Rush to Big Cities Slowing Down : Poll」, *Daily Yomiuri* (Tokyo), July 9, 1973 ; 「Exploding Cities」, *New Society* (London), July 5, 1973 ; 「Swiss Kaleidoscope」, *Swiss Review of World Affairs*, April, 1974.
367 미국 생명보험심의회 보고서는 「Changing Residential Patterns and Housing」, *TAP Report 14*, Fall, 1976.
367 *Fortune*지는 「Why Corporations Are on the Move」, Herbert E. Meyer, May, 1976에서 인용.
368 Arthur Robinson은 「A Revolution in the Art of Mapmaking」, *San Francisco Chronicle*, August 29, 1978.
368 Arno Peters 지도는 「The Peters World Map : Is It an Improvement?」, Alexander Dorozynski, *Canadian Geographic*, August / September 1978.
369 Simon Ramo는 [311], p.vi 에서 인용.
370 Barry Lopez의 기사는 March 31, 1973, *Environmental Action*.
371 Frederick S. Perls는 그의 「Gestalt Therapy and Human Potentialities」, [418], p.1에서 인용.
371 전체론적 건강운동은 「Holistic Health Concepts Gaining Momentum」, Constance Holden, *Science*, June 2, 1978.
371 세계은행 전문가인 Charles Weiss, Jr.는 「Mobilizing Technology for Developing Countries」, *Science*, March 16, 1979.
371 Laszlo의 말은 [308], p.161에서 인용.
372 Eugene P. Odum은 「The Emergence of Ecology as a New Integrative Discipline」, *Science*, March 25, 1977.
373 마루야마 교수는 그의 잘 알려진 논문 「The Second Cybernetics : Deviation-Amplifying Mutual Causal Processes」, *American Scientist*, June, 1963, pp.164－179, 250－256에서 인용.

「New Movements in Old Traps」, *Futurics*, Fall 1977, pp.59－62에서 마루야마는 오늘날의 인식론을 인과관계 · 논리 · 지각 · 윤리 · 우주론과 같은 변화요인과 비교한 비판적인 유형학(typology)을 발표했다. 그는 또한 「Heterogenistics and Morphogenetics」, *Theory and Society*, Vol. 5, No.1, pp.75－96, 1978에서 분화(differentiation)의 전체와의 관련성에 대하여 분석했다.

376 Prigogine에 대한 설명은 [458]과 필자와의 인터뷰 및 서신교환에 근거한다.
378 흰개미 집단에 관한 Ilya Prigogine의 설명은 「Order Through Fluctuation : Self-Organization and Social System」, [180].
378—379 Prigogine의 인용구는 그의 논문 *From Being to Becoming*, University of Texas Center for Statistical Mechanics and Thermodynamics, Austin, Texas, April, 1978.

또한 「Time, Structure, and Fluctuations」, *Science*, September 1, 1978: 「Order Out of Chaos」, I. Prigogine, Center for Statistical Mechanics and Thermodynamics, University of Texas at Austin and Faculté des Sciences, Université Libre de Bruxelles: and *La Nouvelle Alliance*, Ilya Prigogine and Isabelle Stengers (Paris: Gallimard, 1979) 참고.

제22장 국가의 붕괴

382 코르시카 주민과 다른 분리주의자들에 대해서는 「Fissionable Particles of State」, *Telegraph Sunday Magazine*(London), June 11, 1978 ; 「Europe's Passionate Separatists」, San Francisco *Sunday Examiner & Chronicle*, October 8, 1978.
383 스코틀랜드 의회는 「Home-Rule Plan Suffers Setback in British Votes」, *The New York Times*, March 3, 1979.
383 스코틀랜드의 지방자치에 대한 압력이 심각함 : 「The Devolution Pledges Which Will Not Go Away」, *The Guardian*(Manchester), July 28, 1979.
383 웨일스의 민족주의에 대해서는 「Welsh Nationalists, Rebuffed, Fight Fiercely for Their Language」, *The New York Times*, November 6, 1979.
383 벨기에의 지역적인 문제에 대해서는 「Belgium: New Government Rides the Tiger」, *To The Point*(Sandton, Transvaal, South Africa), October 27, 1978.
383 서독의 수데텐지방 출신 사람에 대해서는 「Germany's Palestinians」, *Newsweek*, June 2, 1975.
383 남부 티롤인에 대해서는 「Conflict Within a Community」, Frances Pinter, *New Society* (London), March 22, 1973.
383 슬로베니아인, 바스크족, 카탈로니아족, 크로아티아족에 대해서는 「How Unhappy Minorities Upset Europe's Calm」, *U. S. News & World Report*, January 31, 1977.
384 Pierre Trudeau는 「Language Dispute is Termed Threat to Canada's Unity」, *The New York Times*, October 26, 1976에서 인용.
384 앨버타주의 지방자치운동은 「Western Canadians Plan Own Party」, *The New York Times*, October 15, 1974 ; 「Canada, a Vast, Divided Nation, Gets Ready for a Crucial Election」, *The New York Times*, May 16, 1979.
384 웨스턴 오스트레일리아의 분리운동에 대해서는 「How the West May Be Lost」, *The Bulletin*(Sydney), January 26, 1974.
384 Amalrik의 예언은 [472].
385 아르메니아 민족주의자들에 대해서는 「Armenia: The USSR's Quiet Little Hotbed of Terror」, *San Francisco Examiner*, October 9, 1978.
385 그루지아인과 압하지아인에 대해서는 「Georgian and Armenian Pride Lead to Conflicts With Moscow」, *The New York Times*, June 27, 1978.

압하지아 소수민족의 요구는 「Dispute in Caucasus Mirrors Soviet Ethnic Mosaic」, *The New York Times*, June 25, 1978.
385 캘리포니아의 지하출판 소설은 [275].
385 Kissinger를 위한 보고서는 Cooperative Study for Mexican Migration의 책임자인 Arthur Corwin 교수가 작성.
386 *Texas Monthly*지는 1979년 4월호 「Portillo's Revenge」, John Bloom에서 인용.
386 푸에르토 리코 분리주의는 여러 신문기사에서 취급되었다. 예를 들면 「F.A.L.N. Organization Asks Independence for Puerto Rico」, *The New York Times*, November 9, 1975.
386 알래스카의 분리주의는 「Alaska Self-Determination」, *Reason*, September, 1973.
386 아메리카 원주민들의 주권국가 승인 요구는 「Black Elk Asks Young Americans : Rec-

ognize Indians as Sovereign Nation」, *The Colorado Daily*(Boulder), October 18, 1974 ;「American Indian Council Seeks U.N. Accreditation」, *The New York Times*, January 26, 1975.

386 전미(全美) 주의회회의는「America's Regional Economic War」, *State Legislatures*, July/August, 1976에서 인용.

386「경제적 남북전쟁」은「Coal and Oil States, Upset By Carter Plan, Prepare for 'Economic War' Over Energy」, *The New York Times*, April 27, 1977.

387 Jeffrey Knight의 말은「After Setbacks—New Tactics in Environmental Crusade」, *U. S. News & World Report*, June 9, 1975.

387「놈들을 어둠 속에서 떨게 하자」는 Philip H. Abelson이 *Science*, November 16, 1973에 쓴 사설이다.

387 중서부인들의「굴뚝 산업 추구」를 중단하자는 독촉에 대해서는「Midwest, U. S. Heartland, Is Found Losing Economic Vitality」, *The Cleveland Plain Dealer*, October 9, 1975.

387 동북부 주지사들의 조직에 대해서는「Playing Poorer Than Thou : Sunbelt v. Snowbelt in Washington」, *Time*, February 13, 1978.

388 1967년 Pierre Trudeau는 Shaw [287], p.51에서 인용.

389 Denis de Rougement는 *Bulletin* of the Swiss Credit Bank, Zurich, May, 1973.

390 상원의원 McGovern은 그의 기사「The Information Age」, *The New York Times*, June 9, 1977에서 인용.

391 초국가기업에 관한 통계는 *Supplementary Material on the Issue of Defining Transnational Corporations*, a Report of the Secretariat to the Commission on Transnational Corporation, U.N. Economic and Social Council(UNESCO), March 23, 1979.

391 버지니아대학의 Brent Wilson 교수에 의하면 초국가기업의 급속한 보급은 이제 절정에 달했다(Wilson은 여러 큰 기업들이 가죽제품·의류·섬유·고무 등 고도의 기술을 요하지 않는 산업부문을 외국 종속회사에 팔아넘기고 있다는 것을 지적했다). 고도기술을 요하는 산업은 그렇지 않다.「Why the Multinational Tide Is Ebbing」, Sanford Rose, *Fortune*, August 1977을 참조.

391 초국가기업과 U.N.의 규모의 비교는 미국 상원외교분과위원회에서 필자가 증언, [294], p.265 참고.「The USA, the UN and Transnational Networks」, *International Associations*(Brussels), No. 593, 1975에 다시 출판되었다.

391—392 GM사의 매출액과 Lester Brown에 대해서는 [272], pp.214—216.

392 Exxon사의 유조함대에 대해서는 Wilczynski, [297], p.40 참고.

392 휴가를 갖는 공산당원에 대해서는 [297], p.40.

392 사회주의 초국가기업에 대해서는 [297], pp.134—145.

392 서구에 기반을 둔 초국가기업과 COMECON 국가와의 거래는 [297], p.57.

392 비산업국가의 초국가기업에 대해서는「The Rise of Third World Multinationals」, David A. Heenan and Warren J. Keegan, *Harvard Business Review*, January-February, 1979.

393 영국의 초국가기업이 영국의 금수조치를 위반한 것에 대해서는「BP Confesses It Broke Sanctions and Covered Up」, *Sunday Times*(London), August 27, 1978 ;「Oil Chiefs Bust Sanctions」, *The Observer*(London), June 25, 1978 ; Rhodesia(Oil Sanctions Inquiry), House of Commons *Hansard*, pp.1184—1186, December 15, 1978.

393 아랍측 보이콧에 관한 미국의 규제를 어긴 것에 대해서는 *Boycott Report: Developments and Trends Affecting the Arab Boycott*, American Jewish Congress, New York, February, 1979.

393 초국가 석유회사들의 이익추구에 대해서는 [168], p.312+.

393 Lester Brown은 [272], p.222에서 인용.

393 초국가기업 정보기관은 [390] 참조.

393 Hugh Stephenson은 [289], p.3.

394 초국가적 기관의 수에 대해서는 [294], p.270과 [298] 참조.

395 초국가적 기관과 IGO에 관한 자료는 A. J. N. Judge, Union of International Association, Brussels와 필자와의 인터뷰에서.

396 유럽공동시장의 조세 담당위원에 대해서는「An EEC Flea in Russia's Ear」, *The Economist*(London), January 13, 1979.

396 브뤼셀에서 결정되는 농업·산업 정책에 대해서는「Farmer Solidarity Increase in

Europe」, *The New York Times*, October 6, 1974.
396 EEC 예산증액의 관철에 대해서는 「A Wintry Chill in Brussels」, *The Economist*, January 20, 1979.
398 3자 위원회는 「Oil Supplies 'Could Meet Demand Until Early 1990's'」, *Financial Times* (London), June 16, 1978.

제23장 인공위성을 가진 간디

401 빈곤・보건・영양실조・문맹에 관한 숫자는 Robert S. McNamara가 1973년 9월 24일과 1977년 9월 26일의 세계은행 간부회의에서 행한 연설문 중에서 인용.
403 이란의 산업화에 대해서는 「Iran's Race for Riches」, *Newsweek*, March 24, 1975.
403 이란의 회사와 사업계획에 대한 융자와 이자율에 대해서는 「Iranian Borrowing: The Great Pipeline Loan Will Be Followed by Many More」, Nigel Bance, *Euromoney*, June, 1978 참고.
403 독일인 경영자들의 보수에 대해서는 「Iran : A Paradise in a Powder Keg」, Marion Dönhoff, *Die Zeit* (Hamburg), October 10, 1976.
403 이란 총인구의 10분의 1이 소비하는 상품의 비율은 「Regime of the Well-Oiled Gun」, Darryl D'Monte, *Economic & Political Weekly* (India), January 12, 1974, *Iran Research* (London), January, 1975.
403 이란 농촌의 수입에 대해서는 Introduction to special section, 「Iran : The Lion That Stopped Roaring」, *Euromoney*, June, 1978.
404 Shah 정권의 붕괴는 워싱턴 정책입안자들이나 국제은행가들을 놀라게 했지만 이란에서 흘러나오는 비공식 정보에 관심을 가졌던 사람들에게는 어느 정도 예기되었던 일이었다. 정권이 타도되기 4년 전인 1975년 1월에 출판허가를 받은 좌익계의 *Iran Research* 제8호에 이미 Shah를 타도하는 운동이 「혁명투쟁의 높은 단계」에 도달했다고 보고되었다. 거기에는 정권에 대항하는 무장행위, Irana Tile Factory 폭파, 유명한 Jahan Chit 공장의 주인 암살, 간수들의 도움으로 성공한 정치범 탈옥 등을 상세히 설명하고 있다. 또 한 공군 중위가 「국군형제」들에게 『수치스러운 제복을 벗어던지고 게릴라의 총을 쥐어지라』고 호소하는 메시지도 인쇄되었다. 무엇보다도 그것은 반정부운동의 강화를 촉구하는 망명인 Ayatollah Khomeini의 선언문과 *Fatwa*를 보도하고 찬양하였다.
406 *New York Times*지의 기사는 1979년 2월 4일자 신문 「Third World Industrializes, Challenging the West…」.
406 프랑스 철강노동자들에 대해서는 「Steel's Convulsive Retreat in Europe」, Agis Salpukas, *The New York Times International Economic Survey*, February 4, 1979.
407 「낫과 콤바인 수확기의 중간」에 대해서는 「Second Class Capitalism」, Simon Watt, *Undercurrents* (Reading, Berkshire), October-November, 1976.
407 중간기술개발그룹과 적절한 기술에 관한 예는 *Appropriate Technology in the Commonwealth: A Directory of Institutions*, Food Production and Rural Development Division of the Commonwealth Secretariat, London.
407 인도의 「제1물결」 방식으로의 복귀는 「India Goes Back to Using the Handloom」, *Financial Times* (London), June 20, 1978.
408 Suharto의 훈시는 인도네시아의 광산장관 Mohammad Sadli가 「A Case Study in Disillusion : U. S. Aid Effort in India」, *The New York Times*, June 25, 1974에서 인용.
409 Samir Amin은 [66], pp.592－593에서 인용.
409 1855년의 탈곡대회는 [101], pp.303－304.
413 Reddy의 에너지에 관한 발언은 그가 1976년 6월 Nairobi에서 개최된 UNICEF의 *Simple Energy Technologies for Rural Families*에서 인용.
413 생물가스(bio-gas) 계획에 대해서는 「Integrated Microbial Technology for Developing Countries: Springboard for Economic Progress」, Edgar J. DaSilva, Reuben Olembo, and Anton Burgers, *Impact*, April-June, 1978. ; 「Fuels from Biomass : Integration with Food and Materials Systems」, E. S. Lipinsky와 「Solar Energy for Village Development」, Norman L. Brown and James W. Howe, *Science*, February 10, 1978.
414 인도의 기술에 대해서는 「India Developing Solar Power for Rural Electricity」, *The*

New York Times, May 11, 1979.

414 Haim Aviv의 제안은「Envisions Israel-Egypt Joint Food-Fuel Project」, New York Post, April 14, 1979.

414 투손에 있는 환경연구소에 대해서는「Powdered Martinis and Other Surprises Coming in the Future」, *The New York Times*, January 10, 1979.

415 버몬트의 메기실험과 뉴 앨키미 연구소에 대해서는「Future Farming」, Alan Anderson Jr., *Omni*, June, 1979.

415 미국 남캘리포니아대학 미래연구소의 20년간의 식량공급에 대한 예측은 Selwyn Enzer, Richard Drobnick, Steven Alter가 작성한 보고서 *Neither Feast nor Famine: A Preliminary Report of the Second Twenty Year Forecast*.

416 John McHale과 Magda Cordell McHale은 [91], pp.188−190.

417 M. S. Iyengar는 1973년 로마에서 The Special Conference on Futures Research에 제출한 그의 논문 *Post-Industrial Society in the Developing Countries*.

417 Ward Morehouse는「Microelectronic Chips to Feed the Third World」, Stephanie Yanchinski, *New Scientist*(London), August 9, 1979.

418 Roger Melen은 *San Francisco Chronicle*, January 31, 1979.

418 John Magee는 1977년 11월 상원외교위원에게 George Kroloff와 Scott Cohen이 제출한 보고서 *The New World Information Order*에서 인용.

419 Suharto의 칼에 대해서는「Asia's Communications Boom : The Promise of Satellite Technology」, *Asiaweek*(Hong Kong), November 24, 1978.

419 Jagdish Kapur는 1974년 1월 7일 뉴델리의 India International Centre에서 행한 그의 강연「India-2000 A.D. : A Framework for Survival」에서 인용.

420 Myrdal의 실업에 관한 논의는 [94], p.961.

421 필자가 말하는「생산소비」와 일부 개발경제학자들이 말하는「비공식부문」과의 차이점에 대한 설명. 세계의 많은 빈곤한 나라에서 발생하는 이 비공식경제에 대해 치열한 논쟁이 있었다. 절망적인 수백만의 사람들은 막노동, 잡상인, 매춘 행위, 가구 만들기, 운전, 구두닦기, 소규모 건설공사 등의 일을 통해 생계를 유지하고자 한다. 어떤 경제학자는 이 부문이 사람들이 공식적인 경제로 옮겨갈 수 있는 길을 터주기 때문에 필요한 것이라고 믿는 반면 비공식경제가 사람들을 비참한 상태로 영구히 고정시킨다고 반박하는 학자도 있다.

어느 견해가 옳건간에 비공식부문은 시장경제의 일부분이라는 의미에서「영세상품의 생산(petty commodity production)」이라고 특징지울 수 있다. 그러므로 비공식부문은 소비를 위한 생산에 근거를 둔「생산소비」부문과 근본적으로 다르다. 필자의 용어를 사용하면 비공식부문은 B부문(교환을 위한 생산)에 속하는 것이고 A부문(소비를 위한 생산, 즉「생산소비」)에는 속하지 않는다.

421 세계은행의 Streeten은 그의 논문 *Development Ideas in Historical Perspective: The New Interest in Development*(n.d.)에서 인용.

421 Yona Friedman은 1977년 11월 14−18일간의 UNESCO 회의에 제출한 논문 *No-Cost Housing*에서 인용.

422 세계은행의 일부사업은 자조방식이나 노동지분 방식을 강조한다. 예를 들면「The Bank and Urban Poverty」, Edward Jaycox, *Finance & Development*, September, 1978 참조. 이 은행의 도시계획국장 Jaycox는 노동지분 방식이 갖는 또 다른 의미를 설명하고 있다.『수익자들은 노동이라는 형식으로 그 대가를 지불하도록 되어 있으므로 그들이 사업계획의 결정과 집행과정에 참여하는 것은 소망스러울 뿐 아니라 필요하기도 하다.』그러므로「생산소비」는 생산보다 더 높은 수준의 자기결정을 함축한다.

423 Leach의 주장은 *Literacy*, A Nevis Institute Working Paper, Edinburgh, 1977.

423 Marshall McLuhan은 [46], p.50에서 구두(口頭)문화를 설명했다.

425 Samir Amin은 [66], p.595에서 인용.

제 24 장 종결부 : 대합류

(이 장은 주가 필요없음.)

제25장 새로운 정신영역

443 백악관 정신보건위원회와 전국정신보건연구소는 [409], p.6.
443 「광인・천재・성자」는 「The Marketplace」, *PENewsletter*, October, 1974.
444 8,000종의 치료법에 대해서는 [404], p.11.
444 비판적 연구보고서는 [404], p.56.
444-445 캘리포니아 잡지는 「In Guns We Trust」, Karol Greene and Schuyler Ingle, *New West*, April 23, 1979.
446 인기소설에 대해서는 [21], p.377.
448 Norman Macrae는 그의 우수한 논문 「The Coming Entrepreneurial Revolution」, *The Economist*, December 25, 1976에서 인용.
450 중매인에 대해서는 *Jewish Chronicle*, June 16, 1978.
450 「미래 쇼크」에 관하여 [502], Chapter 5 참조.
452 Rollo May의 논평은 [414], p.34.
454 신흥종교에 대해서는 [404], pp.12, 16, 35 참조.
454 통일교회의 사업들에 대해서는 「Gone Fishing」, *Newsweek*, September 11, 1978.
454 신광(神光)전도센터의 소송사건에 대해서는 「Cuckoo Cult」, *Time*, May 7, 1979.
454 통일교회의 간부의 말은 「Honor Thy Father Moon」, Berkeley Rice, *Psychology Today*, January, 1976에서 인용.
455 Dr. Sukhdeo는 「Jersey Psychiatrist, Studying the Guyana Survivors, Fears Implications for U. S. Society From Other Cults」, Jon Nordheimer, *The New York Times*, December 1, 1978.
455 Sherwin Harris는 「I Never Once Thought He Was Crazy」, Jon Nordheimer, *The New York Times*, November 27, 1978.

제26장 미래의 퍼스낼리티

461 Reszler의 소론은 「L'homme nouveau : espérance et histoire」, *Cadmos* (Geneva), Winter 1978.
463 Fromm은 [406], p.304와 [407], p.77에서 인용.
467 Conover는 필자와의 인터뷰에서 인용.
468 신축성있는 특별급여는 「Companies Offer Benefits Cafeteria-Style」, *Business Week*, November 13, 1978.
468 전근을 싫어하는 고용인들에 대해서는 「Mobile Society Puts Down Roots」, *Time*, June 12, 1978.
468 매트릭스는 [13], p.104.
473 Enzensberger는 [42], p.97 참조.

제27장 정치의 무덤

477 Carter 대통령의 호소는 에너지 문제에 관한 그의 연설로부터 인용. 연설문은 *The New York Times*, July 16, 1979에 게재되어 있다.
478 GM사의 촉매변환기에 대한 경험은 「Why Don't We Recall Congress for Defective Parts?」, Robert I. Weingarten, *Financial World*, March 26, 1975에 설명되었다.
478 1년에 4만 5,000페이지의 새로운 규정이 생김 : *Regulatory Failure III* (Washington, D.C. : National Association of Manufacturers, April, 1978), p.A-2.
478 철강산업은 *Time*, June 26, 1978에 게재된 Bethlehem Steel의 광고 참조.
478 Eli Lilly사와 정부의 서식에 대해서는 「The Day the Paper Stopped」, Robert Bendiner, *The New York Times*, March 16, 1977.

478 연방에너지기관에 제출되는 엑슨사의 보고서는 Michael C. Jensen and William H. Meckling, *Can the Corporation Survive?* (Rochester, N. Y.: University of Rochester Graduate School of Management, May 1976), p.2.

478 정치적 결정의 마비에 대하여 프랑스 유권자들은 정치적 「냉각」 또는 「정책의 봉쇄」를 말하고 있다. 전 수상 Michel Debré는 정권의 위기를 예측한다.

Flora Lewis의 보고서 「Life's Not Bad, but French Foresee Disaster」, *The New York Times*, November 17, 1979를 참조.

478 일본 수상 미키 다케오의 말은 「Fragility of Democracy Stirs Japanese Anxiety」, Richard Halloran, *The New York Times*, November 9, 1975에서 인용.

480 1976년 선거통계는 Election Research Center, *America Votes 12* (Washington, D.C.: Congressional Quarterly, 1977), and Bureau of the Census, U. S. Department of Commerce.

480 무소속 유권자들에 대해서는 「As the Parties Decline」, Frederick G. Dutton, *The New York Times*, May 8, 1972.

480 노동당의 쇠퇴에 대해서는 「How Labour Lost Its Legions」, Dr. Stephen Haseler, *Daily Mail* (London), August 9, 1979.

480－481 일본에 대한 인용은 *The Daily Yomiuri* (Tokyo), December 28, 1972.

481 Victor Nekipelov에 대해서는 「Here a Stalin There a Stalin Everywhere a Stalin Stalin」, *The New York Times*, August 14, 1979.

481 뉴질랜드의 새로운 정책에 대해서는 「NZ Elections Give Rise to a Time Like Alice」, Christopher Beck, *The Asian*, November 22, 1972.

481 The American Enterprise Institute 보고서는 「TRB」에 의해 「Who's in Charge in Washington? No One's in Charge There」, Philadelphia *Inquirer*, March 3, 1979에서 언급되었다.

482 영국의 사설 군대는 「Thunder From the Right」, *Newsweek*, August 26, 1974와 「Phantom Major Calls up an Anti-Chaos Army」, John Murchie, The *Daily Mirror* (London), August 23, 1974.

482 「붉은 여단」은 Curtis Bill Pepper, 「The Possessed」, *New York Times Magazine*, February 18, 1979 참고.

482 서독의 반폭력법은 *Keesing's Contemporary Archives* (London: Longman Group, 1979), pp. 29497－8; 「Scissors in the Head」, David Zane Mairowitz, *Harper's*, May 1978; 「Germany Passes Tough Terrorist Law」, Indianapolis *Star*, April 14, 1978; 「West Germany's Private Watch on Political Morals」, James Fenton, *The Guardian* (Manchester), June 19, 1978.

482 Aldo More는 「Roman Outrage」, *Time*, May 14, 1979.

483 사우디아라비아의 불안정은 「External Threats to Saudi Stability」, *Business Week*, February 12, 1979.

483 Sheikh Yamani는 「Relax and Enjoy a Drive」, Julian Snyder, *International Moneyline*, August 11, 1979.

486 *Victory*의 출판은 Michael Simmons 「Literary Victory for Stalin in Russia」, *The Guardian* (Manchester), August 4, 1979.

486 프랑스 우익파의 부활에 대해서는 「Rightist Intellectual Groups Rise in France」, Jonathan Kandell, *The New York Times*, July 8, 1979; 「The New Right Raises Its Voice」, *Time*, August 6, 1979. 또한 William Pfaff의 기사, International *Herald Tribune*, August 3, 1979.

487 KKK단의 재연에 대해서는 「Violent Klan Group Gaining Members」, Wayne King, *The New York Times*, March 15, 1979; 「Vengeance for Raid Seen as Motive for 4 Killings at Anti-Klan March」, *The New York Times*, November 5, 1979; 「Prosecutor in Klan-Protest Killings Terms 12 Suspects Equally Guilty」, *The New York Times*, November 7, 1979.

487 전체주의적 비능률에 대해서는 「What Does Russia Want?」, Robin Knight, *U. S. News & World Report*, July 16, 1979.

488 Fletcher는 필자와의 인터뷰에서 인용.

491 Jill Tweedie는 「Why Jimmy's Power Is Purely Peanuts」, *The Guardian* (Manchester), August 2, 1979.

492 체코슬로바키아와 헝가리의 물가상승은 「Inflation Exists」, *The Economist*, July 28,

1979.

494 *Advertising Age*지의 기사는 Stanley E. Cohen, 「President's Economic Switch Puts Emphasis on Spending」, January 20, 1975.

494 석유전문가에 대해서는 Helmut Bechtaldt, 「The Diktat of the Oil Millions」, *Aussenpolitik*, Third Quarter, 1974 참조.

494 경제변화의 속도는 「Business Roundup」, January, 1975에서 *Fortune*을 인용하였다.

494 Margaret Thatcher의 빗나간 예견은 John Cunningham, 「Guardian Women」, *The Guardian* (Manchester), July 31, 1979.

495 Richard Reeves는 그의 기사 「The Next Coming of Teddy」, *Esquire*, May 9, 1978에서 인용.

495 Robert Skidelsky는 「Keynes and Unfinished Business」, *The New York Times*, December 19, 1974.

496 동성애자 나치스에 대해서는 「Out of Focus」, *Focus / Midwest*, Vol. 10, No. 66.

496—497 노동조합의 운동은 A. H. Raskin, 「Mr. Labor: 'Ideology is Baloney'」, book review of Joseph C. Goulden's biography of George Meany, *The New York Times*, October 23, 1972.

497 하원의원 Mineta는 「The Great Congressional Power Grab」, *Business Week*, September 11, 1978에서 인용.

499 *Harper's*지의 기사는 William Shawcross, 「Dr. Kissinger Goes to War」, May 1979.

499 예술계에까지 일어남 : 「The National Endowment for the Arts Grows Up」, Malcolm N. Carter, *Art News*, September 1979.

500 미국방성의 의사결정 과정은 Armbrister, [379], pp.191—2 참조. 미국방성 관리가 검토해야 할 임무가 76건이라는 사실은 Armbrister와 필자와의 인터뷰에서 인용.

500 수십억 달러의 실책에 대해서는 「The Case of the Misplaced $30 Billion」, *Business Week*, July 24, 1978.

500 Stuart Eizenstat는 「The Great Congressional Power Grab」, *Business Week*, September 11, 1978에서 인용.

501 의회는 Congressional Clearinghouse on the Future와 Congressional Institute for the Future의 보고서, Washington, D.C., July, 1979를 참조.

501 소련의 정책결정의 마비에 대해서는 「Worldgram」, *U. S. News & World Report*, November 24, 1975.

502 하원의원은 Gerald T. Fowler이며 그는 「Devolution Will Ease Load at Whitehall, Minister Says」, Trevor Fishlock, *The Times* (London), January 16, 1976에 언급되어 있다.

502 Richard Marsh경은 그의 기사 「Why Westminster Can't Take Business Decisions」, *Industrial Management* (Wembley, Middlesex), July, 1979에서 인용.

502 이탈리아의 정치적 위기에 대해서는 「Italy Seeks a Government」, *Financial Times* (London), August 3, 1979;「Italy's Coalition Gets a Vote of Approval in Parliament」, Henry Tanner, *The New York Times*, August 12, 1979.

제28장 21세기의 민주주의

504 헌법제정 회의에 대해서는 Flexner [387], p.117 참조.

506 Jefferson은 [392], pp.32, 67에서 인용.

508 Burnham은 「A Disenchanted Electorate May Stay Home in Droves」, *The New York Times*, February 1, 1976.

509 말없는 다수는 [391], p.410.

510 남아프리카는 Roelof Frederik 「Pik」 Botha in Starcke [378], p.68의 인터뷰를 참조.
남아프리카는 선진기술 기반을 가지고 있지만 아직도 산업화 단계에 있다고 말할 수 있다. 그것은 아직도 국민의 대다수가 산업체제의 밖에 있기 때문이다. 브라질·멕시코·인도 또는 다른 나라에서 볼 수 있는 것처럼 남아프리카의 경우도 고도화된 산업주의가 산업화 이전의 여건 속에 고립적으로 존재하고 있다.

515 Becker는 [380], pp.183—185에서 인용.

518 의회의 직원 증가에 대해서는 「Proxmire's Well-Placed Jab」, Marvin Stone, *U. S.*

News & World Report, September 10, 1979.
519 프랑스혁명 헌법에 나타난 직접민주주의는 [347], p.18 참조.
519 파리 코뮌을 충동한 Marx는 [347], p.61.
519 연방론자들의 직접민주주의에 관한 반대는 Clark McCauley, Omar Rood and Tom Johnson, 「The Next Democracy」, World Future Society *Bulletin*, November-December, 1977 참조.
519 René Lévesque의 권력장악은 「Business Has the Jitters in Quebec」, Herbert E. Meyer, *Fortune*, October, 1977.
519 캘리포니아의 핵개발에 관한 국민투표는 「Atomic Reaction : Voters in California Weigh Pros and Cons of Nuclear Energy」, *Wall Street Journal*, March 1, 1976.
521 왈로냐 사람들의 플랑드르에로의 산업이전에 관한 항의는 「Wallonia」, *Financial Times Survey* (London), May 12, 1976.
525 에너지 식민지로서의 서부 주는 「After Setbacks-New Tactics in Environmental Crusade」, *U. S. News & World Report*, June 9, 1975.
525 지리적 경향에 대해서는 「Corporate Flying : Changing the Way Companies Do Business」, *Business Week*, February 6, 1978.
526－527 결정의 부담이라는 개념은 다음과 같은 의문을 품게 한다. 즉 정치적 투쟁을 떠나서라도 결정의 부담은 그것을 감당할 수 있는 소수 사람들에 의해 취급된다. 그러므로 그들은 결정 사건들의 범람으로 그 이상 감당할 능력이 없을 때까지 항상 의사결정권을 독점하는 데 성공할 것이다.

저자 후기

필자는 「제3물결」을 집필함에 있어서 몇 가지 정보의 흐름에 의존했다. 첫째, 가장 통상적인 정보는 각국의 여러가지 서적·학술지·신문·보고서·기록문서·잡지 그리고 전공논문 등에서 얻었다. 두번째의 정보 자료는 전세계의 변화를 만들어 가는 사람(changemaker)들과의 인터뷰였다. 필자는 이 분들을 연구소·중역실·강의실과 스튜디오로 방문했다. 이 분들은 관대하게도 시간을 할애하여 의견을 제시해 주었다. 이 분들은 가족문제 전문가에서 물리학자·정부 각료·수상에 이르기까지 각계각층의 인사들이었다.

끝으로 필자는 안심하고 여행 중에 빈틈없이 보고 들은 것에 의존했다. 직접적인 경험이나 우연한 대화가 막연했던 생각을 뚜렷이 밝혀주는 경우가 많았다. 라틴 아메리카의 어떤 수도에서 만난 택시 운전사는 그 나라 정부의 낙관적인 통계보다 더 많은 것을 가르쳐 주었다. 필자가 이 나라 국민은 왜 폭등하는 인플레이션에 아무런 항의도 하지 않느냐고 질문하자 그는 단지 기관총 쏘는 소리를 흉내내기만 할 뿐이었다.

도움을 주신 모든 분들에게 일일이 감사를 표하기는 어렵다. 그러나 클라인(Donald F. Klein), 스트러들러(Harold Lee Strudler) 및 와인가튼(Robert I. Weingarten) 등 세 사람의 친구는 원고를 모두 읽고 예리한 비판과 충고를 해주는 데 노고를 아끼지 않았음을 밝혀둔다.

또한 가장 뛰어난 편집전문가인 고든(Lea Guyer Gordon)과 슈와츠(Eleanor Nadler Schwartz)는 원고 전체를 사실과 대조하여 잘못을 바로잡아 주었다. 특히 슈와츠 부인은 원고를 출판사에 넘기기 위한 마지막 작업기간 중에 바쁜 일정을 보내면서도 단순한 직무 이상의 친절한 도움을 주었다. 또한 불철주야로 원고를 읽고 교정을 해주신 윌리엄 모로(William Morrow) 출판사의 세네델라(Betsy Cenedella)에게도 특별한 감사를 표한다. 끝으로 오랫동안 밤늦은 시간까지 필자의 색인 정리작업을 도와 컴퓨터 워드프로세서에 입력해 준 카렌(Karen Toffler)에게도 감사한다.

우리 모두가 최선을 다하기는 했지만, 만일 본문 중에 어떤 오류가 발견된다면 그것은 오로지 필자의 책임임을 밝혀둔다.

■감역자 약력

- 서울대 상대 경제학과 졸업
- 부흥부 산업개발위・경제심의회 간사
- 조선일보・동아일보 기자
- 경향신문 경제부 차장・부장, 논설위원, 편집국장, 논설주간, 이사주필
- 조세제도・지방재정・지방자치제・동력자원정책・공업발전 심의위원
- 재무부 정책자문위・경제구조조정자문회의・과기처 2000년장기계획위 위원
- 서울언론재단 이사
- 한국경제신문 대표이사 사장, 한국신문협회 부회장
- 언론연구원・IPI 한국위・아세아신문재단 한국위 감사, 전경련 자문위원, 외자도입 심의위원
- 저서 「韓國經濟成長論」「經濟를 보는 눈」「비즈니스 엘리트를 위한 375」「東亞細亞의 挑戰」 등 다수

제 3 물결

1989년 11월 25일 1 판 1 쇄
1992년 4 월 20일 2 판 1 쇄
1993년 10월 25일 2 판21쇄

著 者 앨빈 토플러
監譯者 李 揆 行
發行人 扈 英 珍
發行處 韓國經濟新聞社
서울시 中區 中林洞 441
전 화 안 내 : (360) 4114
직통 : (313) 8293・(312) 0063
1967년 5월 15일 登錄 第2 — 315號
ISBN 89-475-2002-0

정가 8,500원

國家의 興亡盛衰

M.L. 올슨 著
崔 洸 譯
〈4×7판 / 334면 / 7,000원〉

한 나라의 흥망성쇠는 자본·노동·투자·저축 등의 경제적 변수보다 史的 사회변화과정에서 찾고 있다. 이 책은 강한 이익집단의 등장은 사회체제를 경직시켜 원활한 경제순환을 저해하고 결국 경제성장에 負의 영향을 미친다는 것이다.

메가트렌드 2000

J. 나이스비트 著
金弘基 譯
〈신국판 / 366면 / 8,000원〉

90년대는 정치개혁과 경이적인 기술혁신 등으로 지금까지와 전혀 다른 변화양상을 인류에게 줄 것이다. 이 책은 90년대의 변화로 경제호전, 예술의 번영, 시장사회주의의 출현, 복지국가의 쇠퇴 등 과거 어둡고 비관적인 세기말적 변화보다는 밝고 새로운 흐름을 부각시키고 있다.

마이크로코즘

조지 길더 著
韓榮煥 譯
〈신국판 / 458면 / 9,000원〉

인간이 개발한 최대 걸작품인 컴퓨터의 능력과 영향력은 어디까지 진보할 것인가? 이 책은 현대의 핵심기술인 컴퓨터·반도체의 발전과정과 미래에 전개될 마이크로칩의 기술혁명 그리고 경제에 미칠 파급효과를 예리하게 분석한 力著.

소리없는 戰爭

I. 매거지너·M. 패티킨 著
韓榮煥 譯
〈신국판 / 470면 / 9,000원〉

치열한 국제경쟁력에서 기업이 살아남기 위한 다양한 전략모델을 제시한 경영전략서. 이 책은 다양한 분야에서 미국과 경쟁관계에 있는 선진국·중진국의 경영성공 및 실패사례 분석과 정부·업계에 의한 공동기술개발전략을 심도있게 다루고 있다.

隨筆로 엮은 經濟學

B. 그레이브스 編著
朴炳鎬 編譯
〈신국판/450면/8,500원〉

세계 석학들이 발표한 명문의 경제수필 중에서 우리 실정에 맞는 62편을 선정, 우화나 실제 사례를 들어 경제학을 쉽고 재미있게 엮었다. 복잡한 수식이나 도표없이도 경제학의 意味로부터 역사에 이르기까지 강의식으로 기술하였다.

21세기 美國파워

조제프 S. 나이 著
朴魯雄 譯
〈신국판 / 270면 / 6,000원〉

미국은 과거의 영국이나 스페인처럼 그리고 오늘날의 소련처럼 몰락할 것인가? 이 책은 폴 케네디가 역사적 관점에서 미국의 쇠퇴를 전망한데 비해 본 저자는 과거와는 달라진 현대세계, 즉 정보화시대·상호의존성 등 현실에 바탕을 둔 세계 경제적 데이터와 함께 미국과 세계의 앞날을 새로운 시각에서 분석하였다.

끝없는 挑戰

高承濟 著
〈신국판 / 460면 / 8,000원〉

기업은 속성상 부단히 변화하고 현실에 능동적으로 적응하지 않으면 살아남을 수 없다. 이 책은 세계를 주름잡는 대기업들의 오늘이 있기까지 그 성장비결과 企業家 불굴의 인내와 집념 그리고 순간순간의 상황극복을 위한 성장배경·성장과정을 세계 90여 企業·企業家들을 추적 관찰·분석한 力著.

경영혁명

톰 피터스 著
盧富鎬 譯
〈신국판 / 820면 / 12,000원〉

정보화사회는 불확실성이 심화된 사회로 기업경영의 경기규칙과 새로운 경영스타일 등 생존을 위한 변화는 가히 혁명적이라 할 수 있다. 이 책은 전통적 사고에 도전하고 조직이 사람을 위해 존재할 수 있도록 변화를 유도하는 45가지 경영 실천전략을 제시한 기업경영자의 「비즈니스 핸드북」

유러퀘이크

D. 버스타인 著
孫一鉉 譯
〈신국판 / 488면 / 9,000원〉

탈냉전을 맞이하여 세계 경제질서의 새로운 구도와 대혁신은 어떻게 변모할 것인가? 이 책은 뉴욕타임즈 등 언론계에서 10년간 종사해온 필자가 수백명의 각국 저명인사와의 인터뷰를 통해 유럽통합으로 새국면을 맞이하고 있는 세계 경제질서의 변화과정과 앞으로의 전망을 심층분석한 力著.

株價추세선의 활용

禹春植 著
〈4×6판 / 170면 / 3,000원〉

성공적인 주식투자를 보장받기 위해서는 주가추세선을 활용하는 과학적 투자기법이 선행되어야 한다. 이 책은 추세선을 활용하는 방법, 추세반전을 예고하는 주가모형, 추세강화를 예고하는 주가모형, 추세선의 기술적 분석 등 주가가 움직이는 방향을 미리 전망하도록 실전투자자를 위한 주식투자 지침서.

20세기를 움직인 思想家들

기 소르망 著
姜偉錫 譯
〈신국판 / 426면 / 8,000원〉

20세기 사상계에 결정적인 영향을 끼친 사람들은 과연 누구인가? 프랑스의 저명한 경제학자이자 사회학자인 기 소르망이 29명의 생존해 있는 현대 최고의 사상가들과 직접 인터뷰를 통해 그들 자신이 선택한 분야에 전생애를 바친 사상과 사색의 놀라운 통찰을 기록·정리한 「살아있는 도서관」.

리더企業의 興亡

올웨이즈연구회 編
尹勇喆·李知英 共譯
〈신국판 / 184면 / 4,000원〉

기업의 시장리더는 과연 존재하는가? 리더가 패배하는 조건은 무엇인가? 기업의 장기적 성장논리는 무엇인가? 이 책은 시장셰어 변동에 대한 리더기업의 흥망 또는 기업성장의 논리를 경쟁대항전략·다각화전략 관점으로 분석. 경영자원의 효율적 활용방안을 새모델로 제시하고 있다.

成功發想의 열쇠 10가지

D. 웨이트리 著
金聖淑 譯
〈신국판 / 286면 / 6,000원〉

사람은 누구나 성공하기를 갈망한다. 행동과학에 바탕을 둔 이 책은 읽는 바로 그 순간부터 마음의 양식이 되어 참신한 아이디어를 여러분께 제공할 것이다. 이 책은 단순논리를 사실과 진실을 통해 살아있는 성서의 지혜나 의학의 새로운 발견에 따른 성공을 위한 10가지 기본원칙을 심도있게 분석·관찰한 자기계발 지침서.

일본식 經營

李奉珍 著
〈신국판 / 490면 / 8,000원〉

기업이 성장·발전하려면 타기업에 앞서는 시장동태와 시장수요에 대응할 수 있는 경영기법이 요구된다. 이 책은 일본의 소규모 기업이 세계적인 글로벌 비즈니스로 성장하기까지의 기업진화 과정에서 취했던 경영비법과 노하우에 대한 실제적 모습을 저자가 직접 체험을 통해 소개한 일본식 경영 안내서.

제5세대 經營

찰스 새비지 著
高柄國 譯
〈신국판 / 358면 / 8,000원〉

산업시대에서 지식시대로의 전환과정에서 기업이 나아갈 새방향을 재정립한 기업경영 지침서. 미국의 저명한 경영 컨설턴트인 저자는 이 책에서 급변하는 시대에 살아남기 위해서는 산업시대의 사고방식인 계층형 조직을 타파하고 휴먼 네트워킹에 의한 기업의 통합화를 설득력 있게 전개하고 있다.

中國 현대화의 野望

馬 洪 著
申泰煥 監譯
〈신국판 / 482면 / 9,000원〉

세계 인구의 5분의 1을 차지하고 있는 중국이 폐쇄적인 사회주의 노선에서 개방적인 현대화 노선을 추구하고 나섰다. 이 책은 중국적 특색의 사회주의 현대화 정책 노선을 지향하고 그동안 개방화에서 경험한 긍정적·부정적 측면을 토대로 중국 사회주의경제 현대화의 배경, 노선, 전망 등을 심도있게 연구·분석한 경제정책서.

强大國의 大戰略

폴 케네디 編著
孫一鉉 譯
〈신국판 / 302면 / 6,000원〉

이 책은 주로 유럽 강대국들이 겪어온 경험사례 중 경제·정치·군사적 목표를 달성하기 위하여 사용된 대전략의 성공과 실패에 관한 평가를 심도있게 다루고 있어 미래의 정책방향을 설정하고 국가 안보상의 목표를 위해 장·단기적 국가전략 운영을 어떤 방법으로 슬기롭게 펼칠 것인가 등의 정책대안을 제공해 줄 것이다.

미래의 經營

로버트 B. 터커 著
金朱洙 譯
〈신국판 / 252면 / 5,000원〉

이 책은 1990년대 기업환경을 결정지을 추세에 대한 예리한 통찰로 가득차 있다. 이 책은 90년대의 대표적 시대추세를 스피드화, 편의화, 연령층의 변화 물결, 다양화, 생활양식의 변화, 가격할인, 가치부가, 대고객 서비스, 기술우위, 품질중시라는 10대 추세로 대표된다고 지적하고 이들의 예시와 대응방법을 제시하고 있다.

高温超電導

田中昭二 編著
成台鉉 譯
〈신국판 / 234면 / 5,000원〉

초고속의 자기부상열차, 손실없는 전력저장장치 및 전력송전 등 인간이 꿈에 그리던 일이 현실로 다가서고 있다. 이 책은 초전도연구의 세계적 기관으로 떠오른 일본의 「초전도 공학연구소」 연구원들이 최신 연구성과를 바탕으로 21세기를 주도할 신비의 물질 고온초전도 전반을 쉽게 설명했다.

變革의 순간을 잡아라

리처드 닉슨 著
李耕一 譯
〈신국판 / 352면 / 8,000원〉

세계 냉전체제 이후 지각변동을 일으키고 있는 세계 권력구조에 대해 분석·고찰한 닉슨 前미국 대통령의 力著. 이 책은 탈냉전 이후 세계 유일 초강대국으로 부상한 미국이 「정의로운 평화」를 위한 신세계질서 구도와 함께 그 역할에 관해 심층분석한 닉슨 생애의 아홉번째 화제작.

未來企業

피터 F. 드러커 著
高柄國 譯
〈신국판 / 416면 / 8,000원〉

우리 시대의 가장 뛰어난 사회·경영학자이자 미래학자인 드러커의 「변혁시대 기업생존전략 연구서!」 이 책은 세계경제가 빠르게 바뀌어 감에 따라 기업의 새로운 생존 경영전략 모델, 즉 기업이 살아남기 위한 5가지 변화조건을 예리하게 분석·고찰했다. 특히 사회·경제학 시각에서 세계경제 흐름을 통찰한 力著.

日本經濟의 構想

田中直毅 著
金淳鎬 譯
〈신국판 / 354면 / 7,000원〉

세계적인 냉전체제와 더불어 점차 쇠퇴조짐을 보이고 있는 미국을 대신해 국제무대에서의 주역을 꿈꾸는 일본. 이 책은 20세기 최후의 10년을 분수령으로 보고 21세기를 향해 엔(円)화를 세계 최강의 통화로 부상시키기 위해 새로운 경제구상을 도모하고 있는 일본의 경제전략과 야망을 심층 해부했다.

成長株·成長企業

高聖洙 著
〈신국판 / 398면 / 7,000원〉

증권시장의 개방으로 시장환경은 물론 성장기업이나 성장주의 개념도 크게 바뀌고 있다. 이 책은 기업의 시장변화에 따른 적응전략, 소비형태 및 개방경제하에서의 성장전략 그리고 성장주의 변천과 그 전망을 밀도있게 분석했다. 특히 경기순환상에서 성장기업·成長株의 진단·판별력과 투자기법을 새로운 시각에서 다루었다.

韓半島統一과 經濟統合

安斗淳 著
〈신국판 / 260면 / 5,000원〉

독일은 통일된 후 2년이 훨씬 지난 지금까지 실업증가와 기업도산, 단축조업 등 경제적 후유증에 시달리고 있다. 이 책은 통일독일이 겪고 있는 경험들을 토대로 한반도 통일에 대비해 우리의 시장경제와 북한의 계획경제와의 통합시 격어야 할 단계와 부작용의 최소화 방안 등을 경제적 측면에서 조망했다.

지구의 위기

도넬라 H. 메도우즈外 共著
黃 建 譯
〈신국판 / 354면 / 7,500원〉

현재와 같은 추세로 인구·산업화·공해·자원고갈 등의 문제가 지속된다면 지구는 돌이킬 수 없는 파국을 맞게 될 것이다. 이 책은 이와 같은 미래전망에 우리가 도전하기만 한다면 물질적·사회적·생태학적으로도 문제가 없는 사회를 이룩할 수 있음을 13개 시나리오로 미래의 지구를 조망한 力著.

韓國式 경영

李奉珍 著
〈신국판 / 382면 / 7,000원〉

우리의 국제경쟁력을 제고하는 최상의 방안은 한국의 문화전통을 기본 축으로 한 경영방식이라고 역설한 力著. 이 책은 우리나라의 문화가 기술과 경제의 교착관계 속에서도 놀라운 적응력을 보여주는 일본과 유사한 점이 많다는 것을 지적, 「일본식 경영」과 같은 맥락에서 「한국식 경영」을 구체적으로 분석·적시한 기업경영 지침서.

複合不況

宮崎義一 著
梁浚容 譯
〈신국판 / 270면 / 5,500원〉

美·日 등 선진국을 중심으로 한 80년대 금융자유화 조치는 금융기관들의 치열한 경쟁을 유발, 버블에 따른 연쇄도산이라는 새유형의 불황을 초래했다. 이 책은 버블경제의 형성, 팽창, 붕괴의 과정 등 선진국에서 동시 다발적으로 일어난 버블현상의 배경과 특히 일본경제의 붕괴 메커니즘을 실증적으로 분석·진단했다.

독일연방은행

데이비드 마쉬 著
辛相甲 譯
〈신국판 / 420면 / 8,000원〉

유럽통화협정의 수호자이자 유럽 전반의 극적 변화에 절대적 영향력을 미치는 독일연방은행이 맡은 정치적·경제적 역할의 전모를 파헤친 실체. 이 책은 독일연방은행이 어떻게 운영되고 어떤 인맥으로 구성된 사람들이 움직이는가 그리고 나치정권과의 미묘한 관계 등 금융기관 특유의 베일을 현직 저널리스트가 리얼하게 조망했다.

管理職의 위기

제임스 R. 엠쇼프外 共著
李仁世 譯
〈신국판 / 306면 / 6,000원〉

종업원과 기업의 가치관, 신념, 태도, 기대수준이 바뀌어 이를 정확히 파악하지 못하면 조직에서 살아남기 어렵다. 이 책은 기업조직에서 더욱더 요구하는 경험축적 4가지 유형, 즉 부하관리, 고객관리, 리더십, 리스크관리의 경험법칙을 분석·소개하고 조직의 수평화시대에 맞는 차별화전략을 체계있게 정리한 조직관리자의 필독서.

비밀帝國

자네트 로우 著
李大桓 譯
〈신국판 / 314면 / 6,000원〉

최근들어 국가의 권한을 능가하는 또다른 권위의 주체들이 급부상하고 있다. 이 책은 속칭 「비밀帝國」으로 일컬어지는 「거대다국적기업」의 가공할 권력의 실체를 추적·분석한 力著. 특히 自社의 확장을 위해 지역·인종·국가를 초월 무차별적인 거대다국적기업군의 행태연구를 통해 세계경제와 기업세계의 판도변화를 예측했다.

장기전략계획

趙東成·李光賢 共著
〈신국판 / 258면 / 5,000원〉

장기전략계획이란 기업이 추구하는 목표를 달성하기 위해 여러 사람이 힘을 합하는 시스템이다. 이 책은 어느 한 개인이 아닌 기업 구성원 모두가 어떤 역할과 과정을 통해 뜻을 모으고 힘을 합쳐 계획을 입안·수립하는 방법론을 제시하고 있다. 특히 장기전략계획의 수립방법에서 절차 및 시행까지 일목요연하게 다룬 기업경영 실무서.

21세기 준비

폴 케네디 著
邊道股·李曰洙 譯
〈양장 / 500면 / 9,000원〉

우리에게 충격을 던졌던 「강대국의 흥망」 저자 폴 케네디 교수가 다가올 21세기 문명세계의 각종 위기를 명쾌히 분석·정리한 力著. 이 책은 향후 30년 사이 우리에게 닥칠 도전들과 그 대응방법 그리고 인구폭발, 환경오염, 생물공학, 로봇, 통신수단, 가공할 파워의 양태 등을 특유의 통찰력으로 분석·예견하고 있다.

국제산업스파이

피터 슈바이처 著
黃建 譯
〈신국판 / 420면 / 8,000원〉

脫냉전 종식이후 정치·군사첩보전이 경제·기술첩보전으로 옮겨가면서 기업체의 산업첩보활동이 크게 강조되고 있다. 이 책은 일본·독일·한국·이스라엘 등 세계각국이 미국 기업체와 연방정부를 상대로 펼친 경제첩보활동을 연대순으로 파헤친 실화물이다. 특히 企業의 첩보부서 설립의 필요성과 기업스파이 활동을 다루었다.

33 投資信託의 理解
朴正旭 著 〈208면 / 1,800원〉

34 福利厚生 槪說
全滴軫 著 〈248면 / 2,300원〉

35 企業財務의 知識
鄭鍾洛 著 〈195면 / 1,800원〉

36 金融政策 입문
權五哲 著 〈282면 / 2,300원〉

37 不動產 이야기〈改訂版〉
李源俊 著 〈292면 / 2,500원〉

38 金과 달러 이야기
安洪植 著 〈194면 / 1,800원〉

39 經營情報學 개론
申鉉吉 著 〈240면 / 2,100원〉

40 商品先物去來 실무
李玄烈 著 〈224면 / 2,000원〉

41 金融先物・옵션去來
金鍾郁 著 〈200면 / 1,800원〉

42 工業所有權 지식
鄭泰連 著 〈256면 / 2,300원〉

43 環境保全과 人間
李燦基・安泰奭 共著 〈186면 / 1,700원〉

44 韓國의 勞使問題
金秀坤 著 〈173면 / 1,700원〉

45 經濟協力 이야기
全哲煥 著 〈244면 / 2,200원〉

46 多國籍企業의 實體
鄭求鉉 著 〈216면 / 2,000원〉

47 經濟政策의 理解
金孝命 著 〈212면 / 2,100원〉

48 生產管理 입문
兪炳泰 著 〈240면 / 2,400원〉

49 中小企業 이야기
趙觀行 著 〈184면 / 1,800원〉

50 IMF・IBRD의 理解
柳志星 著 〈240면 / 2,400원〉

51 通貨의 常識
金仁基 著 〈185면 / 1,900원〉

52 年金의 理解
金聖在 著 〈171면 / 1,800원〉

53 原價와 原價管理
辛容伯 著 〈250면 / 2,500원〉

54 國際金融市場 개론
郭泰運 著 〈244면 / 2,500원〉

55 企業物流의 知識
林浩奎 著 〈230면 / 2,300원〉

56 技術開發의 知識
林陽澤 著 〈226면 / 2,300원〉

57 設備投資分析 입문
姜錫昊 著 〈197면 / 2,000원〉

58 알기쉬운 自動車保險〈改訂版〉
朴善七 著 〈206면 / 2,500원〉

59 事務自動化 이야기
趙東成 著 〈237면 / 2,400원〉

60 從業員持株制의 理解
安文宅 著 〈208면 / 2,100원〉

61 貿易政策 입문
李東鎬 著 〈210면 / 2,100원〉

62 流通販賣技法
安台鎬・韓一洙 共著 〈192면 / 2,000원〉

63 價格機構와 市場原理
趙東根 著 〈202면 / 2,000원〉

64 소프트웨어 入門
李疇憲 著 〈165면 / 1,700원〉

65 福祉國家 이야기
金日坤 著 〈192면 / 2,000원〉

66 物價의 理解
金文昱 著 〈312면 / 3,000원〉

67 어음・手票의 法律常識
崔基元 著 〈180면 / 1,800원〉

68 OECD와 韓國經濟
劉壬洙 著 〈200면 / 2,400원〉

69 國際競爭力 이야기
朱明建 著 〈146면 / 1,900원〉

70 韓國의 流通產業
安台鎬 著 〈222면 / 2,500원〉

71 市場調査分析 입문
朴基岸 · 丁雄夏 共著 〈168면 / 2,000원〉

72 統計와 그 活用
郭昌權 著 〈283면 / 3,000원〉

73 産業構造의 知識
李相鎬 著 〈200면 / 2,400원〉

74 資源經濟 입문
崔基鍊 著 〈208면 / 2,500원〉

75 現代社會와 리스크管理
李京龍 著 〈198면 / 2,400원〉

76 信用카드 이야기
金文煥 著 〈196면 / 2,400원〉

77 데이터뱅크 이야기
鄭寅根 著 〈154면 / 1,900원〉

78 地方自治와 地方財政
吳然天 著 〈184면 / 2,200원〉

79 技術協力 이야기
林陽澤 著 〈137면 / 1,700원〉

80 經營計劃 입문
郭秀一 著 〈162면 / 1,900원〉

81 經營리스크와 企業保險
宋 一 著 〈182면 / 2,200원〉

82 海洋資源의 知識
許亨澤 著 〈172면 / 2,000원〉

83 産業工學 입문
朴京洙 著 〈200면 / 2,400원〉

84 生産戰略 입문
李慶煥 著 〈152면 / 1,800원〉

85 現代企業 입문
朴基贊 著 〈184면 / 2,200원〉

86 職能資格制度의 理解
朴埈成 著 〈170면 / 2,000원〉

87 EC의 經濟·市場統合
金世源 著 〈190면 / 2,400원〉

88 經濟成長 이야기
金洙權 著 〈172면 / 2,200원〉

89 호텔經營 입문
申鉉柱 著 〈158면 / 2,000원〉

90 勞使協商戰略
李達坤 著 〈172면 / 2,200원〉

91 不動産鑑定評價
李源俊 著 〈222면 / 2,500원〉

92 債券投資의 知識
金昇佑 著 〈148면 / 2,000원〉

93 原子力産業의 理解
田載豊 著 〈170면 / 2,300원〉

94 韓國의 租稅政策
李鎭淳 著 〈240면 / 2,500원〉

95 담보와 보증
李源俊 · 朴相宗 共著 〈176면 / 2,500원〉

96 銀行마케팅
趙泰玄 著 〈172면 / 2,500원〉

97 정보 · 통신시스템의 理解
安重鎬 著 〈216면 / 2,500원〉

98 人的資源 회계정보
李正道 著 〈180면 / 2,500원〉

99 關稅의 상식
李性燮 著 〈162면 / 2,500원〉

100 벤처 캐피틀의 理解
高聖洙 著 〈196면 / 2,500원〉

101 設備投資와 設備金融
姜日圭 · 元鍾根 共著 〈198면 / 2,500〉

102 地方自治會計
曺廷煥 著 〈172면 / 2,500원〉

103 技術經營의 길잡이
金 龍 · 任德淳 共著 〈184면 / 2,500원〉

104 이미지 마케팅
韓一洙 著 〈192면 / 2,500원〉

105 제2금융권 이야기
李弼商 · 鄭光夏 共著 〈170면 / 2,500원〉